U0108096

紀念二二八事件
70週年
學術論文集

七十年後的回顧

許雪姬 主編

中央研究院・臺灣史研究所

七十年後的回顧
紀念二二八事件七十週年學術論文集

.... 摘要 ....

2017年是影響臺灣歷史最重要的二二八事件發生後第70年，故在事件發生的2月舉辦研討會，本書即收錄其中10篇文章編輯而成。

本書分爲四個部分：**(一) 從島外看二二八（三篇）**：1.蘇瑤崇旨在以國際法的視野、全新的史觀來看二二八；2.杜正宇說明美國在二二八事件中的觀察與作法；3.許雪姬觀察二二八事件後旅居中國各地的臺灣人組織如何上京請願，以聲援在島內的抗爭，直到中央改派魏道明爲省主席。**(二) 二二八事件前後臺灣省工委會與情治系統的角色（三篇）**：1.林正慧指出當時的中共省工委會的人數不多，對事件的影響有限，但事件後中共在臺的發展取得了有利的條件，逐漸壯大，但也在1950年前後被國府全面取締；2.吳俊瑩則探討中央調查統計局，臺灣省黨部臺灣調統室這一有別於軍統的情治體系，這過去很少被研究，旨在探討事件中情報單位如何向蔣彙報情資，又如何看二二八；3.范燕秋則以情治人員黃朝君爲例，透過「臺灣省山地建設協會」，利用原住民菁英林瑞昌的影響力來統治山地，同時對林進行監控、羅織罪名，終至剷除他。**(三) 二二八事件下地方政府與參議會的運作（二篇）**：1.歐素瑛說明事件中各地參議員介入的過程，及事後被清算的情況，導致這批延續日治的政治菁英陸續退出政壇，形成本省菁英斷層；2.蔡秀美用最新出土的檔案，指出中部三縣市的政府官員在事件日趨嚴峻時，雖離開崗位，卻仍有所作爲採取以毒攻毒、以臺制臺的策略，進行分化，掌握全局。**(四) 從「二二八」到「臺灣獨立運動」的**

崛起（二篇）：1.侯坤宏尋找臺灣人省籍意識的形成，是否在二二八事件中呈現；2.陳儀深以美、日臺獨團體選擇二二八進行各種紀念活動，由活動與發表的言論來深化臺灣民族主義的形成。

從本書的研究成果來看，往後的研究上仍有必須加強的空間，此即如何進一步發掘史料，加入年輕的生力軍，追查被密裁者、加害者的下落，期能落實轉型正義。

關鍵詞：二二八事件、二二八事件處理委員會、國際法、檔案、情治人
　　　　員、地方政府、參議會、臺灣民族主義

序

薛化元

財團法人二二八事件紀念基金會董事長

二二八事件紀念基金會（以下簡稱「基金會」）目前最重要的工作之一，就是轉型正義的推動。而攸關轉型正義落實的，無論是探求二二八的真相，乃至釐清責任的歸屬，都必須建立在學術研究的基礎之上。新的學術研究除了新的視角和研究取徑外，也包括利用資料突破過去原有的看法，這是件相當不容易的工作，但卻也是需要時間進一步釐清的重要工作。今年適逢二二八事件七十週年，基金會與中央研究院臺灣史研究所（以下簡稱「臺史所」）合作，舉行了學術研討會，這是二〇一七年有關二二八的學術研究主要成果的呈現。

本書收錄十篇論文，這是原本學術研討會舉行之後，根據臺史所的學術規範進行匿名審查通過，並考量原作者發表意願的具體成果。根據論文的性質，本書共分為四個主題。

第一部分是「從島外看臺灣」（三篇論文）。利用俯瞰的高度來綜觀全局，從國際法、美國檔案，以及戰後初期在中國的臺人團體聲援歷程，來審視二二八事件的前因後果。第二部分則是「二二八事件前後臺灣省工作委員會與情治系統的角色」（三篇論文）。過去有部分官方說法把中國共產黨在二二八時的影響力渲染誇大，透過對省工委會的研究，可釐清中共的

角色。然而，情治人員的研究，則是最不容易切入的角度，一是資料取得不易且屬於內部上呈機制，二是情治人員都有化名，不易辨識真實姓名，儘管如此仍有必要進行深入探討，從情治組織架構到實際任務執行的研究累積，可有助於將來處理情治人員這塊的轉型正義。第三部分則是「二二八事件下地方政府與參議會的運作」（二篇論文），審視臺灣地方政府與民意機關的角色，是探究二二八事件的重要歷史現場，臺籍政治菁英從舞臺上消失或退場，是對臺灣民主政治進程的重要轉折點。地方政府首長的應變與事後的政治操控，則是另一個不可忽視的轉變，影響 1950 年代以後臺灣地方政治的氛圍。第四部分則是「從『二二八』到『臺灣獨立運動』的崛起」（二篇論文）。透過探討二二八事件時的臺灣意識，以及觀察紀念二二八的活動，深究戰後臺灣民族主義或是海外臺獨運動發展的影響。

最後，由於基金會的財務狀況，在今年（2017）達到空前吃緊的狀態，因此與臺史所合辦研討會並出版論文集可以順利的進行，除了感謝臺史所許雪姬所長帶領的工作團隊外，也特別感謝文化部在經費上對此一工作的支援，但是轉型正義尚未完成，期待有志者繼續努力。

2017.11.27

目　次

序／薛化元 ……………………………………………………………… 5

導論／許雪姬 ……………………………………………………………… 9

壹　從島外看二二八　17

國際法視野下的二二八事件／蘇瑤崇 ………………………………… 19

西方資料所見的二二八事件：以美國檔案為中心／杜正宇 ……… 55

戰後京滬、平津、東北等地臺灣人團體的成立
　　及在二二八事件中的對臺聲援／許雪姬 ………………………… 91

貳　二二八事件前後臺灣省工委會與情治系統的角色　143

二二八事件中的中共「臺灣省工作委員會」／林正慧 …………… 145

中統局臺灣調統室與二二八／吳俊瑩 ……………………………… 239

原住民族的二二八與事件後族群菁英身邊的情治人員：
　　以黃朝君為例／范燕秋 ………………………………………… 297

參 二二八事件下地方政府與參議會的運作　333

二二八事件中縣市參議會的角色與肆應／歐素瑛 ················· 335

二二八事件期間中部縣市政府之肆應與處置／蔡秀美 ··········· 397

肆 從「二二八」到「臺灣獨立運動」的崛起　449

二二八事件中的「臺灣意識」／侯坤宏 ···························· 451

「紀念二二八」與臺灣民族主義：
　　以日本、美國的臺獨運動為中心／陳儀深 ····················· 453

導　論

許雪姬

中央研究院臺灣史研究所研究員兼所長

一、研討會與論文集

　　今年是二二八事件發生七十週年，為了紀念，早在前年（2015）底中央研究院臺灣史研究所（以下簡稱臺史所）就已和財團法人二二八事件紀念基金會約定，2017年要召開「紀念二二八事件70週年學術研討會」，2016年過完農曆年後，旋即研擬幾個主題，發出撰寫論文邀請函，一共有14個人願意撰稿。會議在2017年2月24-25日召開，當天的討論極為熱烈。會議結束後，基金會與臺史所合組委員會，進行會議論文集的編纂，可惜的是這14篇中有4篇未能收入此次的論文集。[1]

二、論文的特色

　　本書收錄的論文有以下三個特色：

---

[1]　這四篇文章分別為：1、曾文亮，〈國民政府時期刑事特別法制之研究〉；2、陳翠蓮，〈戰後美中體制與臺灣人處境〉；3、盧松，〈二二八事件：臺灣和中日戰爭的陰影〉；4、林邑軒，〈重探二二八事件死亡人數：性別死亡比例的推估〉。其中陳翠蓮、盧松的大作旋即出版，其他兩文則未在期限內完成修改。

　　一是擴大史料的範圍：除美國NARA的Record Group 59、美國國務院中央檔案機密文件（Confidential U.S. State Department Central Files）、美國外交檔案（FRUS），陸續複製回臺外，還有楊肇嘉的個人史料「六然居典藏史料」中的二二八事件史料（2017年12月出版），再加上國史館新公布、出版的史料，[2] 以及2008年由臺史所購得臺北某吳姓情治人員留下的史料《保密局臺灣站二二八史料彙編》（共五冊），[3] 均比以往的二二八史料來得豐富。而臺灣站的資料，乃二二八事件後保密局臺灣站與南京總站、臺灣各地方站的往來文書，得以窺知當時情治人員的行動，甚至臥底的角色。

　　二是觸角廣，以往的研究重點放在二二八的背景，或二二八發生的經過，及各縣市的狀況，本書的論文除了繼續探討二二八事件下地方政府與參議會在不同的縣市所發揮的作用和限制外，也有研究者主張，即便縣市長不在崗位而閃避，仍能控制該縣市的情勢變化，此一論點是否站得住腳，猶待更多的解釋和證據。此外，觸角較廣的研究，如由國際法、美國檔案來看二二八，給讀者一些由不同層次所觀看到的二二八；又如研究國府時期最重要的兩個在臺從事情蒐之單位，即中統局臺灣調統室，以及原軍統後改隸國防部的保密局臺灣站與二二八，前者的研究在本書中第一次出現，彌足珍貴。此外要探討國府指出二二八事件是共產黨所煽動引起的此一說法是否正確？探討二二八事件中的中共「臺灣省工作委員會」之形成、指揮系統、人數、活動之後，指出國府的認定不盡正確。

　　三是討論到後二二八，亦即以日本和美國的臺獨運動來了解，藉著二二八的歷史經驗，臺灣民族主義如何形成。

---

2 《二二八事件檔案彙編》第十九～廿四冊（2017）。
3 《保密局臺灣站二二八史料彙編㈠～㈤》（2015-2017）。

三、本書的內容

　　為了呼應上述的特色，本書分成四個部分：1、從島外看二二八；2、二二八前後臺灣省工委會與情治系統的角色；3、二二八事件下地方政府與參議會的運作；4、從「二二八」到「臺灣獨立運動」的崛起。以下分別介紹。

　　㈠從島外看二二八：包括三篇論文，1、蘇瑤崇，〈國際法視野下的二二八事件〉，旨在以國際法的視野、全新的史觀來看二二八，指出國府在二二八前只是佔領統治，其統治和二二八事件後的鎮壓有無違反國際法事項？在討論轉型正義的究責上，國際法可以彌補究責問題的盲點。此一觀點向來少有人提出，值得參考。2、杜正宇，〈西方資料所見的二二八事件：以美國檔案為中心〉，本文作者和蘇瑤崇一樣過去都曾使用FRUS、Central Files的檔案進行研究。此次使用NARA、UNARM (United Nations Relief and Rehabilitation Administration)、UNRRA的資料，來探討西方世界分析二二八的起因為何？在臺動亂是否具有組織性？對於臺灣人諸多向美國請願的信函當時有無回應、對事後的處置是否起了作用？在事件中何以保持中立？美國對中國當局的建言為何？本文雖分析出美國在二二八事件前後的看法與作法，較可惜的是沒有和中文史料對話。3、許雪姬，〈戰後京滬、平津、東北等地臺灣人團體的成立及在二二八事件中的對臺聲援〉，則利用楊肇嘉所保存「六然居典藏史料」中有關二二八的史料，來觀察二二八事件後旅居中國各地的臺灣人，如何利用臺灣同鄉的組織在上海、到南京，為臺灣人發聲，想減少中央全面鎮壓臺灣的力道。他們請願廢除長官公署、撤換陳儀，派大員赴臺宣慰，努力地使某些報紙始終站在臺人這邊，為臺灣人說話。這些以平津、滬寧為主的同鄉會，一直奮鬥到中央改派魏道明來臺履新前才結束，並分別為二二八事件出版小冊子，記錄其努力的痕跡。

　　㈡二二八事件前後臺灣省工委會與情治系統的角色：1、林正慧，〈二

二八事件中的中共「臺灣省工作委員會」一文，主要分北、中、南區（東部當時無中共人員），說明工委會的活動，由於尚為秘密組織，故政府猶未能全面掌握其在事件中的行動，因此政府相關共產黨的指涉，是以謝雪紅的舊臺共為主。二二八期間中共當時的人數只有70人，只能因勢利導、推波助瀾，但無法掌控全局，故對二二八事件的影響有限。然而二二八之後，中共在臺的發展得到有利的條件，往後在白恐時期成為政府取締的對象。此外本文對中共省工委會的上司，到底是華中局、上海局、華東局有詳細的考訂。2、吳俊瑩，〈中統局臺灣調統室與二二八〉一文是創新之作，過去二二八的研究很少觸及。本文利用國民政府參軍處軍務局為核心的二二八檔案，是過去未有人使用過的二二八資料。中統是中央調查統計局，臺灣調統室是臺灣省黨部調查統計室，本文主要探討上述兩個機構在二二八的角色。先探討中統局和省黨部之關係，其次探討軍務局如何向蔣彙報情報，以及其在情報傳遞上的角色；接著針對調統室所電發的情報，及其二二八事件中的結論，最後以臺灣調統室的要角蘇泰楷被捕，探討這是否針對該組織的秋後算帳為結尾。3、范燕秋，〈原住民族的二二八與事件後族群菁英身邊的情治人員：以黃朝君為例〉，本文旨在探討二二八事件後政府安插在原住民族身邊的情治人員，但因資料不足，只能就代表性的特務黃朝君如何透過「臺灣省山地建設協會」，一方面利用林瑞昌對原住民的影響力統治山區；另方面對林進行監控，羅織其罪名，以遂行剷除原住民菁英的陰謀。這是繼陳翠蓮研究許德輝（化名高登進）之後另一對情治人員的研究，往後希望針對情治人員的研究也能繼續進行。

㈢ 二二八事件下地方政府與參議會的運作：1、歐素瑛，〈二二八事件中縣市參議會的角色與肆應〉一文，乃繼過去研究各縣市長在二二八事件中的因應後，再就各縣市參議會的組成、人數及其在二二八事件中的角色進行分析。在二二八發生後各地參議會陸續成立處理委員會、提出各種改革的訴求，導致與長官公署間的扞格，在事件後有18名民意代表喪命，30名遭通緝，其中縣市參議員各佔14、25名。往後這批延續日治時期的菁英

縣市議員，陸續主動退出政治領域，使本省菁英斷層、民主政治延後。2、蔡秀美，〈二二八事件期間中部縣市政府之肆應與處置〉，本文利用新出土的臺中縣市相關檔案，指出中部三縣市的政府官員在事件日趨惡化後，仍有所作爲，採取以毒攻毒、以臺制臺的策略，進行分化工作，以利往後的恢復秩序與咎責參與者。縣市清鄉時，當地官員對案犯處置握有部分主導權，大半的嫌疑者則移送中部綏靖司令部審辦。

　　㈣ 從「二二八」到「臺灣獨立運動」的崛起：1、侯坤宏，〈二二八事件中的「臺灣意識」〉，本文旨在分析臺灣人的「省籍觀念」的形成，以及二二八事件中，「本省人」、「外省人」觀念、在要求「臺灣地方／高度自治」、要求「臺灣獨立」與「託管」間，是否呈顯了所謂「臺灣意識」。2、陳儀深，〈「紀念二二八」與臺灣民族主義：以日本、美國的臺獨運動爲中心〉，本文旨在揭示，美、日臺獨團體，莫不選擇二二八進行各種紀念活動，如何給臺灣的執政者壓力、海外臺灣鄉親如何給臺獨團體加持，從而由這些活動與發表的言論來深化臺灣民族主義的形成。

四、未竟之業

　　經過二十多年來二二八事件的研究，還有哪些可以進一步研究的？

　　㈠ 必須有不斷加入的生力軍：雖然在七十年後的今天研究二二八有更多的史料可以使用，但可以發現寫論文的人中，仍以老年、壯年爲主力，如何鼓勵年輕人投入二二八研究恐爲當務之急。

　　㈡ 檔案史料仍需進一步發掘：經國家檔案管理局前後四波的政治史料搜索，是否還有二二八檔案，也值得關注。2017年3月起，總統府再啓動的政治檔案調查工作，取得二二八事件、美麗島事件、政治事件的相關檔案，其中二二八事件共有1,483件，[4] 雖然這些檔案目前只能看到目錄，無

4　第5波調查史料的結果，由以下單位：總統府、國史館／國史館臺灣文獻館、行政院、內政部

法進一步查證是否和已出土檔案的資料類似，但因這批資料的出現，應可發展出不同的研究課題。

　　㈢被密裁者、加害者、情治人員的下落應該繼續追查：到目前為止仍有被密裁／失蹤的二二八受難者，無法掌握其人生的最後歷程，誠令人遺憾萬千。情治人員化名出現在史料中，應致力於查出真名，從而瞭解其情治工作是否還有當時的人證、物證，必須鍥而不捨的追索，才有轉型正義的可能。如果以國際轉型中心，根據其協助轉型正義的經驗，有如下的先後秩序：1、真相調查，2、起訴加害者，3、賠償受害者，4、追思與紀念，5、和解措施，6、制度改革，7、人事清查；[5] 如果以上述七項來加以觀察，目前政府只做到部分的真相調查，至於賠償受害者和追思紀念這兩項最有進展，但白色恐怖自始至終（14年）都用「補」償而非賠償，美中不足，至於和解措施只有政府最高當局的道歉、追究責任報告出土，迄未起訴加害者，就更不用說制度改革、人事清查。

　　㈣相關資料、檔案必須多層次閱讀並經考訂後小心使用：政治事件發生，過去最仰賴的是政府機關檔案，為了瞭解民間與受難者的遭遇與感受，做了不少口述歷史的工作，頗有助於了解事件當中各自不同的看法，但這兩種史料都各有其優、缺點，如何妥善運用這些史料，是一門大學問。

警政署、外交部、國防部後備司令部、陸軍總司令部、海軍總司令部、軍管區司令部、臺灣省菸酒公賣局、國立臺灣大學、國立臺灣師範大學、國立成功大學、國立中興大學、臺灣糖業股份有限公司、臺灣電力股份有限公司、中國石油股份有限公司、交通部臺灣鐵路管理局、臺灣省政府、臺北縣政府、臺中縣政府、彰化縣政府、臺南縣警察局、高雄縣政府、高雄縣阿蓮鄉戶政事務所、臺東縣政府、花蓮縣政府、臺中市政府、臺北市政府、臺北市立成功高級中學、臺北市政府警察局、高雄市政府、高雄市立高雄高級中學、高雄市政府警察局、臺灣省諮議會、國立嘉義高級中學、高雄市政府衛生局、臺灣高等法院、臺灣高等法院臺南分院、臺灣臺北地方法院、臺灣臺中地方法院、臺灣嘉義地方法院、臺灣高雄地方法院、監察院、國家安全局、行政院、僑務委員會、國防部軍法局、國防部史政編譯局找到一千四百多件檔案。本資料由行政院國家發展委員會檔案管理局提供。

5　江宜樺，〈臺灣的轉型正義及其省思〉，收於錢永祥總編輯，《轉型正義與記憶政治》（臺北：聯經出版事業股份有限公司，2007），頁69。

五、感謝

　　「紀念二二八事件70週年學術研討會」之能順利召開，特別感謝中央研究院臺灣史研究所的所有工作人員，及該所和財團法人二二八事件紀念基金會所合組的籌備委員會。本書之出版除5名編輯委員外，還有撰稿人、與談人、審查人，臺史所的助理編輯劉鴻德，及林欣楷、張芷2名兼任助理，在上述人員的通力合作下，再加上臺史所支出開會經費、文化部提供出版經費，才能為70年後回顧二二八，留下重要的研究成果。

［壹］

從島外看二二八

國際法視野下的二二八事件[*]

蘇瑤崇

靜宜大學通識教育中心教授

一、前言

　　1945年8月15日，日本宣布接受波茨坦宣言而投降，被盟軍佔領，佔領範圍涵蓋日本本土、朝鮮半島、以及琉球與臺灣等地。就國際法而言，這是在戰爭停止狀態下的「佔領」。[1] 雖然戰時開羅宣言中曾約定戰後「臺灣應歸還中華民國」，但根據國際法與國際慣例，任何領土變更仍必須有賴正式國際會議決定。在這之前，無論戰勝國在臺灣施行何種程度的行政，甚至如將臺灣納入中華民國體制、或將臺灣人納入中華民國國籍等，在正式國際和約簽訂之前，這些施政仍只是佔領統治。這時期臺灣並不屬於中華民國，[2] 臺灣人也並非中華民國國民。[3]

---

[*] 本文為科技部補助專題研究計畫（MOST 105-2410-H-126-006-MY2）成果之一。感謝會議與談人國立清華大學科技法律研究所黃居正教授以及兩位匿名審查委員審查惠予寶貴意見。

[1] 安藤仁介著、李明峻譯，《國際法上的佔領、投降與私有財產》（臺北：國立編譯館，1998），第五章第一節，頁106-119。

[2] 李明峻，"Rethinking Taiwan's Legal Status under International Law"，收於陳隆志教授古稀祝壽論文集編輯委員會編，《民主、和平與人權：陳隆志教授古稀祝壽論文集》（臺北：臺灣國際法學會，2006），頁347-354。

[3] 1946年2月9日中華民國政府在沒有國際法根據，以及與任何國家商量下，就單方面訓令臺灣

　　然而就在佔領統治下，臺灣爆發了二二八事件。過去往往從中華民國的「光復史觀」，論述二二八事件的前因後果與法理問題。[4] 但事實上當時中華民國並未擁有臺灣主權，臺灣人不是中國人的情況下，若僅從中華民國「內政」論述相關問題是否恰當，實在非常值得商榷。反之，若從國際法「佔領」角度而論，有哪些問題被忽略掉了呢？這些問題包括，如果佔領下的二二八事件適用國際法，其理由何在？重點為何？在國際法下應如何定義二二八事件之性質？「鎮壓」是否是「戰爭」行為？特別二二八事件中最受關注的「究責問題」，在國際法的觀點下會有何結果呢？

　　以「究責問題」為例，2006年時財團法人二二八事件紀念基金會出版《二二八事件責任歸屬研究報告》，提出追究加害者之責任問題。但該報告中除了有「鎮壓不是戰爭」之誤外，[5] 更且「究責」的結果，也僅止於蔣介石派兵鎮壓的「政治責任」而已，[6] 這即是在「內政」角度下造成的論述不足。但若從國際法角度而論，在二二八鎮壓中，蔣介石不僅應負起「政治責任」而已，更可以追究「違犯人道罪」之罪責。

　　國內長久以來缺乏從國際法視野論述二二八事件，目前所知只有涂若筠碩士論文之〈國際人道法與臺灣之連結：論違反人道罪於二二八事件之適用〉而已，該文雖深論二二八鎮壓中違反國際人道法之問題，指出自蔣介石以下各軍事指揮官之戰爭犯罪，但卻避開國際法與二二八事件前因後果之關係。[7] 之所以如此，最大原因應在於二二八事件研究是在近二、三

人恢復中華民國國籍，但實際上包含日本在內的諸多國家，並不承認該項行為。參見蘇瑤崇，〈論戰後（1945-1947）中美共同軍事佔領臺灣的事實與問題〉，《臺灣史研究》（臺北）23: 3（2016年9月），頁105-106。

4　賴澤涵總主筆，《「二二八事件」研究報告》（臺北：時報文化出版企業股份有限公司，1994）。

5　陳志龍，〈二二八事件屠殺行為的刑事法律責任〉，收於李旺台、楊振隆總策劃，《二二八事件責任歸屬研究報告》（臺北：財團法人二二八事件紀念基金會，2006），頁491-533。

6　陳儀深，〈南京決策階層的責任〉，收於李旺台、楊振隆總策劃，《二二八事件責任歸屬研究報告》，頁145-169。

7　涂若筠，〈國際人道法與臺灣之連結：論違反人道罪於二二八事件之適用〉（臺北：國立臺灣大學法律學系碩士論文，2012）。

十年來才受到重視，同時也與對臺灣戰後歷史發展之認識上，長期來國人常侷限於「光復史觀」有關。因而忽略了這段時期實是「佔領狀態」，而刻意迴避，或不願意從國際法視野，正視二二八事件之相關問題。

歷史論述中，「史觀」為決定性關鍵，不同的史觀，將產生完全不一樣的結果，這在二二八事件研究上，更具特別重要意義。「佔領史觀」雖是過去歷史研究的禁忌與非主流，但她才是真正戰後臺灣歷史的實態。正視此一實態，才能真正釐清臺灣歷史轉型的問題。

戰後臺灣政治地位的轉變，根源於二次大戰，而戰後問題，更是與戰後處理密切相關，這些問題的探討都離不開國際法。本文目的，是希望從「佔領史觀」與國際法，特別是其中的「戰爭法」，探討歷史事實與國際法理之相對應關係，並提出認識二二八事件前後相關戰後處理問題之新視野，作為補充過去研究之不足，作為更多方面討論的參考。本文主要根據美國外交檔案（*Foreign Relations of the United States*，簡稱FRUS）、以及美國國家檔案館（The U.S. National Archives and Records Administration，簡稱NARA）收藏之美國檔案。[8]

二、國際法中戰爭法的基本意義

第二次世界大戰的結果，帶來臺灣政治狀態的改變，是以因戰爭造成的政權轉移與戰後處理相關問題，其處理原則並不應該脫離國際法與國際慣例。二二八事件更是發生在戰後轉變期間中，相關問題更應從國際慣例與原則討論。其中與二二八事件最有關係之國際法，最主要者即是「戰爭法」。在進入實際問題討論前，有必要先簡單說明戰爭法之基本意義。

國際法，顧名思義是指規範國家與國家間權利、義務關係之法律，其主要對象是「主權國家」。然而現實國際社會的運作上，並不僅於此，實

---

8 NARA所藏之美國檔案為杜正宇博士提供，謹此敬表最深之謝意。

際上也包含了國家與個人之關係、國際機構與國家之關係、國際機構與個人、或國際機構相互間，以及個人間的相互關係等等，這些關係有時候也是國際法規範的對象。[9]

國際法的形成，雖然主要是由國際間的條約、慣習等等構成，但其中「自然法」，或者說根源於人類理性、正義與衡平的原則，實際上也扮演非常重要的角色。眾所皆知被譽為國際法之父的格勞秀斯（Hugo Grotius，1583-1645），有鑑於歐洲三十年戰爭之慘烈，即主張應基於人類自然的本性，在自然法之上建構能夠無條件約束人類行為的國際法。[10] 國際法中的戰爭法，即是在此思維底下逐漸發展形成。

歷史中，人類常透過武力，亦即以戰爭來解決衝突，戰爭雖然無法避免，但如何防止戰爭，或者說如何降低戰爭帶來之傷害，即是國際法中非常重要的課題。[11] 戰爭是「屈人之兵」，要使對手屈服並遵從勝者的意思，但戰爭卻也不是毫無限制，可以不必遵守任何規則。如果戰爭是解決衝突無法避免之「必要之惡」，但至少應該避免不必要的人命殺傷與財產破壞，遵守「人道精神」，以及只集中在必要性攻擊之「集中法則」，這兩點即是戰爭必須遵守的國際法基本原則。[12] 這些戰爭的基本原則，也不僅適用於兩個敵對的國家，同時也適用於為爭取民族獨立解放、擺脫殖民主義和種族統治等等的武裝衝突。[13]

約束戰爭行為的條約與規範，從一開始對戰爭方法的消極規範，逐漸發展成更積極的人道干涉。也就是不只兩國間的武力衝突行為是規範對

---

[9] 香西茂、太壽堂鼎、高林秀樹、山手治之，《国際法概說》（東京：有斐閣，1994），頁2-3。

[10] 香西茂、太壽堂鼎、高林秀樹、山手治之，《国際法概說》，頁29-30。

[11] 松井秀郎、佐分晴夫、坂元茂樹、小畑郁、松田竹男、田中則夫、岡田原、藥師寺公夫，《国際法》（東京：有斐閣，2007），頁283-284

[12] 香西茂、太壽堂鼎、高林秀樹、山手治之，《国際法概說》，頁283-285；大沼保昭，《国際法：はじめて学ぶ人のための》（東京：東信堂，2009），頁585-586。

[13] 許慶雄、李明峻，《國際法概論》（臺中：明目文化事業有限公司，2012），頁445。

象，更進而防止對領域內國民之大規模人權侵害的情形。[14] 而軍隊應該被約束的行為，都是戰爭法所規範的對象。然而事實上戰爭法是很容易不被遵守與破壞，但是如果能夠實踐以下四點，那麼將可能確保戰爭法能被遵守。一是給予違犯戰爭罪者懲罰。二是透過戰爭進行復仇。三是透過輿論與第三國進行批判。四是由第三者機關履行監視制度。[15] 也就是說對於那些不遵守國際戰爭「法律」而濫權與屠害人民的國家或軍事獨裁者或領導者等，必須給予一定程度或形式的譴責與制裁，這不只是爲維護人類普遍性正義，更是爲防止濫用軍隊屠害無辜人民。

在此背景下，自十九世紀中葉以來，開始透過召開國際會議訂定國際條約的方式，使「戰爭法」明文化。從1856年開始一直到二十一世紀爲止，都不斷有關於戰爭法之制定，其中最顯著與本文有關者如，1899年海牙公約包括4部公約和3個附加宣言，1907年海牙公約包括13部公約和2個宣言，1929年關於改善戰俘待遇的日內瓦公約，1945年聯合國憲章，1948年聯合國防止及懲治滅絕種族罪公約、1977年前述日內瓦諸協定追加議定書等。[16]

因此，戰爭法從消極的約束戰爭行爲，提升爲更積極的「國際人道保護」。[17] 違反戰爭規定即違犯戰爭罪，其重點不在於戰爭所造成的殺傷，而是在過程中是否違反戰爭規定而採取殘酷不人道的手段，以及無端或非必要的，乃至於刻意的殺害無辜平民性命與嚴重侵害人權。戰爭犯罪者被稱爲違犯人類罪或違犯人道罪，這些都應該被追訴與懲罰。並且根據1968年

---

[14] 田畑茂二郎、石本泰雄編，《國際法》（東京：有信堂，1994），第十一章「戰爭法」，頁301-306

[15] 香西茂、太壽堂鼎、高林秀樹、山手治之，《国際法概說》，頁287-290。

[16] 彭明敏，《國際法概要》（臺北：三民書局股份有限公司，1995），頁116-119。前揭香西茂、太壽堂鼎、高林秀樹、山手治之，《国際法概說》，頁292-297。另外參考維基百科戰爭法條項之有關戰爭法之國際條約，參見〈戰爭法〉，維基百科，下載日期：2017年4月26日，網址：https://zh.wikipedia.org/wiki/战争法。

[17] 田畑茂二郎、石本泰雄編，《國際法》，第十一章「戰爭法」，頁301-304。

之「戰爭罪及危害人類罪不適用法定時效公約」，追訴危害人類罪不適用法定時效，也不適用國內法之規定，其追訴對象並及於「容許犯此種罪之國家代表」。[18] 而這些規範與約束，不僅對締約國有效，其實也是擴及所有的國家。[19]

以下本文所論之國際法視野下之二二八事件，即是從前述國際法與戰爭法基本原則出發，探究戰後臺灣歷史事實與戰爭法之關係。

三、臺灣適用國際法的歷史背景

一般常舉二次大戰的「開羅宣言」，作爲臺灣回歸中國的依據，理由爲那是一種政治的承諾，「政治承諾」是具有約束力必須遵守的約定。事實上二次大戰中除了「開羅宣言」、「波茨坦宣言」等政治承諾外，也有「聯合國宣言」以及戰時的政治號召等，在基本原則沒有相衝突下，這些也都應該視爲必須遵守的「政治承諾」。大戰時期臺灣被視爲應「被解放的地區」，臺灣人被視爲應「被解放的人民」。理所當然，臺灣人應該享有這些「政治承諾」的權利。是以在看待國際法應否適用於臺灣之問題時，不只是已成立的國際法，這些「政治承諾」也應該包含在內。

戰時臺灣爲日本屬地，而與日本戰爭中最主要的兩個國家——中國與美國，都曾對臺灣公開承諾。例如：1938 年 4 月 1 日蔣介石對中國國民黨臨時全國代表大會中提到：「……以解放高麗、臺灣的人民爲我們的職志，這是總理生前所常常對一般同志講的。總理的意思，以爲我必須使高、臺的同胞能夠恢復獨立和自由，……」[20] 恢復「獨立和自由」爲國民黨政府

18　陳隆志總策畫、許慶雄總編輯、李明峻主編，《當代國際法文獻選集》（臺北：前衛出版社，1998），頁 609-610。
19　涂若菡，〈國際人道法與臺灣之連結：論違反人道於二二八事件之適用〉，頁 18-19。
20　秦孝儀主編、張瑞成編輯，《抗戰時期收復臺灣之重要言論》（臺北：中國國民黨中央委員會黨史委員會，1990），頁 2。

對臺灣的公開承諾。

另外，1942年8月美國三大雜誌 *Life*、*Time*、*Fortune* 也聯合發表美國對世界大戰的看法，其中對臺灣部分，主張戰後應該「國際共管」臺灣。國際共管裡，中國可以成為主要代表，但不意味臺灣即為中國領土。在國際共管下，臺灣人雖享有完全的自治，但並不意味在未來國際地位上，臺灣可以成為一個獨立國家或享有主權，也不意味可以透過公投方式併入中華民國。另一方面，在國際安全的前提下，臺灣人的自由也不應該受到任何的限制。[21] 1943年3月9日，美國提出「國家獨立的聯合國宣言（Declaration by the United Nations on National Independence）」草案，該宣言中指出，戰爭目標是爭取自由、獨立、人權與正義。所以戰後應協助被殖民地區人民達成這些目標，其方式是先透過託管，然後逐步完成殖民地的獨立。其中指出應接受託管的地區，也包括臺灣。[22]

上述這些宣言共同的重點是，承諾臺灣人戰後可以享有完全的自治。雖然1943年11月下旬的開羅會議中，決定了戰後臺灣要回歸中國，但是前述給予臺灣人「自治」的政治承諾與開羅會議的決定並不衝突，毋寧說這些承諾依舊有效，應該遵守。

事實上開羅會議後，戰後臺灣應適用於國際法原則，更是受到美國當局的確定。1944年6月28日國務院遠東地區委員會（Inter-divisional area committee on Far East），回覆海軍攻佔臺灣後可能面臨的各項問題中，就明確指出；「軍政府各機關必須盡可能的選任臺灣人，鼓勵臺灣人參加軍政府。該統治法律必須符合中國政策，但不能違反美國的理念與國際法規

---

[21] G. H. Blakeslee, "The United States in a New World II: Pacific Relations," *Fortune Supplement* (Aug. 1942), pp. 11-12。該文件也被完整的翻譯成中文，刊登在1942年11月4日起連載的重慶版《中央日報》，有關臺灣部分譯文，也如實譯出。

[22] "Memorandum for the Secretary," in Department of State, United State of America, ed., *Foreign Relations of the United States, Conferences at Washington and Quebec, 1943* (Washington: Dept. of State, 1990), pp. 717-726。該文件中也提到，澎湖暫由託管委員會監管（administrated by Council），臺灣暫由中國監管。

定。以及對日本人的處置必須遵照國際法之規定。除了日本政府公有財產之外，對於日本人私有財產的處置必須遵照1907年的戰爭公約。」[23] 9月27日國務院該委員會又再次回答，基本上也是維持同樣的意見。[24]

　　雖然1944年10月美國海軍放棄攻佔臺灣計畫，但之後美國當局仍認爲在日本投降前有佔領臺灣之必要。戰略情報處（OSS）在10月18日提出了「有關佔領臺灣後軍政府面臨的問題（Salient Problems of Civil Administration in Formosa after Occupation）」，分析了佔領臺灣的必要性。該報告主旨爲戰後如何順利移轉臺灣給中國，但在這之前有些問題必須事先考慮。簡而言之，中國中央政府相當衰弱，隨時有分裂的可能與瀕臨內戰的危機。因此美軍有必要在臺灣設立軍政府。透過軍政府，可以維持臺灣經濟與法律的秩序，提供民眾糧食以確保臺灣安定，避免混亂。軍政府不能再利用現有日本官吏統治，但也缺乏有行政經驗的臺灣人。所以最好的折衷辦法是在美國主導下，運用有民政經驗之中國官吏協助統治，並透過軍政府訓練臺灣人取得自治政府經驗。這樣既可避免中國派系對臺灣資源的掠奪與榨取，又因爲有中國參與，可避免傷害中國政府的威信，同時也可避免美國被批評爲帝國主義，造成臺灣被煽動暴亂的可能。[25]

[23] "Memorandum prepared by the Inter-divisional area committee on Far East," in Department of State, United State of America, ed., *Foreign Relations of the United States, 1944. The Near East, South Asia, and Africa, the Far East* (Washington: Dept. of State, 1990), pp. 1266-1269。本件雖說是對1944年3月27日軍方問題的回答，但回答日期爲6月28日，可能3月之後到6月間軍方又有追加提問，推測應該本件是就這段期間全部的問題一起回答。這裏所指的戰爭公約又稱《陸戰法規和慣例公約》或海牙第四公約，其中第46條規定，「私有財產不得沒收」。參見陳隆志總策畫、許慶雄總編輯、李明峻主編，《當代國際法文獻選集》，頁628。

[24] "Memorandum prepared by the Inter-divisional area committee on Far East," pp. 1272-1274.

[25] 杜正宇，〈終戰前後的臺灣軍政府初探〉，發表於高雄市關懷臺籍老兵文化協會主辦，「第五屆臺灣近代戰爭史學術研討會」（臺中：國立臺中教育大學求眞樓K107演講廳，2015年11月14日）。"R & A #, Salient Problems of Civil Administration in Formosa after Occupation. Description: Preliminary Draft for Discussion in Staff Council," in Office of Strategic Service, Research and Analysis Branch, Far East Division, 29 September, 1944, RG.226, NM548, Box.34 (NARA).

1944年12月美國政府成立「國務院陸海軍協調委員會（SWNCC）」，[26] 關於遠東問題，由附屬SWNCC下之遠東委員會（SFE）負責，臺灣政策即由該委員會決定。1945年3月13日遠東委員會（SFE）討論佔領臺灣設立軍政府的問題，[27] 3月19日得到初步結論，並向參謀長聯席會指示，應繼續研究佔領臺灣的相關問題。[28] 7月30日遠東委員會（SFE）向SWNCC提出樹立軍政府之報告，指出「美國應佔領臺灣建立軍政府，除非中國有能力擔當此一責任」，準備佔領臺灣。[29]

遠東委員會（SFE）設立臺灣軍政府的決議，實際是交由陸軍規劃與執行。陸軍代號「Abolition」的文件，[30] 在其第3頁「軍政府的權責（Authority for Military Government）」中指出，是根據「美國陸海軍民政手冊（OpNav. 50E，War Dept. FM27-5），及陸戰準則（FM27-10）」。OpNav. 50E即是前述海軍臺灣小組編輯的民政手冊，FM27-10即是陸軍陸戰準則（Field Manual）有關佔領的相關規定，這些規定的基本原則即是國際法，也就是適用於1907年的戰爭公約，以及給予臺灣人自治作為基本原則。

然而歷史總免不了戲劇性變化，美軍佔領臺灣的結論，在8月3日立

26 美國海軍圖書館資料，*United States Naval Administration in World War II: Military Government*, Vol. I, p. 25.（未出版）。

27 "Politico-Military Problems in the Far East: Relations of the Military Government of Formosa with China and the Chinese," SWNCC 53, 13 March, 1945, RG.165, NM84, Box.597 (NARA).

28 "Politico-Military Problems in the Far East: Basic Directive for Pre-Surrender Military Government in Formosa, Including Political, Economic and Financial Directives," SWNCC 69, 19 March, 1945, RG.165, NM84, Box.598 (NARA).

29 "Politico-Military Problems in the Far East: National Composition of Forces to Occupy Formosa (Including the Pescadores) in the Post-Defeat Period: Relations of the Military Government of Formosa with China and the Chinese," SFE 104, 30 July, 1945, RG.165, NM84, Box.598 (NARA).

30 "Tentative Plan: Standard Operating Procedure for Military Government: -Abolition," RG.338, Entry: 50418, Box.62 (NARA).

即遭到陸軍羅伯茨准將（F. N. Roberts, Brigadier General）強烈反對。他認爲「實在沒有理由美國非花龐大經費在未來中國領土上，設立暫時性的軍政府。」他強烈要求將遠東委員會（SFE）結論「如果中國方面有執行能力則另當別論，美國應該佔領臺灣建立軍政府」修改爲「如果中國方面眞的沒有執行能力則另當別論，應該由中國在臺灣建立軍政府」。[31]

因此形勢急轉直下，8月6日遠東委員會（SFE）依照了羅伯茨准將的意見修改結論後，重新向SWNCC提出建議。[32]繼廣島原子彈投下後，8月9日長崎亦被投下原子彈，日本已確定接受無條件投降。翌日（10日）參謀長聯席會（JCS）對駐中國的美軍司令魏德邁（Albert Coady Wedemeyer、1897-1989）將軍訓令「提供中國軍佔領臺灣最小限度的必要協助」。[33]11日SWNCC委員會正式提出日後公布的命令第一號原稿，其中Ⅰ之a中首次明白記載臺灣的日軍應向蔣介石投降。[34]15日本宣布無條件投降，17日美國總統羅斯福總統隨即正式公布命令第一號，確定臺灣由中國負責佔領。8月29日駐中國之美軍與中方透過了多次「中美軍事會議」，制定了「佔領臺灣計畫（Occupation of Formosa）」，[35]變成了以「中國爲主、美軍爲輔」，開啓了停戰後中美共同佔領臺灣的歷史。[36]

---

[31] "General Roberts's Memorandum: Subject: SFE 104-National Composition of Forces to Occupy Formosa," SFE 104/1, 3 August, 1945, RG.165, NM84, Box.598 (NARA).

[32] "Politico-Military Problems in the Far East: National Composition of Forces to Occupy Formosa (Including the Pescadores) in the Post-Defeat Period: Relations of the Military Government of Formosa with China and the Chinese," SFE 104/1, 6 August, 1945, RG.165, NM84, Box.598 (NARA).

[33] "The Joint Chiefs of Staff to the Commanding General, United States Forces, China Theater (Wedemeyer)," *FRUS—diplomatic papers, 1945. The Far East, China (1945)*, p. 528.

[34] "Revision of General Order No. 1 SWNCC 21/5," *FRUS—diplomatic papers, 1945. The Far East, China (1945)*, p. 636. 譯成中文爲「中國領域（滿州地區除外）內，臺灣及北緯16度以北法屬支那之所有日本陸海軍及附屬部隊，應向蔣介石委員長投降」。

[35] "Occupation of Formosa," RG493, Entry No.UD-UP590, Box.17 (NARA).

[36] 蘇瑤崇，〈論戰後（1945-1947）中美共同軍事佔領臺灣的事實與問題〉，頁85-124。

日本投降後，國民政府「接收」臺灣，即是上述歷史變化下的結果。就國際法而言，這是一種「國際共同佔領臺灣」。是以在軍事佔領下，無論統治者與被統治者，都有必須遵守國際法的義務。進一步說，大戰當時盟國對臺灣的政治承諾，也是盟國或佔領當局必須遵守的國際規範。而無庸置疑，臺灣人也應該享有國際「政治承諾」的權利與受到國際法的基本保障。

四、違反國際法的佔領統治

在軍事佔領下，臺灣人至少應享有1907年戰爭公約之國際法保障，以及盟國對臺灣人提出「自治以及政治參與」政治承諾之保障。然而，國民黨政府的統治，不僅嚴重違反了國際政治承諾，甚至於也違反國際公約，更有甚者是貪污腐化造成的經濟嚴重退步，更已達到威脅臺灣人基本生存權之地步。以下先就違反國際公約論起。

1907年日內瓦公約附件第三篇「在敵國境內的軍事當局」有相關佔領的規定，其中第四十二條「一地方於事實上已在敵軍權力之下，則視為已被佔領」。[37] 1945年10月25日，國民政府長官公署廢除了臺灣總督府，將臺灣置於直接統治下，這是佔領統治的開始。

在佔領統治下，佔領政府負有最基本的義務。在公約第四十三條明確規定「合法之權力，事實上既已移歸佔領者之掌握，佔領者除萬不得已之外，應用其力所及之一切方法，尊重當地現行之法律，竭力以恢復秩序，保衛民生」。第四十六條「家庭之榮譽和權利、個人之生命及私有之財產以及宗教信仰和奉行，均應尊重。私有財產不得沒收」。簡而言之「尊重現行法律，竭力恢復秩序，保衛民生，不得沒收私有財產」，這是基本的

---

[37] 以下引用條文參見陳隆志總策畫、許慶雄總編輯、李明峻主編，《當代國際法文獻選集》，頁628。

義務。因為這些不只是保障基本人權中的財產權，更是為避免因大規模的私產沒收，引發經濟混亂，進而造成社會動亂。這點也曾在前述美國國務院的回答中明確提到。

然而，國民政府接收臺灣後，首先違反國際法，公然沒收日本人私有財產。[38] 1946年1月，在接收委員會下特別設置日產處理委員會，其組織規程第一條為「臺灣省接收委員會為處理日本在臺灣省內之公私產業，設置臺灣省接收委員會日產處理委員會」，第三條並規定在17個縣市成立分會，專責地方性質之日本人公私財產接收工作。[39] 雖然在佔領下國際法允許接收公有財產，但為保障被佔領地人民的基本人權，私人財產是禁止沒收。然而國民黨政府卻藉著遣返日人之名，同時沒收其私有財產，該項工作約莫在1947年4月完成。[40]

對於國民黨政府這種違反國際法行為，同為佔領者的美軍，曾於1946年2月向美國SWNCC最高當局提出質疑，請求解答。[41] 在經過多次討論後，1946年3月25日結論指出：「基於開羅宣言與波茨坦宣言及9月2日日本之降書等，依照國際法，日本已經「停止」（have ceased）了臺灣的主權。美國認為已經將臺灣交給中國，但最終決定仍需待中、日間最後簽定的和約。[42] 而在1946年4月美國駐臺領事館成立之後，美軍聯絡組撤離臺灣，美國更認為中華民國是臺灣事實上的統治者，只是尚未完成國際法

---

[38] 關於接收日本人公私財產情形，請參見臺灣省接收委員會日產處理委員會編，《臺灣省接收委員會日產處理委員會結束總報告》（鄭州：大象出版社，2009）。

[39] 《日產會修正組織規程》，「臺灣省文獻委員會檔案」（新北：行政院國家發展委員會檔案管理局藏），檔號：A375000100E/0035/012.8/63。

[40] 寶微微，〈臺灣日產的接收〉，「檔案樂活情報」網站，下載日期：2017年1月8日，網址：http://alohas.archives.gov.tw/95/search.html。

[41] CG US Forces China Theater Shanghai China, "Paraphrase of Message from CG, U.S. Forces, China Theater, to War Department," in State-War-Navy Coordinating Committee, "Directive: Sovereignty of Formosa," 5 March, 1946, RG.165, NM84, Box.622 (NARA).

[42] "Brief: 'Sovereignty of Formosa' (SFE168/1, SWNCC 272/1)," 13 March, 1946, RG.165, NM84, Box.622 (NARA).

程序，尚未擁有國際法上的「主權」（de jure sovereignty over Taiwan by China is not yet a fully accomplished fact.）。[43] 對於臺灣的「統治權」與「主權」，美國是分開看待。美國並不反對中國當局沒收收復地區，包括臺灣在內之日本人的公私財產，但這項行為視為是對中國的賠償（reparation），而這些財產的價值必須保留相關紀錄。[44]

由此可知，之後中華民國政府與日本政府簽訂和約中，表面上說「以德報怨」放棄對日本戰爭賠償的要求。但實際上早在這之前，國民黨政府違反國際法沒收日本人私有財產，已經被視為接受過日本的「賠償」。如果執意要再求賠償，那不只是筆難算的賬，更將揭露國民黨政府違反國際法的事實，形成另外的政治問題，「以德報怨」不過是保持雙方面子的下臺階。

此外，甚至透過制定「漢奸」條例，使得「沒收私產」對象，更擴及於臺灣人。[45] 1946年1月17日，臺灣警備總部曾通令舉行全臺漢奸總檢舉，[46] 而造成人心惶惶。當時美國戰略情報處在臺灣的調查即指出，這不只是違反國際法，更造成了臺灣人普遍嚴重不滿。[47]

但這種違法的行為，並未給國民黨政府帶來正面的政治利益，反而更

---

[43] 美國國務院中央檔案機密文件（*Confidential U.S. State Department Central Files—Formosa: Internal Affairs 1945-1949*）（以下簡稱*F.I.A.*），檔案號：894A.00/3-547 Ctl.l065。檔案號：894A.00/8-3046 CS/A，CSBM，No.13，報告標題 "Political and Financial and Economic Development During August 1946," p. 3。

[44] State-War-Navy Coordinating Committee, "Decision on SWNCC 272/1: Sovereignty of Formosa," 25 March, 1946, RG.165, NM84, Box.622 (NARA).

[45] 根據行政院臺韓公私產業決議第二點：「二、臺胞以恢復國籍，除間諜及有助虐罪行者外，其私有財產應度現行法令保護，不得接收，其已接收者應即與歸還。」參見〈行政院會議對臺韓公私產業決議令知案〉，《外僑產業處理》，「臺灣省行政長官公署檔案」（南投：國史館臺灣文獻館藏），典藏號：00306100029001。由此可知，戰後國民黨政府藉口接收而任意沒收臺灣人私人財產。

[46] 〈臺灣舉行檢舉漢奸〉，《大公報》（天津），1946年1月19日，第3版。

[47] "Political and Social Movements in Taiwan (Formosa) Since 1895—Present Conditions in Taiwan under Chinese Administration," RG319, NM82, Box.3313 (NARA).

形成貪污腐敗之根源。例如將日產變為黨產，構成政治的惡瘤，即常為人所詬病，[48] 在當時更引發了嚴重的社會與經濟問題。國民黨人員接收日產的惡形惡狀，不僅深植臺人心中，與造成民眾與政府間的衝突，接收後的日本人產業器具遭到變賣，這些都導致臺灣經濟的後退與失業的惡化，實不暇枚舉。[49] 這些事情都埋下臺灣人極度不滿的種子。

其次，國際公約中提到在佔領下應「尊重現行法律，竭力恢復秩序，保衛民生」，這是佔領政府的基本義務。然而，國民黨政府卻大幅更改法律與政策，不僅無法維持秩序與民生，反而更使社會經濟更加混亂，以至於民不聊生。例如，缺糧是造成二二八事件重要原因之一。戰後佔領的長官公署新政府，面對缺糧問題，雖無傳言輸出大批米糧至中國之弊端。但新政府在廢除總督府米穀「管制配售」政策後，藉口「封存」政策，囤積大批糧食。造成消費市場米數量急凍，也就是「米荒」。結果米價暴騰，糧食問題失控，使偏鄉飢荒與弱勢民眾餓死，導致民怨累積，1946年臺灣的米荒其實是新政府政策所導致的結果，終至二二八事件的發生。[50]

最後則是國民黨政府也公然違背給予臺灣人「自治」的政治承諾，排除臺灣人參與政府。如前述，蔣介石曾提出「解放臺灣後，要給予臺灣人獨立和自由」，美軍也提出「協助臺灣人取得自治政府經驗，避免中國派系對臺灣資源的掠奪與榨取」，更不用說聯合國宣言中保障殖民地解放後人民的自治權利。這些政治承諾與人權價值，在國民黨統治下的臺灣，宛如被踐踏踩在腳下的一張廢紙。

雖然長官公署在1946年1月15日公布國民政府省縣參議會選舉條例與議事規則，並辦理臺灣省公民人數統計，逐步完成鄉鎮級，最終於5月

[48] 王泰升，〈中國國民黨的接收「日產」為「黨產」〉，《律師雜誌》（臺北）245（2000年2月），頁105-111。

[49] George H. Kerr, *Formosa Betrayed* (London: Eyre & Spottiswoode, 1966), Chapter 5, pp. 97-123.

[50] 蘇瑤崇，〈戰後臺灣米荒問題新探（1945-1946）〉，《中央研究院近代史研究所集刊》（臺北）86（2014年12月），頁95-134。

1日最後成立省參議會。[51]辦理由下而上的各級民意機關，在短短八十天內即成立各級參議會，[52]效率之快爲全中國之冠。[53]但實際上省參議會等各級議會，其實是權力被架空不具實質機能的民意機關。[54]

更重要的是長官公署在政府機構內排斥臺灣人。在長官公署接管計畫中有「各機關舊有人員，除敵國人民有違法行爲者外，暫予留用」，提到想盡量維持現狀。但實際上在長官公署完全接收總督府所有機構後，以「剷除敵人勢力爲目的」下，長官公署快速清除日人在臺政治與經濟所有的基礎。包括解除日本人職務，接收日人公私財產，並在最短時間內排除日本人，以大陸外省人取代。就結果而言，臺籍公務員在「總督府」有2,154人（占38.6％）任職，至長官公署卻減爲422人（占24％）任職，臺籍人士在政府中的比例，非常明顯遽減。而在縣市地方政府中，在越高階官員中，臺人所佔比例越少，臺籍只在於低階事務人員有較多的比例。[55]長官公署治臺一年，其間來自中國，含軍人在內約有三萬一千多人，占臺灣總人口0.516%，[56]除去軍人後，卻仍有高達9,951名的公務人員，[57]且多爲上級官僚，平均每三個外省人中即有一人爲公務員，其餘則爲軍人，顯然這是一個以外省人爲中心的政府。外省人等於政府官員特權階級，此一印象

---

51 臺灣省行政長官公署民政處編，《臺灣民政：第一輯》（臺北：該處，1946），頁138-49。

52 臺灣省行政長官公署民政處編，《臺灣省民意機關之建立》（臺北：該處，1946），頁15。

53 臺灣省行政長官公署民政處編，《臺灣省民意機關之建立》，頁7。論文部分請參見陳明通，〈日據背景與大陸經驗：論影響省議會菁英形成與變遷的兩項歷史因素〉，收於臺灣省議會秘書處編，《臺灣省議會成立五十週年紀念專刊》（南投：臺灣省議會，1996），頁311。

54 王泰升，〈臺灣戰後初期的政權轉替與法律體系的承接（一九四五至一九四九）〉，《國立臺灣大學法學論叢》（臺北）29: 1（1999年10月），第5-3節「臺灣各地方民意機關」，頁57-59；鄭梓，《臺灣省參議會史研究》（臺北：華世出版社，1985）。

55 蘇瑤崇，〈論臺灣省行政長官公署「軍事佔領體制」與其問題〉，《臺灣文獻》（南投）60: 2（2009年6月），頁1-43。

56 根據臺灣省民國35年（1946）年底人口統計，當時臺灣本省籍人口爲605萬9,139人，而外省籍爲3萬1,721人。參見李汝和主修、陳紹馨原修、莊金德增修及整修，《臺灣省通志·卷二：人民志·人口篇》（臺北：臺灣省文獻委員會，1972），頁208-209。

57 臺灣省行政長官公署人事室編，《臺灣一年來之人事行政》（臺北：該室，1947）。

深植臺人心中。

在佔領統治下，無論在政府用人或經濟措施，實無異於新殖民統治。[58]很快造成臺灣人失業問題嚴重化，對新政府怨聲載道。[59]1946年夏天以來，民眾不滿情緒已達到極點，各種謠言漫天飛舞，有說長官即將被撤換，有說陳儀隨時可能被暗殺。[60]治安越來越壞，犯罪以驚人的速度不斷增加，而也從偷竊發展成幫派式的集團搶劫。[61]但政府警察卻認為他們凌駕法律之上，甚至公然與法院武裝衝突，且不斷侵犯一般市民的權益。人民對政府沒有信心，不滿持續升高，從山地到海邊，到處均有小型零星散亂暴動。[62]人民對政府的不滿與憎恨持續升高，美國領事館的報告甚至預測，若此下去半年內臺灣將發生暴動。[63]進入1947年，大型反政府暴動已達到

58 蘇瑤崇，〈脫殖民地乎：UNRRA資料所見的臺灣戰後善後重建問題〉，收於蘇瑤崇主編，《聯合國善後救濟總署在臺活動資料集》（臺北：台北二二八紀念館，2006），頁9-33。

59 臺灣民間於1987年開始要求平反二二八事件起，官方與民間的報告與論述接踵而來，對於二二八眞相之探究與論述實多至不勝其數，如：行政院新聞局編，《二二八事件專案報告》（臺北：該局，1989）；陳木杉，《二二八眞相探討》（臺北：陳木杉，1990）；王建生、陳婉眞、陳湧泉，《一九四七臺灣二二八革命》（臺北：前衛出版社，1990）；陳俐甫編著，《禁忌‧原罪‧悲劇：新生代看二二八事件》（臺北：稻鄉出版社，1990）；李筱峰，《二二八消失的臺灣菁英》（臺北：自立晚報社文化出版部，1991）；藍博洲，《沉屍‧流亡‧二二八》（臺北：時報文化出版企業股份有限公司，1991）；陳俐甫、夏榮和、林偉盛合譯，《臺灣‧中國‧二二八》（臺北：稻鄉出版社，1992）；阮美姝，《幽暗角落的泣聲：尋訪二二八散落的遺族》（臺北：前衛出版社，1992）；戴國煇、葉芸芸，《愛憎2‧28：神話與史實──解開歷史之謎》（臺北：遠流出版事業股份有限公司，1993）；陳翠蓮，《派系鬥爭與權謀政治：二二八悲劇的另一面相》（臺北：時報文化出版企業股份有限公司，1995）；藍博洲，《高雄縣二二八暨五○年代白色恐怖民眾史》（高雄：高雄縣政府，1997）等為其中著名者。

60 美國機密檔案(F.I.A.)檔案號：894A.00/10-246 CS/A，CSBM，No.19，報告標題"Political, Financial and Economic Development During September 1946," p. 2。

61 美國機密檔案(F.I.A.)檔案號：894A.00/10-3146 CS/JEC，CSBM，No.24，報告標題"Political Development During October, 1946," p. 4。

62 美國機密檔案(F.I.A.)檔案號：894A.00/12-346 CS/R，CSBM，No.30，報告標題"Political and Economic Review for Taiwan, November 1946,"pp. 2-4。

63 美國機密檔案(F.I.A.)檔案號：894A.00/3-1546 CS/AW，CSBM。報告標題"Condition in Formosa"。

隨時一觸即發之狀況。[64]

　　若從國際法角度而論，在此情況下發生的二二八事件，可說是臺灣人民對於一個不守國際法規範、不重視國際承諾，以及採取惡質殖民政策之貪污腐敗中國佔領政府之反抗。而從政治學角度而言，這是具有充分正當性（Legitimacy）[65]的反抗行為。

五、準戰爭性質的二二八鎮壓

　　過去國民黨政府定位二二八事件是「叛亂」事件，鎮壓是必然結果。但近年國民黨官方改稱這是「官逼民反」，意圖將事件模糊並曲解這是國共內戰的延伸，以遙相呼應共產黨官方「一個中國」的解釋。[66]另外，非國民黨學者為突顯二二八事件的悲劇性，而認為這是「政治改革」要求，或認為這是「文化衝突」，不認為這是「叛亂」，也不認為鎮壓與屠殺屬於戰爭行為。[67]但若從國際法角度來看，近年的這些說法反而不符合事實。

　　從臺灣人的反抗行為而論，首先是「毆打外省人」，這是最常被提出的代表性行為。但如前述，當時「外省人」含軍人在內約三萬一千多人，

64　賴澤涵總主筆，《「二二八事件」研究報告》，第一章「事件的背景」，頁11。

65　南原繁，《政治理論史》（東京：東京大学出版会，1968），頁216-221；蔡英文，〈政治權力及其正當合法性〉，《當代》（臺北）124（1997年12月），頁42-51；中谷義和，《政治學入門》（京都：法律文化社，1998），頁5-6、33；Alan Isaak著、王逸舟譯，《政治學概論》（臺北：五南圖書出版股份有限公司，1993），頁91-92；任德厚，《政治學》（臺北：三民書局股份有限公司，2008），頁9-10；高木八尺、末延三次、宮沢俊義編，《人權宣言集》（東京：岩波書店，1978），頁20-21。

66　2006年2月22日下午中國國民黨舉行中常會，會中主席馬英九說「省籍不是二二八事件衝突的核心，官逼民反才是問題根源」，並邀請楊渡演講，以「還原二二八」為題指出，「二二八事件是一場偶發性的群眾暴動，也是國共內戰的延伸」。指二二八事件背後有共產黨的參與。參見林沂鋒，〈馬英九：官逼民反才是228事件的根源〉（2006年2月22日），「大紀元新聞網」網站，下載日期：2017年1月13日，網址：http://www.epochtimes.com/b5/6/2/22/n1233515.htm。

67　陳志龍，〈二二八事件屠殺行為的刑事法律責任〉，頁499-500。

其中更有高達9,951名政府公務人員，且多爲上級官僚，其餘多爲軍人。對當時臺灣人而言，顯然「外省人即政府官員」，對政府反感，最直接的表現即是毆打，「毆打外省人」實際上就是毆打官員或軍人。這並非出自於「排斥外來移民」的社會與文化衝突，而是基於起義反抗腐敗政府的政治行爲。對佔領政府而言，毆打代表政府的「外省官員」，當然是反政府行爲。

其次，不只毆打外省官員，各地更有攻打或佔領官舍，或意圖接收政府機構，或掠奪武器，或號召受過軍事訓練的臺籍青年加入組織等，這些行爲更是反抗佔領政府的直接表現。不只如此，更有直接的軍事對抗。舉其著者如，臺南嘉義的自治聯軍，[68] 青年軍，[69] 中部的二七部隊，[70] 陳篡地的斗六部隊，[71] 或雲林之樟湖、古坑、梅山之戰與嘉義包圍水上機場之戰[72] 等等。對佔領政府而言，這些「軍事對抗」，毫無疑問是「叛亂行爲」。

前述國際法提到的「佔領」，是指「在敵軍事權力控制下」，對於佔領下人民反抗佔領當局一事，並無言及。但「佔領」其實是爲遂行戰爭目的的行爲，在未簽定和約前，戰爭目的都不算完成，「佔領」實際上被視爲戰爭狀態延續。[73] 佔領者爲確保戰爭成果，盡一切力量消除佔領地人民的反

---

68 〈黃仁里致電林振藩報告臺南縣東石區暴首黃媽典已捕送高雄司令部法辦（民國36年4月1日）〉，收於許雪姬主編，《保密局臺灣站二二八史料彙編㈠》（臺北：中央研究院臺灣史研究所，2015），頁267。

69 〈張秉承致電南京言普誠報告臺南縣暴動主犯李讚生、簡溪圳、林植發等逍遙法外情形（民國36年4月9日）〉，收於許雪姬主編，《保密局臺灣站二二八史料彙編㈠》，頁291。

70 蕭明治、黃秀政、歐素瑛，〈二七部隊〉，收於張炎憲主編，《二二八事件辭典》（臺北：國史館、財團法人二二八事件紀念基金會，2008），頁3-4。

71 李筱峰撰，〈陳篡地〉，收於許雪姬總策劃，《臺灣歷史辭典》（臺北：行政院文化建設委員會、中央研究院近代史研究所、遠流出版事業股份有限公司，2004），頁858。

72 陳儀深，〈雲嘉二二八再探：口述史與檔案對照的研究〉，發表於中央研究院臺灣史研究所主辦，「新史料與二二八研究」學術研討會（臺北：中央研究院人文社會科學館北棟3樓第一會議室，2013年11月29日）。

73 安藤仁介著、李明峻譯，《國際法上的佔領、投降與私有財產》，第五章第一節，頁106-119。

抗，出兵鎮壓，實屬必然。是以3月6日陳儀請求派兵鎮壓之報告，歸納結論爲「爲保持臺灣，使其爲中華民國的臺灣，必須迅派得力軍隊來臺」。[74]這是視二二八事件爲背叛行爲，中華民國有可能因此失去臺灣，爲保有此一戰爭成果，當然必須出兵鎮壓。因此二二八事件的反抗與鎮壓過程，應該視爲在一時停戰下，爲壓制佔領下的反叛而重啓的「戰爭」。

在國際法中，當時佔領下的臺灣仍屬於日本，臺灣人仍非中華民國國民。對國民黨當局而言，對臺鎮壓是爲維護戰爭成果的鎮壓「叛亂」。正如《文匯報》所謂，這是「征服異邦」。[75]但當時日本的主權已被停止，臺灣的日本政府已被廢除，日本人已被遣返，所以這場戰爭與日本無關，僅能視爲臺灣人單獨反抗腐敗的佔領當局。是以「鎮壓」並非中日戰爭的延續，應視爲這是中華民國與臺灣人的戰爭。

就國際法而言，臺灣人的軍事反抗，本可以被視爲「交戰團體」，[76]但實際上在二二八事件戰爭中，雙方武力極爲懸殊，根本不成比例，在還未構成足以被視爲交戰團體條件之前，民間反抗組織在很短的時間早已被擊潰消滅。但因爲這是民眾執起武器的「反叛」事件，他們應該符合陸戰法規第二條所謂「民兵」之條件。[77]或者說如1949年的日內瓦諸條約第三條所定，爲了保護戰爭中的無辜者，即便無交戰團體之承認，也應適用於戰爭法的保護。[78]正因爲這是一場戰爭，是以討論相關「究責」問題時，不應該從中華民國的法律而論，而是應該從國際法戰爭規約中探討其「違反

---

[74] 〈陳儀呈蔣主席三月六日函〉，收於中央研究院近代史研究所編，《二二八事件資料選輯㈡》（臺北：該所，1992），頁59-60。

[75] 〈臺灣的動亂〉，《文匯報》，1947年3月23日，第6版。

[76] 國際法所謂的「交戰團體」是指叛軍佔領一個地方，執行實際上的統治，並獲得第三國的承認。參見香西茂、太壽堂鼎、高林秀樹、山手治之，《國際法概說》，頁93。

[77] 第二條規定爲「未被佔領的地方之人民，於敵人逼近時，自舉軍械以抗拒侵襲，未暇遵第一條規定編制成伍者」。參見陳隆志總策畫、許慶雄總編輯、李明峻主編，《當代國際法文獻選集》，頁623。

[78] 酒井啓亘、寺谷広司、西村弓、濱本正太郎，《国際法》（東京：有斐閣，2011），頁577-558。

戰爭規約的行爲」，進而從其中追究相關責任。

六、違反國際法的鎮壓行爲

如前述，除戰爭法外，二戰後爲保護平民免於戰爭中無謂的傷害，於是發展出更進步的國際人道法。有關國民黨政府鎮壓違反國際人道法之問題，在前揭涂若芺碩士論文中已有所述。該文主要以1949年後更高標準的國際人道法，論述「鎮壓」違反人道法的相關事項。然而就算以1905年時仍屬初期發展階段的戰爭法之標準而論，國民黨的鎮壓行爲仍然嚴重違反「戰爭法」，以下就此點做進一步補充說明。

1905年公約中對「開啓戰爭」有宣戰的規定，例如有附帶條件的宣戰通知，或以最後通牒形式之表示等。[79] 這是因爲戰爭之目的是爲屈服敵人之意志，用以達到自國之政治目的，並非也不應該以殺害無辜市民生命爲目的，透過宣戰或使敵人屈服或可減少無謂傷亡。雖然鎮壓佔領地，其層級遠遠低於國家間的戰爭，不一定非正式宣戰通告不可。但在實行「戰爭手段」前，若能採行「事先警告」的政治手段，不只是「師出有名」，更是在避免濫殺無辜，達到不戰而屈人之兵的政治目的。

如前述，二二八事件之初，臺灣人普遍攻擊外省公務員，佔領公署，劫收武器，號召受軍訓年輕人加入等。就國際法而言，臺灣當時仍是「敵國」領土，臺灣人仍爲敵國「皇民」。姑不論反抗不義具有政治上的「正當性」，但對統治當局而言，臺人行爲明顯違反「停戰」狀態，無異「叛亂」，當然可以名正言順的出兵鎮壓。並且當時政府與民間的實力相差極度懸殊，完全不成比例。鎮壓之前，國民黨政府實可光明正大地事先警告，在一定期日前，若秩序未恢復，將出兵鎮壓等。

但國民黨政府卻反其道而行，採公然欺騙與進行偷襲式的鎮壓。在臺

79　陳隆志總策畫、許慶雄總編輯、李明峻主編，《當代國際法文獻選集》，頁606。

灣方面，陳儀早在事變一開始就決定鎮壓，最遲已於3月2日電請中央，要求立即派兵來臺鎮壓。[80] 但在3月3日，陳儀卻宣稱政府願與民眾代表商討改革要求，刻意說將在3月10日時提出具體改革方案。[81] 3月5日，明知中央大軍即將開到，但民間已生疑，然陳儀甚至刻意對蔣渭川舉手發誓說「絕無此事」。並在公開場合不斷安撫、誆騙民眾，甚至說出「中華民族最大德性是寬大，不以怨報怨」的談話。[82] 憲兵團長張慕陶與警備總部參謀長柯遠芬等，正準備配合國民黨軍的登陸展開鎮壓。但3月8日在中山堂對二二八事件處理委員會的公開演講中，張慕陶卻發誓「決以生命保證」，「本省此次之要求改革政治，甚為正當，中央一定不會調兵來臺。」以此謊言來避免臺灣人聞風逃避。[83]

中央政府的欺騙造假行為，亦不遑多讓。在3月2日上海《新民晚報》報導二二八事件「臺北民眾騷動，死傷約三四千人」。此一聳動虛構的消息，自然造成隔日其他報紙，包括外國報紙紛紛做相同報導。3月5日《中央日報》更在未經任何調查下，虛情假意的更正外省人死亡人數為「四百人」。然後，3月6日國民黨中宣部長彭學沛藉此回答記者說：「據中央社報告，臺灣本地人死僅約百人，他省人約四百人」，成為國民黨官方正式捏造的外省人死傷人數，煽動仇恨臺灣人的情緒。國民黨政府虛構外省人死亡人數之目的，即在於取得鎮壓臺灣的輿論支持。[84]

在整個鎮壓中，國民黨政府利用捏造的「外省人死傷人數」做為軍隊

---

80 今年（2017）國史館公布了「寅冬亥親電」證實了陳儀於3月2日向蔣介石請兵鎮壓。參見薛月順編，《二二八事件檔案彙編（兽）：總統府檔案》（臺北：國史館，2017），頁231-232。

81 美國國務院中央檔案機密文件（*Confidential U.S. State Department Central Files: China: Internal Affairs 1945-1949*）（簡稱*C.I.A.*），檔案號：893.00/3-447 Ctl.654，電文無標題。

82 陳翠蓮，〈臺灣軍政層面的責任〉，收於李旺台、楊振隆總策劃，《二二八事件責任歸屬研究報告》，第四章，頁202-207。

83 〈張慕陶氏懇切呼籲 確認改革政治目標 勿牽涉軍隊之事以刺激中央 願以生命擔保中央決不調兵〉，《台灣新生報》，1947年3月8日，第1版。

84 蘇瑤崇，〈謊言建構下二二八事件鎮壓之正當性：從「大溪中學女教員案」論起〉，《臺灣史研究》（臺北）21:3（2014年9月），頁109-136。

任務的行前教育，而對無辜平民任意開槍。[85] 或如英國淡水領事館報告提到「政府士兵以機槍掃射毫無武裝民眾，（當場）死亡民眾有五十人以上。並形容士兵有「扣板機的快感（trigge-happy）」。[86] 這些無視國際規約與駭人的屠殺行為處處可見，對國際戰爭法規，國民黨政府簡直視如無物。

眾所皆知，高雄市是最早遭到鎮壓的城市，其鎮壓過程，更充分反映出司令官彭孟緝狡猾奸詐的一面。他偽裝接受市府和談代表前來談判，然後再藉口有刺客而出兵市區全面鎮壓。整個過程充滿著狡詐的算計，為著就是要使在市府開會的市民代表不知道警戒與逃避，以能趁機一網打盡，甚至於在行進的路上更是屠殺無辜市民。[87]

從這些事實可知，國民黨政府一方面指控臺灣人叛亂，但卻不敢光明正大宣示出兵，而為達到最大的殺害目的，反而是以欺騙手法，偷偷摸摸方式出兵鎮壓。孫子兵法上說用兵最高原則是「不戰而屈人之兵」，但國民黨的用兵卻是反其道的「不教而殺」，對無武裝的市民，採行「偷襲」的陰暗手段，這是一種極度卑劣怯弱與不道德的行為。如前文所述，戰爭法的「宣戰原則」是為出兵戰爭取得政治上的正當性，但鎮壓前，國民黨從不敢公開說「臺灣人叛亂，必須出兵鎮壓」，卻採行欺瞞「不宣而偷襲」的鎮壓，不僅違反國際法「宣戰」原則，更違反戰爭公約第二十三條中「以欺騙之法殺傷敵國之民兵」。[88] 這是毫無政治道德，完全沒有政治的「正當性」。

---

85 3月23日《文匯報》的〈臺灣的動亂〉文中報導：「有些軍隊在上海開發時，是聽到了臺灣的外省人已被殺死多少，甚或是殺完了這些消息的，因此更鼓足『殺心』來放槍，很有點『格殺勿論』，征服異邦的神氣。因此善良的本省老百姓，自然有很多無辜遭害。十一號起，在當局明令禁止軍隊任意放槍，不得藉故檢查侮辱良民，或乘機姦淫擄掠指示中，我們也不難窺知九，十兩日中，他們的天下是多麼的『自由』。」參見〈臺灣的動亂〉，《文匯報》，1947年3月23日，第6版。

86 〈英駐淡水領事館函件：第十三號〉，收於魏永竹、李宣鋒主編，《二二八事件文獻補錄》（南投：臺灣省文獻委員會，1994），pp. 508-515。

87 許雪姬，〈高雄二二八事件真相再探〉，收於高雄市文獻委員會編，《紀念二二八事件60週年學術研討會論文集》（高雄：該會，2008），頁173-218。

88 陳隆志總策畫、許慶雄總編輯、李明峻主編，《當代國際法文獻選集》，頁626。

其次，鎮壓過程中處處違背戰爭公約之事例，實多到不可勝數。例如，在事件爆發後警備總部即在2月28日與3月1日派出士兵乘坐軍車在街頭掃射，造成市民多人傷亡，其使用的子彈即「達姆彈（dum-dums）」，[89] 這是違反1900年國際禁用「達姆彈」公約。[90]

再如國際陸戰法規第三章之「軍使」中規定，軍使有不可侵犯之權利。所謂軍使，即手持白旗向交戰者談議者。往見之司令官雖然有拒絕接見的權利，但是一但接見，其所有參與者都有不可侵犯之權利。[91] 但是在二二八事件中，那些負責談判的臺灣人代表，往往成為第一個犧牲者。如前述，代表高雄市政府談判的涂光明、曾豐明等人，或者是代表嘉義市民前往談判的陳復志、陳澄波等人，他們都是在談判的現場立即被逮捕，然後立即未經公開審判程序即遭殺害。雖中國自古也有「不斬來使」之原則，但國民黨政府卻恣意殺害談判代表，這不只違反國際法，更是嚴重違反道德的行為。

再其次，戰爭規約中對於遭逮捕者，即所謂俘虜，明確規定「俘虜屬於敵國政府權利之下，不屬於個人或軍隊權利之下。俘虜應以人道待之」。[92] 在鎮壓過程中，國民黨政府大肆逮捕平民並未加審判即予以處決。如楊逸舟記述「數百名被認為暴徒的人們，足踝被貫穿鐵線，三五人一組被拋進海中。有時，十數人一組，用鐵線貫穿手掌，有的已氣絕，有的半氣絕，統統綑成一團，拋入海中。不數日，無數的無名屍像海綿似地吸飽海水，

89　當時軍人肆意朝民宅開槍，曾有子彈打到醫院，而卡在厚重的醫學書中。該書與子彈，現為臺北市二二八紀念館珍藏之物證。美國機密檔案（*F.I.A.*），檔案號：894A.00/3-547 Ctl.1065，電文無標題。 至三月三日為止之事件發生原因、各民眾團體、政府因應態度、民眾反映、乃至外國團體的觀感等，則有詳細的分析報告。可參見美國機密檔案（*F.I.A.*），檔案號：894A.00/3-1447 No.563之No.42。

90　奧脇直也編，《国際条約集：2010年版》（東京：有斐閣，2010），頁683-684。

91　陳隆志總策畫、許慶雄總編輯、李明峻主編，《當代國際法文獻選集》，頁627。

92　陳隆志總策畫、許慶雄總編輯、李明峻主編，《當代國際法文獻選集》，頁623。

浮上海面，漂到海邊來」。[93]

　　再如高雄王清佐律師，在家中被捕，卻被以鐵絲網雙手反綁於樹上，以至於兩手掌壞死。[94] 更不用說諸如，王添灯逮捕後遭到「密裁」，[95] 甚至在白崇禧來臺之後，明令所有二二八事件的嫌疑犯，應全部移送臺灣高等法院接受審理。但之後到了4月，鎮壓早已應告一段落，卻仍然發生張七郎父子在自宅遭到逮捕，以及遭到密裁之事。[96] 這些人士，甚至於沒有參加任何實際反政府行動，他們甚至於不能說是「俘虜」，只是一般平民而已。全臺灣各地如上述例子實多到無法一一枚舉，上述不過是特別為眾所知顯著報復屠殺之事例而已。更多事例在諸多論述二二八事件的專書中，都有不同程度的記述。這些被逮捕者，無論是否為「俘虜」或平民，不僅沒有受到公平審判，甚至於連受到最起碼基本的人道待遇都稱不上。

　　從上述事例可知，這個政府假「鎮壓」之名，而對臺灣人民進行政治肅清與屠殺之實，而其過程更採行相當殘酷且不人道的手段，絲毫沒有遵守國際規範的思維。國民黨政府鎮壓中所為是屬於嚴重的戰爭犯罪行為，是反人類的罪行，國際法中的違犯人道罪。

七、追究違犯人道法責任與戰爭犯罪的對象

　　臺灣社會對二二八事件，起初以追查事件真相為主，從1987年的「二

93　李筱峰教授之〈基隆二二八屠殺〉專文中引述楊逸舟書之記載。參見李筱峰，〈基隆二二八屠殺〉（2016年3月4日），「民報」網站，下載日期：2017年2月10日，網址：http://www.peoplenews.tw/news/29b62f1e-d635-42ed-9a3f-5435bc0533f3。

94　許雪姬、方惠芳訪問，吳美慧等紀錄，《高雄市二二八相關人物訪問紀錄（中冊）》（臺北：中央研究院近代史研究所，1995），頁30。

95　〈張秉承致電言普誠報告王添灯已被密裁、陳復志已被槍斃（民國36年4月29日）〉，收於許雪姬主編，《保密局臺灣站二二八史料彙編㈠》，頁74。

96　〈許靖東致電丁立仁報告張七郎父子三人遭密裁（民國36年6月6日收）〉，收於許雪姬主編，《保密局臺灣站二二八史料彙編㈢》（臺北：中央研究院臺灣史研究所，2016），頁128-129。

二八公義和平運動」開始，到了1991年行政院研究二二八事件小組的誕生，以及1994年國內首次出版《「二二八事件」研究報告》為止。[97] 這一階段以突破禁忌，調查研究事件真相為主。之後隨著二二八事件研究越來越深入，社會也就越來越重視追究加害者責任之問題。到了2006年，二二八事件紀念基金會提出《二二八事件責任歸屬研究報告》後，才正式提出追究加害者責任之問題。但因對於事件性質論述差異之故，該研究報告仍有許多有待商榷之處。若從國際法而論，實可以補充該責任追究報告之論述與理由不足處。

首先，就性質而言，前揭陳志龍教授之〈二二八事件屠殺行為的刑事法律責任〉中，認為二二八事件不是戰爭，應從「刑事」論其罪行。但是動用軍隊進行的鎮壓，本質即是戰爭。否定鎮壓即是戰爭，這種看法與歷史事實不相符合。而且是否可以刑法來衡量戰爭狀態下的各種問題，本身就是一大疑問，更不用說刑法根本不能適用戰爭狀態下的軍人，法理上具有矛盾與爭議，實務上根本不可行。

其次，自1990年代以來，社會即有追究「出兵」責任之呼聲。到了二二八責任歸屬報告，陳儀深教授認為「派兵決策」是「國民政府主席蔣介石應負起最大責任」之理由。[98] 前揭涂若玐碩士論文中，也是指出的蔣介石「同意派兵」為其應負之責任。[99] 然而從「究責」角度而言，這種「政治責任」式的究責，不僅不具體與不徹底，更且反而有模糊應負「罪責」之虞。

如前述國際間雖有努力促使戰爭「非法化」之理想，但實際上以戰爭作為解決衝突的手段，仍舊無法避免或禁止。是以在無法真正廢除戰爭前，就算是有必須出兵戰爭的理由，至少也必須遵守「人道精神」與「集

97　賴澤涵總主筆，《「二二八事件」研究報告》。
98　陳儀深，〈南京決策階層的責任〉，頁145-169。
99　涂若玐，〈國際人道法與臺灣之連結：論違反人道罪於二二八事件之適用〉，頁89。

中原則」之底線，戰鬥方法、手段與對象必須受到限制，這就是戰爭法的意義。若違反「戰爭法」規範進行不必要地濫殺無辜與侵害人權，無論是對外國或對國內之戰爭，無論是對「敵軍」或「平民」，這都是「戰爭犯罪」與「違犯人道罪」，都是國際法中情節最重大之罪。[100]

若以「警察執法」來比喻的話，警察並不能藉口「維持治安」而同時進行搶劫、強姦以及濫殺無辜，也不可以對所逮捕的人進行虐待或酷刑，更不可以在未進行審判前任意予以處決，若有任何上述一項，都是嚴重的犯罪行為。其所屬機構或首長必須予以舉發懲罰，若包庇縱容也是嚴重犯罪行為，再則其所屬政府也應該舉發懲處相關機構與首長之縱容責任，否則也是嚴重的犯罪行為，同樣該政府及該政府領袖，若包庇縱容乃至獎勵相關犯罪行為，更是嚴重的犯罪，同樣都必須被追究並接受最嚴重之制裁。戰爭法之「違反人道罪」的意義即在與此。因此，在探討二二八鎮壓究責之焦點，並不應在「派兵問題」上，而是在鎮壓過程中違反國際規範「不必要地濫殺無辜與侵害人權」之「違犯人道罪」，這才是真正問題核心所在。

在1907年的海牙陸戰法規第一條提到：「締約各國應按照附於本約之陸戰法規及慣例章程訓示陸地各軍」。第三條提到：「凡交戰國若違犯前述章程中之各款，如有損害則須賠償，即其軍中人等之一切行為，該國亦須負責」。[101] 1968年制定的戰爭罪及危害人類罪中，追究戰爭犯罪的對象更明確指出及於「容許犯此種罪之國家代表」。[102] 違犯戰爭法規追究對象，不僅是行為當事人與國家代表，「國家」更應該負起戰爭犯罪的責任。[103]

如前述二二八鎮壓中最令人感到憤怒，即是諸多違反戰爭法規範，違犯人道的罪行。當局為了達到報復與政治私慾，縱容士兵劫掠強暴、濫殺

---

100 陳隆志總策畫、許慶雄總編輯、李明峻主編，《當代國際法文獻選集》，頁609。

101 陳隆志總策畫、許慶雄總編輯、李明峻主編，《當代國際法文獻選集》，頁621。

102 陳隆志總策畫、許慶雄總編輯、李明峻主編，《當代國際法文獻選集》，頁609-610。

103 酒井啓亘、寺谷広司、西村弓、濱本正太郎，《国際法》，頁577、650。

平民無辜與有計劃肅清臺籍菁英分子。這種令人髮指嚴重違法行為，不僅領導之軍官無一受到處罰，鎮壓指揮官如張慕陶者流，甚至於因鎮壓有功而高昇。[104] 當時受鎮壓之害最慘的高雄市指揮官彭孟緝，甚至更因而不次擢升為警備司令，日後被蔣介石授予青天白日勳章理由之一也是「處理二二八事變，卓著功勳」。[105] 由此可知，此一嚴重的戰爭犯罪，違犯人道罪行，並非單純的戰爭行為，而是受到國民黨政府當局的默認、容許，乃至於事後的獎勵。這點才是究責問題最應該清楚揭諸於世之處。

由此可知，究責應該全面檢討，首先確立基本具體的違犯戰爭行為，先行追究當時指揮官違反戰爭罪之罪行。其次，這也是國民黨政府組織性的戰爭犯罪行為，也應該被追究戰爭犯罪的罪行。更重要的是必須追究領導者蔣介石默許、縱容與獎勵違犯人道罪的罪行。最後這是以「中華民國」國家之名為之的戰爭犯罪，當然「中華民國」也應該要負起戰爭犯罪的責任。

二二八鎮壓之戰爭犯罪，好比日本之「南京大屠殺」、納粹之「屠殺猶太人」，都是一種反人類的嚴重罪行，其對行為人的追究，是永久、沒有期限。如果行為人還在世一天，就必須接受戰爭罪犯的審判；如果已經過世，至少也必須透過「歷史的審判」，給予明確的「戰爭犯罪」之定罪。當事者國家不只應該負起「認罪」與「賠償」的責任，更應該負起追究犯罪當事人罪行之責任。

然而對二二八事件責任的追究，臺灣社會並不積極，雖幾經政黨輪替，新任政府當局依然對「究責問題」視若無睹。這點實與1949年後，中華民國成為臺灣的遷佔者國家（settler state）有關。[106] 在這個遷佔者國家底下，

---

104 陳儀深，〈南京決策階層的責任〉，頁136-169。

105 許雪姬編纂，《續修高雄市志·卷八：社會志·二二八事件篇》（高雄：高雄市文獻委員會，1995），頁57。

106 有關中華民國遷佔者國家之討論。參見黃智慧，〈中華民國在臺灣（1945-1987）：「殖民統治」與「遷佔者國家」說之檢討〉，收於臺灣教授協會編，《中華民國流亡臺灣60年暨戰後臺灣國際處境》（臺北：前衛出版社，2010），頁161-192。

臺灣人從佔領下的「異國人民」而成爲「國民」的主體。在此情況下，本該追究違犯人道罪的執政者，卻被執政者透過政治權力運作而抹煞與轉移了責任追究外，臺灣人民更是被扭曲與模糊了是非正義，而無知與無勇氣於應追究犯罪的對象與方向，更忘卻了追究責任之必要。

八、結論

　　二二八事件的悲劇，主要源自於一種野蠻落後而無視國際人道規範的中國政治文化，在國民黨政府違反國際法的統治下發生。更可悲的是，在此文化背景的政府統治下，扭曲了臺灣人的國際觀與對公理、是非、正義與人權價值之認識。雖然事件發生已過了70年，但對於事件之探討，仍是以原因過程或性質爲主，以至於現今事件仍然只有受害者而無加害者，這種錯亂最主要原因是，沒有深切認識其背後即是一種「國家犯罪」，並缺乏追究犯罪行爲者之決心。

　　從國際法而論，就算「出兵」是無法避免「必要之惡」，但仍有最基本的「人道原則」必須遵守。但國民黨政府鎮壓濫殺無辜與侵害人權，很顯然這是嚴重違反國際人道法的戰爭犯罪。加害者不只是實際執行的軍士兵官，還有下令的指揮官外，更且事前派兵事後包庇與獎勵犯罪軍人的領導者蔣介石，乃至於整個國民黨政府所進行的捏造、扭曲與行政司法上的加害等，他們都是應該被追究這些戰爭犯罪的罪行。

　　不只如此，二二八事件鎮壓是以國家名義犯下違犯人道的戰爭罪行，追究對象更應該溯及「中華民國」這個國家。好比日本的南京大屠殺，德國人的屠殺猶太人，不僅是當時德、日政府應負罪責而已，這兩個「國家」也都必須負起戰爭罪行。由此而論，「中華民國」這個國家當然也應該負最大責任與償贖罪行。但正因爲臺灣處在中華民國遷佔者國家的歷史情況下，臺灣人迄今並未、也無法追究國民黨與中華民國此種違犯人道的戰爭罪責。

　　「轉型正義」的意義，應該追求更高的「政治普世價值」。這不應該只是學術研究或嘴巴說說而已，政府更應該要有實際的行動予以達成。國際法中主張追究戰爭犯罪，必須予以懲罰，這是在實現更高的「普世價值」與「歷史正義」。就學術見地而言，應該比照戰爭犯罪者Ａ、Ｂ、Ｃ級分類，以追究二二八戰爭犯罪者的罪行。透過歷史審判予以定罪，同時透過行政司法權力，昭告其罪行並褫奪其身後所受的一切尊榮，這才是真正追求轉型正義行動的開始。此外，也應該比照東德，必須追究國民黨的歷史責任。更且根據國際法「民族自決」精神，臺灣人應該建立屬於臺灣住民之自由、民主、人權的獨立主權國家，這才是「轉型正義」最該追求之終極目標。

引用書目

《大公報》（天津）

《中央日報》（重慶版）

《文匯報》

《台灣新生報》

「臺灣省文獻委員會檔案」，檔號：A375000100E/0035/012.8/63。新北：行政院國家發展
　　委員會檔案管理局藏。

「臺灣省行政長官公署檔案」，典藏號：00306100029001。南投：國史館臺灣文獻館藏。

美國外交檔案（*Foreign Relations of the United States: diplomatic papers*）。

美國海軍圖書館資料，*United States Naval Administration in World War II: Military Gov-
　　ernment*, Vol.I（未出版）。

美國國家檔案館（NARA）資料。

美國國務院中央檔案機密文件（Confidential U.S. State Department Central Files—China:
　　Internal Affairs 1945-1949，簡稱「F.I.A」），檔案號：894A.00/3-547 Ctl.l065、
　　894A.00/8-3046 CS/A，CSBM，No.13、894A.00/10-246 CS/A，CSBM，
　　No.19、894A.00/10-3146 CS/JEC，CSBM，No.24、894A.00/12-346 CS/R，
　　CSBM，No.30、894A.00/3-1546 CS/AW，CSBM、894A.00/3-1447 No.563之
　　No.42。

美國國務院中央檔案機密文件（Confidential U.S. State Department Central Files—Formosa:
　　Internal Affairs 1945-1949，簡稱「C.I.A」），檔案號：893.00/3-447 Ctl.654。」

〈戰爭法〉，「維基百科」網站，下載日期：2017年4月26日，網址：https://zh.wikipedia.
　　org/wiki/戰爭法。

李筱峰，〈基隆二二八屠殺〉（2016年3月4日），「民報」網站，下載日期：2017年2月10
　　日，網址：http://www.peoplenews.tw/news/29b62f1e-d635-42ed-9a3f-5435
　　bc0533f3。

林沂鋒，〈馬英九：官逼民反才是228事件的根源〉（2006年2月22日），「大紀元新聞網」
　　網站，下載日期：2017年1月13日，網址：http://www.epochtimes.com/b5/
　　6/2/22/n1233515.htm。

竇微微，〈臺灣日產的接收〉，「檔案樂活情報」網站，下載日期：2017年1月8日，網址：
　　http://alohas.archives.gov.tw/95/search.html。

大沼保昭

　　2009　《国際法：はじめて学ぶ人のための》。東京：東信堂。

中央研究院近代史研究所（編）

　　1992　《二二八事件資料選輯㈡》。臺北：中央研究院近代史研究所。

中谷義和

　　1998　《政治學入門》。京都：法律文化社。

王建生、陳婉眞、陳湧泉

　　1990　《一九四七臺灣二二八革命》。臺北：前衛出版社。

王泰升

　　1999　〈臺灣戰後初期的政權轉替與法律體系的承接（一九四五至一九四九）〉,《國立臺灣大學法學論叢》（臺北）29(1): 1-90。

　　2000　〈中國國民黨的接收「日產」爲「黨產」〉,《律師雜誌》（臺北）245: 105-111。

田畑茂二郎、石本泰雄（編）

　　1994　《國際法》。東京：有信堂。

任德厚

　　2008　《政治學》。臺北：三民書局股份有限公司。

安藤仁介（著）、李明峻（譯）

　　1998　《國際法上的佔領、投降與私有財產》。臺北：國立編譯館。

行政院新聞局（編）

　　1989　《二二八事件專案報告》。臺北：行政院新聞局。

李汝和（主修）、陳紹馨（原修）、莊金德（增修及整修）

　　1972　《臺灣省通志・卷二：人民志・人口篇》。臺北：臺灣省文獻委員會。

李明峻

　　2006　"Rethinking Taiwan's Legal Status under International Law",收於陳隆志教授古稀祝壽論文集編輯委員會編,《民主、和平與人權：陳隆志教授古稀祝壽論文集》,頁347-354。臺北：臺灣國際法學會。

李筱峰

　　1991　《二二八消失的臺灣菁英》。臺北：自立晚報社文化出版部。

　　2004　〈陳篡地〉,收於許雪姬總策劃,《臺灣歷史辭典》,頁858。臺北：行政院文化建設委員會、中央研究院近代史研究所、遠流出版事業股份有限公司。

杜正宇

　　2015　〈終戰前後的臺灣軍政府初探〉,發表於高雄市關懷臺籍老兵文化協會主辦,

「第五屆臺灣近代戰爭史學術研討會」。臺中：國立臺中教育大學求眞樓 K107
演講廳，11月14日。

阮美姝

　　1992　《幽暗角落的泣聲：尋訪二二八散落的遺族》。臺北：前衛出版社。

松井秀郎、佐分晴夫、坂元茂樹、小畑郁、松田竹男、田中則夫、岡田原、藥師寺公夫

　　2007　《国際法》。東京：有斐閣。

南原繁

　　1968　《政治理論史》。東京，東京大学出版会。

香西茂、太壽堂鼎、高林秀樹、山手治之

　　1994　《国際法概說》。東京：有斐閣。

涂若筠

　　2012　〈國際人道法與臺灣之連結：論違反人道罪於二二八事件之適用〉。臺北：國
　　　　　立臺灣大學法律學系碩士論文。

秦孝儀（主編）、張瑞成（編輯）

　　1990　《抗戰時期收復臺灣之重要言論》。臺北：中國國民黨中央委員會黨史委員會。

酒井啓亘、寺谷広司、西村弓、濱本正太郎

　　2011　《国際法》。東京：有斐閣。

高木八尺、末延三次、宮沢俊義（編）

　　1978　《人權宣言集》。東京：岩波書店。

許雪姬

　　2008　〈高雄二二八事件眞相再探〉，收於高雄市文獻委員會編，《紀念二二八事件60
　　　　　週年學術研討會論文集》，頁 173-218。高雄：高雄市文獻委員會。

許雪姬（主編）

　　2015　《保密局臺灣站二二八史料彙編㈠》。臺北：中央研究院臺灣史研究所。

　　2016　《保密局臺灣站二二八史料彙編㈢》。臺北：中央研究院臺灣史研究所。

許雪姬（編纂）

　　1995　《續修高雄市志・卷八：社會志・二二八事件篇》。高雄：高雄市文獻委員會。

許雪姬、方惠芳（訪問），吳美慧等（紀錄）

　　1995　《高雄市二二八相關人物訪問紀錄（中冊）》。臺北：中央研究院近代史研究所。

許慶雄、李明峻

　　2012　《國際法概論》。臺中：明目文化事業有限公司。

陳木杉

　　1990　《二二八眞相探討》。臺北：陳木杉。

陳志龍

　　2006　〈二二八事件屠殺行爲的刑事法律責任〉，收於李旺台、楊振隆總策劃，《二二八事件責任歸屬研究報告》，頁491-533。臺北：財團法人二二八事件紀念基金會。

陳明通

　　1996　〈日據背景與大陸經驗：論影響省議會菁英形成與變遷的兩項歷史因素〉，收於臺灣省議會秘書處編，《臺灣省議會成立五十週年紀念專刊》，頁311。南投：臺灣省議會。

陳俐甫（編著）

　　1990　《禁忌・原罪・悲劇：新生代看二二八事件》。臺北：稻鄉出版社。

陳俐甫、夏榮和、林偉盛（合譯）

　　1992　《臺灣・中國・二二八》。臺北：稻鄉出版社。

陳隆志（總策畫）、許慶雄（總編輯）、李明峻（主編）

　　1998　《當代國際法文獻選集》。臺北：前衛出版社。

陳翠蓮

　　1995　《派系鬥爭與權謀政治：二二八悲劇的另一面相》。臺北：時報文化出版企業股份有限公司。

　　2006　〈臺灣軍政層面的責任〉，收於李旺台、楊振隆總策劃，《二二八事件責任歸屬研究報告》，頁171-335。臺北：財團法人二二八事件紀念基金會。

陳儀深

　　2006　〈南京決策階層的責任〉，收於李旺台、楊振隆總策劃，《二二八事件責任歸屬研究報告》，頁136-169。臺北：財團法人二二八事件紀念基金會。

　　2013　〈雲嘉二二八再探：口述史與檔案對照的研究〉，發表於中央研究院臺灣史研究所主辦，「新史料與二二八研究」學術研討會。臺北：中央研究院人文社會科學館北棟3樓第一會議室，11月29日。

彭明敏

　　1995　《國際法概要》。臺北：三民書局股份有限公司。

黃智慧

　　2010　〈中華民國在臺灣（1945-1987）：「殖民統治」與「遷佔者國家」說之檢討〉，收於臺灣教授協會編，《中華民國流亡臺灣60年暨戰後臺灣國際處境》，頁

　　　　161-192。臺北：前衛出版社。

奧脇直也（編）

　　2010　《国際条約集：2010年版》。東京：有斐閣。

臺灣省行政長官公署人事室（編）

　　1947　《臺灣一年來之人事行政》。臺北：臺灣行政長官公署人事室。

臺灣省行政長官公署民政處（編）

　　1946　《臺灣民政：第一輯》。臺北：臺灣省行政長官公署民政處。

　　1946　《臺灣省民意機關之建立》。臺北：臺灣省行政長官公署民政處。

臺灣省接收委員會日產處理委員會（編）

　　2009　《臺灣省接收委員會日產處理委員會結束總報告》。鄭州：大象出版社。

蔡英文

　　1997　〈政治權力及其正當合法性〉，《當代》（臺北）124: 42-51。

鄭　梓

　　1985　《臺灣省參議會史研究》。臺北：華世出版社。

蕭明治、黃秀政、歐素瑛

　　2008　〈二七部隊〉，收於張炎憲主編，《二二八事件辭典》，頁3-4。臺北：國史館、
　　　　　財團法人二二八事件紀念基金會。

賴澤涵（總主筆）

　　1994　《「二二八事件」研究報告》。臺北：時報文化出版企業股份有限公司。

戴國煇、葉芸芸

　　1993　《愛憎2‧28：神話與史實——解開歷史之謎》。臺北：遠流出版事業股份有限
　　　　　公司。

薛月順（編）

　　2017　《二二八事件檔案彙編(廿)：總統府檔案》。臺北：國史館。

藍博洲

　　1991　《沉屍‧流亡‧二二八》。臺北：時報文化出版企業股份有限公司。

　　1997　《高雄縣二二八暨五○年代白色恐怖民眾史》。高雄：高雄縣政府。

魏永竹、李宣鋒（主編）

　　1994　《二二八事件文獻補錄》，南投：臺灣省文獻委員會。

蘇瑤崇

　　2006　〈脫殖民地乎：UNRRA資料所見的臺灣戰後善後重建問題〉，收於蘇瑤崇主
　　　　　編，《聯合國善後救濟總署在臺活動資料集》，頁9-33。臺北：台北二二八紀

念館。

2009 〈論臺灣省行政長官公署「軍事佔領體制」與其問題〉,《臺灣文獻》(南投) 60(2): 1-43。

2014 〈戰後臺灣米荒問題新探 (1945-1946)〉,《中央研究院近代史研究所集刊》(臺 北) 86: 95-134。

2014 〈謊言建構下二二八事件鎮壓之正當性:從「大溪中學女教員案」論起〉,《臺 灣史研究》(臺北) 21(3): 109-136。

2016 〈論戰後 (1945-1947) 中美共同軍事佔領臺灣的事實與問題〉,《臺灣史研究》 (臺北) 23(3): 85-124。

Isaak, Alan (著)、王逸舟 (譯)

1993 《政治學概論》。臺北:五南圖書出版股份有限公司。

Blakeslee, G. H.

1942 "The United States in a New World II: Pacific Relations." *Fortune Supplement*: 11-12.

Department of State, United State of America (ed.)

1990 *Foreign Relations of the United State, Conferences at Washington and Quebec, 1943*. Washington: Dept. of State.

1990 *Foreign Relations of the United State, 1944. The Near East, South Asia, the Far East*. Washington: Dept. of State.

Kerr, George H.

1966 *Formosa Betrayed*. London: Eyre & Spottiswoode.

西方資料所見的二二八事件：
以美國檔案為中心

杜正宇
中央研究院臺灣史研究所博士後研究人員

一、前言

　　二十世紀以降的臺灣，出現了許多重大史事與轉折，而這些重大事件又與國際情勢緊密關聯。歷史研究本應多元詮釋，具有多元面貌，特別是戰後臺灣的政治、外交、軍事、經濟、社會、教育等，透過不同角度的觀察與記載，不但可以補充既有觀點，也能讓我們掌握世界各國看待臺灣的方式，以及臺灣在國際上應有的位置。

　　有鑑於此，過去已有許多前輩學者留意西方國家的二二八史料，並據以討論。如黃富三教授曾運用英國公共文書館（Public Record Office, PRO）的檔案，以及典藏於倫敦大學之臺灣長老教會資料，呈現英國駐淡水領事館、南京大使館、英國媒體與英國平民對二二八事件的見聞。據以歸納英國眼中二二八事件的原因、本質與鎮壓緣由。[1]

---

[1] 黃富三，〈二二八事件的臺灣：英國人之「如是我見」〉，收於許雪姬主編，《二二八事件60週年紀念論文集》（臺北：臺北市政府文化局，2008），頁393-421。

　　陳翠蓮教授1995年出版之專書，運用赴美國國家檔案館（National Archives and Records Administration, NARA）取回之第59檔案群（Record Group 59）美國國務院的機密檔案（Confidential U.S. State Department Central Files），以及美國外交文件（Foreign Relations of the United States, FRUS），論述二二八事件之美國的立場與態度，以及託管論、獨立論與葛超智（George Kerr）。[2] 至2017年，再度赴NARA增補美國檔案，出版《重構二二八：戰後美中體制、中國統治模式與臺灣》，認為戰後初期的臺灣，是在美中體制之下。而「戰後美中體制」則是美國與中華民國政府之間基於遠東秩序之共同利益而密切合作之關係。[3]

　　蘇瑤崇教授長年研究、整理台北228紀念館的葛超智檔案，曾以葛氏留存之文件，[4] 論述外國人見證的鎮壓、清鄉，分析長官公署的排外風潮及託管論，並附錄美國國務院機密檔案（Central Files）與二二八有關的文件。[5] 前田直樹的論文利用Central Files、FRUS文件，但主要探討的是二二八事件後的美國對臺政策。[6] 林孝庭主要運用的檔案則為RG59之國務院檔

2　陳翠蓮，《派系鬥爭與權謀政治：二二八悲劇的另一面相》（臺北：時報文化出版企業股份有限公司，1995），頁393-441。

3　「美中體制」主要內涵有4項，與「冷戰體制」稍有不同。參見陳翠蓮，《重構二二八：戰後美中體制、中國統治模式與臺灣》（新北：衛城出版社，2017），頁21-22。

4　台北二二八紀念館於1998年，以20萬美元的代價，購買二二八事件時美國駐臺副領事葛超智（George H. Kerr）留下的20箱文件，除書籍、雜誌外，總數達3萬數千張。後來該館陸續出版之《葛超智先生文集》（2000）、《葛超智先生相關書信集》（2000）、《聯合國善後救濟總署在臺活動資料集》（2006），均由蘇瑤崇教授主編。參見蘇瑤崇，〈葛超智資料整理過程說明〉，《聯合國善後救濟總署在臺活動資料集》（臺北：台北二二八紀念館，2006），頁612-615。說明：台北二二八紀念館之「台」字為館方標準字。

5　蘇瑤崇，〈二二八事件相關英日文資料介紹與問題研究〉，收於許雪姬主編，《二二八事件60週年紀念論文集》，頁87-152；蘇瑤崇，〈葛超智（George H. Kerr）、託管論與二二八事件之關係〉，《國史館學術集刊》（臺北）4（2004年9月），頁135-188。

6　前田直樹，〈臺灣的政治自由化與美國對臺政策：從二二八事件到雷震案〉，收於許雪姬主編，《二二八事件60週年紀念論文集》，頁463-485。此外，王景弘先生曾將FRUS之1947年第七冊相關文件，選譯36種二二八相關檔案，來源多為美國之南京大使館，亦有七份來自臺北領事館。參見王景弘編譯，《第三隻眼睛看二二八：美國外交檔案揭密》（臺北：玉山社出版事業股份有

案，與中情局研究報告（CIA Research Reports），以美國駐臺領事步雷克
（Blake）和副領事葛超智於1946年1至3月的電文、報告，還原這段歷史。[7]

朱浤源與黃文範，以Central Files、葛超智檔案、專書（Formosa
Betrayed），探討葛氏在二二八事件中的角色，認爲他與美國涉外人員疏
離；與臺獨派及託管派往來；在報告中上下其手；著書誇大二二八的鎮壓，
卻引證薄弱。[8]褚靜濤研究FRUS文件及葛超智專書，認爲美國駐臺領事館
利用局勢，策動臺籍仕紳請願，要求聯合國託管；製造輿論，誇大二二八
的規模與死傷人數；揭露國民黨的殘暴，都是爲染指臺灣做準備。[9]畢凌
晨（Abram Glenn Sitzer）則比較葛超智和美國政府於二二八事件的異同。
他認爲葛超智託管臺灣的主張和美國政府不同調，導致他的去職。引用資
料主要爲Central Files與葛超智檔案。[10]

可見前人學者主要運用英國PRO、美國FRUS、Central Files，以及葛
超智檔案，較少運用NARA之RG226：CIA解密檔案，或RG84：臺北領事
館（American Consuiate, Taipei（Taihoku））原始文件。臺北領事館檔案
有部分文件應是FRUS的底稿，因FRUS的編寫，主要爲美國駐華大使司
徒雷登（John Leighton Stuart）拍發予國務卿的電文。而臺北領事館事變
時就在臺灣，不但是第一手見證，南京使館的匯報摘要亦有部分來自臺北

限公司，2002）。該書文件應來自FRUS之1947/v.7, "The Far East: China," SSn: 11248-7, SuDoc number: S 1.1:1947/v.7, CIS Serial Set fiche 11248-7。

[7] Hsiao-ting Lin, *Accidental State: Chiang Kai-shek, the United States, and the Making of Taiwan* (Cambridge, MA: Harvard University Press, 2016), pp. 49-54.

[8] 朱浤源、黃文範，〈葛超智在二二八事件中的角色〉，收於許雪姬主編，《二二八事件60週年紀念論文集》，頁423-462。

[9] 褚靜濤，〈美國與二二八〉，收於王建朗、欒景河主編，《近代中國、東亞與世界（下）》（北京：社會科學文獻出版社，2008），頁885-899。

[10] Abram Glenn Sitzer, "A Contradiction between Research Based Recommendations and Policy Making George Kerr's View of the 2-28 Incidents As Contrasted with that of the United States Government," 發表於中央研究院臺灣史研究所、臺北市政府文化局、台北二二八紀念館主辦，「紀念二二八事件60週年」學術研討會（臺北：中央研究院人文社會科學館北棟三樓會議室，2007年2月26-27日），頁1-41。

領事館報告。

二二八前後，聯合國善後救濟總署（United Nations Relief and Reha-bilitation Administration, UNRRA）與澳洲大使館，亦有紀錄、電文、書信與相關報導。那麼，西方世界觀察或分析二二八的因果爲何？對動亂是否具組織性的看法有何差異？特別是美國，接到許多臺灣人的請願函，美國官方是否做出任何回應？或對事件落幕後的處置產生影響？更重要的是，美國是否保持中立？又爲何中立？

爲探討相關問題，筆者前往美國國家檔案館、聯合國檔案館（United Nations Archives and Records Management, the United Nations, UNARM），及澳洲國家檔案館（National Archives of Australia, NAA），蒐集原始資料。其中，以美國收藏最爲豐富，包括美方觀察二二八事件之經過、原因與評論、分析事件背後之組織背景、認爲應處理的方式及對中國當局的建言等。

二、美國檔案所見之臺灣戰後初期的情勢

透過美國檔案，可以補充戰後初期實際上爲中美共同軍事佔領臺灣的說法。[11] 其脈絡來自太平洋戰爭時期美軍欲登陸臺灣的鋪道行動（Operation Causeway）、美國對臺之軍政府（Military Administration/Government）計畫及日本投降後的占領臺灣計畫（Occupation of Formosa）。至於這段軍事佔領時期的臺灣人觀點，美國亦有情報單位與領事館的訪談與報告。

太平洋戰爭期間美軍曾擬定鋪道行動，預計登陸南臺灣與廈門，動用兵力在56萬人以上。後來鋪道計畫雖轉爲備案，但並未完全放棄。[12] 而原

---

[11] 蘇瑤崇，〈論戰後（1945-1947）中美共同軍事佔領臺灣的事實與問題〉，《臺灣史研究》23: 3（2016年9月），頁85-124。

[12] 杜正宇，〈太平洋戰爭下美軍攻臺之計畫與轉折〉，發表於國立嘉義大學應用歷史學系主辦，「第七屆區域史地暨應用史學學術研討會」（嘉義：嘉義大學民雄校區圖書館國際會議廳，2016年6月18日），頁367-396。

先擬定美軍佔領臺灣後成立之軍政府（Military Administration/Government）計畫，則轉移至1944年12月成立的「國務院—陸、海軍協調委員會」（State-War-Navy Coordinating Committee, SWNCC），該會為協調軸心國佔領區的行政與軍事問題的主要機構。1945年7月30日，SWNCC下之遠東小組協調委員會（State-War-Navy Coordinating Subcommittee for the Far East, SFE）提出報告，認為日軍投降後：㈠美軍應佔領臺灣並在臺成立軍政府，除非環境使中國可以承擔此責任。㈡美軍之臺灣軍政府應持續至可將統治權交予中國當局為止。㈢在美國佔領與軍政府期間，軍政首長應對臺灣行使完整的統治權力，並廣納中國與臺灣人士參與。㈣中國對美國佔領與軍政府，應視軍事權宜與人民承擔責任之能力，提供最大限度之參與。中國之參與，也將成為管制軍政府的因素之一。㈤中國應對臺灣軍政府的籌設與政策提供意見諮詢。軍政府政策之制定與執行等，也應考量中方的計畫，以對臺灣進行永久性的政府重整。[13] 至於美國為何要佔領臺灣並成立軍政府的主因，該小組分析：㈠中國軍力衰弱，在缺乏海軍與船運的情況下，不可能執行佔領臺灣的任務。㈡戰後中國與臺灣可能出現內亂，若以中國政府不穩定及無效率的統治，將對臺灣和遠東地區的經濟和政治環境產生不利的影響。[14]

8月15日日本投降後，SFE於8月23日提出修正報告，重申開羅宣言，並根據盟軍第一號命令（General Order No.1），臺灣日軍應向蔣介石元帥（Generalissimo Chiang Kai-shek）投降。是以，美軍已無理由佔領臺灣，中華民國應佔領臺灣，並在臺成立軍政府。如果美國必須協助中方部隊執

---

[13] State-War-Navy Coordinating Committee, "Politico-Military Problems in the Far East: National Composition of Forces to Occupy Formosa," SWNCC 68, March 19, 1945, RG165, NM84, Box.598 (NARA).

[14] State-War-Navy Coordinating Subcommittee for the Far East, "Politico-Military Problems in the Far East: National Composition of Forces to Occupy Formosa (Including the Pescadores) in the Post-Defeat Period: Relations of the Military Government of Formosa with China and the Chinese," SFE 104, July 30, 1945, RG165, NM84, Box.598 (NARA).

行佔領任務，美軍須對所屬人員與物質進行必要之措施，並採取對軍政府無責任的立場。但若中方沒有能力控制臺灣，美軍才有理由涉入，但佔領行動和期限則有待後續情勢之發展。[15]

美國爲何會認爲即便中華民國在臺成立軍政府，仍有理由涉入，甚至可取而代之？蘇瑤崇教授依據1945年8月29日由中美雙方討論、通過的占領臺灣計畫，[16]認爲一般以爲1945年8月15日是「戰後」或「終戰」的開始，但就國際法言，這是「停戰狀態」，1952年4月28日舊金山和約生效後，才是眞正「戰後」或「終戰」的開始。嚴格而言，1945年8月至1952年4月這段期間是盟國對日本全領域的「佔領」時期。[17]

至1945年9月19日，SFE發出一份備忘錄，說明先前有關7月30日臺灣軍政府的文件，是在當時尚未確定美國是否必須承擔在臺建立軍政府的情況下提出，而中國軍隊現已準備開赴臺灣，參謀長聯席會議也正在安排運輸的工作。因此原先之相關文件（SWNCC 53、SWNCC 68、SWNCC 69），建議刪除。[18]

國府方面則是以「光復」轉化了「佔領」。如鄭梓教授指出國民政府當時是以「光復」的用詞替代「佔領」，掩蓋了部分事實。[19]鄭教授的觀點透過美國檔案也得到印證，「光復」一詞確實曾遭到戰後初期在臺日人的質

---

[15] State-War-Navy Coordinating Subcommittee for the Far East, "Politico-Military Problems in the Far East: National Composition of Forces to Occupy Formosa," SFE 104/3, August 23, 1945, RG165, NM84, Box.598 (NARA).

[16] Headquarters, United States Forces, China Theater, "Occupation of Formosa," August 31, 1945, RG493, UD-UP590, Box.17 (NARA).

[17] 蘇瑤崇，〈論戰後（1945-1947）中美共同軍事佔領臺灣的事實與問題〉，頁85-124。

[18] Memorandum by the State-War-Navy Coordinating Subcommittee for the Far East, in "Politico-Military Problems in the Far East: National Composition of Forces to Occupy Formosa Including the Pescadores in the Post-Defeat Period: Relations of the Military Government of Formosa with China and the Chinese," SFE 104/4, September 19, 1945, RG165, NM84, Box.598 (NARA).

[19] 鄭梓，〈重返1945：再探終戰之際首批國軍如何登陸臺澎〉，收於國史館臺灣文獻館編，《臺灣與抗戰學術研討會會議資料》（南投：該館，2015），頁1-39。

疑。如川口賴八四（Yoriyashi Kawaguchi）就告訴美方，臺灣人的信念是臺灣已回歸中華民國，普遍使用光復（kofuku）或重光（juko）等詞，這和一個國家的地區割讓（ceded）給另一個國家不同。在「光復」之下，臺灣正確且適合地回歸到她原來的位置，導致日本統治時期被視為不正當也不公平。但是，甚麼是臺灣統治當局依據的法律？依據波茨坦宣言，臺灣是否已在中華民國管轄之下？或者這個狀況在未來會發生？若是後者，中國的軍隊是否代表了這是軍事統治下的臺灣？最大的問題是臺灣行政當局從未被清楚地定義，而臺灣過去被日本統治的年代在國際法概念下卻是合法的。[20]

10月17日，七十軍抵達臺灣，這批部隊非如一般傳聞中穿著草鞋。[21]但登岸後軍紀確實不佳，短短數天發生不少劫掠市民的事件。[22]陳儀於10月24日在中國戰區臺灣美軍聯絡組之顧德里陸軍上校（Cecil J. Gridley）與葛超智的陪同下前來臺灣，隔日即在臺北公會堂舉行光復臺灣典禮。[23]美國認為陳儀還算誠實，但任用的部屬素來貪汙，風評不佳，亦提及這些人的領袖是徐學禹（陳儀之浙江光復會舊友徐錫麟的胞姪，留學德國），

---

[20] 參見 Strategic Services Unit, "Political and Social Movements in Taiwan (Formosa) since 1895: Present Conditions in Taiwan under Chinese Administration," April 10, 1946, RG319, NM82, Box. 3313 (NARA), p. 45. 美方記載，川口賴八四為律師，曾任職臺灣總督府之警察署（"A lawyer and the former head of the Social Peace Section of the Department of Police Affairs of the Government-General at Taihoku"）。但查詢《臺灣總督府職員錄》卻未見此人。雖然他的經歷存在疑問，仍是美方報告的主要協助人之一（"He lent a great deal of assistance to the writers of this report"）。筆者友人陳怡宏博士則認為此人應為川口賴好。

[21] 七十軍登岸基隆之畫面，NARA 不僅留存照片，亦有影片，影像中確實無人穿著草鞋。鄭梓教授對此有考證，參見鄭梓，《光復元年：戰後臺灣的歷史傳播圖像》（臺北：稻鄉出版社，2013），頁105-112。

[22] 包括107師319團、75師222團等的士兵都有軍紀問題，而當時美軍的軍紀也不佳。參見 United State Army on Formosa, Strategy Service Unit, "Intelligence Report: this Report Deals with Looting and Pilfering on Formosa by Chinese and American Troops," October 25, 1945, RG226, 140, Box.59 (NARA). 義守大學江仲驊教授已譯出本件全文（未刊稿）。

[23] George Kerr, "III The Surrender on Formosa, 1945," in George H. Kerr, *Formosa Betrayed*，下載日期：2017年1月31日，網址：www.romanization.com/books/formosabetrayed/。

圖1　七十軍抵達基隆

資料來源：美國國家檔案館

實際上控制了陳。他在中國的聲望不佳，除了部屬貪腐，另一個原因是他有日本妻子，長期被指為親日派。[24]

　　1945年8月16日至10月25日，臺灣人熱誠期待重獲自由與重返中國。

---

[24] Office of Strategic Services, "Notes on the New Governor of Formosa," Rt. YV-24, September 22, 1945, RG226, N54 55, Box.4 (NARA). 此外，美方亦對行政長官公署主要官員進行基本調查。調查對象包括包括陳儀、葛敬恩、周一鶚、趙迺傳、趙連芳、包可永、胡福相、揭錦標、王肇嘉、樓文釗、張國鍵、夏濤聲、方學李、黃朝琴、石延漢、任維鈞、于百溪、韓逋先、范壽康等人。Asst Military Attache, "Who's Who Information on Responsible Officals of the Office of Govern-Gereral , Taiwan Province," March 11, 1946, RG226, N-54 55, Box.4 (NARA).

圖2　陳儀發表演說

資料來源：美國國家檔案館

但11月以後卻出現了心理上的普遍轉折，主要原因是陳儀任用私人、臺灣人難以參政，加上治安不佳，導致抱怨連連。[25] 1946年之後，這些情況並未改變。如美國情報單位曾對臺籍人物進行訪談，於1946年4月完成報告書。[26] 由於2月初，陳儀大規模逮捕40餘位臺灣的重要人物如陳炘、許丙、辜振甫等，受訪者對此頗多怨尤。當時在臺的日人如川口賴八四就認為，既然臺灣人到投降那天都被認為是日本人，若還被當成汪精衛政權一樣，臺灣的司法穩定性會被嚴重破壞。如果有人在日本投降後，在戰後審判他戰前合法的行為是違法，並且判決，將形成中國的法律在臺灣仍然在日本統治之下卻能適用於臺灣的情況。然而在國際法的範疇裏，即使在投

---

[25] Unknown, "Current Public Opinion in Formosa," November 23, 1945, RG84, UD3258, Box.2 (NARA).

[26] 訪談對象包括林獻堂、羅萬俥、劉啓光、楊雲萍、蘇新、莊守、連溫卿、林日高、謝雪紅、張邦傑、謝南光、李友邦、簡吉、林茂生、陳炘、林兌等人。參見Strategic Services Unit, "Political and Social Movements in Taiwan（Formosa）since 1895: Present Conditions in Taiwan under Chinese Administration," April 10, 1946, RG319, NM82, Box.3313 (NARA).

降前發生，違法者能否被審判違反法律，也永遠適用國際法，無須考量統治權的問題。

　　林獻堂告訴美國人：臺灣人不信任中國當局。以合作為名逮捕許多臺灣人士，對一般人來說十分震驚。在日本統治50年間，臺灣人都盡力在戰爭期間有所貢獻，他無法理解這些逮捕行動的法律基礎。他認為當局必須讓臺灣人在新政府中有職位，因為多數來自中國的官員不了解民眾的語言、習慣。而臺灣的情況，如稻米價格的飆漲，違法事件普遍增加，讓臺灣人與中國人之間，處於不是很平順的關係。臺灣全島已出現非常多對陳儀不友善的言論，應該立刻更換腐敗的中國官員，代以正直的臺灣人士。若無法將臺灣作為與中國分治的省分，至少島內重要的位置應該讓臺人出任。當時臺灣並沒有共黨活動，大多數的前領導人都和三民主義團體或在臺的國民黨有關。[27]

　　劉啟光[28]時任新竹縣長，算是半山參政的代表，但他亦感受民眾對行

27 在美方於1946年4月完成訪談報告前，林獻堂確曾於1945年末至1946年初，接受過美國人的訪問，可見美國訪談之事為真。《灌園先生日記》之記事如下：「美國情報部員二名以戶田龍雄為通譯，三時來訪，問往年政治運動、文化運動之經過，略告以始末，攀龍亦出為相會，約三十分間。」（1945年11月26日）、「米國人密干山浦、陸軍少尉羅順、通譯林炳生二時餘來訪，問日本治台之情形。答曰有好處亦有壞處，交通、衛生、治安、產業是好處；政治之壓逼、教育之差別、經濟之搾取、金融之獨佔是壞處。次問對現政府之批評。曰期日向短不可輕率以斷是非。次問日本人之去留。曰技術者可以任意居住，非技術者盡數歸去。次問李擇一、辜振甫之人格。次問台灣人能建設否。曰能。」（1946年1月17日）、「一時到春田館會美國人ヂエイムス・エイ・ウオルドロン，以戶田為通譯問啟發會、新民會、文化協會、臺灣議會祈〔期〕成同盟會、民眾黨之目的、主義、主張，皆詳告之。」（1946年2月27日）。參見林獻堂著、許雪姬主編，《灌園先生日記㈦一九四五年》（臺北：中央研究院臺灣史研究所、中央研究院近代史研究所，2010），頁397；林獻堂著、許雪姬主編，《灌園先生日記㈥一九四六年》（臺北：中央研究院臺灣史研究所、中央研究院近代史研究所，2010），頁22、77。

28 劉啟光：字明遠，原名侯朝宗，1905～1968年，嘉義人。華南商業學校畢業。1936年任冀察政務委員會宣傳。抗戰後期奉派為軍事委員會臺灣工作團少將主任。戰後任臺灣行政長官公署參事，派任新竹縣長。華南銀行與臺灣信託公司合併改組為華南商業銀行後，任董事長。曾任第一屆臺灣省臨時議會議員、臺灣省政府委員、中華民國聯合國同志會常務理事、中日

政長官公署非常不滿。原因是：⑴臺灣人被日本壓迫超過50年，相信自由代表著更有能力的人與更有效率的政府。但當時在臺的政府官員中，非常缺乏有才智的人，他對此很失望。加上新的官員只說中文（Mandarin），不會講臺灣方言，產生了隔閡。⑵一些新的中國官員並不誠實，且持續壓榨。⑶駐紮在臺灣的中國軍隊，訓練水準低落，大部分行為都不受大多數臺灣人歡迎。

楊克煌[29]認為臺灣未來會有共產運動出現，因為民眾⑴對中國行政當局普遍失望；⑵對仍然在臺灣普遍盛行的封建制度進行反抗；⑶臺灣的經濟狀況如通貨膨脹、未受限制的進出口等。而未來的共黨活動很可能會在中國共產黨的控制之下。

林兌[30]認為戰爭結束的時候，臺灣人很高興能回歸中國，因為期待民族解放、心繫民主及言論、集會的自由。但這些期待卻從未成真，原因是

合作策進委員會委員、中日文化經濟協會理事等職。參見林獻堂著、許雪姬主編，《灌園先生日記㈥一九四六年》，1946年6月2日，頁198，註1。

[29] 楊克煌1908年12月19日生於臺中州彰化，他的堂兄楊克培是香港共產黨黨員，當堂兄回臺灣時，楊克煌被引見了謝雪紅，讓他於1929年5月成為臺灣共產黨員。他的第一個任務是為共產黨組織臺北地區的農民組合。在臺北為年輕人建立團體，以進行必要的宣傳。1931年8月8日在臺北被日本警察以違反治安維持法逮捕。1935年12月31日自監獄釋放。離開監獄後，楊在彰化經營店舖。戰後，他和謝雪紅於1945年10月25日組織臺灣人民協會。目的是實現民主政府，並在中國政府的協助下建設新臺灣。但臺灣人民協會於1946年1月10日被下令解散。參見 Strategic Services Unit, "Political and Social Movements in Taiwan (Formosa) since 1895: Present Conditions in Taiwan under Chinese Administration," 10 April, 1946, RG319, NM82, Box.3313 (NARA).

[30] 林兌：1907～1981年，本名林眾生，臺中人。就讀臺北師範學校時，曾參加1924年10月反對日人教育歧視的罷課行動因而被開除，遂於翌年前往東京就讀日本大學商學科，後加入臺灣共產黨。1929年初於東京被捕。1939年與楊克煌等經營三友商號，又和楊克煌、謝雪紅合營三美號。戰後與謝雪紅等於10月5日成立臺灣人民協會，當選中央委員，第一次中央委員會召開後，被推為委員長。二二八事件發生後，3月2日成立「臺中地區時局處理委員會」，謝雪紅等在臺中市民會館成立指揮部時，亦為其中一員，二七部隊成立後，任參謀。國軍登陸後被通緝，後被捕，前後繫獄18個月。1957年再度被捕，羈押11個月。參見林獻堂著、許雪姬主編，《灌園先生日記㈥一九四七年》（臺北：中央研究院臺灣史研究所、中央研究院近代史研究所，2011），1947年3月9日，頁147-148，註2。

行政當局頒佈的〈人民團體組織條例〉（Law of People's Organizations）。臺灣人沒有被提拔到重要位置，加上糧食政策失敗，導致中低層民眾因高物價而飢餓，搶案大量增加，這在日本統治時期很少發生，進一步使情勢非常不穩。

美方亦發現，當時無論臺人、日人確實難以結社。如1945年10月，原農民組合的成員在臺中組成了臺灣農民協會（Farmer's Association），該會向當局申請許可，卻被擱置。另一群臺灣人在臺中成立臺灣人民協會（People's Assocaition），以推廣臺灣的民主，行政長官公署則於1946年1月將該會強制解散。戰後初期本有許多日本人團體成立如勵志社（Reijisha, Excitor Club）等，對在臺日人宣揚民主，但所有的團體後來都被當局禁止，直到完成日本人的遣送。[31] 1946年4月民眾的意見亦反映了當時的情況，普遍認為官員貪污、物價高到難以忍受、沒有言論自由。有些民眾甚至認為臺灣應該由美國管理。[32]

1946年下半年，情況變得更為嚴峻，根據美國領事館8月12日之報告，美方認為，臺灣人對陳儀已從不滿轉為憎恨。由於恐懼共黨的影響擴及臺灣，已有謠言出現，認為美國將在臺灣攝政，把臺灣納為保護國（protectorate）。[33] 10月2日之報告中，認為陳儀並未重視臺灣人在政治參與、經濟剝削、獨佔與失業率等的問題，民眾的不滿越形嚴重，已出現要求開除陳儀與行政長官公署重要成員的傳言。[34] 12月20日的報告，則認為臺灣人

31　前述川口賴八四、林獻堂、劉啟光、楊克煌、林兌訪談內容及結社問題，參見 Strategic Services Unit, "Political and Social Movements in Taiwan（Formosa）since 1895: Present Conditions in Taiwan under Chinese Administration," April 10, 1946, RG319, NM82, Box.3313 (NARA).

32　Tan Ka Seng, "Opinions of the Man in the Street," April 4, 1946, RG226, 173, Box.11 (NARA). 義守大學江仲驊教授已譯出本件全文（未刊稿）。

33　American Consulate, Taipei, "Political and Social Conditions in Taiwan," August 12, 1946, RG84, UD3258, Box.2 (NARA).

34　American Consulate, Taipei, "Political, Financial and Economic Development During September," October 2, 1946, RG84, UD3258, Box.2 (NARA).

擔心增加的失業率與經濟上的困頓，不只強化對外來政府（alien adminis-
tration）的敵意，也會出現激進的動亂（radical agitation）。[35] 根據林孝庭
的研究，步雷克領事在1947年1月10日就預知將有動亂，認為事變發生
後，臺灣人會要求美國避免運送中國部隊來臺、派遣美國技術與行政顧問
來臺，並給予財政和物資上的援助。[36]

三、西方人眼中的二二八

(一) 二二八的原因與經過

如前所述，美國在1946年底已預測動亂即將發生，其原因不外乎官員
貪污、臺人難以在政府任職、[37] 治安不佳、失業率增加等政治、經濟、社會
方面的問題。西方世界的觀察與此略同，陳儀的失政為主要原因。如1947
年3月4日，聯合國善後救濟總署認為事件爆發的主因是行政長官公署無
法滿足臺灣人對政治、經濟改革的要求。[38] 當時任職於UNRRA的紐西蘭
人謝克頓（Allan J. Shackleton）則認為國民黨把私人企業的利潤轉移到政

---

[35] American Consulate, Taipei, "Government and People: the Administrative Organization of Tai-wan," December 20, 1946, RG84, UD3258, Box.2 (NARA).

[36] 1月10日之事，出自美國駐臺領事館報告。參見American Consulate, Taipei, "Public Uneasi-ness Rumors and Comment Concerning the United States," January 10, 1947, RG84, UD3258, Box.3 (NARA). 林孝庭亦有敘及此事，參見Hsiao-ting Lin, *Accidental State: Chiang Kai-shek, the United States, and the Making of Taiwan*, p. 49.

[37] 如菲利浦（Phillips）分析，1946年年中時，296位各級政府首長中，只有22位是臺灣人。1944年的臺灣各級官吏約85,000人（包括日、臺人士），1946年減少至44,000人。而中國國民黨派出約28,000位官吏來臺，導致臺灣人約有36,000個政府職缺消失。參見Steven E. Phillips, *Between Assimilation and Independence: The Taiwanese Encounter Nationalist China, 1945-1950* (Stanford, CA: Stanford University Press, 2003), p. 79.

[38] "UNRRA Message, Taipei to Shanghai, March 4, 1947," in "China Program—Formosan Riots 1944-1949," Folder S-0528-0004-0002, Box. S-0528-0004 (UNARM).

府手裏，忽略了臺灣人對公共福利的關心。[39]

　　澳洲駐南京公使館於1947年3月17日呈交澳洲外交部長（Minister for External Affairs）的報告，認為二二八事件的主因是官員貪汙，導致經濟難以復原，特別是肥料取得不易。但蔣介石指出二二八事件中有三萬名臺籍日本兵參與，澳洲對此說法難以苟同。[40]英國駐淡水領事丁格爾（G. M. Tingle）在二二八爆發前提出之報告，亦與美國的觀察相同。認為陳儀失政、臺人難以參政、生活水準下降等，都是臺灣的隱憂。[41]

　　至於事件經過，前人論述已多，本文不贅述。美、澳官方之相關紀事，約有美國領事館於1947年4月6日之報告，內容敘及二二八事件之經過、軍隊鎮壓、白崇禧來臺等，亦提及當時臺灣出現報禁，只剩下《台灣新生報》（Hsin Sheng Pao）與《中華日報》（Chung Hua Jih Pao）依舊發行。[42]該館於8月17日向魏德邁提出之報告中，則認為二二八事件已於3月在軍隊鎮壓下平息。但4月後，仍有許多核心的臺灣領導人物遭到逮捕，只因懷疑他們有可能是未來動亂的領導者。[43]澳洲駐南京公使館於3月28日呈交澳洲外交部長的報告，為澳洲使館透過英國公司駐臺人員的信件與日記、英國領事丁格爾的報告及加拿大商業顧問的報告等，拼湊二二八的爆發、鎮壓及白崇禧來臺之事。[44]二二八事件時的族群衝突嚴重，3月1日有25

39　Allan J. Shackleton原作、宋亞伯譯述，《福爾摩沙的呼喚：一位紐西蘭人在臺灣二二八事件的親身經歷》（臺北：望春風文化事業股份有限公司，1999），頁140-142。

40　"Taiwan", March 17, 1947, in "Formosa: Chinese Occupation & February Riots, 1946-1949," A1838, 519/1/2 (NAA).

41　黃富三，〈二二八事件的臺灣：英國人之「如是我見」〉，頁393-421。

42　American Consulate, Taipei, "Political Developments During March, 1947," April 6, 1947, RG84, UD3258, Box.3 (NARA).

43　American Consulate, Taipei, "A Brief Resume of Postwar Conditions on the Island of Taiwan-Prepared for Use of General Wedemeyer's Fact-Finding Mission," August 13, 1947, RG84, UD3258, Box.3 (NARA).

44　"Taiwan", March 28, 1947, in "Formosa: Chinese Occupation & February Riots, 1946-1949," A1838, 519/1/2 (NAA).

位外省人逃到領事館避難，追打他們的臺灣人則隔著圍牆投擲石塊。美國認為，行政長官公署若不能滿足臺灣人對廢除戒嚴、改革協商的要求，無限的衝突將遍及全臺。[45]

(二) 臺灣人對美請願

美國解密檔案中有數種臺灣人請願信。包括處委會、臺灣省政治建設協會，以及署名為臺灣革命同盟會（Formosan Revolutionist League）之團體。[46] 二二八爆發後，蔣介石於3月5日電訊陳儀，將派兵鎮壓：「已派步兵一團並派憲兵一營，限本月七日由滬啓運」。[47] 而檔案顯示，處委會當日即知，並將派兵之事面告美國駐臺領事館：「委員會（處委會）根據可靠的消息，已知中央政府正派兵兩師（division）來臺，會在政府考量改革要求以前抵達。」[48] 因此，3月5日當天，處委會與臺灣省政治建設協會，均向美國請求轉告蔣介石，勿派兵來臺。如處委會於同日聲明二二八爆發的原因，不外肅清貪污官吏，以求政治的改進。請求美國大使館轉達國民政府主席，勿予派兵，以保障臺灣六百萬人民生命。[49] 臺灣省政治建設協會於3月5日聲明，臺灣此次民變純為反對貪污官僚，要求政治改革。請

---

[45] American Consulate, Taipei, "Review of Crisis in Taiwan," March 3, 1947, RG84, UD3258, Box.3 (NARA).

[46] Formosan Revolutionist League為臺灣革命同盟會之譯名，有其它文件可佐證，如Office of Strategic Services, "Formosan Revolutionist League," July 5, 1945, RG226, NM-54 55, Box.4 (NARA).

[47] 蘇聖雄，〈二二八的另一種視野：從蔣中正日記還原派兵赴臺的過程〉，「故事：寫給所有人的歷史」網站，下載日期：2017年4月11日，網址：http://gushi.tw/viewing-february-28-incident-in-the-perspective-of-chiang-kai-shek/。該文所引之手令出自：侯坤宏編，《二二八事件檔案彙編(七)：大溪檔案》（臺北：國史館，2008），頁115。

[48] George H. Kerr (American Vice Consul), "Delegation of Official Committee Requesting American Ambassador's Intervention with General Chiang Kai-shek to Avert Bloodshed," March 5, 1947, RG84, UD3257, Box.4 (NARA).

[49] 處委會的公文（中文）無標題，置放於RG84, UD3257, Box.4 (NARA).

美國大使轉達國民政府，萬勿派兵來臺。[50] 兩單位之文均有兩種，一是予大使館，另一是予駐臺領事館。

另有一份1947年3月5日臺灣革命同盟會向馬歇爾提出之請願書。該會於1941年合併了多個臺灣人團體，包括臺灣革命黨（Formosan Revolutionary Party）、臺灣獨立革命黨（The Formosan Independence Revolutionary Party）、臺灣義勇隊（Formosan Revolutionary Volunteer Corps）、臺灣國民革命黨（The Formosan National Revolutionary Party）、臺灣民族革命總同盟（The Formosan People's Revolutionary Federation）、臺灣青年革命黨（The Formosan Youth Revolutionary Party）等，領導人為張邦傑、李友邦、柯台山、謝南光、陳友款等人。[51]

請願書共7頁（5頁內文，2頁連署簽名）。大意為：臺灣人對政府之不當統治感到失望。在法西斯體制下，人民被捕、審判，如《人民導報》（The People's News）社長王添灯、臺灣省政治建設協會的蔣渭川等。公眾的意見不是被鎮壓就是抹殺。當局也沒有忘了臺灣年輕人，要造冊送去參加內戰。臺灣人正在反抗，佔領了軍營、機場、警察局和政府，直到獲得真正的自由、民主。行政權必須交還臺灣人，所有中國人應離開本島。臺灣在國民政府與共黨政府間維持中立，誠摯希望美國和聯合國的協助、保護。請求聯合國承擔治理本島之責任，並派出調查團調查臺灣現況。[52] 署名者20餘位（均註明臺北），但無一姓名與主要人物譯名相同，[53] 部分

---

50 此文之英文版由臺北領事館所譯。American Consulate, Taipei, "Translation of Letter from the Political Reconstruction Promotion Association of the Province of Taiwan," March 5, 1947, RG84, UD3257, Box.4 (NARA).

51 Strategic Services Unit, "Political and Social Movements in Taiwan (Formosa) since 1895: Present Conditions in Taiwan under Chinese Administration," April 10, 1946, RG319, NM82, Box.3313 (NARA).

52 請願書收錄於RG84, UD3258, Box.3（NARA）。本文件已由高雄市立歷史博物館王興安組長全文翻譯。參見王興安，〈國際視野下的二二八：高史博「解密・國際檔案的二二八事件」特展重要檔案選譯〉，《高雄文獻》（高雄）7：1（2017年4月），頁98-125。

53 筆者曾比對OSS製作之臺灣革命同盟會主要人物英文譯名，請願書之署名者幾乎都不符。參

人名爲縮寫，如 K. L. Ko、C. C. Yeng、Z. K. Chin 等。筆跡也顯示，或是統一由一人代簽。

依張邦傑與臺灣省政治建設協會親近，甚至二二八後，還聯絡協會遺族要控告陳儀。[54] 加上日期和前述之處委會、政治建設協會轉達公文相同（3月5日），或是同時向美國請願，以加強力道。署名主張聯合國託管之事，有可能遭遇不測，故有些人名縮寫。而請願書是否爲眞？筆者認爲臺灣革命同盟會會員中頗多國民黨人士，若是爲鬥爭陳儀，不致於要求聯合國託管臺灣，因爲不符國民黨之利益。但該會組織複雜，立場不一。如翁俊明試圖將臺灣革命同盟會作爲國民黨的外圍團體，但亦有不同立場、認同共黨者。[55] 若是爲了鬥爭，亦可能採取此舉，故亦無法完全推翻請願書的眞實性。

UNRRA 駐臺人員對臺灣人要求託管之事亦知情，還在前一天（3月4日）向上海總署報告此事。認爲二二八後續的發展可能是部隊來臺殺戮，而武裝的臺灣人則和政府形成對峙。臺灣人了解目前的政府在與日本簽定條約前沒有合法地位，相信唯一可能的解決之道，是介入調停，託管臺灣，並允諾於未來某確定的時間將臺灣歸還中國。[56]

見 Office of Strategic Services, "Formosan Revolutionist League," July 5, 1945, RG226, NM-54 55, Box.4 (NARA).

[54] 許雪姬，〈「保密局臺灣站二二八史料」的解讀與研究〉，《臺灣史研究》（臺北）21: 4（2014年12月），頁193。透過許雪姬之研究可知，半山人士在二二八時也不是僅有遠離政治與倒向國民黨兩種選擇而已。亦可參見：J. Bruce Jacobs, "Taiwanese and the Chinese Nationalist, 1937-1945: The Origins of Taiwan's 'Half-Mountain People' (Banshan ren)," *Modern China* (Los Angeles) 16: 1 (Jan. 1990), p. 109.

[55] 如曾慶科所指出的李友邦、宋斐如、謝南光等人。參見曾慶科，〈關於抗戰時期臺灣革命同盟會的幾個問題〉，《中共黨史研究》（北京）2（2000年3月），頁94。

[56] "UNRRA Message, Taipei to Shanghai, March 4, 1947," in "China Program - Formosan Riots 1944-1949," Folder S-0528-0004-0002, Box S-0528-0004（UNARM）。本文件已由高雄市立歷史博物館王興安組長全文翻譯。參見王興安，〈國際視野下的二二八：高史博「解密・國際檔案的二二八事件」特展重要檔案選譯〉，頁98-125。

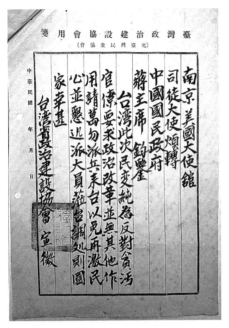

圖3　臺灣省政治建設協會請求美國轉達國民政府勿派兵來臺

資料來源：美國國家檔案館

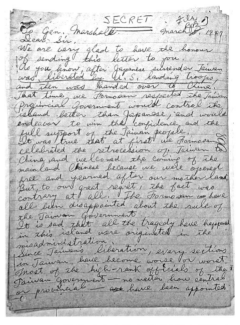

圖4　臺灣革命同盟會向馬歇爾提出之請願書

資料來源：美國國家檔案館

㈢ 二二八的組織背景

　　二二八的組織背景方面，雖然英國認為二二八的本質只是偶發事件，無預謀和組織。[57]但美國領事館看法不同。美方認為，二二八爆發後，臺灣實際上存在著三股政治力量：陳儀政府、處委會和一個重要的地下組織（underground organization）。此地下組織和處委會關係密切，部分成員互通。地下組織的成員來自各階層，包括許多受過良好教育的臺灣人，主張

57　黃富三，〈二二八事件的臺灣：英國人之「如是我見」〉，頁411。

武裝反抗、國際干預。這些人利用休戰狀態（present truce），[58] 決心以武裝力量，籌劃進一步的抵抗。如果與陳儀的談判破裂，就會尋求聯合國的干預。還有一群臺灣幫派分子想從中獲利，人們擔心黑幫會偽裝成愛鄉土主義（local patriotism），加入地下組織以獲取武裝，然後肆行恐怖與勒索。

　　領事館掌握了地下組織三位人士的意見。一位成員認為，臺灣人要求擺脫陳儀腐敗政府的統治，將不會接受任何從大陸來的官僚軍事或黨派政府的統治，也不欲與國民黨或共產黨有所關連。臺灣人並不反對開羅宣言或波茨坦宣言，但在對日合約簽署以前，對臺之責任間接地（indirectly）與以美國居首的盟國有關。如果中國讓陳儀政府繼續統治，或者換了另一位和陳儀一樣的人，那麼經濟的崩壞無可避免，共產主義也會隨之而起。一位年輕領導人認為，在日本統治之下，我們從未了解中國的真相。現在我們知道為何世界上任何地方都對中國人反感。如果中央政府拒絕進行完整的改革，臺灣人必須要求聯合國保護，直到簽署和平條約。另一位活躍的領袖則強調，臺灣人要求自治，類似自治領的地位（dominion status），所有在臺之武裝部隊，都必須是臺灣人。[59] 這種自治的思想，廖文毅也曾於1946年11月提出。他當時主張成立中國聯邦，臺灣在此體系內完全自治。[60]

---

[58] American Consulate, Taipei, "Organizational Background and Leadership of Uprisings on Taiwan," March 7, 1947, RG84, UD3258, Box.3 (NARA). 該報告完成於1947年3月7日，應是回溯整編21師登陸之前。

[59] 該報告摘要了三位地下組織成員（匿名）的訪談。出處同註58。

[60] 1948年二二八週年紀念日，廖文毅、黃紀男與臺共蘇新、蕭來福等，在香港九龍成立「臺灣再解放聯盟」，由廖文毅擔任主席。黃紀男提出臺灣獨立的構想，與主張聯省自治的廖文毅發生爭執，但最後終為黃紀男所說服。參見黃富三，〈戰後初期在日臺灣人的政治活動：林獻堂與廖文毅之比較〉（東京：財団法人交流協会日台交流センター歴史研究者交流事業報告書，2005），頁5-6。陳翠蓮教授則認為黃紀男的獨立思想深受葛超智的影響，參見陳翠蓮，《重構二二八：戰後美中體制、中國統治模式與臺灣》，頁426。

㈣ 二二八的後續發展

美國領事館認為，蔣介石對二二八後續處理的選擇有二：㈠讓陳儀繼續執政，但會因此失去臺灣；㈡由文官替代陳儀，讓臺灣成為中國在政治與經濟上的資產。而美國的政策支持第二項。[61] 事實證明，蔣介石選擇的也是後者。相信是受到4月18日南京使館遞交報告書的影響。建省後的文人政府，除了是向臺灣人交代，回應了美國建言，[62] 筆者認為也是一種擺脫行政長官公署之軍政府型態、排除美國干預的做法，或許也是美國在二二八事件中選擇置身事外而導致的局面。臺北領事館的報告中，除了記載省政府成立之事、調查並評論省府主要人物如徐道鄰、丘念台、嚴家淦、游彌堅、陳啓清等人，[63] 也指出臺灣人懷疑中央當局是否透過新省長進行廣泛的改革。[64] 美國駐南京使館則指出魏道明擔任省主席後遇到的主要難題，包括減少駐軍及糧食短缺。他還必須改革專賣制度與產業壟斷、避免濫權，並免除貪污官吏。[65] 分離主義方面，美國亦觀察到二二八後，臺灣人對與中國大陸（mainland）連結的普遍冷淡態度，以及黃紀男、廖文奎、廖文毅等人的獨派運動（Separatist Activity）。[66]

---

[61] American Consulate, Taipei, "Alternative Courses of Action Open to the Chinese Government on Formosa," March 10, 1947, RG84, UD3258, Box.2 (NARA).

[62] 陳翠蓮，《派系鬥爭與權謀政治：二二八悲劇的另一面相》，頁406-407。

[63] American Consulate, Taipei, "Background Comment on New Taiwan Provincial Government Personnel," June 4, 1947, RG84, UD3258, Box.3 (NARA).

[64] American Consulate, Taipei, "Political Development During May 1947," May 30, 1947, RG84, UD3258, Box.3 (NARA).

[65] American Embassy, Nanking, China "Transmitting Memorandum of Problems Faced by Governor Wei Tao-ming, Taiwan," May 31, 1947, RG84, UD3258, Box.3 (NARA).

[66] American Consulate, Taipei, "Recent Political Development on Taiwan," November 14, 1947, RG84, UD3258, Box.3 (NARA). 與此相關，澳洲亦留有黃紀男、廖文毅、蘇新等人之臺灣再解放聯盟（The Formosan League for the Re-Emancipation）留存宣揚理念的英文版手冊：《臺灣論壇報》（Formosan Herald）。參見 The Formosan League for the Re-Emancipation, "Formosan Herald," in "Formosa - Political situation 1947-1949," A1838, 519/1 PART 1 (NAA).

四、美國與葛超智立場之討論

㈠ 美國立場與由來

美國在二二八事件中保持中立，論者如Finkelstein（1993）、陳翠蓮（1995）、Bush（2007）、Liao（2008）、Atkinson（2013），均持相同看法。[67]那麼，美國爲何會採取中立態度？綜合論者觀點，約有以下兩種：

1.美國與中華民國爲盟邦，依據《開羅宣言》，應將臺灣歸還中國，因此對臺灣問題維持不干涉的立場。如Atkinson認爲當時美國堅守臺灣爲中國一部分的政策，Liao則以美國副國務卿艾契遜（Dean Acheson）堅守《開羅宣言》與美國駐臺領事步雷克之不宜挑戰中國對臺之統治的說法爲證。Finkelstein、陳翠蓮教授援引艾契遜的說法，但亦提出國會議員鮑爾（Joseph H. Ball）並不認同的反證。[68]

1946年時SWNCC曾討論臺灣的主權歸屬問題。美國軍方當時因遣返日本人引起對臺灣主權的疑慮。如戰爭部（War Department）就於1946年2月16日接到美軍中國戰區司令部之提問，請求確認臺灣主權。此重要

---

67 David M. Finkelstein, *Washington's Taiwan Dilemma, 1949-1950: From Abandonment to Salvation* (Fairfax, VA: George Mason University Press, 1993), p. 66; 陳翠蓮，《派系鬥爭與權謀政治：二二八悲劇的另一面相》，頁407；Richard Bush, "The Role of George Kerr, Author of Formosa Betrayed," in The Brookings Institution, Center for Northeast Asian Policy Studies, eds., *Taiwan's 228 Incident: The Political Implications of February 28, 1947* (Washington, D. C.: The Brookings Institution, 2007), p. 17; Cynthia Liao, "The February 28 Incident: American Responses to the February 28 Incident in Taiwan," *Stanford Journal of East Asian Affairs* (Stanford) 8: 1 (Winter 2008), p. 62; Joel Atkinson, *Australia and Taiwan: Bilateral Relations, China, the United States, and the South Pacific* (Leiden, Boston: Brill, 2013), p. 13.

68 Joel Atkinson, *Australia and Taiwan: Bilateral Relations, China, the United States, and the South Pacific*, p. 13; Cynthia Liao, "The February 28 Incident: American Responses to the February 28 Incident in Taiwan," pp. 62-63; David M. Finkelstein, *Washington's Taiwan Dilemma, 1949-1950: From Abandonment to Salvation*, p. 66; 陳翠蓮，《派系鬥爭與權謀政治：二二八悲劇的另一面相》，頁405。

議題由戰爭部轉送SWNCC討論，[69] 經數次擬稿、討論後，SWNCC於1946年3月25日議定，基於《開羅宣言》、《波茨坦宣言》，以及日本9月2日之降書（The Instrument of Surrender），日本已明確喪失臺灣的主權。美方主張臺灣將保留予中國，但需待中、日之間最終簽署的和約。[70] 可見《開羅宣言》確是美方於二二八事件保持中立的原因之一。

2. Bush認爲1947年2月下旬，蘇聯擴張主義導致的希臘與土耳其危機，使美國無暇顧及臺灣問題，於是對二二八事件採取不干預的立場。[71] 不過，美國會關注此事緣於希臘內戰。但內戰爆發於1946年3月，[72] 而《希臘、土耳其援助法案》（*Greek-Turkish Aid Act*）簽訂於1947年5月。[73] 是否影響到美國對二二八的立場，本文持保留的看法。

美方在二二八事件中保持中立的其它可能因素，筆者認爲尚有：(1)整編21師迅速抵臺鎮壓，事態並未擴大，也未像希臘內戰戰火綿延，引來國際干預。(2)1946年底至1947年初的反美浪潮，使美方有所顧忌。當時的中國，除了因駐華美軍車輛肇事頻仍，產生的民怨外，[74] 1946年12月24日的沈崇案，更引發全國性的大規模反美示威。[75] 臺灣亦然，二二八事件前

---

[69] CG US Forces China Theater Shanghai China, "Paraphrase of Message from CG, U.S. Forces, China Theater, to War Department," in State-War-Navy Coordinating Committee, "Directive: Sovereignty of Formosa," March 5, 1946, RG165, NM84, Box.622 (NARA).

[70] State-War-Navy Coordinating Committee, "Decision on SWNCC 272/1: Sovereignty of Formosa," March 25, 1946, RG165, NM84, Box.622 (NARA).

[71] Richard Bush, "The Role of George Kerr, Author of Formosa Betrayed," pp. 12-17.

[72] Amikam Nachmani, "Civil War and Foreign Intervention in Greece: 1946-49," *Journal of Contemporary History*, (New York) 25: 4 (Oct. 1990), pp. 489-522.

[73] Steven L. Rearden, *History of the Office of the Secretary of Defense: The formative years, 1947* (Washington, D.C.: Historical Office, Office of the Secretary of Defense, 1984), p. 149.

[74] 主要原因爲中國與臺灣的道路行駛爲英、日系統，靠左行駛，駕駛座在車輛右方。而美國與之相反，靠右行駛，駕駛座在車輛左方。於是國民政府於1946年1月1日實行《改進市區及公路交通管理辦法》，改採美國系統。參見肖雄，〈抗戰勝利後我國公路交通規則的重大改革：車輛靠左行駛改爲靠右行駛60年〉，《安徽大學學報（哲學社會科學版）》（安徽）30: 4（2006年7月），頁104-106。

[75] 左雙文，〈1946年沈崇事件：南京政府的對策〉，《近代史研究》（北京）1（2005年1月），頁65。

夕出現了許多反美活動。如臺灣團體於1946年12月20日，針對東京澀谷事件，抗議美方判決不公所舉行的集會遊行；[76] 臺灣民間於1947年1月流傳種種不利於美國的傳言，如美國即將用兵臺灣、臺中一帶機場即將由美軍進駐、蔣介石已把臺灣售予美國等。[77] 加上同月份臺灣人大規模聲援沈崇的反美抗議活動，[78] 短時間內領事館兩度遭示威抗議，或許也讓美國有所顧忌。(3)此外，美國在戰時追求的目標是反帝國主義和反殖民主義，冀能透過國際組織以維持戰後的和平。[79] 而戰後反帝國、反殖民思潮興起，由於美國支持，或為自清無領土野心，亦不捲入臺灣爭議。

(二) 對葛超智的討論

葛超智是否在報告裡上下其手？著書誇大二二八的鎮壓？過往認為多少有些啓人疑竇之處，如葛超智云國軍鎮壓二二八時發射達姆彈（dum-dum bullet）、誇大了派遣軍隊人數、曾在臺灣人對馬歇爾請願書（807人同意、141人署名）中動手腳等。[80] 而他估算死亡與失蹤人數，亦大於當時其他外國人紀錄的數字。[81]

相關疑點或值得討論：(1)葛超智書中所述達姆彈之事，出自領事館

---

[76] American Consulate, Taipei, "Mass meeting in protest of America's Japan policy, and China's weakness, and subsequent failure of projected demonstration before the American Consulate," December 31, 1946, RG84, UD3258, Box.2 (NARA). 嚴家淦曾在前一日通報副領事葛超智。而美方事後於12月31日完成調查報告，蒐錄各方言論，以研判形勢。石育民亦曾依《民報》等記述而評論此事。參見石育民，〈二二八事件前後的蔣渭川（1945-1947）〉（臺中：東海大學歷史學系碩士論文，2007），頁41-48。

[77] American Consulate, Taipei, "Public Uneasiness Rumors and Comment Concerning the United States," January 10, 1947, RG84, UD3258, Box.3 (NARA).

[78] 歐素瑛，〈四六事件對臺灣大學之衝擊〉，《臺灣學研究》（新北）12（2011年12月），頁21。

[79] 關中，《意識形態和美國外交政策》（臺北：臺灣商務印書館股份有限公司，2005），頁200。

[80] 朱浤源、黃文範，〈葛超智在二二八事件中的角色〉，頁423-424、428。

[81] George Kerr, "The March Massacres," *Far Eastern Survey* (New York) 16: 19 (May 1947), p. 225.

1947年3月3日的報告。[82] 當時是某位臺灣醫師攜至領事館展示，由步雷克領事撰文報告此事。領事館報告確實是葛超智撰寫專書的材料之一，而達姆彈之事或許葛氏只是採用了步雷克電報與臺籍醫生的說法。

(2)鎮壓二二八的軍隊人數，在葛超智撰寫之《被出賣的臺灣》1991年陳榮成譯本中記為島上原有3萬軍隊、派來5萬軍隊。但朱浤源指出實際上僅有5千人。[83] 筆者回溯1947年11月葛超智撰寫的文章，當時他「可靠的估算」，認為3月時有5-7萬部隊調往臺灣。[84] 後來出書時改為5萬人。此人數或許是根據處委會於3月5日提供美方的錯誤情報，認為中央政府正派兵兩個師（division）來臺。[85]

(3)臺灣人對馬歇爾請願書，並未收入NARA之臺北領事館檔案。根據蘇瑤崇教授提供之版本，[86] 請願書有六份內容相同，但字體大小、行距不一的打字稿。其中三份註明2月5日；另三份原文打字為1月5日，由葛超智改註為2月5日。可見請願之事應是2月5日，但葛氏卻在後來出版的專書記成1月5日。[87] 封面說明：複製的請願書由William Huang起草，在「我」的要求下，於1948年10月向香港索取。請願書所附之姓名若是公布，會危及他們和家人的性命。下方署名者似為索特利（Sautere）。第一頁載明連署人約150位，但連署人之姓名（或簽名）未存。

---

[82] American Consulate, Taipei, "Review of Crisis in Taiwan," March 3, 1947, RG84, UD3258, Box.3 (NARA). 另一說為步雷克領事3月3日發出的電報。參見朱浤源、黃文範，〈葛超智在二二八事件中的角色〉，頁423。

[83] 朱浤源、黃文範，〈葛超智在二二八事件中的角色〉，頁428。

[84] George Kerr, "The March Massacres," p. 225.

[85] George H. Kerr (American Vice Consul), "Delegation of Official Committee Requesting American Ambassador's Intervention with General Chiang Kai-shek to Avert Bloodshed," March 5, 1947, RG84, UD3257, Box.4 (NARA).

[86] "A Plea to General Marshall"（臺北：台北二二八紀念館藏）。感謝蘇瑤崇教授提供。

[87] George H. Kerr, Formosa Betrayed，下載日期：2017年1月31日，網址：www.romanization. com/books/formosabetrayed/; Hsiao-ting Lin, Accidental State: Chiang Kai-shek, the United States, and the Making of Taiwan, p. 49.

　　由於現存的請願書並非原始文件而是打字稿。除非找回原件，否則日期難以確認。索特利的簽名，其人其意不明？連署人是哪些人士？至於葛超智是否在請願書中動手腳？或許也應比對原文內容。惜這些衍生的問題，目前未能解開。蘇瑤崇教授於2017年7-8月間在美國國家檔案館翻查1947年之香港領事館檔案後，尚未尋獲。[88]

圖5　香港領事館之檔案箱

照片來源：筆者拍攝於美國國家檔案館

---

[88] 翻查範圍為：U.S. Consulate General, Hong Kong, Classified General Records, 1943-1961, RG84, UD 2686, Box.3-4; U.S. Consulate General, Hong Kong, General Records, 1936-1963, RG84, UD 2685, Box.117-118.

(4)葛超智估計二二八時臺灣人的死亡與失蹤人數為1萬人，[89] 遠大於UNRRA駐臺人員的2,000人（3月18日）、[90] 來臺探訪之美國記者小鮑威爾（John William Powell）的5,000人（3月31日）。[91] 但直到今日，二二八的死亡人數仍在研究中。

葛超智撰寫領事館報告時，多少帶有個人看法或遭人質疑之處，[92] 但報告中的歷史背景或基礎史實仍是存在的，如二二八的發生背景、事件經過等，臺北領事館的觀察多與英、澳、聯合國相同。而二二八背後的臺灣人組織、反應與請願，因領事館直接接觸，也保留更多原始文件。那麼，這些領事館報告與各式文件是否就是他在專書使用的參考文獻？

布希（Bush）曾探討葛超智運用的材料、葛在事件中的報告與專書內容的差異。他認為：(一)葛超智在1958年就準備好專書的草稿，材料為1948年他與一位UNRRA的友人（或是Edward Paine）一同蒐集1946-1947的原始資料、新聞報導、書信與UNRRA的報告。另一個重要來源是葛超智在南京為司徒雷登大使撰寫的長篇報告。為了讓蔣介石了解二二八的真相，這份報告於4月18日遞交。南京報告的材料為葛氏的個人見聞與他從臺北匯報南京使館的電文。此報告解密後，輯於1949年8月的中美白皮書（the report in the China White Paper）。(二)葛超智的專書和他在1946-1947年間撰寫的報告有無差異？布希認為葛氏帶有道德判斷，如臺灣人武裝自己，抵抗軍隊之事，他在早年的報告曾述及，卻未收入專書。簡單的理由是葛超智不想讓蔣有任何理由寬恕部隊的酷虐。但葛也曾將此事發表在二二八

89　George Kerr, "The March Massacres," p. 225.

90　"China Program - Formosan Riots 1944-1949," Folder S-0528-0004-0002, Box. S-0528-0004 (UNARM).

91　John William Powell, "Terror Reign Ended Revolt: Death Roll in Formosa," *Australian Associated Press and The Herald Special Service*, March 31, 1947, in "Formosa: Chinese Occupation & February Riots, 1946-1949," A1838, 519/1/2 (NAA).

92　陳翠蓮，《派系鬥爭與權謀政治：二二八悲劇的另一面相》，頁418-419；朱浤源、黃文範，〈葛超智在二二八事件中的角色〉，頁423-462。

後撰寫的文章上，如果寫書時有參考的話，應可喚回他的記憶。此外，葛氏亦提及，部分臺灣人過於激烈的要求，會複雜化處委會（the Resolution Committee）的努力。[93] 或許這就是他向大使館報告處委會之三十二條時，[94] 隱匿了國軍繳械等十條的原因。[95]

除了布希提到的道德判斷外，影響葛超智個人的因素，還有託管論的思想。[96] 筆者認爲這應來自美國的軍政府計畫，因爲葛氏早就參與其中。如蘇瑤崇教授認爲，1943年末，美國海軍正擬定攻占臺灣計畫，考量佔領後之情況，爲建立一套完整的訓練計畫，控制與指揮民間體制，設置了臺灣研究小組（Formosa Research Unit），而計畫負責人就是葛超智。[97] 泉水英計教授認爲，美國海軍對臺調查研究可溯及美國海軍軍政學校（The U.S. Naval School of Military Government and Administration）。在1942年8月後，該校就已納入預定佔領地的歷史、地理、政府、經濟、制度等的課程與研究。至1944年3月，海軍成立了第二調查組，專研臺灣事務，葛超智就是成員之一，任職期間爲1944年3月4日至9月15日。[98] 此外，葛超智於日治時期就在臺灣居住、教書，戰後又在中國、臺灣目睹政治之腐敗，其反陳儀當局，相信亦非偏見。[99]

---

93 Richard Bush, "The Role of George Kerr, Author of Formosa Betrayed," pp. 12-15.

94 另一說爲四十二條，增加之十條係滲透之情治人員在3月6日下午的會議亂局中添加以嫁禍。參見賴澤涵總主筆，《「二二八事件」研究報告》（臺北：時報文化出版企業股份有限公司，1994），頁66-71；侯坤宏，〈重探「二二八事件處理委員會」的角色〉，《臺灣史研究》（臺北）21:4（2014年12月），頁5-6。

95 朱浤源、黃文範，〈葛超智在二二八事件中的角色〉，頁425。

96 蘇瑤崇，〈葛超智（George H. Kerr）、託管論與二二八事件之關係〉，頁135-188。

97 蘇瑤崇，〈論臺灣省行政長官公署「軍事佔領體制」與其問題〉，《臺灣文獻》（南投）60:2（2009年6月），頁5。

98 泉水英計，〈米海軍軍政学校における台湾研究：台北二二八紀念館所藏カー文書による再構成〉，《神奈川大学国際常民文化研究機構年報》（神奈川）5（2015年1月），頁83-100。

99 葛超智之生平，參見蘇瑤崇，〈沖繩縣公文書館藏葛超智（George H. Kerr）臺灣相關資料與其生平〉，《臺灣史研究》（臺北）18:3（2011年9月），頁234-252。

五、結論

　　美國國務院與軍方，在日本投降前後，以當時爲佔領臺灣狀態，有意在臺建立軍政府。後來雖隨著形勢擱置，仍認爲若中國沒有能力控制臺灣，美國可以取而代之。1946年初，美國情報單位訪問許多具代表性的臺灣人物。當時，他們大多採取與陳儀合作的態度，於政府或三青團中任職，但經歷了對中國的「認同」（日本投降後至1945年11月底）、「沮喪」（1945年12月至1946年2月2日間），以及「絕望」（1946年2月2日以後）的三個時期，許多人對於在中國統治下能有適當而正派的政府已不抱持任何希望。

　　二二八爆發後，二二八事件處理委員會與臺灣省政治建設協會、臺灣革命同盟會等，均請美國駐臺北領事館或駐華大使館轉達蔣介石，勿派兵來臺，並請求聯合國託管。當時，臺灣實際上存在著三股政治力量：陳儀政府、處委會和一個重要的地下組織。成員來自各階層，主張武力反抗、國際干預，籌畫未來的抵抗。但美國對此卻採取中立的態度。

　　美國之所以放棄軍政府的但書，是因爲二二八前後，出現許多反美活動。包括臺灣團體於1946年末，針對澀谷事件，抗議美方不公的遊行；臺灣民間於1947年1月流傳種種不利美國的謠言，加上同月聲援沈崇案的抗議事件，都讓美國領事館承受了許多壓力。

　　在西方人眼裡，二二八的主要影響有二，一是省政府的成立，二是形成分離主義。省府的成立，除了是國府對二二八事件的回應，對行政長官公署的整頓，相信也是一種擺脫軍政府型態、排除美國干預的方式。分離主義方面，美方亦觀察到二二八之後，臺灣人對與中國大陸連結的冷淡態度，以及海外萌生的獨立運動。

引用書目

"A Plea to General Marshall." （臺北：台北二二八紀念館藏）。感謝蘇瑤崇教授提供。

American Consulate, Taipei, "A Brief Resume of Postwar Conditions on the Island of Taiwan-Prepared for Use of General Wedemeyer's Fact-Finding Mission," August 13, 1947, RG84, UD3258, Box.3 (NARA).

American Consulate, Taipei, "Alternative Courses of Action Open to the Chinese Government on Formosa," March 10, 1947, RG84, UD3258, Box.2 (NARA).

American Consulate, Taipei, "Background Comment on New Taiwan Provincial Government Personnel," June 4, 1947, RG84, UD3258, Box.3 (NARA).

American Consulate, Taipei, "Government and People: the Administrative Organization of Taiwan," December 20, 1946, RG84, UD3258, Box.2 (NARA).

American Consulate, Taipei, "Mass meeting in protest of America's Japan policy, and China's weakness, and subsequent failure of projected demonstration before the American Consulate," December 31, 1946, RG84, UD3258, Box.2 (NARA).

American Consulate, Taipei, "Organizational Background and Leadership of Uprisings on Taiwan," March 7, 1947, RG84, UD3258, Box.3 (NARA).

American Consulate, Taipei, "Political and Social Conditions in Taiwan," August 12, 1946, RG84, UD3258, Box.2 (NARA).

American Consulate, Taipei, "Political Developments During March, 1947," April 6, 1947, RG84, UD3258, Box.3 (NARA).

American Consulate, Taipei, "Political Development During May 1947," May 30, 1947, RG84, UD3258, Box.3 (NARA).

American Consulate, Taipei, "Political, Financial and Economic Development During September," October 2, 1946, RG84, UD3258, Box.2 (NARA).

American Consulate, Taipei, "Public Uneasiness Rumors and Comment Concerning the United States," January 10, 1947, RG84, UD3258, Box.3 (NARA).

American Consulate, Taipei, "Recent Political Development on Taiwan," November 14, 1947, RG84, UD3258, Box.3 (NARA).

American Consulate, Taipei, "Review of Crisis in Taiwan," March 3, 1947, RG84, UD3258, Box.3 (NARA).

American Consulate, Taipei, "Translation of Letter from the Political Reconstruction Promotion Association of the Province of Taiwan," March 5, 1947, RG84, UD3257, Box.4 (NARA).

American Embassy, Nanking, China "Transmitting Memorandum of Problems Faced by Governor Wei Tao-ming, Taiwan," May 31, 1947, RG84, UD3258, Box.3 (NARA).

Asst Military Attache, "Who's Who Information on Responsible Officals of the Office of Govern-General , Taiwan Province," March 11, 1946, RG226, N-54 55, Box.4 (NARA).

CG US Forces China Theater Shanghai China, "Paraphrase of Message from CG, U.S. Forces, China Theater, to War Department", in State-War-Navy Coordinating Committee, "Directive: Sovereignty of Formosa", March 5, 1946, RG165, NM84, Box.622 (NARA).

"China Program-Formosan Riots 1944-1949," Folder S-0528-0004-0002, Box. S-0528-0004 (UNARM).

"Formosa: Chinese Occupation & February Riots, 1946-1949," A1838, 519/1/2 (NAA).

"Formosa-Political situation 1947-1949," A1838, 519/1 PART 1 (NAA).

George H. Kerr (American Vice Consul), "Delegation of Official Committee Requesting American Ambassador's Intervention with General Chiang Kai-shek to Avert Bloodshed," March 5, 1947, RG84, UD3257, Box.4 (NARA).

George Kerr, "III The Surrender on Formosa, 1995," in Geoge H. Kerr, *Formosa Betrayed*，下載日期：2017年1月31日，網址：www.romanization.com/books/formosabetrayed/。

Headquarters, United States Forces, China Theater , "Occupation of Formosa," August 31, 1945, RG493, UD-UP590, Box.17 (NARA).

Memorandum by the State-War-Navy Coordinating Subcommittee for the Far East, in "Politico-Military Problems in the Far East: National Composition of Forces to Occupy Formosa Including the Pescadores in the Post-Defeat Period: Relations of the Military Government of Formosa with China and the Chinese", SFE 104/4, September 19, 1945, RG165, NM84, Box.598 (NARA).

Office of Strategic Services, "Formosan Revolutionist League," July 5, 1945, RG226, NM-54 55, Box.4 (NARA).

Office of Strategic Services, "Notes on the New Governor of Formosa," Rt. YV-24, September 22, 1945, RG226, N54 55, Box.4 (NARA).

State-War-Navy Coordinating Committee, "Decision on SWNCC 272/1: Sovereignty of Formosa", March 25, 1946, RG165, NM84, Box.622 (NARA).

State-War-Navy Coordinating Committee, "Politico-Military Problems in the Far East: National Composition of Forces to Occupy Formosa," SWNCC 68, March 19, 1945, RG165, NM84, Box.598 (NARA).

State-War-Navy Coordinating Subcommittee for the Far East, "Politico-Military Problems in the Far East: National Composition of Forces to Occupy Formosa (Including the Pescadores) in the Post-Defeat Period: Relations of the Military Government of Formosa with China and the Chinese," SFE 104, July 30, 1945, RG165, NM84, Box.598 (NARA).

State-War-Navy Coordinating Subcommittee for the Far East, "Politico-Military Problems in the Far East: National Composition of Forces to Occupy Formosa," SFE 104/3, August 23, 1945, RG165, NM84, Box.598 (NARA).

Strategic Services Unit, "Political and Social Movements in Taiwan (Formosa) since 1895: Present Conditions in Taiwan under Chinese Administration," April 10, 1946, RG319, NM82, Box.3313 (NARA).

Tan Ka Seng, "Opinions of the Man in the Street," April 4, 1946, RG226, 173, Box.11 (NARA).

United State Army on Formosa, Strategy Service Unit, "Intelligence Report: This Report Deals with Looting and Pilfering on Formosa by Chinese and American troops," October 25, 1945, RG226, 140, Box.59 (NARA).

Unknown, "Current Public Opinion in Formosa," November 23, 1945, RG84, UD3258, Box.2 (NARA).

蘇聖雄，〈二二八的另一種視野：從蔣中正日記還原派兵赴臺的過程〉，「故事：寫給所有人的歷史」網站，下載日期：2017年4月11日，網址：http://gushi.tw/viewing-february-28-incident-in-the-perspective-of-chiang-kai-shek/。

王景弘（編譯）
    2002 《第三隻眼睛看二二八：美國外交檔案揭密》。臺北：玉山社出版事業股份有限公司。

王興安
    2017 〈國際視野下的二二八：高史博「解密‧國際檔案的二二八事件」特展重要檔案選譯〉，《高雄文獻》（高雄）7(1): 98-125。

左雙文

　　2005 〈1946年沈崇事件：南京政府的對策〉，《近代史研究》（北京）1: 65-103。

石育民

　　2007 〈二二八事件前後的蔣渭川（1945-1947）〉，臺中：東海大學歷史學系碩士論文。

朱浤源、黃文範

　　2008 〈葛超智在二二八事件中的角色〉，收於許雪姬主編，《二二八事件60週年紀念論文集》，頁423-462。臺北：臺北市政府文化局。

杜正宇

　　2016 〈太平洋戰爭下美軍攻臺之計畫與轉折〉，發表於國立嘉義大學應用歷史學系主辦，「第七屆區域史地暨應用史學學術研討會」，頁367-396。嘉義：嘉義大學民雄校區圖書館國際會議廳，6月18日。

肖　雄

　　2006 〈抗戰勝利後我國公路交通規則的重大改革：車輛靠左行駛改爲靠右行駛60年〉，《安徽大學學報（哲學社會科學版）》（安徽）30(4): 104-109。

林獻堂（著）、許雪姬（主編）

　　2010 《灌園先生日記㈦一九四五年》。臺北：中央研究院臺灣史研究所、中央研究院近代史研究所。

　　2010 《灌園先生日記㈧一九四六年》。臺北：中央研究院臺灣史研究所、中央研究院近代史研究所。

　　2011 《灌園先生日記㈨一九四七年》。臺北：中央研究院臺灣史研究所、中央研究院近代史研究所。

侯坤宏

　　2014 〈重探「二二八事件處理委員會」的角色〉，《臺灣史研究》（臺北）21(4): 1-56。

侯坤宏（編）

　　2008 《二二八事件檔案彙編㈦：大溪檔案》。臺北：國史館。21(4): 1-56。

前田直樹

　　2008 〈臺灣的政治自由化與美國對臺政策：從二二八事件到雷震案〉，收於許雪姬主編，《紀念二二八事件60週年學術研討會論文集》，頁463-485。臺北：臺北市政府文化局。

泉水英計

　　2015 〈米海軍軍政学校における台湾研究：台北二二八紀念館所蔵カー文書による再構成〉，《神奈川大学国際常民文化研究機構年報》（神奈川）5: 83-100。

許雪姬

2014 〈「保密局臺灣站二二八史料」的解讀與研究〉，《臺灣史研究》（臺北）21(4):
187-217。

陳翠蓮

1995 《派系鬥爭與權謀政治：二二八悲劇的另一面相》。臺北：時報文化出版企業
股份有限公司。

2017 《重構二二八：戰後美中體制、中國統治模式與臺灣》。新北：衛城出版社。

曾慶科

2000 〈關於抗戰時期臺灣革命同盟會的幾個問題〉，《中共黨史研究》（北京）2: 90-
94。

黃富三

2005 〈戰後初期在日臺灣人的政治活動：林獻堂與廖文毅之比較〉。東京：財団法
人交流協会日台交流センター歷史研究者交流事業報告書。

2008 〈二二八事件的臺灣：英國人之「如是我見」〉，收於許雪姬主編，《二二八事
件60週年紀念論文集》，頁393-421。臺北：臺北市政府文化局。

褚靜濤

2008 〈美國與二二八〉，收於王建朗、欒景河主編，《近代中國、東亞與世界（下）》，
頁855-899。北京：社會科學文獻出版社。

歐素瑛

2011 〈四六事件對臺灣大學之衝擊〉，《臺灣學研究》（新北）12: 17-42。

鄭　梓

2013 《光復元年：戰後臺灣的歷史傳播圖像》。臺北：稻鄉出版社。

2015 〈重返1945：再探終戰之際首批國軍如何登陸臺澎〉，收於國史館臺灣文獻館
編，《臺灣與抗戰學術研討會會議資料》，頁1-39。南投：國史館臺灣文獻館。

賴澤涵（總主筆）

1994 《「二二八事件」研究報告》。臺北：時報文化出版企業股份有限公司。

關　中

2005 《意識形態和美國外交政策》。臺北：臺灣商務印書館股份有限公司。

蘇瑤崇

2004 〈葛超智（George H. Kerr）、託管論與二二八事件之關係〉，《國史館學術集
刊》（臺北）4: 135-188。

2006 〈葛超智資料整理過程說明〉，收於蘇瑤崇主編，《聯合國善後救濟總署在臺活

動資料集》，頁612-615。臺北：台北二二八紀念館。

2008 〈二二八事件相關英日文資料介紹與問題研究〉，收於許雪姬主編，《二二八事件60週年紀念論文集》，頁87-152。臺北：臺北市政府文化局。

2009 〈論臺灣省行政長官公署「軍事佔領體制」與其問題〉，《臺灣文獻》（南投）60(2): 1-43。

2011 〈沖繩縣公文書館藏葛超智（George H. Kerr）臺灣相關資料與其生平〉，《臺灣史研究》（臺北）18(3): 229-256。

2016 〈論戰後（1945-1947）中美共同軍事佔領臺灣的事實與問題〉，《臺灣史研究》（臺北）23(3): 85-124。

Shackleton, Allan J.（謝克頓）原作、宋亞伯譯述

1999 《福爾摩沙的呼喚：一位紐西蘭人在臺灣二二八事件的親身經歷》。臺北：望春風文化事業股份有限公司。

Atkinson, Joel

2013 *Australia and Taiwan: Bilateral Relations, China, the United States, and the South Pacific.* Leiden, Boston: Brill.

Bush, Richard（卜睿哲）

2007 "The Role of George Kerr, Author of Formosa Betrayed." in The Brookings Institution, Center for Northeast Asian Policy Studies, eds., *Taiwan's 228 Incident: The Political Implications of February 28*, 1947, pp.12-20. Washington, D.C.: The Brookings Institution.

Finkelstein, David M.

1993 *Washington's Taiwan Dilemma, 1949-1950: From Abandonment to Salvation.* Fairfax, VA: George Mason University Press.

Jacobs, J. Bruce

1990 "Taiwanese and the Chinese Nationalist, 1937-1945: The Origins of Taiwan's 'Half-Mountain People' (Banshan ren)." *Modern China* (Los Angeles) 16(1): 84-118.

Kerr, George（葛超智）

1947 "The March Massacres." *Far Eastern Survey* (New York) 16(19): 224-226.

Liao, Cynthia

2008 "The February 28 Incident: American Responses to the February 28 Incident in Taiwan." *Stanford Journal of East Asian Affairs* (Stanford) 8(1): 56-66.

Lin, Hsiao-ting（林孝庭）

    2016   *Accidental State: Chiang Kai-shek, the United States, and the Making of Taiwan.* Cambridge, MA: Harvard University Press.

Nachmani, Amikam

    1990   "Civil War and Foreign Intervention in Greece: 1946-49." *Journal of Contemporary History* (New York) 25(4): 489-522.

Phillips, Steven E.（費世文）

    2003   *Between Assimilation and Independence: The Taiwanese Encounter Nationalist China, 1945-1950.* Stanford, CA: Stanford University Press.

Rearden, Steven L.

    1984   *History of the Office of the Secretary of Defense: The Formative Years, 1947.* Washington, D.C.: Historical Office, Office of the Secretary of Defense.

Sitzer, Abram Glenn（畢凌晨）

    2007   "A Contradiction between Research Based Recommendations and Policy Making George Kerr's View of the 2-28 Incidents As Contrasted with that of the United States Government," 發表於中央研究院臺灣史研究所、臺北市政府文化局、台北二二八紀念館主辦，「紀念二二八事件60週年」學術研討會，頁1-41。臺北：中央研究院人文社會科學館北棟三樓會議室，2月26-27日。

戰後京滬、平津、東北等地 臺灣人團體的成立 及在二二八事件中的對臺聲援

許雪姬

中央研究院臺灣史研究所研究員兼所長

一、前言

　　二二八事件各個層面的研究已經都有，但對事件中還滯留在上海、南京、北平、天津四地甚至東北的臺人，對二二八事件的反應與請願較少提及。主要原因是當時臺灣的報紙報導有限，報導最多的中華日報社也只有報導到3月11日為止。[1] 當時可稱做行政長官公署機關報的《台灣新生報》，也和《中華日報》的報導大同小異，小異只是多報導了上海臺灣同鄉會「即

---

[1] 《中華日報》在1947年3月1日報導上海六團體響應二二八事件的要求，如臺人要求改革省政，打倒官僚政治；實行縣市長民選，嚴辦此次事件之□（肇）禍者，撫卹死傷市民，釋放被捕民眾，并保證今後不發〔生〕同樣事件，且該團體不久即將派人赴南京請願。3月12日報導臺灣旅滬聯合請願代表楊肇嘉等6人，去見國防部長白崇禧，白告知事件善後處理辦法；而楊肇嘉等則有意組織慰問隊回臺慰問，白部長允撥飛機載往，12日中午將由南京飛臺，預計下午可抵基隆。這兩件報導都得自南京專電。參見林元輝編註，《二二八事件臺灣本地新聞史料彙編》（臺北：財團法人二二八事件紀念基金會，2009），第三冊，頁1167、1211、1218-1219。

運米糧」來臺。[2] 2002年國史館出版《二二八事件檔案彙編㈡：國家安全局檔案》時，國防部保密局臺灣站的臺東通訊員鄭謙恭報稱臺東縣政府收發室收到臺灣省旅平同鄉會與北平全體同學具名發出的〈臺灣省旅平同鄉會、臺灣省旅平全體同學為臺灣二、二八大慘案敬告全國同胞書〉，臺灣站站長林頂立（化名張秉承）乃向南京言普誠（化名）報告。[3] 2016年《保密局臺灣站二二八史料彙編㈡》再度出現此檔案，[4] 2017年《二二八事件檔案彙編㈝：總統府檔案》收錄旅滬臺灣人團體和臺灣省政治建設協會理事長張邦傑在事件中呈給政府相關單位的文件。[5]向來學界對上海、北平等地臺灣同鄉會在兩地的相關活動雖予以關注，但迄今尚未有較全面的研究。本文擬先介紹過去相關的研究、目前可使用的資料，再談戰後在北平、上海等地臺灣同鄉會的設立及二二八事件前對臺灣政經的關注；二二八事件後以北平、上海臺灣人為主的聯合團體如何不斷開記者會，並到南京中央各部會、國民黨黨部陳情；旅外臺人的行動和看法是否對二二八事件善後起了作用。

二、先行研究與相關資料

㈠ 先行研究

在研究二二八事件官方第一份報告——《二二八事件研究報告》中除了第一章事件的背景中提到「阻撓大陸臺人回鄉」、「處理日產與臺人財產

2　《台灣新生報》，1947年3月8日、12日有報導。參見林元輝編註，《二二八事件臺灣本地新聞史料彙編》，第一冊，頁112、151。

3　侯坤宏、許進發編，《二二八事件檔案彙編㈡：國家安全局檔案》（臺北：國史館，2002），頁228-236。

4　許雪姬主編，《保密局臺灣站二二八史料彙編㈡》（臺北：中央研究院臺灣史研究所，2016），頁343-350。

5　何鳳嬌編，《二二八事件檔案彙編㈝：總統府檔案》（臺北：國史館，2017），頁1-177。

不當」稍爲說到滯留在中國大陸的臺灣人外，[6] 未及於二二八事件中在大陸臺人的請願。陳翠蓮在1995年出版的論著中也在第一章第四節中「在大陸臺胞及臺籍日軍之處境」，略爲談及戰後在大陸臺人的困境。[7] 2008年蘇瑤崇在〈中國報紙有關二二八事件報導之研究：以南京上海爲例〉一文，參考《中央日報》、《申報》、《文匯報》、《新民晚報》、《東南日報》、《大公報》、《蘇州明報》、《徐報》、《國民日報》與《通報》有關臺灣二二八事件的報導，他在附錄一：南京上海主要報紙3月與4月有關臺灣報導的標題表，已報導臺灣旅滬各團體的歷次請願，[8] 以《文匯報》報導較多，只是作者研究重點不在此，另亦缺少北京方面的資料。2015年作者開始編纂《二二八事件期間上海、南京、臺灣報紙資料選輯》，將楊肇嘉「六然居典藏史料」中的「臺灣重建協會與二二八事件剪報資料」（編號LJK_06_06）排除一、複刊的報紙，二、臺灣圖書館收藏的、上海圖書館民國時期期刊全文資料庫，三、編入以二二八爲主題的相關報紙，編成上、下兩冊，其中包括「中央處理的態度，陳儀的鎮壓，楊肇嘉等六團體屢向中央請願、開記者會的內容」[9] 等。由於「六然居典藏史料」中尚有「二二八事件文件（編號LJK_06_03）包括二二八事件相關建議書、楊肇嘉呈文意見，楊肇嘉所屬團體或相關團體有關二二八文件，留待刊布，因此並未對平、滬團體在二二八事件期間的請願活動着墨。2016年底，輔大歷史系副教授許毓良有意將他拍自北京圖書館的《臺灣二·二八大慘案：華北輿論集》微

6　賴澤涵總主筆，《「二二八事件」研究報告》（臺北：時報文化出版企業股份有限公司，1994，初版三刷），頁13-18。

7　陳翠蓮，《派系鬥爭與權謀政治：二二八悲劇的另一面相》（臺北：時報文化出版企業股份有限公司，1995），頁45-50。

8　蘇瑤崇，〈中國報紙有關二二八事件報導之研究：以南京上海爲例〉，收於高雄市文獻委員會編，《紀念二二八事件60週年學術研討會論文集》（高雄：該會，2008），頁99-112。

9　許雪姬，〈《二二八事件期間上海、南京、臺灣報紙資料選輯》史料的價值與編印的經過〉，收於許雪姬主編，《二二八事件期間上海、南京、臺灣報紙資料選輯（上）》（臺北：中央研究院臺灣史研究所，2016），頁（20）-（21）。

卷由前衛出版社再版，爲了出版用了不少當時中國大陸出版的報刊予以校註，並對該書展開研究。[10] 上述的書是1947年4月20日由臺灣省旅平同鄉會、天津市臺灣同鄉會、臺灣省旅平同學會於北平出版的。上述上海、北平臺灣同鄉會的出版品，在二二八相關資料集中常被編入。[11]

　　許毓良在編註後請我爲他寫序，我乃告知我正在編的「六然居典藏史料」有上述書及《二二八週年誌》，[12] 品相完好，在校對時可以使用，我也寫了一篇代序〈《臺灣二·二八大慘案華北輿論集》的研究〉，指出本書的特點和收錄文章的原則並介紹《二二八週年誌》，同時指出北平臺灣同鄉會和臺灣重建協會上海分會，在二二八事件前後活動的比較。[13] 2016年6月我編完〈六然居典藏史料：臺灣重建協會上海分會、楊肇嘉戰犯案、二二八事件檔案〉（暫訂），完成〈六然居典藏史料導讀〉一文後，才眞正動手研究在平、滬臺灣人團體在二二八中的相關請願。2016年6月本人撰寫〈戰後上海的臺灣人團體及楊肇嘉的角色：兼論其所涉入的「戰犯」案（1943-1947）〉，對旅滬臺灣同鄉會、臺灣重建協會臺灣分會的成立、紛爭，已有初步探討。[14]

10　許毓良，〈導論〉，收於臺灣省旅平同鄉會、天津市臺灣同學會、臺灣省旅平同學會編，許毓良校註，《臺灣二二八大慘案：華北輿論集——1947年華北臺灣人眼中的二二八事件》（臺北：前衛出版社，2016），頁46-56。

11　如陳銘鐘、陳興唐主編，《臺灣光復和光復後五年省情》；王曉波，《臺盟與二二八事件》；李敖，《二二八事件》；張炎憲主編，《吳三連全集第六冊：戰後政治運動及其他》；魏永竹、李宣鋒主編，臺灣省文獻委員會編，《二二八事件文獻補錄》。參見蔡秀美，《二二八事件文獻目錄解題》（臺北：財團法人二二八事件紀念基金會，2015），頁10、21-22、22-23。

12　臺灣省旅平同鄉會、天津市臺灣同鄉會編印，《二二八週年誌》（北平：該會，1948）。

13　許雪姬，〈代序：《臺灣二·二八大慘案華北輿論集》的研究〉，收於臺灣省旅平同鄉會、天津市臺灣同學會、臺灣省旅平同學會編，許毓良校註，《臺灣二二八大慘案：華北輿論集——1947年華北臺灣人眼中的二二八事件》，頁1-22。

14　許雪姬，〈戰後上海的臺灣人團體及楊肇嘉的角色：兼論其所涉入的「戰犯」案（1943-1947）〉，《興大歷史學報》（臺中）30（2016年6月），頁81-116。

㈡ 相關資料

　　有關本主題的主要資料有旅平、津、滬、寧的臺灣人所留下的回憶錄和傳記，此即在上海的《楊肇嘉回憶錄》，[15] 李玲虹、龔晉珠，《臺灣農民運動先驅者：李偉光》（上、下卷），[16] 吳克泰，《吳克泰回憶錄》，[17]《柯台山訪問紀錄》；[18] 在天津的《吳三連回憶錄》；[19] 在南京李天生的《天星回憶錄》（未刊稿）；陳碧笙，〈參加臺灣旅京滬七團體赴臺北調查「二、二八」事變的經過〉；江濃〈溫故求新拓展前景〉。[20] 張邦傑，〈臺灣省政治協會理事長張邦傑發呈蔣中正報告赴臺經過與調查臺灣事件真相及處理意見〉；[21] 張仁和，〈添薪加瓦報故里　梅綻傲雪新春來：懷念我的父親張添梅〉。[22] 對於北平臺灣同鄉會，則有王宏（王康緒），〈我所經歷的平津臺胞對"二·二

15　楊肇嘉，《楊肇嘉回憶錄》（臺北：三民書局股份有限公司，2007，四版二刷），頁339-349、356-364。當時是旅滬臺人重要代表，擔任臺灣重建協會上海分會理事長。

16　李玲虹、龔晉珠主編，《臺灣農民運動先驅者：李偉光（上卷）》（臺北：海峽學術出版社，2007）。其中對臺灣旅滬同鄉會會長的選舉、派系的衝突有所說明。

17　吳克泰，《吳克泰回憶錄》（臺北：人間出版社，2002），第六章在上海的光景、第九章在上海同鄉會的一段時間。

18　許雪姬訪問、曾金蘭紀錄，《柯台山先生訪問紀錄》（臺北：中央研究院近代史研究所，1997）。柯台山為臺灣重建協會理事長，敘述在上海設分會等情形甚詳。

19　吳三連口述、吳豐山撰記，《吳三連回憶錄》（臺北：自立晚報社文化出版部，1991，一版四刷）。吳三連在戰後任天津臺灣同鄉會會長，並和北平臺灣同鄉會組織平津臺灣同鄉會聯盟。相關資料可參見張炎憲主編，《吳三連全集第六冊：戰後政治運動及其他》。

20　陳碧笙，〈參加臺灣旅京滬七團體赴臺北調查「二、二八」事變的經過〉，收於臺灣民主自治同盟編，《歷史的見證：紀念臺灣人民「二·二八」起義四十週年》（北京：該盟，1987），頁57-61；江濃，〈溫故求新拓展前景〉，收於臺灣民主自治同盟編，《歷史的見證：紀念臺灣人民「二·二八」起義四十週年》，頁62-67。陳碧笙在3月12日與其他臺人來臺慰問，被原機遣返。江濃則報導他們如何在上海臺灣同鄉會選舉中擁護李偉光。

21　何鳳嬌編，《二二八事件檔案彙編㈩：總統府檔案》，頁77-94。

22　林明月主編、上海市臺灣同胞聯誼會編，《滬上臺灣人㈠》（上海：該會，2005），頁93-99。張添梅在楊肇嘉漢奸／戰犯案中當保人。

八"起義的聲援鬥爭〉，[23]以及在北平的臺灣同鄉會出版四期《新臺灣》，[24]以及許雪姬訪問、記錄的〈王宏先生訪問紀錄〉。[25]

　　至於未刊檔案方面最重要的有三：

一、楊肇嘉，〈六然居典藏史料〉（數位檔藏於中央研究院臺灣史研究所），其中的：

　　㈠臺灣重建協會文件：「臺灣重建協會上海分會成立相關文件」、「文稿簿」、「發文登記簿」、「收文簿」、「來賓簽名簿」、「政府相關單位來文」，尤其是「上海閩臺六團體二二八事件前至南京向當局請願」相關文件。

　　㈡二二八事件文件：「臺灣旅京滬六／七團體」、「北平、天津同鄉、同學會與二二八」

　　㈢楊肇嘉漢奸／戰犯案及歸臺：「漢奸／戰犯檔案」、「楊肇嘉還鄉」。

　　㈣相關團體文件：「旅滬臺灣同鄉會」、「閩臺建設協進會」、「臺灣問題研究所各種資料研究人員略歷」、「臺灣光復致敬團名單」

　　㈤接收臺灣與臺灣的未來文件：「楊肇嘉對赴臺接收人員展開工作的建言（草稿）」

二、上海市立檔案館檔案

　　㈠Q130_130_57_1，社、團、會全宗彙集，〈臺灣旅滬同鄉會〉；Q130_63_6，社、團、會全宗彙集，〈新臺灣同志會上海特別分會〉。

　　㈡Q127_8_246，淞滬警備司令部本部及各處，〈（彭育才）報告：奉

23　王宏，〈我所經歷的平津臺胞對「二・二八」起義的聲援鬥爭〉，《天津臺訊》（天津）160（2013年3月），頁18-21。依王宏所言，北平臺灣同鄉會在中共的領導下進行。

24　《新臺灣》創刊於1946年2月15日，1946年5月1日第四期出版後就結束。主要因國府以懲治漢奸條例、關於朝鮮及臺灣人產業處理辦法來「處罰」臺灣人，為了自救而發起。

25　許雪姬訪問、記錄，〈王宏先生訪問紀錄〉（未刊稿），2015年3月7日，中國上海安亭別墅・花園酒店。

派出席本月十日臺灣旅滬同鄉會成立大會遵即屆時前往謹將該會成立經過及開會情形報呈如后恭請鑒察〉（1945年11月11日）最爲重要。

㈢Q153_2_16⑴上海市警察局新市街分局，〈爲奉令對韓僑、朝鮮、臺灣人民之公私財產規定處理辦法令仰知照〉（上海市警察局訓令市警刑（三五）字第七五號，1946年1月）。

三、中國南京第二歷史檔案館：全宗號176，案卷號988，〈楊肇嘉（臺灣新竹〔臺中〕）戰犯案〉。

除以上檔案外，報刊、資料彙編，可參考鄧孔昭編，《二・二八起義資料集》（上、下冊）；許雪姬主編，《二二八事件期間上海、南京、臺灣報紙資料選輯（上）、（下）》；林元輝編註，《二二八事件臺灣本地新聞史料彙編》第一～四冊；李祖基，《「二・二八」事件報刊資料彙編》。

三、戰後初期在平津、京滬、東北的臺灣人團體

1945年8月15日日本敗戰，平津東北地區的臺人一時失去了「政府」的保護，因久未回臺，且陸軍總部於1946年1月擬具的「臺人處理辦法」五項，其中第四項爲：「對良善的臺人願在中國或臺灣居住者聽其自由，但以大部分送回臺灣交臺灣省行政長官爲原則。」[26] 故大半旅外臺人莫不做歸計。但這三地距臺灣較在華南的臺人爲遠，爲了集結力量以應變，莫不籌組新的同鄉會，團結力量、互相幫助以爲因應。以下說明各地同鄉會的組織以及面對的問題。

---

26 〈留居內地臺人處理辦法　在日軍服務者暫不區分〉，《民主報》，1946年1月20日，第四版。

㈠ 北平、天津、東北的同鄉會

1、北平

　　⑴ 臺灣省旅平同鄉會：1945年9月9日同鄉會成立，約有500多人參加，[27] 由於戰後北平已有一些臺人依「懲治漢奸條例」而被逮捕，[28] 財產被沒收，回臺沒有運輸工具，這些現象都令臺人反感，爲了有發聲的管道，乃決定發行《新臺灣》，1946年2月15日創刊，一直到1946年5月1日發行第4期而告停刊，其言論由林鷹（林子瑾）在第3期發表〈就臺人處置言〉[29] 一文可見一斑。第一任會長名義上是洪炎秋，其實是鄞石城，1946年8月才換了梁永祿醫生。[30]

　　⑵ 臺灣旅平同學會：於1946年4月14日成立，參加的有15人，召集人是北大的鄞石城，[31] 成立的目的在協助臺灣同學維護權益，便於和各自就讀的院校交涉，以後鄞石城當會長、王宏當副會長。鄞石城在10月回臺，就由王宏代理歡迎13個臺灣到北大就讀的學生。參加同學會的除王宏本人外，還有回臺後死於白色恐怖的劉嘉武等人。[32] 據王宏的報導，此同

27　由臺灣省旅平同鄉會於1946年1月編的〈臺灣省旅平同胞名冊〉（未刊稿），第五冊，已編到442號，可見一斑。名冊中可知有些並非戰前就住在北京，而是戰後由天津、張家口、石景山、青島、新鄉、南京、大同、大連、保定、蚌埠、太原、瀋陽、綏遠、濟南、石門、徐州、長春、蘇州、陽泉、濰縣、福州、石家莊來到北京。共有99個家長、553個家屬，計952人。該名冊爲中國臺灣同胞聯誼會會長汪毅夫所贈，謹致謝意。

28　在北平有江文也、柯政和、謝廉清、彭華英、林廷輝、林文龍、謝呂西、黃南鵬被逮捕。參見許雪姬，〈1937至1947年在北京的臺灣人〉，《長庚人文社會學報》（桃園）1：1（2008年4月），頁63-77。

29　林鷹，〈就臺人處置而言〉，《新臺灣》（北平）1：3＝3（1946年4月），頁2。

30　許雪姬訪問、記錄，〈王宏先生訪問紀錄〉（未刊稿）。梁永祿，臺南人，1932年臺北醫學專門學校畢業。〈臺灣省旅平同胞名冊〉，第五冊；財團法人臺大景福基金會編，《國立臺灣大學景福校友會通訊錄》（臺北：該會，1992），頁40-42。

31　據王宏報導鄞石城爲澎湖人，但據〈臺灣省旅平同胞名冊〉，第五冊所載，鄞29歲，住臺北州七星郡內湖庄南港三重埔三四三，北京大學醫學院學生。

32　許雪姬，〈代序：《臺灣二‧二八大慘案華北輿論集》的研究〉，頁6-7。

學會在舊臺共詹以昌（化名曾明如）、王碧光[33]的指導下進行各項活動。[34]
此外在「臺灣省旅平同胞名冊」中還有「臺灣省旅平同鄉會青年團」，共
115人，這些人是被日本人徵用的兵員／軍夫。據同鄉會估計，沒有向臺
灣旅平同鄉會報名的大約100名，總計1946年初在北京的臺灣人總共
1,167名。

　　旅平同鄉會也在2月19日分成「大急」、「中急」歸還臺灣名冊，這些
人中3/4已發生生活困難，其中1/12再一兩個月生活就成問題，全數之
1/5已受同鄉會及臺人互相濟助。若1個月內有船，1/4有能力自備旅費，
1/4需靠自己的朋友幫忙，2/4需同鄉會斡旋設法。[35]

2、天津

　　有關天津臺灣同鄉會的情況不詳，但天津是臺人坐船回臺重要的港口
之一，尤其自東北回臺者，因此一時擁至天津的臺灣人必不在少，據會長
吳三連說有旅居華北的數千名臺人需要照顧。但臺灣同鄉面對的是被認爲
是漢奸而遭逮捕，或被認爲是奸商面臨財產被沒收的困境，要回臺卻買不
到船票的窘境。爲了和北平方面合作，共同解決難題，乃一起組織「平津
臺灣同鄉會聯盟」。另方面將自己和連襟合開的「合豐行」大倉庫，提供
同鄉住宿，再由行政院善後救濟總署（簡稱行總）救濟糧食，才渡過此危
機，花了近一年的時間終於將臺人送抵家鄉。[36]

3、東北

　　東北的臺人約有3,000人左右，離臺最遠、氣候最冷、回臺最難，爲

---

33 王碧光，31歲，豐原神岡庄埔堵人，學歷上填的是集美中學、廈門大學。參見〈臺灣省旅平
同胞名冊〉（未刊稿），第五冊。

34 許雪姬訪問、記錄，〈王宏先生訪問紀錄〉（未刊稿）。

35 臺灣省旅平同鄉會編，〈臺灣省旅平同鄉會會員歸還臺灣名冊〉（未刊稿）。

36 吳三連口述、吳豐山撰記，《吳三連回憶錄》，頁104-108。

了便於對外聯繫、加速返鄉,都有同鄉會的設置。

(1) 長春:1945年10月7日成立,會員共有211戶、608人,以新京醫科大學的教授郭松根爲會長,下設諮議謝文燦等7人,還有董事、主任的設置,此外還設兩個會即愛國青年會、臺灣科學技術學會,以及同鄉自組的臺灣省建設研究會。[37] 12月28日致電陳儀長官,請派輪船到東北接臺人回臺,但未得回應,1946年2月23日再向陳儀陳請「從速轉飭關係機關酌定輪便,并諮請善後救濟張羅,臺灣分署沿途分神照料。」翌日也分函聯合國善後救濟總署(UNRRA,簡稱聯總)、行總,[38] 也不時和在臺灣發行的《民報》聯繫。[39] 由於國共內戰於1946年5月在四平一役才先告一段落,[40] 在長春的臺人在之後方得分批抵天津。但行總臺灣地方分部仍以無專輪可派,僅應行政長官公署之公函,回覆「已分電冀熱平津分署及本總署天津儲運局查明,希予救濟設法輪運返臺」。[41]

(2) 瀋陽:瀋陽臺灣同鄉會戰前已有,由日新鐵工廠廠主李清漂擔任會長,戰後依舊,但他請出任維城中學(專供滿洲人就讀的學校)副校長何金生當同鄉會總幹事,以照顧住在瀋陽及其附近數百名的臺灣同鄉,會址即在日新鐵工廠。何要處理的事爲照顧同鄉的吃住以及順利返鄉。由於瀋陽市政府社會科長的協助,和聯合國善後救濟總署東北分署聯絡,得以免費乘船,而回臺的手續則由社會科負責辦理,回臺途中又得到北平、上海

---

37 許雪姬訪問、鄭鳳凰紀錄,〈徐水德先生訪問紀錄〉,收於許雪姬訪問,許雪姬、鄭鳳凰、王美雪、蔡說麗紀錄,《日治時期在「滿洲」的臺灣人》(臺北:中央研究院近代史研究所,2002,初版二刷),頁273-274,1945年12月11日。

38 長春臺灣省同鄉會會長郭松根,〈爲呈請指定輪便接回東北臺胞由〉(1946年3月23日)(南京:中國南京第二歷史檔案館藏)。本件由中正大學歷史學系張建俅教授提供,謹致謝意。

39 《民報》,1946年3月15日第二版、16日第二版,登出郭松根的呈文。往後《民報》陸續報導東北臺人回臺的情況。

40 四平之戰始於1946年3月4日,一直到國軍在5月19日收復四平爲止。參見楊奎松,〈一九四六年國共四平之戰及其幕後〉,《歷史研究》(北京)2004:4(2004年8月),頁148。這指的是第二次戰役,共軍失利退出四平。

41 何鳳嬌編,《政府接收臺灣史料彙編(下冊)》(臺北:國史館,1990),頁1040。

同鄉會的協助，第一梯次的回臺在1946年4月初出發。[42]

(3) 大連：大連臺灣省同鄉會成立於1945年9月9日，但到1946年12月2日才向大連市政府上成立的「呈請書」，12月9日批准。會長爲孟天成、副會長爲簡仁南、書記長爲江塗龍，三個都是醫生。參加的臺灣同鄉總共388人，每個月有次集會，並按月向市政府報告。同鄉會主要的工作是幫忙生活困苦的人及協助辦理回臺手續。自1946年3月到1947年7月，經向市政府提出申請106次，85%的臺人都離開大連，只有會長、副會長留在當地。由於中共在1948年11月已掌握東北，因此同鄉會在1949年3月18日解散。[43]

(二) 上海等地的臺灣人團體

上海是東北、華北、華中等地臺人回臺必經之地，戰後在該地的臺灣人，約有1萬名，因此上海臺灣同鄉會的組織相當重要，一開始各會林立，最終只有上海臺灣同鄉會和臺灣重建協會上海分會較爲重要，但兩者背後各有中共和國府的影子。

(1) 臺灣同鄉會：有關臺灣同鄉會成立的過程，關係人楊肇嘉、李偉光各有說法，[44] 據官方的報告，1945年8月底由陳思齊和李偉光向中國國民黨上海市黨部呈請，擬組臺灣同鄉會，經批准後在9月1日開始籌備，李偉光等乃在9月3日正式登報，並由15位籌備委員展開籌備工作，期間要在9月24日、28日舉行成立大會，因不被核准乃延至11月10日。當日

---

42 許雪姬訪問，何金生、鄭鳳凰紀錄，〈何金生先生訪問紀錄〉，收於許雪姬訪問，許雪姬、鄭鳳凰、王美雪、蔡說麗紀錄，《日治時期在「滿洲」的臺灣人》，頁192-193。

43 郭瑋，〈大連地區建國前的臺灣人及其組織狀況〉，收於中國人民政治協商會議遼寧省大連市委員會文史資料委員會編，《大連文史資料：第6輯》（大連：該會，1989），頁72-73。

44 許雪姬，〈戰後上海的臺灣人團體及楊肇嘉的角色：兼論其所涉入的「戰犯」案 (1943-1947)〉，頁91-92。

選出15名理事、5名監事，依章程先由委員中選出5位常務理事，再由5人中選出理事長，李偉光乃告當選。[45]何以李偉光說他當選？因同鄉會中主要分成楊、李兩大派勢成水火，李說楊背後有中統，買通警察局派員在投票前一天拘留他，第二天被釋放趕上選舉，因楊派理事7人，而李派8人，他因而勝出，[46]被推爲理事長。此說和政府的紀錄理事長爲楊肇嘉大異其趣。同鄉會成立當天，即分別給蔣主席、陳長官上電該會已成立，可爲明證，[47]但何以以後任同鄉會理事長的卻是李偉光？我個人的解釋是，李在上海比楊久，人脈廣，背後又有中共的勢力，因此楊雖當選，但難以發揮，就不再去辦公，[48]楊既被迫離開，李也就「繼任」，至少李在參加臺灣重建協會上海分會成立時已用「上海臺灣同鄉會理事長」的頭銜。[49]至於該同鄉會的貢獻，張麗俊歸納有接待、送返臺胞難民，普及文化教育事業，團結保護臺灣進步人士。[50]

(2) **臺灣重建協會上海分會**：臺灣重建協會爲柯台山於1945年8月26

---

45 淞滬警備司令部本部及各處，〈（彭育才）報告：奉諭出席本月十日臺灣旅滬同鄉會成立大會遵即屆時前往謹將該會成立經過及開會情形報呈如后恭請鑒察〉（1945年11月11日），「上海市立檔案館檔案」（上海：上海市立檔案館藏），檔號：Q127_8_246；社、團、會全宗彙集，〈臺灣旅滬同鄉會〉，「上海市立檔案館檔案」，檔號：Q130_57_1。

46 李玲虹、龔晉珠主編，《臺灣農民運動先驅者：李偉光（上卷）》，頁165-166。

47 臺灣旅滬同鄉會，〈上蔣主席電〉，《臺灣旅滬同鄉會電文㈡》，「六然居典藏史料」（臺北：中央研究院臺灣史研究所檔案館藏），檔案識別號：LJK_06_04_0020761_0001；臺灣旅滬同鄉會，〈上臺灣行政長官陳電〉，《臺灣旅滬同鄉會電文㈢》，「六然居典藏史料」，檔案識別號：LJK_06_04_0030762_0001。

48 楊肇嘉，《楊肇嘉回憶錄》，頁341；當時在滬臺灣人也有以楊在戰前經營蓖麻子油生意，有資敵之嫌；又被說成是中統，可能是他不再去辦公的原因。可參見謝東漢、吳餘德，《徘徊在兩個祖國（下冊）》（臺北：謝東漢，2016），頁464-470。

49 徐生揚，〈中華民國三十五年一月五日上海分會籌備會紀錄〉、〈中華民國三十五年一月二十八日第一次籌備委員會會議紀錄〉，《臺灣重建協會上海分會會議紀錄簿》，「六然居典藏史料」，檔案識別號：LJK_06_01_0210738_0002-0006。

50 張麗俊，〈臺灣旅滬同鄉會：在滬臺胞團結互助、支持革命事業的陣地〉，收於中國人民政治協商會議上海市委員會文史資料工作委員會編，《上海文史資料選輯第136輯：上海臺盟專輯》（上海：上海人民出版社，2010），頁4-8。

日在重慶成立，旨在集合力量協助政府接收臺灣並解決戰後臺灣人所面對的困境。[51] 協會成立後在各地設立分會，推行工作，在柯台山的力邀下，楊肇嘉乃出而籌組上海分會，[52] 並當選爲理事長。[53]

臺灣同鄉會會長李偉光也投入上海分會的選舉，他當選監事，而後由候補監事向佩璋取代。[54] 李主導臺灣同鄉會、楊主持臺灣重建協會上海分會，各有所發揮，但在臺灣事務上，時而競爭、時而合作。上海分會往後盡力協助臺人安全返鄉、保住財產，免於被以漢奸名義逮捕、並營救已被捕者，貢獻不少。[55]

⑶ 其他相關之會

除了以上兩個主要的會外，還有10個會，1、新臺灣同志會、2、臺灣青年誠志會，3、臺灣工程會上海分會，4、三民主義青年團中央直屬臺灣區團部上海分團籌備處，5、臺灣聯誼社，6、臺灣革命同盟會東南分會，7、臺灣婦女協進會，8、臺灣義勇隊第一支隊，9、上海臺灣青年復興同志會，10、臺灣問題研究所。[56] 這些團體存留的時間不長，消失的原因是臺人返鄉。

51　臺灣重建協會，〈臺灣重建協會成立經過暨初期會務紀要〉，《臺灣重建協會成立經過暨初期會務紀要》，「六然居典藏史料」，檔案識別號：LJK_06_01_0020719。

52　許雪姬訪問、曾金蘭紀錄，《柯台山先生訪問紀錄》，頁55-60。

53　徐聲揚，〈中華民國三十五年二月二十七日第一次理監事會議紀錄〉，《臺灣重建協會上海分會會議紀錄簿》，「六然居典藏史料」，檔案識別號：LJK_06_01_0210738_0017-0019。

54　選監事時，依照會議紀錄，向佩璋得25票，李偉光只得8票，何以李當選，令人不解。參見徐聲揚，〈中華民國三十五年二月二十一日籌備委員會舉行本會理監事選舉票開票紀錄〉，《臺灣重建協會上海分會會議紀錄簿》，「六然居典藏史料」，檔案識別號：LJK_06_01_0210738_0014-0015。

55　許雪姬，〈戰後上海的臺灣人團體及楊肇嘉的角色：兼論其所涉入的「戰犯」案（1943-1947）〉，頁98-100。

56　許雪姬，〈戰後上海的臺灣人團體及楊肇嘉的角色：兼論其所涉入的「戰犯」案（1943-1947）〉，頁86-91。

(三) 戰後初期臺人共同面對的問題及解決的辦法

　　戰後臺人必須共同面對的是哪些問題，臺灣人團體如何來協助解決？
有關這方面的資料臺灣重建協會上海分會留下的資料較多，茲引以為例。

　　1、協助臺人及時且安全返臺：由於戰後臺灣行政長官陳儀使出全力
來遣送日本人回日，無法及時且積極地協助臺人返臺，故被懷疑刻意阻撓
臺人回臺。因此同鄉會必須一面向UNRRA求援；一面向臺灣士紳求助，
由他們代為向陳儀呈請設法，[57] 但沒有積極的效果。臺灣同鄉會理事長李
偉光說他聯繫到美國船「藍美斯自由號」，送臺灣人1,800名回臺，其後又
掩護中共張志忠、蔡孝乾回臺。[58] 當時在滬、寧一帶經商的李天生卻說，
在1946年元月底由柯台山、謝南光等由重慶回來的人，向美軍接洽輪船
一艘，載2,000餘名臺人航向高雄。[59] 由於柯台山在訪問紀錄中並未提起此
事，到底誰說的對？上海分會〈大事記〉中有4筆協助臺人返臺的紀錄，
分別是：

　　(1)1946年1月25日：會同總會遣送招待所臺人285人，搭乘萊密斯自
　　　由輪返鄉。

　　(2)1946年3月13日：遣送臺人125人搭黃海輪返鄉。

　　(3)1946年3月17日：遣送臺人142人搭海宇輪返鄉。

　　(4)1946年4月2日：遣送臺人191人搭海辰輪返鄉。[60]

　　由上可知，自由輪確在1946年1月開航，交涉的可能是重建協會，卻
分別搭載向各種不同單位申請回臺者，並非全是臺灣同鄉會理事長李偉光
的功勞。

57　陳翠蓮，《派系鬥爭與權謀政治：二二八悲劇的另一面相》，頁47-50。

58　李玲虹、龔晉珠主編，《臺灣農民運動先驅者：李偉光（上卷）》，頁272。

59　李天生，〈天生回憶錄〉（未刊稿），未著頁碼。

60　臺灣重建協會上海分會，〈大事記〉，《臺灣重建協會上海分會大事紀》，「六然居典藏史料」，
　　檔案識別號：LJK_06_01_0200737_0005-0006。

　　2、如何解除地方「偽產業處理局」依中央政府頒訂之「關於朝鮮及臺灣人產業處理辦法」沒收臺人產業：1946年1月13日頒佈上述辦法，除了將臺灣人視為朝鮮人，將兩者的財產予以「接收保管及運用」，即使提出「並未擔任日軍特務工作憑藉日人勢力凌害本國人民，或幫同日人逃避物資，或并無其他罪行者，經確實證明後，其私產予以發還。」[61]但已被沒收的產業很難即時取回，因此臺人十分不滿。經北平臺灣同鄉會、上海革新同志會致電政府各機關主張廢除此令，行政院於1946年2月底做出「對臺灣朝鮮公私產業之處理決議」共5條，並在3月4日頒此訓令給各地方政府。其主要內容是將朝鮮、臺灣公私產業分別處理，公產應依法辦理接收，除間諜、助紂為虐的臺灣人外，其私產不得接收，已被接收者應予發還。在上海，由「敵偽產業處理局審議委員會」所通過之「鮮臺公私產業處理原則」應即停止施行。[62]政府的補救雖亦來得快，但錯誤已經造成，被沒收的產業一時難以取回。以蘇柴林案為例，蘇在上海開設新興汽車行，共有11輛小汽車，被上海市公用局誤認有敵產嫌疑，帶走7輛，其餘4輛分別被四個單位全部拖走。經上海分會一再去函，被上海公用局接收的車輛最後雖發還，但某些零件被拆走，其他4輛不知下落。[63]

　　3、依「懲治漢奸條例」在全國各地遭逮捕的臺籍漢奸必須援救：1945年12月政府公佈「懲治漢奸條例」共12條，其第2條規定通謀敵國而有左

61　其內容為臺人在未恢復中華民國國籍前應暫以敵僑待遇，其財產應視同敵產。參見楊肇嘉，《楊肇嘉回憶錄》，頁30；林鷹，〈就臺人處置而言〉，頁2。不僅如此，即使要發還還要呈報行政院同意方可。參見行政院長宋子文電諭：「臺灣朝鮮人奸偽甚多，關於發還產業應嚴密查明呈報本院核定後再行發還。」參見上海市警察局新市街分局，〈為奉令對韓僑、朝鮮、臺灣人民之公私財產規定處理辦法令仰知照由〉（1946年1月），「上海市立檔案館檔案」，檔號：Q153_2_16(1)。

62　上海市社會局，〈上海市政府訓令「為准處理局代電奉院令規定朝臺公私產業處理原則請查照一案除分行外令仰知照由」，「上海市立檔案館檔案」，檔號：Q6_15_25。

63　蘇柴林，〈蘇柴林汽車案〉，《蘇柴林案具呈文稿》，「六然居典藏史料」，檔案識別號：LJK_06_01_0330753_0001-0004。

列行爲者（14種）爲漢奸，處死刑，情節輕微者處五年以上有期徒刑。[64]
此條例一出，被捕的臺灣人不少，引起臺人的抗議和恐慌，理由是「犯罪」
當時非屬中國籍而爲日本籍，不應科以漢奸罪名。1946年1月25日司法院
「院解字第3078號」做出解釋：「同在中華民國領域內或領域外犯該條例之
漢奸案，依刑法第十一條、第三條及第五條第二款之規定，均適用之。其
犯罪主體原不以本國人民爲限，惟臺灣人民於臺灣光復前已取得日本籍，
如在抗戰期間內基於其爲敵國人民之地位，被迫應徵，隨敵作戰，或供職
各地敵僞組織，應受國際法上之處置，自不適用懲治漢奸條例之規定。」[65]
此解釋一出，正在審臺奸的地方法院高檢處對此類案例不再受審，已羈押
者放出，但部分被視爲有戰犯嫌疑的臺人則轉送戰犯軍人法庭。[66] 5月，司
法院「院解字第3133號」指出臺人不適用漢奸條例，但應受國際法上處
置，[67] 即用戰爭罪犯審判條例，來處置。但以戰犯條例來治罪，戰犯的必
要條件是殺害中國平民，殺害戰俘，這兩件罪行的搜證困難，[68] 審判費時，
故當時在京滬、平津一帶已有被捕的臺人，必須援救。舉例來說，上海分
會在1946年1～4月間行文相關單位，拯救臺人，如在上海板橋林家三房
林鶴壽的三個兒子林勤、林勳、材勣的資產被沒收，三人都被扣押。[69] 楊
肇嘉本人忙於救人，不料在1946年9月25日被以漢奸罪名逮捕，經不斷營
救，11月1日被保釋出獄，到1947年9月才獲不起訴之處分。[70]

---

64 第三戰區金廈漢奸案件處理委員會，《閩台漢奸罪行紀實》（廈門：江聲文化出版社，1947），
　　頁157。

65 司法院解釋編輯委員會編，《司法院解釋彙編》（臺北：該會，1976），第四冊，頁2445。

66 第三戰區金廈漢奸案件處理委員會，《閩臺漢奸罪行紀實》，頁121。

67 司法院解釋編輯委員會編，《司法院解釋彙編》，第五冊，頁15。

68 謝東漢、吳餘德，《徘徊在兩個祖國（下冊）》，頁545。

69 上海高等法院，〈上海高等法院批第十五號〉，《上海高等法院批》，「六然居典藏史料」，檔案
　　識別號：LJK_06_01_0290749_0001-0005。兩次呈文分別在1946年3月9日、3月28日發出，
　　法院的回文是4月5日。

70 楊肇嘉呈上海高等法院檢察處，〈爲請求迅爲不起訴處分事〉，《楊肇嘉（臺灣新竹〔臺中〕）
　　戰犯案》（南京：中國南京第二歷史檔案館藏），全宗號176，案卷號988；國防部審判戰犯軍

㈣ 同鄉會對故鄉的關心及二二八前的上京請願

旅外臺人不只關心切身的事務，對故鄉臺灣的事情更為留意，尤其在上海的臺人，容易得到來自臺灣的消息，當政府開始接收臺灣、當陳儀政府弊病叢生，他們義無反顧提出看法、到京請願，如果臺灣當局能夠諦聽他們的意見，二二八也許不會發生。

1、楊肇嘉對赴臺接收人員展開工作的建議：在「六然居典藏史料」中，留下楊肇嘉提出接收的建議15點，其內容如下：

⑴ 接收第一號公布文字須簡明適切並表示歡迎臺胞回歸祖國之意。

⑵ 赴臺接收之工作人員最好同時抵達，以利統一接收工作。

⑶ 赴臺接收各要員需要絕對服從接收最高機關之指揮及命令，以期接收之步調臻於一致，可以減少一切誤會的發生。

⑷ 來臺接收人員可在滬與臺人開談話會以便事先了解臺灣的情況。

⑸ 抵臺後要起用各地德望兼備受敬服士紳，組織各地協助接收委員會以利接收。

⑹ 各行政機構下級人員一律照常上班直到接收完成。

⑺ 各種清冊應俟接收大員到再行移交，以免日方燒損毀滅。

⑻ 治安應利用原有的保甲、防衛團。

⑼ 不用原臺籍警察因他們染有種種惡習，而用地方保衛團暫行辦理業務。

⑽ 起用在祖國有識之臺人做為隨同接收人員一起赴臺，接收較為方便。

⑾ 接收後之治臺大政，須要以教撫善導為主旨。

⑿ 赴臺接收的經費須要有充分準備，不可照祖國舊有習慣，使各機關抵達各地後即招集地方士紳籌募，易引起臺民誤會及惡感。

事法庭，〈楊肇嘉先生勛啟〉，《楊肇嘉戰犯案通知書與處分書》，「六然居典藏史料」，檔案識別號：LJK_06_02_0050780。

⑴即日釋放仍在獄中的政治犯，尤其有一位叫歐清石[71]者。

⑴現在華中負有任務之臺灣青年不少，若能集中受訓後派回臺灣工作，則在治臺方面收益更多。

⑴國幣問題應在未赴臺接收之前，先與日方商定一適當辦法，接收之當日先予公佈。[72]

此一建言何時呈給陳長官或政府有關當局，不得而知。但政府接收臺灣早有成算，不可能接受楊肇嘉的意見。

陳儀1945年10月24日赴臺接收前在上海拜訪楊肇嘉時，楊所提出者為何，不得而知。據柯台山說陳儀似乎要楊當顧問，這時楊問陳，臺灣光復後臺人一律平等，何以仍設長官公署，這和總督府有什麼不同。陳聞言怫然而去。[73]

2、在滬閩臺六團體到南京請願撤銷行政長官公署、改善臺政：戰後在上海的臺人獲悉戰後臺灣在行政長官陳儀施政下已是怨聲載道，一片阢隉的景況，於是和在滬福建人聯手到南京請願。據《楊肇嘉回憶錄》所載，臺灣「光復」才8個月，已出現如下情形：通貨膨脹、物價飛漲的現象，其背後原因是陳儀拒絕在臺灣使用中央銀行發行的流通券，反而保留日人發行的舊臺幣，並拒絕四行二局到臺營業；加上日本投降前、戰後陳儀，都印製不少鈔票，使物價飛漲。其次是留用太多日人（約7,000多人）代替

---

71 歐清石，澎湖人，1930年通過日本高等文官考試行政科、司法科，1931年登錄爲律師。1941年被認定爲東港事件主謀，9月23日被捕，1944年11月15日被判處無期徒刑，1945年5月31日美軍對臺北大轟炸，被炸死於獄中。參見許雪姬，〈歐清石〉，收於許雪姬編纂、許雪姬總編纂，《續修澎湖縣志·卷十四：人物志》（澎湖：澎湖縣政府，2005），頁135-137。

72 楊肇嘉，〈僅陳考溯〉（草稿），《楊肇嘉針對臺灣接收與臺灣人處境建言手稿㈠》，「六然居典藏史料」，檔案識別號：LJK_06_05_0100793_0001-0011。

73 許雪姬訪問、曾金蘭紀錄，《柯台山先生訪問紀錄》，頁56-57。但楊肇嘉在其回憶錄中未曾提及，柯在受訪時說聽自楊。〔按：陳儀飛臺前，曾和臺灣旅滬各團體代表舉行3小時的座談會，有所諮詢並對治理臺灣省之施政方針交換意見，楊、陳見面或在此時。〕參見上海《前線日報》，1945年10月25日，〈陳儀離滬飛臺　旅滬臺胞昨舉行座談會〉，收於許雪姬主編，《二二八事件期間上海、南京、臺灣報紙資料選輯（上）》，頁4。

政府執行政令，予人民換湯不換藥之感：第三集行政、軍事權於一身，與臺灣總督沒有區別；第四設貿易局壟斷一切島外貿易，而且還保留了茶、糖、火柴等日治時期專賣的項目；第五是陳儀重視接收機構的物資，而忽略接收臺灣的人心。因此不但臺灣輿論對陳儀抨擊，就是上海、外國報紙也逐漸不看好陳儀在臺灣的統治。如《密勒士評論報》的〈臺灣退後五十年〉，說臺灣五個月後將成為英國的愛爾蘭；《紐約時報》也報導：「假使來一次民選，臺灣第一是選美國，第二是選日本。」[74]為了突破臺灣的困境，旅滬臺人團體乃決議上京請願。

1946年7月，閩臺六團體在上海開會，推舉陳榮芳、楊肇嘉、陳碧笙、張邦傑，[75]晉京向國民政府請願。這六個團體是閩臺建設協會（上海分會）、福建旅滬同鄉會、上海興安會館、上海三山會館、臺灣省政治建設協會（上海分會），純粹臺灣人團體只有兩個，其領導人分別是楊肇嘉和張邦傑。他們在1946年7月18日由上海到南京，分別向國民政府、立法院、行政院、國民黨中央黨部、國防最高委員會、國民參政會請願，其請願內容簡言之有六，與臺灣有關的部分為前三條

(1)撤廢臺灣〔省〕行政長官公署條例，改設與各省同樣的省政府；

(2)禁止臺灣銀行發行臺幣，並阻遏其壟斷臺灣之金融；

(3)取消臺灣專賣統治及官營貿易企業制度。[76]

六團體又在是日下午召開記者招待會，隔天京滬有15家報紙以極刺眼

---

74 楊肇嘉，《楊肇嘉回憶錄》，頁345-347。

75 據南京《大剛報》1946年7月21日的報導，代表有王屏南其人，但未見報導其發言。另據南京《新中華日報》、《大道報》同日的報導，第四個代表是張邦傑；另有報紙只登載前述3人，不過《六然居典藏史料》中的相關文件仍指出該團體的聯席會議推出的是王屏南。參見陳榮芳、陳碧笙、楊肇嘉、王屏南，〈為呈請明令禁止臺灣銀行擅自發行臺幣以維發幣權之統一阻遏臺省當局壟斷金融藉保民益而蘇民困由〉，《上海閩臺各團體聯席會議推舉代表至南京請願文件㈠》，「六然居典藏史料」，檔案識別號：LJK_06_01_0410795_0004。

76 南京《南京人報》，1946年7月21日，〈臺民六大願望〉，收於許雪姬主編，《二二八事件期間上海、南京、臺灣報紙資料選輯（上）》，頁13；楊肇嘉，《楊肇嘉回憶錄》，頁347-348。

的標題來報導陳儀及臺政的腐敗。[77] 如南京《大剛報》:〈救救臺灣人〉;《大道報》:〈貪污!壓榨、壟斷!人民生機已斷　臺各團體代表來京請願　要求撤廢行政長官公署〉;《救國日報》:〈新生臺灣政治腐敗　旅〔滬〕閩臺六團體代表 晉京請願毫無結果〉。[78] 然而政府方面沒有任何回應,而對臺灣施政不良的抨擊,對長官公署撤銷的請求,對陳儀及其團隊相當難堪,楊肇嘉自己也說:「各報編輯先生這樣的標題,遂更為決定了我住上海提籃橋監獄的命運」。[79]

　　這裡有必要介紹張邦傑,其弟為張錫鈞,堂兄為張錫祺。[80] 據《二二八事件辭典》張邦傑傳,說他1928年前往中國上海發展,而後移居廈門、泉州等地,積極參與當地之抗日運動。中日戰爭期間擔任臺灣革命同盟會幹部,戰後以行政長官公署顧問之身分返臺。與抗日團體幹部共同組成「臺灣民眾協會」,「籌組此一團體過程中,可能得罪了陳儀政府官員,以致不僅被解除顧問之職,還被迫離開臺灣。臺灣民眾協會改組為『臺灣省政治建設協會』,該會由蔣渭川主持,但會務主要由張邦傑之親信呂伯雄負責。」[81] 事實上,張為參議非顧問,而他在臺灣省政治協會擔任「理事長」,[82] 而被陳儀所迫而離臺的原因,也非組政治團體過程得罪陳儀。據

77　楊肇嘉,《楊肇嘉回憶錄》,頁349。

78　上海《和平日報》,1946年8月2日,〈臺閩旅滬團體代表　晉京請願無結果〉,收於許雪姬主編,《二二八事件期間上海、南京、臺灣報紙資料選輯(上)》,頁23。

79　楊肇嘉,《楊肇嘉回憶錄》,頁349。

80　張榮國、張榮光、張榮仁整理,〈張錫鈞事略〉,收於林明月主編、上海市臺灣同胞聯誼會編,《滬上臺灣人(一)》,頁100。

81　何義麟,〈張邦傑〉,收於張炎憲主編,《二二八事件辭典》(臺北:國史館、財團法人二二八事件紀念基金會,2008),頁342-343。但據顏世鴻,〈上海‧上海〉(未刊稿),頁26所記,張家和顏家的人都在1930年抵上海,而且張邦傑自那時已加入軍統,戰後任行政長官公署參議兼秘書。依臺灣省行政長官公署秘書處編,《臺灣省行政長官公署各單位及臺北市各公共機關職員錄》(臺北:該處,1946)頁176載張邦傑和張錫祺都是日產處理委員會參議室的參議(張邦傑排名第一),但編制在七十軍。

82　上海《聯合晚報》,1947年3月10日,〈臺灣請願代表　今午招待記者〉,收於許雪姬主編,《二二八事件期間上海、南京、臺灣報紙資料選輯(上)》,頁191。

他答覆記者被逐出臺灣的理由有三點，一、他是一個流浪者，在祖國17年，回臺後，被民眾熱烈歡迎，遭陳儀妒忌；二、中央大員李文範宣慰使赴臺宣慰時，被推爲歡迎大會主席，許多民眾代表都有密告書給李文範轉達蔣中正，陳儀藉口張要造反，在李離臺後即將張扣留，解送福州。三、當時省參議會要選參議長，張有可能會被選爲參議長，乃驅其出境。[83] 張邦傑一直是旅滬臺灣人的要角，和其他單位一起行動時是用臺灣省政治建設協會上海分會的理事長；另用臺灣省政治建設協會理事長單獨向蔣中正、政府相關單位、中國國民黨三中全會上呈相關文件。[84]

四、二二八事件後臺灣人團體的聲援行動

二二八事件發生後，在中國大陸的臺灣人團體進行何種聲援行動？在上海、南京的臺灣人團體得地利之便，常到南京向中央各部會請願，北平、天津的臺人團體雖無法來到南京，但發告同胞書。長春、青島在北平的臺灣人也以同鄉會的名義聲援；上海臺灣同學會的江濃說，當時在上海的臺人除與平津一帶的臺人互通聲息外，還和武漢、杭州、廈門等地聯絡，爲臺人聲援。[85] 以下分區說明各地同鄉會的行動，到南京開記者會、請願之經過情形。

㈠ 上海方面臺人團體的行動

1947年二二八事件爆發，才在去年11月1日因戰犯案交保出獄的楊肇

---

83 上海《僑聲報》，1946年8月2日，〈軍政集權制度下・置臺胞於水火中　陳儀儼然南面王　留滬臺胞不甘坐視發出吼聲〉，收於許雪姬主編，《二二八事件期間上海、南京、臺灣報紙資料選輯（上）》，頁32-33。

84 何鳳嬌編，《二二八事件檔案彙編㈩：總統府檔案》，頁52-63。

85 江濃，〈溫故求新拓展前景〉，頁63。

嘉，完全不顧他的官司未了，在事件發生後又和旅滬臺灣人團體一起到南京請願，一直到第一任省主席魏道明就任前夕，還在進行請願、開記者會，希望借中央與輿論的力量來減少臺灣人因事件所招致的迫害。

1、二二八事件後首度上京

二二八事件發生後，3月5日旅滬臺灣六團體：臺灣省政治建設協會上海分會張邦傑、閩臺建設協進會上海分會張錫鈞、[86] 臺灣重建協會上海分會楊肇嘉、旅滬臺灣同鄉會李偉光、上海臺灣同學會江濃、臺灣革新協會王麗明，為臺灣的慘案組織「臺灣二二八慘案聯合後援會」，[87] 聯名對外發表〈為臺灣「二二八」慘案告全國同胞書〉，這是海內外臺灣人組織為二二八事件做最早的聲援。書中抨擊行政長官制度以及陳儀在此制度下的獨裁濫權，稱陳儀的行事自光復以來屢有偏差，如干涉司法、紊亂金融、屬行專賣、任用黨羽、設貿易局包辦對外貿易、頒佈特殊法令（限制人民經商旅行之自由；濫拘人民數千，監禁於火燒島、紅頭嶼等處）、統制印刷紙張摧殘臺胞的言論與文化、包庇部屬營私舞弊等7種不法，故引起二二八事件。為今之計必須：

　　⑴ 立刻允許臺灣實行自治，省長、縣長一律民選；
　　⑵ 廢除特殊化之行政長官制度及其一切特殊法令設施；
　　⑶ 懲辦陳儀及開槍兇手；
　　⑷ 取消臺灣特有之專賣及省營貿易；

86　閩臺建設協進會上海分會，乃1946年春莊希泉由重慶（總部，莊為委員之一）到上海，邀張錫鈞共同籌組而成，張任常務委員，負責發展、聯絡在上海的臺灣人、福建人與華僑，共100多人組成，當時主要工作是在一些報刊揭露陳儀的劣跡。參見張榮國、張榮光、張榮仁整理，〈張錫鈞事略〉，頁104。顏世鴻醫師認為他五舅張錫鈞「就是『長江一號』，我推測長字由張姓來，江是他號大江而來，而剛好與揚子江同名。」參見顏世鴻，〈上海‧上海〉（未刊稿），頁88。

87　上海《時代日報》，1947年3月6日，〈臺灣慘案後援會　反對臺灣特殊化　昨日招待本市新聞界〉，收於許雪姬主編，《二二八事件期間上海、南京、臺灣報紙資料選輯（上）》，頁108。

⑸撫卹傷亡，立即釋放被拘民眾並擔保不再發生同一事件。[88]

上述內容和本日由二二八事件處理委員會所提出的八項政治改革要項，其要綱5點，[89]有異有同。異者未要求臺人在行政長官公署中的位置、公營事業由臺人經營，同者爲各縣市長民選，撤銷專賣制度、貿易局。另外較特別的是懲辦陳儀以及省長的民選，廢除行政長官制度，相信這在臺灣本島是不敢提出的內容。〈告同胞書〉的最後特別強調「非達驅逐陳儀完成自治之目的誓不休止」，並請各界對臺胞施予援手。此〈告同胞書〉主要發放的對象是全國各大報館，但各大報連日來報導事件的發展，卻未刊登旅滬臺灣人團體對此事件的看法，爲了能藉由報紙傳播上達中央，而能對陳儀在臺灣的作爲有所牽掣，上京乃是形成輿論最好的方法。

3月6、7日，處委會提出卅二條乃至於增加提出的十條要求，陳儀、柯遠芬所要的臺人「叛亂」證據已告充分，而3月8日夜深、3月9日凌晨國軍整編21師已登陸基隆展開鎮壓。獲知此消息的旅滬臺人代表，乃急忙帶著事先寫好的〈爲呈請迅予撤廢臺灣省行政長官公署及撤消專賣局、貿易局等經濟統制機構以蘇民困而安人心由〉，[90]以臺灣「二二八」慘案聯合後援會之名，經6小時車程來到南京，參加的六個團體的代表是張邦傑、陳碧笙、楊肇嘉、王麗明、林松模。他們在9日晚搭車，於10日晨到達南京，迎接他們的是政府對「二二八」的定調：「（二二八事件）并非一

---

88 臺灣省政治建設協會上海分會、閩臺建設協進會上海分會、臺灣重建協會上海分會、旅滬臺灣同鄉會、上海臺灣同學會、臺灣革新協會，〈爲臺灣「二二八」慘案告全國同胞書〉，《爲臺灣二二八慘案告全國同胞書》，「六然居典藏史料」，檔案識別號：LJK_06_03_0010807_0001。

89 《台灣新生報》，1947年3月8日，〈處委會闡明事件眞相　向中外廣播處理大綱　除改革政治外別無他求　建議案本日可正式提出〉，收於林元輝編註，《二二八事件臺灣本地新聞史料彙編》，第一冊，頁116-120。

90 臺灣二二八慘案聯合後援會，〈爲呈請迅予撤廢臺灣省行政長官公署及撤消專賣局貿易局等經濟統制機構以蘇民困而安人心由〉，《迅予撤廢臺灣省行政長官公署及撤消專賣局貿易局等經濟統制機構以蘇民困而安人心呈文》，「六然居典藏史料」，檔案識別號：LJK_06_03_0110817_0001-0004。此文正式的文件內容，參見何鳳嬌編，《二二八事件檔案彙編㈣：總統府檔案》，頁52-63。

般行政經濟範圍以內之事件，可能係受中共之煽動而起，現已派軍前往維持，并將派大員專程宣慰。至於臺人之要求，在範圍以內者，自可允許，額外之要求，則無法接受。」[91]紀念週結束後不久，赴臺灣的宣慰大員派定是國防部長白崇禧。[92]當天下午4時，楊肇嘉等人開記者招待會，對南京的記者報告二二八事件，並向政府提出三點要求：(1)暫緩派兵赴臺；(2)盡速派大員前往宣慰（已派），(3)明令撤換陳儀，此外還對滬上各界關心的「卅二條要求」提出解釋，並歸納為兩點，就是要求臺灣自治以及臺灣之物資為臺人所有，[93]為臺人自圓其說的成分很重。之所以不得不做辯解，則因有些報紙已接受長官公署的看法，認為二二八處理委員會以政府自居，已經圖謀反抗中央，[94]旅滬臺人團體不得不辯。翌日旋即向國民政府、中國國民黨中央黨部、行政院、國防最高委員會、中國國民黨三中全會、國民參政會、國民代表大會、國防部、立法院、監察院、司法行政部等陳情。

2、旅滬代表回臺慰問，陳儀予以軟禁、遣回

　　當白崇禧奉蔣之令盡速赴臺，[95]且已準備在3月12日赴臺時，正好臺

91　上海《聯合晚報》，1947年3月10日，〈處理臺灣現行局勢　主席指示原則　武裝民眾繼續進攻北投　臺北警務處長易人〉，收於許雪姬主編，《二二八事件期間上海、南京、臺灣報紙資料選輯（上）》，頁185。

92　《南京新民報晚刊》，1947年3月10日，〈蔣主席今晨重要表示　臺灣事不致擴大　中央正考慮撤換陳儀　朱紹良可能繼主臺政〉，收於許雪姬主編，《二二八事件期間上海、南京、臺灣報紙資料選輯（上）》，頁217。

93　南京《社會日報》，1947年3月10日，〈臺灣事件不致擴大　主席指示處理方針　臺灣代表昨在京招待記者　報告經過並請求撤換陳儀〉，收於許雪姬主編，《二二八事件期間上海、南京、臺灣報紙資料選輯（上）》，頁192-193。

94　南京《南京日報》，1947年3月10日，〈處理會儼以政府自居　顯圖反抗中央　竟向陳長官提出卅二條〉，收於許雪姬主編，《二二八事件期間上海、南京、臺灣報紙資料選輯（上）》，頁200-202。

95　南京《大剛報》，1947年3月11日，〈蔣主席昨重要指示　臺灣事變處理方針　政府已派兵赴臺維持秩序　白部長崇禧日內出發宣慰　朱紹良可能受任繼主臺政〉，收於許雪姬主編，《二二八事件期間上海、南京、臺灣報紙資料選輯（上）》，頁242-243。

人團體來陳情，白部長乃在10日晚上邀宴，並聽其等之意見。爲使二二八善後事宜方便處置起見，白部長乃邀請該團體代表等先赴臺灣。[96] 當時的臺灣已自9日起開始戒嚴，又解除二二八處理委員會，再取消非法團體禁止集會遊行，臺灣情勢十分緊張。白崇禧這時要赴臺宣慰有一定的難處，首先陳儀是否能配合是最大的關鍵，而中央對臺灣、對陳儀如何處理若不能定案，如何赴臺？3月11日一行包括國防部法規司司長何孝元、國防部長辦公廳秘書張亮祖等4人，臺灣慰問團團長張邦傑、副團長楊肇嘉、團員張錫鈞、陳碧笙、王麗明、林松模、林有泉、陳重光、張維賢、李天成、黃木邑，顧問徐卓英、屠仰慈一行共16人，在下午5時到臺北。據記者描繪臺北「酷似當年上海虹口被日敵封鎖的情形」，先由何司長去和陳儀聯繫，而一行人則住到長官公署對面之新生活賓館。當吃過晚飯後，已有大批憲兵和密探包圍賓館，於是一行人行同被軟禁。當晚何孝元回到賓館後，說明陳儀要他們一行人於明晨9時乘原機回上海。[97]

張錫鈞的後人卻有不盡正確的說法：「當晚與陳儀派來的秘書長談判。談判代表團提出懲辦元凶警備司令〔參謀長〕柯遠芬，除省長外其餘官員一律民選，取消戒嚴令等要求。這些要求都被陳儀拒絕，並威脅說不能保證代表團的人身安全，警備司令（此處有誤）還親自來要扣人，在同去的國防部代表的斡旋下，並徵得代表團的同意，代表團于次日一早乘原機離臺北」。[98]

翌日（12日）柯遠芬參謀長來賓館找張錫鈞談話，迨話畢，一行人搭

---

[96] 南京《中國時報》，1947年3月11日，〈主席重視臺灣情勢　派白部長前往宣撫　望臺胞嚴守紀律勿爲奸黨利用　臺京滬代表要求中央寬大處理〉，收於許雪姬主編，《二二八事件期間上海、南京、臺灣報紙資料選輯（上）》，頁252-253。

[97] 原刊於上海《文匯報》，1947年3月19日。楊肇嘉，《楊肇嘉回憶錄》，頁195-196。

[98] 張榮國、張榮光、張榮仁整理，〈張錫鈞事略〉，頁105-106。此記載爲其他相關資料所無，且非本人之回憶錄，僅做參考。由張邦傑留下的簽呈〈呈報調查事件眞相及處理意見乞　察奪〉，並未有如上的說法。

機離臺，[99] 何孝元帶着陳儀、柯遠芬給白部長的信，陳儀指出：「一俟廿一師全師到達（3月17日），秩序大致恢復，即申請大駕蒞臨宣達德意。」[100] 柯遠芬的信指出20日前可以恢復全省秩序，提示可在20日以後抵臺。[101]

　　雖然一行人失去自由，但在抵臺後的3小時仍得到極充分的參考資料，也探得一些如王添灯、陳炘等200餘人被捕的消息。[102] 楊肇嘉利用「新生活賓館用箋」記下這一天他得到的訊息。即2月28日起至3月12日的情形，打聽有哪些人受難，並試著分析事件發生的原因。他認為當時最嚴重的情況為：

　　1、軍隊見人就殺，如五、六個人以上就以集會論；

　　2、亂捕，如在處理委員會有出過面的人；

　　3、死傷三月八日以後比二月廿八日、三月一日還多；

　　4、臺中、嘉義、新竹、臺東還在動亂中，目下以空運，想武力壓止；

　　5、臺北、基隆所有表面安定，其實只有閉門不出，民心絕無安靜。

　　最後他寫下兩項緊急呼籲：一、宣慰大員即日赴臺安慰民眾處理善後並將陳儀撤回法辦；二、停止恐怖屠殺政治，非有擾亂之人不能隨便逮捕，已逮捕者即刻釋放。[103]

99　慰問團記者，〈臺灣十小時〉，收於鄧孔昭編，《二‧二八起義資料集》（廈門：廈門大學臺灣研究所，1981），頁193-199。

100　中央研究院近代史研究所編，《二二八事件資料選輯㈡》（臺北：中央研究院近代史研究所，1992），頁155。

101　中央研究院近代史研究所編，《二二八事件資料選輯㈡》，頁149-152。

102　上海《華美晚報》，1947年3月13日，〈臺省成恐怖城　赴臺慰問代表抵京　歷述臺省動亂經過〉，收於許雪姬主編，《二二八事件期間上海、南京、臺灣報紙資料選輯（上）》，頁323-324；〈失自由一書生致楊肇嘉一信函〉，《失自由之一書生致楊肇嘉信函》，「六然居典藏史料」，檔案識別號：LJK_06_03_0190825_0001-0006（日文）、LJK_06_03_0190825_0007-0036（中譯本）、LJK_06_03_0190825_0038-0045（中譯謄清本）。此一書生即楊基振，參見黃英哲、許時嘉編譯，許雪姬、楊宗義審訂，《楊基振日記：附書簡、詩文（下）》（臺北：國史館，2007），頁568-578。

103　楊肇嘉，〈二二八慘案的經過〉，《二二八慘案的經過與緊急的呼籲》，「六然居典藏史料」，檔案識別號：LJK_06_03_0040810_0007-0008。

3月12日下午4時在南京開記者會，提出六點希望，不外希望臺灣的情況能迅速改善。[104] 此外分析事件發生的遠因、近因。[105] 3月13日下午旅滬臺灣團體再開記者會，[106] 發電給報館請轉全國同胞公鑒，[107] 內容大致相似。

3、對白崇禧的消極做法表示失望

楊肇嘉一定不明白，在臺人團體一再催促下白部長何以遲遲其行？各大報記者不斷預測白部長某日就要赴臺，結果白在3月17日才起程，[108] 不免令人失望。白不斷將赴臺日期往後延，主要是在蔣介石默許下「配合」陳儀所致。白到臺後當天下午先對全臺廣播，並發佈宣字第一號來安撫民心，其中第四點對當時臺人最為重要，即恢復地方秩序，指出參與此次事變或相關人員「除煽惑暴動之共產黨外一律從寬免死。」[109] 但「共產黨」的定義是什麼？沒有說明。此後白部長進行一系列的拜會活動，接著到臺灣各處去宣慰。3月18日、23日、25日，嘉義總共槍決了20個人，[110] 難

---

104 南京《南京晚報》，1947年3月13日，〈飛臺代表返京談 臺省局勢仍嚴重 廣泛鄉村均由臺民控制 白部長赴臺日期未決〉，收於許雪姬主編，《二二八事件期間上海、南京、臺灣報紙資料選輯（上）》，頁333-334。

105 南京《中國時報》，1947年3月14日，〈臺灣情勢未寧 臺胞絕無離心祖國傾向 楊肇嘉等談臺行經過〉，收於許雪姬主編，《二二八事件期間上海、南京、臺灣報紙資料選輯（上）》，頁351-353。

106 南京《南京人報》，1947年3月14日，〈臺北慘然一瞥 等是有家歸未得 代表悲情訴鄉情〉，收於許雪姬主編，《二二八事件期間上海、南京、臺灣報紙資料選輯（上）》，頁360-363。

107 南京《中國日報》，1947年3月14日，〈旅臺臺灣代表 赴臺慰問歸來 招待記者報告臺灣現狀 通電全國請予正義聲援〉，收於許雪姬主編，《二二八事件期間上海、南京、臺灣報紙資料選輯（上）》，頁355-356。

108 南京《中國時報》，1947年3月18日，〈白部長昨飛抵臺 蔣經國冷欣等同往 李翼中葛敬恩亦同機飛返〉，收於許雪姬主編，《二二八事件期間上海、南京、臺灣報紙資料選輯（下）》，頁427。

109 中央研究院近代史研究所編，《二二八事件資料選輯㈡》，頁497。

110 孫志俊，〈嘉義市「三‧二」事件報告書〉，收於陳興唐主編，戚如高、馬振犢編輯，萬仁元審校，《南京第二歷史檔案館藏：臺灣「二‧二八」事件檔案史料（下卷）》（臺北：人間出版社，1992），頁457-460。

道白崇禧身在臺灣而置之不理？亦即白部長真的只是「宣慰」，似無意阻止陳儀對臺人的報復行動。

對白部長的臺灣行寄予厚望的臺灣旅滬團體，21日已按耐不住，以楊肇嘉為首的代表3人，又由上海衝到南京，因為這時國民黨三中全會正在召開，而當天已有中常委60餘人聯名提出撤換陳儀的臨時動議。六團體提出的聲明，代表臺灣民間切盼施行，卻無法在臺灣提出的五件事，希望政府立即進行。一、陳儀撤職送京嚴辦；二、組織清查委員澈底清查長官公署一手包辦的弊端；三、停止長官公署報復性的恐佈政策；四、臺灣省主席能盡就本省人士中選用；五、臺灣的所有資產，其收益應屬於全體臺灣人，不能視同敵產任意處分。[111] 到三中全會請願時由谷正綱接見，特別向谷強調要立即撤換陳儀、立即釋放被捕者、肅清臺省貪官污吏。[112] 3月23日再發電報由國防部轉白部長，請部長轉飭在臺駐軍停止報復行動，舉例在臺駐軍將處委會委員、地方不滿人士視為共產黨，大加搜捕，不經審訊，即赴槍決。[113] 〈六然居典藏史料〉中有向白部長請願書一封，似為同時的請願函，[114] 可以參照。更令旅滬臺人扼腕的是，白部長在27日晚上對全國廣播事件發生的經過，聲稱他對事件「已獲得充分的瞭解」，因而分析事件暴動的遠因、近因並概說事件的經過，一語未及陳儀的暴政，將事件

---

[111] 旅滬臺灣同鄉會、旅京臺灣同鄉會、臺灣重建協會、臺灣政治建設協會、閩臺建設協進會、臺灣革新協會、旅京滬臺灣同學會，〈請願代表團聲明〉，《臺灣旅京滬七團體請願代表團聲明》，「六然居典藏史料」，檔案識別號：LJK_06_03_0160822_0001-0004。

[112] 南京《評論日報》，1947年3月22日，〈臺灣六團體　要求撤換陳儀〉，收於許雪姬主編，《二二八事件期間上海、南京、臺灣報紙資料選輯（下）》，頁477。

[113] 3月25日臺灣旅滬七團體請願代表張邦傑等電請蔣中正制止臺灣當局捕殺人民，參見何鳳嬌編，《二二八事件檔案彙編㈩：總統府檔案》，頁104-107。翌日報紙乃刊登此事，參見《南京新民報》，1947年3月26日，〈京滬臺灣七團體　請停止報復行為　據稱被殺或失蹤者已達萬人〉，收於許雪姬主編，《二二八事件期間上海、南京、臺灣報紙資料選輯（下）》，頁526-527。

[114] 楊肇嘉，〈請願書〉，《呈國防部長白崇禧請願書手稿》，「六然居典藏史料」，檔案識別號：LJK_06_03_0220828_0001。

發生歸咎於「臺灣少數共產黨及野心家」，又定調這次的事件是「企圖推翻政府，奪取政權。其行動極為猖狹殘忍。」[115] 這一定調，令臺人傷心失望，認為白部長到臺灣不是宣撫臺人，而是「所宣慰者似僅陳儀一人」，主要理由如下：

> 此間收悉白部長廣播，誤認臺胞受日本惡性教育與共產黨陰謀煽動，為臺變主因。對行政制度經濟措施之失當與地方官吏應負之責任隻字未提。其語意大有「臺胞該死」、「陳儀無事」之慨。

並認為在陳儀肅殺的報復下誰敢說真話，而白部長從何而來真相？[116]
白部長廣播後，翌日下午召集臺省警備總部參謀長等5人，指示6項原則，其中的四項至關重要：一、所拘捕關於二二八事件中的人犯，從速依法審判，於部長留臺期間速為處理完畢；二、此後拘捕人犯，必須公開依照手續為之，除臺省警備總部以外，其他機關以後不得發令逮捕人犯；三、學生一律復課，除共產分子須積極取締外，其餘不再逮捕；四、軍紀須嚴格整飭維持。[117] 這也是目前有部分臺人感激白崇禧的原因。白先勇也說其父：「對二二八事件的後續發展，起了關鍵性的作用。」又說官方出版品「幾乎看不出父親在二二八事件善後停損工作所扮演的角色。」[118] 白部長何以3月17日才到臺？又何以遲至到3月28日才指示6原則？在這中

---

115 〈白崇禧對全國廣播詞（1947年3月27日下午8時）〉，收於陳興唐主編，戚如高、馬振犢編輯，萬仁元審校，《南京第二歷史檔案館藏：臺灣「二·二八」事件檔案史料（下卷）》，頁683。

116 楊肇嘉，〈國防部史料局轉呈臺北吳局長虞薰先生勛鑒〉，《國防部史料局轉呈臺北局長吳虞薰信函》，「六然居典藏史料」，識別號：LJK_06_03_0120818_0001。吳虞薰即吳石，隨白部長來臺。

117 中央研究院近代史研究所編，《二二八事件資料選輯(一)》（臺北：中央研究院近代史研究所，1992），頁357-359。

118 白先勇，〈關鍵十六天：代序〉，收於白先勇、廖彥博合著，《止痛療傷：白崇禧將軍與二二八》（臺北：時報文化出版企業股份有限公司，2014），頁9。

間不知有多少枉死之人，該如何正確理解白崇禧的角色，至關重要。

　　至於蔣中正收到張邦傑等臺人團體要求制止臺灣當局捕殺人民的呈請，如何處理：3月29日蔣電陳儀委他查明此事。[119] 由於未獲政府正面回應，臺人團體復於4月1日呈請制止陳儀大舉屠殺無辜民眾。[120]

　　4月2日三中全會決議「臺灣省行政長官陳儀撤職查辦，應請政府迅予頒令撤換陳儀。」[121] 這天白部長也回京覆命，中午飛機抵達後，京滬七團體請願代表團楊肇嘉、張邦傑、陳碧笙等20餘人前往機場「歡迎」，卻未遇，乃集體到白公館「手執旗幟面遞請願書」，共有八大要求，主要針對陳、柯所製造的暴行做補救的工作。[122] 白部長回京後尚有重要的任務，即是要草擬臺變善後相關草案，供回京的蔣主席參考，旅滬臺人代表把握機會寫一封三千餘字的書面報告呈給蔣主席，表明臺灣人的立場，一是臺灣事件是官逼民反，並非共產煽動；二是請蔣主席執行三中全會決議案撤換陳儀。[123]

　　4月4日又由楊肇嘉呈請慎重處理臺灣被捕士紳，並附上「臺灣大屠殺被捕失蹤名單」共44人。[124] 4月11日陳儀回覆蔣中正並無捕殺無辜情形，且將上述臺人團體呈文一一辯駁。[125] 但回覆內容不及於4月1日、4日的呈請文。楊肇嘉等人的呈文，蔣轉交給即將在4月23日履新的臺灣省主席魏道明。[126]

119　何鳳嬌編，《二二八事件檔案彙編(当)：總統府檔案》，頁116-117。

120　何鳳嬌編，《二二八事件檔案彙編(当)：總統府檔案》，頁154-159。

121　南京《南京晚報》，1947年4月2日，〈中常會今晨討論　頒令撤換陳儀　廢止黨國旗同行懸掛〉，收於許雪姬主編，《二二八事件期間上海、南京、臺灣報紙資料選輯（下）》，頁571。

122　南京《新中華日報》，1947年4月3日，〈八大要求　審判陳儀　停止清鄉　報紙復刊〉，收於許雪姬主編，《二二八事件期間上海、南京、臺灣報紙資料選輯（下）》，頁579。

123　南京《新中華日報》，1947年4月5日，〈臺灣問題尚未了！臺代表擬上書主席說明「官逼民變」責任　白部長正草擬方案請示主席〉，收於許雪姬主編，《二二八事件期間上海、南京、臺灣報紙資料選輯（下）》，頁597。

124　何鳳嬌編，《二二八事件檔案彙編(当)：總統府檔案》，頁166-176。

125　何鳳嬌編，《二二八事件檔案彙編(当)：總統府檔案》，頁124-130。

126　何鳳嬌編，《二二八事件檔案彙編(当)：總統府檔案》，頁177。

4、為二二八事件善後鍥而不捨

　　二二八事件如何善後，白部長的角色似乎已告一段落，而陳儀依然在臺主政，政府仍未明令其去職。旅京滬的臺人，以楊肇嘉為代表，加上陳碧笙、張維賢、王麗明、李子奇、林松模等人仍然鍥而不捨、時時關心往後的發展。4月7日代表再度向參政會呈情，陳情對象由行政機構轉向民意機構請願，意味着對行政體系的失望。請願的內容有三：請參政院建議政府迅即撤換陳儀、取消臺灣恐怖政策停止清鄉、請參政會組織調查委員會赴臺調查事件的真相。[127] 4月12日七團體發表〈臺灣旅滬七團體關於臺灣事件報告書〉，說明死亡者已在一萬人以上，若連輕重傷則在三萬人以上。[128] 終於4月20日蔣主席採納白部長所提出的臺灣事變之善後建議，調整臺政。[129] 旅滬團體並不滿意事件後改革的幅度僅止於此，繼續規劃善後策以備下任省主席之用。下屆省主席是誰？是臺人所主張的省籍人士，還是另有其人？3月中旬朱紹良主臺之說已甚囂塵上，繼而與陳儀同屬政學系的吳鐵城又浮出臺面，後來報派蔣經國、許世英也入列。然而陳儀提出辭呈後，中央並未任命呼聲最高的朱紹良，可見已有變數。原來當時的輿論反對由軍人擔任省長、省主席，終於4月22日傳出由魏道明主臺政，一般咸信魏是文官，且因當過駐美大使，今後臺省建設有賴於美國之處甚多，因此勝出。[130]

　　4月23日行政院例會通過魏道明出任省主席，撤銷臺灣省行政長官公

127　南京《南京晚報》，1947年4月7日，〈臺灣代表團　今晨再度請願〉，收於許雪姬主編，《二二八事件期間上海、南京、臺灣報紙資料選輯（下）》，頁605。

128　旅京滬臺灣七團體二二八慘案聯合後援會，〈臺灣大慘殺案報告書〉（1947年4月12日）（上海：上海圖書館藏）。

129　上海《聯合晚報》，1947年4月20日，〈臺灣事變善後　白部長之建議　主席已加採納〉，收於許雪姬主編，《二二八事件期間上海、南京、臺灣報紙資料選輯（下）》，頁665。

130　許雪姬，〈《二二八事件期間上海、南京、臺灣報紙資料選輯》史料的價值與編印的經過〉，收於許雪姬主編，《二二八事件期間上海、南京、臺灣報紙資料選輯（上）》，頁（32)-(34）。

署、依照省政府組織法改制兩案。[131]

得知魏爲省主席且將於27日履新，臺省旅京滬七團體在25日中午去進謁魏主席，面陳「處理臺灣事變善後及改革臺灣省政意見書」共24項，是在臺灣所不敢提出的，內容很值得參考。

1、關於事變之善後

⑴即日停止清鄉

⑵即日停止戒嚴

⑶即日釋放所有被捕人民

⑷履行政府諾言對事變有關人民一律不予追究

⑸准許民間報紙（民報、人民導報、大明報、重建日報、中華日報等）及刊物自由復刊並賠償損失

⑹爲收復人心計，陳長官舊屬各處會及各機關首長無論其爲本外省人一律不予連任。

⑺組織調查團調查慘案之原因經過及死傷人數

⑻解散警察大隊及特務組

⑼扣留葛敬恩、周一鶚、包可永、嚴家淦、趙蓮〔連〕芳、鄭國書〔士〕、任維鈞、李卓芝、于百溪、陸桂祥、夏濤聲等貪官污吏依法清算。

⑽組織清查團清查臺灣接收情形及公營事業經營狀況，准許人民自由檢舉告發。

⑾被封閉學校准許即日開學復課

2、關於行政之改革

⑴撤銷專賣制度

⑵撤銷貿易局

---

131 《南京新民報》，1947年4月23日，〈政院今晨例會通過　魏道明主席臺灣　金鎮兼瀋陽市市長〉，收於許雪姬主編，《二二八事件期間上海、南京、臺灣報紙資料選輯（下）》，頁689。

⑶ 廢除一切有關經濟貿易運輸統制之特殊法令

⑷ 臺灣銀行實行改組由本省人主持董事會及經理部

⑸ 公有臺糖臺煤臺米暫行停運待與中央議價確定後再運

⑹ 徵兵暫行緩辦

⑺ 徵實徵購暫行緩辦

⑻ 臺灣急需之肥料原料及機器之輸入不受輸入許可之限制

⑼ 臺灣特產輸出所得之外匯得用於購進臺灣急需之肥料及原料機器

⑽ 縣市長提前民選

⑾ 省縣市參議會即時改選

⑿ 公有土地盡量分配與農民耕作以實現「耕者有其田」之原則

⒀ 改善各級教員待遇及學校設備

⒁ 進行義務教育[132]

由上可反應出受統治的臺灣人當時眞正的需要，顯現出陳儀手下這批官僚有多令人厭惡，他們希望當局能組織調查團調查慘案的原因與死傷人數、清算貪官污吏、清查接收當時的情形，但魏道明大半沒有接受。

5月16日全臺解嚴，旅京滬臺灣七團體[133]爲事件善後的奔走即將告一段落。

臺灣解嚴前夕，省政府即將成立，旅滬臺灣人團體宣告即將結束這一波的請願活動，特別對「臺灣省政府業已改組」發表聲明，對蔣介石3月10日宣佈重大的處理原則、白部長蒞臺宣慰的勞苦功績和公正的建議，全國輿論界公正的評論和遠大的指示表示感謝。至於省政府組織中有臺人參

---

132 臺灣省政治建設協會上海分會、閩臺建設協進會上海分會、臺灣重建協會上海分會、旅滬臺灣同鄉、旅京臺灣同鄉會、臺灣革新協會、旅京滬臺灣同學會，〈處理臺灣事變善後及改革臺灣省政意見書〉，《處理臺灣事變善後及改革臺灣省政意見書》，「六然居典藏史料」，檔案識別號：LJK_06_03_0260832_0001。

133 所謂七團體爲臺灣省政治建設協會上海分會、閩臺建設協進會上海分會、臺灣重建協會上海分會、旅滬臺灣同鄉會、旅京臺灣同鄉會、臺灣革新協會、旅京滬臺灣同學會。和以往六團體不同在於二，一是增加旅京臺灣同鄉會，一是由旅滬臺灣同學會改爲旅京滬臺灣同學會。

加省政，任命文職擔任省主席也表示欣慰。但還特別聲明不無遺憾之點爲：陳儀心腹仍居要職，使臺胞不免畏懼不安及難免重演貪污舞弊的醜劇，深表遺憾。要求對於專賣及貿易制度仍希望全部取消，澈底解放經濟統制，並尊重言論自由，擯棄陳儀長官制度的餘孽。最後要求履行政府諾言，提早實施地方自治。[134] 5月26日對臺善後仍不放心的旅滬團體，再度向全國最高民意機關參政會提出請願。強烈要求由參政會、監察院、各旅外臺民社團、臺灣省參議會聯合組成的臺灣調查委員或臺灣訪問團，追究造成二二八的責任，使屠殺眞相大白於世。該團體認爲二二八是十足的官逼民變，關鍵在陳儀下令向請願人掃射，才演成普遍之官民衝突；非但本已平靜，陳儀爲卸其責，在軍憲抵臺之日利用若干愚盲臺民提出「無理要求」並於黑夜製造所謂「襲擊機關要塞事件」以掩人耳目、矇蔽中央、推卸責任，並做爲屠殺臺人的藉口，「其野蠻程度昔日揚州十日、嘉定三屠或將難與倫比」，[135] 如此強烈控訴陳儀，追究其責任，其措辭強烈，殆爲罕見。

爲了結束此一工作，旅滬七團體印製《臺灣大慘殺案報告書》小冊子，包括上述1947年4月12日的〈臺灣事件報告書〉，及張琴寫於1947年3月25日的〈臺灣眞相〉。

李偉光所領導的旅滬臺灣同鄉會雖然名義上參加了旅滬六／七團體，但該會對事件的本質看法不同，據李偉光說楊肇嘉等認爲事件是陳儀造成的，因此到南京向蔣介石請願，但他和林昆、許文辛、葉雲、江濃和《文

---

134 臺灣省政治建設協會上海分會、閩臺建設協進會上海分會、臺灣重建協會上海分會、旅滬臺灣同鄉會、上海臺灣同學會、臺灣革新協會，〈旅滬六團體對臺灣省政府業已改組發表聲明〉，《旅滬臺灣六團體對臺灣省政府業已改組發表聲明》，「六然居典藏史料」，檔案識別號：LJK_06_03_0300836_0001。在京臺灣同鄉會不在內。

135 臺灣重建協會上海分會、旅滬臺灣同鄉會、臺灣省政治建設協會上海分會、臺灣革新協會、閩臺建設協進會上海分會、旅京臺灣同鄉會，〈臺灣省旅滬各團體爲要求調查造成「二二八」事件責任與屠殺眞相及提早實施地方自治請願要點說明書〉，《臺灣省旅京滬各團體爲要求調查造成二二八事件責任與屠殺眞相及提早實施地方自治請願要點說明書》，「六然居典藏史料」，檔案識別號：LJK_06_03_0310837_0001。此次由六團體署名，比原七團體缺少旅京同鄉會，而旅京滬同學會則僅由旅京同學會署名。

匯報》開座談會，認爲國民黨在臺灣惡劣的政治才引起二二八。[136] 二二八事件結束後，吳克泰、周青、李喬松、孫古平、蔡子民陸續逃亡上海，住在臺灣同鄉會，由該會安排去解放區。[137]

(二) 平津、東北方面臺人團體的行動

1、平、津等地的聲援

二二八事件發生，消息傳到北平後，北平同鄉會乃去電蔣主席「要求撤換陳儀，釋放被捕臺胞」，並在3月6日由同鄉會長梁永祿找到北大醫學院鄺石城、華北學院王康緒（後改名王宏）召開聯席會議，[138] 決定發〈告全國同胞書〉，3月11日印好，乃由學生和同鄉坐車到各報社請求主持正義，爲臺人伸冤；並在重要街道粘貼宣言。[139] 但此過程另有一種說法，據參與其事的王宏，於2013年說3月5日他接到曾明如（原名詹以昌）之電話，告知隔天要開會，隔天去開會的有20多人，主持人是曾明如，發言熱烈的有王碧光、楊克培兩人，主要着眼在如何宣傳眞相，揭露國民黨當局的罪惡行徑，以及在應對活動中所可能發生的危險。會議決定發表《告全國同胞書》，並公布北平同鄉會、同學會已去電蔣主席。翌日到王碧光處

---

136 李偉光自述、蔡子民整理，〈一個臺灣知識份子的革命理想〉，收於李玲虹、龔晉珠主編，《臺灣農民運動先驅者：李偉光（上卷）》，頁18；〈李偉光（應章）自傳〉，收於李玲虹、龔晉珠主編，《臺灣農民運動先驅者：李偉光（上卷）》，頁171。

137 張麗俊，〈臺灣旅滬同鄉會：在滬臺胞團結互助、支持革命事業的陣地〉，頁7。

138 在北大的臺灣學生，除原就學的外，另有經臺灣省教育處考選赴北京的13人，他們是文科尤寬仁、許溢悟、呂清銘、張天成、王猜林；法科陳威博（楊威理）、郭炤烈；工科郭祥燦、黃原年；農科蘇瑞鵬、林元芳、廖天朗、吳黨生。參見〈臺灣省行政長官公署教育處公告〉，《台灣新生報》，1946年11月8日，南部版。

139 〈臺胞在華北及東北二・二八大慘案發生後的活動經過概述〉，收於臺灣省旅平同鄉會、天津市臺灣同鄉會、臺灣省旅平同學會編印，《臺灣二・二八大慘案：華北輿論集》（北平：臺灣省旅平同鄉會，1947），頁6。

開會，討論告同胞書的寫法，最後由王碧光執筆，9日王宏、王碧光在新
華印刷廠進行校對，10日已印好，王宏將部分文件交給北大的楊威理，[140]
11日由王碧光等乘卡車送到報社，並在街頭張貼。10日所印就的〈告全國
同胞書〉在11日一天就發完，不得不立刻重印，目前所見的〈為臺灣二‧
二八大慘案敬告全國同胞書〉，由臺灣省旅平同鄉會、長春臺灣省同鄉會、
臺灣省旅青同鄉會、天津市臺灣同鄉會、瀋陽臺灣省同鄉會、臺灣省旅平
同學會所發布。事實上這是3月12日的版本，最早的版本沒有同鄉、同學
會的署名，也沒有「蔣主席萬歲」的字眼。[141] 此〈告全國同胞書〉和宣傳
2張，臺東縣政府在3月27日收到，由保密局臺東站通訊員鄭謙恭上報，
附上原文，臺灣站於4月4日收到，站長林頂立（化名張秉承）於4月9日[142]
轉呈南京言普誠（4月14日批）。附件是謄寫版，另有印刷版。[143] 5月20
日臺灣站又收到由通訊員吳沂的報告，指出屏東省立農業職業中學校收到
〈告全國同胞書〉，由於臺灣站已將此事並文件上告南京，因此該站以「擬
存查」結案。[144]

　　至於〈告全國同學書〉又是誰寫的。當〈告全國同胞書〉送到北大時，

140　楊威理原名陳威博，是1946年考上北大法科的臺灣公費生，著有《雙鄉記：葉盛吉傳——臺
　　　灣知識分子之青春、徬徨、探索、實踐與悲劇》。參見〈臺灣省行政長官公署教育處公告〉，
　　　《台灣新生報》，1946年11月8日，南部版。

141　王宏，〈我所經歷的平津臺胞對「二‧二八」起義的聲援鬥爭〉，頁18-19。

142　〈紀桐霖致電林振藩呈送旅平臺胞為二二八事件告全國同胞書（民國36年4月4日收）〉，收於
　　　許雪姬主編，《保密局臺灣站二二八史料彙編㈢》（臺北：中央研究院臺灣史研究所，2016），
　　　頁188-189。

143　〈六〇、張秉承呈報臺灣省旅平同鄉會等單位散發告全國同胞書（民國三十六年四月十四日
　　　批）〉，收於侯坤宏、許進發編，《二二八事件檔案彙編㈡：國家安全局檔案》，頁228-235。
　　　此附件的〈告全國同胞書〉為3月12日版的抄本，並在某些部分予以簡略不抄，尤其最後一
　　　行「陳儀應撤職查辦」以下9行、日期、單位署名全缺，有故意不抄之嫌；本書頁249-250
　　　則為印刷版，署名「臺灣省同鄉會」。而頁251-252則是旅滬臺灣六團體發布的〈為臺灣「二
　　　二八」慘案告全國同胞書〉。

144　〈謝愛吼轉呈林振藩臺胞旅平同鄉會寄發「二二八」事變傳單（民國36年5月20日）〉，收於
　　　許雪姬主編，《保密局臺灣站二二八史料彙編㈡》，頁343。

因北大正在反蔣，民主牆已有「打倒蔣介石」的海報，因此楊威理主張再寫一〈告全國同學書〉，由王宏擬稿，經過進步同學潤稿再送印，3月12日印好，散發，因此〈爲臺灣二‧二八大慘案敬告全國同學書〉沒有「蔣主席萬歲」等字眼。[145] 楊威理1988年曾撰〈平津臺胞聲援"二‧二八"：往事追憶抄〉（油印本）一文，敘述北大在事件中的聲援。他接受訪問時說他是北大公費生的領導人，在幾名中國大陸學生協助下，一個晚上寫了十幾張海報，隔日就貼在北大民主廣場。[146]

至於當時加入同鄉會、同學會的學生，還有來自華北學院的臺灣人，即王宏、陳魁元、[147] 劉嘉武。[148] 華北學院設於原日本鐵路學院原址，爲當時北京行轅主任李宗仁所設，位在北京西安門附近。[149] 二二八發生後由3人聯名，劉嘉武用4張油光紙寫出揭露二二八眞相的大字報，並附上上海《文匯報》的相關剪報，3月8日王宏爲了張貼去和訓導主任交涉，遭到拒絕，只好在中午時強行將大字報貼在校門口的圍牆上，一個多小時後就被訓導處叫工友撕去。[150] 3月15日臺灣省旅平同鄉會、同學會電請從寬處理釋放被捕臺胞並撤查陳儀。[151]

---

[145] 王宏，〈我所經歷的平津臺胞對「二‧二八」起義的聲援鬥爭〉，頁20。

[146] 鍾明宏，〈楊威理：書堆背後的思鄉之情〉，收於鍾明宏，《一九四六：被遺忘的臺籍青年》（臺北：沐風文化出版有限公司，2014），頁161-162。

[147] 陳魁元，澎湖人，家在天津。

[148] 劉嘉武（1923-1950），臺中石岡人，幼年隨父至滿洲國，戰後就讀華北學院，1947年二二八事件發生後，於3月5日晚主動協助北大公費生貼大字報。6月2日在華北學院貼壁報時和十多位同學被當地警總逮捕，之前已加入地下黨。1948年4月回臺，任臺中新社農校教師，1949年擔任和平鄉平等國民學校校長，不久被捕。據官方判決資料指稱，劉嘉武在臺負責新社、石岡一帶之宣傳工作及發展組織，並轉至山地發展高山族工作，受施部生領導，被判死刑。參見王宏，〈我所經歷的平津臺胞對「二‧二八」起義的聲援鬥爭〉，頁20；許雪姬等訪問、林建廷等紀錄，《獄外之囚：白色恐怖受難者女性家屬訪問紀錄（下）》（臺北：國家人權博物館籌備處、中央研究院臺灣史研究所，2015），頁17，註20。

[149] 許雪姬訪問、記錄，〈王宏先生訪問紀錄〉（未刊稿）。

[150] 王宏，〈我所經歷的平津臺胞對「二‧二八」起義的聲援鬥爭〉，頁20。

[151] 何鳳嬌編，《二二八事件檔案彙編㈥：總統府檔案》，頁97-98。

　　在東北長春的臺人於3月9日得到二二八的消息後，由同鄉會長郭松根於10日發表談話，指出臺灣和東北不同，復員較易，但在臺的施政竟弄到：「民不聊生，塗炭益深，較在敵人鐵蹄下尤有過之。」因此支持臺省的改革，同時也希望臺人冷靜，靜待解決。12日再發表宣言與平、津同鄉採相同的態度。[152] 已經自長春到北平等待返鄉的王溫／韞石（謝介石妻舅），集合臺灣人到其宅，商討向政府提出抗議聲明，後因消息傳來事件較爲平順，亦就不再有行動。[153]

　　在天津的同鄉會獲知二二八事件發生，立刻開理事會，決定致電蔣主席和白部長，希望對臺寬大，毋用兵力。同時決定在13日下午2時和北平同鄉會聯合招待平、津報界。13日下午到場記者20多人，由吳三連先致詞，說明此次事件非奸人鼓動、亦無事先計劃，是爲了反貪污、反封建而起，政府必須撤換陳儀，用政治方法解決事件，而非用武力彈壓，希望報社予以輿論支持。之後由剛自臺灣回天津的商人陳禹洲報告所見的臺灣慘案；接着由其子陳魁元代表北平同鄉會指出臺灣的失政；再由林當權說起臺灣抗日等待勝利、重歸祖國，不料再遭此浩劫，「各代表報告時皆甚興奮咸痛哭流涕，會場頗爲之感動」。[154] 3月14日，天津市臺灣同鄉會電請蔣中正嚴懲陳儀以肅綱紀。[155]

　　有關華北臺人的聲援臺灣，都在北平同鄉會的主導下，3月19日旅平同鄉、同學會，天津市臺灣同鄉會在北平美國新聞處召開外國記者招待會，先由梁永祿會長報告二二八事件爆發經過及最近情勢的推移，接著接受記者的詢問。現場由趙麗蓮即席翻譯成英文，[156] 她在北平廣播電臺開設

---

152 〈臺胞在華北及東北二・二八大慘案發生後的活動經過概述〉，頁7。

153 許雪姬訪問、鄭鳳凰紀錄，〈許長卿先生訪問紀錄〉，收於許雪姬、鄭鳳凰、王美雪、蔡說麗紀錄，《日治時期在「滿洲」的臺灣人》，頁599。

154 〈臺胞在華北及東北二・二八大慘案發生後的活動經過概述〉，頁6-7。

155 何鳳嬌編，《二二八事件檔案彙編㈩：總統府檔案》，頁95-96。

156 〈聯合招待外國記者概況〉，收於臺灣省旅平同鄉會、天津市臺灣同鄉會、臺灣省旅平同學會編印，《臺灣二・二八大慘案：華北輿論集》，頁7-8。

英語講座，已有相當的知名度。[157]

此後北平同學會對北大6名教授進行訪問，請他們談談對二二八事件的看法，他們是西語系馮承植、聞家駟，法律系費青，歷史系楊人梗，許德珩與朱光潛。[158] 北大臺籍學生訪問教授的事，當地特務燕清澄、夏自強分別向南京報告，筆蹟相同，似為同一人分別向二名上司做報告，指出北大學生分訪費青、錢端升（有誤）、聞家駟等人，而其結論均有「聯合全國青年共同爭取政治民主、反貪污、反獨裁，而有引導此部臺灣籍之青年參加民主同盟路線之傾向。同時清華、燕京兩校已向北大臺籍同學之呼籲而發生支持及聲援並有於必要時，決以行動支援臺灣同學之要求云。」[159] 不愧是特務，已嗅出北大臺籍生有「左傾」的傾向。據王宏的證言，他們的行動，透過曾明如向在北平的中共地下黨報告，再由地下黨指示、領導所致。王宏、劉嘉武都在1946年秋天和中共地下黨取得聯繫，同鄉會的4名理事中，楊克培有臺共的背景，曾明如、王碧光、劉成發都是地下黨員。[160] 上述王宏的證詞可以參考，因當時部分北平臺籍學生有左傾、甚至是地下黨的信息應該是可能的。

2、編印輿論集與週年誌

如果不是旅平同學會為主，聯合平、津臺灣同鄉會編印這兩本冊子，我們將無從得知他們在二二八事件中努力為臺灣發聲、在無法身援下，傳

---

[157] 王宏，〈我所經歷的平津臺胞對「二·二八」起義的聲援鬥爭〉，頁20

[158] 〈教授答學生的意見〉，收於臺灣省旅平同鄉會、天津市臺灣同鄉會、臺灣省旅平同學會編印，《臺灣二·二二八大慘案：華北輿論集》，頁39。

[159] 〈六一、燕清澄致衛先生代電呈報北京、清華、燕京等大學臺灣籍學生要求臺灣自治情形（民國三十六年四月二十三日批）〉收於侯坤宏、許進發編，《二二八事件檔案彙編㈡：國家安全局檔案》，頁236；〈六二、夏自強致丁先生代電呈報北京、清華、燕京等大學臺灣籍學生要求臺灣自治情形〉，收於侯坤宏、許進發編，《二二八事件檔案彙編㈡：國家安全局檔案》，頁237。

[160] 王宏，〈我所經歷的平津臺胞對「二·二八」起義的聲援鬥爭〉，頁19。

達各界對臺灣的支持之重要性。

⑴《臺灣二·二八大慘案：華北輿論集》（48頁）

本書據當事者王宏說，是王碧光主編的，主要目的登在發刊詞，要將祖國同胞正義的聲援讓臺灣人知道，分成七部分：一、二·二八前夜的臺灣，二、社論·評論，三、善後·處理，四、外國人眼中的二·二八，五、學生·教授和二·二八，六、雜品，七、二·二八大慘案日記。此中將事件發生後所發的電報、告全國同胞書都依序排列，是獨一無二的資料，此外大半文章取才自上海《文匯報》等，亦有參考價值。觀其編書的原則是幾乎不刊登新聞界抨擊二二八事件的相關記事；引用報紙重要的資料，也引用兩位臺灣人楊杏庭（楊逸舟）、柯台山分別在《瀋陽新報》、天津《大公報》的文章；主要供稿者是北大學生，但因採分類編定，因此在時間上並非由近而遠，在閱讀上有些不便。[161]

⑵《二二八週年誌》（30頁）

本書是繼前書的另本小冊子，仍由王碧光編著。[162] 主要的目的「不僅是追悼了犧牲的死難同胞，而更應是灌溉和培植未來臺省光明前途的熱烈。」更呼籲「實行中央諾言，實施地方自治，省縣市長民選，撤消公賣局，開放日產耕地！保障臺胞的最低生活，讓每一個臺胞都要有飯吃。」[163] 本冊子唐羽已有專文介紹，[164] 但作者似未見過《臺灣二·二八大慘案》一書，寫來較空泛。至於本書和前書有何不同？《週年誌》分成八項，分別是：一、痛憶二、二八；二、二、二八殉難烈士追悼會概況；三、祭文；四、

---

161 許雪姬，〈代序：《臺灣二·二八大慘案華北輿論集》的研究〉，頁3-11。亦請參見同書頁46-57，許毓良撰稿的〈導論〉部分。

162 王宏，〈我所經歷的平津臺胞對「二·二八」起義的聲援鬥爭〉，頁19。

163 〈編輯後記〉，收於臺灣省旅平同鄉會、天津市臺灣同鄉會編印，《二二八週年誌》，頁30；〈痛憶二、二八〉，收於臺灣省旅平同鄉會、天津市臺灣同鄉會編印，《二二八週年誌》，頁2。

164 唐羽，〈評介《二二八週年誌》〉，《臺灣史料研究》（臺北）3（1994年2月），頁44-52。本文除前言、結論外，分為本誌內容簡介、略論書名編輯與發行背景、內容之探討與研究方面四部分。

輓聯；五、二、二八事變犧牲者名單（一少部分）；六、名人感想；七、國立北京大學教授訪問記；八、報、雜誌轉載。其中較值得關注的是有關追悼二二八殉難烈士，如宜蘭中學教師趙桐，其父趙鴻年和其弟均出席並分別致詞；另一殉難的徐征，由其友林光翟致辭，這兩位犧牲者都是北平人。[165] 追悼會最後由武訓中學教務主任、校長致詞。祭文有平、津同鄉會，北平同學會、臺灣革新同志會所寫，輓聯則除前四個會外，有張東蓀、梁秋水聯名，長春臺灣同鄉會、臺灣省旅青同鄉會、瀋陽臺灣省同鄉會聯名，臺灣〔省〕政治建設協會理事長張邦傑。[166] 至於因二二八而被追殺的部分名單（若被滅屍者加上「×」），自然是不夠完整，且名字有錯，還有被捕者。[167] 至於名人感想，則刊出張東蓀等五名教授的感想。[168] 北大教授許德珩、費青、楊人梗、聞家駟繼《臺灣二·二八大慘案》一書後再度發言，《週年誌》又增加王鐵崖、吳之椿、周炳琳、馮至、賀麟、蔡樞衡、樊弘等教授。[169] 自報章雜誌轉載相關文章，是繼《新臺灣》、《臺灣二·二八大慘案》以來的常套做法。此次的內容不僅限於二二八，重要的是包括了反對臺灣給美國託管，如李純青以「阿山」的資格寫的〈提醒一個錯誤〉，刊在1947年10月25日的《公論報》上；另一篇則是1948年3月6日在《北平日報》的社評〈臺灣「易長」與「託管」之謠〉。[170]

另一篇引自1947年4月20日《新旗》15期，由穆德所撰，〈我們應當

---

[165] 徐征（1908-1947）、趙桐（1920-1947）兩人遇害的情形，參見張炎憲主編，《二二八事件辭典》，頁307、627。

[166] 〈二、二八殉難烈士追悼會概況〉，收於臺灣省旅平同鄉會、天津市臺灣同鄉會編印，《二二八週年誌》，頁2-6。

[167] 〈二二八事變犧牲者（一少部分）〉，收於臺灣省旅平同鄉會、天津市臺灣同鄉會編印，《二二八週年誌》，頁7-8。

[168] 〈名人感想〉，收於臺灣省旅平同鄉會、天津市臺灣同鄉會編印，《二二八週年誌》，頁8-10。

[169] 〈國立北京大學教授訪問記〉，收於臺灣省旅平同鄉會、天津市臺灣同鄉會編印，《二二八週年誌》，頁11-17。

[170] 〈報，雜誌轉載〉，收於臺灣省旅平同鄉會、天津市臺灣同鄉會編印，《二二八週年誌》，頁17、19。

怎樣看臺灣事件！〉，最爲重要。他將臺灣事件的性質視爲「革命」，而非旅滬臺人、國民黨政府一再強調的「官逼民反」。茲引述其重要論點：

(1)「我們應當把臺灣人底反抗看做殖民地反帝國主義運動，現在尙在進行殘酷迫害看做帝國主義對於殖民地的迫害。臺灣和中國的關係是殖民地和帝國主義的關係。臺灣的鬥爭，應當看做同印尼、越南、緬甸、菲律濱等地正在進行的鬥爭一樣的。」

(2)「我們當把此次臺灣事件看做一個革命，與大陸各地進行的種種反對政府的運動—如上海攤販事件，勸工大樓血案，諸城市抗議美軍暴行運動，工人經濟罷工，農民反對徵兵、徵糧，甚至各地進行的內戰，一一都不同」。[171]

如此明晰地對二二八事件定位，誠屬不易，更重要的是作者主張臺灣人有自決的權利。

1949年的2月28日，北京已被中共「解放」，二二八的紀念是在臺灣民主自治同盟（1947年10月謝雪紅等於香港成立）支援下隆重舉行。[172]

由上所述，以上海、北京臺灣人組成的團體在二二八事件中的行動，在行動上上海的臺人一再依事件進行的情況，僕僕於滬寧道上，在上海、首都南京爲臺人發聲；在北京得到的消息較晚，且距南京遠，無法到南京請願，似乎略遜在上海的臺灣同鄉；但在論述上，他們發表告全國同胞、同學書，寄回臺灣；開中外記者會，且擷取各報重要言論、訪問北大教授，希望臺灣事件得到國內輿論的支援，並將各界的反應集結成冊刊印，翌年亦然，雖不知當時有多少臺人看到而得到鼓舞，但因北大臺灣學生的努力，而留下重要的史料。在言論上，旅滬臺灣人團體也出過《臺灣大慘殺案報告書》，並因楊肇嘉留下「六然居典藏史料」而得知當時他們已主

---

171 穆德，〈我們應當怎樣看臺灣事件！〉，收於臺灣省旅平同鄉會、天津市臺灣同鄉會編印，《二二八週年誌》，頁24-30。

172 王宏，〈我所經歷的平津臺胞對「二‧二八」起義的聲援鬥爭〉，頁19。

張調查慘案的眞相、追究責任、懲處元兇，比2006年的《二二八事件責任歸屬研究報告》還要先進，令人刮目相看。

五、結論

　　本文分爲兩個重點，一是戰後在華北、東北、華中臺灣人團體的建立，一爲二二八事件時這些團體如何聲援。向來研究二二八，集中在島內的行動、政府的鎮壓與國際輿論，較少關注在中國大陸臺人的反應。並非此問題不重要，而是資料有限。本文之所以能完成，實有賴於楊肇嘉保存的〈六然居典藏史料〉，其中不少當時上海、南京的報紙，臺灣重建協會上海分會的紀錄、歷次赴京陳情的案卷、北平方面印製的兩本小冊子，以及《二二八事件史料彙編》、《保密局臺灣站二二八史料彙編》。

　　戰後各地臺灣同鄉會的設立，有其急迫性，過去以臺灣籍民的身分，受日本政府保護，日本戰敗，臺灣人非自力救濟並和國民政府建立新關係不可，對外交涉必須組織合法的團體。各地的臺人展開多元團體的建立，到最後能持續運作的，在北平有臺灣省旅平同鄉會、臺灣旅平同學會；在天津有天津臺灣同鄉會；在上海有臺灣旅滬同鄉會、臺灣重建協會上海分會、臺灣革新協會、[173] 上海臺灣同學會；在東北的有長春臺灣同鄉會、瀋陽臺灣同鄉會、大連臺灣省同鄉會。這些同鄉會組織有幾個特色不能不提：一、上海、北京同學會的主力是1946年11月通過臺灣公費留考到上海、北京名校就讀者，在二二八的對外文宣上起了不少作用；二、同鄉會中有左、右翼之爭，甚至浮出檯面，終至各樹旗幟，尤其在上海；三、上海、北平因是臺人返鄉必經之地，因此其中的臺人不少來自他鄉，戰後集中在這兩個大城市，等待回臺，因此同鄉會人數上會多少有些變化。

---

[173]　此會的會長爲王麗明，在李偉光的口述、上海七團體中稱「臺灣革新協會」，《二二八週年誌》則稱「臺灣革新同志會」，組織源起不明，是兩個會還是一個會猶待考證。

　　同鄉會成立後有三個迫在眉睫的問題必須解決，一是協助臺人及時且安全地返鄉；二是如何解除「偽產業處理局」依頒訂之「關於朝鮮及臺灣人產業處理辦法」沒收臺人產業；三是援救依「懲治漢奸條例」被逮捕的臺人。集合同鄉之力，使上述問題有了緩解，呈現同鄉會的存在價值。

　　在中國大陸的臺灣同鄉，不僅注意自身遭到的困難，也關心家鄉的事。在上海臺人，早在政府接收臺灣時已提出一些建議，到1946年7月，離國府接收臺灣才8個多月，閩臺六團體已到南京請願，希望撤銷行政長官公署條例改設省、禁止臺銀發行臺幣、取消專賣局、貿易局。這是二二八事件前的警示鐘，這些要求也是往後二二八事件處理委員會提出改革的內容之一部分。可惜的是國府予以漠視。

　　二二八事件爆發後，旅滬六團體為臺灣慘案組後援會，並發表〈為臺灣「二二八」慘案告全國同胞書〉，這是海內外臺灣人組織抨擊陳儀政府的先聲，然因報界雖報導事件發生的經過，但未刊登臺灣人團體對事件的看法，乃決定到南京向中央各部會、黨（國民黨）部、參政會請願。以此為始，一直到魏道明新任臺灣省主席來臺前，都一直奔走在滬寧道上。我用當時的報紙資料，說明他們召開記者會、赴南京請願、發表意見的次數有20多次。他們主要希望中央不要派兵赴臺，事件和平解決；辯護32條要求屬於正當，事件背後不是共黨煽動而是官逼民反，主張撤銷長官公署改為省、撤換陳儀、釋放被捕者。到4月12日陳儀確定去職後，建議省長可由臺人擔任，必須組成委員會到臺撤查造成慘案的原因、調查傷亡人數、懲辦肇事官員等當時在臺所不敢發出的言論，但不為政府所接受。在平、津的臺灣人團體，3月10日發出「告全國同胞書」、12日發出〈告全國同學書〉，聲援臺人改革臺政、自治的主張。同時召開外國記者招待會，將對二二八的看法向國際發聲，不僅如此，將上述文件寄回臺灣，在臺東、屏東都有收到。4月12日，他們編了《臺灣二‧二八大慘案》這本40頁的小冊子，記下旅外臺人對島內的支持，並將外界支持之聲傳回臺灣。翌年再出《二二八週年誌》，留下當年開追悼會悼念趙桐、徐征兩位事件中遭

難的北平人的重要紀錄，同時要政府答應臺人改革的諾言，應予達成，如地方自治、縣市長民選、撤銷專賣局等。

究竟旅外臺人團體在聲援二二八事件上，有何正面的意義？一、1946年7月到京請願，已經預警了往後二二八事件的發生；二、開記者會、赴京請願，讓臺灣人的聲音被聽得見，在3月9日軍隊抵臺前，滬、寧報紙都對臺人的要求予以正面報導，即使政府開始鎮壓後，也還有半數以上報紙，對臺灣展示善意，未始非旅外臺灣人的努力所致；三、爭取加入3月11日的慰問團，當天晚上尚未被軟禁時，得到慘案真相的資料，有利於往後對陳儀政府的批判；四、對白崇禧來臺宣慰表示強烈不滿，尤其全盤接受陳儀對事件的看法，而在3月27日廣播事件的發生是「臺灣少數共產黨及野心家」企圖推翻政府、奪取政權所致，而其行動極為猵狹殘忍，對陳儀的惡政無一語及之，故稱白崇禧此行「所宣慰者似僅陳儀一人」，有對白崇禧的第一手觀察。五、在新省主席就任前後，極力主張二二八真相調查、懲處失職官員、追究責任，政府自然不可能接受，但這樣的言論在當時極少見。六、不論北平、上海的臺灣同鄉，留下不少珍貴的史料，有益於理解當時旅外臺人對二二八事件的聲援。

引用書目

《台灣新生報》

《民主報》

長春臺灣省同鄉會會長郭松根，〈爲呈請指定輪便接回東北臺胞由〉（1946年3月23日）。
　　　　南京：中國南京第二歷史檔案館藏。本件由中正大學歷史學系張建俅教授提
　　　　供，謹致謝意。

旅京滬臺灣七團體二二八慘案聯合後援會，〈臺灣大慘殺案報告書〉（1947年4月12日）。
　　　　上海：上海圖書館藏。

《楊肇嘉（臺灣新竹〔臺中〕）戰犯案》，全宗號176，案卷號988。南京：中國南京第二歷
　　　　史檔案館藏。

「上海市立檔案館檔案」，檔號：Q6_15_25、Q127_8_246、Q130_57_1、Q153_2_16(1)。
　　　　上海：上海市立檔案館藏。

「六然居典藏史料」，檔案識別號：LJK_06_01_0020719、LJK_06_01_0200737、LJK_06_
　　　　01_0210738、LJK_06_01_0290749、LJK_06_01_0330753、LJK_06_01_04107
　　　　95、LJK_06_02_0050780、LJK_06_03_0010807、LJK_06_03_0040810、LJK_
　　　　06_03_0110817、LJK_06_03_0120818、LJK_06_03_0160822、LJK_06_03_019
　　　　0825、LJK_06_03_0220828、LJK_06_03_0260832、LJK_06_03_0300836、LJK_
　　　　06_03_0310837、LJK_06_04_0020761、LJK_06_04_0030762、LJK_06_05_010
　　　　0793。臺北：中央研究院臺灣史研究所檔案館藏。

李天生，〈天生回憶錄〉（未刊稿）。

許雪姬訪問、記錄，〈王宏先生訪問紀錄〉（未刊稿），2015年3月7日，中國上海安亭別
　　　　墅・花園酒店。

顏世鴻，〈上海・上海〉（未刊稿）。

臺灣省旅平同鄉會編，〈臺灣省旅平同胞名冊〉（未刊稿，1946年1月），第五冊。

臺灣省旅平同鄉會編，〈臺灣省旅平同鄉會會員歸還臺灣名冊〉（未刊稿）。

中央研究院近代史研究所（編）

　　1992　《二二八事件資料選輯㈠》。臺北：中央研究院近代史研究所。

　　1992　《二二八事件資料選輯㈡》。臺北：中央研究院近代史研究所。

王　宏

　　2013　〈我所經歷的平津臺胞對「二・二八」起義的聲援鬥爭〉，《天津臺訊》（天津）
　　　　　160: 18-21。

司法院解釋編輯委員會（編）

　　1976　《司法院解釋彙編》，第四、五冊。臺北：司法院解釋編輯委員會。

白先勇

　　2014　〈關鍵十六天：代序〉，收於白先勇、廖彥博合著，《止痛療傷：白崇禧將軍與
　　　　　二二八》，頁4-15。臺北：時報文化出版企業股份有限公司。

江　濃

　　1987　〈溫故求新拓展前景〉，收於臺灣民主自治同盟編，《歷史的見證：紀念臺灣人
　　　　　民「二・二八」起義四十週年》，頁62-67。北京：臺灣民主自治同盟。

何義麟

　　2008　〈張邦傑〉，收於張炎憲主編，《二二八事件辭典》，頁342-343。臺北：國史
　　　　　館、財團法人二二八事件紀念基金會。

何鳳嬌（編）

　　1990　《政府接收臺灣史料彙編（下冊）》。臺北：國史館。

　　2017　《二二八事件檔案彙編㈩：總統府檔案》。臺北：國史館。

吳三連（口述）、吳豐山（撰記）

　　1991　《吳三連回憶錄》。臺北：自立晚報社文化出版部，一版四刷。

吳克泰

　　2002　《吳克泰回憶錄》。臺北：人間出版社。

李玲虹、龔晉珠（主編）

　　2007　《臺灣農民運動先驅者：李偉光（上卷）》。臺北：海峽學術出版社。

李偉光（自述）、蔡子民（整理）

　　2007　〈一個臺灣知識份子的革命理想〉，收於李玲虹、龔晉珠主編，《臺灣農民運動
　　　　　先驅者：李偉光（上卷）》，頁1-23。臺北：海峽學術出版社。

林元輝（編註）

　　2009　《二二八事件臺灣本地新聞史料彙編》，第一、三冊。臺北：財團法人二二八
　　　　　事件紀念基金會。

林明月（主編）、上海市臺灣同胞聯誼會（編）

　　2005　《滬上臺灣人㈠》。上海：上海市臺灣同胞聯誼會。

林　鷹（林子瑾）

　　1946　〈就臺人處置而言〉，《新臺灣》（北平）1(3)=3: 2-3。

侯坤宏、許進發（編）

　　2002　《二二八事件檔案彙編㈡：國家安全局檔案》。臺北：國史館。

唐 羽

　1994 〈評介《二二八週年誌》〉，《臺灣史料研究》（臺北）3: 44-52。

孫志俊

　1992 〈嘉義市「三‧二」事件報告書〉，收於陳興唐主編，戚如高、馬振犢編輯，
　　　萬仁元審校，《南京第二歷史檔案館藏：臺灣「二‧二八」事件檔案史料（下
　　　卷）》，頁457-460。臺北：人間出版社。

財團法人臺大景福基金會（編）

　1992 《國立臺灣大學景福校友會通訊錄》。臺北：財團法人臺大景福基金會。

張炎憲（主編）

　2008 《二二八事件辭典》。臺北：國史館、財團法人二二八事件紀念基金會。

張榮國、張榮光、張榮仁（整理）

　2005 〈張錫鈞事略〉，收於林明月主編、上海市臺灣同胞聯誼會編，《滬上臺灣人
　　　㈠》，頁100-106。上海：上海市臺灣同胞聯誼會。

張麗俊

　2010 〈臺灣旅滬同鄉會：在滬臺胞團結互助、支持革命事業的陣地〉，收於中國人
　　　民政治協商會議上海市委員會文史資料工作委員會編，《上海文史資料選輯‧
　　　第136輯：上海臺盟專輯》，頁4-18。上海：上海人民出版社。

第三戰區金廈漢奸案件處理委員會

　1947 《閩台漢奸罪行紀實》。廈門：江聲文化出版社。

許雪姬

　2005 〈歐清石〉，收於許雪姬編纂、許雪姬總編纂，《續修澎湖縣志‧卷十四：人物
　　　志》，頁135-137。澎湖：澎湖縣政府。

　2008 〈1937至1947年在北京的臺灣人〉，《長庚人文社會學報》（桃園）1(1): 33-84。

　2016 《〈二二八事件期間上海、南京、臺灣報紙資料選輯〉史料的價值與編印的經
　　　過〉，收於許雪姬主編，《二二八事件期間上海、南京、臺灣報紙資料選輯
　　　（上）》，頁（17）-（36）。臺北：中央研究院臺灣史研究所。

　2016 〈代序：《臺灣二‧二八大慘案華北輿論集》的研究〉，收於臺灣省旅平同鄉
　　　會、天津市臺灣同學會、臺灣省旅平同學會編，許毓良校註，《臺灣二二八大
　　　慘案：華北輿論集——1947年華北臺灣人眼中的二二八事件》，頁1-22。臺
　　　北：前衛出版社。

　2016 〈戰後上海的臺灣人團體及楊肇嘉的角色：兼論其所涉入的「戰犯」案（1943-
　　　1947）〉，《興大歷史學報》（臺中）30: 81-116。

許雪姬（主編）

2016 《保密局臺灣站二二八史料彙編㈡》。臺北：中央研究院臺灣史研究所。

2016 《保密局臺灣站二二八史料彙編㈢》。臺北：中央研究院臺灣史研究所。

2016 《二二八事件期間上海、南京、臺灣報紙資料選輯（上）、（下）》。臺北：中央研究院臺灣史研究所。

許雪姬（訪問），何金生、鄭鳳凰（紀錄）

2002 〈何金生先生訪問紀錄〉，收於許雪姬訪問，許雪姬、鄭鳳凰、王美雪、蔡說麗紀錄，《日治時期在「滿洲」的臺灣人》，頁153-218。臺北：中央研究院近代史研究所，初版二刷。

許雪姬（訪問）、曾金蘭（紀錄）

1997 《柯台山先生訪問紀錄》。臺北：中央研究院近代史研究所。

許雪姬（訪問）、鄭鳳凰（紀錄）

2002 〈徐水德先生訪問紀錄〉，收於許雪姬訪問，許雪姬、鄭鳳凰、王美雪、蔡說麗紀錄，《日治時期在「滿洲」的臺灣人》，頁231-280。臺北：中央研究院近代史研究所，初版二刷。

2002 〈許長卿先生訪問紀錄〉，收於許雪姬、鄭鳳凰、王美雪、蔡說麗紀錄，《日治時期在「滿洲」的臺灣人》，頁585-608。臺北：中央研究院近代史研究所，初版二刷。

許雪姬等（訪問）、林建廷等（紀錄）

2015 《獄外之囚：白色恐怖受難者女性家屬訪問紀錄（下）》。臺北：國家人權博物館籌備處、中央研究院臺灣史研究所。

許毓良

2016 〈導論〉，收於臺灣省旅平同鄉會、天津市臺灣同學會、臺灣省旅平同學會編，許毓良校註，《臺灣二二八大慘案：華北輿論集──1947年華北臺灣人眼中的二二八事件》，頁46-56。臺北：前衛出版社。

郭　瑋

1989 〈大連地區建國前的臺灣人及其組織狀況〉，收於中國人民政治協商會議遼寧省大連市委員會文史資料委員會編，《大連文史資料：第6輯》，頁67-74。大連：中國人民政治協商會議遼寧省大連市委員會文史資料委員會。

陳碧笙

1987 〈參加臺灣旅京滬七團體赴臺北調查「二、二八」事變的經過〉，收於臺灣民主自治同盟編，《歷史的見證：紀念臺灣人民「二‧二八」起義四十週年》，

頁 57-61。北京：臺灣民主自治同盟。

陳翠蓮

　　1995 《派系鬥爭與權謀政治：二二八悲劇的另一面相》。臺北：時報文化出版企業
　　　　 股份有限公司。

陳興唐（主編），戚如高、馬振犢（編輯），萬仁元（審校）

　　1992 《南京第二歷史檔案館藏：臺灣「二・二八」事件檔案史料（下卷）》。臺北：
　　　　 人間出版社。

黃英哲、許時嘉（編譯），許雪姬、楊宗義（審訂）

　　2007 《楊基振日記：附書簡、詩文（下）》。臺北：國史館。

楊奎松

　　2004 〈一九四六年國共四平之戰及其幕後〉，《歷史研究》（北京）2004(4): 132-
　　　　 152、191-192。

楊肇嘉

　　2007 《楊肇嘉回憶錄》。臺北：三民書局股份有限公司，四版二刷。

臺灣省行政長官公署秘書處（編）

　　1946 《臺灣省行政長官公署各單位及臺北市各公共機關職員錄》。臺北：臺灣省行
　　　　 政長官公署秘書處。

臺灣省旅平同鄉會、天津市臺灣同鄉會（編印）

　　1948 《二二八週年誌》。北平：臺灣省旅平同鄉會、天津市臺灣同鄉會。

臺灣省旅平同鄉會、天津市臺灣同鄉會、臺灣省旅平同學會（編印）

　　1947 《臺灣二・二八大慘案：華北輿論集》。北平：臺灣省旅平同鄉會。

慰問團記者

　　1981 〈臺灣十小時〉，收於鄧孔昭編，《二・二八起義資料集》，頁193-199。廈門：
　　　　 廈門大學臺灣研究所。

蔡秀美

　　2015 《二二八事件文獻目錄解題》。臺北：財團法人二二八事件紀念基金會。

穆　德

　　1948 〈我們應當怎樣看臺灣事件!〉，收於臺灣省旅平同鄉會、天津市臺灣同鄉會編
　　　　 印，《二二八週年誌》，頁24-30。北平：臺灣省旅平同鄉會、天津市臺灣同鄉
　　　　 會。

賴澤涵（總主筆）

　　1994 《「二二八事件」研究報告》。臺北：時報文化出版企業股份有限公司，初版三刷。

謝東漢、吳餘德

    2016　《徘徊在兩個祖國（下冊）》。臺北：謝東漢。

蘇瑤崇

    2008　〈中國報紙有關二二八事件報導之研究：以南京上海為例〉，收於高雄市文獻
    　　　委員會編，《紀念二二八事件60週年學術研討會論文集》，頁55-115。高雄：
    　　　高雄市文獻委員會。

鐘明宏

    2014　〈楊威理：書堆背後的思想之情〉，收於鐘明宏，《一九四六：被遺忘的臺籍青
    　　　年》，頁157-172。臺北：沐風文化出版有限公司。

［貳］

二二八事件前後
臺灣省工委會與
情治系統的角色

二二八事件中的
中共「臺灣省工作委員會」[*]

林正慧
國史館修纂處協修

一、前言

　　中共「臺灣省工作委員會」（以下簡稱省工委會）係戰後初期，中共中央派任蔡孝乾、張志忠等人返臺籌設之地下黨組織，發生於1950年代與臺籍人士相關之政治案件，即以與此組織相關者爲最大宗。近年來由於政治民主化以及檔案的開放，1950年代省工委會相關案件，已逐漸成爲重要的研究主題。1947年二二八事件發生時，省工委會已成立多時，以往對於二二八事件原因的檢討，多有歸咎於「奸黨煽惑」之說，而官方檔案所指的「奸黨」多係以謝雪紅等舊臺共爲主，省工委會隱而不現。但由已有的回憶記述，以及1950年代政治案件的口供筆錄等資料可知，省工委會在事件前已略有70餘黨員的規模，事件期間復與謝雪紅等舊臺共有所連繫。這顯示，省工委會在事件期間的行動、與舊臺共的互動情形，及其對事件的可能影響等面向，都有進一步究明的必要，藉此也可釐清「奸黨煽惑」

* 本文爲2016年度科技部補助專題研究計畫之研究成果，計畫編號：MOST105-2410-H-292-003。

與二二八事件間的關係。

由於省工委會在臺存在於1946年至1950年代初期，因此與本研究主題相關的前行研究也著重於兩個領域，一為二二八相關研究，一為1950年代政治案件相關研究。就二二八相關研究而言，普遍認為共黨在事件的影響力不大，如陳翠蓮《派系鬥爭與權謀政治：二二八悲劇的另一面相》一書，在「二二八事件原型及分析」一節中，以三個脈絡論及事件中共產黨的角色。在省工委會的部分，認為共產黨在事件中的影響力十分有限，真正在中共領導下，準備進行武裝鬥爭者應僅有臺北地區部分學生部隊，但後來胎死腹中。並認為中共在臺領導人未能掌握事件發展情勢，處於策略不明的被動地位。[1] 另陳翠蓮新著《重構二二八：戰後美中體制、中國統治模式與臺灣》在「二二八事件分析」一章中，特闢一節說明中國共產黨在二二八事件中的角色。與前著相較，文中特別說明蘇新、蔡慶榮等人於1970年代為了強化自己在事件中的作為及地下黨與二二八的關係，刻意誇大了中共地下黨在處委會中的影響力，並參照官方說法，表示陳炳基等人稱述事件期間原計畫動員三大隊學生軍之說有灌水之嫌。認為省工委會在事件中只能扮演被動角色，缺乏全面的計畫與統一的指揮系統。[2] 陳正茂〈記光復初期中共在臺之地下組織：「臺灣省工作委員會」〉一文亦認為事件期間省工委會應無太大的實力和影響力，舉其因有四：其一，當時中共在臺黨員甚少，難以有所作為。其二，各自為政，協調不易。其三，評估錯誤，指揮失當。其四，中共與舊臺共分子的磨擦，及傳統士紳的抵制。[3]

另就1950年代政治案件相關研究來看，梁正杰〈臺灣省工作委員會相

1　陳翠蓮，《派系鬥爭與權謀政治：二二八悲劇的另一面相》（臺北：時報文化出版企業股份有限公司，2003）。

2　陳翠蓮，《重構二二八：戰後美中體制、中國統治模式與臺灣》（新北：衛城出版社，2017），頁241-248。

3　陳正茂，〈記光復初期中共在臺之地下組織：「臺灣省工作委員會」〉，《北臺灣科技學院通識學報》（臺北）5（2009年7月），頁183-209。

關政治案件之研究（1946-1961）〉一文旨在藉由1950年代省工委會相關政治案件，凸顯國民黨政府利用打擊中共在臺的地下組織進行政治迫害的情形，並藉由案件的審判及臺灣省保安司令部保防網絡的建立，塑造全臺反共、恐共氣氛，以鞏固在臺政權，[4] 由於該文以1950年代白色恐怖時期作爲研究的時間點，故較少著墨省工委會在二二八事件中的活動情形。王漢威〈戰後中國共產黨臺灣省工作委員會的組織與運作（1946-1950）〉一文，除從實證法與自然法的角度反思中華民國政府鎮壓中共臺灣省工作委員會的過程是否符合公平與正義外，另一個重點爲欲就既有文獻資料重建省工委會組織網絡，認爲過去情治單位認定之省工委組織關係網絡有不合邏輯之處，並表示，藉由幹部與成員間發展出的領導關係，可能才是構成省工委組織關係網絡的主體。[5] 該文分三期重建省工委會組織架構，在初期部分的論述對本文頗具參考價值。蔡西濱〈中共地下黨臺灣省工作委員會（1946-1950）：以臺北市地區爲研究中心〉一文係以臺北市地區的省工委會組織爲研究範圍，認爲在二二八事件發生後到1950年間，是臺北市共黨人數激增的高峰期，這些共黨多屬臺籍，年齡集中在20-50歲的青壯年階層，且多爲知識青年與工人，較少中產階級與農民。[6] 該文對省工委會在臺北市的組織建置及在二二八事件中的因應活動，有較爲詳細的論述，值得參考。

　　綜而觀之，既有的研究多認爲省工委會在二二八事件中影響有限，但甚少勾勒出該組織在事件中的活動全貌。然而，即使省工委會並非在事起之先有完整規劃，事起之後也未必能組織性的動員，但以其在臺已有初步

---

[4] 梁正杰，〈臺灣省工作委員會相關政治案件之研究（1946-1961）〉（臺北：國立政治大學臺灣史研究所碩士論文，2008）。

[5] 王漢威，〈戰後中國共產黨臺灣省工作委員會的組織與運作（1946-1950）〉（彰化：國立彰化師範大學政治學研究所碩士論文，2011）。

[6] 蔡西濱，〈中共地下黨「臺灣省工作委員會」（1946-1950）：以臺北市地區爲研究中心〉（新北：淡江大學歷史學系碩士論文，2009）。

建置，必然在不同地區以不同方式推波助瀾，對各個地區產生不同程度的影響，值得一探究竟。而此關於省工委會在事件中的活動樣貌，以往較少有全面性的勾勒，是本文將嘗試瞭解的一個重點。

此外，一直被泛稱為共黨或「奸黨」者，其實應含省工委等地下組織及舊臺共成員。以往的研究，多將二者分而論之，卻可能因此忽略二者間的競合關係。戰後省工委會在臺成立之後，即開始與舊臺共接觸，無論事件前後，二者間存在不少立場或目標的差異。由既有檔案與口述資料來看，即使在事件發展期間，對如何因應事件發展，如何進行武裝行動，二者間依舊存在既合作又矛盾的關係。是以，瞭解事件發生期間此二股不同左翼勢力間的折衝與主從關係，是本文另一個關照的重點。

再者，本文認為現存許多關於左翼勢力在二二八事件中的行動與角色的說法，尚存諸多疑義之處，希望藉此進一步探究釐清。如陳芳明認為在二二八事件整個混亂的情勢中，所謂黨的領導與紀律並未清楚嚴明。謝雪紅受到地下黨的通知，應該是她在脫離隊伍時找到的一個合理藉口。[7] 或表示謝雪紅是到了中國大陸之後，才真正與中共的地下工作人員接上線。[8] 藍博洲認為，二二八事件爆發後，真正在中共領導下準備進行武裝鬥爭的，只有臺北地區部分學生部隊。[9] 陳正茂認為，中共在二二八期間，真正有若干影響力，是在「二二八事件處理委員會」時期。[10] 以上諸多既有看法皆與本文主題相關，希望藉此進一步釐清可能的歷史事實。本文將廣泛參考官方檔案，以及口述訪談與回憶錄等相關資料，探究二二八事件中的臺灣省工作委員會。

---

[7] 陳芳明，《謝雪紅評傳：落土不凋的雨夜花》（臺北：前衛出版社，1991），頁339。

[8] 陳芳明，《謝雪紅評傳：落土不凋的雨夜花》，頁358。

[9] 藍博洲，《沉屍・流亡・二二八》（臺北：時報文化出版企業股份有限公司，1991），頁84-87。

[10] 陳正茂，〈記光復初期中共在臺之地下組織：「臺灣省工作委員會」〉，頁203。

二、省工委會的成立與組織佈置

相對於大陸各省區遭到中共地下黨的全盤滲透，經過日本50年統治的臺灣，是中共比較無從著力的地區。雖然臺灣在日治時期已有共產黨組織，但經過1930年代日本殖民政府的掃蕩之後，臺共力量幾乎全面崩解。戰後初期，共黨在臺實無任何工作可言。[11] 有鑑於中國各省早有中共地下黨組織，只有臺灣對中共而言仍爲陌生的「國統區」，因此，中日戰爭一結束，中共中央即著手籌劃對臺的組織工作。[12]

臺灣省工委會原係中共中央華中局直接領導。[13] 中央局是中共中央的派出機構，中共中央藉由不同區域中央局的設置，直接領導各省市委或區黨委的工作，代表黨中央實行一元化的領導。[14] 由既有的資料來看，與臺灣省工委會相關的上級組織有中共中央華中局、上海局，以及華東局。由於這三個中共中央的組織一再更迭，以致對臺灣省工委會的上級組織，在不同時期的不同文獻中呈現不同的說法，在此有必要先稍加釐清。

中共中央華中局設於1941年5月，由原中共中央東南局與中共中央中原局合併，劉少奇擔任書記，饒漱石爲副書記兼宣傳部長，曾山任組織部長，駐地在江蘇鹽城。[15] 1945年9月19日，中共中央調整戰略佈局，提出「向北發展、向南防禦」的戰略方針，以發展東北爲重點。10月25日，山東分局、華中局在臨沂合併爲華東局，饒漱石任書記，陳毅、黎玉任副書

---

11 〈共匪臺灣省工作委員會秘密組織破獲經過及中共臺灣省工委蔡孝乾陳澤民洪幼樵張志忠聯名告全省中共黨員書〉，《國防部總政治部任內文件(一)》，「蔣經國總統文物」（臺北：國史館藏），典藏號：005-010100-00050-004。

12 陳正茂，〈記光復初期中共在臺之地下組織：「臺灣省工作委員會」〉，頁184-185。

13 〈劉志敬供述筆錄〉，《蔡孝乾案》，「國防部軍事情報局檔案」（新北：行政院國家發展委員會檔案管理局藏），檔號：A305050000C/0036/0410.9/44904440/2/025。

14 費雲東、劉靜一，〈解放戰爭中的檔案工作之二：各中央局的檔案工作〉，《檔案天地》（石家莊）2011: 11（2011年11月），頁38。

15 王樹人，〈中共中央歷史上成立的各中央局簡介〉，《黨史博采（紀實）》（石家莊）2014: 1（2014年1月），頁43。

記。與此同時,在蘇北淮安建立華中分局,書記鄧子恢,副書記曾山,受華東局領導。華東局主要透過華中分局領導華中地區(蘇中、蘇北、淮南、淮北)的工作,並直接領導膠東、渤海、魯中、魯南、濱海區黨委和濟南市委。華東局主要重心在山東,華中分局爲分支,藉此形成一前一後的機構布局。12月23日,華中分局併入中共中央華東局,但仍保留其名義。1947年11月,華中分局撤銷。[16] 隨著中共在國共內戰中節節勝利,爲有效接管南方各大城市,華東局駐地逐漸南移,先遷江蘇丹陽,1949年5月遷至上海。另於山東設山東分局(1949.3-1954.8),負責華東局南下後山東地區的事務,受華東局領導。遷至上海後的華東局管轄範圍包括山東、江蘇、安徽、浙江、福建、臺灣六個省、上海、南京兩直轄市,以及杭州、青島、濟南等大城市。[17]

以上是華中局與華東局組織易動情形,另一與臺灣省工委會密切相關的上級組織爲上海地下黨組織。1945年8月日本投降後,中共中央華中局副書記饒漱石即派遣張執一以中共中央華中局和新四軍代表名義化裝潛入上海,負責組織上海人民,接應新四軍攻入上海。但由於中共中央的戰略部署是力爭東北,鞏固華北現有陣地,以及收縮華中,撤退華南,故於1945年8月21日電令張執一等人停止相關行動,並要求黨組織儘可能保持秘密狀態。[18] 1946年初,劉曉奉共黨中央之命從延安出發,經華中至上海,主

---

16 王健英,《中國共產黨組織史資料彙編:領導機構沿革和成員名錄(增訂本・從一大至十四大)》(北京:中共中央黨校出版社,1995),頁491;周焰、柳宏爲,〈中共中央華中分局在蘇皖解放區〉,《檔案與建設》(南京)2012: 12(2012年12月),頁21;王樹人,〈中共中央歷史上成立的各中央局簡介〉,頁43;張永傑,〈中共中央華東局的「姻緣譜系」〉,《上海黨史與黨建》(上海)2016: 5(2016年5月),頁8。

17 華東局於1949年遷往上海後,第一書記爲饒漱石,第二書記陳毅、副書記康生、組織部長譚震林、宣傳部長爲舒同,負責領導中共上海市委、山東分局、南京市委、浙江省委等地方黨組織和各項工作。1954年4月27日中央政治局擴大會議決定撤銷大區一級黨政機關,華東局乃於同年11月停止工作,宣告結束。參見張永傑,〈中共中央華東局的「姻緣譜系」〉,頁8-9;王樹人,〈中共中央歷史上成立的各中央局簡介〉,頁45。

18 張執一,〈在敵人的心臟裡:我所知道的中共中央上海局〉,收於熊向暉,《中共地下黨現形記》

導上海地下黨工作。據張執一表示,「從此我們就在劉曉、劉長勝二同志領導下工作」。在此時期,中共在上海的黨領導機關,沒有任何名義,只以二劉為領導核心,向華中局(應為華中分局)彙報和請示。[19]

1946年4月中共中央決定成立上海中央局,受中共中央南京局領導,劉曉任書記,劉長勝任副書記,劉少文負責情報工作,錢瑛為組織部長。上海局係屬秘密機構,負責領導國統區的地下黨,故被要求要絕對隱蔽,作長期地下鬥爭的打算。1947年1月16日,上海中央局改為中共中央上海分局,5月6日改為中共中央上海局,受中共中央直接領導,管轄長江流域、西南各省及平津一部分黨組織,並於必要時指導香港分局工作。1949年5月中共攻下上海後,中共中央上海局工作結束。[20]約與此同時,華東局亦已南遷上海。

對日抗戰勝利後,共黨中央立即決定派遣蔡孝乾潛臺組織臺灣省工作委員會。蔡孝乾係臺灣彰化人,日治時期曾參與臺灣文化協會活動,1925年間在《臺灣民報》發表〈為臺灣的文學界續哭〉、〈中國新文學概觀〉等文。[21]1925年到上海大學就讀,旋加入共黨,在上海領導臺灣青年會活動,組織赤星會、臺灣學生聯合會等團體。1928年臺共在上海成立時,被選為中央委員兼宣傳鼓動部長。1932年潛入江西蘇區,任「中央蘇區」反帝總同盟主任;1935年抵陝北蘇區,被認為是唯一一位參加過二萬五千里長征

(臺北:傳記文學出版社,1992),頁131-132;張惠卿,〈張執一與隱蔽戰線工作〉,《炎黃春秋》(北京)2011: 11(2011年11月),頁43。

19 張執一,〈在敵人的心臟裡:我所知道的中共中央上海局〉,頁132。

20 高鴻達、夏燕,〈歷史上的中共中央上海局〉,《黨史縱橫》(瀋陽)2007: 3(2007年3月),頁21-22;王樹人,〈中共中央歷史上成立的各中央局簡介〉,頁44;張永傑,〈中共中央華東局的「姻緣譜系」〉,頁9;王健英,《中國共產黨組織史資料彙編:領導機構沿革和成員名錄(增訂本·從一大至十四大)》,頁491;張執一,〈在敵人的心臟裡:我所知道的中共中央上海局〉,頁133-134、136。

21 前者刊於1925年2月11日,以聲援前年12月張我軍在《臺灣民報》上發表的〈為臺灣文界一哭〉。後者刊於1925年2月21日到6月11日,敘述五四文學革命後的唐山新文學流程。參見葉石濤,《一個臺灣老朽作家的五〇年代》(臺北:前衛出版社,1991),頁70。

的臺籍共產黨人。1936年任「蘇維埃中央政府」內務委員，1937年調任八
路軍總政治部敵工部部長。1941年參加在延安召開的東方各民族反法西斯
代表大會，當選爲主席團成員，亦係唯一一名臺灣代表。[22]

　　1945年9月，蔡孝乾自延安出發，間道潛行三個月，於同年12月抵
江蘇淮安。[23] 據上述可知，蔡孝乾於1945年12月抵淮安時，其上級組織
應爲華中分局。是以以往調查局資料所稱「蔡孝乾抵淮安後，向華東局
書記張鼎丞、組織部長曾山洽調臺、閩、粵籍幹部」[24] 的說法可能有
誤。[25] 蔡孝乾至淮安後，已確認省工委會其他兩位省委爲張志忠[26] 與洪幼

---

[22] 蔡孝乾，《臺灣人的長征紀錄：江西蘇區‧紅軍西竄回憶》（臺北：海峽學術出版社，2002），
頁5。該書葉翔之序中對蔡孝乾的簡介，原載蔡孝乾於1936年任「蘇維埃中央政府」內務部
長，然據房建昌表示當時擔任陝北工農民主政府內務部長的是蔡樹藩，「這明顯是同姓而說」，
另據Helen Snow於紐約出版之 *Inside Red China* 所述內容，指蔡乾（即蔡孝乾）曾任「中央蘇
維埃政府內務委員」。參見房建昌，〈蔡孝乾與臺灣共產黨〉，《文史精華》（石家莊）1998: 10
（1998年10月），頁11；Helen Snow, *Inside Red China* (New York: Da Capo Press, 1979), p. 293。

[23] 司法行政部調查局編，《臺灣光復後之「臺共」活動》（臺北：該局，1977），頁29；裴可權，
《臺共叛亂及覆亡經過紀實》（臺北：臺灣商務印書館，1988），頁65-66。

[24] 司法行政部調查局編，《臺灣光復後之「臺共」活動》，頁29；裴可權，《臺共叛亂及覆亡經過
紀實》，頁65-66。

[25] 曾山曾任1941年成立之中共中央華中局之組織部長，但當時華中局之駐地在江蘇鹽城。1945
年10月25日中共中央華中分局在淮安成立時，書記爲鄧子恢，張鼎丞、曾山爲常委（一說曾
山爲副書記）。參見王健英，《中國共產黨組織史資料彙編：領導機構沿革和成員名錄（增訂
本‧從一大至十四大）》，頁491；周焰、柳宏爲，〈中共中央華中分局在蘇皖解放區〉，頁21；
王樹人，〈中共中央歷史上成立的各中央局簡介〉，頁43。

[26] 張志忠，本名張梗，嘉義新港人，1929年赴廈門集美初級中學求學，1924年赴中國大陸發展，
投身中共陣營。1931年冬，因家貧輟學，返籍後因與長兄張棟經商失敗，後由基隆偷渡日本，
轉經上海至廈門，仍無法謀生，乃託友向駐廈日領事領取護照返臺，抵臺後，爲日警發覺，遭
拘禁八個月，因病暫釋，1933年秋再偷渡日本，轉入大連。1935年夏離大連，赴天津，1935
年秋抵上海，應募爲駐浙江甯波之獨立四十五旅士兵，曾參加1937年秋上海浦東之抗戰，自
上海撤退後，轉進皖南，編入湖南部隊，開駐漢口，并參加徐州大會戰，在開封一帶作戰，曾
充下士副班長，及營部傳達。因部隊潰散，受胡宗南部收容，編入第一師，開駐西安。1938
年夏赴洛陽，投效冀察游擊司令部教導隊受訓半年餘。1939年春投入中共抗日大學第五期軍
士隊，受訓8個月，結訓後，被派爲冀南軍區政治部敵工科幹事。1939年初隨軍開入山西之
陵川、壺關一線，旋投入中共第十八集團軍，隨營學校受訓，後即在中共工作。嗣該軍區改

檯。[27] 張志忠表示,他於1945年12月抵蘇北淮安,經新四軍政治部轉介華中分局組織部,再由該局城工部派員洽談,決定派張志忠回臺工作,後即介紹張志忠與蔡孝乾見面。[28] 洪幼樵表示,他於1946年2月經華中局組織部長曾山[29] 介晤蔡孝乾,決定派充臺灣省工作委員會。其他選定的幹部,有洪幼樵妻許敏蘭、林英傑,[30] 以及一名名爲小周(又稱小崔)之

編爲冀魯豫軍區冀南縱隊,迭升爲副科長、科長等職。1943年3月始再正式取得黨籍。1943年秋,升充冀魯豫軍區政治部所屬敵工部日軍科副科長,1945年春升充科長。1945年8月抗戰勝利後,負責辦理日軍俘虜遣送事宜數月。自11月編入劉伯承集團第四縱隊後,因無實際工作,請求回臺工作,經政委宋任窮函介,於12月抵蘇北淮安,後化名老吳、老鍾、楊春霖。1949年12月31日遭保密局緝獲。參見〈楊春霖供詞〉(民國39年12月31日),《蔡孝乾案》,「國防部軍事情報局檔案」,檔號:A305050000C/0036/0410.9/44904440/2/023;〈檢呈張君叛亂案卷判〉(1953年11月5日),《非法顚覆案》,「國防部軍務局檔案」(新北:行政院國家發展委員會檔案管理局藏),檔號:B3750187701/0041/1571.3/1111/36/070;〈張志忠訊問筆錄〉(民國39年8月20日),《蔡孝乾案》,「國防部軍事情報局檔案」,檔號:A305050000C/0036/0410.9/44904440/1/014。

27 洪幼樵,廣東揭陽人,1933年秋由洪書枝介紹參加共產主義青年團,1937年冬正式參加共黨爲黨員,歷充支部書記、揭陽縣青年工委,1941年2月因在粵身分暴露,逃往上海,4月至蘇北鹽城入抗大二期受訓,畢業後調充鹽草區黨委,旋任阜漣淮幹部學校政治部組織科長,後歷任漣東縣工委組織部長、副書記、兼鹽阜地委、整風大隊委員。1945年11月充鹽阜地委、濱海縣委書記,1946年2月經華東局組織部長曾山介紹,會晤蔡孝乾,決定派充臺灣省工作委員會。參見〈請示需否監視鍾隆津〉(民國40年7月12日),《蔡孝乾案》,「國防部軍事情報局檔案」,檔號:A305050000C/0036/0410.9/44904440/1/007。

28 張志忠的口供內容指「經新四軍政治部轉介華東局組織部」,然以其所在地淮安來看,所指「華東局」應爲1945年10月成立之「華中分局」。另據張執一表示,華中分局成立後,下設城工部,以沙文漢爲部長,吳憲爲副部長,後爲適應戰爭需要,集中領導,經劉曉電商華東局,建議把華中分局城工部全部工作關係交給上海局。經華東局同意後,該城中部撤銷。參見〈張志忠訊問筆錄〉(民國39年8月20日),檔號:A305050000C/0036/0410.9/44904440/1/014;張執一,〈在敵人的心臟裡:我所知道的中共中央上海局〉,頁139。

29 曾山於中共中央華中局於1941年成立時擔任組織部長,然1945年10月華中局改爲華中分局時,曾山應爲副書記。參見王健英,《中國共產黨組織史資料彙編:領導機構沿革和成員名錄(增訂本・從一大至十四大)》,頁491;王樹人,〈中共中央歷史上成立的各中央局簡介〉,頁43。另有一說法,指華中分局之副書記爲譚震林,曾山爲常委。參見周焰、柳宏爲,〈中共中央華中分局在蘇皖解放區〉,頁21。

30 林英傑原名邦富,又名貽庠,廣東揭西縣東園鎮玉湖村人,1913年出生於泰國曼谷。1927年返回中國就學,先於1928年進入福建省集美水產學校讀書,在校期間加入中國共產黨。1940

人。[31] 另據情治單位於1953年調製之「破獲共匪臺灣省工作委員會組織發展沿革表」（以下簡稱「沿革表」）顯示，蔡孝乾在淮安物色的幹部，除張志忠、洪幼樵、許敏蘭、林英傑外，另有崔有信與莊五洲二人。[32] 則許敏蘭所稱之小周（又稱小崔），可能即為崔有信。1946年2月，蔡孝乾等人分三批自淮安出發，經高郵、興化、東台、如皋而抵天生港，再轉赴上海。[33] 蔡孝乾等臺灣省工委會成員離開淮安所在地之華中分局後，轉至上海，之後的組織關係可能即由華中分局轉為由上海地下黨組織負責領導。因此蔡孝乾到上海後先與劉曉取得聯繫，[34] 張志忠與洪幼樵則稱，1946年2月間由華中分局派駐上海的負責人劉曉指派負責臺灣工作的章某（即張執一）來連繫接觸。[35] 此後臺灣省工委會的主要上級即為上海地下黨組織（原本組織隱晦，至1946年4月成立上海局）。[36]

年春至中共地下黨領導的揭陽南僑中學任教。同年8月，南僑中學被國民黨強迫解散，林英傑服從黨的安排，到新四軍蘇北抗日根據地參加抗日工作。1946年奉命到臺灣從事地下活動。參見梁秋華，〈血灑臺灣的中共地下黨英烈林英傑〉，《紅廣角》（廣州）2011: 11（2011年11月），頁40。

[31] 〈洪幼樵訊問筆錄〉（民國39年9月8日），《蔡孝乾案》，「國防部軍事情報局檔案」，檔號：A305050000C/0036/0410.9/44904440/1/012；〈請示需否監視鍾隆津〉（民國40年7月12日），檔號：A305050000C/0036/0410.9/44904440/1/007；〈楊克村訊問筆錄〉（民國39年3月9日），《蔡孝乾案》，「國防部軍事情報局檔案」，檔號：A305050000C/0036/0410.9/44904440/1/024。

[32] 〈破獲共匪臺灣省工作委員會組織發展沿革表〉（四十二年六月調製），收於陳明忠、陳敏鳳、郭承啓，《二二八的另一個角落》（臺北：愛鄉出版社，2007），無頁碼。

[33] 〈許敏蘭訊問筆錄〉（民國39年3月2日），《蔡孝乾案》，「國防部軍事情報局檔案」，檔號：A305050000C/0036/0410.9/44904440/1/015；〈楊克村訊問筆錄〉（民國39年3月9日），檔號：A305050000C/0036/0410.9/44904440/1/024；〈洪幼樵訊問筆錄〉（民國39年9月8日），檔號：A305050000C/0036/0410.9/44904440/1/012。

[34] 此聯絡站於1949年10月後改設香港，成員有林樑材、章天鳴、李偉光。參見〈破獲共匪臺灣省工作委員會組織發展沿革表〉（四十二年六月調製），無頁碼。

[35] 對於這段組織關係，張志忠稱華東局，洪幼樵稱華中局，本文認為應係華中分局。參見〈楊春霖供詞〉（民國39年12月31日），檔號：A305050000C/0036/0410.9/44904440/2/023；〈劉志敬供述筆錄〉，檔號：A305050000C/0036/0410.9/44904440/2/025。

[36] 張執一，〈在敵人的心臟裡：我所知道的中共中央上海局〉，頁160；王健英，《中國共產黨組織史資料彙編：領導機構沿革和成員名錄（增訂本·從一大至十四大）》，頁494。

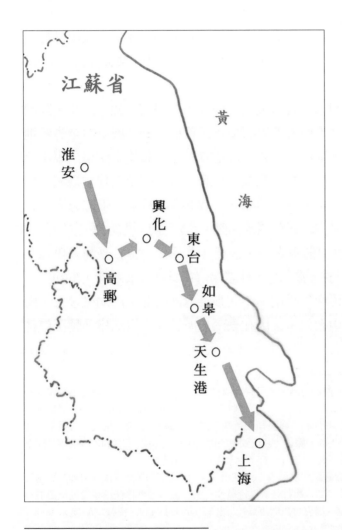

江蘇省

黃

海

淮安 ○

興化 ○

東台 ○

高郵 ○

如皋 ○

天生港 ○

上海 ○

蔡孝乾到上海與劉曉取得聯繫後，即引介上海臺灣同鄉會的會長李偉光予張執一。李偉光表示，從此張執一領導他在上海的地下黨工作，[37] 該上海臺灣同鄉會則成為中共與臺灣省工作委員會之間的聯絡站。[38] 此一對臺聯絡站約於1946年3月成立，用以解決黨員的食宿交通等問題，成員有李偉光、張執一

圖1
1946年臺灣省
工委會成員由淮安
至上海路徑圖

---

[37] 李偉光自述、蔡子民整理，〈一個臺灣知識份子的革命道路〉，收於李玲虹、龔晉珠編，《臺灣農民運動先驅者：李偉光（上卷）》（臺北：海峽學術出版社，2007），頁17。

[38] 如張志忠表示，他於1946年2月間至上海臺灣同鄉會找李偉光，李偉光時任該會會長，該會實為中共對臺灣工作的交通聯絡站。參見〈楊春霖供詞〉（民國39年12月31日），檔號：A305050000C/0036/0410.9/44904440/2/023。李偉光後來的口述則表示，張志忠係於1945年11月下旬帶著蔡孝乾的介紹信至上海找他，蔡孝乾則於同年年底亦至上海，「我安排他們兩人住在我的療養院」。參見李偉光自述、蔡子民整理，〈一個臺灣知識份子的革命道路〉，頁17。然綜合相關資料，張志忠與蔡孝乾等人至上海的時間應為1946年年初而非1945年年末。

（又稱章天鳴）、陳澤民等人，[39] 另據「沿革表」可知，在二二八事件發生之前，臺灣省工委會另於上海設有港臺交通支部，由林昆擔任書記，委員有洪淑樵、李文渭。[40]

由淮安抵上海的臺灣省工委會成員，先在上海學習月餘，之後再陸續分批抵臺。[41] 當時共黨賦予臺省工委的主要任務為：㈠發展臺灣全省各地區之共黨組織；㈡對臺灣同胞作秘密之政治宣傳；㈢蒐集臺灣境內軍事及政治情報；㈣利用關係策反思想上動搖之軍政人員；㈤準備建立臺灣之武裝；㈥開展高山族及外省同胞之工作等。[42] 1946年3月末，張志忠率領首批幹部由上海搭船潛入基隆、臺北開始活動。[43] 4月初，洪幼樵、許敏蘭、林英傑等人抵臺北，4月中偕張志忠、張英（江蘇人，曾於臺灣義勇隊工作）一行人南下，同赴員林。張志忠、林志傑留在員林發展關係，洪幼樵、許敏蘭夫婦與張英一行再南下臺南。不久張英返回臺北，洪幼樵經王正南介紹擔任臺南市北門初中教員。後因在臺南無所發展，洪幼樵乃轉至員林

39 此聯絡站於1949年10月後改設於香港，成員有林樑材、章天鳴、李偉光。另據上海局張執一表示，上海由董竹君創辦的錦華貿易公司（總經理為劉遜夫，在臺灣設有分公司），為掩護地下黨同仁出入臺灣提供了交通便利。參見司法行政部調查局編，《臺灣光復後之「臺共」活動》，頁30；張執一，〈在敵人的心臟裡：我所知道的中共中央上海局〉，頁148；〈破獲共匪臺灣省工作委員會組織發展沿革表〉（四十二年六月調製），無頁碼。

40 〈破獲共匪臺灣省工作委員會組織發展沿革表〉（四十二年六月調製），無頁碼。另據許敏蘭表示，洪幼樵之弟洪淑樵係於二二八事件後經基隆轉至上海，故洪淑樵擔任港臺交通支部委員可能是較為後期之事。參見〈楊克村訊問筆錄〉（民國39年3月9日），檔號：A305050000C/0036/0410.9/44904440/1/024。

41 司法行政部調查局編，《臺灣光復後之「臺共」活動》，頁29；〈張志忠訊問筆錄〉（民國39年8月20日），檔號：A305050000C/0036/0410.9/44904440/1/014。

42 司法行政部調查局編，《臺灣光復後之「臺共」活動》，頁30；裴可權，《臺共叛亂及覆亡經過紀實》，頁65-66。

43 〈張志忠訊問筆錄〉（民國39年8月20日），檔號：A305050000C/0036/0410.9/44904440/1/014；〈楊春霖供詞〉（民國39年12月31日），檔號：A305050000C/0036/0410.9/44904440/2/023。李偉光也表示，他於1946年3月設法送張志忠等人回臺灣工作。參見李偉光自述、蔡子民整理，〈一個臺灣知識份子的革命道路〉，頁17。

中學教書，許敏蘭亦至臺中，惟仍無工作。[44]

　　中共對於國民黨占領區的戰略是在未能直接接收的區域，先準備秘密的地下力量進入，以待時局變化有所行動。[45]而依據中共建立地下黨幹部的原則，強調「在建立白區組織中，要培養出當地的幹部」。「白區的當地幹部更加了解，當地群眾的生活和要求，與群眾有密切聯繫，可以在白區來往自由。因此，對於白區組織和一切工作的領導，我們派去的同志應該盡可能地推動這些幹部去做」。「秘密工作最重要的條件是要深入群眾，取得群眾的信任和保護。我們的行動和居住應該在群眾中」，「一切日常生活甚至言語服裝，要完全當地群眾化，與群眾打成一片」。[46]依此原則，蔡孝乾與張志忠二人之臺籍身分，加上在共黨組織內資歷完整，遂成為戰後中共在臺發展地下黨組織的主要負責成員。

　　蔡孝乾被捕後表示，自從1928年離開臺灣，到戰後返臺，歷18年之久，對於臺灣的情形，已很隔閡，「一般親戚朋友，我都不敢去找，因怕暴露身份，我祇好從舊臺共的關係中，先去設法連絡，然後作為發展的橋樑」。並表示，「來臺後數月的工作，確實感到困難」。[47]省工委會來臺建置，初期的組織工作似由張志忠負最大責任。其吸收成員的管道約有以下數種：

　　其一，吸收舊臺共成員：由於蔡孝乾等人離臺已久，對臺灣情形頗為隔閡，因此對於地下黨成員的吸收，著重於聯繫舊臺共分子，或整理其外圍組織及其所影響的左傾分子，從中發展黨員。[48]如張文正表示，張志忠

---

44 〈楊克村訊問筆錄〉（民國39年3月9日），檔號：A305050000C/0036/0410.9/44904440/1/024；〈洪幼樵訊問筆錄〉（民國39年9月8日），檔號：A305050000C/0036/0410.9/44904440/1/012；〈劉志敬供述筆錄〉，檔號：A305050000C/0036/0410.9/44904440/2/025。

45 林邑軒，〈來自彼岸的紅色浪潮：從意義中介視角重構戰後初期「省工委」的地下革命行動〉（臺北：國立臺灣大學社會學系碩士論文，2012），頁97-98。

46 陳雲，〈建立白區工作的幾個重要問題〉（1934年6月7日），收於中共中央書記處研究室編，《陳雲文選（1926-1949年）》（北京：人民出版社，1984），頁25-28。

47 〈蔡孝乾自白書及供詞〉，《蔡孝乾案》，「國防部軍事情報局檔案」，檔號：A305050000C/0036/0410.9/44904440/2/001。

48 司法行政部調查局編，《臺灣光復後之「臺共」活動》，頁31。

曾於戰後初期與他接觸，「說要重整日本時代文化協會等事，我當時比較消極，沒有和他進一步深談。」[49] 據蔡孝乾表示，省工委會初期與舊臺共謝雪紅等人的連絡工作，係「命張志忠去進行」。於是張志忠「通過謝雪紅，又連絡到王天強、楊克煌、林樑材、廖瑞發、謝富、孫古平、簡吉等多人」。[50]

舊臺共於1928年在上海成立不久後，旋即因讀書會事件遭到日本秘密警察破壞。同年10月，日共授權謝雪紅重建組織，成為臺灣共產運動的領導人。1931年6月起，日本當局大規模搜捕臺共黨員，謝雪紅、王萬得、蕭來福、蘇新等重要黨員相繼被捕。[51] 臺共的發展因此沉寂下來。面臨戰後改朝換代的新局勢，舊臺共成員亦思有所發展。先於1945年10月5日召開臺灣人民協會成立大會，會中通過「臺灣人民協會成立宣言」和「臺灣人民協會章程」，選舉日治時代的農運、工運領袖謝雪紅、楊克煌、林兌、謝富、李喬松、簡吉、廖瑞發、王天強、顧行等人為中央委員。10月6日，臺灣人民協會召開第一次中央委員會，由於謝雪紅太「紅」，乃由林兌擔任會長，謝富任組織部部長，楊克煌為教育部部長，李喬松為宣傳部部長。在該協會的推動下，臺灣總工會籌備會、臺灣農民協會也於10月20日同時宣布成立。[52] 然而，長官公署於1945年11月17日頒布「臺灣省人民團體暫行組織辦法」，勒令全省人民團體即日起停止活動，重新登記。謝雪紅等舊臺共成員轉而思考組織地下黨。1946年1月3日，人民協會成員議決成立「中國共產黨臺灣省委員會籌備會」（以下簡稱「籌備會」），該籌備會的主要任務是「為中國共產黨在臺灣的建黨打下一個基礎」，並指定謝雪紅擔任中共與各成員的居間聯絡人。1月10日，人民協會提出的重新

49 張文正口述，張炎憲、王昭文訪問，王昭文記錄，〈張文正先生訪問紀錄（嘉義縣縣議會議長，見證者）〉，收於張炎憲等採訪、記錄，《嘉雲平野二二八》（臺北：自立晚報社文化出版部，1995），頁363。

50 〈蔡孝乾自白書及供詞〉，檔號：A305050000C/0036/0410.9/44904440/2/001。

51 蔡西濱，〈中共地下黨「臺灣省工作委員會」（1946-1950）：以臺北市地區為研究中心〉，頁1。

52 楊克煌遺稿、楊翠華整理，《我的回憶》（臺北：楊翠華，2005），頁218-219；古瑞雲，《臺中的風雷：跟謝雪紅在一起的日子裡》（臺北：人間出版社，1990），頁17-18。

登記遭到駁回，[53] 而原本打算自組地下黨的舊臺共成員，後來因得知中共已派人來臺建置地下黨組織而作罷。

　　張志忠抵臺後，即積極與謝雪紅等舊臺共分子接觸，接觸多次之後，張志忠方表明他是中國共產黨派回來的中共黨員。[54] 1946年5月初，張志忠爲向謝雪紅等人證實自己的身分，帶著謝雪紅指派的楊來傳返回中國，之後再與楊來傳一同返臺，於6月11日，在臺北廖瑞發住處舉行「中國共產黨臺灣工作委員會」與「中國共產黨臺灣省委員會籌備會」聯席會議。省工委代表僅張志忠一人，籌備會代表有楊克煌、楊來傳、廖瑞發、林樑材四人。會中楊來傳報告到上海的經過，證實省工委的存在與張志忠的身分。該會並議決：「籌備會」即時解散，其組織和成員均接受省工委會的領導；籌備會成員基本上均接受爲中共黨員，但只能個別審查、個別吸收，由省工委分別接受之。[55]

　　據楊克煌表示，張志忠與謝雪紅接觸之後，謝雪紅即介紹楊來傳、廖瑞發、林樑材、楊克村、謝富、廖得意、何集淮、蔡伯勳〔按，應爲蔡伯壎，下同〕、陳錦雲等人給張志忠，由張直接與他們聯繫。不久，張志忠吸收謝富和蔡伯壎爲黨員，楊克村、陳錦雲爲連絡人。[56] 張志忠被捕後供

53　楊克煌遺稿、楊翠華整理，《我的回憶》，頁236-240。

54　楊克煌表示張志忠與謝雪紅接觸的時間是1945年12月下旬，此記憶應有誤，蓋張志忠係1946年3月末抵臺，故接觸時間應在1946年3月末之後。參見楊克煌遺稿、楊翠華整理，《我的回憶》，頁241。

55　楊克煌遺稿、楊翠華整理，《我的回憶》，頁248-250；吳克泰，《吳克泰回憶錄》（臺北：人間出版社，2002），頁164。

56　楊克村係楊克煌之弟，1946年經謝雪紅介紹與張志忠認識。由於楊克村是個小攤販商人，又無參加政治活動，張志忠即利用楊克村的住所做爲與謝雪紅、楊克煌、廖瑞發等聯絡及通信處所。楊克村被捕後表示，1946年10月由謝雪紅介紹認識張志忠（又化名周阿田），12月間向張志忠借臺幣十萬元做經營被服廠的資本，1947年2月末還他本利十三萬元。二二八前，張志忠利用其住所與謝雪紅、楊克煌、廖瑞發、林樑材等人連絡會面（有時在林樑材處）。參見楊克煌遺稿、楊翠華整理，《我的回憶》，頁241、250；〈據臺灣省保安司令部呈核該被告等叛亂一案判決〉，《洪幼樵等叛亂案》，「國防部軍法局檔案」（新北：行政院國家發展委員

稱，他所發展的老臺共關係有以下數人：㈠謝雪紅，謝於日治時因被捕而與中共的關係中斷，至臺後曾與她聯繫，但因其不能接受領導，故其黨籍在臺時未正式解決。㈡楊克煌，「通過林樑材的關係吸收的」，後交臺中洪幼樵領導。㈢王天強：集美中學同學，回臺後加以吸收，後交臺中洪幼樵領導。㈣簡吉：舊農民組合主要幹部。[57] ㈤林樑材：李偉光介紹，早有黨籍，歸蔡孝乾領導。㈥廖瑞發：由林樑材介紹後轉介蔡孝乾領導，負責臺北市委工作。㈦李偉光：其領導的上海臺灣同鄉會爲與中共的交通聯絡站。㈧孫古平：由蔡孝乾負責連繫。[58]

其二，與抗戰時期滲透於臺灣義勇隊或東區服務隊的共黨分子恢復關係。[59] 由於東區服務隊與臺灣義勇隊在各自的發展過程中，均與中共產生不同程度的糾葛關係，加上均曾在中國大陸參與對日抗戰，故其隊員成爲省工委會在臺所欲發展的對象。[60] 已知透過以上兩組織發展的成員有：㈠潘

會檔案管理局藏），檔號：B3750347701/0040/3132113/113/1/001；〈楊克村訊問筆錄〉（民國39年3月9日），檔號：A305050000C/0036/0410.9/44904440/1/024。

[57] 簡吉戰後曾受劉啓光之邀，擔任臺灣革命先列遺族救援會總幹事，負責辦理救濟事宜，並派簡吉爲桃園水利協會工務課長。簡吉於1946年冬，「托詞前往大陸旅行，辭職他去」，救援會亦於二二八後結束。簡吉被捕後表示，因我有一朋友叫蔡孝乾寄一封信叫姓吳的轉交，信內說要我與姓吳的連絡，因此我就加入共黨了。但這姓吳的我在保密局時他已被捕了。但他不姓吳，是叫張志忠（這是保密局法官告訴我的）。1947年冬（一說1948年1、2月）由張志忠在新竹介紹入黨。參見簡吉「劉啓光呈毛人鳳報告」之「臺灣革命先烈救援會」部分（43.2），收於許進發編，《戰後臺灣政治案件：簡吉案史料彙編》（臺北：國史館，2008），頁28；〈簡吉在臺灣保安司令部軍法處之訊問筆錄〉（民國39年11月8日），收於許進發編，《戰後臺灣政治案件：簡吉案史料彙編》，頁64-65。

[58] 〈楊春霖供詞〉（民國39年12月31日），檔號：A305050000C/0036/0410.9/44904440/2/023；〈張志忠訊問筆錄〉（民國39年8月20日），檔號：A305050000C/0036/0410.9/44904440/1/014。

[59] 司法行政部調查局編，《臺灣光復後之「臺共」活動》，頁31。

[60] 蘇慶軒認爲，由於東區服務隊或臺灣義勇隊隊員親身經歷過對日抗戰，在抗戰期間看過國共在前線的暗中角力，因此在政治上對於國共鬥爭有一定的認識，因此臺灣省工委會可能較易說服這些隊員加入組織。此外，由於這兩支隊伍的隊員在臺灣社會具備了「半山」或外省人的身分，就省工委會而言，若吸收這些成員加入，較易滲透政府機關，因此可能比臺灣本地族群更值得發展。參見蘇慶軒，〈國家建制與白色恐怖：五○年代初期臺灣政治案件形成之原因〉（臺北：國立臺灣大學政治學系碩士論文，2008），頁209-211。

華：張志忠表示潘華「能力甚強，黨甚重視，惟前曾被捕，身份暴露，在臺無法發展，且甚危險，我奉上級指示到臺灣連絡他，并替他恢復黨籍」。潘華之後於1947年初離臺，轉入上海地區工作，臨行時將嚴秀峰與李媽兜等關係介紹給地下黨組織。[61] (二)張英，據許敏蘭與洪幼樵被捕後供稱，張英為江蘇人，約40歲，女性，中共老黨員，原係新四軍鹽阜區財務處長駱耕模之妻，曾領導臺灣義勇隊少年團的黨工作，可能與李友邦同時來臺，係張志忠通過潘華接上關係，「因受家事影響，工作消極」。曾與洪幼樵等人同行至員林、臺南，未久即返北，二二八事件發生前即轉赴上海，在上海與潘華結婚。[62] (三)嚴秀峰：為李友邦之妻，1947年2月間由潘華介紹加入地下黨，由季澐與之經常聯絡，利用嚴秀峰與其夫李友邦之社會關係，「去了解一些政府黨政軍的高級情況」。[63] (四)李媽兜：透過李媽兜昔日臺灣義勇隊之同事崔志信去函李媽兜，引介張志忠與李媽兜接觸，並吸收入黨。[64] (五)蕭道應、黃怡珍：均丘念台舊幹部，由施曉青介紹給張志忠吸收，

---

61 〈蔡孝乾自白書及供詞〉，檔號：A305050000C/0036/0410.9/44904440/2/001；〈楊春霖供詞〉（民國39年12月31日），檔號：A305050000C/0036/0410.9/44904440/2/023。

62 〈許榮（許敏蘭）供述筆錄〉（民國39年3月2日），《蔡孝乾案》，「國防部軍事情報局檔案」，檔號：A305050000C/0036/0410.9/44904440/1/028；〈洪幼樵訊問筆錄〉（民國39年9月8日），檔號：A305050000C/0036/0410.9/44904440/1/012；〈劉志敬供述筆錄〉，檔號：A305050000C/0036/0410.9/44904440/2/025。

63 〈楊春霖供詞〉（民國39年12月31日），檔號：A305050000C/0036/0410.9/44904440/2/023；〈臺灣省保安司令部季澐等人判決書〉（民國39年10月2日），《季澐等案》，「國防部軍法局檔案」，檔號：B3750347701/0039/3132063/63。張志忠曾向謝雪紅說明地下黨與李友邦的關係，他說李在抗戰期間組織了一支「臺灣抗日義勇少年軍」，該隊的幹部中有好幾個黨員，而且李友邦的政治傾向「是靠攏黨的」，但與組織無關係，「我們吸收他的妻嚴秀峰，經嚴秀峰以探取政府高級情報，雖然他對我們思想方向很明白，惟他庸弱無能，我們不可能去發展他。」參見楊克煌遺稿、楊翠華整理，《我的回憶》，頁242；〈楊春霖供詞〉（民國39年12月31日），檔號：A305050000C/0036/0410.9/44904440/2/023。

64 〈臺南市工委書記李媽兜報告〉（民國41年2月20日），《李媽兜等叛亂案》，「國防部後備司令部檔案」（新北：行政院國家發展委員會檔案管理局藏），檔號：A305440000C/0042/276.11/116；〈臺灣省保安司令部軍法處審判筆錄〉（民國41年12月29日）〉，《李媽兜等叛亂案》，「國防部後備司令部檔案」，檔號：A305440000C/0042/276.11/116。此崔志信可能即為前述之崔有信。

於1947年冬入黨，交季澐連絡。[65] (六)鍾浩東：據鍾浩東妻蔣碧玉表示，她
與鍾浩東在廣州加入地下共產黨。鍾浩東戰後返臺即接任基隆中學校長，
並積極推展社會主義的概念，蔣碧玉則在臺北新公園內的廣播電臺工作。[66]

其三，華中局轉來，如蔡孝乾表示，季澐、吳克泰二人之關係係由華
中局轉來。[67] 其中季澐於1946年3月間來臺，先後在臺北、嘉義等地公私
中學任教，同年秋歸張志忠領導，展開諜報工作。[68] 吳克泰於1946年3月
在上海復旦大學就學時，經中共上海地下黨學委錢李仁介紹，交了入黨自
傳，隨後蔣時欽、周文和亦經由吳克泰這條線加入中共。由於當時中共中
央要各地地下黨注意發展臺籍青年入黨狀況，希望「能去臺灣的各地地下
黨員也儘量去臺灣」。[69] 吳克泰於1946年4月初返臺，先在臺大復學，4月
下旬與張志忠取得連繫，張向吳克泰表示，「因為去中南部跑了一圈，所
以來晚了」，黨已批准入黨，「本來應該舉行入黨宣誓儀式，規定候補期，
但臺灣地下黨剛在創建，這些手續都免了」。吳克泰表示，此後張志忠每
次回到臺北，「就來我家住，同我單線聯繫」，並「交代了地下工作的紀律

---

65 〈楊春霖供詞〉（民國39年12月31日），檔號：A305050000C/0036/0410.9/44904440/2/023。
施曉青曾名列警備總部調查室指揮下，由警務處於1947年初完成之〈各縣市奸黨分子名冊〉
之臺北市「奸黨分子」之中。二二八事件後逃至香港，曾參與謝雪紅在香港成立之「臺灣問題
研究會」。參見陳翠蓮，《重構二二八：戰後美中體制、中國統治模式與臺灣》，頁156-157；
張傳仁，《謝雪紅與臺灣民主自治同盟》（廣州：廣東人民出版社，2004），頁48。

66 宜蘭人，1921年生，1950年8月被捕入獄，1951年1月釋放出獄，刑期半年。參見〈檔案7：
蔣碧玉〉，收於何經泰，《白色檔案：一段被刻意遺忘的恐怖紀實．何經泰攝影集》（臺北：時
報文化出版企業股份有限公司，1991），無頁碼。

67 〈蔡孝乾自白書及供詞〉，檔號：A305050000C/0036/0410.9/44904440/2/001。

68 季澐於1940年1月參加共黨，同年考入暨南大學求學，即負責該校支部組織工作。1942年轉
學大同大學，仍擔任該校支部組織工作，並領導中國醫專暨中法醫專兩支部，嗣在暨南、大
同等大學展開組織工作，後至蘇州擔任組織工作，至1945年底始將蘇州方面工作交王中一負
責，因其在上海市之身分暴露而被派至臺灣工作。參見〈據臺灣省保安司令部檢呈季澐等叛
亂案卷判原判罪刑核無不合〉（民國39年10月27日），《季澐等案》，「國防部軍法局檔案」，
檔號：B3750347701/0039/3132063/63/1/001；〈臺灣省保安司令部季澐等人判決書〉（民國
39年10月2日），檔號：B3750347701/0039/3132063/63。

69 吳克泰，《吳克泰回憶錄》，頁149-150。

和注意事項,並分析國內形勢、臺灣島內形勢」。吳克泰並提到他對張志忠的印象,「精幹、樸實、誠懇,沒有架子」。[70]

其四,李偉光引介,張志忠表示,「我們組織上的人,多半經李偉光處再到臺灣」,因爲李偉光可以「替我們解決食宿交通問題,而且他對臺灣工作頗了解,通過他可以拉上許多關係」。[71] 蔡孝乾曾稱,林糊係由李偉光處介交張志忠進行連繫。[72] 張志忠則由李偉光處被交代「詹世平(即吳克泰)、林樑材二同志」。[73]

其五,聯繫與共黨失聯或個別來臺之共黨分子。如1946年上半,中共上海局曾派程浩夫婦往臺灣進行機要工作,張志忠即將此關係交由吳克泰接待掩護。吳克泰表示,程浩夫婦是密碼譯電員,全套密碼都帶在身邊。然程浩夫婦在臺北住了幾個月,電臺尚未建立,即因「人地生疏,生活又不習慣而返滬」。[74]

張志忠的組織布置工作,自他於1946年3月末抵臺後,「在臺灣南北跑了一趟又一趟,接關係,發展黨員」,建立了各地組織機構。洪幼樵被捕後表示,先在上海逗留月餘,於1946年4月初由滬來臺,蔡孝乾則「係隔了一個時間才來臺灣的」。[75] 另據蔡孝乾接受偵訊時表示,「當我1946年6月間到達臺灣後,先我而來的那些幹部都已有了立足的辦法」。[76] 顯示張志忠、洪幼樵等人先行抵臺,蔡孝乾則於1946年6月方眞正入臺進行工作。1946年6月,蔡孝乾抵臺之後,臺灣省工委會在臺舉行首次省工委會議,除蔡孝

---

70 吳克泰,〈中共臺灣地下黨張志忠烈士〉,《炎黃春秋》(北京)2001: 7(2001年7月),頁40。

71 〈楊春霖供詞〉(民國39年12月31日),檔號:A305050000C/0036/0410.9/44904440/2/023。

72 〈蔡孝乾自白書及供詞〉,檔號:A305050000C/0036/0410.9/44904440/2/001。

73 〈楊春霖供詞〉(民國39年12月31日),檔號:A305050000C/0036/0410.9/44904440/2/023;〈檢呈張志忠叛亂案卷判〉(1953年11月5日),檔號:B3750187701/0041/1571.3/1111/36/070。

74 張執一,〈在敵人的心臟裡:我所知道的中共中央上海局〉,頁138;吳克泰,《吳克泰回憶錄》,頁195-199。

75 〈洪幼樵訊問筆錄〉(民國39年9月8日),檔號:A305050000C/0036/0410.9/44904440/1/012。

76 〈蔡孝乾自白書及供詞〉,檔號:A305050000C/0036/0410.9/44904440/2/001。

乾任省工委書記外，張志忠負責組織與財務（主要組織仍由蔡孝乾負責），洪幼樵擔任宣傳教育，於是臺灣地下黨組織正式在臺成立，張志忠並因此曾至上海向上海局匯報。[77] 負責宣傳教育的洪幼樵表示，曾主編黨內刊物《新認識》（僅出一期即停刊），另與蔡孝乾合作《綜合文摘》及小冊子。[78]

　　省工委會除以上海之臺灣同鄉會為交通聯絡站外，另在基隆以三榮行為交通聯絡機關，復於臺北開設進昌行、華盛行，以解決經費及住宿問題。[79] 1947年二二八事件發生以前，省工委會與上海上級的連絡，均用交通員或聯絡員來往基隆、上海之間。[80] 辜金良即為當時聯絡員之一。[81] 辜

77　〈楊春霖供詞〉（民國39年12月31日），檔號：A305050000C/0036/0410.9/44904440/2/023；
　　〈張志忠訊問筆錄〉（民國39年8月20日），檔號：A305050000C/0036/0410.9/44904440/1/
　　014；吳克泰，〈中共臺灣地下黨張志忠烈士〉，頁40；〈破獲共匪臺灣省工作委員會組織發展
　　沿革表〉（四十二年六月調製），無頁碼。

78　〈洪幼樵訊問筆錄〉（民國39年9月8日），檔號：A305050000C/0036/0410.9/44904440/1/012。

79　司法行政部調查局編，《臺灣光復後之「臺共」活動》，頁30。另據上海局張執一表示，上海由
　　董竹君創辦的錦華貿易公司（總經理為劉遜夫，在臺灣設有分公司），為掩護地下黨同仁出入
　　臺灣提供了交通便利。參見張執一，〈在敵人的心臟裡：我所知道的中共中央上海局〉，頁148。

80　司法行政部調查局編，《臺灣光復後之「臺共」活動》，頁30。

81　胡慧玲、林世煜採訪記錄，〈張金爵：省工委風雲之女〉，收於盧兆麟等口述，胡慧玲、林世
　　煜採訪記錄，《白色封印：白色恐怖1950》（臺北：國家人權紀念館籌備處，2003），頁123、
　　131。據張金爵表示，依組織規定，要有十年以上的黨齡，才能當聯絡員。然據官方檔案顯示，
　　辜金良「於1947年1月參加共黨組織，領得匪徒資本舊臺幣十萬元，往來臺滬經商，並代匪
　　定購木材二千餘石」，可見辜金良黨齡並非如張金爵所稱有十年以上。另參考其他地區的中共
　　地下黨交通員之例，如王強於1938年10月加入中國共產黨，未久即調到中共潮汕中心縣委秘
　　密交通站工作，擔任地下交通員；安捷於1941年夏加入中國共產黨，1942年5月即擔任北平
　　至上海秘密交通線之秘密交通員；萬憶琴於1944年3月參加浙東抗日游擊縱隊，未久即擔任浙
　　江餘姚、上虞兩縣辦事處之通信員；賈玉林在加入中國共產黨之初，即任地下交通員，負責黨
　　內機密信件之傳送，可見中共地下黨聯絡員（或稱交通員）似乎並未如張金爵所言，黨齡需滿
　　十年以上才能擔任。參見〈周至柔呈張添丁等叛亂一案判罪刑尚無不合擬予核准乙鑒核示遵〉
　　（民國39年12月11日），《張添丁等案》，「國防部軍法局檔案」，檔號：B3750347701/0039/
　　3132099/99；王強，〈我當地下交通員〉，《源流》（廣州）2007: 10（2007年10月），頁20-21；
　　安捷，〈我的秘密交通員工作〉，《北京黨史資料通訊》（北京）31（1985年8月），頁43-44；
　　趙林，〈浙東女地下交通員萬憶琴〉，《鐵軍》（南京）2015: 4（2015年4月），頁32；王豔、徐
　　曉晨，〈黨的地下交通員〉，《共產黨員（河北）》（石家莊）2015: 18（2015年8月），頁28。

金良,嘉義朴子人,1946年經廖瑞發引介張志忠,1947年1月經張志忠吸收,加入地下黨組織,並奉組織之命,利用商人的身分,往來於上海、基隆之間,擔任地下黨與上海同鄉會之間的聯絡員。[82] 另據劉英昌(八堵人)表示,他於二二八事件後經吳克泰引介蔡孝乾,在八堵加入中共地下黨,「入黨時,口頭說了就算數,也沒有書面文字材料等」。入黨之後即擔任交通員,以跑單幫商人的身分作掩護,與蔡孝乾保持單線聯繫,負責臺灣地下黨和中共華東局的聯繫,包括文件的傳遞,活動資金的轉移等。[83]

值得注意的是,省工委會也在國民黨政府黨、政、軍內布置不少地下黨人或同情共黨之群眾關係,如㈠蔡汝鑫:係蔡懋堂之兄,畢業於東京外語專科學校,中日戰爭爆發,為了參加抗戰奔赴大陸,改名唐澤民,曾到延安就讀抗日大學,戰後返臺,擔任基隆海軍要塞中將顧問。張志忠表示,蔡汝鑫「和黨有工作上關係」。[84] ㈡林正亨:時任警務處勞動營營長,張金爵表示,林正亨是回臺灣之後才加入組織的,「蔡孝乾不要他入黨,另外創立外圍組織臺灣民主自治聯盟和挑挽工會」。[85] ㈢蔡堯山:於1946年4月間,經臺北市委會書記廖瑞發介紹,參加共黨組織,即受廖領導,利用當時服務於臺灣省參議會之機會,蒐集各種資料,並擬爭取參議員加

---

[82] 藍博洲,〈楊逵與中共臺灣地下黨的關係初探〉,《批判與再造》(臺北) 12 (2004年10月),頁41。

[83] 劉英昌口述、吳國禎整理,〈我的臺灣地下黨經歷〉,《新遠見》(北京) 2007: 3 (2007年3月),頁83-84。

[84] 據古瑞雲表示,二二八事件時,蔡汝鑫曾從要塞運出一卡車槍彈藏於林樑材(和蔡汝鑫是淡水中學同學)家中。1953年因介紹葉敏新加入共黨之嫌疑,遭判處死刑,並於1953年5月15日執行槍決。參見楊克煌遺稿、楊翠華整理,《我的回憶》,頁243;〈周至柔呈為葉敏新等叛亂等罪一案檢附卷判恭呈核示由〉(民國42年2月12日),《葉敏新等叛亂案》,「國防部軍法局檔案」,檔號:B3750347701/0042/3132293/293;〈國防部軍法局致總統府第二局函將辦理葉敏新等叛亂一案情形並檢同更正判決正本一份及照片敬請查照轉陳〉(民國42年6月24日),《葉敏新等叛亂案》,「國防部軍法局檔案」,檔號:B3750347701/0042/3132293/293;古瑞雲,《臺中的風雷:跟謝雪紅在一起的日子裡》,頁32。

[85] 胡慧玲、林世煜採訪記錄,〈張金爵:省工委風雲之女〉,頁122-123。

入組織未果。[86] ㈣李義成：1946年11月經臺南縣黨務指導員朱炎介紹加入國民黨，後並任臺南縣黨團統一委員。1949年12月，獲派爲國民黨臺南縣執行委員，並曾參加革命實踐研究院第九期研究員受訓，後任臺南新豐區區長。張志忠曾表示，應盡量安插黨員進去中、下層政權機關，曾向楊克煌介紹李義成及另一個區長「就是黨員」。[87]

此外，省工委會下設一些直屬組織，在二二八事件之前，多位於臺北地區，如新聞記者工作小組與郵電工會組織。新聞記者工作小組成立於1946年10月，成員有三，即吳克泰（時爲《人民導報》、《中外日報》記者）、徐淵琛（時爲《民報》記者）、孫萬枝（時爲《台灣新生報》副總編輯），由徐淵琛擔任小組長，每週六輪流在三人家中開小組會議，係直屬於省工委會之組織。[88] 除新聞記者工作小組之運作外，地下黨人與《自由報》、《中外日報》、《政經報》等亦有密切關係。《自由報》自1946年5月開始籌備，時爲地下黨人的蔣時欽、孫萬枝、徐淵琛等人爲主要成員。申請期間曾更名爲《臺北自由報》、《青年自由報》。[89]《自由報》經費由王添灯負擔，掛名總編的蔡慶榮係李偉光女婿，日本早稻田大學政經系畢業，1946年春回臺以後，即在《自由報》擔任總編輯，亦爲地下黨人。該報於1946年9月份出刊，「很受青年學生歡迎」。蔡慶榮表示，《自由報》同仁中的地下

---

86 〈蔡堯山等判決書〉（1951年7月26日），《蔡堯山等叛亂案》，「國防部軍法局檔案」，檔號：B3750347701/0040/3132177/177。

87 楊克煌遺稿、楊翠華整理，《我的回憶》，頁250；〈張其昀呈謹呈者奉交革命實踐院萬主任耀煌呈一件爲遵令查報李義成履歷成績及在院行動由〉（民國41年3月21日），《李義成等案審判執行情形》，「國防部軍法局檔案」，檔號：B3750347701/0041/3132202/202；〈（41）機秘（乙）字第32-026號〉（民國41年3月4日），《李義成等案審判執行情形》，「國防部軍法局檔案」，檔號：B3750347701/0041/3132202/202。

88 吳克泰，《吳克泰回憶錄》，頁179-182。徐淵琛於1946年參加共黨，奉命經營建昌行，爲在臺地下黨建立經濟基礎。參見〈據臺灣省保安司令部檢呈季澐等叛亂案卷判原判罪刑核無不合〉（民國39年10月27日），檔號：B3750347701/0039/3132063/63/1/001。

89 何義麟，〈自由報〉，收於張炎憲主編，《二二八事件辭典》（臺北：國史館、財團法人二二八事件紀念基金會，2008），頁111-112。

黨員有吳克泰、徐淵琛、孫萬枝。該報業務及對外聯絡由蕭友山（來福）負責，潘欽信（王添灯秘書）、蕭友山二人雖無組織關係，但有聯繫。[90]《中外日報》則於1947年1月試辦，2月1日正式發刊。係由省參議員林宗賢（板橋林本源家族）與臺灣紙業公經理鄭文蔚合資，後來王添灯也入股，並介紹徐淵琛、吳克泰、陳本江、周青等人入社工作。[91] 此外，地下黨員蔣時欽則在《政經報》撰文，痛陳臺灣光復初期腐敗的醜態現象。[92]

除新聞記者工作小組外，郵政工會組織亦直屬省工委會。戰後進入郵政工會組織的地下黨人，係由中共上海局直接派至臺灣，轉由省工委會領導，多爲外省籍黨員，如陸象賢、計梅眞、錢靜芝等人。[93] 1946年8月，中共地下黨員陸象賢在臺北組織郵務工會，並當選第一屆的工會理事長，兼任臺灣省郵務工人補習學校校長。隨後，陸象賢向上海局要求挑選對於工人補習學校有經驗的同志來臺協助地下工作的開展。1946年9月，上海局調派計淑人（當時改名計梅眞）、錢勤（又名錢琴，即錢靜芝）同來臺灣，除在郵務工會工作外，並擔任臺北郵局與郵政管理局國語補習班的教員。[94]

省工委會主要成員的分工至1946年12月有些微的變化，蔡孝乾派張

---

90 蔡慶榮於1947年4月逃亡香港以後，改名爲蔡子民，後曾任中共駐東京大使館經濟參事，實則爲負責駐日統戰業務。參見鍾逸人，《辛酸六十年：二二八事件二七部隊部隊長鍾逸人回憶錄》（臺北：自由時代出版社，1988），頁597。吳克泰並表示，徐淵琛的筆名爲徐瓊二，是地下黨員，原是《民報》記者，也是《自由報》同仁，「王添灯很信任他，很聽他的意見」，於1946年當選臺北市參議員。參見葉芸芸，〈三位臺灣新聞工作者的回憶：訪吳克泰、蔡子民、周青〉，收於葉芸芸編寫，《證言2‧28》（臺北：人間出版社，1993），頁97-98、106-107。

91 吳克泰，〈「一‧九」學生運動、「二二八」事變〉，收於王曉波編，《臺盟與二二八事件》（臺北：海峽學術出版社，2004），頁305。

92 徐秀慧，〈光復初期的左翼言論、民主思潮與二二八事變〉，發表於國立臺灣大學東亞文明研究中心主辦，「光復初期的臺灣（1945-1949）學術研討會」（臺北：國立臺灣大學東亞文明研究中心演講廳，2003年12月6日）。

93 蔡西濱，〈中共地下黨「臺灣省工作委員會」（1946-1950）：以臺北市地區爲研究中心〉，頁57。

94 張執一，〈在敵人的心臟裡：我所知道的中共中央上海局〉，頁141；林邑軒，〈來自彼岸的紅色浪潮：從意義中介視角重構戰後初期「省工委」的地下革命行動〉，頁103；蔡西濱，〈中共地下黨「臺灣省工作委員會」（1946-1950）：以臺北市地區爲研究中心〉，頁38-39。

志忠南下，負責開闢嘉義地區的組織工作，於是1947年1月，張志忠將財務及臺北、臺中若干組織關係移交蔡孝乾後南下，洪幼樵仍負責領導臺中地區組織。[95] 關於二二八事件發生前臺灣省工委會初期的組織發展，目前就官方資料來看，呈現兩種不同的說法，一說自1946年4月至1947年二二八事件時，全臺只建有臺北市工作委員會、臺中縣工作委員會，以及臺南市、嘉義市、高雄市三個支部，所屬黨員僅有70餘人。[96]（參見圖2）另就

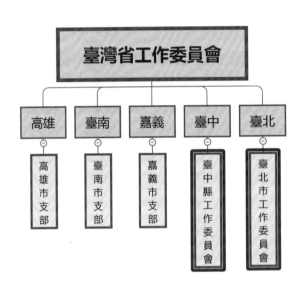

「沿革表」，則指臺灣省工作委員會初期組織計有市委會二個、支部八個、工作組一個，全部幹部黨員共72名。[97]（參見圖3）以下分就各縣市工委會與支部加以說明。

圖2
戰後初期臺灣省工作委員會組織發展示意圖（一）

---

95 〈楊春霖供詞〉（民國39年12月31日），檔號：A305050000C/0036/0410.9/44904440/2/023。然據洪幼樵與許敏蘭供詞顯示，洪幼樵於1946年秋病倒，10月遷居臺北，雖繼續負責中部工作，惟多交由林英傑與唐海光兩人實際處理。參見〈許敏蘭訊問筆錄〉（民國39年3月2日），檔號：A305050000C/0036/0410.9/44904440/1/015；〈洪幼樵訊問筆錄〉（民國39年9月8日），檔號：A305050000C/0036/0410.9/44904440/1/012；〈劉志敬供述筆錄〉，檔號：A305050000C/0036/0410.9/44904440/2/025。

96 司法行政部調查局編，《臺灣光復後之「臺共」活動》，頁31；中共問題原始資料編委會編，《中共的特務活動》（臺北：黎明文化事業股份有限公司，1983），頁330-331。

97 〈破獲共匪臺灣省工作委員會組織發展沿革表〉（四十二年六月調製），無頁碼。

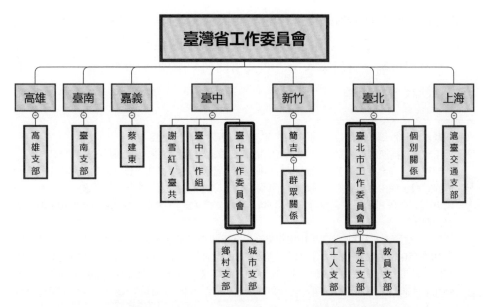

圖3 戰後初期臺灣省工作委員會組織發展示意圖（二）

㈠ 臺北市工委會

臺北市工委會第一任書記是黃石岩，後爲廖瑞發，[98] 由王忠賢、黃石岩擔任委員，下設教員、學生、工人三支部。[99] 廖瑞發係臺北縣人，據張金爵表示，「廖瑞發是老臺共，當時他是臺北市市委，當時有一大群人住廖家，除了廖瑞發一家人，還有蔡孝乾、孫古平、張志忠和季澐夫婦，還有我和賴瓊煙」。[100] 黃石岩，於1946年7月間加入共黨，先後任臺北市工

---

98 廖瑞發曾向吳克泰表示，臺北市工委會第一任書記是黃石岩。這個人很積極、很勇敢，但開展工作時辦法不多，因此改任他爲市工委書記。參見吳克泰，《吳克泰回憶錄》，頁197。

99 〈破獲共匪臺灣省工作委員會組織發展沿革表〉（四十二年六月調製），無頁碼。

100 胡慧玲、林世煜採訪記錄，〈張金爵：省工委風雲之女〉，頁112-113。官方資料載廖瑞發於1947年3、4月間，經共黨臺灣工作委員會王萬得介紹加入共黨組織的記載應有誤。參見〈檢呈廖瑞發等叛亂案卷判請核示〉（民國39年6月11日），《非法顛覆案》，「國防部軍務局檔案」，檔號：B3750187701/0039/1571.3/1111/7/035。

委會委員、省委直屬街頭支部書記，並經營大建行，開展經濟工作。[101] 王忠賢於1946年春在臺北市經廖瑞發介紹參加共黨組織。[102]

　　若據現有檔案資料來看，二二八事件前，廖瑞發領導的北市工委會黨員尚有汪枝、[103] 周植、[104] 溫萬金、[105] 許希寬、[106] 陳朝陽、[107] 張金爵、賴

---

101 胡慧玲、林世煜採訪記錄，〈張金爵：省工委風雲之女〉，頁118-119。

102 據王忠賢被捕後的供詞表示，他曾與廖瑞發籌組臺北市黨委員會，由廖瑞發任主委，王忠賢、林樑材分任籌備委員。若其所說屬實，則在王忠賢與黃石岩擔任委員之前的臺北市工委會的籌備階段，係由王忠賢與林樑材擔任籌備委員。參見〈王忠賢、張福全、孫羅通判決書〉（民國46年6月19日），《王忠賢等案》，「國防部軍法局檔案」，檔號：B3750347701/0045/3132440/440。

103 汪枝，臺北市人，業輪胎加工。1946年夏在臺北市陳義農家經蔡朝宗介紹加入共黨。後於1952年10月向保密局自首。參見〈汪枝訊問筆錄〉（民國44年8月24日），《許希寬等叛亂案》，「國防部後備司令部檔案」，檔號：A305440000C/0045/276.11/9122.36；〈汪枝談話筆錄〉（民國43年7月26日），《周植叛亂案》，「國防部後備司令部檔案」，檔號：A305440000C/0044/276.11/49。

104 周植，化名老歐，在臺北市羅斯福路一小型營造廠內做木工，於1946年10月在臺北羅斯福路三段，由王忠賢介紹參加共產黨，初受廖瑞發領導，廖瑞發被捕後改由孫古平領導。周植後來的筆錄表示，加入的組織是人民協會，歸廖瑞發領導，「我聽他們講話有五次，不知道什麼是開會。講政府對工人的待遇不大好，及攻擊政府的話，是廖瑞發講的」。參見〈周植訊問筆錄〉（民國43年11月30日），《周植叛亂案》，「國防部後備司令部檔案」，檔號：A305440000C/0044/276.11/49；〈周植訊問筆錄〉（民國43年7月25日），《周植叛亂案》，「國防部後備司令部檔案」，檔號：A305440000C/0044/276.11/49。

105 溫萬金於1946年夏，由王忠賢吸收加入共黨組織，與許希寬、陳焰樹等組成臺北市工人工作委員會，溫萬金負責發展電器工人工作。參見〈溫萬金等人判決書〉（民國44年1月17日），《陳基全等案》，「國防部軍務局檔案」，檔號：B3750187701/0039/1571/75294480。

106 許希寬於1939年畢業於蘆州公學校，後即入臺北市穎川木工店為學徒，1942年充任木工，於1946年6月間，在臺北市穎川木工店內，由表兄陳義農介與臺北市共黨市委書記廖瑞發吸入共黨。先後受廖瑞發及孫古平領導。原與陳義農、汪枝同一小組，半年後改與新入黨的陳朝陽、蔡朝宗同一小組。許希寬於1953年1月6日因鹿窟案被捕。後來的筆錄顯示，許希寬否認在保密局供稱1946年6月間由廖瑞發吸收加入共黨，表示「我在保密局承認的事先我不知是共黨？保密局寫好叫我如此承認的」。參見〈許希寬訊問筆錄〉（民國42年3月12日），《許希寬等叛亂案》，「國防部後備司令部檔案」，檔號：A305440000C/0045/276.11/9122.36；〈許希寬、陳朝陽、陳田其訊問筆錄〉（民國43年9月23日），《許希寬等叛亂案》，「國防部後備司令部檔案」，檔號：A305440000C/0045/276.11/9122.36。

107 陳朝陽，大橋公學校畢業後，在陳義農木工店為學徒，1943年充當木工。1946年9月經陳義

瓊煙[108]等人。以上多人除張金爵與賴瓊煙外，多依官方檔案判斷，由於偵訊內容多出現反覆矛盾情形，這些被官方指爲中共地下黨人且遭逮捕判刑乃至處決者，其與省工委會之組織關係實情爲何，仍待更多資料予以確認（下以各分支組織之地下黨員情形亦同，不另贅述）。

臺北市工委會下另設有學委會組織，[109]由吳克泰擔任書記，另兩位委員爲葉崇培（即葉紀東）與藍明谷，都是延平學院學生。[110]臺北學委會經

農介紹與林樑材相識。11月間在陳義農家由許希寬介紹給廖瑞發吸收參加共黨組織，受許希寬、廖瑞發、孫古平等之領導。初時與許希寬、陳義農、汪枝、蔡朝宗等五人同一小組。許希寬與陳朝陽後因鹿窟案被判處死刑，於1955年8月遭執行槍決。陳朝陽於1953年1月5、6日在大溪口路上遭保密局逮捕。後來的筆錄中陳朝陽否認參加共產黨，並指許希寬是同行師兄，陳義農是其木工師傅。參見〈俞大維、彭孟緝呈許希寬等叛亂案謹擬具審核意見當否簽請核示由〉（民國44年5月25日），《許希寬等叛亂案》，「國防部軍法局檔案」，檔號：B3750347701/0044/3132408/408；〈爲叛亂犯許希寬等七名業已執行死刑茲檢附執行照片敬請轉呈核備〉（民國44年9月22日），《許希寬等叛亂案》，「國防部軍法局檔案」，檔號：B3750347701/0044/3132408/408；〈陳朝陽訊問筆錄〉（民國42年3月13日），《許希寬等叛亂案》，「國防部後備司令部檔案」，檔號：A305440000C/0045/276.11/9122.36；〈陳田其、許希寬、陳朝陽、陳啓旺訊問筆錄〉（民國43年12月15日），《許希寬等叛亂案》，「國防部後備司令部檔案」，檔號：A305440000C/0045/276.11/9122.36；〈許希寬等人判決書〉（民國44年2月21日），《許希寬等叛亂案》，「國防部後備司令部檔案」，檔號：A305440000C/0045/276.11/9122.36。

108 張金爵表示，戰後她與賴瓊煙接收了一間「興中書局」，所賣的書都是由臺北三民書局批來的，後來才知道，這個出版社就是王萬得、廖瑞發等合股開創的。1946年5月，辜金良曾向她表示想吸收她與賴瓊煙入黨，經向廖瑞發打聽後，方知該二人已經廖瑞發吸收。參見林至潔訪問、黃美滋記錄，〈張金爵女士訪問紀錄〉，收於許雪姬、薛化元、陳儀深編，《「戒嚴時期政治案件」專題研討會論文暨口述歷史紀錄》（臺北：財團法人戒嚴時期不當叛亂暨匪諜審判案件補償基金會，2003），頁291；胡慧玲、林世煜採訪記錄，〈張金爵：省工委風雲之女〉，頁131。

109 若參照〈沿革表〉，在臺北市工委會下未見臺北學委會之組織，僅見學生支部，是否即吳克泰所稱之臺北學委會，尚待更多資料方能釐清。參見〈破獲共匪臺灣省工作委員會組織發展沿革表〉（四十二年六月調製），無頁碼。

110 1946年5月2日，延平大學籌備處於一日下午假省參議會食堂舉行成立式，初期計畫成立法、商、工三個學院，每一學院學生數每學年200名，四學年制，每學院學生800名。7月20日，延平大學籌備處邀請臺灣文化協進會與臺灣省教育會人士，在中山堂舉行談話會，因尚不足三個學院，暫無法成立大學，決定學校名稱暫定爲延平學院，先成立法學院，自該年9月起

常在吳克泰或藍明谷的宿舍開會。[111] 藍明谷係高雄縣人，早年旅居大陸，戰後於1946年年底返臺，經上海時，因同鄉林昆宣傳共黨思想，受其影響，於1947年1月間，自撰自傳加入共黨，返臺後除晚上在延平學院就讀外，白天任職於教育會。[112] 葉紀東表示，他於1946年考入延平學院，因寄住在廖瑞發家，思想遂受影響，1947年2月自己要求入黨，兩週之後，二二八事件就爆發了。[113]

臺北學委會黨員在學校中通常是以學生自治會與學聯會的合法性團體作爲掩護，由於臺大與師範學院的學生比較活躍，故地下黨組織在這兩個學校較有發展。[114] 發生於1946年12月14日聲援「澀谷事件」的示威活動，以及1947年1月19日聲援「沈崇事件」的示威遊行，臺北地下黨皆曾積極參與，[115] 由吳克泰的口述可知，沈崇事件發生時，他認爲「這麼大的愛國主義的全國性學運中，臺灣學生不能保持沉默」，故曾積極參與，因此獲得張志忠的肯定與鼓勵。[116]

招生，其他學院再繼續推動。參見陳翠蓮，〈戰後臺灣菁英的憧憬與頓挫：延平學院創立始末〉，《臺灣史研究》（臺北）13: 2（2006年12月），頁138。

[111] 吳克泰，《吳克泰回憶錄》，頁197。

[112] 〈藍明谷等人判決書〉（民國39年3月26日），《鄭登雲等案》，「國防部軍務局檔案」，檔號：B3750187701/0039/1571/87421210；吳克泰，《吳克泰回憶錄》，頁197。

[113] 葉紀東，原名葉崇培，高雄人，省立臺南師範學校畢業，曾任公論報記者。據官方調查資料顯示，葉崇培於1948年元月任省立屏東中學物理教員，1949年6月以後去向不明。1947年，逃到中國的葉紀東接替吳克泰，擔任臺灣同鄉會總幹事。參見〈逃匪葉崇培資料〉，《拂塵專案第十四卷附件》，「國家安全局檔案」（新北：行政院國家發展委員會檔案管理局藏），檔號：A803000000A/0037/340.2/5502.3；葉紀東，〈從高雄苓雅寮到北京〉，收於王曉波編，《臺盟與二二八事件》（臺北：海峽學術出版社，2004），頁29、284、286；葉芸芸，〈二二八事件和臺北學生：訪葉紀東先生〉，收於葉芸芸編寫，《證言2‧28》，頁90。陳炳基表示，二二八事件發生時，葉紀東是入黨不久的中共地下黨員，也是全省地下黨員中年齡最小的一個。參見陳炳基，〈悼念葉紀東同志〉，《臺聲》（北京）2000: 4（2000年4月），頁28。

[114] 蔡西濱，〈中共地下黨「臺灣省工作委員會」(1946-1950)：以臺北市地區爲研究中心〉，頁46。

[115] 劉英昌口述、吳國禎整理，〈我的臺灣地下黨經歷〉，頁83；葉芸芸，〈二二八事件和臺北學生：訪葉紀東先生〉，頁91。

[116] 吳克泰，《吳克泰回憶錄》，頁193。

　　除學生運動外，地下黨人林樑材亦積極建立武裝實力。[117] 1946年末至1947年初之間，林樑材令淡水中學學生陳子胥製配鑰匙，先後二次領帶汪枝、許希寬、陳朝陽等人，前往淡水中學倉庫，啓門竊取該校教練用輕機關槍七挺，擲彈筒十四挺，並以木箱密裝，經林樑材接洽，由蔡國賢運回臺北市林樑材家中。[118] 此批武器於二二八事件發生後的3月9日，由臺灣省警備總司令部於林樑材位於臺北市迪化街一段第86號之住宅破獲。林樑材也因此遭到通緝而潛逃香港。[119]

117　林樑材，1924年考進淡水中學，約1928年赴日就讀京都立命館中學，1929年肄業返臺。戰後擔任臺灣省工作委員會委員兼宣傳部負責人。參見〈據臺灣省保安司令部呈請就解庫款項下發給林英傑檢舉林樑材叛亂一案告密獎金二萬元一案呈祈核示由〉（民國42年10月15日），《歷年辦理叛亂貪污不法案件沒收財產處理情形㈠》，「國防部軍法局檔案」，檔號：B37503477701/0042/3133083/83；楊克煌遺稿、楊翠華整理，《我的回憶》，頁76。

118　〈周至柔呈陳子胥等叛亂一案罪刑擬分別改判及核准乞鑒核示遵〉（民國43年6月13日），《陳子胥等案》，「國防部軍法局檔案」，檔號：B3750347701/0043/3132364/364；〈陳子胥、林樹森、蔡國賢判決書〉（民國43年4月27日），《陳子胥等案》，「國防部軍法局檔案」，檔號：B3750347701/0043/3132364/364；〈俞大維、彭孟緝呈許希寬等叛亂案謹擬具審核意見當否簽請核示由〉（民國44年5月25日），檔號：B3750347701/0044/3132408/408；〈許希寬訊問筆錄〉（民國42年3月12日），檔號：A305440000C/0045/276.11/9122.36。許希寬後來表示，於1946年底在林樑材家當傭工時，林樑材命他及陳朝陽、汪枝、蔡朝宗跟陳子胥等，到淡水中學帶武器回來，當時不知是武器，以爲是織布機器的零件，因林樑材經營內衣織造工廠，而向許希寬等人說是該工廠需用的機器零件。參見〈許希寬致軍事檢察官報告書〉（民國43年9月28日），《許希寬等叛亂案》，《國防部後備司令部檔案》，檔號：A305440000C/0045/276.11/9122.36；〈陳朝陽訊問筆錄〉（民國42年3月13日），檔號：A305440000C/0045/276.11/9122.36。陳朝陽後來表示，二二八前後與汪枝等赴淡水中學竊取武器一事，係「與許希寬、汪枝、蔡明宗等去偷的，我在門口，不知係什麼東西，交給林良〔樑〕材拿去的」。參見〈許希寬、陳朝陽、陳田其訊問筆錄〉（民國43年9月23日），《許希寬等叛亂案》，「國防部後備司令部檔案」，檔號：A305440000C/0045/276.11/9122.36。

119　〈據臺灣省保安司令部呈請就解庫款項下發給林英傑檢舉林樑材叛亂一案告密獎金二萬元一案呈祈核示由〉（民國42年10月15日），檔號：B3750347701/0042/3133083/83。

㈡ 臺中縣工委會

　　1946年4月洪幼樵至臺南發展組織，林英傑則在員林中學以教職爲掩護，主持中部的組織布置工作。後來洪幼樵透過林英傑的介紹，由臺南轉至員林中學教書，並負責指導中部組織的開闢工作。除林英傑外，尚有幹部王正南、劉特愼、唐海光、王天強及一些舊農民組合、文協、臺共的關係。[120] 1946年暑假期間，洪幼樵因生病及孩子夭殤，情緒不好，乃於10月遷居臺北，除負責宣傳工作外，並領導部分臺北工作，但仍負責中部的領導工作。[121] 洪幼樵表示，其在臺北期間，中部工作多交林英傑、唐海光實際負責，但「對中部工作曾予指導」。[122]

　　據「沿革表」所載初期省工委會在臺中的組織建置，主要有三大脈絡，一爲臺中工作委員會，一爲臺中工作組，一爲謝雪紅。其中臺中工作委員會的書記爲王天強，委員謝富、楊克煌，下設城市支部、鄉村支部。臺中工作組的成員則有林英傑、劉特愼、唐海光。[123] 另據洪幼樵於二二八事件後向省工委會提出之〈臺中地區工作報告〉可知，在二二八事件發生之前，「敵人的控制力還不很強」，加上「人民對統治者從失望而憎惡，形勢對開展工作是有利的」，臺中地區「建黨的開始是在城市」，加上「與一

120　〈許敏蘭訊問筆錄〉（民國39年3月2日），檔號：A305050000C/0036/0410.9/44904440/1/015；〈洪幼樵訊問筆錄〉（民國39年9月8日），檔號：A305050000C/0036/0410.9/44904440/1/012；〈劉志敬供述筆錄〉，檔號：A305050000C/0036/0410.9/44904440/2/025。

121　〈劉志敬供述筆錄〉，檔號：A305050000C/0036/0410.9/44904440/2/025；〈洪幼樵訊問筆錄〉（民國39年9月8日），檔號：A305050000C/0036/0410.9/44904440/1/012；〈許敏蘭訊問筆錄〉（民國39年3月2日），檔號：A305050000C/0036/0410.9/44904440/1/015。洪幼樵偵訊筆錄中皆將遷居臺北時間說爲1947年10月，然對照許敏蘭口供，應爲1946年10月之事。

122　洪幼樵表示，唐海光係海南島文昌縣人，其關係係由蔡孝乾自蘇北找來，原在員林中學教書，1947年9月，林英傑調臺南工作，將中部工作交唐海光接手，由唐海光接任臺中工委書記。洪幼樵則於1948年2月遷住臺中市，1948年4月間唐海光攜妻丁氏離臺，參加香港工作會議後，返海南島原籍。唐離臺後由洪幼樵兼任臺中工委書記。參見〈劉志敬供述筆錄〉，檔號：A305050000C/0036/0410.9/44904440/2/025。

123　〈破獲共匪臺灣省工作委員會組織發展沿革表〉（四十二年六月調製），無頁碼。

些舊的群眾關係都生活在市區」，因此，工作的目標多放在青年知識分子
及學生之中，希望藉此培養一批幹部，作爲工作開展的橋樑。[124] 洪幼樵並
表示，在二二八事件發生前，地下黨得在臺中地區的部分學校（如商業、
一中、師校、光復）及少數農村（如員林、烏日）建立黨的支部，並「團
結了一批進步群眾」。[125] 綜上來看，二二八事件發生前，省工委會在臺中
地區的組織發展，究係如「沿革表」所載僅有城市支部與鄉村支部（參閱
圖3），或如洪幼樵稱，已在多個學校與農村成立支部，尚待釐清。

由既有檔案或口述資料可知，臺中縣工委會多以讀書會的方式，向學
生進行左翼思想宣傳。如楊克煌表示，其於1946年秋至中師〔即省立臺
中師範學院、國立臺中教育大學的前身〕組織讀書會，後交地下黨人蔡伯
壎。[126] 謝雪紅則於1946年開辦臺中工藝學校，她曾向古瑞雲表示，辦臺中
工藝學校並非爲了營利，目的在於培養自己所需的人才，「即使虧損亦在
所不惜」。[127] 曾永賢也曾說，戰後中商老師何集淮舉辦一個讀毛澤東《新
民主主義論》日文版的讀書會，參與者有中商、中師的老師，彼此交換意
見，如時任中商老師的地下黨人蔡伯壎亦參與其中。[128] 古瑞雲亦言，在謝
雪紅的授意下，何集淮與蔡伯壎組織一個馬克思主義研究會，成員都是中

---

124 〈國防部保密局印臺中地區工作報告〉（民國40年10月1日），《拂塵專案第四卷附件》，「國家安全局檔案」，檔號：A803000000A/0014/340.2/5502.3/4/005。

125 〈國防部保密局印臺中地區工作報告〉（民國40年10月1日），檔號：A803000000A/0014/340.2/5502.3/4/005。

126 楊克煌遺稿、楊翠華整理，《我的回憶》，頁271。據蔡伯壎後來的口述，只提及戰後常在謝雪紅處出入，二二八事件發生時，其在臺中商業學校教授國語，事件期間曾與何集淮在大華酒家二樓做文宣工作，之後亦參與二七部隊，但似乎並未提及曾加入中共地下黨組織之事。參見廖建超採訪、撰稿，〈從民軍二七部隊到翻譯史書：蔡伯壎〉，收於陳彥斌主編，《黯到盡處，看見光：臺中政治受難者暨相關人士口訪紀錄》（臺中：臺中市政府文化局，2016），頁216-223。

127 古瑞雲，《臺中的風雷：跟謝雪紅在一起的日子裡》，頁37。

128 曾永賢口述，張炎憲、許瑞浩訪問，許瑞浩、王峙萍記錄，《從左到右六十年：曾永賢先生訪談錄》（臺北：國史館，2009），頁57-58。

商學生。[129] 又陳茂霖於1951年1月23日晚接受臺中縣警察局刑警總隊訊問時表示，二二八事件發生前，「就讀臺中商業職業學校時，和同學何春輝（集集鎮人）共同接受該校匪諜何集淮之思想教育」。[130] 1954年接受偵訊又表示，「在臺中商校讀書，有一位老師何集淮，趁我思想在那過渡時期，動搖不定的當兒，他對我講解些關於共產黨的好處，而攻擊國民黨的壞處，致使我對國民黨發生了厭惡感」，「因之就在這個時期，我的思想便急烈的轉變，而傾向於共產主義了」。[131] 此外，由郭明哲被捕後的自白內容，亦可窺知省工委會在中部如何吸收青年。據郭明哲稱，1947年春謝富曾帶一個外省籍姓劉的（應即洪幼樵）「到我大甲宿舍與我認識，後來劉曾來找我三次，對我談及彼由福建某解放區而來臺，並對我鼓動共產主義革命的光明偉大，希我積極於臺灣青年的身份為革命效勞」。[132]

由上述臺中縣工委會吸收新成員的情形，可知舊臺共謝雪紅等人亦積極協助之。由於張志忠已於1947年1月轉往嘉義工作，故與謝雪紅等人的連繫工作，自1947年2月，轉交林英傑負責。楊克煌表示，林英傑與他們聯繫後，與張志忠一樣，「每一、兩個禮拜來找我們一次，但沒有規定日期」，「沒有告訴我們他本人的住所及聯絡的地址」。[133] 洪幼樵亦表示，二二八事件期間，「中部武裝是林英傑和謝雪紅、楊克煌連繫」。[134]

129　古瑞雲，《臺中的風雷：跟謝雪紅在一起的日子裡》，頁37。

130　〈陳茂霖涉嫌情形及偵訊筆錄〉，《拂塵專案第十三卷附件》，「國家安全局檔案」，檔號：A803000000A/0039/340.2/5502.3/13/001。

131　〈陳茂霖涉嫌情形及偵訊筆錄〉，檔號：A803000000A/0039/340.2/5502.3/13/001。

132　〈郭明哲自白書〉（民國43年1月22日），《廖學銳等叛亂案》，「國防部後備司令部檔案」，檔號：A305440000C/0043/276.11/97。

133　楊克煌遺稿、楊翠華整理，《我的回憶》，頁276。官方檔案顯示，林英傑係共黨臺灣省級幹部，於1946年來臺，以教員為掩護，在臺中、臺南負責領導吸收「匪徒」，發展工作。林英傑後因遭政府當局查悉身分，潛逃香港，1948年復被調來臺北，辦理省工委工作，並誘引許振庠與共黨恢復關係，編印宣傳刊物，旋被查獲停刊，1950年4月4日遭保密局逮捕。參見〈林英傑等人判決書〉（1950年7月10日），《非法顛覆案》，《國防部軍務局檔案》，檔號：B3750187701/0040/1571.3/1111。

134　〈劉志敬供述筆錄〉，檔號：A305050000C/0036/0410.9/44904440/2/025。

㈢ 嘉義市支部

　　就既有檔案文獻來看，對於二二八事件之前省工委會所建立之嘉義市支部組織情形難有清楚了解，上述「沿革表」與其他官方資料對初期省工委會組織最大的歧異之處，即在於嘉義支部之有無。「沿革表」中省工委會在嘉義地區，僅載透過蔡建東發展據點，未有支部之設。[135] 然透過既有檔案，可知二二八事件發生之前，張志忠在嘉義地區著力甚深，或可藉此稍窺省工委會在嘉義地區的組織發展樣貌。1946年12月，張志忠開始赴嘉義闢劃組織，其工作內容主要是「建立武裝工作」。[136] 張志忠表示，二二八事件發生前數月，「國民黨在臺灣的統治顯見脆弱無力，而民眾反抗的情緒亦日高，建立武裝的客觀條件漸趨成熟」，省工委雖沒有明確決定要建立武裝，但已要求「多注意這方面的工作」。加之張志忠本是軍隊出身之幹部，「對武裝工作比較有興趣」，故於1946年12月赴嘉義從事組織開展工作時，即注意培養嘉義蔡建東及北港阿木（余炳金）等十餘人的武裝群眾，並將此階段定位爲「武工的萌芽時期」。[137]

　　張志忠在嘉義進行武裝工作的情形，可由相關人士的口述中獲得印證。據張志忠直接領導下的黃文輝（畢業於嘉義商工專修學校，抗戰時期在上海某公司任職，勝利後偶然與張志忠同船返家鄉）表示，張志忠早就做了打游擊的準備，「二二八以前他就常到阿里山、霧社等山地勘查地形」。[138] 李鹿也表示，二二八事件發生前曾在嘉義見過張志忠，「張志忠問

135　〈破獲共匪臺灣省工作委員會組織發展沿革表〉（四十二年六月調製），無頁碼；王漢威，〈戰後中國共產黨臺灣省工作委員會的組織與運作（1946-1950）〉，頁16。

136　〈張志忠訊問筆錄〉（民國39年8月20日），檔號：A305050000C/0036/0410.9/44904440/1/014。

137　〈楊春霖供詞〉（民國39年12月31日），檔號：A305050000C/0036/0410.9/44904440/2/023；〈張志忠訊問筆錄〉（民國39年8月20日），檔號：A305050000C/0036/0410.9/44904440/1/014。

138　葉芸芸，〈二二八事變中的謝雪紅：訪周明談謝雪紅、「二七部隊」、吳振武和鍾逸人〉，收於葉芸芸編寫，《證言2・28》，頁38-39。

起我們這個地方有沒有較講義氣，家裡兄弟較多，可以脫離家庭的青年，如果有的話招募幾個隨他到山裡練習槍擊」。[139] 可能就是因為張志忠在二二八事件發生之前已在雲嘉一帶培養武裝實力，使其在二二八事件一發生，即可立即組成約二百人槍之自治聯軍。[140]

㈣臺南市支部

省工委會在臺南地區的組織拓展任務，主要由李媽兜負責。李媽兜，臺南大內人，1934年底從澎湖潛至廈門，1935年在白水營圩開設西醫藥舖。1937年轉至鼓浪嶼行醫，1943年9月往龍巖參加李友邦之臺灣義勇隊，1945年7月被派到廣東省境，向臺人工作。日本投降後，經廣州、汕頭，於1946年1月返臺。返臺後先在臺南市做製造肉醬、煉乳等事業均失敗。同年6月經原臺灣義勇隊同事崔志信來函，表示「老李，我們飯食的問題解決了。最近有個姓張的好朋友要去訪你，請你好好接洽罷。」因此與張志忠建立關係。李媽兜表示，張志忠之後每個月定來會一次，「到了八九月的時候，老張叫我寫自傳，從這我就加入了共產黨」。[141] 後來張志忠將李媽兜轉介蔡孝乾，由蔡孝乾直接領導，蔡孝乾知道李媽兜經濟拮据，

---

139 張炎憲、高淑媛訪問，高淑媛記錄，〈李鹿訪問紀錄〉，收於張炎憲、王逸石、王昭文、高淑媛採訪記錄，《嘉義北回二二八》（臺北：自立晚報社文化出版部，1994），頁206。

140 林正慧，〈隱身的左翼武裝：二二八事件中的自治聯軍〉，收於許文堂主編，《軍事佔領下的臺灣（1945-1952）》（臺北：社團法人臺灣教授協會，2017），頁281-360。

141 李媽兜加入共黨之時間，一說1946年6、7月間，或言1946年7月。參見〈臺南市工委書記李媽兜報告〉（民國41年2月20日），檔號：A305440000C/0042/276.11/116；〈李媽兜報告〉（民國41年3月21日），《李媽兜等叛亂案》，「國防部後備司令部檔案」，檔號：A305440000C/0042/276.11/116；〈李媽兜訊問筆錄〉（民國41年12月18日），《李媽兜等叛亂案》，「國防部後備司令部檔案」，檔號：A305440000C/0042/276.11/116；〈臺灣省保安司令部軍法處審判筆錄〉（民國41年12月29日），檔號：A305440000C/0042/276.11/116；〈李媽兜廣播稿〉，《李媽兜等叛亂案》，「國防部後備司令部檔案」，檔號：A305440000C/0042/276.11/116。

曾提供「二仟元津貼」。[142]

　　據官方資料記載，二二八事件發生前，省工委會在臺南市僅建立支部組織，然據李媽兜偵訊內容，就臺南市工委會成立的時間卻有兩種不同的說法，一說是二二八事件發生前之1946年10月，除李自任書記外，陳文山、陳福星二委員分負宣傳與組織之任務。[143] 一說是二二八事件發生後的1947年6-7月。李媽兜表示，在臺南一開始的「工作很沒有成績」，1946-1947年間，吸收郭秋原、蔡來、王炎山、黃添才、陳麗水、郭栢原等七人成立小組，「卻無有辦法去發展工作來提高到支部的地方來」，「常常不到會，你奔我閃的消極」，直至1947年6-7月方成立臺南市工委會，由李媽兜擔任書記，另兩位委員為陳文山、陳福星，「陳文山、陳福星雖是我自己去找他們出來，那是他們過去在思想方面本有很充實的，因為實踐方面沒有經驗過，所以做不到上樣子」。[144] 臺南市工委會究係成立於二二八事件前或後，尚難斷定，但由其所述組織情形與相關成員，或亦可推知二二八事件發生前臺南支部的大略情形，即可能以李媽兜、陳福星、陳文山為主要成員。[145]

　　總的來看，1946-1947年間臺南地區的組織拓展多係李媽兜自己「直接吸收的」，發展有限。另據古瑞雲表示，蔡懋棠曾向謝雪紅提及李媽兜，「鎮上最近來了一位四十多歲的人，常主動和我們接近。他自稱剛從大陸回來，名叫李媽兜，見識很廣博。交談中感覺他思想進步。但我們不敢肯

[142] 李媽兜於1952年2月16日早上在安平港船上被捕。參見〈李媽兜報告〉（民國41年2月16日），《李媽兜等叛亂案》，「國防部後備司令部檔案」，檔號：A305440000C/0042/276.11/116；〈臺灣省保安司令部軍法處審判筆錄〉（民國41年12月29日），檔號：A305440000C/0042/276.11/116。

[143] 〈臺灣省保安司令部軍法處審判筆錄〉（民國41年12月29日），檔號：A305440000C/0042/276.11/116。

[144] 〈李媽兜報告〉（民國41年2月18日），《李媽兜等叛亂案》，「國防部後備司令部檔案」，檔號：A305440000C/0042/276.11/116。

[145] 〈沿革表〉所載臺南支部，稱書記為陳福星，委員為李媽兜、王正南，可能未符事實。〈破獲共匪臺灣省工作委員會組織發展沿革表〉（四十二年六月調製），無頁碼。

定他是好人還是壞人。」[146] 由此可略窺當時李媽兜吸收成員之情形。據已有資料可知，在二二八事件發生前，李媽兜已吸收陳文山、陳福星、[147] 曾木根（1946年底）、[148] 郭栢源（1946年年底）、[149] 黃添才（1946年12月）、[150] 蔡來（1947年1月）。[151] 此外，由陳文山吸收者有盧老得、[152] 郭來富、[153]

---

146 古瑞雲，《臺中的風雷：跟謝雪紅在一起的日子裡》，頁161。

147 葉石濤表示，陳福星是日本某個私立大學的哲學系畢業的，後擔任臺南新豐高中校長。「他是一個思考敏銳的知識分子，同我一樣很喜歡聽古典音樂的唱片」，「從以後的幾次接觸裡，我充分了解他有堅定的馬克思主義信仰」。參見葉石濤，《一個臺灣老朽作家的五〇年代》，頁77、93-94。

148 曾木根於1946年底，由李媽兜吸收參加組織，並擔任該支部書記，從事吸收黨徒，發展組織，計劃破壞鐵路機車。參見〈曾木根等人判決書〉（民國41年8月9日），《曾木根等叛亂案》，「國防部軍法局檔案」，檔號：B3750347701/0041/3132256/256。

149 李媽兜表示，郭栢源是個裁縫車修理技術工人，自1946年底參加組織。參見〈李媽兜致法官報告書〉（民國41年4月12日），《李媽兜等叛亂案》，「國防部後備司令部檔案」，檔號：A305440000C/0042/276.11/116。

150 李媽兜表示，黃添才，臺南市米街人，在文協時候就認識，1946年初再碰到他後常常和他接近。到了1946年年底介紹他入黨，旋任臺南支部書記。參見〈李媽兜致法官報告書〉（民國41年4月12日），檔號：A305440000C/0042/276.11/116；〈周至柔呈黃添才等叛亂一案謹擬具審核意見乞核示〉（民國42年3月13日），《黃添才等案》，「國防部軍法局檔案」，檔號：B3750347701/0042/3132301/301；〈黃添才等人判決書〉（民國42年1月28日），《黃添才等案》，「國防部軍法局檔案」，檔號：B3750347701/0042/3132301/301。葉石濤形容黃添才，「並不是出身於小資產階級的知識分子，而是道地的勞農大眾」，「他有相當正確典雅的臺灣話的說話能力、以及通曉四書五經」，「他對我們這些年齡懸殊、二十多歲的青年知識分子特別客氣，常準備了許多來自唐山的新刊雜誌借給我們看，包括毛澤東的《新民主主義》、《論聯合政府》，以及《群眾》、《文萃》等中共刊物……卻不忘提醒我們注意臺灣歷史的特殊遭遇，與中共理論間的某些差距」，「是臺灣日據時代無數老革命黨人中的一個」。文中稱黃添才為「辛阿才」。參見葉石濤，《一個臺灣老朽作家的五〇年代》，頁96-97。

151 蔡來於1947年1月由李媽兜介紹加入共黨組織，吸收許棟樑、王炎山加入為一小組，自任小組長，先後開會十餘次，同年6月升任支部書記。參見〈周至柔呈黃添才等叛亂一案謹擬具審核意見乞核示〉（民國42年3月13日），檔號：B3750347701/0042/3132301/301；〈黃添才等人判決書〉（民國42年1月28日），檔號：B3750347701/0042/3132301/301。

152 盧老得係臺南縣新豐區關廟鄉盧村人，自1947年初由陳文山的介紹，在臺南市陳文山的家裡參加幾次會後參加組織。參見〈李媽兜致法官報告書〉（民國41年4月12日），檔號：A305440000C/0042/276.11/116。

153 郭來富係臺南縣新豐區關廟鄉花園村人，與盧老得同時，於1947年初在陳文山家裡由陳文山

陳北辰、[154] 李武昌，以及兩個高工學生林來安、江明□。[155]

(五) 高雄市支部

據「沿革表」可知，二二八事件之前，高雄支部，「書記張明顯，委員孫古平、葉崇培」。[156] 高雄雖設有支部，但據李媽兜表示，臺省工委在「新竹、高雄地區僅有數名黨員」，並表示在「高雄、臺東方面沒有工作，鳳山、屏東一帶地方無有工作的建立」。[157] 可見當時高雄地區即使有支部之設立，其組織規模應甚小，亦可知二二八事件發生前，省工委會在鳳山、屏東、臺東一帶可能尚未拓展組織。

三、中共「省工委會」在事件中的活動情形

對於共黨在二二八事件中的角色，官方說法多歸咎於共黨策動或煽惑，如陳儀言「因奸黨造作種種謠言，煽動民眾，準備全面做亂」。[158] 或如公署報告稱，「由是益足證明此次暴動，確為少數奸黨亂徒陰謀分子之

介紹入黨。參見〈李媽兜致法官報告書〉（民國41年4月12日），檔號：A305440000C/0042/276.11/116。

[154] 陳北辰可能是汽車司機，1946年底由陳文山介紹入黨。參見〈周至柔呈黃添才等叛亂一案謹擬具審核意見乞核示〉（民國42年3月13日），檔號：B3750347701/0042/3132301/301。

[155] 〈李媽兜報告〉（民國41年2月18日），檔號：A305440000C/0042/276.11/116。

[156] 然其中葉崇培即葉紀東，在二二八事件發生前二週方加入地下黨組織，且多在臺北活動，是否可以擔任高雄支部委員頗值懷疑。參見〈破獲共匪臺灣省工作委員會組織發展沿革表〉（四十二年六月調製），無頁碼。

[157] 〈李媽兜報告〉（民國41年2月18日），檔號：A305440000C/0042/276.11/116；〈國防部保密局印關於「二二八」的經驗教訓〉，《拂塵專案第四卷附件》，「國家安全局檔案」，檔號：A803000000A/0014/340.2/5502.3/4/001。

[158] 〈陳儀電呈南京蔣主席叛亂情勢已極顯著二十一師全部開到當收斧亂之效〉，收於侯坤宏編，《二二八事件檔案彙編(七)：大溪檔案》（臺北：國史館，2008），頁160-161。

主使煽動」。[159] 陳儀與各情報機關對共黨在事件中可能的角色認知實有差別，陳儀將共黨策動煽惑歸爲事件發生的主要原因，因爲如此除可掩飾自己的不當施政外，亦可以此做爲要求中央派兵鎮壓的主要理由。

而各情報機關則多表示共黨在事件中應爲推波助瀾之角色，且多以謝雪紅等舊臺共爲主要的指涉對象，如中統局3月8日情報指出，臺中軍隊，「聞已被奸僞謝雪紅、楊克煌等率暴民解除武裝，各處粮食交通均被控制」。[160] 保密局臺灣站3月9日針對事件以來各地情況的情報，在臺中方面指出，「臺灣共黨首魁謝雪紅」，「即在臺中設立指揮總部」，「臺中全部公務人員俱被拘禁、集中、羈押，地方情況極爲混亂。」[161] 憲兵司令部3月12日（臺北3月11日報）情報指出，「臺中、嘉義仍爲奸僞謝雪紅、何仁棋〔按即何鑾旗〕控制，計有暴民千餘，步槍千餘支，輕機槍四挺，高山族已二百餘人下山，並有日人三十餘名參加叛亂」。[162] 綜上可見，各情治機關對於事件中共黨的指涉，清一色以謝雪紅等舊臺共爲主要對象，似乎對中共在臺地下黨組織——臺灣省工作委員會，毫無所覺。則令人不禁好奇的是，在二二八事件發生當時已在臺灣設有數個組織據點，且有70餘名黨員的省工委會究竟扮演何種角色，以下試就既有相關檔案勾勒出省工委會在事件中的活動情形。

159 臺灣省行政長官公署，〈臺灣省二二八暴動事件報告〉（1947年3月30日），收於鄧孔昭編，《二二八事件資料集》（臺北：稻鄉出版社，1991），頁393-406。

160 〈葉秀峰呈報臺灣事件日益嚴重建議中央應採對策〉，收於侯坤宏編，《二二八事件檔案彙編（七）：大溪檔案》，頁208。

161 〈張秉承呈報謝雪紅操縱臺中暴動暨嘉義暴徒圍攻機場〉，收於侯坤宏、許進發編，《二二八事件檔案彙編（一）：立法院、國家安全局檔案》（臺北：國史館，2002），頁358。

162 〈憲兵司令部呈報臺灣情報〉（民國36年3月12日），收於侯坤宏編，《二二八事件檔案彙編（七）：大溪檔案》，頁231。

(一) 北部地區

1. 新聞宣傳

2月27日查緝私煙事件一發生，《中外日報》記者吳克泰與周青馬上趕到現場採訪，寫完報導後又和該報同仁徐淵琛、陳本江一起回到現場。[163] 古瑞雲表示，28日清晨，「一夜未眠的吳克泰跑回報社告訴我這消息」，大約在當天或第二天晚上，周夢江接到陳本江的電話，表示《中外日報》社長派蘇新於明日至編輯部，希望周夢江協助他出報。之後，由蘇新與周夢江兩人合編一張八開的《中外日報》臨時版。報上登載的大多是臺北處委會的消息，如處理二二八事件大綱三十二條、處委會公告、宣傳部長王添灯的講話等。那一天《中外日報》是第一個闢欄發表詳細報導者，「報紙一出，頃刻售完，影響很大」。[164] 由於二二八期間資訊混亂，查禁又嚴，加上紙張缺乏，基本上，大部分報刊全停了。因此，《中外日報》在此情勢下，仍堅持每日出刊，對事件的催化有一定的影響力。周夢江並表示，他知道當時《中外日報》編輯人員中有中共地下黨員和民盟盟員，彼此也意見相投。[165]

2. 處委會路線

1947年3月1日，臺北市參議會為反應民意，邀請臺籍國大代表、省參議員、國民參政員，成立「緝煙血案調查委員會」，提出解除戒嚴令、

---

163 周明口述、何玽訪問整理，〈周明談二二八〉，收於葉芸芸編寫，《證言2‧28》，頁70。周青亦表示，有關二二八事件的第一篇報導，「是我和吳克泰君共寫的」。參見周青，〈抗爭、光復、暴動、逃亡：往事回憶錄〉，《臺灣研究》（北京）1995：3（1995年9月），頁34。

164 周明口述、何玽訪問整理，〈周明談二二八〉，頁70；周夢江，〈二二八事變見聞記〉，收於葉芸芸編寫，《證言2‧28》，頁173。

165 葉芸芸，〈三位臺灣新聞工作者的回憶：訪吳克泰、蔡子民、周青〉，頁99；周夢江，〈二二八事變見聞記〉，頁173。

釋放被捕市民、軍警不許開槍、官民共組處理委員會等建議，陳儀全盤接受，並更名爲「二二八事件處理委員會」。3月5日處委會通過「政治改革草案」八條。3月6日下午，處委會臺北市分會成立，由王添灯任主席，會中對於昨天省級處委會所通過的「政治改革綱領」認爲內容過於簡單，應加以補充並具體化，乃推王添灯起草具體方案。王添灯則委請《自由報》同仁潘欽信、蕭友山、蔡慶榮研究，最後由潘欽信執筆，草擬成三十二條的處理大綱。[166]

對此三十二條處理大綱，蘇新曾表示，當時左翼人士的方針是爭取中間，壯大左派，孤立右派，打擊敵人。地下黨及時地把王添灯等人，作爲黨的代理人爭取過來。王添灯的發言、提案、廣播稿「都是我們給他準備的」，遇到重大問題或意見不甚一致的時候，都經連絡員蕭友山「一一請示地下黨負責人」，因此認爲可以肯定這三十二條是經過地下黨同意的。[167] 蘇新並明確指出請示地下黨負責人的步驟是「蕭友山→廖瑞發→蔡孝乾」。[168] 於是周青表示，「我相信王添灯本人也感覺到身邊有共產黨人」。[169] 蔡慶榮則言，王添灯相信共產黨，有事總要徵求這些人的意見，而這些人顯然與地下黨是有聯繫的。[170]

然而，誠如陳芳明所言，我們必須留意，蘇新寫這篇稿子時是1977年，亦即在中共的統治之下，[171] 難免對共黨在事件中的影響力有過度放大之虞；陳逸松也認爲，王添灯身邊雖有一批左翼青年，「給他寫稿子準備質詢」，但「我認爲左翼的勢力不大，事實上我完全感覺不到。頂多是一些人聚在一起討論問題的程度而已，對大眾沒有影響力」，「不過，歷史總免

---

166 李筱峰，〈「二二八事件處理委員會」與陳儀的對策〉，收於陳琰玉、胡慧玲編，《二二八學術研討會論文集（1991）》（臺北：自立晚報社文化出版部，1992），頁178。

167 蘇新遺稿，〈關於「二二八事件處理委員會」〉，收於葉芸芸編寫，《證言2·28》，頁62-65。

168 蘇新遺稿，〈關於「二二八事件處理委員會」〉，頁65。

169 葉芸芸，〈三位臺灣新聞工作者的回憶：訪吳克泰、蔡子民、周青〉，頁101。

170 葉芸芸，〈三位臺灣新聞工作者的回憶：訪吳克泰、蔡子民、周青〉，頁101。

171 陳芳明，《謝雪紅評傳：落土不凋的雨夜花》，頁307。

不了會歪曲，事後能握筆寫文章的聲音就大，有的人很會自我宣傳」。[172]
陳翠蓮亦言，蘇新的說法是1970年代爲了強化自己在事件中的作爲及其與
地下黨的關係，亦即是爲了自我保護而虛構歷史。故而主張過去的研究多
根據蘇新等人所言，以爲「三十二條處理大綱」是王添灯及其左翼幕僚所
提出的說法可能不實。[173]

　　另據時爲地下黨人的蔡慶榮稱，潘欽信草擬「處理大綱」之後，「傍晚
一面交給王添灯，一面由蕭友山找地下黨負責人。據蕭說，負責人表示時
間緊迫，來不及開會討論，就這樣提出去」。[174] 陳芳明因此認爲，王添灯
提出的三十二條處理大綱，並不是中共地下黨指揮擬訂，而是由個別成員
自主性地構思出來的。[175] 更值得注意的是，蔡慶榮表示，3月7日王添灯
在處委會提出三十二條處理大綱時，「我們都守在會場上」，「起初王添灯
提出卅二條處理方案是很受歡迎的，但會場上毫無秩序，軍統、CC特務
都混雜其中，到了下午，才在吵鬧喧嘩中，通過增加成四十二條的處理大
綱」。「會後處委會代表去見陳儀，一批新聞記者跟去，我也是其中之一。
陳儀的態度和先前完全不同，拍桌子大罵『處委會』的代表，說提這四十
二條是搞叛亂」。[176] 由此可知，若說中共地下黨或以王添灯爲主的左派勢
力控制了處委會，可能失之牽強。而該三十二條處理大綱，終遭國民黨特
務「起哄、亂叫、強迫會議通過」變成四十二條，由此更顯示地下黨對處
委會的影響力被動而微弱。[177]

172　葉芸芸，〈「山水亭」舊事：陳逸松談二二八前後的蘇新、林日高、李友邦、林添丁和呂赫
　　若〉，收於葉芸芸編寫，《證言2‧28》，頁115-116。
173　並認爲「二二八事件處理委員會組織大綱」及「三十二條處理大綱」與陳逸松關係十分密切。
　　參見陳翠蓮，《重構二二八：戰後美中體制、中國統治模式與臺灣》，頁246-247、286-287。
174　蔡子民，〈憶「二二八」與王添灯〉，收於臺灣民主自治同盟編，《歷史的見證：紀念臺灣人
　　民「二‧二八」起義四十週年》（北京：該盟，1987），頁68-74。
175　陳芳明，《謝雪紅評傳：落土不凋的雨夜花》，頁308。
176　葉芸芸，〈三位臺灣新聞工作者的回憶：訪吳克泰、蔡子民、周青〉，頁99。
177　陳儀深，〈論臺灣二二八事件的原因〉，收於陳琰玉、胡慧玲編，《二二八學術研討會論文集
　　（1991）》，頁32。

3. 學生武裝

　　2月28日事件發生後，原本積極參與社會運動的學生們立即有所反應，如陳炳基言，事件發生當天，即趕回臺大法商學院召開學生大會，報告事件經過，籲請大家踴躍參加抗議活動。[178] 而臺北地區的地下黨人也積極從中運作，鼓動學生進行武裝行動。如葉紀東表示，他於2月28日至師範學院的學生聚會中上臺發言，並邀一些師範學院的積極分子，於夜間到延平學院來開會。[179] 當時尚非地下黨人，但已是積極學運領導人的陳炳基則表示，28日下午有人通知各校代表將於延平學院集會，他赴會後發現與會代表都是之前學運的主要幹部，並在會中接觸到葉紀東、李中志等人。即在此會中，臺北市工委書記廖瑞發指示葉紀東與陳炳基聯繫。[180] 當時也是延平學院學生的古瑞雲表示，「28日那夜去延平學院上課，教授未來，學生乃自動集中於禮堂，有人上台演講，至此大家已覺忍無可忍，認為應武裝，打倒國民政府，起頭的人是否是共產黨未可知，只知有一人當過日本海軍

178　陳炳基，〈紀念臺灣人民「二‧二八」起義四十週年〉，收於臺灣民主自治同盟編，《歷史的見證：紀念臺灣人民「二‧二八」起義四十週年》，頁23-24；〈陳炳基先生口述記錄〉，收於魏永竹、李宣鋒主編，《二二八事件文獻補錄》（南投：臺灣省文獻委員會，1994），頁64；陳炳基，〈悼念葉紀東同志〉，頁28。

179　葉紀東，《海峽兩岸皆我祖鄉：一個臺灣知識份子的兩岸情結》（臺北：人間出版社，2000），頁13；〈葉紀東先生口述記錄〉，收於魏永竹、李宣鋒主編，《二二八事件文獻補錄》，頁59。

180　陳炳基，〈紀念臺灣人民「二‧二八」起義四十週年〉，頁23-24；〈陳炳基先生口述記錄〉，頁64；陳炳基，〈悼念葉紀東同志〉，頁28。若據官方檔案，指李中志係留日學生，於1946年參加日本共產黨，同年5月返臺經商，與陳建利之妻陳木英、黃皆得、林湧源等合股，組利華貿易行，自任經理。常與廖瑞發、蔡乾等往來。至1947年春，蔡乾將共黨臺灣工作委員會綱領交與李中志閱讀，並介紹加入共黨。似乎認為二二八事件發生當時，李中志尚非中共地下黨人。然據藍博洲的採訪認為，李中志於1946年自日返臺後，即與廖瑞發聯繫，並透過廖瑞發而加入中共地下黨。再據二二八事件當時已是中共地下黨人之葉紀東明指李中志為地下黨人，應可推知二二八事件發生時，李中志已具中共地下黨人之身分。參見藍博洲，〈註仔：二‧二八臺北武裝計畫總指揮李中志〉，收於陳映眞總編輯，《2‧28六十周年特輯》（臺北：人間出版社，2007），頁270；〈葉紀東先生口述記錄〉，頁59。

少尉，且全部是學生」。[181]

當晚在延平學院開會的結論是，「絕不妥協，必須鬥爭到底」，此後地下黨人李中志、葉紀東即與陳炳基等學運領導人積極串連、策劃，如陳炳基言，「自當天晚上起一連四天，每天爲組織串聯各校學生隊伍，騎著脚踏車到處覓索人員及武器」。[182]「我們每天碰頭一兩次。彙總、研究工作進展、交流局勢信息」。[183] 葉紀東亦言，自3月1日起，情勢愈來愈激烈，群眾的情緒亦愈來愈高昂，「只是宣傳與慰問，已無法應付群眾的要求」，李中志向他與陳炳基表示，「學生必須另外組織起來，搞武裝起義。」於是在李中志的策劃下，開始積極動員臺北地區的學生，並加以編組。[184] 3月4日上午，正式佈署武裝計畫。[185]

目前關於此學生武裝計畫的編組與行動內容，主要以陳炳基與葉紀東二人的口述爲主。二人皆指此次學生武裝行動的總指揮爲李中志，副總指揮郭琇琮。[186] 但在編組內容方面，目前說法尚有歧異。陳炳基一說，「組織起了兩支學生隊伍」，以及「指揮部直接領導的郊區新店鎮鎮民和農民的一支隊伍」，[187] 或言將學生組成三個大隊，第一大隊在建中集結（陳炳

---

181 簡榮聰、鄭喜夫、魏永竹、林金田、李宣鋒訪問，唐淑芬記錄，〈古瑞雲先生口述記錄〉，收於魏永竹、李宣鋒主編，《二二八事件文獻補錄》，頁49。

182 〈陳炳基先生口述記錄〉，頁64

183 陳炳基，〈悼念葉紀東同志〉，頁29。

184 〈葉紀東先生口述記錄〉，頁59-60。葉紀東表示，二二八事件期間，學生抗爭行動之所以轉向，主要由於李中志的介入與積極推動。參見葉紀東，《海峽兩岸皆我祖鄉：一個臺灣知識份子的兩岸情結》，頁14。

185 陳炳基，〈悼念葉紀東同志〉，頁29。

186 〈陳炳基先生口述記錄〉，頁65；〈葉紀東先生口述記錄〉，頁60。郭琇琮在二二八事件期間尚非地下黨人，據官方資料載，郭琇琮係於1947年6月間加入共黨組織，10月充任臺北市工委會委員，並曾於1948年5月前往香港參加「臺灣幹部會議」，6月底返臺後，即代理臺北市工委會書記，未久即正式擔任書記，直接領導臺灣大學附屬醫院支部暨所屬各支部。參見國家安全局編、李敖審定，《安全局機密文件：歷年辦理匪案彙編（下）》（臺北：李敖出版社，1991），頁14。

187 陳炳基，〈悼念葉紀東同志〉，頁29。

基領隊）；第二大隊在師範學院集結（鄭××領隊）；第三大隊在臺大集結
（楊建基領隊），此外延平學院由葉紀東領隊，還有士林、圓山工人所成立
的第四大隊，以及桃園方面的武裝大隊。[188] 葉紀東一說，學生共組成四大
隊，第一大隊是法商學院與建國中學（陳炳基領隊），第二大隊是師範學院
（郭琇琮、陳金木領隊），第三大隊臺灣大學（李中志、楊建基領隊），第
四大隊是延平學院（葉紀東領隊），並與工人隊伍（汐止劉先生領隊）互
有連絡。[189] 或僅提學生組成三大隊，第一大隊法商學院（陳炳基領隊），
第二大隊師範學院（陳金木領隊），第三大隊臺灣大學（楊建基領隊），另
由葉紀東自己領導的延平學院則未稱第四大隊。[190] 學生參與人數，葉紀東
表示，「當時所動員的臺大、師大、法商學院、延平學院、建國中學學生
各約有一百多人」。[191]

在作戰計畫方面，計劃3月5日凌晨2時，由第三大隊會同高山族隊
伍占領新店後，到臺北市區會合作戰。市區定於5日凌晨3時，發信號彈
為行動命令，先攻取景尾（景美）軍械庫，奪取武裝，各隊再分頭負責攻
取軍、憲、警據點，最後會師齊攻長官公署。[192] 為此，總指揮李中志坐鎮
新店，陳炳基帶領第一大隊、副總指郭琇琮直接領導第二大隊，於4日傍
晚分別在建國中學和師範學院集結待命，葉紀東則負責交通聯絡及兼管延
平學院隊伍。[193] 為求行動成功，並先行安排師範學院學生陳金木與原住民
同學到烏來部落搬兵。[194]

---

188 〈陳炳基先生口述記錄〉，頁65。

189 〈葉紀東先生口述記錄〉，頁60。

190 葉紀東，《海峽兩岸皆我祖鄉：一個臺灣知識份子的兩岸情結》，頁15。

191 〈葉紀東先生口述記錄〉，頁60。

192 陳炳基，〈紀念臺灣人民「二·二八」起義四十週年〉，頁24；〈陳炳基先生口述記錄〉，頁
 65；陳炳基，〈悼念葉紀東同志〉，頁29；葉紀東，《海峽兩岸皆我祖鄉：一個臺灣知識份子
 的兩岸情結》，頁15。

193 陳炳基，〈悼念葉紀東同志〉，頁29。

194 陳炳基，〈紀念臺灣人民「二·二八」起義四十週年〉，頁24；葉紀東，《海峽兩岸皆我祖鄉：
 一個臺灣知識份子的兩岸情結》，頁15。

　　北市工委會書記廖瑞發則多方通知黨人或群眾關係參與，如3月1日下午通知吳克泰，「我們已經組織了全島性的武裝鬥爭委員會。臺北市的武裝鬥爭作如下分工：一部分黨員全力準備組織武裝鬥爭；另一部分黨員進行宣傳工作，聯絡地點在蓬萊閣前黃石岩家」。此後，吳克泰即「白天聯絡、組織群眾，設法尋找武器；晚上收聽各地廣播，編『廣播快報』，報導各地人民鬥爭消息。我自己刻蠟板、油印，讓學生們到市內各處去張貼」。鍾浩東也寫了一篇大字報，「文字簡練，很有水平」，讓他的妻子與戴傳枝等人抄寫了不少份，拿到街上張貼。[195] 3月1日廖瑞發並通知在陸軍醫院服務的張金爵，「醫院準備起義」，於是張金爵在該院中「已安排好各單位等著砲聲一響，立即行動，管設院內一切工作」。[196] 3月3日晨廖瑞發通知古瑞雲「要武裝起義」，要求多集合一些人，「起義的時間、集合地點另行通知」。[197] 此外，保密局檔案所載「暴徒蔣時欽（蔣渭川之姪）所煽動組織之臺灣學生聯盟並學生治安隊，原擔任散佈反動宣傳，與佔領警住、擾亂治安、非法檢查及侮辱軍公人員等工作，現亦潛逃星散」，[198] 可能亦為北市工委會的宣傳與武裝行動。

　　為了聯絡全盤的作戰計畫，3月4日晚上，地下黨的幾個領導人蔡孝乾、廖瑞發、林樑材等人在廖瑞發住處設立總指揮部，以便隨時掌握狀況。[199] 當晚，蔡孝乾並通知吳克泰，表示臺北的武裝起義計畫在當天午夜後發動，「到時候你們可以聽到槍聲，起義隊伍要占領兵營和長官公署，飛機也要出動（這是周青去松山機場聯繫的）」。並說，翌晨有重要任務要交給吳克泰，叫他在家待命。但吳克泰始終沒能弄清楚是什麼任務。因為

195　吳克泰，《吳克泰回憶錄》，頁212-213。
196　林至潔訪問、黃美滋記錄，〈張金爵女士訪問紀錄〉，頁294。
197　古瑞雲，《臺中的風雷：跟謝雪紅在一起的日子裡》，頁48。
198　〈陳達元呈報有關蔣渭川和王添灯發生內閧暨國軍增援來臺後情勢轉趨穩定〉，收於侯坤宏、許進發編，《二二八事件檔案彙編㈠：立法院、國家安全局檔案》，頁196。
199　葉紀東，《海峽兩岸皆我祖鄉：一個臺灣知識份子的兩岸情結》，頁16。

當天臺北下大雨，而吳克泰「一直等到深夜也沒有聽到槍聲」。[200]

究其實，因爲與烏來原住民的聯繫出了問題，當預定的發動時間已過，由李中志帶領，預計首先發難的第三大隊，在烏來的原住民遲遲未來的情況下，勉強發動攻擊。但當他們把景尾軍火庫的電源切斷時，即遭軍隊掃射。學生們在缺乏武器又無訓練的情況下，稍做短暫攻擊後即作鳥獸散。因此，由郭琇琮與陳炳基帶領，埋伏在馬場町軍火庫附近堤防下的第一、第二大隊，也因此無法展開行動。最終，學生們在行動已爲政府當局察覺又缺乏武器的情況下，決定下令解散。[201] 由既有檔案可知，此次進攻景尾之役，地下黨人亦參與其中。當時因受廖瑞發之派遣，由王忠賢率許希寬、蔡朝宗等人到景尾參加反抗行動，「領導暴民奪取空軍倉庫步槍二枝、子彈十發」。[202]

地下黨參與此次學生武裝，原本欲藉由連絡北部原住民發動主要攻勢，綜觀相關口述，此學生武裝計畫原擬連絡原住民下山相助，係採多元管道設法連繫，除安排陳金木至烏來搬兵外，據古瑞雲表示，廖瑞發曾在28日當夜或是隔日晚上找他，表示準備「武裝起義」，請古瑞雲聯絡烏來高山族參與，古瑞雲乃邀周秀青同行，後來由於不識入山之路，「且自忖未認識半個高山族人」，終無功而返。[203] 又據張金爵表示，廖瑞發向她透露當時「林元枝上角板山找高山族，因雨天路不好走，取消下山」。[204] 多元管道設法連繫，卻終歸落空，原因除了葉紀東所言，原住民下山前一定

200　吳克泰，《吳克泰回憶錄》，頁213。

201　葉紀東，〈從高雄苓雅寮到北京〉，頁287-288。

202　〈王忠賢、張福全、孫羅通判決書〉（民國46年6月19日），檔號：B3750347701/0045/313244
0/440；〈許希寬訊問筆錄〉（民國42年3月12日），檔號：A305440000C/0045/276.11/9122.
36；〈俞大維、彭孟緝呈許希寬等叛亂案謹擬具審核意見當否簽請核示由〉（民國44年5月25日），檔號：B3750347701/0044/3132408/408。

203　簡榮聰、鄭喜夫、魏永竹、林金田、李宣鋒訪問，唐淑芬記錄，〈古瑞雲先生口述記錄〉，頁
49。

204　林至潔訪問、黃美滋記錄，〈張金爵女士訪問紀錄〉，頁294。

要舉行祭典儀式，此次連繫未準備牲禮，以致原住民未同意下山外，[205] 可能也與當時北部泰雅族的族群立場有關。范燕秋認爲，北部泰雅族群對於二二八事件期間的回應，是以角板鄉（角板山）爲領導核心，展現族群自主的立場，以避免外來漢人策動、不便貿然參加事件爲原則，以維繫族群內部的穩定。因此當烏來鄉泰雅族人面臨來自臺北學生的請求時，鄉長陳志良先派鄉民代表シランムロン等人前往角板鄉聯繫，林瑞昌則委囑該二人急速返鄉，阻止族人參與行動。[206]

古瑞雲表示，他於3月5日上午見到廖瑞發，指廖瑞發「兩眼熬紅，顯得很疲憊」地表示，「起義沒有成功的希望，缺少武器，而且敵營早有準備」。[207] 之後，學生嘗試再連絡烏來原住民的頭目，但學生這邊要重新找人卻難了。葉紀東表示，「聯絡了一天」，「許多人已經各自尋找鬥爭的方式了」，如古端雲和何建仁兩人，相偕回臺中參加謝雪紅領導的二七部隊。[208] 3月6日上午，林樑材等人亦至臺中二七部隊爭取武器支援，楊克煌表示，「給他一大皮箱的手榴彈」。後來林樑材和王忠賢又至臺北「接收了幾十支步槍」。[209]

由於省工委會於二二八事件期間策動學生武裝行動的說法，主要出自事件後陸續潛往大陸發展的左翼人士陳炳基、葉紀東等人。陳翠蓮認爲，二二八事件中臺北地區學生武裝行動實情至今仍相當隱晦不明，並提出數點質疑：其一，葉紀東、陳炳基等人明確指出楊建基在武裝計畫中擔任臺灣大學學生領隊，但楊建基本人卻完全否認此事。[210] 其二，對於延平學院

205 〈葉紀東先生口述記錄〉，頁60。

206 范燕秋，〈樂信・瓦旦與二二八事件中泰雅族的動態：探尋戰後初期臺灣原住民菁英的政治實踐〉，收於許雪姬主編，《二二八事件60週年紀念論文集》（臺北：臺北市政府文化局，2008），頁368-369。

207 古瑞雲，《臺中的風雷：跟謝雪紅在一起的日子裡》，頁48。

208 葉紀東，〈從高雄苓雅寮到北京〉，頁289。

209 楊克煌遺稿、楊翠華整理，《我的回憶》，頁308。

210 陳翠蓮訪問，〈楊建基先生口述訪問紀錄〉，2006年5月30日，轉引自蔡西濱，〈中共地下黨

成爲學生集會地點之說持保留看法,「因爲被陳炳基指爲參與該兩次會議的葉紀東,其口述回憶中卻完全沒有提到相關訊息」。[211] 其三,對照柯遠芬〈事變十日記〉,認爲陳炳基等人所言之學生武裝規模可能有灌水之嫌。[212]

針對楊建基本人表示未曾參與該行動之證言,陳炳基的口述透露,其所指之楊建基即爲楊廷椅。[213] 是否楊廷椅參與學生抗爭活動時未用眞名,以致發生楊廷椅被指爲楊建基之情形,[214] 尚待釐清。至於延平學院成爲學生集會地點的說法可能較無疑義,因如前述可知,時爲延平學院學生的葉紀東與古瑞雲皆有提及。至於柯遠芬〈事變十日記〉所述內容,或許看不出該學生武裝的規模與陣容,卻也佐證了此學生武裝行動之眞實性與部分規劃細節。

據柯遠芬稱,其於3月4日晚8時稍過,接獲「新莊倉庫守兵捕獲奸偽份子二名」之報告,該二人係受命傳令,「身上搜出有地圖並標示有攻擊路線」,「並供出預定今晚十二時至一時暴動,而且集合在臺灣大學和建國中學兩處附近」,柯遠芬隨將此情形轉知憲兵第四團團長張慕陶與義勇

「臺灣省工作委員會」(1946-1950):以臺北市地區爲研究中心〉,頁40。楊建基先生表示,從日本返臺後,他就任職於劉明擔任主任委員的石炭調整委員會,並非臺大學生,也不認識葉紀東、陳炳基等人。二二八事件中他在家,並未有任何參與,完全不知此種說法從何而來。他並表示,如果他眞的參與了二二八事件,並列名左派隊伍中,不可能在白色恐怖時期還能全身而退。九○年代所出版的《沉屍・流亡・二二八》一書中,葉紀東、陳炳基等人所說的內容極其雷同,可能是互爲參照,引述自同一來源。

211 陳翠蓮,〈戰後臺灣菁英的憧憬與頓挫:延平學院創立始末〉,頁146-147。

212 陳翠蓮,《重構二二八:戰後美中體制、中國統治模式與臺灣》,頁244-245。

213 藍博洲,《沉屍・流亡・二二八》,頁92。據楊廷椅於1950年被捕後供稱,其於1947年5、6月間在臺北由廖瑞發介紹加入共黨,主要做學委之工作,1947年8月與外省李、陳炳基、劉沼光、陳水木等人共組學生工作委員會,後負責臺大醫學院、臺大法學院、師範學院等處之地下黨組織。參見〈楊廷椅訊問筆錄〉,《李水井等叛亂案》,「國防部軍法局檔案」,檔號:B3750347701/0039/3132073/73。

214 根據楊建基受訪口述,楊廷椅與楊建基爲叔姪關係,並非同一人,二二八事件發生期間,楊建基待在家中並未參與任何學生抗爭活動,其認爲楊廷椅可能沒有用眞名,才會有兩人被混淆的狀況。參見蔡西濱,〈中共地下黨「臺灣省工作委員會」(1946-1950):以臺北市地區爲研究中心〉,頁40。

總隊隊長林頂立。經訊明該二人爲建國中學學生後，柯遠分即令林頂立派便衣隊員前去建國中學和臺大搜索，並令張慕陶以一部兵力固守各機關要點，主力作爲機動使用，「只要情況一明瞭即機動出擊，迅速消滅叛亂」。晚上11時30分得知學生將於當晚集合，柯遠芬即令林頂立派隊員多人前往解散，並飭各部隊戒備。即至次晨3時，臺灣省行政長官公署參事陳達元來電表示，據義勇隊員回報表示，臺大方面的集合，因爲下雨，只集合了二、三十人，「結果爲義勇隊員勸說解散了」。[215]

此外，除陳炳基、葉紀東外，不少當時實際參與行動者的口述亦可互爲印證。如陳炳基稱，當時學生都沒有領到武器，但個個鬥志昂揚，手持自備的鐵棍、木棍、木刀、酒瓶等武器，準備與軍警作殊死戰。[216] 時爲臺大法學院商業專科學生的曾群芳即表示曾隨同班同學鄭文峰共同參與第一大隊，接受陳炳基領導。[217] 二二八事件發生時，與郭琇琮同爲臺大學生的胡鑫麟表示，郭琇琮當時「住我家對面」，「還算熟」，指郭琇琮當時爲「臺灣學生運動的領袖」，二二八事件發生時，「我只知道他都不在家，潛入地下去動員學生部隊」。[218] 時爲臺大醫學院學生的蘇友鵬則表示，他當時「被指派在郭琇琮指揮的第二大隊」，共同參與抗爭行動，於3月4日晚上，由學生聯盟派人通知集合時間，「是拿著削尖的竹子就準備去作戰了」。[219]

215　柯遠芬，〈事變十日記（三續）〉，收於翁椿生、周茂林、朱文宇主編，《衝越驚濤的年代》（臺北：臺灣新生報出版社，1990），頁197。

216　〈陳炳基先生口述記錄〉，頁65；陳炳基，〈悼念葉紀東同志〉，頁29。

217　曾建元，〈黃院士的中共論述與最新發現：中國共產黨與臺灣二二八事變〉，收於朱浤源主編，《二二八研究的校勘學視角：黃彰健院士追思論文集》（臺北：文史哲出版社有限公司，2010），頁148。

218　胡鑫麟口述、胡慧玲撰文，〈醫者之路〉，收於胡慧玲，《島嶼愛戀》（臺北：玉山社出版事業股份有限公司，1995），頁104。

219　沈懷玉訪問、曹如君記錄，〈蘇友鵬先生訪問紀錄〉，收於呂芳上計畫主持、卞鳳奎編輯，《戒嚴時期臺北地區政治案件相關人士口述歷史（上）：白色恐怖事件查訪》（臺北：臺北市文獻委員會，1999），頁87；曾建元，〈黃院士的中共論述與最新發現：中國共產黨與臺灣二二八事變〉，頁179，藍博洲語。

　　綜之，戰後以來，歷經數次學運的洗禮，使得學生在事件期間積極參與反抗行動成為一個明顯的現象。其原因，除學生可能接觸較多左翼書刊而思想較具理想性與激進外，亦可見地下黨在學生族群的組織運作成功。保密局葛滋韜的情報適可反映此現象：「臺灣共黨後乘機發展，臺灣大學生集團簽名參加共黨者達三百名，總計全臺各地共黨已發展至三萬餘人，臺灣共黨勢力突然龐大，暴動已為臺灣共黨所操縱」。[220] 或如劉雨卿3月11日電呈蔣介石〈臺北市二二八事件調查概要報告〉中稱，「共黨來臺參入學生運動者甚多。此次暴動，中學生主張最為激烈」。[221] 這些官方情報中的聳動數據與文字，雖然流於誇大，但卻反映出學生在事件中積極反抗的身影，無疑讓執政當局頗為忌憚。

㈡ 中部地區

　　二二八事件發生後，省工委會在中部地區的角色與其他地區相較，顯得較為隱晦。由於參與事件的多為民眾自發組織的戰鬥部隊，不僅鬆散，且難約束，「是誰也指揮不了誰的局面」。[222] 臺中縣工委會可能由於組織實力不足，在策略上鼓勵謝雪紅以公開身分進行主導，而省工委會系統儘量隱身其後。其實早在事件發生之前，謝雪紅雖「感到一場革命風暴終於來到了」，卻始終無法與地下黨取得連繫，故謝雪紅曾告訴楊克煌：「我們和黨得不到聯繫，不了解黨要我們做什麼，我們也不知道該做什麼？總是臨機應變吧！但要慎重一些」。[223] 事件發生後到3月1日，謝雪紅頻頻透過謝富欲與林英傑取得連繫，卻始終未能如願，於是不禁要問「此時，黨的領

220　〈葛滋韜呈報宋斐如、蔣渭川組織非法團體煽動暴亂〉，收於侯坤宏、許進發編，《二二八事件檔案彙編㈠：立法院、國家安全局檔案》，頁187-188。

221　〈臺北二二八事件調查概要報告〉，收於侯坤宏編，《二二八事件檔案彙編㈦：大溪檔案》，頁183。

222　葉芸芸，〈L氏的回憶：二月事件中的臺中市〉，收於葉芸芸編寫，《證言2‧28》，頁159。

223　楊克煌遺稿、楊翠華整理，《我的回憶》，頁279-280。

導在那兒？黨的方針如何？黨的指示是什麼？」[224]「在這個緊要的時候找不到林英杰〔按即林英傑〕，叫我們怎麼辦呢？」[225] 另據楊克煌表示，他於1949年在上海才知3月1日在臺中市廣發號召在3月2日舉行市民大會之傳單，是林英傑在楊逵家「領導搞出來的」，「當時林英杰藏在楊貴家，謝富也同他們有聯繫。這是地下黨做的事，不給我們知道是可以的；但在當時的情況下，林英杰不同我們聯繫，又不給我們指示，讓我們自己去亂撞，到後來武裝鬥爭時也不給我們協助等等，這是爲什麼？」[226] 由是不難看出地下黨欲利用謝之影響力主導局勢，卻又百般提防戒備的態度。

3月2日上午，臺中民眾齊集臺中戲院舉行市民大會。與會者一致推舉謝雪紅爲大會主席。[227] 下午，臺中縣市、彰化市參議會及士紳代表齊集臺中市參議會會址（即舊有的市民館），成立「臺中地區時局處理委員會」，並立即組織青年學生爲治安隊。但因傳來陳儀從臺北派兵南下的消息，晚上市議長黃朝清等乃宣布解散處委會及治安隊。謝雪紅則號召尙未離去的青年武裝抗爭。一夜之間，已收繳了一百多支步槍、三支機槍，及許多軍刀、手榴彈。[228] 3月3日上午，謝雪紅將臺中地區處理委員會所解散的治安隊予以整編擴大，在市參議會成立「臺中地區治安委員會作戰本部」，並組織「人民大隊」。[229]

3月4日下午，地下黨派李喬松至作戰本部找謝雪紅，表示「臺工委的意見認爲武裝鬥爭早已基本結束了，要進入政治鬥爭的階段」，要求謝雪紅參與臺中處委會，不應再掌握武裝鬥爭的領導權。謝雪紅原本不同意，但之後謝富、林兌皆來傳達相同命令。楊克煌表示，他看到李喬松講話時，

224　楊克煌遺稿、楊翠華整理，《我的回憶》，頁278。

225　楊克煌遺稿、楊翠華整理，《我的回憶》，頁279。

226　楊克煌遺稿、楊翠華整理，《我的回憶》，頁279。

227　賴澤涵總主筆，《「二二八事件」研究報告》（臺北：時報文化出版企業股份有限公司，1994），頁84。

228　賴澤涵總主筆，《「二二八事件」研究報告》，頁86-87。

229　賴澤涵總主筆，《「二二八事件」研究報告》，頁86-87。

幾乎流出眼淚來，甚至對謝雪紅說：「這是蔡乾的命令啊！」「我不能眼睜睜地看著老同志犯錯誤啊！」謝雪紅方勉爲同意。楊克煌並表示，「自從2月28日聽到臺北事變起，我們幾次努力想辦法要取得黨的領導和聯繫，均得不到回應；蔡乾他人早就在臺中，但卻不同我們聯絡，也不給我們協助，而第一次來聯繫就是提出要我們把武裝領導權移交出去」。[230] 委屈的怨懟溢於言表。[231]

3月4日下午，臺中地區士紳及人民團體重新組織「臺中地區時局處理委員會」，[232] 謝雪紅被邀請報告武裝鬥爭經過。之後討論武裝組織的問題，決定成立保安委員會，設司令部於臺中師範學校，推舉吳振武爲總指揮，謝雪紅爲參謀。[233] 保安委員會成立後，吳振武即在臺中師範學校重新編組部隊，停止供應武器給中南部「民軍」。臺中處委會原欲藉此剝奪謝雪紅對民兵的掌控，但謝雪紅拒絕將作戰本部的民兵編入保安委員會，並自行展開軍事行動，繼續供應槍械彈藥給嘉義、虎尾、臺北等地民兵，於是臺中地區同時出現兩個步調不一的武裝系統。[234] 而此後謝雪紅在臺中地區的主要行動，則以參與二七部隊爲主。

根據《二二八事件研究報告》指出，謝雪紅於3月6日糾集四百餘青年學生，另在第八部隊內組織「二七部隊」，自任總指揮，以鍾逸人任隊

---

230 楊克煌遺稿、楊翠華整理，《我的回憶》，頁301。

231 楊克煌表示，3月5日，當他一個人在作戰本部坐鎮應付。十點左右張志忠來訪，他對張志忠說：「你們要我們交出指揮權，看以後怎麼辦？」張說：「不要灰心，我們以後還要組織。」楊則表示：「現成的東西都不要了，以後怎麼組織？」張又要求楊快把所有手頭上的武器盡量疏散到農村去。參見楊克煌遺稿、楊翠華整理，《我的回憶》，頁305。

232 賴澤涵總主筆，《「二二八事件」研究報告》，頁89。

233 賴澤涵總主筆，《「二二八事件」研究報告》，頁89；楊克煌遺稿、楊翠華整理，《我的回憶》，頁302。古瑞雲則表示，謝雪紅事後告訴他，3月4日參與臺中處委會，是聽張志忠的意見，因爲他們認爲資產階級在群眾當中有相當的影響力，所以要團結，要和他們組成統一戰線，但也要防止在一定的時候，資產階級可能妥協投降。本來謝雪紅不願理會，但張志忠苦勸她要參加。而後來謝雪紅認爲那是一次失敗的經驗。參見葉芸芸，〈二二八事變中的謝雪紅：訪周明談謝雪紅、「二七部隊」、吳振武和鍾逸人〉，頁34-35。

234 賴澤涵總主筆，《「二二八事件」研究報告》，頁89。

長，並認爲二七部隊的成立，是謝雪紅以武裝力量反抗地方政府的具體表示，[235] 然而，謝雪紅與二七部隊的關係，就目前相關資料來看，存在許多尚難判定的歧異之處。黃秀政教授〈傳記與戰後臺灣史研究：以鍾著《辛酸六十年》和古著《臺中的風雷》爲例〉一文，曾就二七部成立的時間和命名、基本隊伍與領導權、二七部隊的人數與性質三個面向，比較鍾逸人與古瑞雲說法之歧異處。以下以該文的討論爲基礎，進一步釐清謝雪紅與二七部隊的關係。

據黃教授的比對下，㈠成立時間與命名：在成立時間方面，《臺中的風雷》未有明確的交代，僅提及作者接受謝雪紅的指示，於三月六日進入二七部隊，「協助」鍾逸人。《辛酸六十年》則明確指出爲民國三十六年三月四日下午四時。至於部隊之命名，《臺中的風雷》指出是由楊克煌命名；《辛酸六十年》則強調是鍾逸人爲紀念二月二十七日當晚發生的事件而命名。㈡關於基本隊伍與領導權：《臺中的風雷》認爲二七部隊的民兵多直接向謝雪紅請纓，鍾逸人只是有名無實的部隊長。《辛酸六十年》則強調二七部隊係以原由吳振武任隊長、鍾逸人任參謀的「民主保衛隊」及黃信卿「埔里隊」改編而成，由鍾逸人擔任隊長之職，並指出謝雪紅係因逃避何鑾旗的追殺，才避入二七部隊接受保護。㈢人數與性質：《臺中的風雷》強調二七部隊僅有二百多人；《辛酸六十年》則說：發展到「擁有三、四千人的部隊」。古瑞雲認爲二七部隊是一支道道地地的紅軍，鍾逸人強調由於人民多聞紅色變，因此二七部隊是道地的民軍。[236]

其實就命名而言，古瑞雲的多次說法實有歧異之處，如一說係由楊克煌命名，[237] 或言「當時取名二七部隊，謝雪紅之意圖很清楚，想檢優秀者

---

235 賴澤涵總主筆，《「二二八事件」研究報告》，頁91-92。

236 黃秀政，〈傳記與戰後臺灣史研究：以鍾著《辛酸六十年》和古著《臺中的風雷》爲例〉，《國立中興大學臺中夜間部學報》（臺中）3（1997年11月），頁289-290。

237 古瑞雲，《臺中的風雷：跟謝雪紅在一起的日子裡》，頁55；葉芸芸，〈二二八事變中的謝雪紅：訪周明談謝雪紅、「二七部隊」、吳振武和鍾逸人〉，頁34。

集中爲骨幹隊伍」，[238]「謝、楊與張志忠商量決定，挑選最精良隊伍集中起來編成基幹隊伍，並命名爲『二七部隊』，[239] 似乎又意指係由謝雪紅命名。以上鍾逸人與古瑞雲說法歧異，或古瑞雲說法自我矛盾的部分，楊克煌的回憶內容或許可以提供些許解答。楊克煌表示，鍾逸人曾於3月5日下午告知打算將原來的獨立治安隊擴大組織二七部隊，「繼續接受我們的領導」，地址設在原日軍八部隊營舍，楊克煌得知後，即告知鍾逸人可至建國職業中學搬手榴彈。[240] 此外，楊克煌並表示，3月6日上午11時許，謝雪紅倉惶地回到本部，對楊克煌說：「收拾東西，我們離開這裡。」於是兩人一同前往二七部隊，「謝在車上告訴我形勢很緊張，我們在作戰本部危險了」。並稱，二七部隊於6日下午正式成立，推舉鍾逸人爲隊長，黃信卿爲參謀。[241]若楊克煌所說屬實，則二七部隊之組織可能原本是鍾逸人的發想，且早在3月6日前即已開始籌劃。而謝雪紅與楊克煌可能是在二七部隊稍具組織後才加入。此一推測也可舉鍾逸人與古瑞雲的說法加以佐證，如鍾逸人曾提及古瑞雲係於3月5日加入二七部隊，[242] 或如古瑞雲言，3月6日晚上，「鍾隊長召集各隊隊長及骨幹份子」，「正式宣佈我爲副官」。[243] 古瑞雲並曾表示，謝雪紅與楊克煌係於3月6日傍晚「住進了干城營區」，雖然古瑞雲一再強調「他們此來是爲鞏固發展御林軍並非『求救』」，[244] 但謝、楊二人進入干城營區的時間點意味著他們應非二七部隊成立的推動者。

　　黃金島表示，二七部隊本來就是零零星星的小隊所結合，謝、鍾二人都是算支持民軍的人，且他們各有屬下，而加入部隊的，並沒有人可以指

238　簡榮聰、鄭喜夫、魏永竹、林金田、李宣鋒訪問，唐淑芬記錄，〈古瑞雲先生口述記錄〉，頁50。

239　古瑞雲，《臺中的風雷：跟謝雪紅在一起的日子裡》，頁54。

240　楊克煌並表示，他曾對鍾逸人說：「你要找謝富，他那裡有一批青年學生很好。」鍾逸人表示已與謝富聯繫。參見楊克煌遺稿、楊翠華整理，《我的回憶》，頁305。

241　楊克煌遺稿、楊翠華整理，《我的回憶》，頁307。

242　鍾逸人，《辛酸六十年：二二八事件二七部隊部隊長鍾逸人回憶錄》，頁486。

243　古瑞雲，《臺中的風雷：跟謝雪紅在一起的日子裡》，頁57。

244　古瑞雲，《臺中的風雷：跟謝雪紅在一起的日子裡》，頁57。

揮所有的隊伍。謝雪紅本身是一個很有群眾魅力的人，說服力很強，但並不能算是二七部隊的總指揮，而鍾逸人也僅是名義上的隊長。[245] 由於名義上的隊長鍾逸人其實不太管事，二七部長大部分事情係由擔任副官的古瑞雲實際發落。[246] 如古瑞雲言，「自我進入二七部隊以後，很少看見鍾隊長」，「自然整個隊伍的指揮重任就落在我肩上了」。[247] 是以二七部隊成立之後，比較能夠影響二七部隊性質與走向的，應為古瑞雲的角色與態度。在鍾逸人與謝雪紅二者之間，古瑞雲無疑是傾向支持謝雪紅的，甚至其參與二七部隊，實係源於謝雪紅之有意安排。古瑞雲表示，謝雪紅曾對他說「你雖然曾一再推崇鍾逸人，但我對他的政治立場，很不放心，所以我叫你去控制二七部隊」，[248]「正因為他是三青團的骨幹，而且和上層人物多有交往，所以讓他當二七部隊隊長有好處，可是對他那種立場、觀點我很不放心」，「所以我要你好好掌控二七部隊」。[249] 因而在二七部隊中，當謝雪紅與鍾逸人意見不能協調時，古瑞雲多暗助謝雪紅，如鍾逸人要謝雪紅退入幕後，古瑞雲則反其道而行，「有意創造機會讓謝與戰士們見面，對他們講話」，[250] 逐步樹立謝雪紅在二七部隊中精神領袖的地位。

　　除了古瑞雲的暗中支持外，許多原本由謝雪紅掌握的民兵亦陸續加入二七部隊的陣營，如楊克煌表示，當時加入二七部隊的地下黨人有率領嘉義隊員的黃文輝，以及謝富介紹的何集准、蔡伯壎等人。[251] 蔡伯壎則稱，參與二七部隊者，一部分是鍾逸人的人，加上從南洋回來的臺籍日本兵，

245　黃秀政訪問、連偉齡記錄，〈黃金島：身為受難者談二二八真相〉，收於行政院研究二二八事件小組編著，《二二八事件研究報告・附錄二：重要口述歷史㈠》（臺北：該組，1992），頁6。

246　〈黃金島先生口述〉，收於臺灣省文獻委員會編，《二二八事件文獻輯錄》（南投：該會，1995），頁408。

247　古瑞雲，《臺中的風雷：跟謝雪紅在一起的日子裡》，頁57-58。

248　葉芸芸，〈二二八事變中的謝雪紅：訪周明談謝雪紅、「二七部隊」、吳振武和鍾逸人〉，頁34。

249　古瑞雲，《臺中的風雷：跟謝雪紅在一起的日子裡》，頁129。

250　古瑞雲，《臺中的風雷：跟謝雪紅在一起的日子裡》，頁58。

251　楊克煌遺稿、楊翠華整理，《我的回憶》，頁307。

此外就是謝雪紅可以掌握的如臺中商業、臺中師範、臺中一中和臺中省立農學院以及建國工藝學校的學生。[252] 何集淮等地下黨人甚至曾在隊中組成一個臨時黨組織。[253] 曾永賢亦言，他當時在二七部隊中，與何集淮、蔡伯壎、呂煥章等五、六人另外形成一個小團體，「可說是謝雪紅比較信任的人所組成的核心組織」。[254] 因此，若論及謝雪紅與二七部隊的關係，或是二七部隊的性質，雖然二七部隊可能由鍾逸人發起，但由於鍾逸人並不積極與事，由古瑞雲實際領導，而古瑞雲多承謝雪紅之意，加上參與二七部隊的地下黨人或左翼人士漸多，則稱謝雪紅是二七部隊幕後之影武者可能不為過。至於二七部隊的人數，其實鍾逸人稱3月4日二七部隊成立時，係以原民主保衛隊為基礎，將約431人的民兵初步整編為五個中隊，以及一個自動車隊、一個衛兵分隊。[255] 古瑞雲亦稱，根據點名，隊員總數有400名以上。[256] 因此，二七部隊成立之初，成員應約有400餘人。

　　3月8日晚，蔡孝乾至臺中會見謝雪紅。謝曾當面質疑之前要求移交領導權之事。蔡孝乾不願再提此事，但表示，「我們決定最近要召開一個全省武裝力量的會議，成立一個全省的武裝領導機構，你們也要準備參加」，以及「局勢變化時，二七部隊就轉移到埔里山裡去。」[257] 3月11日，「臺中地區時局處理委員會」決定解散，並推選市長黃克立復職。[258] 3月12日，二

252　廖建超採訪、撰稿，〈從民軍二七部隊到翻譯史書：蔡伯壎〉，頁220。

253　古瑞雲，《臺中的風雷：跟謝雪紅在一起的日子裡》，頁57。

254　曾永賢並表示，謝雪紅沒有讓這個核心組織成員接觸鍾逸人，「很多事情她會親自告訴我們，或是由何集淮做為聯絡人」。參見曾永賢口述，張炎憲、許瑞浩訪問，許瑞浩、王峙萍記錄，《從左到右六十年：曾永賢先生訪談錄》，頁59。

255　鍾逸人，《辛酸六十年：二二八事件二七部隊部隊長鍾逸人回憶錄》，頁479-480。

256　古瑞雲，《臺中的風雷：跟謝雪紅在一起的日子裡》，頁58。

257　楊克煌遺稿、楊翠華整理，《我的回憶》，頁310。據蔡孝乾自新後的一則以謝雪紅為對象的廣播稿亦提及，「事件發生之後，我到了臺中，由林樑材帶到你在臺中開設的大華酒家會談，談到你在臺灣中部煽動一部份群眾參加暴動的經過和情況」。參見蔡孝乾，〈為反共復國解救大陸同胞而奮鬥〉，收於國防部總政治部編，《謝雪紅的悲劇》（臺北：該部，1958），頁20-21。

258　賴澤涵總主筆，《「二二八事件」研究報告》，頁93-94。

七部隊決定撤守埔里，保存實力，以牽制國軍，並作持久抗爭的打算。[259] 而二七部隊決定轉移之後，省工委會曾派人通知所有可能動員的人，到埔里加入二七部隊。[260]

　　二七部隊進入埔里後，古瑞雲表示自3月13日之後就再也沒見過隊長鍾逸人。[261] 由於局勢變化，真正跟二七部隊進入埔里的人數並不多。[262] 而謝雪紅與二七部隊的關係則似更形密切。黃金島表示，謝雪紅在埔里時，大多穿著日本空軍飛行裝，十足男性作風，忙著與蔡鐵城號召當地的民眾參加二七部隊，雖然很少對軍事行動表示意見，但對撤至埔里的二七部隊而言，有穩定軍心士氣之作用，「謝雪紅以一介女流，堅定表示要固守埔里，令二七部隊成員有『難道我連女人都不如』的自省」。[263]

　　由於開抵臺灣的國軍步步進逼，3月14日謝富到埔里找謝雪紅與楊克煌，傳達蔡孝乾的命令，要求立即隱蔽，以保持組織的力量。[264] 在二七部隊具有精神領袖地位的謝雪紅，遵循地下黨指示於3月14日退出埔里，對

259　賴澤涵總主筆，《「二二八事件」研究報告》，頁94。

260　葉芸芸，〈L氏的回憶：二月事件中的臺中市〉，頁159。

261　葉芸芸，〈二二八事變中的謝雪紅：訪周明談謝雪紅、「二七部隊」、吳振武和鍾逸人〉，頁37。鍾逸人表示，其於3月13日上午九點半，打扮成「庄腳漢」模樣，由蔡光台陪伴，並帶著高菊花、汪玉蘭、方美英三位離開埔里。參見鍾逸人，《辛酸六十年：二二八事件二七部隊部隊長鍾逸人回憶錄》，頁558。

262　黃金島著，潘彥蓉、周維朋整理，《二二八戰士：黃金島的一生》（臺北：前衛出版社，2004），頁106。

263　黃金島著，潘彥蓉、周維朋整理，《二二八戰士：黃金島的一生》，頁107、110。研究二二八或白色恐怖主題，官方檔案與當事人回憶資料間常出現矛盾，如黃金島在偵訊時表示，「自動參加的『二二八』事變，不認識謝雪紅，未參加過」，或表示「至於謝雪紅為何人，在押人被捕前從不知道，以上所陳事實俱在，深望明察」。參見〈續訊筆錄暨審判過程記錄〉（民國42年2月11日），《古瑞明等叛亂案》，「國防部後備司令部檔案」，檔號：A305440000C/0044/276.11/10；〈黃金島報告〉（民國42年2月12日），《古瑞明等叛亂案》，「國防部後備司令部檔案」，檔號：A305440000C/0044/276.11/10。

264　楊克煌遺稿、楊翠華整理，《我的回憶》，頁315。古瑞雲表示，事件發生5年之後，在大陸的臺灣籍中共黨員的一次集會上，當時的省工委屬下的幾位黨員一致證實，他們都同時接到了省工委的這一指令。參見古瑞雲，《臺中的風雷：跟謝雪紅在一起的日子裡》，頁74-75。

仍與國軍緊張對峙的二七部隊成員而言，無疑是一大打擊。二七部隊警備隊長黃金島言，3月14日下午，「誓言戰到最後一兵一卒的謝雪紅等人，未開戰就率先潛逃了」。[265] 之後堅持抗爭崗位者，反而是非地下黨人，如二七部隊參與日月潭、烏牛欄之役者為古瑞雲、蔡鐵城、黃金島、陳明忠等人。[266] 陳明忠表示，「到了埔里的二七部隊，只剩不到一百人。後來攻日月潭時我擔任了突擊隊的隊長」。[267] 古瑞雲於3月15日率領全體隊員出去迎擊國民黨軍隊，交戰對峙一天一夜之後，由於「糧盡彈絕，只好解散隊伍」。[268] 3月16日，黃金島率一名隊員突破國軍的火力封鎖線，奔回二七部隊本部求援時，卻僅見本部武德殿一片零亂，人心惶惶。3月17日傍晚，剩下的十多人化整為零，在當地人掩護下分組逃命。[269] 對於謝雪紅先行離開二七部隊，古瑞雲表示納悶與懊喪，「情況愈來愈緊張，領導的人卻一個個先走了」，[270]「鍾逸人這位隊長本來就有名無實，他走了，無關大局，可是謝雪紅拋棄我們，使我失去精神支柱，頓時感到茫然不知所措」。[271]

(三) 雲嘉地區

張志忠在二二八事件發生前已在雲嘉一帶開展武裝組織，因此二二八

---

265 黃金島著，潘彥蓉、周維朋整理，《二二八戰士：黃金島的一生》，頁111。

266 黃金島著，潘彥蓉、周維朋整理，《二二八戰士：黃金島的一生》，頁112-129。

267 〈陳明忠先生口述〉，收於魏永竹主編，《二二八事件文獻續錄》（南投：臺灣省文獻委員會，1995），頁714。

268 葉芸芸，〈二二八事變中的謝雪紅：訪周明談謝雪紅、「二七部隊」、吳振武和鍾逸人〉，頁37-38。

269 黃金島著，潘彥蓉、周維朋整理，《二二八戰士：黃金島的一生》，頁133。

270 葉芸芸，〈二二八事變中的謝雪紅：訪周明談謝雪紅、「二七部隊」、吳振武和鍾逸人〉，頁37。

271 古瑞雲，《臺中的風雷：跟謝雪紅在一起的日子裡》，頁75。鍾逸人、蔡鐵城、吳金燦等二七部隊成員後來遭到逮捕，並遭以內亂罪判刑，其中鍾逸人遭處15年有期徒刑，蔡鐵城等人遭處4年有期徒刑。參見鍾逸人，《辛酸六十年：二二八事件二七部隊部隊長鍾逸人回憶錄》，頁645-647。

事件一發生，隨即組成計200人槍的自治聯軍。據張志忠表示，自治聯軍係蔡建東協助組織者，在事件期間擴增爲五小隊，計有：

北港隊，隊長許木（即余炳金，又稱阿木仔），人槍七八十，配有輕重機槍、手提機槍、擲彈筒，爲自治聯軍主力。

新港隊：隊長小林（即林金城），人槍四十餘，配有重機槍三挺。

朴子隊：隊長老張（即張榮宗），人槍三十，配有輕機一挺，餘步槍。

嘉義隊：隊長蔡建東，人槍十餘，均短槍、步槍，實力最弱。

小梅隊：隊長簡吉、陳日新，人槍三十餘，配有重機槍一，輕機槍二。

鍾逸人表示，他所見到的自治聯軍，「一律著日本警察留下來，胸前釘有兩排金扣黑色毛大衣，頭紮白頭巾」。[272] 自治聯軍除上述五小隊外，另有一些相互支援的群眾關係，如由蔡建東連繫的嘉義陳復志部，「人槍二三百，武器甚佳，給養充足，配有小鋼砲三門」，以及由簡吉連繫的陳篡地[273] 的民主軍，「人槍約一百」。[274] 該自治聯軍於3月2日行動，至3月18日被包圍殲滅。張志忠表示，至是「我們領導的武裝亦完全消失」。[275]

張志忠率領的自治聯軍於3月18日打算撤至小梅途中，遭到軍隊埋伏攻擊，朴子隊隊長張榮宗等以下30餘名遭當場擊斃，副指揮兼嘉義隊隊長蔡建東、北港隊隊長許壬辰等十餘名遭俘，餘部逃散，武器全部拋棄，張

272　鍾逸人，《辛酸六十年：二二八事件二七部隊部隊長鍾逸人回憶錄》，頁493。

273　陳篡地（1907-1986.5），彰化二水人。日本大阪高等醫學專校畢業，曾加入日本共產黨外圍組織「戊辰會」被捕，服刑近1年始獲釋。1933年回臺後，曾在斗南鎮開業，後至斗六鎮開設眼科診所。二戰期間，被徵調至中南半島擔任軍醫，官拜中尉。戰後一度加入越南胡志明部隊。返臺後，於斗六經營建安醫院。參見蕭明治，〈陳篡地〉，收於張炎憲主編，《二二八事件辭典》，頁453。陳篡地之所以與簡吉保持連繫關係，可能與其支持社會主義或共產主義有關。參見林正慧，〈隱身的左翼武裝：二二八事件中的自治聯軍〉。

274　〈楊春霖供詞〉（民國39年12月31日），檔號：A305050000C/0036/0410.9/44904440/2/023；〈張志忠訊問筆錄〉（民國39年8月20日），檔號：A305050000C/0036/0410.9/44904440/1/014。

275　關於二二八事件中的自治聯軍，參見林正慧，〈隱身的左翼武裝：二二八事件中的自治聯軍〉，頁281-360。

志忠則乘隙脫逃。自治聯軍全軍覆沒，只餘簡吉、陳日新所率領的小梅隊，因留駐小梅，未參加是役，然亦旋遭軍隊入山擊潰。據張志忠表示，他事後曾潛入嘉義及小梅視察，卻始終無法聯絡殘部。[276]

前述3月14日謝富到埔里通知謝雪紅與楊克煌隱蔽時，同時告知二七部隊若解散，可通知隊員解散後可以自願到小梅地方參加該地的「臺灣民主聯軍」。[277] 於是謝雪紅、楊克煌離開埔里後，即前往竹山，打算到小梅與民主聯軍聯絡。[278] 因此古瑞雲離開二七部隊後，即先至竹山找謝雪紅，再至樟湖一帶瞭解陳篡地之民主聯軍情形後再返竹山向謝雪紅報告。古瑞雲已承諾陳篡地一週後返回相助，故問謝雪紅是否同行，謝表示「對陳篡地也不大瞭解」，古瑞雲於是瞭解，「聽她口氣是無意入山。我到底政治上幼稚，一心祇想著怎樣打仗，而她考慮更多政治上的可靠性」。[279] 謝雪紅並向古瑞雲表示，她原本與張志忠約好「一旦國軍反撲，我們就把自己的隊伍分別撤入埔里和小梅。所以我以為陳篡地的隊伍是他領導的。」因此要古瑞雲向陳篡地打聽與張志忠關係密切的簡吉行蹤，在得知「簡吉不在那裡，所以我們斷定陳篡地不是張志忠直接領導的，而對陳篡地的政治面目我們不瞭解，所以不敢冒然進山。」[280] 由此可見，自認為屬於地下黨組織的謝雪紅比較在意結盟者是否為組織之人，以及行動的安全性，不似當時屬於組織外的古瑞雲，比較在意抗爭動能的集結與持續。

約於3月19日或20日，張志忠由小梅至竹山找謝雪紅，表示「民主聯軍（應即自治聯軍）有一批二十多人的骨幹分子，其中有幾個黨員，因在轉移中遇到匪軍，他們乘坐的卡車被敵人包圍時，當場盡被殺害了」，「現

---

276 〈楊春霖供詞〉（民國39年12月31日），檔號：A305050000C/0036/0410.9/44904440/2/023。

277 楊克煌遺稿、楊翠華整理，《我的回憶》，頁315。古瑞雲表示，事件發生五年之後，在大陸的臺灣籍中共黨員的一次集會上，當時的省工委屬下的幾位黨員一致證實，他們都同時接到了省工委的這一指令。參見古瑞雲，《臺中的風雷：跟謝雪紅在一起的日子裡》，頁74-75。

278 周明口述、何晌訪問整理，〈周明談二二八〉，頁75。

279 古瑞雲，《臺中的風雷：跟謝雪紅在一起的日子裡》，頁97-98。

280 古瑞雲，《臺中的風雷：跟謝雪紅在一起的日子裡》，頁116-117。

在民主聯軍失去了這批骨幹分子，成份變爲比較複雜、不太可靠」，要謝雪紅等人在竹山待機而行，「不要到小梅去」。[281] 被張志忠指「成份變爲比較複雜，不太可靠」的民主聯軍，應即係陳篡地退據樟湖一帶指揮的民兵。而這批被認爲不太可靠的民兵勢力，在地下黨人全面退去之後，在小梅、樟湖一帶又孤軍奮戰了頗長一段時間。整編廿一師雖數度派兵進剿，卻始終無法徹底加以消滅。至5月16日，魏道明就任臺灣省政府主席，解除戒嚴，結束清鄉，陳篡地殘部仍在小梅、樟湖等地進行游擊戰。[282]

(四) 臺南與高雄地區

可能由於二二八事件發生前，省工委會在臺南及高雄僅各一支部的組織規模，是以就現有檔案文獻來看，事件期間，省工委會成員在臺南或高雄地區僅見零星行動，影響力甚爲有限。

在臺南一帶，有李媽兜主持之臺南市支部及所屬成員的零星參與行動。如〈臺民暴行實錄〉中，稱「三、四兩日在本市清水町一帶發現中國共產黨臺灣宣傳部標語」。[283] 保密局臺灣站之情報也顯示，3月「三、四兩日在本市清水町一帶貼有中國共產黨臺灣宣傳部標語，顯有異黨乘機參加搗亂」。[284] 事件當時人在臺南的李鹿表示，事件發生後，「我莫名其妙，在想是什麼方面發動的」，後來多方詢問，才聽說「二二八的活動，並不是咱們發動的，是民眾自發性的運動，我們應該趁火加油」。[285] 李媽兜則稱，事

---

281 楊克煌遺稿、楊翠華整理，《我的回憶》，頁322。
282 賴澤涵總主筆，《「二二八事件」研究報告》，頁222。
283 〈臺民暴行實錄〉，收於侯坤宏、許進發編，《二二八事件檔案彙編（二）：國家安全局檔案》（臺北：國史館，2002），頁334。
284 〈黃仁里轉呈有關臺南市縣日來暴動情形〉，收於許雪姬主編，《保密局臺灣站二二八史料彙編㈡》（臺北：中央研究院臺灣史研究所，2016），頁185。
285 張炎憲、高淑媛訪問，高淑媛記錄，〈李鹿訪問紀錄〉，頁207。

件期間曾在「臺南市內發動過了高工學生，向各方面繳些長短槍枝。」[286]
搶來的武器有「步槍兩隻，手槍一隻，及手榴彈一二枝」，後來都藏匿在
玉井鄉。[287]

　　至於高雄地區，事件期間有所行動且與地下黨相關者，目前僅見林慶
雲。林慶雲是滿洲國建大學生，戰後返臺後至高雄第一中學任教。[288] 二二
八事件發生時，高雄市有雄中、雄工學生組成之學生聯合軍，林慶雲被指
「率領學生參與暴動」。[289] 或指林慶雲「又名林池」，「負偽治安組長係塗
〔涂〕光明之黨羽，率領學生及爪牙威迫接收公共汽車」。[290] 保密局臺灣站
檔案中，則指林慶雲「煽動叛亂，要求解除國軍武裝」，並擔任「處委會
治安組長」。[291]

　　綜觀省工委會在事件中的行動，只能說是因應民意普遍不滿的情勢，
亟思就現有人事、組織發揮反抗動能，推波助瀾。就地區來看，東部因組
織尚未佈置而難有作為之外，可分北中南三區觀察。因組織在事件發生前
的發展重點不同，各區領導人物有差，而各以不同方式因應或主導反抗行
動。除部分新聞宣傳或北市、中市處委會路線外，多以武裝活動為主。換
個角度觀察，二二八事件一發生，省工委會其實有就其各地組織分別行

286　〈李媽兜廣播稿〉，檔號：A305440000C/0042/276.11/116。

287　〈李媽兜訊問筆錄〉（民國41年12月18日），檔號：A305440000C/0042/276.11/116；〈臺灣
　　省保安司令部軍法處審判筆錄〉（民國41年12月29日），檔號：A305440000C/0042/276.11/
　　116。

288　許雪姬教授認為，林慶雲未婚妻張硯為地下黨人，其兄李中志、其弟張金海亦為地下黨人，
　　林慶雲非常可能是中共黨員，最少也是同路人，否則不可能與這些人有牽連。參見許雪姬，
　　〈滿洲經驗與白色恐怖：「滿洲建大等案」的實與虛〉，收於許雪姬、薛化元、陳儀深編，《「戒
　　嚴時期政治案件」專題研討會論文暨口述歷史紀錄》，頁23-25。曾建元與藍博洲亦認為林慶
　　雲於事件發生時已是地下黨人。參見曾建元，〈黃院士的中共論述與最新發現：中國共產黨
　　與臺灣二二八事變〉，頁158，及頁179，藍博洲語。

289　中央研究院近代史研究所編，《二二八事件資料選輯(六)》（臺北：該所，1997），頁116。

290　中央研究院近代史研究所編，《二二八事件資料選輯(六)》，頁37。

291　〈高雄市叛徒名冊〉，收於許雪姬主編，《保密局臺灣站二二八史料彙編(五)》（臺北：中央研究
　　院臺灣史研究所，2017），頁249。

動,但由於省工委會原本即爲秘密組織,故其成員雖有所活動,但官方卻
難以掌握各地反抗活動與省工委會可能存在之關係,以至於事後官方對於
事件的調查報告,或軍憲警造送之緝捕名單,多皆以謝雪紅等舊臺共爲主
要對象,反而少見省工委會的成員。換言之,執政當局所能察知的共黨參
與者,多指舊臺共如謝雪紅等人,對於當時在臺的中共地下組織——臺灣
省工作委員會,似尚無法掌握其概略。

四、事件期間新中共與舊臺共勢力的折衝

　　以往有研究者認爲,謝雪紅原屬之臺灣共產黨是日本共產黨的臺灣民
族支部,並不屬於中共,因此不應將事件期間的前臺共黨人視同中共黨
人。[292] 然如本文前述,所謂戰後來臺的中共黨人(以省工委會爲主)與舊
臺共成員,其實已於1946年6月,藉由「中國共產黨臺灣工作委員會」與
「中國共產黨臺灣省委員會籌備會」之聯席會議,針對戰後在臺的黨員資
格,做了初步的溝通與整合。根據該會決議,以舊臺共爲主的籌備會成員,
應「接受省工委的領導」,「均接受爲中共黨員,但只能個別審查、個別吸
收,由省工委分別接受之」。[293] 此後,許多舊臺共成員如廖瑞發、林樑材、
謝富等人皆重新入黨,加入省工委會之行列,從所謂的舊臺共轉爲戰後的
中共黨員。楊克煌亦於1946年間「寫了不到兩張紙很簡單的自傳」,由謝
雪紅交給張志忠而加入中共地下黨,[294] 後由張志忠交由洪幼樵領導。[295] 原
舊臺共成員中,似乎只有謝雪紅的黨籍仍有疑義,據張志忠的說法是「其
黨籍在臺時未正式解決」。[296]

292　曾建元,〈黃院士的中共論述與最新發現:中國共產黨與臺灣二二八事變〉,頁4;王漢威,
　　　〈戰後中國共產黨臺灣省工作委員會的組織與運作(1946-1950)〉,頁83。
293　楊克煌遺稿、楊翠華整理,《我的回憶》,頁248-250;吳克泰,《吳克泰回憶錄》,頁164。
294　楊克煌遺稿、楊翠華整理,《我的回憶》,頁251。
295　〈張志忠訊問筆錄〉(民國39年8月20日),檔號:A305050000C/0036/0410.9/44904440/1/014。
296　〈楊春霖供詞〉(民國39年12月31日),檔號:A305050000C/0036/0410.9/44904440/2/023;

　　葉紀東認為，二二八期間謝雪紅尚非正式的中共黨員，據說是因為她一來就要求參加省工委的領導，蔡孝乾則要求她先辦好入黨手續，清楚交代舊臺共時代歷史後才能參加黨的工作，遭謝雪紅拒絕，「所以沒有正式入黨」。[297] 謝雪紅的黨籍為何未能解決，據古瑞雲的說法是，謝雪紅拒絕填寫入黨申請書及自傳，「認為在白區留下有文字的證件太危險」。[298] 楊克煌認為謝雪紅遲遲沒有寫自傳的原因是：1. 謝認為寫自傳很危險，她曾表示「我寫自傳給你，你每天東奔西跑，萬一有什麼差錯，那豈不是完了。」2. 謝以為自己的歷史寫起來很長，現在沒有這個環境，也沒有時間寫。3. 謝認為她已寫過《她的半生記》，這比自傳更詳細了。4. 謝不願意她的筆跡讓人家看到。[299]

　　由於二二八事件發生期間，謝雪紅尚未完成加入中國共產黨之程序，則事件期間，面對省工委會的指揮，謝雪紅究竟係以何種角色自處，似有必要稍加釐清。關於此點，古瑞雲曾有兩種不太相同的說法，一指謝雪紅雖未完成入黨程序，但謝雪紅自認為已是中共黨員，張志忠也把她當做中共黨員，[300] 或說省工委會決定將謝雪紅當作秘密黨員，由張志忠單獨與謝雪紅聯絡。[301] 蘇慶軒則認為，蔡孝乾係將謝雪紅視為「群眾中的積極份子」

〈張志忠訊問筆錄〉（民國39年8月20日），檔號：A305050000C/0036/0410.9/44904440/1/014。

297　葉芸芸，〈二二八事件和臺北學生：訪葉紀東先生〉，頁92。

298　然古瑞雲言蔡孝乾係於1946年底到臺中找謝雪紅時談及黨籍問題，此記憶可能有誤。因據楊克煌表示，蔡孝乾於3月8日與謝雪紅之會面是戰後首次。又據另一則古瑞雲的論述，相同的內容卻未指涉1946年年底。參見葉芸芸，〈二二八事變中的謝雪紅：訪周明談謝雪紅、「二七部隊」、吳振武和鍾逸人〉，頁38；簡榮聰、鄭喜夫、魏永竹、林金田、李宣鋒訪問，唐淑芬記錄，〈古瑞雲先生口述記錄〉，頁51。

299　楊克煌遺稿、楊翠華整理，《我的回憶》，頁252。

300　葉芸芸，〈二二八事變中的謝雪紅：訪周明談謝雪紅、「二七部隊」、吳振武和鍾逸人〉，頁38。

301　簡榮聰、鄭喜夫、魏永竹、林金田、李宣鋒訪問，唐淑芬記錄，〈古瑞雲先生口述記錄〉，頁50。古瑞雲並表示，1948年的香港會議中，儘管謝雪紅已以黨員身分出席，但蔡孝乾卻不承認她是黨員。據說折衷辦法是，承認謝雪紅於1946年重新入黨，1948年6月補辦手續，但不

或者是「候補黨員」，而這個身分是介於「非黨群眾」與「正式黨員」之間。[302] 無論如何，即使黨籍未完全底定，但由事件期間謝雪紅與省工委會間的互動情形，以及其彼此間指令的傳達與接受層面來看，省工委會應已將謝雪紅視爲組織中人，謝雪紅也自認如此。因此不論是3月4日要求改武裝鬥爭路線爲政治鬥爭路線，3月12日撤入埔里，乃至3月14日服從隱蔽指令等，謝雪紅即使曾表達不滿，但也一一服從。另就地下黨方面來看，不論是要求隱蔽以保存實力，或一路安排撤退，如要求葉紀東安排謝雪紅與楊克煌離開臺灣等等，[303] 亦是將謝雪紅視爲組織中人的表現。

除了黨籍問題外，對於省工委會而言，謝雪紅由於過去的在地鬥爭經歷，使其名聲難以「隱蔽」而無法從事「秘密工作」。[304] 即如張志忠所言，「我們雖然覺得有爭取團結老臺共的必要，惟認爲老臺共有如下缺點，即很紅，目標太大，鬥爭方式帶公開的風頭主義，接近他們很危險，而且他們自高自大，不能虛心接受領導，理論上是主觀定型的空談，與實踐脫節等等，使我們懷抱戒心」。[305] 因此，針對所接觸吸收的老臺共，省工委們有不同的安排，視其以往經歷與當時地位，分別安排地下工作或公開身分，如賦予謝雪紅與楊克煌之任務，是要求他們「做上、中層人士的統戰工作」，或是「假扮民主人士，公開身分參加國民黨」，所以要他們和做祕密地下工作的黨員切斷聯繫。[306] 於是省工委會與謝雪紅的關係，透過張志忠（後改爲林英傑）的居中聯絡，形成一種「秘密」領導「公開」的關係，

知爲什麼，以後報上公開介紹都說謝雪紅係於1947年6月重新入黨。參見葉芸芸，〈二二八事變中的謝雪紅：訪周明談謝雪紅、「二七部隊」、吳振武和鍾逸人〉，頁38。

302　蘇慶軒，〈國家建制與白色恐怖：五〇年代初期臺灣政治案件形成之原因〉，頁217-218。

303　葉芸芸，〈二二八事件和臺北學生：訪葉紀東先生〉，頁92。

304　蘇慶軒，〈國家建制與白色恐怖：五〇年代初期臺灣政治案件形成之原因〉，頁216。

305　〈楊春霖供詞〉（民國39年12月31日），檔號：A305050000C/0036/0410.9/44904440/2/023。

306　楊克煌遺稿、楊翠華整理，《我的回憶》，頁250；簡榮聰、鄭喜夫、魏永竹、林金田、李宣鋒訪問，唐淑芬記錄，〈古瑞雲先生口述記錄〉，頁51。

也符合中共地下工作所謂「秘密工作與公開工作分開」的原則。[307] 就省工委會的立場來看，除由於對謝雪紅所領導的舊臺共集團保有戒心與懷疑，以及可能因爲舊臺共們具有省工委會成員所不及的政治資本、人際網絡關係外，另一個可能的原因是，省工委會始終以一種「運用」的方式在對待謝雪紅。[308]

而此種運用方式，或者說省工委會與謝雪紅之關係，在二二八事件期間即面臨了現實的挑戰。事件發生期間，舊臺共謝雪紅在中部主導武裝抗爭路線的反抗身影，不僅有效凝聚中部的反抗勢力，也使舊臺共勢力在事件中的影響力被放大解釋。然究其實，謝雪紅參與事件期間，一直期待地下黨給予指揮或支援，但地下黨雖與謝雪紅時有接觸，但參與程度不高。發生於二二八事件期間臺省工委與舊臺共勢力的折衝，該舊臺共勢力主要是以謝雪紅與楊克煌爲主，以下就省工委會與謝雪紅等人之立場與路線略述其歧異之處。

(一) 公開與秘密的矛盾

戰後省工委會對於謝雪紅，認爲其「已暴露，過紅」，「爲避免危險，未敢過份接近，僅視爲同路人，與以秘密而間接的連繫」。[309] 二二八事件期間在臺中地區，省工委會係隱身於謝雪紅之後間接指揮，由於連繫方式不利應變，以致於謝雪紅等人只能在沒有組織指示以及奧援的情況下，自

---

307 蘇慶軒，〈國家建制與白色恐怖：五〇年代初期臺灣政治案件形成之原因〉，頁215-216。中共地下黨對於公開工作與秘密工作所要求的原則是，應在形式上與方法上使二者嚴格分開，在內容上與政治上使二者密切聯繫。對兩種工作應探完全不同的方法，並派遣不同的幹部進行，在組織上不能混淆。參見石崇科，〈在十六字方針指引下鬥爭前進：解放戰爭時期北平地下鬥爭的基本經驗之一〉，《北京黨史研究》（北京）1989: 6（1989年11月），頁16。

308 蘇慶軒，〈國家建制與白色恐怖：五〇年代初期臺灣政治案件形成之原因〉，頁217-218。

309 〈國防部保密局印關於「二二八」的經驗教訓〉，檔號：A803000000A/0014/340.2/5502.3/4/001。

行累積抗爭實力與決定抗爭方向。然而省工委卻在3月4日下達應循政治
爭取路線，要求謝雪紅加入處委會，以致兵權旁落，未久又告知決定擴大
武裝行動。以上間接而反覆的指令，使謝雪紅在事件中的行動，頗受限於
省工委忽冷忽熱，忽文忽武的決策，多少進退失據。據楊克煌言，張志忠
曾於3月5日到臺中訪他，他對張志忠抱怨：「你們要我們交出指揮權，看
以後怎麼辦？」張志忠則要他「快把所有手頭上的武器盡量疏散到農村
去」。[310] 另據古瑞雲稱，後來逃亡途中謝雪紅曾告訴他，組織二七部隊是
張志忠的建議。張對謝說，群眾自動自發成立武裝力量很多，有必要建立
自己能夠信任能夠控制的武裝力量，也就是基幹民兵部隊。於是謝雪紅乃
從原有的群眾基礎上組織了二七部隊。[311] 若以上楊克煌與古瑞雲所述皆屬
實，則從處委會的政治鬥爭路線到二七部隊的武裝鬥爭路線，地下黨給予
謝雪紅的指示，竟在一兩天之內有如此巨大的轉變，顯示出省工委會決策
的盲動性，而謝雪紅等人竟也只能步步接受，亦可見謝雪紅的被動角色。
然整體來看，謝雪紅儘管被推至檯面領導局勢，或被一再提防，或需面臨
組織決策的搖擺，儘管不免抱怨，然均依照地下黨的指示為之。而最終地
下黨也沒有放棄謝雪紅，提供各種資源與管道讓她安全離開臺灣，並指示
到上海與李偉光連繫。

(二) 武裝抗爭與政治爭取的選擇

古瑞雲曾表示，謝雪紅與蔡孝乾對戰後情勢的評估存在分歧，謝雪紅
認為「臺灣人民到了忍無可忍的地步，很有可能一觸即發，群眾自發性武
裝暴動在所難免，因而建議省工委早做武裝鬥爭的準備」。蔡孝乾卻不以
為然，「對她的建議不予理睬」。謝雪紅並曾向古瑞雲表示，在武裝運動的

310　楊克煌遺稿、楊翠華整理，《我的回憶》，頁305。
311　葉芸芸，〈二二八事變中的謝雪紅：訪周明談謝雪紅、「二七部隊」、吳振武和鍾逸人〉，頁34。

見解方面，張志忠的看法與她較爲接近。[312] 然而依張志忠所言，謝雪紅、林樑材等老臺共分子，「認爲黨一定有很多人和武器到臺灣來，對黨的實力估計過高，且以爲有大量青年群眾，發動武裝活動一定成功」，對省工委會有高度之期待，而省工委會「爲保守黨力脆弱的秘密，避免影響他們的情緒」，僅說可以準備，不反對亦不贊成。[313] 由此看來，則進行武裝行動與否，可能不必然是蔡孝乾與謝雪紅的爭執，而是當時省工委會實際面臨的困難。

(三) 主導權的爭執

官方檔案資料顯示，1948年香港會議時，蔡孝乾與謝雪紅曾因老臺共成員不願受省工委會指揮之事發生衝突。主要是指謝雪紅領導臺中地區的武裝行動時，「自行其是，不願受共黨頤指氣使」，致使張志忠欲以自治聯軍名義統一全省武裝行動的計畫以失敗告終。此事曾在1948年5月中共中央召開的香港會議上，引起蔡孝乾與謝雪紅間之激烈互訐。[314] 就既有的文獻資料，尚看不出謝雪紅有抵制參與張志忠武裝行動之情形，則此爭執所爲何來，尚難得知，但已充分體現直至1948年，蔡、謝二人仍明顯對立。也因此，中共在香港會議中就「如何建黨」的問題進行討論時，要求新老幹部的團結，本地幹部與外來幹部的團結，藉此暗中指責謝雪紅等老臺共幹部不受共黨指使，也批評蔡孝乾在二二八事件中獨斷專行，「嚴重脫離群眾，犯主觀主義」。[315]

---

312 古瑞雲，《臺中的風雷：跟謝雪紅在一起的日子裡》，頁35；葉芸芸，〈二二八事變中的謝雪紅：訪周明談謝雪紅、「二七部隊」、吳振武和鍾逸人〉，頁38-39。

313 〈楊春霖供詞〉（民國39年12月31日），檔號：A305050000C/0036/0410.9/44904440/2/023。

314 〈國防部保密局印關於「二二八」的經驗教訓〉，檔號：A803000000A/0014/340.2/5502.3/4/001。

315 〈關於臺灣工作〉，收於司法行政部調查局編，《臺灣光復後之「臺共」活動》，頁41-42；〈國防部保密局印關於「二二八」的經驗教訓〉，檔號：A803000000A/0014/340.2/5502.3/4/001。

五、試析「省工委會」對二二八事件的影響

省工委會究竟有無涉入二二八事件,從當時人的口述來看,呈現兩種非常不同的看法,一是參與事件時並無察知身邊有地下黨人者,如陸季雄言,「我認為『二二八事件』不是共產黨操縱的,無此可能」。[316] 吳景星言,「人家說二二八事件是共產黨煽動,事實上沒有。當年我二十歲,我了解的二二八事件是自發性的運動。」[317] 葉順生表示,「二二八事件其實和共產黨沒有關係,主要是人心不服的問題。」[318] 另一則是當時已知臺灣有地下黨人活動者,如葉石濤認為,「老實說當時臺南市發生的一些亂象幕後有共黨人員在」。[319] 陳明忠則表示,「我現在說二二八時共產黨發揮相當作用,很多人不信」,「二二八時,臺北沒有成立武裝部隊,只有臺中和嘉義成立了部隊。臺中是謝雪紅,嘉義是張志忠,都是共產黨員。當時我還不是黨員,但很多參與的人已經是黨員了,只是身分不能表露」。[320] 又或如高總成表示,「多年後,我才聽說,自治聯軍有共產黨員的滲透,不過我相信當時參加的人中,並沒有人知道這件事,更不用說是參加共產黨,或許他們到死都還不知道被共產黨利用了!」[321] 於是,省工委會在二二八事件中的角色與影響,似乎在眾多不同立場與角度的說法中,成為橫看成嶺側成峰的萬花筒,其真相如何,實值進一步探究與釐清。

以下從日治以來反共氛圍的限制、省工委會本身的實力、對中共中央

---

316 〈陸季雄先生口述〉,收於臺灣省文獻委員會編,《二二八事件文獻輯錄》,頁139。

317 張炎憲、王昭文、高淑媛訪問,高淑媛記錄,〈黃清標先生訪問紀錄〉,收於張炎憲等採訪、記錄,《嘉雲平野二二八》,頁92。

318 王昭文訪問、記錄,〈鄭鳳章、許坤玉、葉順生等人訪問紀錄〉,收於張炎憲等採訪、記錄,《諸羅山城二二八》(臺北:自立晚報社文化出版部,1995),頁14。

319 許雪姬、方惠芳訪問,許雪姬記錄,〈葉石濤先生訪問紀錄〉,《口述歷史》(臺北)3(1992年2月),頁127。

320 李娜整理編輯、呂正惠校訂,《無悔:陳明忠回憶錄》(臺北:人間出版社,2014),頁95。

321 許雪姬訪問、吳美慧記錄,〈高總成先生訪問紀錄〉,收於行政院研究二二八事件小組編著,《二二八事件研究報告・附錄二:重要口述歷史㈡》(臺北:該組,1992),頁3。

指示及臺省工委書記蔡孝乾領導之檢討等四個面向，進一步瞭解省工委會對二二八事件可能的作用或影響。

(一) 日治以來反共氛圍的限制

省工委會在事件期間的活動多爲秘密性質，只有謝雪紅在臺中是採取公開武力抗爭的態度，由於謝本身舊臺共色彩之故，以致於雖然二七部隊中具左翼身分的成員爲少數，國民黨政府之後爲了將二二八事件的責任推卸給中共，遂將二七部隊渲染爲「赤匪」、「紅軍」。[322] 然二七部隊警衛隊長黃金島稱，謝雪紅在二七部隊中未必有人望，例如她想組「人民政府」即遭反對。[323] 曾參與二七部隊，時爲省立農學院學生的陳明忠亦言，「當時能讀臺中一中及省立農學院，都屬家境富裕的人，而較富者參加了省立農學院學生隊的行列，都是談紅色變」，所以不敢參加謝雪紅的民軍。[324] 李碧鏘稱，謝雪紅的系統，並不受當時臺中地區的士紳及青年學生的歡迎。蓋因過去日本的政策是絕對的反共的。因此受過日本教化的臺灣人，當然排斥有「赤色思想」的人。[325] 蔡伯壎也表示，「日據時代就有嚴重恐共和反共氣氛」，謝雪紅於戰後並未表明其共產黨身分，「若是公開拿起共產黨旗幟，在當時的臺灣，會嚇到很多人」，而雖然謝雪紅極力隱藏其共產黨身分，「可是一般人對她的出身還是有顧忌」。[326] 林獻堂3月8日的日記也適恰地證明了此一說法：「洪炎秋三時餘來，報告謝雪紅、鍾秋生等組織

---

322 林瓊華，〈背叛與沈冤的辯證：關於謝雪紅離開二七部隊的歷史問題〉，發表於臺中市新文化協會、國立臺中教育大學臺灣語文學系主辦，「2016重現二七部隊學術研討會」（臺中：國立臺中教育大學求真樓K107演講廳，2016年12月11日），頁91。

323 〈李碧鏘先生口述〉，收於臺灣省文獻委員會編，《二二八事件文獻輯錄》，頁377。

324 〈陳明忠先生口述〉，收於魏永竹主編，《二二八事件文獻續錄》，頁713。

325 〈李碧鏘的回憶〉，收於張炎憲、李筱峰編，《二二八事件回憶集》（臺北：稻鄉出版社，1989），頁241；〈李碧鏘先生口述〉，頁395。

326 廖建超採訪、撰稿，〈從民軍二七部隊到翻譯史書：蔡伯壎〉，頁216、221。

共產軍，約有千餘名，鎗枝三、四百，一旦暴動勢甚難制。」[327]

由是可知，由於日治以來的反共思想，加以當時國共對立的氛圍，共產主義在戰後的臺灣仍屬小眾思想，不僅臺省工委們必須秘密進行抗爭，而有舊臺共色彩的謝雪紅在臺中的抗爭行動，也因其共黨立場多少受限。陳芳明曾表示，二二八事件期間，真正公開出面進行武裝作戰的，只有謝雪紅一人，嘉義雖有張志忠指揮作戰，但畢竟是潛伏於幕後，角色與謝雪紅不同。[328] 然謝雪紅在撤退往埔里的二七部隊時期，也算隱身幕後，由鍾逸人擔任隊長，僅安排古瑞雲爲鍾之副官，但負實際主導地位。[329] 張志忠則隱身地更爲澈底。透過在北港、新港、朴子、小梅、嘉義等地培養在地的核心分子，在事件中發揮左右地方民兵的作用。換言之，不論省工委會或舊臺共在進行抗爭行動時，多不敢以共產主義相號召，因共產色彩會多少限制其抗爭的影響力。

(二) 省工委會本身的實力

若以省工委會於1946年6月召開省工委會議，確定組織成立來算，距離1947年二二八事件發生，歷時不過數月。加之，二二八事件的爆發，是超出省工委會估計的「過早」與「突然」，也因此「一個脆弱幼稚的臺共，絕不能支持掌握這種的重大行動」。[330] 蔡慶榮曾表示，臺灣的地下黨是1946年才建立的，到了年底的時候，各地工會才漸漸組織起來，1947年1月份，搶米事件發生，各方面的群眾組織才萌芽，學生則是沈崇事件後才組織起

---

327 林獻堂著、許雪姬主編，《灌園先生日記(九)一九四七年》（臺北：中央研究院臺灣史研究所、中央研究院近代史研究所，2011），頁143。

328 陳芳明，《謝雪紅評傳：落土不凋的雨夜花》，頁365。

329 簡榮聰、鄭喜夫、魏永竹、林金田、李宣鋒訪問，唐淑芬記錄，〈古瑞雲先生口述記錄〉，頁51；葉芸芸，〈二二八事變中的謝雪紅：訪周明談謝雪紅、「二七部隊」、吳振武和鍾逸人〉，頁34。

330 中央改造委員會第六組編，《共匪在臺的組織與活動》（臺北：法務部調查局，1951），頁9。

來。總之，在二二八事件當中，中共地下黨在臺灣的組織尚未建立起來，力量還很小。[331]

當時已是地下黨人的吳克泰表示，二二八這一突發事件發生前，「臺灣地下黨完全不知道，也不可能知道」。身為省工委直接領導下的成員之一，「事前沒有接到任何通知，更沒有組織上所作的任何部署」，只能「一面參加鬥爭一面找組織，只是互相聯絡不上。到了第三天下午，組織才找到了我」。[332] 身為省工委的洪幼樵當時人在臺北，事後表示2月28日當天他與妻子在臺北市中山北路步行，聽到行政長官公署出事，因省工委並無準備，便決意躲避風頭。[333] 因此事件發生後，蔡孝乾自承，「當時全省不通，七十餘黨員對於『二二八』事件實起不了整個領導作用」。[334] 張志忠也表示，由於地下黨在臺北、基隆、東部之花蓮、臺東，及南部之高雄、屏東、臺南，以及新竹、桃園一帶，「組織力量薄弱」，因此省工委「無法去控制和領導」，加上「軍事幹部缺如，部隊未經政治教育，工農群眾毫無鬥爭經驗，黨組織脆弱，事前既無應變準備，事發後又應付倉皇」，乃至抗爭行動「敗後不可收拾」。[335]

古瑞雲在二二八事件發生當時尚非地下黨人，但他表示，我在臺北時所接觸過的一些人，如吳克泰（詹致遠）、周青（周傳枝）、葉紀東、陳本江、廖瑞發、林樑材、陳炳基等，後來證實都是省工委屬下的黨員。又據上述同志概括當時的情況說：由於事件屬於突發性，且形勢發展迅速，黨員各自臨機應變，憑自己的判斷進行活動。[336] 因此，古瑞雲認為當時共

331 葉芸芸，〈三位臺灣新聞工作者的回憶：訪吳克泰、蔡子民、周青〉，頁103-104。
332 吳克泰，〈臺灣「二二八」起義親歷者的評說〉，《炎黃春秋》（北京）2000: 3（2000年3月），頁12。
333 賴澤涵談話，轉引自曾建元，〈黃院士的中共論述與最新發現：中國共產黨與臺灣二二八事變〉，頁143-144。
334 〈蔡孝乾自白書及供詞〉，檔號：A305050000C/0036/0410.9/44904440/2/001。
335 〈楊春霖供詞〉（民國39年12月31日），檔號：A305050000C/0036/0410.9/44904440/2/023。
336 古瑞雲，《臺中的風雷：跟謝雪紅在一起的日子裡》，頁50。

產黨絕無能力發動二二八，因爲那時共產黨很被動，未準備，事情發生後，才派人秘密聯絡與介入，但要武裝起義皆已來不及。[337] 楊克煌則言，當時中共的武裝力量正在國內許多地區進行艱苦的戰鬥，因而不可能給臺灣的起義以直接的、有效的，特別是武裝的支援，所以不得不承認，「這次的起義是一種自發的武裝暴動，事前既無統一的計劃和組織，起義以後也缺乏統一的領導，形成各自爲戰的局面」。[338]

(三) 中共中央指示之限制

張志忠於1950年被捕後供述，華東局於1946年秋冬到1948年間共派負責臺灣事務的章某（即張執一）來臺四次，二次在二二八事件發生之前，除分析國內外新形勢，另要求在臺地下黨「應透過民主運動的方式去發展群眾」，並承諾給予若干經濟援助，一次在事件發生後的3月末，另一次則在1947年秋至1948年夏之間，目的在通知在臺幹部至香港參與工作會議。[339] 張志忠的口供內容可在張執一的回憶文字中得到證實，張執一自述，其於1946年秋冬之交到1948年底，曾代表上海局四次前往臺灣檢查與佈置工作。[340] 在此必須特別留意的是，張志忠所稱之「華東局」應爲誤解，因爲當時臺灣省工作委員會係屬1946年4月成立之上海中央局（1947年1月改稱中共中央上海分局）所領導。[341]

此外，張志忠的供詞中特別說明了二二八事件後於3月末來臺的張執一，一次帶來了「轉達中共中央于『二二八』事變中的指示」、「華東局的

---

337 簡榮聰、鄭喜夫、魏永竹、林金田、李宣鋒訪問，唐淑芬記錄，〈古瑞雲先生口述記錄〉，頁49。

338 楊克煌，《臺灣人民民族解放鬥爭小史》（武漢：湖北人民出版社，1956），頁205。

339 〈楊春霖供詞〉（民國39年12月31日），檔號：A305050000C/0036/0410.9/44904440/2/023。

340 張執一，〈在敵人的心臟裡：我所知道的中共中央上海局〉，頁141。

341 1947年5月6日再改爲中共中央上海局。參見高鴻達、夏燕，〈歷史上的中共中央上海局〉，頁21-22。

補充指示」，以及張本人另外的要求。[342] 若據前述，原華中局與山東局於1945年10月合併爲華東局，據地在山東臨沂，另於蘇北淮安成立華中分局，該華中分局於1947年11月始撤銷。[343] 以淮安爲據地的華中分局，應爲臺灣省工委會成員在蘇北停留時的上級組織。但省工委會成員由淮安轉至上海後，其上級組織應爲上海地下黨，1946年4月上海中央局成立時，係受中共中央南京局領導，上海中央局於1947年1月改名爲中共中央上海分局，其上級之南京局則於1947年3月結束工作，上海分局後來改由中共中央直接領導。[344] 由此來看，則張志忠供詞中所指「中共中央」應爲中共中央上海分局，所指「華東局」則可能有誤。由於1949年5月中共攻下上海之後，中共中央上海局撤銷，其工作併入華東局，華東局於1949年下半年成立臺灣工作委員會，由劉曉、沙文漢負責。因而，臺灣省工委的直接上級變爲中共中央華東局。[345] 這可能即爲1950年代許多與臺灣省工委會成員將上級組織一律指稱華東局的主要原因。然其所指「華東局」，究指華中分局或南京局，尙難判定。

　　暫不論以上組織的糾葛，仍可知1947年3月末張執一來臺時，同時帶給臺灣省工委會三個不同層級的上級指示。其中，中共中央上海分局（張志忠稱「中共中央」）指示，其要點有三：⑴二二八事件開展了黃河以南的民主運動；⑵牽制國民黨軍隊客觀上幫助解放戰爭；⑶要求不屈服，不投降，繼續武裝鬥爭到底。此外，中共中央（華中分局或南京局，張志忠稱「華東局」）補充指示要點亦有三：⑴根據主觀力量，不可要求過甚，應適可而止。⑵事變後國民黨統治會加強，主要幹部應轉入農村。⑶不能

---

342 〈楊春霖供詞〉（民國39年12月31日），檔號：A305050000C/0036/0410.9/44904440/2/023。
343 張永傑，〈中共中央華東局的「姻緣譜系」〉，頁8。
344 高鴻達、夏燕，〈歷史上的中共中央上海局〉，頁21-22。
345 唐寶林，〈中共中央上海局與吳石將軍及其犧牲情況補記〉，《百年潮》（北京）2011: 8（2011年8月），頁80；梁鏵，〈在臺灣犧牲的中共黨員梁錚卿〉，《紅廣角》（廣州）2012: 12（2012年12月），頁37。

存在及暴露的幹部，應盡量撤走。而張執一也另外提出二項要求：(1)武裝工作須愼重地做；(2)批評臺灣的黨和謝雪紅的連繫不密切，要求積極接近團結群眾領袖於黨的周圍。[346]

由上可知，事件發生前，上海分局指示省工委會應透過民主運動方式發展群眾，多少限制了其因應局勢發展武裝組織的可能。楊克煌曾言，楊來傳於1946年11月中旬，因「臺北地方很緊張，人心思變，許多地方的群眾都準備好乾糧，預料不久後會發生動亂」，並說老早就給張志忠反映了這個情況，建議黨派人去山裡開小店舖，建設基點，可作爲武裝基地或掩護場所。但張志忠認爲時機尙未成熟，而不採納該意見。[347] 張志忠當時未採納楊來傳建議之原因，可能即由於上海局指示在臺工作應採民主運動之路線，因此張志忠嘗言，「黨對臺灣的工作初認爲可通過民主方式去發展，且因無基礎，故未計及武裝工作的可能性」。[348] 又，二二八事件發生初期，也可能因爲上級要求採取民主運動路線，蔡孝乾不僅強力要求謝雪紅重新參與臺中處委會，並交出武裝指揮權，此外，當發現臺南有以「共黨支部」名義張貼之傳單標語，「即全部爲共黨派人摧毀」。[349] 也因此，蔡孝乾曾嚴禁使用共黨名義，而以統一陣線方式，標榜要求高度自治的名目來進行，原本張志忠在雲嘉一帶的武裝群眾，曾擬使用「嘉南縱隊」、「臺灣縱隊」名義，亦因蔡孝乾反對，乃改命名爲「自治聯軍」。[350]

此外，張執一於事件發生後的3月末一次帶來上海分局、中共中央，以及張執一本人的各項指示，可能因爲命令發出的時間差，使得各指示之間存在不少矛盾之處，如上海分局要求「繼續武裝鬥爭到底」，中共中央

---

[346] 〈楊春霖供詞〉(民國39年12月31日)，檔號：A305050000C/0036/0410.9/44904440/2/023。
[347] 楊克煌遺稿、楊翠華整理，《我的回憶》，頁270。
[348] 〈楊春霖供詞〉(民國39年12月31日)，檔號：A305050000C/0036/0410.9/44904440/2/023。
[349] 〈國防部保密局印關於「二二八」的經驗教訓〉，檔號：A803000000A/0014/340.2/5502.3/4/001。
[350] 〈張志忠訊問筆錄〉(民國39年8月20日)，檔號：A305050000C/0036/0410.9/44904440/1/014。

要求量力而爲，「適可而止」。而且這些來自島外上級的指示，其實無法觀照事件當時的發展現況，可能因此使得島內的地下黨人們頗難遵從，如張志忠表示，「上級不明實際情形，曾囑將殘存武裝力量查報，并囑將餘存武裝撤往農村，繼續活動」。[351]

㈣ 對省工委會書記蔡孝乾領導之檢討

　　蔡孝乾在二二八事件發生當時爲省工委會書記，負實際且全面的領導之責，其決策對省工委會在事件中的動向有絕對的影響，藉由對其決策的瞭解與檢討，有助於理解省工委會在事件中扮演的角色與發揮的作用。事起之初，蔡孝乾人在臺北，於是3月4日學生武裝計畫，及3月6日處委會政治鬥爭路線，都有蔡孝乾的決策身影。北部文攻武鬥皆失敗後，蔡孝乾乃將重心移至中南部，[352] 如楊逵曾言，在處理委員會控制臺中好幾天時，臺共負責人蔡孝乾來找我。[353] 可知蔡孝乾可能見中南部武裝行動似有可爲，而至中部就近指揮。

　　二二八事件期間，蔡孝乾對於臺省工委的行動，一直擺盪在政治爭取或武裝抗爭兩種路線之間。這部分在中部地區尤其明顯。如前文所述，省工委會3月4日要求謝雪紅採政治爭取路線，但旋即改變方針，採取擴大武裝抗爭路線。1947年3月5、6日間，蔡孝乾與張志忠會晤決定：⑴決定黨在臺灣的工作，應以武裝活動爲主。⑵控制武裝，並以既得武裝爲基礎，加強中南部的武裝鬥爭，以期建立中南部的武裝活動基地。⑶盡量動員青

---

351 〈楊春霖供詞〉（民國39年12月31日），檔號：A305050000C/0036/0410.9/44904440/2/023。

352 曾永賢口述表示，「二二八事件時蔡孝乾人在臺北，沒有參加，只有張志忠、李媽兜等人參加。所以當時謝雪紅應該沒有和省工委會的人包括李媽兜、張志忠等取得聯繫」，參照相關檔案文獻，此推測應是錯誤的。參見曾永賢口述，張炎憲、許瑞浩訪問，許瑞浩、王峙萍記錄，《從左到右六十年：曾永賢先生訪談錄》，頁63。

353 〈楊逵的回憶〉，收於張炎憲、李筱峰編，《二二八事件回憶集》，頁133。

年到臺中去，並加強領導，迅速形成中南部的指揮核心，及建立指揮部。(4)以自治聯軍名義統一組織各地武裝。(5)建立通訊連絡。[354]

楊逵表示，二二八事件發生後，蔡孝乾對局勢很有把握，希望楊逵「在文化工作方面合作，搞一個報紙」，要楊逵負責辦人民日報。楊逵表示，臺中局勢維持不了多久，一旦國民黨大軍開來，烏合之眾隨即會散去，不宜辦日報，建議改辦流動性的週刊或半月刊，卻為蔡孝乾拒絕。蔡表示，如果不可能辦日報，就去山上組織游擊部隊。楊逵則認為，游擊戰在「大陸地闊有可能，臺灣太小不可能」。就在二人商議後沒幾天，「國民黨軍隊開來，大家散光光」。[355] 如楊逵所言，省工委會決定擴大武裝行動的幾天之後，國民黨軍隊大舉開來，不論是中部的二七部隊或雲嘉一帶的自治聯軍，皆在短短幾天之內，或潰散或覆滅，由此間接證明蔡孝乾的錯估情勢。

除決策擺盪與錯估情勢外，蔡孝乾在二二八事件期間另外做了一個對事件發展以及省工委會組織皆有重要影響的決策，即於3月中旬決定隱蔽撤退。古瑞雲表示，1952年上海「臺委會」整編時證實：大約3月10日前後，蔡孝乾以省工委書記的名義發出通知，要求所有黨員立即停止活動，隱蔽起來。[356] 於是，3月14日謝富到埔里找謝雪紅與楊克煌，傳達蔡孝乾的命令，以保持組織的力量。[357] 蔡孝乾於軍隊壓境之後的退卻決策，對一起奮戰的民兵勢力而言，難免遭致不義的批評，但對保持組織的隱密與保存組織的實力而言，可能是其「必要之惡」。事後蔡孝乾曾對吳克泰表示，「全省各地的武裝鬥爭，各自為陣，未能統一指揮和密切配合，國民黨大軍一開進，都歸於失敗了」。在這次鬥爭中，雖有「有個別黨員在群眾鬥

---

[354] 〈楊春霖供詞〉（民國39年12月31日），檔號：A305050000C/0036/0410.9/44904440/2/023。

[355] 何畇錄音整理，〈楊逵口述：二二八事件前後〉，收於葉芸芸編寫，《證言2‧28》，頁19；〈楊逵的回憶〉，頁133。

[356] 葉芸芸，〈二二八事變中的謝雪紅：訪周明談謝雪紅、「二七部隊」、吳振武和鍾逸人〉，頁40。

[357] 楊克煌遺稿、楊翠華整理，《我的回憶》，頁315。

爭中犧牲了」，但「黨組織都沒有暴露」。[358] 可見蔡孝乾當時可能也頗自豪其維持了組織的隱密性。

綜上可知，「二二八事件」於臺灣光復後不到一年半之時間發生，其背景極為錯綜複雜，並非單一因素所能解釋，[359] 而民間武裝烽起，純然是民眾的憤怒忍無可忍，臨時地、自發地匯集而成，[360] 亦即二二八事件不是有預謀的革命，只是積壓已久的民怨尋找出路的行動，因此不僅全臺各地步調不一致，單只一地也多呈現紛亂無頭的局面。[361] 參與二二八起事的分子其實相當複雜，以往官方多將共黨策動或煽惑視為事件發生的主要原因，未免過於高估省工委會或舊臺共分子的實力。陳儀深認為，對於二二八初期暴動的原因，說成是共產黨的策動是沒有根據的。共產黨人與二二八事件並非毫無瓜葛，只是他們介入的方式、時機、程度、結果都不足以承擔「策動、主持」二二八事件的罪責或榮耀。無論如何，承認共黨分子在第二階段作某種程度的介入，並不能與第一階段（暴動）的原因相混淆，亦即不能為國民政府的失政卸責。[362]

究其實，二二八事件因偶然的緝煙血案而引發，從此星火燎原，不可收拾。無論是統治的當局或抗爭的民間，均措手不及，倉皇之中，各種社會力量積極投入騷亂和鬥爭之中，但是任何一股力量，都不可能單獨掌握

358　吳克泰，〈「一・九」學生運動、「二二八」事變〉，頁319。

359　賴澤涵總主筆，《「二二八事件」研究報告》，頁405。

360　戴國煇、葉芸芸，《愛憎二，二八：神話與史實——解開歷史之謎》（臺北：遠流出版事業股份有限公司，1992），頁260。

361　王逸石，〈鳳凰花與臺灣連翹〉，收於張炎憲等採訪、記錄，《諸羅山城二二八》，頁5、7。

362　該文將二二八事件分為三階段，首先是2月27日晚，臺北市發生的緝煙傷人情事，激起民眾久積的憤怒，第二天更多民眾的抗議，請願又遭軍憲機槍掃射，終於使暴動蔓延開來。第二階段除民意代表、士紳為主組成的處理委員會進行政治交涉外，亦有若干民間力量收繳槍械、嘗試建軍，企圖以實力達成改革政治的要求。第三階段是整編廿一師於3月8日夜登陸以後，官方展開鎮壓，直到5月16日魏道明接任省主席，宣布取消戒嚴。參見陳儀深，〈論臺灣二二八事件的原因〉，頁27-75。

事件發展的方向。[363] 就目前出土的檔案史料來看，確實可以找到地下黨人積極介入的線索，但他們只是事件抗爭行動當中，有比較徹底的對抗意識，以及比較明確的政治主張者，[364] 卻沒有足夠的實力操作甚或主導事件的發展。如張志忠表示，當時發生在臺北、基隆、東部之花蓮、臺東，及南部之高雄、屏東、臺南等地，「均係普通民眾自發的武裝」，新竹、桃園一帶由林元枝領導的武裝行動，亦「與黨無關係」，實際為黨所控制領導的武裝力量，是在中南部。[365] 所指即為謝雪紅在中部的抗爭，以及張志忠在雲嘉一帶的自治聯軍，「但因力量不足，很快就被國軍解決」。[366] 或如葉石濤所言，「這一批整合中的新臺共，已具有雛型的細胞組織，也許有力量個別影響到二二八處理委員會要員的決定和去向，但絕對沒有力量鼓動或激化二二八的發生和開展」。[367]

六、結論

以往官方多將二二八事件的發生與擴大歸咎於共黨策動或煽惑，其中對共黨的指涉，清一色以謝雪紅等舊臺共為主要對象，而忽略了當時已秘密在臺灣各地建立組織、吸收黨員，甚至已連繫運用謝雪紅等舊臺共成員的臺灣省工作委員會之地下黨組織。本文藉由對檔案與口述資料的爬梳與比對，儘量還原戰後初期省工委會的組織發展樣貌，以及其於事件期間的活動情形。由本文的討論可知，省工委會的組織佈置最初由張志忠負責，他於1946年3月末抵臺後，積極與舊臺共成員接觸，以及連絡不同管道的潛伏共黨分子，至1946年6月，省工委會有了初步的組織架構，並在臺舉

---

363 戴國煇、葉芸芸，《愛憎二，二八：神話與史實——解開歷史之謎》，頁262。
364 戴國煇、葉芸芸，《愛憎二，二八：神話與史實——解開歷史之謎》，頁260。
365 〈楊春霖供詞〉（民國39年12月31日），檔號：A305050000C/0036/0410.9/44904440/2/023；〈張志忠訊問筆錄〉（民國39年8月20日），檔號：A305050000C/0036/0410.9/44904440/1/014。
366 〈蔡孝乾自白書及供詞〉，檔號：A305050000C/0036/0410.9/44904440/2/001。
367 葉石濤，《一個臺灣老朽作家的五〇年代》，頁89-90。

行首次省工委會議，由蔡孝乾任書記，張志忠負責組織與財務，洪幼樵擔任宣傳教育。直至1947年二二八事件發生前，省工委會在全臺建有臺北市工作委員會、臺中縣工作委員會，以及臺南市、嘉義市、高雄市三個支部，所屬黨員僅70餘人。

　　觀察省工委會在事件中的活動情形，只能說是因應民意普遍不滿的情勢，亟思就現有人事、組織發揮反抗動能，推波助瀾。就地區來看，東部因組織尚未佈置而可能難有作為之外，本文分北部、中部、南部地區分別探討。北部地區有新聞宣傳、處委會路線，以及學生武裝行動三種。中部地區的抗爭行動，省工委會的角色較為隱晦，臺中縣工委會可能由於組織實力不足，在策略上鼓勵謝雪紅以公開身分進行主導，而省工委會系統儘量隱身其後。至於省工委會在南部地區的活動情形，除李媽兜指揮零星接收武器情事外，主要以張志忠組成五小隊共200餘人的自治聯軍為主要武裝組織。整體來看，省工委會在事件中的反應，以北部較見組織性、計畫性的運作與動員，除學生武裝外，並嘗試以新聞宣傳或處委會路線發揮影響力，中南部則以謝雪紅與張志忠領導的武裝行動為主。

　　就省工委會行動對二二八事件的影響而言，本文從日治以來反共氛圍的限制、省工委會本身的實力、中共中央指示之限制，以及對省工委書記蔡孝乾領導之檢討等面向，進一步探究省工委會對二二八事件可能的作用或影響。二二八事件發生當時，省工委會組織初建，實力有限，只能在各地依既有組織順勢而為，若將事件歸因於共黨，實錯估當時省工委會的實力而誤判歷史事實。值得注意的是，省工委會對二二八事件的影響有限，但二二八事件對省工委會的在臺發展，卻是一個重要的轉折點。事件的發生與官方的不當處置，可能讓原本已是地下黨的成員更加投入工作，如二二八事件後，鍾浩東賣掉他在仁愛路的房子辦《光明報》，專門揭發貪官污吏之事蹟及報導大陸訊息。[368] 此外，二二八事件中參與抗爭行動者，除

---

368 〈檔案7：蔣碧玉〉，無頁碼。

少數左傾或同情共產主義者，絕大多數是對政府施政及處理方式不滿者，集結的群眾力量不能等同於共黨勢力。換言之，事件發生之前，臺島的共黨勢力有限，然而執政當局對事件的處理與事後的鎮壓清鄉，卻使不少人在事件後走向左傾之路，加入中共地下黨的反政府行列。[369] 如美國駐中國大使司徒雷登的相關報告指出，「國民黨政權統治下日益暗淡的前景，讓中共的特工有機會進行宣傳，可靠的報告稱中共的特工有些在臺灣已很活躍」。[370]

省工委會委員兼中部地區負責人洪幼樵亦曾指出，「二二八事變爆發，黨將全部資本投入這偉大洪流，參加與領導群眾向反動者作殊死的鬥爭。隨著事變的失敗，黨員幹部的流亡，敵人的強建，特務的橫行，群眾的害怕，工作走上低潮，中間有幾個月，幾乎陷停頓」，「及至1947年9月以後，工作才開始整理就道，再現生機，並於整個事變過程中，培養了一些堅強積極的幹部」。[371]

據共黨中央於1948年5-6月在香港召開之臺灣工作幹部會議中所提之「關於『二二八』的經驗教訓」中表示，二二八事件發生之前，省工委會成立才半年餘，黨員甚少，事件以後，組織擴大，「黨員數量有急劇的增加」。[372] 黨員數由二二八事件當時之70餘人，至1948年6月香港會議時，已有黨員285人，香港會議後至1950年初蔡孝乾被捕前計約有900餘名。[373]

---

369 葉石濤，《一個臺灣老朽作家的五○年代》，頁56；王崎萍，〈二二八事件中的學生運動〉，《臺灣文獻》（南投）56: 3（2005年9月），頁120-121；王昭文，〈二二八事件的原因、經過、影響及平反概述〉，《神學與教會》（臺南）32: 1（2007年2月），頁27。

370 〈駐中國大使司徒雷登致國務卿電（一四七號）〉（1947年7月8日發於南京，7月8日收到），收於王景弘編譯，《第三隻眼睛看二二八：美國外交檔案揭密》（臺北：玉山社出版事業股份有限公司，2002），頁153。

371 〈國防部保密局印臺中地區工作報告〉（民國40年10月1日），檔案：A803000000A/0014/340.2/5502.3/4/005。

372 〈國防部保密局印關於「二二八」的經驗教訓〉，檔號：A803000000A/0014/340.2/5502.3/4/001。

373 〈蔡孝乾自白書及供詞〉，檔號：A305050000C/0036/0410.9/44904440/2/001；司法行政部調

即如葉石濤所言，戰後的共黨勢力，在二二八事件之前，「只是散在這島上的地上之鹽而已，並沒有組織，也沒有匯集成一股力量」，而「蔡孝乾所領導的臺共省工作委員會獲得肥沃的發展地盤，卻是二二八的屠殺帶給他的禮物」。[374]

　　1950年5月遭保密局偵破之省工委會系統之學委會案的諸多成員，即多係二二八事件後加入地下黨組織，如李水井（1947年5月）、[375] 陳水木（1947年5月）、[376] 楊廷椅（1947年5、6月）、[377] 鄭文峰（1947年6月）、[378] 陳金目（1947年9月）、[379] 鄭澤雄（1947年10月）、[380] 賴裕傳（1947年11月）[381] 等人。[382] 其中陳水木在偵訊時表示，參加共黨是因爲「眼見政府一

查局編，《臺灣光復後之「臺共」活動》，頁31；中共問題原始資料編委會編，《中共的特務活動》，頁331。調查局後來的調查並認爲，1948年6月至1949年10月，這一時期，可以說是「臺省工委」的「黃金時代」，但因工作過分暴露，當各地的組織處於「迎接解放」之高潮中，「臺省工委」即遭到政府之迎頭痛擊，開始走上覆滅道路。參見司行政部調查局編，《臺灣光復後之「臺共」活動》，頁54。

374　葉石濤，《一個臺灣老朽作家的五〇年代》，頁89-90。

375　〈李水井訊問筆錄〉，《李水井等叛亂案》，「國防部軍法局檔案」，檔號：B3750347701/0039/3132073/73。

376　〈陳水木訊問筆錄〉，《李水井等叛亂案》，「國防部軍法局檔案」，檔號：B3750347701/0039/3132073/73。

377　〈楊廷椅訊問筆錄〉，檔號：B3750347701/0039/3132073/73。

378　〈鄭文峰訊問筆錄〉，《李水井等叛亂案》，「國防部軍法局檔案」，檔號：B3750347701/0039/3132073/73。

379　〈陳金目訊問筆錄〉（民國39年9月12日），《李水井等叛亂案》，「國防部軍法局檔案」，檔號：B3750347701/0039/3132073/73。

380　〈鄭澤雄訊問筆錄〉（民國39年7月19日），《李水井等叛亂案》，「國防部軍法局檔案」，檔號：B3750347701/0039/3132073/73。

381　〈賴裕傳訊問筆錄〉（民國39年9月13日），《李水井等叛亂案》，「國防部軍法局檔案」，檔號：B3750347701/0039/3132073/73。另一說係1947年12月，參見〈賴裕傳訊問筆錄〉（民國39年6月16日），《李水井等叛亂案》，「國防部軍法局檔案」，檔號：B3750347701/0039/3132073/73。

382　臺灣省工作委員會學委會係保密局於1950年5月10日偵破，涉案者共44人，其中李水井、楊廷椅、陳水木、黃師廉、陳金目、賴裕傳、吳瑞爐、王超群、葉盛吉、鄭澤雄等10人遭處

班貪官污吏，接收情形很壞，尤其處理『二二八』事件失當」，「就是對政府反感而參加的」。[383] 陳金目則言參加共黨係因「對政府處置『二二八』事件不滿，所以參加，想改革臺灣政治風氣」。[384] 或如傅慶華被捕後的自白表示，二二八事件的發生，「讓意識還正在苦悶矛盾著的我」，「苦悶和矛盾更增加了，越想越進入迷糊了，到底我們要的是那樣的祖國呢。嗚呼！臺灣人應往何路線！」「我為了要解決我自己的苦悶，我開始找書看。第一個是唯物史觀，繼著看辯證法唯物論，我從這裡吸收了會給我解決苦悶的革命意識」。[385] 陳明忠也表示，事件平息後，「我就在農學院繼續念書，一年後秘密加入了共產黨地下組織」，「當時很多臺灣青年都是在二二八後，從白色祖國轉向紅色祖國，開始左傾的」。[386]

死刑，於同年11月29日執行槍決。參見〈臺灣省工作委員會學委會案〉，收於國家安全局編、李敖審定，《安全局機密文件：歷年辦理匪案彙編（下）》，頁93-105。

[383] 〈陳水木訊問筆錄〉，檔號：B3750347701/0039/3132073/73。

[384] 〈陳金目訊問筆錄〉（民國39年9月12日），檔號：B3750347701/0039/3132073/73。

[385] 〈傅慶華自白書〉，《傅慶華等叛亂案》，「國防部後備司令部檔案」，檔：A305440000C/0040/273.4/815。傅慶華屬「臺北市工委會松山第六機廠支部案」，於1951年1月由高雄縣警察局協同臺灣省保安司令部高雄諜報組共同偵破，同年4月遭判死刑，24日執行槍決。參見〈臺北市工委會松山第六機廠支部傅慶華等叛亂案〉，收於國家安全局編、李敖審定，《安全局機密文件：歷年辦理匪案彙編（上）》，頁92。

[386] 李娜整理編輯、呂正惠校訂，《無悔：陳明忠回憶錄》，頁94-95。

引用書目

「國防部後備司令部檔案」，檔號：A305440000C/0040/273.4/815、A305440000C/0044/276.11/10、A305440000C/0042/276.11/116、A305440000C/0043/276.11/97、A305440000C/0044/276.11/49、A305440000C/0045/276.11/9122.36。新北：行政院國家發展委員會檔案管理局藏。

「國防部軍事情報局檔案」，檔號：A305050000C/0036/0410.9/44904440/1/007、A305050000C/0036/0410.9/44904440/1/012、A305050000C/0036/0410.9/44904440/1/014、A305050000C/0036/0410.9/44904440/1/015、A305050000C/0036/0410.9/44904440/1/024、A305050000C/0036/0410.9/44904440/1/028、A305050000C/0036/0410.9/44904440/2/001、A305050000C/0036/0410.9/44904440/2/023、A305050000C/0036/0410.9/44904440/2/025。新北：行政院國家發展委員會檔案管理局藏。

「國防部軍法局檔案」，檔號：B3750347701/0039/3132063/63、B3750347701/0039/3132063/63/1/001、B3750347701/0039/3132073/73、B3750347701/0039/3132099/99、B3750347701/0040/3132113/113/1/001、B3750347701/0040/3132177/177、B3750347701/0041/3132202/202、B3750347701/0041/3132256/256、B3750347701/0042/3132293/293、B3750347701/0042/3132301/301、B3750347701/0042/3133083/83、B3750347701/0043/3132364/364、B3750347701/0044/3132408/408、B3750347701/0045/3132440/440。新北：行政院國家發展委員會檔案管理局藏。

「國防部軍務局檔案」，檔號：B3750187701/0039/1571/75294480、B3750187701/0039/1571/87421210、B3750187701/0039/1571.3/1111/7/035、B3750187701/0040/1571.3/1111、B3750187701/0041/1571.3/1111/36/070。新北：行政院國家發展委員會檔案管理局藏。

「國家安全局檔案」，檔號：A803000000A/0014/340.2/5502.3/4/001、A803000000A/0014/340.2/5502.3/4/005、A803000000A/0037/340.2/5502.3、A803000000A/0039/340.2/5502.3/13/001。新北：行政院國家發展委員會檔案管理局藏。

「蔣經國總統文物」，典藏號：005-010100-00050-004。臺北：國史館藏。

中央改造委員會第六組（編）

1951 〈共匪在臺的組織與活動〉。臺北：法務部調查局。

中央研究院近代史研究所（編）

　　1997　《二二八事件資料選輯㈥》。臺北：中央研究院近代史研究所。

中共問題原始資料編委會（編）

　　1983　《中共的特務活動》。臺北：黎明文化事業股份有限公司。

中國第二歷史檔案館（編）

　　1991　《臺灣二‧二八事件檔案史料》。北京：檔案出版社。

王峙萍

　　2005　〈二二八事件中的學生運動〉，《臺灣文獻》（南投）56(3): 105-128。

王昭文

　　2007　〈二二八事件的原因、經過、影響及平反概述〉，《神學與教會》（臺南）32(1): 12-33。

王昭文（訪問、記錄）

　　1995　〈鄭鳳章、許坤玉、葉順生等人訪問紀錄〉，收於張炎憲等採訪、記錄，《諸羅山城二二八》，頁11-17。臺北：自立晚報社文化出版部。

王健英

　　1995　《中國共產黨組織史資料彙編：領導機構沿革和成員名錄（增訂本‧從一大至十四大）》。北京：中共中央黨校出版社。

王　強

　　2007　〈我當地下交通員〉，《源流》（廣州）2007(10): 20-21。

王景弘（編譯）

　　2002　《第三隻眼睛看二二八：美國外交檔案揭密》。臺北：玉山社出版事業股份有限公司。

王逸石

　　1995　〈鳳凰花與臺灣連翹〉，收於張炎憲等採訪、記錄，《諸羅山城二二八》，頁1-8。臺北：自立晚報社文化出版部。

王漢威

　　2011　〈戰後中國共產黨臺灣省工作委員會的組織與運作（1946-1950）〉。彰化：國立彰化師範大學政治學研究所碩士論文。

王樹人

　　2014　〈中共中央歷史上成立的各中央局簡介〉，《黨史博采（紀實）》（石家莊），2014(1): 40-45。

王　豔、徐曉晨

　　2015　〈黨的地下交通員〉,《共產黨員（河北）》（石家莊）2015(18): 28。

司法行政部調查局（編）

　　1977　《臺灣光復後之「臺共」活動》。臺北：司法行政部調查局。

古瑞雲

　　1990　《臺中的風雷：跟謝雪紅在一起的日子裡》。臺北：人間出版社。

石崇科

　　1989　〈在十六字方針指引下鬥爭前進：解放戰爭時期北平地下鬥爭的基本經驗之
　　　　　一〉,《北京黨史研究》（北京）1989(6): 14-22。

安　捷

　　1985　〈我的秘密交通員工作〉,《北京黨史資料通訊》（北京）31: 41-48。

何　眴（錄音整理）

　　1993　〈楊逵口述：二二八事件前後〉,收於葉芸芸編寫,《證言2‧28》,頁14-22。
　　　　　臺北：人間出版社。

何經泰

　　1991　《白色檔案：一段被刻意遺忘的恐怖紀實‧何經泰攝影集》。臺北：時報文化
　　　　　出版企業股份有限公司。

何義麟

　　2008　〈自由報〉,收於張炎憲主編,《二二八事件辭典》,頁111-112。臺北：國史
　　　　　館、財團法人二二八事件紀念基金會。

吳克泰

　　2000　〈臺灣「二二八」起義親歷者的評說〉,《炎黃春秋》（北京）2000(3): 7-13。

　　2001　〈中共臺灣地下黨張志忠烈士〉,《炎黃春秋》（北京）2001(7): 40-41。

　　2002　《吳克泰回憶錄》。臺北：人間出版社。

　　2004　〈「一‧九」學生運動、「二二八」事變〉,收於王曉波編,《臺盟與二二八事
　　　　　件》,頁295-323。臺北：海峽學術出版社。

李　娜（整理編輯）、呂正惠（校訂）

　　2014　《無悔：陳明忠回憶錄》。臺北：人間出版社。

李偉光（自述）、蔡子民（整理）

　　2007　〈一個臺灣知識份子的革命道路〉,收於李玲虹、龔晉珠編,《臺灣農民運動先
　　　　　驅者：李偉光（上卷）》,頁1-23。臺北：海峽學術出版社。

李筱峰

　　1992　〈「二二八事件處理委員會」與陳儀的對策〉，收於陳琰玉、胡慧玲編，《二二
　　　　　八學術研討會論文集（1991）》，頁167-194。臺北：自立晚報社文化出版部。

沈懷玉（訪問）、曹如君（記錄）

　　1999　〈蘇友鵬先生訪問紀錄〉，收於呂芳上計畫主持、卞鳳奎編輯，《戒嚴時期臺北
　　　　　地區政治案件相關人士口述歷史（上）：白色恐怖事件查訪》，頁82-93。臺
　　　　　北：臺北市文獻委員會。

周　明（口述）、何　　晌（訪問整理）

　　1993　〈周明談二二八〉，收於葉芸芸編寫，《證言2·28》，頁70-80。臺北：人間出
　　　　　版社。

周　青

　　1995　〈抗爭、光復、暴動、逃亡：往事回憶錄〉，《臺灣研究》（北京）1995(3): 29-34。

周　焰、柳宏爲

　　2012　〈中共中央華中分局在蘇皖解放區〉，《檔案與建設》（南京）2012(12): 21-24。

周夢江

　　1993　〈二二八事變見聞記〉，收於葉芸芸編寫，《證言2·28》，頁167-175。臺北：
　　　　　人間出版社。

房建昌

　　1998　〈蔡孝乾與臺灣共產黨〉，《文史精華》（石家莊）1998(10): 9-14。

林正慧

　　2017　〈隱身的左翼武裝：二二八事件中的自治聯軍〉，收於許文堂主編，《軍事佔領
　　　　　下的臺灣（1945-1952）》，頁281-360。臺北：社團法人臺灣教授協會。

林至潔（訪問）、黃美滋（記錄）

　　2003　〈張金爵女士訪問紀錄〉，收於許雪姬、薛化元、陳儀深編，《「戒嚴時期政治
　　　　　案件」專題研討會論文暨口述歷史紀錄》，頁287-352。臺北：財團法人戒嚴
　　　　　時期不當叛亂暨匪諜審判案件補償基金會。

林邑軒

　　2012　〈來自彼岸的紅色浪潮：從意義中介視角重構戰後初期「省工委」的地下革命
　　　　　行動〉。臺北：國立臺灣大學社會學系碩士論文。

林瓊華

　　2016　〈背叛與沈冤的辯證：關於謝雪紅離開二七部隊的歷史問題〉，發表於臺中市新
　　　　　文化協會、國立臺中教育大學臺灣語文學系主辦，「2016重現二七部隊學術研

討會」。臺中：國立臺中教育大學求眞樓 K107 演講廳，12月11日。

林獻堂（著）、許雪姬（主編）

2011 《灌園先生日記㈨一九四七年》。臺北：中央研究院臺灣史研究所、中央研究院近代史研究所。

侯坤宏（編）

2008 《二二八事件檔案彙編㈦：大溪檔案》。臺北：國史館。

侯坤宏、許進發（編）

2002 《二二八事件檔案彙編㈠：立法院、國家安全局檔案》。臺北：國史館。

2002 《二二八事件檔案彙編㈡：國家安全局檔案》。臺北：國史館。

2002 《二二八事件檔案彙編㈨：國家安全局、臺灣省諮議會檔案》。臺北：國史館。

柯遠芬

1990 〈事變十日記（三續）〉，收於翁椿生、周茂林、朱文字主編，《衝越驚濤的年代》，頁196-197。臺北：臺灣新生報出版社。

胡慧玲、林世煜（採訪記錄）

2003 〈張金爵：省工委風雲之女〉，收於盧兆麟等口述，胡慧玲、林世煜採訪記錄，《白色封印：白色恐怖1950》，頁105-159。臺北：國家人權紀念館籌備處。

胡鑫麟（口述）、胡慧玲（撰文）

1995 〈醫者之路〉，收於胡慧玲，《島嶼愛戀》，頁92-150。臺北：玉山社出版事業股份有限公司。

范燕秋

2008 〈樂信・瓦旦與二二八事件中泰雅族的動態：探尋戰後初期臺灣原住民菁英的政治實踐〉，收於許雪姬主編，《二二八事件60週年紀念論文集》，頁365-391。臺北：臺北市政府文化局。

唐寶林

2011 〈中共中央上海局與吳石將軍及其犧牲情況補記〉，《百年潮》（北京）2011(8): 78-80。

徐秀慧

2003 〈光復初期的左翼言論、民主思潮與二二八事變〉，發表於國立臺灣大學東亞文明研究中心主辦，「光復初期的臺灣（1945-1949）」學術研討會。臺北：國立臺灣大學東亞文明研究中心演講廳，12月6日。

高鴻達、夏燕

2007 〈歷史上的中共中央上海局〉，《黨史縱橫》（瀋陽）2007(3): 21-22。

國家安全局（編）、李敖（審定）

　　1991　《安全局機密文件：歷年辦理匪案彙編（上）、（下）》。臺北：李敖出版社。

張文正（口述），張炎憲、王昭文（訪問），王昭文（記錄）

　　1995　〈張文正先生訪問紀錄（嘉義縣縣議會議長，見證者）〉，收於張炎憲等採訪、
　　　　　記錄，《嘉雲平野二二八》，頁357-364。臺北：自立晚報社文化出版部。

張永傑

　　2016　〈中共中央華東局的「姻緣譜系」〉，《上海黨史與黨建》（上海）2016(5): 8-10。

張炎憲、王昭文、高淑媛（訪問），高淑媛（記錄）

　　1995　〈黃清標先生訪問紀錄〉，收於張炎憲等採訪、記錄，《嘉雲平野二二八》，頁
　　　　　83-93。臺北：自立晚報社文化出版部。

張炎憲、李筱峰（編）

　　1989　《二二八事件回憶集》。臺北：稻鄉出版社。

張炎憲、高淑媛（訪問），高淑媛（記錄）

　　1994　〈李鹿訪問紀錄〉，收於張炎憲、王逸石、王昭文、高淑媛採訪記錄，《嘉義北
　　　　　回二二八》，頁201-218。臺北：自立晚報社文化出版部。

張執一

　　1992　〈在敵人的心臟裡：我所知道的中共中央上海局〉，收於熊向暉，《中共地下黨
　　　　　現形記》，頁127-161。臺北：傳記文學出版社。

張惠卿

　　2011　〈張執一與隱蔽戰線工作〉，《炎黃春秋》（北京）2011(11): 43-46。

張傳仁

　　2004　《謝雪紅與臺灣民主自治同盟》。廣州：廣東人民出版社。

梁正杰

　　2008　〈臺灣省工作委員會相關政治案件之研究（1946-1961）〉。臺北：國立政治大
　　　　　學臺灣史研究所碩士論文。

梁秋華

　　2011　〈血灑臺灣的中共地下黨英烈林英傑〉，《紅廣角》（廣州）2011(11): 40-42。

梁　鏵

　　2012　〈在臺灣犧牲的中共黨員梁錚卿〉，《紅廣角》（廣州）2012(12): 35-38。

許雪姬

　　2003　〈滿洲經驗與白色恐怖：「滿洲建大等案」的實與虛〉，收於許雪姬、薛化元、
　　　　　陳儀深編，《「戒嚴時期政治案件」專題研討會論文暨口述歷史紀錄》，頁

　　　　1-39。臺北：財團法人戒嚴時期不當叛亂暨匪諜審判案件補償基金會。

許雪姬（主編）

　　2016 《保密局臺灣站二二八史料彙編(二)》。臺北：中央研究院臺灣史研究所。

　　2017 《保密局臺灣站二二八史料彙編(五)》。臺北：中央研究院臺灣史研究所。

許雪姬（訪問）、吳美慧（記錄）

　　1992 〈高總成先生訪問紀錄〉，收於行政院研究二二八事件小組編著，《二二八事件研究報告・附錄二：重要口述歷史(二)》，頁1-10。臺北：行政院研究二二八事件小組。

許雪姬、方惠芳（訪問），許雪姬（記錄）

　　1992 〈葉石濤先生訪問紀錄〉，《口述歷史》（臺北）3: 123-130。

許進發（編）

　　2008 《戰後臺灣政治案件：簡吉案史料彙編》。臺北：國史館。

陳正茂

　　2009 〈記光復初期中共在臺之地下組織：「臺灣省工作委員會」〉，《北臺灣科技學院通識學報》（臺北）5: 183-209。

陳明忠、陳敏鳳、郭承啓

　　2007 《二二八的另一個角落》。臺北：愛鄉出版社。

陳芳明

　　1991 《謝雪紅評傳：落土不凋的雨夜花》。臺北：前衛出版社。

陳炳基

　　1987 〈紀念臺灣人民「二・二八」起義四十週年〉，收於臺灣民主自治同盟編，《歷史的見證：紀念臺灣人民「二・二八」起義四十週年》，頁18-25。北京：臺灣民主自治同盟。

　　2000 〈悼念葉紀東同志〉，《臺聲》（北京）2000(4): 28-30。

陳　雲

　　1984 〈建立白區工作的幾個重要問題〉（1934年6月7日），收於中共中央書記處研究室編，《陳雲文選（1926-1949年)》，頁25-28。北京：人民出版社。

陳翠蓮

　　2003 《派系鬥爭與權謀政治：二二八悲劇的另一面相》。臺北：時報文化出版企業股份有限公司。

　　2006 〈戰後臺灣菁英的憧憬與頓挫：延平學院創立始末〉，《臺灣史研究》（臺北）13(2): 123-167。

2017 《重構二二八：戰後美中體制、中國統治模式與臺灣》。新北：衛城出版社。

陳儀深

1992 〈論臺灣二二八事件的原因〉，收於陳琰玉、胡慧玲編，《二二八學術研討會論
文集（1991）》，頁27-76。臺北：自立晚報社文化出版部。

曾永賢（口述），張炎憲、許瑞浩（訪問），許瑞浩、王峙萍（記錄）

2009 《從左到右六十年：曾永賢先生訪談錄》。臺北：國史館。

曾建元

2010 〈黃院士的中共論述與最新發現：中國共產黨與臺灣二二八事變〉，收於朱浤
源主編，《二二八研究的校勘學視角：黃彰健院士追思論文集》，頁134-176。
臺北：文史哲出版社有限公司，2010。

費雲東、劉靜一

2011 〈解放戰爭中的檔案工作之二：各中央局的檔案工作〉，《檔案天地》（石家莊）
2011(11): 38-41。

黃秀政

1997 〈傳記與戰後臺灣史研究：以鍾著《辛酸六十年》和古著《臺中的風雷》為
例〉，《國立中興大學臺中夜間部學報》（臺中）3: 281-295。

黃秀政（訪問）、連偉齡（記錄）

1992 〈黃金島：身為受難者談二二八真相〉，收於行政院研究二二八事件小組編
著，《二二八事件研究報告·附錄二：重要口述歷史㈠》，頁1-7。臺北：行政
院研究二二八事件小組。

黃金島（著），潘彥蓉、周維朋（整理）

2004 《二二八戰士：黃金島的一生》。臺北：前衛出版社。

楊克煌

1956 《臺灣人民民族解放鬥爭小史》。武漢：湖北人民出版社。

楊克煌（遺稿）、楊翠華（整理）

2005 《我的回憶》。臺北：楊翠華。

葉石濤

1991 《一個臺灣老朽作家的五○年代》。臺北：前衛出版社。

葉芸芸

1993 〈「山水亭」舊事：陳逸松談二二八前後的蘇新、林日高、李友邦、林添丁和
呂赫若〉，收於葉芸芸編寫，《證言2·28》，頁109-118。臺北：人間出版社。

1993 〈L氏的回憶：二月事件中的臺中市〉，收於葉芸芸編寫，《證言2·28》，頁

155-161。臺北：人間出版社。

1993 〈二二八事件和臺北學生：訪葉紀東先生〉，收於葉芸芸編寫，《證言2‧28》，頁89-93。臺北：人間出版社。

1993 〈二二八事變中的謝雪紅：訪周明談謝雪紅、「二七部隊」、吳振武和鍾逸人〉，收於葉芸芸編寫，《證言2‧28》，頁33-40。臺北：人間出版社。

1993 〈三位臺灣新聞工作者的回憶：訪吳克泰、蔡子民、周青〉，收於葉芸芸編寫，《證言2‧28》，頁94-108。臺北：人間出版社。

葉紀東

2000 《海峽兩岸皆我祖鄉：一個臺灣知識份子的兩岸情結》。臺北：人間出版社。

2004 〈從高雄苓雅寮到北京〉，收於王曉波編，《臺盟與二二八事件》，頁277-294。臺北：海峽學術出版社。

廖建超（採訪、撰稿）

2016 〈從民軍二七部隊到翻譯史書：蔡伯壎〉，收於陳彥斌主編，《黯到盡處，看見光：臺中政治受難者暨相關人士口訪紀錄》，頁216-223。臺中：臺中市政府文化局。

臺灣省文獻委員會（編）

1995 《二二八事件文獻輯錄》。南投：臺灣省文獻委員會。

臺灣省行政長官公署

1991 〈臺灣省二二八暴動事件報告〉（1947年3月30日），收於鄧孔昭編，《二二八事件資料集》，頁393-416。臺北：稻鄉出版社。

裴可權

1988 《臺共叛亂及覆亡經過紀實》。臺北：臺灣商務印書館。

趙　林

2015 〈浙東女地下交通員萬憶琴〉，《鐵軍》（南京）2015(4)：32-33。

劉英昌（口述）、吳國禎（整理）

2007 〈我的臺灣地下黨經歷〉，《新遠見》（北京）2007(3)：82-88。

蔡子民

1987 〈憶「二二八」與王添灯〉，收於臺灣民主自治同盟編，《歷史的見證：紀念臺灣人民「二‧二八」起義四十週年》，頁68-74。北京：臺灣民主自治同盟。

蔡西濱

2009 〈中共地下黨「臺灣省工作委員會」（1946-1950）：以臺北市地區為研究中心〉。新北：淡江大學歷史學系碩士論文。

蔡孝乾

1958 〈爲反共復國解救大陸同胞而奮鬥〉，收於國防部總政治部編，《謝雪紅的悲劇》，頁20-25。臺北：國防部總政治部。

2002 《臺灣人的長征紀錄：江西蘇區‧紅軍西竄回憶》。臺北：海峽學術出版社。

蕭明治

2008 〈陳篡地〉，收於張炎憲主編，《二二八事件辭典》，頁453。臺北：國史館、財團法人二二八事件紀念基金會。

賴澤涵（總主筆）

1994 《「二二八事件」研究報告》。臺北：時報文化出版企業股份有限公司。

戴國煇、葉芸芸

1992 《愛憎二‧二八：神話與史實——解開歷史之謎》。臺北：遠流出版事業股份有限公司。

鍾逸人

1988 《辛酸六十年：二二八事件二七部隊部隊長鍾逸人回憶錄》。臺北：自由時代出版社。

藍博洲

1991 《沉屍‧流亡‧二二八》。臺北：時報出版企業股份有限公司。

2004 〈楊逵與中共臺灣地下黨的關係初探〉，《批判與再造》（臺北）12: 39-58。

2007 〈註仔：二‧二八臺北武裝計畫總指揮李中志〉，收於陳映眞總編輯，《2‧28六十周年特輯》，頁252-283。臺北：人間出版社。

魏永竹（主編）

1995 《二二八事件文獻續錄》。南投：臺灣省文獻委員會。

魏永竹、李宣鋒（主編）

1994 《二二八事件文獻補錄》。南投：臺灣省文獻委員會。

蘇 新

1993 〈王添灯先生事略〉，收於葉芸芸編寫，《證言2‧28》，頁41-60。臺北：人間出版社。

蘇 新（遺稿）

1993 〈關於「二二八事件處理委員會」〉，收於葉芸芸編寫，《證言2‧28》，頁61-69。臺北：人間出版社。

蘇慶軒

2008 〈國家建制與白色恐怖：五〇年代初期臺灣政治案件形成之原因〉。臺北：國

立臺灣大學政治學系碩士論文。

Snow, Helen

    1979   *Inside Red China*. New York: Da Capo Press.

中統局臺灣調統室與二二八[*]

吳俊瑩

國史館助修；國立臺灣大學歷史學系博士候選人

一、前言

　　中統局，是中國國民黨中央委員會調查統計局的簡稱（下稱「中統局」或「中央調查統計局」）。臺灣調統室（臺調室），是臺灣省黨部調查統計室的簡稱，爲中統局在臺的最重要的組織。關於情治機關在二二八時的角色與作爲，過去已有陳翠蓮、侯坤宏、林正慧因國家安全局及中央研究院臺灣史研究所購得之國防部保密局臺灣站史料相繼面世，[1] 對於保密局／保密局臺灣站的佈建，以及情治人員如何煽風點火、製造混亂乃至從事反

---

[*] 感謝許進發教授在初稿發表時在資料與論證上所提供的寶貴意見。另感謝陳翠蓮教授惠借資料，以及林正慧女士、曾令毅先生及兩位審查人在相關材料及文章結構上所給予的協助與建議。

[1] 侯坤宏、許進發編，《二二八事件檔案彙編㈠：立法院、國家安全局檔案》（臺北：國史館，2002）；侯坤宏、許進發編，《二二八事件檔案彙編㈡：國家安全局檔案》（臺北：國史館，2002）；侯坤宏、許進發編，《二二八事件檔案彙編㈥：國家安全局檔案》（臺北：國史館，2004）；許雪姬主編，《保密局臺灣站二二八史料彙編㈠》（臺北：中央研究院臺灣史研究所，2015）；許雪姬主編，《保密局臺灣站二二八史料彙編㈡》（臺北：中央研究院臺灣史研究所，2016）；許雪姬主編，《保密局臺灣站二二八史料彙編㈢》（臺北：中央研究院臺灣史研究所，2016）；許雪姬主編，《保密局臺灣站二二八史料彙編㈣》（臺北：中央研究院臺灣史研究所，2017）。

間工作等議題，研究細膩而深入，使得我們對潛藏於晦暗底層的二二八暗黑面，有了進一步的認識，也是十年來二二八研究有較大突破的地方。[2]至於其他兩個南京在臺情報機關——中統局臺灣調統室及憲兵司令部憲兵第四團，苦於巧婦難爲無米之炊，缺乏材料可供進一步探究。

　　1992年行政院研究二二八事件小組所提出的《二二八事件研究報告》，曾利用大溪檔案（蔣中正總統文物），指出保密局、中統局均渲染事件的嚴重性，而使蔣中正認爲事態嚴重，派兵來臺鎮壓，[3] 2006年《二二八事件責任歸屬研究報告》陳翠蓮執筆的第四章〈臺灣軍政層面的責任〉，特闢「情治人員」一節，探討臺灣省警備總司令部（下稱「警備總部」）調查室、保密局、憲兵第四團、中國國民黨臺灣省黨部等機關團體移入臺灣的情況、事件中行動及責任，可說較爲全面地檢視情治人員與二二八的關係。[4]至於當時在臺最大特務勢力的保密局在事件中的角色，包括滲透各地處理委員會的情況、運用流氓黑白共治，捏造情報誇張動亂情勢，乃至以恐怖行動進行密裁等手段，林正慧、許雪姬有整體性的觀察，陳翠蓮則有細緻的研究成果。[5]但學界目前對另一特務單位中統局，受限材料不足及組織規模未若保密局，未見專門討論，比較多是從派系鬥爭觀察省黨部主委

2 陳翠蓮，《派系鬥爭與權謀政治：二二八悲劇的另一面相（臺北：時報文化出版企業股份有限公司，1995）；陳翠蓮，〈臺灣軍政層面的責任〉，收於李旺台、楊振隆總策劃，《二二八事件責任歸屬研究報告》（臺北：財團法人二二八事件紀念基金會，2006），頁171-335；陳翠蓮，《重構二二八：戰後美中體制、中國統治模式與臺灣》（新北：衛城出版社，2017），第五章特務、派系與二二八事件；侯坤宏，〈情治單位在二二八事件中的角色〉，收於侯坤宏，《研究二二八》（臺北：博揚文化事業有限公司，2011），頁101-159；林正慧，〈二二八事件中的保密局〉，《臺灣史研究》（臺北）21: 3（2014年9月），頁1-64。

3 賴澤涵總主筆，《「二二八事件」研究報告》（臺北：時報文化出版企業股份有限公司，1994），頁144、203、411。

4 陳翠蓮，〈臺灣軍政層面的責任〉，頁306-308、324-325。

5 林正慧，〈二二八事件中的保密局〉，頁28-42；許雪姬，〈「保密局臺灣站二二八史料」的解讀與研究〉，《臺灣史研究》（臺北）21: 4（2014年12月），頁204-208；陳翠蓮，《重構二二八：戰後美中體制、中國統治模式與臺灣》，頁256-278。

李翼中在事件中的行動。[6]

　　本文之所以能對中統局臺灣調統室增進一點了解，主因是在原國史館藏《總統府檔案》中[7]發現一批以國民政府參軍處軍務局爲核心的二二八相關檔案，原檔案保存機關總統府將卷名編爲〈奸匪潛臺份子活動及調查情形（特存文件）〉、〈臺灣二二八事件㈠時存文件〉、〈臺灣二二八事件㈡特存文件〉，[8]當中出土了數件中統局過去未曾曝光的情報。上開檔案雖與大溪檔案同樣源自總統府，但性質稍有不同。今大溪檔案所見二二八相關檔案，如屬國民政府參軍處軍務局呈蔣中正過目者，其相關情報之原始材料及處理經過，以及經軍務局過濾、摘鈔前的各方情報檔案原件，部分見諸上開檔案，是原始性更高的史料。軍務局是戰後蔣中正的軍政核心幕僚機關，也是各方情報的匯總單位，該局須就各項情報預先研判、擬辦，將各方情報進行統整編排，乃至召開情報檢討會議。該局在作業過程所留下的情報提要，在今原件佚失或尚未出土下，更顯彌足珍貴。儘管此批檔案並未保留當時所有各機關提送軍務局之情報原件，但對我們認識對情治單位在二二八事件所扮演角色，得以向前推進一小步。

　　本文除受惠於前開材料，將利用《二二八事件檔案彙編》、臺中市政府檔案、中國國民黨黨史館史料、回憶錄等，集中探討中統局／臺調室在二二八期間的相關作爲。本文除前言與結論，分爲中統局及所屬調統室、情報傳遞的樞紐：軍務局、臺灣調統室電發之情報、臺灣調統室在二二八事件中之行動、秋後算帳：蘇泰楷被捕等五節。

6　陳翠蓮，《重構二二八：戰後美中體制、中國統治模式與臺灣》，頁283-285。

7　本批檔案已於2017年5月11日移轉行政院國家發展委員會檔案管理局。參見〈系統公告〉，「國史館檔案史料文物查詢系統」網站，下載日期：2017年9月6日，網址：http://ahonline.drnh.gov.tw/index.php?act=Landing/announcement。

8　此批檔案已整理出版。參見薛月順編，《二二八事件檔案彙編㈭：總統府檔案》（臺北：國史館，2017）；何鳳嬌編，《二二八事件檔案彙編㈮：總統府檔案》（臺北：國史館，2017）。

二、中統局及所屬調統室

中統與軍統是中國國民黨／國民政府的二大特務機關，組織之分合與變動，詳如圖1。

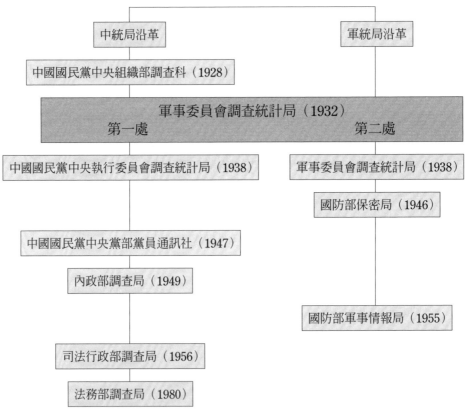

圖1、中統局與軍統局沿革

說明：茲以一例說明中統局與調查局前後相承關係。1956年4月前中統局局長葉秀峰欲向臺灣土地銀行公產代管部承購現租之特種房地產，但因職務緣故，戶口資料係用化名，更改費時，後由調查局局長季源溥出具證明書，證明「老長官」葉秀峰的身分。參見〈內政部調查局證明書〉（1956年5月4日），《葉秀峰購屋》，「國有財產局檔案」（臺北：國史館藏），入藏登錄號：045000007933A。

製圖：林正慧

　　表1是1947年中統局、保密局、國防部第二廳之工作計畫，從工作計畫內容來看，中統局與保密局業務明顯重疊，均以對奸僞情報鬥爭爲中心。若以機關中心工作論之，1947年時中統局被分配的核心業務是對奸僞之情報與鬥爭、黨政調查及黨政人員貪污不法之檢舉、各黨派社團調查及聯絡運用、本黨黨員之監察等，側重中共地下組織的活動偵察防制以及從政同志監察工作。保密局分配到對奸僞之情報與鬥爭及策反、各黨派社團調查及聯絡運用、邊疆情報、貪污不法之調查檢舉（以國營事業、財政稅

表1、中統局、保密局、國防部第二廳三十六年度工作計畫提要項目

中　統　局	保　密　局	國防部第二廳
中央黨政軍一般動態調查	情報布置工作	加強情報組織
中共在各學校內組織活動調查	策反工作	調整加強通訊聯絡
中共在各種產業工人中之組織活動調查	奸區破壞工作	擴大心理作戰
其他各黨派之組織及活動情況調查	奸僞偵防工作	嚴密監督實施各項防諜保密法令
分化爭取與防制工作	心理作戰工作	密碼改進
黨政機構重要設施工作效率及黨員對黨的決議執行情形之調查	對蘇聯防碟工作	加強偵測破密工作
宗教組織之調查及聯絡運用	黨派偵查工作	培育情報專才
教育團體之調查及聯絡運用	社團聯絡工作	資料整理
貪污案件之秘密檢舉	檢舉貪污工作	
黨員調查網之建立與運用	經濟調查工作	
	電訊保密工作	

資料來源：〈俞濟時呈蔣中正保密中統兩局及國防部二廳三十六年工作計畫提要〉（1947年2月26日），《革命文獻—戡亂軍事：一般策畫與各方建議㈠》，「蔣中正總統文物」（臺北：國史館藏），入藏登錄號：002-020400-00012-010。

收機關及各軍事機關部隊學校經理人員、兵站人員爲主〕〔按：底線爲筆者所加，以下同〕；國防部第二廳則比較偏重國際聯絡及情報技術問題，包括國內外軍事情報及國際共黨與中共聯繫情況之調查、密碼偵譯與電信監察、策反及防諜保密，以情報技術面及國際情報交換爲主。中統與保密局工作多所重疊，雖可能發生踩線情況，但就高層而言，可收互相查對之效。除上開情治單位，憲兵司令部除調查軍人風紀及檢舉軍隊貪污不法等軍事警察任務外，尚有防奸防諜及行動工作，[9] 二二八事件爆發時，憲兵司令部亦是國民政府乃至蔣中正的重要情報來源之一。

　　1938年中統局化暗爲明正式成立後，各省、特別市及鐵路黨部均設有調查統計室，是附掛在省市黨部內的特務組織。據長期在局本部任職的張國棟指出，表面上調查統計室作爲該省、市、鐵路黨部的一個組成部分，受黨部主任委員指導和監督，但調統室的人事調動、工作活動均由中統局直接任免與指揮，非地方黨部主委所能過問。但爲取得省黨部的經費以及使用省黨部名義對外活動，對黨部主委仍須「盡力敷衍應付」。[10] 中央黨部內的情況亦復如此，中統與黨務系統的人員，界線清楚，頗有井水不犯河水之感。[11] 至於中統局的規模，1945年2月葉秀峰繼徐恩曾接任中統局局長時，局本部共488人（其中女性21人），各省市路、各部單位、民眾團體內，約有12,800餘人。[12]

　　臺灣調統室對外同樣掛在臺灣省黨部下，表面上省黨部主委李翼中是

9 〈最高情報檢討會議議案含保密局中統局國防部第二廳和警察總署業務的重新分配和各單位加強工作之提案〉（1947年1月），《特種情報：軍統㈥》，「蔣中正總統文物」（臺北：國史館藏），入藏登錄號：002-080102-00039-027。

10 張國棟，〈中統局始末記〉，收於徐恩曾等著，《細說中統軍統》（臺北：傳記文學雜誌社，1992），頁57。

11 陶蔚然，〈中統概況〉，收於文聞編，《我所知道的中統》（北京：中國文史出版社，2004），頁24。

12 趙毓麟，〈中統我見我聞〉，收於中國人民政治協商會議江蘇省委員會文史資料研究委員會編，《中統內幕》（南京：江蘇古籍出版社，1987），頁229。

臺調室主任蘇泰楷的上司。1946年10月14日臺灣省黨部舉行紀念週，由李翼中主持開幕，續由主任蘇泰楷向全體職員300餘人報告業務概況，「繼由李主任委員訓話」，並且闡述調查統計工作的重要性，並稱「組訓、調查統計、審查三項相關工作非少數人所能擔負」，期勉全體黨員共同努力。[13] 臺調室接獲上峰情報時，也會透過省黨部發文通知長官公署嚴密防範。[14] 調統室作爲特務組織，核心工作受中統局領導，以約莫同時間成立的江蘇省泰興縣調統室爲例，各區組有自己的工作討論會議、站務會議，且各有其工作計畫與方向。[15] 又，本文所分析的材料——臺灣調統室在二二八事件期間搜集調查的情報內容，很有可能是直接電呈南京中統局，李翼中未必全然知悉。檔案亦顯示，臺灣調查統計室的情報，直接上呈中統局，似無經過省黨部系統。局長葉秀峰呈蔣關於二二八事變情報時，報告開頭即以「據本局臺灣省黨部調統室三月八日急電呈稱」云云。[16] 因此被研究者認爲可能影響蔣中正對二二八事態發展認識的中統情報，源頭正是臺調室。

經費方面，1947年1月地址在南京「瞻園路#132」的永利商行，透過臺灣銀行南京分行匯款臺幣34,962.86元給「臺北市第九號信箱」的蘇泰楷。[17] 查瞻園路132號爲中統局局本部，收款人蘇泰楷以郵政信箱爲地址，顯示蘇的身分特殊，臺灣調統室的部分工作經費應係中統局直接撥付。

雖情報組織素來行事相對隱蔽低調，文件管理較爲嚴格，[18] 但中統局

---

13 〈省黨部紀念週　蘇泰楷氏報告〉，《民報》，1946年10月15日，第3版。

14 〈嚴密防範奸匪反美運動電飭案〉，《對共產黨活動應嚴密注意》，「臺灣省行政長官公署檔案」（南投：國史館臺灣文獻館藏），典藏號：00301800008002。

15 何春龍、朱聖富，〈有關中統局泰興縣調統室運作狀況史料一組〉，《民國檔案》（南京）2004：4（2004年11月），頁24-32。

16 〈葉秀峰呈報臺灣事件日益嚴重建議中央應採對策〉（1947年3月10日），收於侯坤宏編，《二二八事件檔案彙編（�）：大溪檔案》（臺北：國史館，2008），頁208。

17 〈爲轉電(33)次介蘇泰楷款由〉（1947年1月18日），《南京分行卷》，「臺灣銀行檔案」（新北：行政院國家發展委員會檔案管理局藏），檔號：A307200000N/0036/B0/0001/08/024。

18 1947年2月17日臺灣省行政長官公署民政處爲調查日僑平井幸基案，將中國國民黨臺灣省執行委員會調統室的公函及證明文件11件提供臺中縣政府參考，並囑用畢繳還。後省民政處連

或省黨部調查統計室並非秘密組織。中國本土亦有見縣調統室成立後通知
縣警察局，請撥發行動隊同志使用槍枝、證件等。[19] 省黨部執行委員會亦曾
將調統室的證章式樣通知省政府，並希轉飭下屬知照。[20] 儘管臺調室為時
人所知，但對其組建經過仍不清楚。該室在臺佈建究竟是另起爐灶？還是
附著於國民黨在各縣市黨務指導員辦事處下發展？尚有待挖掘。但1945
年年底即加入中國國民黨且活躍於省黨部及臺北市黨部的林衡道指出，中
統局臺調室的勢力遠不如保密局臺灣站的林頂立，中統局只在省黨部（南
陽街）三樓設立一間調查室，並以中山堂旁的虎標永安堂作為掩護，「進
行一點調查工作」。[21]

　　至於調查室主任蘇泰楷，因資料稍豐，介紹如下。

　　蘇泰楷（1914-1978），福建永定人，國立暨南大學畢業。[22] 1946年8
月18日就任臺灣調統室主任，[23] 除省黨部調統室主任職務，另兼《重建日
報》社長。1947年6月，臺灣省政府社會處設置統計室，12日，省政府統
計處派蘇泰楷代理社會處統計主任（社會處處長為李翼中），籌備統計室

發三電催促，要求將文件先行繳廳，毋再違延。參見〈前民政處36丑篠民丁字第16555號代
電所送附件請繳還電催案〉（1948年2月26日），《國籍》，「省級機關檔案」（南投：國史館臺
灣文獻館藏），典藏號：040652003738006。

19　何春龍、朱聖富，〈有關中統局泰興縣調統室運作狀況史料一組〉，頁24-25。

20　〈檢附臺灣省黨部調統室證章式樣〉（1947年9月30日），《令發職員證章圖樣卷》，「臺中市政府
檔案」（新北：行政院國家發展委員會檔案管理局藏），檔號：A376590000A/0035/014.2-3/1/
1/007；〈奉繪發本省黨部調統室證章式樣轉希知照由〉（1947年9月19日），《各山林管理所證
章》，「行政院農業委員會林務局檔案」（新北：行政院國家發展委員會檔案管理局藏），檔號：
A345040000G/0037/ 人I1/6/0001/003。

21　林衡道口述，卓遵宏、林秋敏訪問，林秋敏紀錄整理，《林衡道先生訪談錄》（臺北：國史館，
1996），頁272。

22　蘇泰楷在總統府的人事調查表記載相對簡略。在「黨籍」欄上留白，實為中國國民黨。人事
登記卷的資料係由總統府內人員所填，存卷日期為1956年10月17日。參見《蘇泰楷》，「軍
事委員會委員長侍從室檔案」（臺北：國史館藏），入藏登錄號：129000081775A；〈喪祭・蘇
泰楷病逝〉，《聯合報》，1978年4月15日，第6版。

23　〈葉秀峰呈報蘇泰楷平時努力防奸工作並無助長亂萌〉（1946年5月7日），收於薛月順編，《二
二八事件檔案彙編（廿）：總統府檔案》，頁355。

的成立，但7月28日蘇泰楷以「省黨部工作一時未能脫離，對社會處主任職務，欠難兼顧」為由，望改派鄭憶雲。[24] 從此派任案可推知，早期政府單位的統計室安插具情報特務背景人士之用。事變之後，蘇在黨方面有臺灣省黨部執行委員、中央監察委員會臺灣省負監察專責委員等職，[25] 但重心轉向商界，長期擔任永安堂總經理。[26] 1951年時蘇因派店員私下結匯美鈔，違反「國家總動員法」禁止外幣自由買賣規定，遭臺灣省保安司令部預為布置人員逮捕，並由該部判刑一年。[27] 蘇除業商外，亦出任香港星系報臺灣辦事處主任、中菲文壇協會三屆理事、國際獅子會中國分會八屆理事兼會長等職，長期擔任僑資協進會理事、秘書長，活躍於僑資界，為政府與僑資聯繫的重要管道。[28]

三、情報傳遞的樞紐：軍務局

軍務局全銜是國民政府參軍處軍務局，係自軍事委員會委員長侍從室

---

24 〈省府社會處統計主任鄭憶雲派任案〉（1948年7月28日），《各機關統計主任任免》，「省級機關檔案」，典藏號：0040323200794014。

25 臺灣省負監察專責委員原由蘇泰楷擔任，後因省黨部改組，另派黃國書繼任，後再改派蘇紹文。參見〈蘇泰楷辭職派黃國書為臺灣省負監察專責委員〉（1949年7月25日），「會議記錄」（臺北：中國國民黨文化傳播委員會黨史館藏），館藏號：會6.3/211.5；〈臺（43）中秘室登字0366號張屬生呈〉（1954年9月19日），「蔣中正總裁批簽檔案」（臺北：中國國民黨文化傳播委員會黨史館藏），館藏號：總裁批簽43/0278；〈中國國民黨第七次全國代表大會黨務報告：第六屆中央監察委員會〉，《中國國民黨第七次全國代表大會黨務報告(一)》，「陳誠副總統文物」（臺北：國史館藏），典藏號：008-011001-00003-011。

26 蘇為胡文虎創辦之虎標永安堂臺灣分行經理，蘇之妻子陳淑卿與胡文虎之女胡仙關係密切，1954年胡文虎逝世前後，國民黨方面鄭介民即派蘇泰楷赴港安定星系報紙（《星島日報》、《星島晚報》及相關英文虎報），避免被中共或反對黨收買所用。參見〈臺（43）中秘室登字0366號張屬生呈〉（1954年9月19日），館藏號：總裁批簽43/0278。

27 《蘇泰楷違反國家總動員物資之轉讓禁令罪審判情形》，「國防部軍法局檔案」（新北：行政院國家發展委員會檔案管理局藏），檔號：B3750347701/0040/3136145/145。

28 〈胡文虎夫人 捐賑八萬元〉，《聯合報》，1959年8月6日，第2版；〈僑資協會與回國商務代表 商鼓勵僑資回國促進外銷〉，《經濟日報》，1975年6月4日，第2版。

侍一處第二組改組而來。根據1946年7月9日修正公布之「國民政府參軍
處組織法」第一條，參軍處「掌理國民政府典禮、總務、及有關軍事命令
之宣達、軍事文件之承轉審擬等事項」，下設軍務、典禮、總務等三局。其
中與軍事事項有關者屬軍務局職掌，負責「一、關於軍事命令之宣達事項。
二、關於軍事文件之承轉審擬事項。三、關於各軍事機關之連繫事項。四、
關於國防作戰整軍建軍等問題之研究與建議事項」。[29] 1947年參軍長先後由
商震、薛岳擔任；軍務局長則為俞濟時、副局長為毛景彪、賀楚強。[30] 相較
於參軍長作為機關招牌，蔣中正直接抓住軍務局，賦予局長實質權力。[31]

　　軍務局是蔣在各方情報彙整過濾上的重要樞紐以及情報檢討會議的籌
辦單位。軍務局局長俞濟時、副局長毛景彪、副局長賀楚強、高級參謀張
國疆、韓參濬等人，為蔣中正主持之每月情報會議例會及年度最高情報檢
討會議之出席人員，共同聽取中統局、保密局、國防部二廳、憲兵司令部、
外交部情報司、警察總署等部局正副首長報告，參與討論。會中未經詳細
討論之議案，俞濟時會再召集各情報機關負責人，逐條縝密修正上呈，[32] 足
見軍務局在情報綜整之角色。過去研究者雖有注意到國民政府的文書處理
流程，因來電身分、譯電時間差及機關篩選等因影響蔣中正對二二八事件

---

29 〈國民政府令茲修正國民政府參軍處組織法〉，《國民政府公報》（南京）2567（1946年7月9
　　日），頁1-3。

30 張朋園、沈懷玉合編，《國民政府職官年表（1925-1949）》（臺北：中央研究院近代史研究所，
　　1987），第一冊，頁32。

31 里凡，〈國民黨政府軍事委員會委員長侍從室沿革和文檔處理述略〉，《軍事歷史研究》（南京）
　　2002: 3（2002年9月），頁71-72。

32 〈俞濟時呈蔣中正已通知各情報機關召開本月份情報檢討會議及附會議程序出席人員名單〉
　　（1947年2月5日），《一般資料：呈表彙集（一一四）》，「蔣中正總統文物」，入藏登錄號：
　　002-080200-00541-068；〈俞濟時呈蔣中正已飭各情報機關迅將三十六年度工作總報告三十七
　　年度工作計畫送局彙整及情報會議最高情報檢討會議暫訂於本月十五日合併舉行〉（1948年1
　　月4日），《一般資料：呈表彙集（一二一）》，「蔣中正總統文物」，入藏登錄號：002-080200-
　　00548-002。

了解，[33]並注意到軍務局為蔣中正的親信權力機構，[34]但在探討南京中央的情報來源時，比較注意臺灣與南京間有哪些情報線，[35]較少留意軍務局在情報的承轉角色。

蔣中正所過目之情報，除由情治機關首長直呈外，比較常見的作法是由軍務局人員將各方送呈蔣中正之情報或簽呈，以紅、藍筆劃記或註記提呈內容，交毛景彪或俞濟時批核後，整理編排出包含該局判斷及擬辦意見在內的「情報提要」後，再上呈蔣中正。1947年3月10日軍務局將鄭介民、陳誠、葉秀峰、張鎮、保密局等各方所呈，依照內容分類並下標題，編為「臺灣專報」、「臺灣近情專報」。[36]大溪檔案關於二二八事件的情報類材料，多屬此類型文件。須留意者，此種文書是侍從幕僚所設計的公文處理程式，針對來電進行整理加工，摘出要點、提出解決問題的初步意見等，再按內容的問題及性質，決定是要單獨或匯集在情報提要表中。[37]詳言之，大溪檔案內所見情報是軍務局過濾後的結果，主要內容雖與原報無太大差距，究非原報機關提呈的完整內容，過濾掉基於其他認識目的所需訊息。

除呈報工作，軍務局利用情報機關相互調查，研判情報虛實。1947年

---

33 蘇聖雄，《奸黨煽惑：蔣中正對二二八事件的態度及處置》（新北：花木蘭文化出版社，2013），頁33-37。

34 曾文亮，〈二二八事件中的叛亂與懲罰：兼論戰後初期國民政府的政治、軍事與法律關係〉，《臺灣史研究》（臺北）22: 4（2015年12月），頁95。

35 侯坤宏，〈情治單位在二二八事件中的角色〉，頁112。

36 該專報消息來源不同，由軍務局摘出情報重點，按上標題：「一、派員赴臺協助平息風潮情形」、「二、臺灣原有兵力增援情形，並請組織臺灣民變調查團」、「三、臺灣事變處理委員會內部已起分化」、「四、臺中嘉義花蓮港暴亂經過情形」等四點。參見〈鄭介民呈請派員赴臺協助平息風潮〉，收於侯坤宏編，《二二八事件檔案彙編（七）：大溪檔案》，頁211；〈陳誠呈請組織臺灣民變調查團〉，收於侯坤宏編，《二二八事件檔案彙編（七）：大溪檔案》，頁211；〈葉秀峰、張鎮呈報處委會內部已起分化〉，收於侯坤宏編，《二二八事件檔案彙編（七）：大溪檔案》，頁212-213；〈保密局呈報臺中、嘉義、花蓮港暴動經過〉（1947年3月10日），收於侯坤宏編，《二二八事件檔案彙編（七）：大溪檔案》，頁211-213；〈張鎮呈報臺灣事件情報〉（1947年3月29日），收於侯坤宏編，《二二八事件檔案彙編（七）：大溪檔案》，頁357。

37 里凡，〈國民黨政府軍事委員會委員長侍從室沿革和文檔處理述略〉，頁73-74。

4月30日中統局局長葉秀峰將臺調室4月15日實地調查所得，謠傳白崇禧離臺後，「省當局秘密捕殺，時有所聞，局勢頗形緊張」，[38] 盛傳奸徒策劃二次暴動等訊息上呈軍務局。軍務局對此情報的判斷是「似不可能」，[39] 仍將此情報交國防部保密局複查。保密局遂飭臺灣站的張秉承（即林頂立）查明，6月12日張秉承查復指此等謠言係漏網奸徒及臺灣旅滬團體對陳儀積恨甚深所散播之謠言，臺灣「在戒嚴令控制之下，奸徒技倆已無所施展，社會秩序安謐如恒」。[40] 6月21日軍務局再將保密局所查內容函致中統局，並要求「查究原報人員」。[41]

1947年3月，軍務局擬對臺灣二二八事件召開情報檢討會議。3月24日毛景彪要求該局第五科就「兩調統局」（保密局及中統局）對於臺灣二二八事件前後，共有幾件情報以及有無預先作預防措施，要求綜合呈閱，[42] 故軍務局綜整了二二八事件期間中統、保密局與憲兵方面呈局資料。表2是1947年3月1至17日，在臺的三大情報組織上呈情報數及處理統計。三個單位共上呈53件情報，各件情報摘要，詳見附錄1。這53件情報，軍務局呈閱20件、選辦2件、存局31件。整體來看，呈閱加選辦不及半數（42%），故情報系統提送的二二八事件情報，蔣能看到什麼，軍務局的角色十分關鍵。

軍務局事後檢討發現，3月1日憲兵司令部及中統局即有報告。保密局則至3月3日始有報告，對事件發生經過敘述甚詳，惟以情報送到較遲，

38 〈中統局呈報該局臺灣調查統計室報告臺灣謠傳暴徒策劃第二次暴動〉（1947年4月30日），收於薛月順編，《二二八事件檔案彙編（壹）：總統府檔案》，頁407。

39 〈中統局呈報該局臺灣調查統計室報告臺灣謠傳暴徒策劃第二次暴動〉（1947年4月30日），頁406。

40 〈保密局函復軍務局臺灣二二八事變經國防部長白崇禧宣慰處理後地方秩序已告恢復〉（1947年6月20日），收於薛月順編，《二二八事件檔案彙編（壹）：總統府檔案》，頁411-412。

41 〈軍務局函復中統局臺灣地方秩序已告恢復並無發動二次暴亂事〉（1947年6月21日），收於薛月順編，《二二八事件檔案彙編（壹）：總統府檔案》，頁413。

42 〈軍務局副局長毛景彪請彙整兩調統局於事件前關於臺灣專賣引發人民不滿之報告與該局之處置便箋〉，收於薛月順編，《二二八事件檔案彙編（壹）：總統府檔案》，頁374。

表2、軍務局就二二八事件有關情報之統計及處理概要
（1947年3月1日至17日）

情報機關	呈件總數	呈閱	選辦	存
保密局	18	5	—	13
中統局	19	9	1	9
憲兵司令部	16	6	1	9
小　計	53	20	2	31

資料來源：〈軍務局統計臺灣事件後有關情報及處理概要簡表〉，收於薛月順編，《二二八事件檔案彙編㈩：總統府檔案》，頁379。

遂未呈。過去受限材料，認為憲兵3月5日、中統局3月6日、保密局3月10日始將事件爆發情報呈報南京中央，[43] 今可修正舊說。

　　何以保密局報告較遲？保密局臺灣站的陳愷事後回憶，臺灣站在二二八事件發生前後與上級電臺通聯，從未中斷，及時反應情況。[44] 但根據許德輝〈臺灣二二八事件反間報告書〉，3月1日下午七時「忽聞站部電臺被暴徒闖入搗毀」，其派互正公司職員查明屬實後，率同林秉足、王振玉、莊傳生專車至臺址，「於紛亂中搶回收報、發報機各一架，惟真空管等已擊破無疑，當將原件交林站長收管」。[45] 保密局臺灣站很可能是因為電臺發報機受損，無法及時將消息傳回南京總臺；[46] 但問題很快克服，3月3日軍

43　林正慧，〈二二八事件中的保密局〉，頁28；侯坤宏，〈情治單位在二二八事件中的角色〉，頁113-115。

44　〈陳愷呈報「二二八事件發生前後臺北地區之政情與社會民心狀況追憶」〉，收於侯坤宏、許進發編，《二二八事件檔案彙編㈥：國家安全局檔案》，頁214。

45　轉引自陳翠蓮，〈解讀許德輝《臺灣二二八事件反間工作報告書》〉，《臺灣史料研究》（臺北）27（2006年8月），頁139。

46　根據葉明勳的回憶，中央社臺北分社將通訊設備自西寧南路分社移到中正西路2號（舊臺北市議會址），藏在天花板或榻榻米下，繼續與南京總社維持通聯，「那時若干重要的軍政通

務局已收到保密局所呈報的消息：「臺北專賣局搜查私烟，將販烟婦林江邁頭部撞傷暈倒，引起羣眾憤怒，致激起全市暴動」。[47]

以情報迅速言，保密局遜於中統及憲兵。但在廣度，保密局則獨擅勝場。軍務局的總評是：

> 以內容言，亦以中統、憲兵報告較為翔實，但該兩機關對臺南市以南臺地之情況，則無一較詳之報告，保密局則報告甚詳，惟稍嫌失時。[48]

保密局在1946年4月即來臺籌組臺灣站，據從事人事佈建與聯絡工作的陳愷回憶，當時除新竹以北、基隆、宜蘭等直屬臺北外，外勤據點尚有馬公、高雄、屏東、臺東、花蓮、臺南、臺中等處，視地區需要派工作同志一至二人不等，佈建相對綿密。[49]

至於被軍務局點出對臺南以南情況未有報告的中統局與憲兵司令部，誠如前述，中統局在臺佈建情況不明，憲兵司令部憲兵第四團同樣缺乏資料重建，過去只知憲四團特高組奉陳儀之命，秘密逮捕國大代表林連宗、參議員林桂端、李瑞峯、曾璧中等人。[50] 至於憲四團特高組人數，現據

報，也都賴分社唯一的電臺傳送總社，再由總社轉達南京有關單位」。所謂南京有關單位，可能包括國民政府參軍處軍務局。中央社社長蕭同茲曾將葉明勳於1946年1月5日關於臺灣民眾對陳儀的觀感及社會情況的消息，呈送軍務局。參見葉明勳，〈大時代中的新聞觸角 憶早年的中央社臺北分社〉，《聯合報》，1984年3月11日，第8版；〈軍務局彙整各情報單位之報告內容與辦理經過〉，收於薛月順編，《二二八事件檔案彙編⒆：總統府檔案》，頁367。

47 僅見電報之摘要，原件尚未得見。參見〈軍務局統計臺灣事件後有關情報及處理概要簡表〉，頁380。

48 〈軍務局統計臺灣事件後有關情報及處理概要簡表〉，頁379。

49 〈陳愷呈報「二二八事件發生前後臺北地區之政情與社會民心狀況追憶」〉，頁210。又保密局臺灣站的組織編制、人員化名，參見林正慧，〈二二八事件中的保密局〉，頁14-24。

50 〈憲兵司令部呈報臺灣情報〉（1947年3月12日），收於侯坤宏編，《二二八事件檔案彙編�：大溪檔案》，頁231。

1947年2月該團兵力駐地任務一覽表，特高組有29員。[51] 然而這二十九名憲四團情報人員名單乃至化名，目前尚無所悉。憲兵特高對外都有掩職，除在公家機關服務外，有以新聞記者、公會幹事爲掩護職業在外活動，[52] 現已曝光的謝漢儒即是一例。謝漢儒，福建南安人，南華學院畢業，來臺前曾擔任閩聲通訊社副社長兼總編輯、第三戰區司令長官司令部上校參議，1946年3月1日在臺創辦民權通訊社、任經濟日報社長。[53] 陳翠蓮、何義麟根據軍務局摘製的情報提要，發現憲兵司令張鎮提交情報的原報者是「臺北謝漢儒」，[54] 指謝漢儒以媒體工作者身分兼差擔任線民。[55] 今憲兵司令張鎮上呈的情報原件出土，在1947年2月23日張鎮呈軍務局的「奸僞潛伏臺灣各機關」情報，報告者記爲「組長謝漢儒」。[56] 因此謝漢儒的媒體工作者身分很可能只是對外的掩職。[57] 根據憲兵司令部編制表上職別之稱呼，謝漢儒應是擔任憲四團「特高組」組長，[58] 是憲兵司令部／憲兵第四團在臺

---

51 〈爲呈送卅六年二月份兵力駐地任務一覽表〉，《臺灣警備總部兵力駐地報告》，「國防部史政編譯局檔案」（新北：行政院國家發展委員會檔案管理局藏），檔號：B5018230601/0034/543.4/4010/1/059。

52 陳中堅，《特高憲兵陳中堅回憶錄：附述對海峽兩岸統一福祉期望》（臺北：陳中堅，2004），頁385-430。

53 《謝漢儒》，「軍事委員會委員長侍從室檔案」，入藏登錄號：129000107497A。

54 〈張鎮轉呈臺灣事件情報〉（1947年3月26日），收於侯坤宏編，《二二八事件檔案彙編(七)：大溪檔案》，頁349；〈張鎮呈報臺灣事件情報〉（1947年3月29日），頁357。

55 陳翠蓮，〈臺灣軍政層面的責任〉，頁303、306；李筱峰、何義麟，〈事件相關人員的責任〉，收於李旺台、楊振隆總策劃，《二二八事件責任歸屬研究報告》，頁440。〔按：此部分爲何義麟執筆。〕

56 〈憲兵司令張鎮呈報調查潛伏臺灣各機關內部奸僞份子及活動報告〉（1947年3月14日），收於薛月順編，《二二八事件檔案彙編(當)：總統府檔案》，頁318。

57 謝漢儒在檔案中的職稱是「組長」，但陳中堅則稱與陳儀同機來臺的憲兵特高第四組組長是須少白，後被聘爲少將參議，副組長則是謝漢儒。此間差異，有可能是時間落差，亦可能是陳中堅回憶有誤，尚待查證。但謝漢儒具憲兵特高身分，殆無疑義。參見陳中堅，《特高憲兵陳中堅回憶錄：附述對海峽兩岸統一福祉期望》，頁362、385-386。

58 據1935年2月13日國民政府軍事委員會核定之憲兵團編制表，各憲兵團下設特高組附設在團部，編制員額官佐2人，士兵33人。參見《憲兵組織法令案(二)》，「國民政府檔案」（臺北：國史館藏），入藏登錄號：001-012071-0158。

情報核心人物，故目前所見二二八事件相關檔案關於憲兵司令張鎮的報告來源皆爲謝漢儒。

匯款紀錄亦能證明謝漢儒與南京憲兵司令部之關係。位在南京瞻園路120號的憲警處——憲兵特務活動的主管單位，[59] 曾透過臺灣銀行將款項匯付、或託憲四團團長張慕陶轉交址在「臺北壽町四段加藤商會樓上」的謝漢儒。加藤商會臺北支店的地點在日治時期爲「臺北市壽町四丁目十番地ノ一」，[60] 約是今臺北市萬華區洛陽街與開封街二段間之街廓，據人名錄資料，謝漢儒的住址臺北市開封街二段24號剛好是位在上開街廓內。[61] 故二二八檔案中的謝漢儒即中國民主社會黨中央委員，後來擔任臺灣省參議會參議員、臺灣省政府顧問、臺灣銀行監察人等職的謝漢儒。[62]

憲警處在1947年2月26日、3月11日、3月26日、4月5日、4月17日，各匯了臺幣8,571、30,000、29,428、8,571、9,8611元，計175,181元（元以下不計）。[63] 上開款項用途不明，不排除是工作費。從謝漢儒能夠承領南京憲警處匯付或由張慕陶轉交相關款項，在在證明謝漢儒的憲兵特高身分。

---

59 張國棟，〈中統局始末記〉，頁8。

60 〈紅柚製造用陸稻粳玄米ヌハ在來種粳玄米賣買契約株式會社加藤商會臺北支店長賣渡人曾根秀之介；（二ノ一）全契約解約方承認〉，《昭和十四年會計永久保存第七十三冊》，「臺灣總督府專賣局檔案」（南投：國史館臺灣文獻館藏），典藏號：00101426001。

61 漢珍數位圖書股份有限公司，「臺灣當代人物誌1946-1990」資料庫，下載日期：2017年8月2日，網址：http://140.112.113.22/whoscapp/start.htm。

62 〈爲檢奉臺灣銀行監察人謝漢儒履歷電請備查由〉（1951年5月19日），《臺灣銀行任免》，「省級機關檔案」，典藏號：0040323214525022。

63 〈爲請轉電總行介謝漢儒款由〉（1947年2月26日），《南京分行卷》，「臺灣銀行檔案」，檔號：A307200000N/0036/B0/0001/68/001；〈爲請轉電總行介（71）次介張慕陶轉謝漢儒款由〉（1947年3月11日），《南京分行卷》，「臺灣銀行檔案」，檔：A307200000N/0036/B0/0001/68/029；〈爲請轉電總行介謝漢儒款由〉（1947年3月26日），《南京分行卷》，「臺灣銀行檔案」，檔號：A307200000N/0036/B0/0001/69/035；〈爲請轉電總行介謝漢儒款由〉（1947年4月5日），《南京分行卷》，「臺灣銀行檔案」，檔號：A307200000N/0036/B0/0001/09/008；〈爲轉電0000（118）次介郵電管理局及（119）次介謝漢儒各款由〉（1947年4月18日），《南京分行卷》，「臺灣銀行檔案」，檔號：A307200000N/0036/B0/0001/09/043。

1947年2月23日謝漢儒向憲兵司令張鎮呈報潛伏在長官公署、縣市政府乃至離島臺東縣紅頭嶼鄉公所任職的40人奸偽名單。此份名單觸角甚廣，絕大多數是外省籍，如連燕暉（基隆市黨部指導員）、路世坤（《重建日報》編輯）、白克（宣傳委員會專員兼電影攝製廠長）；本省籍者有何鑾旗〔按：原件作何戀棋，應誤〕（臺中市義警分隊隊長）、張學文（臺中市警察局警員）、顏錦華（貿易局出口主任）等人。張鎮遲至3月14日方將本件情報簽呈軍務局，翌日軍務局以國民政府主席蔣中正名義將本件名單發交陳儀核辦。[64] 張鎮或可能為配合陳儀在國軍登陸後的奸黨搜捕行動，於是將謝漢儒這件已到部一段時間的情報再行簽呈軍務局參考。

四、臺灣調統室電發之情報

㈠事件爆發前

臺調室在事件爆發前，主要工作是黨派調查，瞭解臺灣各級機構團體中其他黨派及左傾分子之活動情況，即時轉報，目的在「防制奸偽活動」。至於情報數量，據1946年3月7日中統局〈臺民暴動經過及其原因之分析〉稱，臺省情報數量「年來得到六十五件，其性質經絡續呈報者，亦達二十二件」。[65]

內容方面，1946年1月23日，就臺灣接收之政治狀況，中統局觀察到

---

64 〈憲兵司令張鎮呈報調查潛伏臺灣各機關內部奸偽份子及活動報告〉（1947年3月14日），頁318-323。

65 〈臺民暴動經過及其原因之分析〉，此件檔案於整編出版誤作〈陳儀呈蔣介石有關臺北二二八情況〉之附件，然從該文件上所鈐蓋之印，係「中國國民黨中央執行委員會調查統計室印」，即中統局文件，與陳儀親筆信無關。至於該文件時間，根據總統府檔案可知，係3月7日由軍務局提呈蔣中正。參見〈附件：臺民暴動經過及其原因之分析〉，收於侯坤宏編，《二二八事件檔案彙編㈦：大溪檔案》，頁130-135；〈軍務局統計臺灣事件後有關情報及處理概要簡表〉，頁383。

1946年1月行政長官公署因為廢止自戰爭期間以來的持續施行的白米配給制度、封鎖各地原配給民食用的農業倉庫的囤糧，[66] 導致米價高漲，出現米荒，人民生活困難，政府未能做有效處置。且陳儀政府對臺灣人缺乏溫和誠懇態度，加上政府接收之產業，臺人未能獲得一部經營之權利，且多留用日人工業人才，對政府漸感失望。7月29日報臺人對「省政極度不滿」，閩臺建設協會等六團體前往南京請願，據談：1.政制特殊，行政長官陳儀如總督；2.凡有利可圖之工商業均加統制，人民無謀生餘地；3.幣制不統一，導致臺灣與「內地」物價不平衡，官吏將臺灣物產轉運「內地」，獲取鉅額利益；4.官吏貪婪，「臺灣接收之紊亂較內地為重」。9月18日報臺灣生產停頓，失業現象極為普遍，鋌而走險者日漸增多，日軍將部分槍械私藏或售予民間，整體社會治安未恢復正常。11月16日報彰化八卦山有臺民集結並有槍械到處宣傳反政府運動；12月11日報臺東高山族人秘密組織，號召族人起來組織新政府，反對目前政治措施。[67]

1947年5月7日中統局局長葉秀峰上呈蔣中正總裁一份報告，報告中臚列蘇泰楷在二二八事件前的情報工作成果要項，包括㈠臺北氣象局為奸偽機關㈡奸黨醞釀暴動㈢青年團中潛伏奸偽嫌疑分子㈣臺中奸偽名冊㈤奸偽在臺中吸收黨徒㈥奸偽徐鐘宣傳共產主義並吸收黨徒㈦臺中政治建設協進會攻擊政府㈧奸偽民盟份子王萬得、蔣渭川等藉名宣傳憲法煽動民眾㈨大臺灣主義者廖文奎兄弟攻擊政府㈩奸偽嫌疑竊取軍用要品，企圖暴動㈢臺中奸偽謝雪紅陰謀暴動㈢奸偽重要份子王添灯，迭次發表攻擊政府言論，並以《自由報》為反動宣傳工具。㈢臺北奸偽份子策動學生反美遊行（沈崇事件）㈢奸偽運用各種方式籌款走私牟利，企圖充實經費等十四件，編列情報，密呈行政長官陳儀、省黨部主委李翼中、警備總部參謀長柯遠

---

66 蘇瑤崇，〈戰後臺灣米荒問題新探（1945-1946）〉，《中央研究院近代史研究所集刊》（臺北）86（2014年12月），頁122-124。

67 〈軍務局彙整各情報單位之報告內容與辦理經過〉，頁367-373。

芬、憲四團團長張慕陶、警務處長胡福相等，工作極爲努力；但陳儀及柯遠芬不是很看重臺調室提供的情報。臺調室批評陳儀「過於自信」，在蘇泰楷報告時，均稱「政府應取寬大態度，任由抨擊及惡意宣傳者自行反省」，或說省外匯款均被嚴密注意，奸僞份子缺乏經濟來源展開活動。柯遠芬對防奸工作更是疏忽，與柯關係密切的臺中《和平日報》及正氣學社，有王思翔、林克、寇世遠潛伏其中，臺調室報告謝雪紅活動甚烈時，柯不但不予制裁，並稱「奸僞欲在臺灣暴動，實乃白日作夢」。[68]

上開各條情報資料詳細內容尚無可尋，然可推知臺調室的佈建重點區域集中在臺北、臺中兩處異黨及左派人士活動頻繁地區，再綜合從事變當時臺調室所呈報的情報原件、摘要等來看（參閱文末附錄2），主要情報亦以臺北、臺中[69]兩地較詳，兼及新竹、嘉義、花蓮等地概略情勢演變。就佈建廣度論。個別人物方面，王萬得，蔣渭川，王添灯，廖文奎、廖文毅兄弟，謝雪紅等人早在事變已爲臺調室所注意，省黨部的外圍組織政治建設協進會，以及三民主義青年團臺灣支團也被認定潛伏奸僞嫌疑分子。

至於事變前的黨派社團活動情報，中統局特別點名撤換行政長官公署宣傳委員會主任夏濤聲。1947年2月5日中統局呈報青年黨人夏濤聲掌握臺灣宣傳機構，「利用職權發展該黨黨務」，訓練青年分配各縣市工作，「實具野心」，深受陳儀信任。[70]臺調室對掌握全省宣傳機構的負責人由異黨人士擔任，頗不以爲然，暗指夏有陳儀撐腰，這些在「內地」原屬黨部的業務，竟落入異黨青年黨人手裡，黨部人員「悶在辦公廳裏吃冷飯以打發日

---

68 〈葉秀峰呈報蘇泰楷平時努力防奸工作並無助長亂萌情事〉（1947年5月7日），頁356。

69 例如〈中統局呈報該局臺灣調查統計室續報謝雪紅等人在臺中之組織與布局情資〉（1947年3月14日），收於薛月順編，《二二八事件檔案彙編（叄）：總統府檔案》，頁314-315。本件原報時間爲3月11日。

70 〈軍務局彙報臺灣事變相關之黨派社團活動情形〉（1947年3月26日），收於薛月順編，《二二八事件檔案彙編（叄）：總統府檔案》，頁378；林衡道口述，卓遵宏、林秋敏訪問，林秋敏紀錄整理，《林衡道先生訪談錄》，頁275。

子」，[71] 在臺竟無用武之地，頗不是滋味。省黨部主委李翼中也認為陳儀將宣傳工作授人以柄，放任報章雜誌展開如共產黨般的宣傳攻勢。[72]

㈡事件爆發初期

二二八事件爆發後，3月1日中統局連呈二電給軍務局，情報摘要為：「臺北市民因專賣局查緝私烟擊斃老婦及市民，屢起暴動」、「臺北市民暴動原因為：一、臺市有錢無處購米一月；二、陳長官無能，統制法令不合理」。[73] 軍務局隨即將事件發生情報呈閱蔣中正，第二封解釋事變原因的情報則留局未呈。臺調室發來「十萬火急」的電報，讓中統局黨政經濟調查處科長趙毓麟印象深刻：

> 在2月29日〔按：應為3月1日〕凌晨，我接到臺灣調查統計室的十萬火急電報，敘述臺灣起義事實。以後每天接到急電兩次，每次電文長達二、三千字。當時我即以中統名義，用快郵代電急報蔣介石。中統頭目葉秀峰建議火速加派勁旅3個師開放臺灣鎮壓人民起義。2月29日〔3月1日〕到3月13日將近半個月的時間內，所接臺灣方面急電達十餘次，均即時轉報。[74]

趙毓麟回憶臺調室在事件期間不斷地向中統局呈報消息，證諸附表2所列情報數，以及葉秀峰建議派兵鎮壓之檔案文件（見後述），有相當的可信度。

71 吳濁流著、鍾肇政譯，《臺灣連翹》（臺北：前衛出版社，1989），頁186。

72 李翼中，〈帽簷述事〉，收於中央研究院近代史研究所編，《二二八事件資料選輯㈡》（臺北：中央研究院近代史研究所，1992），頁404-406。

73 目前僅見電報摘要，原件尚未得見。參見〈軍務局統計臺灣事件後有關情報及處理概要簡表〉，頁382。

74 趙毓麟，〈中統我見我聞〉，頁235。

至於報告內容，過去研究者因史料限制，認爲中統局究竟是將事件描述得十分危險或尚可控制，無從知曉。[75] 今臺調室的所有情報原件雖仍未得見，但從軍務局摘抄的內容，不難判斷輕重。3月3日報「臺北市暴動事擴大，情勢愈趨嚴重，新竹縣長失蹤，國大代表謝娥宅被焚」；3月4日報「臺民在新竹另立政府、臺南電訊中斷」。二件蔣均過目批「閱」。（見附錄2）

3月5日臺調室發出五電，軍務局雖僅將其一件呈閱蔣中正，其餘未呈之原因，軍務局認爲傳言學生將援助張學良出任省長之消息待證，或相關情報內容在中央社的參攷消息及陳儀電報已有，於是未上呈。存局未呈的情報，可知臺調室誇張事件死傷，竟稱「臺灣臺北市死傷已逾千人，四日情況雖佳，但仍有惡化可能」、「臺北暴動，外弛內張」。總之，臺北只是表面安定，事件絕無轉好之可能。至於軍務局上呈蔣之情報，主要是呈報事件的行動者背景，指參加暴動者多屬前日軍徵用之海外「歸來浪人」，以海南島回者爲甚，全臺約計12萬人，並點名蔣渭川、王添灯爲投機者，主張「大臺灣主義」，不斷煽動宣傳二二八事變，二二八處委會並已密電中央撤調陳長官，取消專賣、貿易、糧食各局並改組長官公署，並言3月10日前中央如無答覆，11日將「再舉更大暴動」。[76]

3月7日中統局局長葉秀峰將〈臺民暴動經過及其原因之分析〉親自面呈蔣中正，這份經蔣批「閱」之報告，資料來源爲臺灣調統室，可說是中統局對二二八事件初期的階段性看法。[77] 報告的結論是——事件前途演變「猶難樂觀」。報告中指2月28日「當局雖動員憲警彈壓，亦無效果」，

---

75 蘇聖雄，《奸黨煽惑：蔣中正對二二八事件的態度及處置》，頁18。

76 〈中統局呈蔣介石有關臺灣暴動情報〉（1947年3月5日），收於侯坤宏編，《二二八事件檔案彙編（七）：大溪檔案》，頁120

77 本件檔案原件收錄於蔣中正總統檔案中，葉秀峰面呈時間係根據總統府檔案：3月7日呈臺民暴動經過及其原因之分析一份，軍務局註記「葉局長面呈，奉批『閱』。附件未交下」。參見〈軍務局統計臺灣事件後有關情報及處理概要簡表〉，頁383。

外省籍公務員「被毆傷者甚眾」。值得注意的是，敘述事發初期情況時，中統局十分留意英、美人士在事件中的舉動，稱「新聞記者到處攝影，以為紀念」、「美人對暴民似表同情，受傷群眾，多由美人救護，美領事且連日晉謁陳長官，詢問對暴動有無方法壓制」。特別點出美國人在事件中同情臺灣人的傾向。至於對陳儀在事件初期的態度，則指「陳長官對此事極端容忍」，甚至接受二二八事件處理委員會（下稱臺北處委會）要求撤銷巡邏軍警之要求，民眾得寸進尺。

報告中續分析事件爆發之遠因及近因，矛頭對準陳儀的施政，批評不假辭色，並且特別提到中統局早在事件發生前已陸續呈報相關情資，對臺胞於政府措施不滿、社會紊亂、奸黨活動以及日人在臺陰謀等情況均先後呈報，早已有所掌握，試圖向蔣證明該局的活動能力。[78] 這份事件原因分析報告，對陳儀的施政沒有一句好話，直指部分行政人員之低能與貪污行為，陳儀言論管制不力，「任由臺省思想左傾份子作反政府之宣傳，不加阻止，而臺胞中有政治慾望之人士，高唱大臺灣主義，冀達臺人治臺之目的，彼等組有臺灣政治建設協會、民眾協會、革新同志會等，處處作反政府之宣傳」，助長分離主義。報告中再點名蔣渭川、王添灯、張晴川為大臺灣主義領導人，策動工人與學生不斷作煽惑性宣傳。[79] 臺灣調統室明知蔣、王、張等所籌組的臺灣省政治建設協會是省黨部關係緊密的外圍組織，[80] 事發時一邊利用臺灣人收拾局面，卻一邊向中央指控臺灣人，與保密局如出一轍。[81]

---

78 「積此諸因，臺灣局勢，久以不穩，本局於三十五年一月十九日、二月十五日、四月二十七日、九月五日、九月十三日、十二月十日，及本年二月十五日，均有報告。」參見〈臺民暴動經過及其原因之分析〉（1947年3月7日），收於侯坤宏編，《二二八事件檔案彙編(七)：大溪檔案》，頁134。

79 〈臺民暴動經過及其原因之分析〉（1947年3月7日），頁133-134。

80 陳翠蓮，《重構二二八：戰後美中體制、中國統治模式與臺灣》，頁191、279-280。

81 陳翠蓮，〈「祖國」的政治試煉：陳逸松、劉明與軍統局〉，《臺灣史研究》（臺北）21：3（2014年9月），頁154-156。

3月10日，葉秀峰再將3月8日臺灣調統室的急電呈蔣。報告中指臺灣交通、電力、郵電、糧食、金融全被「暴民」控制，軍隊存糧無多，最多只能支持半個月，而「暴徒武力日強，陳長官似在粉飾求全」。臺調室不僅將基礎設施說成全被民眾接管，各地情勢更是危如累卵。3月5日花蓮港市內機關一切武器被繳，縣長及公務員紛紛逃避；高雄「暴民」企圖占領要塞，「駐軍仍在極端劣勢下抵抗」，中南部外省同胞被禁集中營；臺中軍隊被解除武裝，糧食交通被控制，警備部與部隊失聯；臺北處委會已經成為「臺灣最高政權機關」，每天提出不法條件要脅政府，並集合陸海空軍人才，以海南島回臺青年為基幹，到處蒐集車輛，收繳零星槍械，「顯在準備次一行動」。3月8日晨楊亮功及憲兵增援部隊抵基隆，「聞為暴民拒絕登陸」。

臺調室在3月8日誇大臺灣人的軍事準備行動，目的是為鋪陳該室所提之中央應採對策——建議中央速派大員，以查辦二二八事件名義，「率軍來臺鎮壓」，且至少調派二個師，分基隆、高雄、臺南、臺中、花蓮同時登陸，另以兩營空降臺北，迅速控制省垣。[82] 葉秀峰在報告最後稱「查臺民暴動事件，本局迭經呈報，今情勢日益嚴重，如不速採有效措施，後果難以想像，該室所呈中央應採對策不無見地」。換言之，葉秀峰亦認不派兵即無法弭亂，後果難以想像。這件3月10日葉秀峰上呈的情報，根據檔案上頭鈐蓋的收文章，軍務局的收文時間是3月13日，故蔣中正批閱時間不會早於3月13日。但蔣中正早在3月5日決定派兵，增援部隊業已登陸鎮壓，臺調室的建議已成事實。本件情報雖於蔣的派兵決斷無涉，但見此報告，無非讓蔣更為肯定派兵是「正確」決定。從今日釐清責任歸屬的角度，臺調室為國民黨組織，透過局長葉秀峰向蔣建議派軍鎮壓，這是該黨無可迴避的問題。

至於臺北處委會的動態，也是臺調室的情報重點。3月8日臺調室報告指臺北處委會內部發生分化，一是蔣渭川要求獨立自主的大臺灣主義派，

---

82 〈葉秀峰呈報臺灣事件日益嚴重建議中央應採對策〉（1947年4月10日），頁208-210。

王添灯、王萬得則係等爲民盟奸僞派。蔣渭川因與王等意見不合遭到排擠，退出另組自治青年同盟與處委會對峙。[83]臺調室從路線歧異，認爲處委會內部分裂爲蔣渭川、王添灯兩大系，但對背後保密局利用陳逸松、劉明滲透處委會，連帶導致處委會發生主導權之爭等手法，[84]了解有限。

㈢綏靖清鄉期間

綏靖清鄉期間，臺調室的情報內容，矛頭仍是對準陳儀。對國防部長白崇禧來臺「宣慰」，3月26日指陳儀對白部長採取敷衍態度，就中央揭示的事變處理原則。陳儀「似不樂予接受」。白在臺期間，陳儀尚且派員嚴密監視接近白崇禧之相關人士。[85]對於白所提示的四項事變處理原則：1.現所拘捕關於二二八事件中的人犯從速依法審判；2.今後拘捕人犯，必須公開依照手續爲之；3.除臺省警備總部以外，其他機關以後不得發令逮捕人犯；4.曾參加暴動之青年學生准復學，並准免繳特別保證書及照片，只須由家長保證悔過自新。[86]對此四原則，臺調室指「臺民極爲感戴」，但善後處置，陳儀仍採高壓政策，絲毫不見寬容。警備總部公開組織多組別働隊逮人，「稍涉事變嫌疑者，每加毒殺，被害者已有四、五十人，對青年學生妄殺尤多」。學生畏懼當局追捕不敢復課，逃避山間，李翼中雖力勸學生復課，但「眾誓言不相信陳長官」。[87]4月15日臺灣調統室續報，白部長

---

83 〈葉秀峰呈報臺灣事件日益嚴重建議中央應採對策〉（1947年4月10日），頁209；〈葉秀峰、張鎮呈報處委會內部已起分化〉（1947年3月10日），頁212-213。

84 陳翠蓮，〈「祖國」的政治試煉：陳逸松、劉明與軍統局〉，頁148-152。

85 〈葉秀峰呈蔣主席陳長官對中央處理臺變原則未能誠意接受〉（1947年3月26日），收於侯坤宏編，《二二八事件檔案彙編㈐：大溪檔案》，頁350。

86 轉引自許雪姬，〈《二二八事件期間上海、南京、臺灣報紙資料選輯》史料的價值與編印經過〉，收於許雪姬主編，《二二八事件期間上海、南京、臺灣報紙資料選輯（上冊）》（臺北：中央研究院臺灣史研究所，2016），頁（31）-（32）。

87 〈葉秀峰呈蔣主席陳長官弭亂失策〉（1947年3月27日），收於侯坤宏編，《二二八事件檔案彙

離臺後，「當局秘密捕殺，時有所聞」。[88] 臺調室指白崇禧來臺後，陳儀仍不停止抓殺參加處理委員會及不滿地方政治措施者的情報，在南京、上海方面亦有相關報導可以互證。[89]

五、臺灣調統室在二二八事件中之行動

除情報調查、建立檔案外，[90] 以主任蘇泰楷爲首的臺調室，全體工作同志在事變中扮演「從旁協助當局，挺身應付」角色。以下將以1947年3月19日葉秀峰呈總裁蔣中正的報告爲引子，說明臺調室從事吸收分化與打入地方的情況。究其手段，實與保密局臺灣站並無二致，只是在廣度與強度上有所差別。

(一)試圖分化閩客、吸收流氓力量

1947年3月19日葉秀峰呈總裁蔣中正的報告，爲過去爲所未見。全文迻錄如下：

查臺北市民，因查緝私煙案所激起之暴動，蔓延幾及全臺，迄今局

編(七)：大溪檔案》，頁350；〈葉秀峰呈蔣主席陳長官對中央處理臺變原則未能誠意接受〉（1947年3月26日），頁350。

88 〈中統局呈報該局臺灣調查統計室報告臺灣謠傳暴徒策劃第二次暴動〉（1947年4月30日），頁407。

89 許雪姬，〈《二二八事件期間上海、南京、臺灣報紙資料選輯》史料的價值與編印經過〉，頁(28)-(31)；〈陳儀報復行動仍在繼續不已〉，《評論日報》，南京，1947年3月26日，收於許雪姬主編，《二二八事件期間上海、南京、臺灣報紙資料選輯（下冊）》，頁529；劉淑賢，〈恐怖的臺灣〉，《聯合晚報》，上海，1947年3月28日，收於許雪姬主編，《二二八事件期間上海、南京、臺灣報紙資料選輯（下冊）》，頁535-537。

90 戴國煇、葉芸芸，《愛憎二・二八：神話與史實——解開歷史之謎》（臺北：遠流出版事業股份有限公司，1992年），頁102。

勢尚未完全平靖，事變之始，本局即據臺灣省黨部調查統計室報告經過，當時一面轉呈　鑒核外，一面令飭迅速展開調查工作，並吸收穩健份子，分化暴民力量，嗣據該室陸續呈報臺灣民變詳情，迭經轉呈在案。茲復據該室主任蘇武[91]同志電稱：臺北事變發生後，臺灣省黨部調統室全體工作同志即本過去抗戰時期之犧牲奮鬥精神，從旁協助當局，挺身應付，首以粵客族人在臺為數甚眾，乃規勸客族領袖陳東龍，勸導客籍民眾勿與暴民同流，進而並為我從事調？查工作，故此次事變客族同胞幾無一人參加，暴徒雖以客籍人無血性等詞相諷刺亦不為動。一面又為分化暴民力量起見，策動關係同志，把握流氓中有領導地位之王煥章、林嘉交、曹賜詩、黃成源、謝其成等脫離暴動集團，故此次事變，流氓參加者為數亦少。二月二十八日暴徒二千餘人，圍攻省黨部時，為該曹、黃、謝等三人婉言說服退去。李主委極表欽贊，同時為保護辦公室及電臺，俾使工作不受影響起見，全體工作人員無間晝夜，輪流值班，對李主委亦加意保護，故事發至今，各機關工作均受影響，惟省黨部尚能照常工作。臺中方面，事變發生後，即於三月三日派蔡志昌、陳平關、李來旺等同志，趕返臺中，協助黃國書中將恢復治安，及展開調查工作。蔡等抵達後，通知該地同志連絡當地消防隊加以武裝，以蔡同志宅為大本營，與奸徒械鬥，嗣以奸徒力量較大，陳平關同志等五十六人被包圍擄送法院，圖□謀害，幸經民眾釋放，然蔡同志財物已被洗刧一空，蔡以臺中無法挽救，於三月十日與陳等秘密潛來臺北，準備再隨國軍前去肅奸等語前來。查臺灣省調統室對於此次事變應付尚為得體，工作更極努力，所屬人員均深明大義，不畏犧牲，協助當局弭亂，除俟事平後查明出力人員另行請獎外，理

91　蘇武，為臺灣調統室主任蘇泰楷的化名。

合先行備文呈報。恭請鈞詧。謹呈總裁蔣。[92]

葉秀峰上呈本報告主要目的是爲臺調室主任蘇泰楷辯解——因蘇前遭陳儀指控「助長亂萌」，被拘禁一週，軍務局命各方調查（詳第六節）。軍務局收到本件報告時，參謀張國疆在擬辦箋簽注：「另據國防部二廳報告，臺省黨調查室主任蘇泰楷（似即蘇武）妨〔防〕奸不力，已經陳長官扣留。此項報告可能爲□□該局爲蘇主任辯護之先聲。擬存查。」[93] 軍務局判斷這是葉秀峰爲營救蘇泰楷出言辯護所提報告，[94] 從史料本身的目的來看，對蘇的表現難免存在誇大績效或避重就輕之處。

　　分化閩客方面，事變發生後，臺調室以「粵客族人在臺爲數甚眾」，首先透過客族領袖陳東龍「約束客籍民眾勿與暴民同流」，且收效甚大。但經查並詢問相關客家研究者，均無聞客族領袖「陳東龍」，故陳東龍應係化名〔按：蘇泰楷在本文件中亦化名蘇武〕。研究者已指出客家人在二二八時，相較於福佬人，並非行動的主導者，客家聚落不僅較爲寧靜、態度相對緩和，新竹、苗栗、六堆的客庄成爲庇護外省人的處所。[95] 蕭新煌、黃世明從客家人對外省人較爲友善、事件的主要衝突地發生在城市和大城鎮、鄉間未受波及等面向來解釋客家人的在二二八的行動。[96] 戴國輝認爲應考

---

92 〈中統局呈報該局臺灣調查統計室於事件發生時之應變情形〉（1947年3月19日），收於薛月順編，《二二八事件檔案彙編（쓰）：總統府檔案》，頁326-328。〔按：本件資料之日期係由1946年5月7日葉秀峰的呈閱報告推敲而得。〕〈葉秀峰呈報蘇泰楷平時努力防奸工作並無助長亂萌情事〉（1946年5月7日），頁357。

93 〈中統局呈報該局臺灣調查統計室於事件發生時之應變情形〉（1947年3月19日），頁325。

94 〈葉秀峰呈蔣中正爲蘇泰楷來南京述職請賜予召見〉（1947年5月3日），收於薛月順編，《二二八事件檔案彙編（쓰）：總統府檔案》，頁346。

95 蕭新煌、黃世明撰稿，《臺灣客家族群史〔政治篇〕（上）：地方社會與族群政治的分析》（南投：臺灣省文獻委員會，2001），頁265、278、285。

96 蕭新煌、黃世明撰稿，《臺灣客家族群史〔政治篇〕（上）：地方社會與族群政治的分析》，頁265-266、285。

慮中國傳統社會重視鄉誼的面向。[97]

　　但過去比較少的思考面向是，國民黨是否已在二二八時，刻意拉攏作為少數族群的客家人，而部分人士轉為其從事調查工作？陳翠蓮指出臺灣省黨部連同主委李翼中（廣東梅縣人）在內的幹部絕大部分是客家人。[98]李翼中是丘念台之外，本省客家人多方接觸的對象。吳濁流認為他與李翼中同為客家人，李頗能開誠布公，願意向他表達內心想法。[99]原籍福建汀州府永定縣福建的吳鴻麒，[100] 1945年10月31日在日誌記下：「明日客家人要訪李翼中先生」；11月1日「早朝客人等聯袂訪李翼中先生及其同伴者多人」。[101]臺調室主任蘇泰楷，籍隸福建永定，過去未注意到他客家人的出身背景，且調統室亦有來自福建永定者任職，1946年11月9日，吳鴻麒日誌記：「出勤時順往黨部，<u>往調統室之羅偉民氏</u>，同氏乃是同鄉人，講及鄉里事，約費三十分即退。」[102]省黨部與調統室的主其事者均係客家人。楊克煌的印象中，也認為黨部是客家人控制的，福佬人「沒有地位」。[103]臺調室透過客族領袖約束客籍民眾行動的說法，尚係孤證，但可說明省黨部及臺調室與本省客家人維持相當程度的關係。

　　惟情報稱「故此次事變客族同胞幾無一人參加」，這是不符事實的誇張說法。惟從參與事變的行動者及領導者而論，確實較少見到客家人的身影，客庄相對寧靜也可能是距離事件核心區域較遠之故。1947年3月6日吳濁流回故鄉新竹新埔，鎮上跟村莊平穩無事，只見青年團代理警察行使

97 轉引自林正慧，《臺灣客家的形塑歷程：清代至戰後的追索》（臺北：國立臺灣大學出版中心，2015），頁415-416。

98 陳翠蓮，《重構二二八：戰後美中體制、中國統治模式與臺灣》，頁188-189。

99 吳濁流著、鍾肇政譯，《臺灣連翹》，頁157-158。

100 林正慧，《臺灣客家的形塑歷程：清代至戰後的追索》，頁394。

101 轉引自林正慧，《臺灣客家的形塑歷程：清代至戰後的追索》，頁394-395。

102 「吳鴻麒日誌」，1946年11月9日。

103 楊克煌遺稿、楊翠華整理，《我的回憶》（臺北：楊翠華，2005），頁248。

職權，鎮上跟村莊「顯得悠閒而和平常一樣沒有些微變化」。[104] 屏東內埔邱金才回憶屏東當時打電話來，一催再催，要長治區派負責人參加，「但我們一直不理他」，[105] 內埔地方相對安寧，除了地點較遠，也透露地方領導階層的選擇。

吸收流氓方面，臺調室吸收了在臺北流氓中有領導地位者，不僅達到分化群眾力量，同時藉該等人士保護省黨部及主委李翼中。李翼中亦稱3月1日騷亂之際，「追者及門而止」，使得省黨部成為公務員及外省人民庇護處所，[106] 辦公室及電臺均能正常運作。報告認為此次事變「流氓參加者為數亦少」，反能說明臺北市的流氓，不僅被保密局系統的許德輝拉入忠義服務隊運用，臺調室亦吸收了一批流氓——兩大特務單位都找流氓幫忙。

(二)提供名冊協助當局搜捕行動

陸軍整編第二十一師及憲四團增援部隊陸續登陸後，臺調室曾提供逮捕人員名冊，協助當局搜捕參與事變人物。不少研究者利用大溪檔案中，3月12日中統局與憲兵司令部呈報給蔣中正的情報提要，[107] 指出省黨部參與逮捕民眾。[108] 但過去所用係軍務局摘抄之情報提要，非原情報單位呈報之原件。今情報原件出土，可確知此情報由中統局葉秀峰呈報，與憲兵司令部無涉。本件原報是「臺灣調查統計室」，時間地點為「臺灣三月十一日電」，情報來源為「實地調查」，全文如下：

104　吳濁流，《無花果：臺灣七十年的回想》（臺北：前衛出版社，1988），頁219-220。
105　曾純純，《書寫客家生命：六堆鄉賢回憶錄》（臺北：南天書局有限公司、行政院客家委員會，2005），頁184。
106　李翼中，〈帽簷述事〉，頁376。
107　情報提要內容是：「臺省黨部調統室曾建議警備部，應乘時消滅歹徒，並將名冊送去。警備部十日晚起，開始行動，肅清市內奸徒。」參見〈憲兵司令部、中統局呈報臺灣近況〉（1947年3月12日），收於侯坤宏編，《二二八事件檔案彙編(七)：大溪檔案》，頁231。
108　陳翠蓮，《派系鬥爭與權謀政治：二二八悲劇的另一面相》，頁275。

查臺民暴動案，迭經呈報在案，茲據續報稱：三月八日憲兵一營由閩開抵基隆，臺民拒絕登岸及破壞開往臺北道路，致發生騷動。早六時起，基隆、臺北同時再戒嚴，九、十兩日國軍絡續開到，臺北市內禁絕行人，車站及公共場所，均由國軍保護，連日遭受恐怖之外省人士，已稍感安全。而警察及警備部軍士，九、十兩日來施行報復手段，毆打拘捕暴徒，臺民恐慌異常。查此次事變，係少數不良份子及奸偽份子煽動所致，臺省黨部調統室曾建議警備部應乘時消滅歹徒，並將名冊送去，警備部第二處十日晚起開始總行動，決肅清市內奸偽歹徒。又「二二八」事件到臺中後，市民及學生包圍警局，洪局長不予抵抗，反將武器點交何其蘭〔按：應為何鑾旗之誤〕（何係奸偽份子），何將武器分一般奸徒，并聯絡奸偽首要謝脛〔雪〕紅，組織作戰本部，謝奸下令召集海南島歸來一般〔班〕奸黨，並調高山族五千名，於三月一日攻憲兵隊，該隊全被繳械，隊長被縛，黃市長及洪局長反受優待。現臺中市在紊亂中云。[109]

此情報分述臺北及臺中情況。臺北方面，警察及警備總司令部人員在國軍抵臺後，施行報復手段，導致臺民極為恐慌，臺灣調統室主張「應乘時消滅歹徒」，名冊是由中統局的下屬單位臺調室造報送往警備總部。10日晚，警備總部負責情報的第二處（處長林秀欒）展開「總行動」，決肅清臺北市內「奸偽歹徒」。由此可知，中統局臺調室在臺並無行動隊，只能提供名單，並無抓人的權力與人手。[110]

1992年1月21日前警備總部參謀長柯遠芬在美國加州接受訪談，將抓人的責任全推給陳儀、林頂立、張慕陶，指陳儀密令林頂立的特別行動隊及憲兵特高組行動，警備總部彷彿置身事外，柯並稱「警備總部自始至終

---

109 標點經筆者調整。〈中統局呈報該局臺灣調查統計室續報國軍已抵臺北而臺中仍在紊亂中〉（1947年3月12日），收於薛月順編，《二二八事件檔案彙編（岜）：總統府檔案》，頁302-303。
110 林衡道口述，卓遵宏、林秋敏訪問，林秋敏紀錄整理，《林衡道先生訪談錄》，頁272。

沒有派人參與逮捕人犯的行動」。[111] 但證諸本件檔案，不攻自破，該報告明白指出警備總部第二處10日晚展開「總行動」，身爲參謀長的柯遠芬對逮捕行動事後推說不知，殊難相信。

臺中方面，臺調室指臺中市警察局長洪字民將武器點交謝雪紅部屬何蠻旗，導致臺中瞬間全爲控制，憲兵隊全被繳械、隊長被縛，市長黃克立及洪字民事後「反受優待」。對此情報，軍務局特別簽擬將洪字民電知陳儀查辦，蔣中正批示如擬。3月14日陳儀電覆軍務局將遵照查辦。[112] 臺調室之所以特別要求查辦洪字民，尚夾雜事變前的結下的私怨。

㈢欲組「臺中地區治安協助團」，旋遭二七部隊瓦解

前述3月19日葉秀峰報告的後半部，提及臺中的工作情形。當時臺調室企圖派蔡志昌等人進入臺中工作，抗衡民眾及民軍力量，但反被包圍逮補，導致蔡等遂離臺中北上，伺機再回。事件人物背景及其中原委，因覓得相關檔案材料，將據此進一步重建事件輪廓，作爲臺調室在二二八事件試圖展開活動的鮮明例證。

蔡志昌、陳平關、李來旺是臺調室在臺中的重要「同志」，以蔡志昌爲首。蔡志昌，1916年生，彰化溪湖人，後赴中國，畢業於上海同文書院法科，[113] 戰後回臺中，人稱「蔡大哥」，並且擔任省黨部「調統室專員」，是蘇泰楷的手下、[114] 臺中市黨部第九區分部執行委員，[115] 經常進出臺中憲

111 魏永竹主編，《二二八事件文獻續錄》（南投：臺灣省文獻委員會，1992），頁704、727-728；陳翠蓮，〈臺灣軍政層面的責任〉，頁237。

112 〈陳儀電呈南京蔣主席臺中市警察局長將武器分發暴徒一節遵即查辦〉（1947年3月14日），收於侯坤宏編，《二二八事件檔案彙編㈦：大溪檔案》，頁263。

113 《蔡志昌》，「軍事委員會委員長侍從室檔案」，入藏登錄號：129000122320A。

114 李旺台、楊振隆總策劃，《二二八事件責任歸屬研究報告》，頁308。〔按：此部分爲陳翠蓮撰〕

115 林金藻，〈臺中暴動情形綜合報告〉（1947年3月28日），收於行政院研究二二八事件小組編著，《二二八事件研究報告・附錄一：重要文件㈢——閩臺監察使楊亮功調查報告暨十八附

兵隊幫忙處理業務。[116] 陳平關、李來旺兩人，戰前在於上海、廈門等地任日軍地下工作人員，戰後即回臺中，但身無職業，擁槍自重，被市警局認定「本市流氓」。[117] 警備總部的情報亦顯示，二人「常與各機關首長出入各酒家，尤其與憲兵隊及法院爲最甚」、「勾結軍警機關，不免有曖昧事件」，要求將二人驅逐出境，將槍繳收，驅逐出境。[118] 根據市警局覆查，除印證警備總部之情報外，1947年1月10日兩人並冒稱情報特派員，涉嫌持左輪手槍勒索市民鄭紀金三萬六千元，類似行爲，不知凡幾；但二人爲本市憲兵隊運用之工作人員，被強迫者均敢怒而不敢言。[119] 陳、李二人在臺中的行徑，應早爲保密局在臺中的通訊員所注意而呈報警備總部，故循行政體系要求查拏兩人，甚至驅逐出境。

蔡、陳、李三人與憲兵隊均有往來，又係臺調室所指明的「同志」，以派系關係論，在臺中軍憲警及情治單位，形成「臺調室＋憲兵 vs. 保密局＋市政府／警察局」的對立態勢。保密局臺中組長李良彬亦稱，臺中因「憲、空當局因受中統所運用之奸僞份子所弄」，[120] 臺中組王孝順亦稱蔡志昌與

件（上）》（臺北：該組，1992），原件影印，無頁碼。但在中國第二歷史檔案館所編之《臺灣「二・二八」事件檔案史料》，在「臺中區『三二』事變忠實有功同志一覽表」的鉛字版，漏列蔡志昌。參見中國第二歷史檔案館編，《臺灣「二・二八」事件檔案史料》（北京：檔案出版社，1991），頁424-425。

116 鍾逸人，《辛酸六十年：二二八事件二七部隊部隊長鍾逸人回憶錄（上）》（臺北：前衛出版社，1993），頁642。

117 〈葉貽勇簽呈〉（1947年1月31日），《調查地方危險份子卷》，「臺中市政府檔案」，檔號：A376590000A/0036/136-2/1/1/001。

118 〈奉電以臺中流氓勾結軍警機關不免有曖昧事件飭查報等因希密查具報由〉（1947年1月25日），《調查地方危險份子卷》，「臺中市政府檔案」，檔號：A376590000A/0036/136-2/1/1/001。

119 〈電復陳平關李來旺素行〉（1947年2月5日），《調查地方危險份子卷》，「臺中市政府檔案」，檔號：A376590000A/0036/136-2/1/1/001。

120 〈張秉承上言普誠代電呈報臺中市憲警對立並言及奸僞份子有以軍方和黨方單位爲庇護者〉（1947年3月），收於侯坤宏、許進發編，《二二八事件檔案彙編㈠：立法院、國家安全局檔案》，頁367。

警局、保密局人員作對，且王孝順開列蔡志昌、陳平關的「十四大哥」名單及背景時，將陳年關〔按：應為陳「平」關〕、李來旺的背景以括弧註記為「憲兵」。[121] 臺中地方法院判決書亦透露出，直至1947年4月憲兵第四團第三營才解除陳平關的通訊員職務。[122] 在臺中市，中統與憲兵非但關係密切，而且用同一批流氓協助工作。當局已充分瞭解十四大哥是臺中市中月來治安不靖，搶案、竊案頻生之治安主因，[123] 這批受蔡志昌及憲兵隊指揮的中統局忠義調查員，在事件前至少犯下十數起搶案，嚴重危害治安，市長黃克立及市警察局洪字民獲悉該等背景後，極為「震恨」，俟機加以掃蕩。[124]

2月26日晚12時，臺中市長黃克立、警察局長洪字民，突出動全體警察人員，拘捕蔡所領導下的十四大哥，[125] 據報，蔡志昌及憲兵隊長王守樸在市警局的逮捕行動中極力袒護，「並有暴動之舉」，但警局方面預做準備，未讓事態擴大，[126] 當晚市警局緝獲十四大哥中之六人，並捕獲八人。[127] 蔡

---

121 〈張秉承上言普誠代電報告臺中市蔡志昌屬下搶劫擾亂社會秩序並言及中統、憲兵和警察、軍統等單位對立情況〉（1947年），收於侯坤宏、許進發編，《二二八事件檔案彙編㈠：立法院、國家安全局檔案》，頁369。

122 〈陳君等恐嚇〉（1947年11月15日），《三十六年度偵字1201-1300號》，「臺灣臺中地方法院檔案」（新北：行政院國家發展委員會檔案管理局藏），檔號：A504230000F/0036/9999/1/9/004。

123 〈臺灣省行政長官公署第六十四次政務會議紀錄〉（1947年2月28日），收於林秋敏、王峙萍編，《二二八事件檔案彙編㈥：中國石油公司、臺灣電力公司檔案》（臺北：國史館，2002），頁182。

124 〈張秉承上言普誠代電報告臺中市蔡志昌屬下搶劫擾亂社會秩序並言及中統、憲兵和警察、軍統等單位對立情況〉（1947年），頁369。

125 保密局指曾度昇、陳平關、李來旺、連福生、王賀宗、詹正光、賴天慕、傅天順有中統背景。參見〈張秉承上言普誠代電報告臺中市蔡志昌屬下搶劫擾亂社會秩序並言及中統、憲兵和警察、軍統等單位對立情況〉（1947年），頁369-370。

126 〈張秉承上言普誠代電報告臺中市蔡志昌屬下搶劫擾亂社會秩序並言及中統、憲兵和警察、軍統等單位對立情況〉（1947年），頁369-370。

127 〈臺灣省行政長官公署第六十四次政務會議紀錄〉（1947年2月28日），頁182。

等人應是市警局此次掃蕩，轉赴臺北、新竹等地暫避風頭，故臺中三二事件爆發時，蔡志昌人在臺北，不在臺中。

3月4日晚，蔡志昌返抵臺中，其返抵臺中後的工作情況，以及被二七部隊綁縛送刑務所羈押的經過，在後來3月23日蔡志昌向臺中市警局報案追贓的呈狀有詳細說明：

> 竊查臺中市於三月二日受奸黨煽惑發生暴動不幸事件，志昌適在臺北，至四日晚才返抵臺中，當時臺中市情形實已無政府狀態，人心惶恐，秩序紊亂，一般奸黨集結流氓圍攻軍隊、搶掠倉庫、劫持軍械、聲勢浩大，盜賊乘機四起，人民生命財產危殆旦夕，觸目傷心。因志昌在北時承憲兵張團長、黃中將國書之命，故返抵臺中後，旋即邀集公正人士及純粹學生、消防隊等團體，商議聯合組織「臺中地區治安協助團」，以協助維護臺中地區之治安以及保護黃中將蒞中解決時局。詎知組織未成已被奸黨首領謝雪紅偵悉，於（六）日上午十一時卅分許，派出奸黨幹部多名及暴徒等率領臺中一部份東勢隊、埔里隊武裝約百名包圍本宅，來勢兇狠，亂槍掃射，當時在室人員突聞槍聲，以為土匪包圍，盡皆驚惶失色，奪路逃避，情狀至為淒慘，洗劫約二小時之久，並捕去連過路人及內子等共五十二人，即時解送法院刑務所羈押，幸蒙各方公正人士援助，於當晚七時許始得全數釋放。內子回抵宿舍，傢器狼藉，檢視各物，始悉十餘年來陸續存積之金飾、現款，概衣物用器等價值百餘萬元臺幣（另單開列呈附）俱被該批奸黨洗劫一空。幸本人當時事件發生前偕同公正人士數人，前赴豐原迎接　黃中將蒞中，不然性命堪虞矣。竊志昌為人向來一本精忠報國之精神，為地方為同胞謀福利，不辭勞苦，以盡人生服務之責任目的，而今日慘遭奸黨之禍害，言之寧不痛心。茲將本人此次被奸黨洗劫實情，備文報告鈞局察核。懇請迅賜有效辦法追回贓物，緝奸懲辦，以昭國法而保民命。臨陳

不勝迫切待命之至。[128]

蔡志昌係受誰之命回臺中發展組織？中統局的報告指係蘇泰楷指示，事後蔡則自稱受張慕陶及黃國書之命，刻意掩飾調統室專員的特務身分，筆者推測或許因爲報案對象是警察局，蔡志昌的黨部調查人員身分又早爲市府所悉，[129] 有意迴避所致。鍾逸人亦指以蔡志昌爲首的十四大哥，是臺灣調統室蘇泰楷在臺中地區的地下組織，[130] 故蔡志昌受蘇泰楷之命，返臺中發展的可能性較大。

蔡回臺中後，以臺中市南區的忠孝路的自宅爲基地，很快地利用過去所發展的關係，召集五十餘人商議組織臺中地區治安協助團，但3月6日上午11點半，蔡志昌宅旋遭二七部隊的東勢隊、埔里隊包圍，將該等人士縛送看守所羈押。根據鍾逸人的回憶，執行逮捕任務的隊伍，係甫攻下臺中干城營區由黃信卿所率領的埔里隊，黃受命逮捕聚集在臺中國校對面巷內日式房屋內的六、七十名企圖反擊的「武裝國特」，移送臺中看守所。[131] 蔡志昌等五十餘人雖遭羈押，但協助脫困的「各方公正人士」，係臺中地方法院庭長饒維岳與推事葉作樂，兩人都是客家人。[132] 饒維岳知該等人士非比尋常，稱「蔡專員係中央遣派來臺工作人員，所負使命甚巨」，該等

128　〈3月2日發生暴動不幸事情〉，《查緝竊盜案卷》，「臺中市警察局檔案」（新北：行政院國家發展委員會檔案管理局藏），檔號：A376590200C/0036/139.4/6/1/018。本件檔案之異體字改通用字。

129　〈張秉承上言普誠代電報告臺中市蔡志昌屬下搶劫擾亂社會秩序並言及中統、憲兵和警察、軍統等單位對立情況〉（1947年），頁369。

130　轉引自陳翠蓮，〈臺灣軍政層面的責任〉，頁323。

131　鍾逸人，《辛酸六十年：二二八事件二七部隊部隊長鍾逸人回憶錄（上）》，頁481-482、664-665。

132　饒維岳，苗栗頭份客家人。葉作樂，臺中東勢客家人，臺灣第一位法學博士葉清耀之子。參見陳運棟總編輯，《頭份鎮誌》（苗栗：頭份鎮公所，2002），中冊，頁1413-1414；何來美，《臺灣客家政治風雲錄》（臺北：聯經出版事業股份有限公司，2017），頁45；中央研究院臺灣史研究所，「臺灣日記知識庫」網站，下載日期：2017年9月5日，網址：http://taco.ith.sinica.edu.tw/tdk。

拘押尚不及一日，就被饒、葉設法從看守所中救出，[133] 暫回臺北。

　　臺調室原欲介入臺中局勢，因不敵二七部隊力量，發展未成，即告瓦解。從臺北二二八處委會治安組許德輝所組的忠義服務隊例子來看，[134] 二七部隊可說讓臺中市少了一股類似忠義服務隊以維持治安為號召，卻行破壞秩序的特務加流氓的混合勢力。[135]

㈣中統局及市黨部滲透臺中市處委會

　　蔡志昌雖發展未成，但中統局及臺中市黨部對3月2日成立的臺中地區時局處理委員會，潛伏滲透有成。市黨部指導員林金藻指示該黨同志參加處委會獲悉消息，並「密示地下工作人員相機分化奸徒力量，曉諭學生勿為利用」。根據林金藻提交的綜合報告，施金塗（文化圖書公會理事）混入處委會總務部擔任文書，[136] 回報該會中動態、委員言行及各項計畫，

---

133 饒維岳的內兄，即妻子彭淑貞的哥哥彭盛木為軍統特務人員，曾潛入淪陷區在汪政權下工作，饒維岳應該對中國的特務體制不會太陌生。又，饒維岳被指控強取印信，自命法院長，參加臺北偽司法會議，4月16日遭整編第二十一師拘捕入獄。故饒維岳、彭淑貞在給高等法院長楊鵬的陳請書，便以彭盛木「殉職」（實則病逝）及救出蔡志昌等事，試圖當局證明他的祖國觀念與民族思想，均有跡可查，望楊鵬出手拯救。參見〈饒維岳呈明臺中三二事變暴徒行劫臺中地方法院經及被誣無辜受押陳情書〉（1947年5月24日），收於周琇環、歐素瑛、陳宏昌編，《二二八事件檔案彙編㈢：臺灣高等法院檔案》（臺北：國史館，2003），頁86-87；〈彭淑貞為夫饒維岳陳請書〉（1947年5月24日），收於周琇環、歐素瑛、陳宏昌編，《二二八事件檔案彙編㈢：臺灣高等法院檔案》，頁93-94；許雪姬，〈1937-1947年在上海的臺灣人〉，《臺灣學研究》（新北）13（2012年6月），頁10。

134 陳翠蓮，〈解讀許德輝《臺灣二二八事件反間工作報告書》〉，頁137。

135 在員林即發生中統人員、也是十四大哥之一的詹正光，危言聳聽，鼓動民軍放火燒毀官舍，行派系鬥爭。但此舉頗讓當地人不解，「同是唐山人的國民黨地方單位，竟然也起來鼓動民眾放火，而且其議論矛頭又隱約指向陳儀政府……很多人為此目瞪口呆，始終無法釋疑」。參見謝聰敏，〈二二八事變研究：二二八事變中的黨政關係〉，收於謝聰敏，《黑道治天下及其他》（臺北：謝聰敏國會辦公室，1993），頁157。

136 根據保密局開列的奸黨暴徒調查，施金塗擔任處委會總務文書，擬辦文件標語參加暴動。參

「一手調查，隨時報告」；魏賢坤（國民新報社長、臺灣日報臺中辦事處主任、臺中市黨部第九分區部宣傳委員）、徐成（中統局調查員、[137]民聲報社長、臺中市黨部第四區分部書記）擔任調查組及聯絡部委員，「負責調查奸黨暴徒行動，設法聯絡學生及忠實份子控制奸黨等，中間以分化暴徒力量、糾正處委會目標兩事實最爲顯著」。[138]臺中市處委會一再改組、宗旨目標一變再變，以及學生隊在大會公然反對謝雪紅、否認有叛國背黨之傳單等，除參與者的路線歧異，亦與中統、市黨部人員潛伏分化有關。[139]

㈤以清鄉「肅奸」為名，行報復鬥爭之實

當臺中在整編第二十一師團長駱周能開入臺中後，如中統局報告所言，蔡等「準備再隨國軍前去肅奸」，重返臺中，協助搜捕參與事件人士。然蔡志昌及其黨徒在事件前遭黃克立、洪字民下令緝捕，懷恨在心，事件暫告平靜後，因警備總部授權憲兵逮捕叛徒，蔡等「以軍方、黨方爲掩護」，[140]「運用憲兵關係，尋機報復」。據鍾逸人回憶，蔡志昌很受福州調來的憲四團第三營營長孟文楷的賞識。[141]保密局也發現孟文楷亦利用十四大哥之

見〈臺變奸黨暴徒罰行調查表〉，收於侯坤宏、許進發編，《二二八事件檔案彙編㈠：立法院、國家安全局檔案》，頁429。

[137] 〈憲四團36.4.5臺警軍（36）字第二九六代電及名冊〉，收於中央研究院近代史研究所編，《二二八事件資料選輯㈥》（臺北：中央研究院近代史研究所，1997），頁130。

[138] 林金藻，〈臺中暴動情形綜合報告〉（1947年3月28日），無頁碼。

[139] 市警局方面，局長洪字民亦有派員打入處委會，運用時機，離間分化。參見臺中市政府，〈二，二八事件臺中變亂報告書〉，收於行政院研究二二八事件小組編著，《二二八事件研究報告・附錄一：重要文件㈢——閩臺監察使楊亮功調查報告暨十八附件（上）》，原件影印，無頁碼。

[140] 〈張秉承上言普誠代電呈報臺中市憲警對立並言及奸僞份子有以軍方和黨方單位爲庇護者〉（1947年3月），頁367。

[141] 鍾逸人，《辛酸六十年：二二八事件二七部隊隊長鍾逸人回憶錄（上）》，頁642。

一、憲四團三營運用人員的陳忠榮爲眼線，[142] 專以警局及該局臺中組人員爲對象，透過憲兵逮捕保密局詹木權等二人，並多方構陷洪字民，欲使免職。[143] 臺中市在綏靖清鄉期間，同時上演情治單位內鬥。除內鬥外，中統人員亦有利用清鄉逮捕人犯機會，行詐欺恐嚇。1947年5月，陳平關假藉憲兵隊名義調查二二八事件案犯，利用被告王慶一向朱啓金恐嚇詐欺臺幣三萬元，向江瑞庭詐欺臺幣一萬元、卡機布一段，案經憲兵第四團第三營偵查移送，法院認定陳有恐嚇詐欺情事，「惟查陳平關於憲兵隊通訊員任內不無微勞」，從寬判處有期徒刑八個月。[144] 此種手法誠如吳濁流所說，玩弄法律而不處罰自己圈子裡的人，形式上拿到法院論罪，就算判刑，很快就會放出來。[145]

1947年3月28日臺中市黨部指導員林金藻將蔡志昌提報爲「忠實有功同志」，事蹟是「糾集幹部，控制異黨，協助肅奸工作」有功，[146] 積極協助整編第21師部隊及憲兵第三營的搜捕行動。但在8月初，與當局關係甚佳的蔡志昌，被以內亂罪收押，據當時同樣在押的鍾逸人轉述蔡志昌的說法，蔡指遭孟文楷羅織，日後又認爲是保密局李良彬（福州人，保密局臺灣站臺中組組長）一手導演，李認爲他手下弟兄多、發展迅速，讓李良彬眼紅，指控他參與二二八。蔡志昌後來沒經過任何審判和手續，關了24天

---

142 〈張秉承呈報「臺灣二‧二八事變告書」〉（1947年4月），收於侯坤宏、許進發編，《二二八事件檔案彙編㈩：國家安全局檔案》，頁18。

143 侯坤宏，〈情治單位在二二八事件中的角色〉，頁150-152。

144 〈陳君等恐嚇〉（1947年11月15日），檔號：A504230000F/0036/9999/1/9/004。

145 吳濁流，《無花果：臺灣七十年的回想》，頁213。日後，陳平關似在中統所改組成立的內政部調查局臺灣調查處臺中調查站擔任「細胞」。1950年時巒大山林場發生員工因薪資及雇用事，員工內部產生衝突，部分員工即勾結陳平關，藉陳之力，誣指林場現職員工共產黨人，藉勢敲詐勒索財物。本案經省府主席吳國楨訓令省府視察前往調查後，認爲陳係捏詞誣指，「復藉勢勒索財物，擾亂人心，妨害治安，以致該場生產幾告停頓」，遂行文內政部查辦此事。參見〈爲巒大山林場離職工人魏慶彩、陳啓林二人夥同內政部調查局職員陳平關捏詞誣告該場莊首裕等爲共產黨及藉勢勒索財物擾亂人心妨害治安電請查辦見復由〉，《魏○○、陳○○夥同陳○○誣告莊○○等貪瀆》，「省級機關檔案」，典藏號：0040571311623001。

146 林金藻，〈臺中暴動情形綜合報告〉（1947年3月28日），無頁碼。

便釋放。[147]

日後，蔡志昌仍在臺中發展，活躍於地方政壇。以中國國民黨籍在1951年當選第一屆彰化縣議員，1954年轉戰臺中市，連任三、四、五屆臺中市議員，1960年5月補選上第四屆副議長，1961年違紀競選議長獲勝遭開除黨籍，1964年卸任議長，競選臺中市長失利後，轉任私立臺中救濟院院長，1969年獲聘省政府參議。[148] 公職之外，尚擔任臺灣民聲日報副社長、中聲廣播電台董事長。[149] 此雖係後話，卻值得吾人思考戰後地方政壇領導人物的出身背景。1981年蔡志昌接受報紙專訪時，以臺中仁愛之家主任之姿造福社會的慈善形象現身，述及個人經歷時，強調他如何在中國抗戰期間從事敵後工作，如何功在黨國；然不知是記者下筆有誤，還是當事人迴避，不但跳過二二八，蔡竟稱1950年才返回故鄉。[150] 1988年蔡志昌接受臺灣省文獻委員會訪問談二二八事件，對於自己在事變時的身分隻字未提，將事件起因全推給臺共謝雪紅有心顛覆，發動流氓及不滿現實分子，藉取締私煙當做導火線，與高山族同胞將事件由臺北擴張至中南部及東部，[151] 隻字未提個人在事件中的行動。

六、秋後算帳：蘇泰楷被捕

3月13日陳儀拍電報給國防部第二廳廳長鄭介民，以臺灣調統室主任蘇泰楷，在此次臺北叛變期間，縱使其主辦之《重建日報》刊發號外，「助

147 鍾逸人，《辛酸六十年：二二八事件二七部隊部隊長鍾逸人回憶錄（上）》，頁642。
148 林正慧，〈蔡志昌〉，收於張炎憲主編，《二二八事件辭典》（臺北：國史館、財團法人二二八事件紀念基金會，2008），頁662。
149 《蔡志昌》，入藏登錄號：129000122320A。
150 〈從議長轉任救濟院長 為人群服務一幹十七年〉，《自立晚報》，1981年9月5日。本則剪報資料收於《蔡志昌》，入藏登錄號：129000122320A。
151 臺灣省文獻委員會二二八事件文獻輯錄專案小組編校，《二二八事件文獻輯錄》（臺中：臺灣省文獻委員會，1991），頁12、54-55、498。

長亂萌」,將該報封閉,並將蘇監押看管候訊。[152] 3月16日警備總部軍法處函詢長官公署宣傳委員會,調查蘇泰楷等在臺北市所發行之《重建日報》曾否向宣傳委員會依法申請登記,似在查找蘇的罪證。[153] 中統局在臺最重要的幹部蘇泰楷遭陳儀下令羈押,看管候訊,繫獄近一週後,方由閩臺監察使楊亮功、憲兵團長張慕陶數度向陳儀請保,始獲開釋。

中統局在蘇被捕後不僅極力為蘇泰楷澄清,欲證明其工作努力。5月7日局長葉秀峰上呈報告為蘇泰楷辯護,認為當時調查工作繁重,對《重建日報》發號外事未曾與聞,「正傾全力摘奸發伏」,況且該報刊載的臺北處委會議案,亦見於長官公署的《台灣新生報》,且更為詳盡,「足證當時情勢同在脅迫之下,非僅該報為然」。在國軍抵臺後,陳儀「誤信長官公署宣委會主委青年黨首要夏濤聲一面之詞,以『重建日報』為反動報紙,予以查封,並將該主任扣押,助長其他黨派摧殘本黨同志經營之文化事業,予本局防制奸偽、保衛黨國之任務,以嚴重打擊。」[154] 中統局將蘇泰楷被扣歸咎於異黨分子夏濤聲向陳儀唆弄,但陳翠蓮認為蘇泰楷被捕,與事件期間不斷向中央發出不利於陳儀的電文有關,[155] 省黨部在事件前對陳儀施政始終站在批判立場。[156]

為瞭解本案經過,軍務局電國防部第二廳廳長鄭介民蒐集《重建日報》號外原件。[157] 5月4日鄭介民上呈3月2、3、7日《重建日報》號外原件及抄件供參,軍務局閱後,亦認《重建日報》「似係刊載當時實際情形,尚

---

152 〈國防部第二廳廳長鄭介民呈蔣中正報告臺灣省黨部調查統計室主任蘇泰楷疏於防奸〉(1947年3月21日),收於薛月順編,《二二八事件檔案彙編㈩:總統府檔案》,頁332。

153 〈請查明重建日報曾否聲請登記〉(1947年3月17日),《取締不合法之報社及徹銷登記證》,「臺灣省文獻委員會檔案」(新北:行政院國家發展委員會檔案管理局藏),檔號:A375000100E/0036/137.3/4。

154 〈葉秀峰呈報蘇泰楷平時努力防奸工作並無助長亂萌情事〉(1947年5月7日),頁358。

155 陳翠蓮,《派系鬥爭與權謀政治:二二八悲劇的另一面相》,頁274。

156 林衡道口述,卓遵宏、林秋敏訪問,林秋敏紀錄整理,《林衡道先生訪談錄》頁275。

157 〈蔣中正電請鄭介民蒐集臺灣重建日報號外原件呈閱〉(1947年3月27日),收於薛月順編,《二二八事件檔案彙編㈩:總統府檔案》,頁334。

無故意渲染事實」。[158] 因此蘇泰楷被捕原因，應如陳翠蓮所推論，係陳儀在事件後針對黨部的報復行動，有意給臺調室顏色看。如此一來，省黨部一時風聲鶴唳。根據林衡道的回憶，宣傳處長林紫貴也覺得自己都快不保了，「老蘇（省黨部調查處長蘇泰楷）也被抓進去了」。[159]

蘇泰楷事後回南京本部述職，報告事件始末時，葉秀峰並爲其引見蔣中正。5月3日局長葉秀峰以「臺省黨部調查統計室主任蘇泰楷協助當局消弭亂源，應付甚見得力」，且許多蘇所提供之材料，頗多可供今後施政之參考，請求蔣中正召見蘇泰楷，5月5日蔣中正同意約見。[160]

另一值得注意細節的是，蘇泰楷是由楊亮功及張慕陶向陳儀請保釋放，再次提醒了我們留意中統與憲兵的關係。雙方在臺中地區「合作」頻頻，以下中統局致函憲兵司令部爲請嘉獎張慕陶事，更能說明雙方應當維持著不錯的關係。1947年6月3日憲兵司令部工作日記載：

> 中國國民黨中央執行委員會調查統計局來函略以：此次臺灣二二八事變駐防臺灣憲四團團長張慕陶于事變之初，躬親力排緝煙血案，事態擴？大後，復不避險阻四出奔走，統率所部確保政府機關安全，搶救外省公教人員，並往晤當地暴徒首領蔣渭川、王添灯等曉以大義，全臺政權賴以保全，厥功至偉，請予明令嘉獎等由。查該團長此次應變有方，業經臺灣警備部予以記功二次在卷，本案不另議獎。[161]

---

158 〈鄭介民呈復蔣中正三月二十七日電並附三月二、三、七日臺灣重建日報號外原件及抄件〉（1947年5月4日），收於薛月順編，《二二八事件檔案彙編（曰）：總統府檔案》，頁335-342。

159 陳三井、許雪姬訪問，楊明哲記錄，《林衡道先生訪問紀錄》（臺北：中央研究院近代史研究所，1992），頁86。

160 〈葉秀峰呈蔣中正爲蘇泰楷來京述職懇請賜予召見〉（1947年5月3日），收於薛月順編，《二二八事件檔案彙編（曰）：總統府檔案》，頁344-347。

161 《憲兵司令部工作日記（三十六年）》，「國防部史政編譯局檔案」，檔號：B5018230601/0036/159/3033。

中統局在事後特函憲兵司令部望嘉獎應變有方的張慕陶，足見雙方關係之密切。若論當時保密局、中統、憲兵在二二八期間的關係，中統和憲兵應是相對友好，這種情況早在中統前身——國國民黨中央組織部調查科已是如此。此或與中統畢竟是黨務機關，缺乏司法警察權等執行名義，有時得要憲兵幫忙有關。[162] 同是情報單位，相較之下，省黨部對保密局格外提防。1947年5月25日臺灣省黨部執行委員丘念台上呈中央組織部長陳立夫，要求排除保密局在臺活動勢力，意見書直指「參與殘殺未受內調之軍警憲特首腦，近竟仍恃其威力，欲圖自固」，暗殺、恐嚇、離間內外等事不一而足，已受內調命令者徘徊不去」，「陰有所圖」，此輩中又以「警備部及舊軍統人員為多，臺省、外省籍均有之」。[163]

七、結論

本文利用新出與既有材料，著眼中統局臺灣調統室在二二八事件的作為與行動。

利用新出土材史比對已刊材料時發現，自軍事委員會委員長侍從室改組的國民政府參軍處軍務局，係為當時情報樞紐。蔣中正所過目之情報，係由軍務局整理編排出包含該局判斷及擬辦意見，方上呈蔣中正批閱，蔣能看到哪個情報機關提交什麼樣的情報，取決於軍務局的選辦與過濾。軍務局在統整、研判情報的重要性，表現在1947年3月時，即就保密局、中統局與憲兵司令部所呈遞之二二八事件情報進行綜合評估與檢討。軍務局的總評是中統、憲兵報告較為翔實，但兩單位對臺南市以南的情況，無一詳細報告；反之保密局則報告甚詳，但時效稍遜。從情報內容歸納，中統

---

162 在中國，中統所逮捕的人大多送憲兵司令部的監獄關押。參見張國棟，〈中統局始末記〉，頁 7-8、70、108。

163 〈附件、丘念台呈「請速調回臺變時軍警憲特首腦以安輯臺民意見書」〉（1947年5月25日），收於何鳳嬌編，《二二八事件檔案彙編(卅)：總統府檔案》，頁288。

局在臺佈建，主要集中在臺北與臺中兩處異黨及左派人士活動頻繁地區，其他地方僅有零星情報，廣度不若保密局。

行動方面，中統局臺灣調統室除過去已知提供名冊，協助國軍登陸後的搜捕事變人物外，調統室主任蘇泰楷福建永定的客家人背景，在事變初起亦有發揮作用，蘇利用臺灣的閩客之分，「約束客籍民眾勿與暴民同流」，甚至轉為協助調查工作。過去研究雖已指出客家人在二二八事件舉動平穩，客家城鎮聚落相對寧靜，除了地緣因素外，亦不能忽略國民黨利用閩客人群邊界，刻意拉攏客家人士。中統局臺灣調統室專員蔡志昌奉蘇泰楷之命，3月4日返回臺中，原欲利用其「十四大哥」的關係網絡，集結該地同志50餘人加以武裝，組織臺中地區治安協助團，所幸遭二七部隊包圍繳械，使得臺中少了一股類似臺北許德輝的忠義服務隊，以維持治安名義，實際上可能行公然打劫、破壞秩序的特務加黑道的混合勢力。但3月6日蔡等被縛往看守所當天，旋由臺中地院的客家人推事饒維岳、葉作樂釋放。相對於蔡志昌組織未成，臺中市黨部及中統人員則成功滲透臺中市時局處理委員會，不僅掌握該會動態，該會宗旨目標一變再變，學生隊反對謝雪紅等，均有市黨部及中統在背後推波助瀾。

派系鬥爭方面，可分二個層面。一是對陳儀之打擊，二是特務系統之對立。

事變發生前，中統屢屢上呈臺人對陳儀施政之不滿，接收的紊亂情況比「內地」更甚、社會充滿怨氣的情況，並直指官吏利用臺幣與法幣的匯差，私運臺灣產品獲利，對陳儀的施政沒有一句好話，尤其在內地該是由黨所掌握宣傳機構，卻落入異黨之手，更是極度不滿。事變爆發後，中統繼續指責陳儀應對無方、粉飾求全，誇稱局勢危如累卵，陳儀難以收拾，建議中央派兵來臺解決，只差沒有點名陳儀下臺負責。事件後，陳儀立刻對蘇泰楷展開報復，以一個連軍務局調查後都認為不是理由的理由，將蘇監押看管，教訓意味濃厚，連帶省黨部一時風聲鶴唳，人人自危。

當時在臺的特務系統，中統與憲兵關係較密，與保密局形成對立態勢。

中統與憲兵在中國時向來互為協助，關係友好，在臺灣也有類似情況，從蘇泰楷由張慕陶等具保，以及中統局函請憲兵司令部嘉獎張慕陶均是例證。臺中市在事件前，軍憲警相互對立，不能協力；綏靖清鄉期間，中統局臺灣調統室更與保密局臺中組互鬥，保密局屢屢指責當地憲兵與中統沆瀣一氣，專以該局臺中站組及市警察局為報復對象。本文進一步發現，李來旺與陳平關不僅是中統局專員蔡志昌的同志，亦是憲兵隊運用之工作人員，在臺中於是形成「臺調室＋憲兵vs.保密局＋市政府／警察局」的對立態勢。

特務機關結合黑道活動，中統局與保密局如出一轍。臺北市的角頭，不僅被保密局系統的許德輝拉入忠義服務隊運用，中統局臺灣調統室同樣吸收了在地流氓，達到分化群眾的作用，也讓省黨部及電臺能夠正常運作。在臺中，與蔡志昌關係密切的陳平關、李來旺，是警備總部及市警局認定的流氓，劣跡累累，卻是中統局的重要同志。事件後，蔡志昌活躍於地方政壇、電臺界乃至慈善事業，成為「地方士紳」，但他這段過去，少為人知。

附錄1、保密局、中統局、憲兵司令部
情報內容摘要

日期	保 密 局	中 統 局	憲兵司令部
3/1		臺北市民因專賣局查緝私烟擊斃老婦及市民，屢起暴動	臺北二月二十七日晚，省專賣局因查緝私烟，擊傷市民，致引起全市暴亂
		臺北市民暴動原因為一、臺市有錢無處購米一月；二、陳長官無能，統制法令不合理	
3/3	臺北專賣局搜查私烟，將販烟婦林江邁頭部撞傷暈倒，引起羣眾憤怒，致激起全市暴動	臺北市暴動□擴大，情勢愈趨嚴重，新竹縣長失蹤，國大代表謝娥宅被焚	臺市省參議員及國大代表緊急會議，代表市民向長官公署提出六條件
			臺北暴亂擴大，該部特高人員駐地亦被襲擊
3/4		臺民在新竹另組政府、臺南電訊中斷	臺北兵力空虛
			此項事變外省人被擊斃者已達四百餘人，暴民現正奪取軍械庫
3/5		臺北暴動外弛內張，臺中高山族人湧起響應，傳學生將援助張學良出任省長	臺省暴亂正演變為奪取政權之階段，暴徒截奪軍警武器總數在四千枝以上，臺中憲兵被繳械
		臺民暴動仍在繼續擴大中，二二八事件處理委員會向陳長官提出四條件	此項事件確有奸偽煽惑，其首要為詹天馬、宋非我、蔣渭川、王添灯，情勢外弛內張

		臺灣臺北市死傷已逾千人，四日情況雖佳，但仍有惡化可能	臺中、嘉義政府職權竟被二二八事件處理委員會篡奪
		臺灣暴亂內有學生及海南島等地歸鄉臺胞參加	
3/6		臺北事件發生後，王萬得、蔣渭川、王添灯、張晴川爲領導人物，臺中市長黃克【立】失蹤，警察局洪局長不抵抗	臺北二二八事件處理委員會於五日向當局提出條件八項
		臺民暴動仍烈，參加者多屬前日軍御用之海外歸來浪人，本日倡大臺灣主義之蔣渭川、王添灯乘機活動處理委員會，密電中央請求撤換陳儀，改組長官公署，三月十日若無答覆，即再大舉暴動[164]	
3/7		呈臺民暴動經過及其原因之分析一份	二二八事件處理委員會號召臺籍軍人組織警備軍
		嘉義、臺中政府與各機關均被佔據，花蓮港、臺東於三月亦發生暴亂。蔣渭川正□□臺籍軍人到，企圖大舉	

---

164 臺北3月5日電。情報提要亦見於〈中統局呈蔣介石有關臺灣暴動情報〉，收於侯坤宏編，《二二八事件檔案彙編㈦：大溪檔案》，頁120。

3/8	臺省暴亂事件，係由臺灣政治建設協會蔣渭川、陳進興[165]等煽動促成[166]	臺民暴動□將演變爲政治鬥爭	臺北暴民於七日再提無理要求四條
3/9	臺北暴民圍攻長官公署及警備司令部情形		
3/10	臺北暴徒成立司令部，企圖控制全臺，各地情勢愈趨嚴重	臺灣暴徒逐步武裝，內部分爲蔣渭川、王添灯兩大系	臺北仍少有騷動，臺中現由奸僞謝雪紅組織人民解放軍，二二八處理委員會內部已起分化，蔣渭川已退出[167]
	臺灣兵力薄弱，陳長官束手無策，臺北危在旦夕		
	臺中暴動由共黨首要謝雪紅主持，嘉義又有高山族、日人參加[168]		
	花蓮港臺人組織地方處理委員會及其活動情形[169]		
	奉面諭後，派劉戈青同志攜電臺飛臺傳達命令，及陳達元協助平息風潮[170]		

---

[165] 陳進興掛名左派政論性刊物《青年自由報》發行人，該刊在二二八事件前曾遭警備總部警告及停刊處分。參見何義麟，〈戰後初期臺灣之雜誌創刊熱潮〉，《全國新書資訊月刊》（臺北）105（2007年9月），頁20、22。

[166] 本件情報之完整內容見〈張秉承呈報臺北市搜查私煙而發生衝突引起暴動係由臺灣政治建設協會蔣渭川等人從中煽動〉（1947年3月7日），收於侯坤宏編，《二二八事件檔案彙編㈠：立法院、國家安全局檔案》，頁178-182。

[167] 情報提要亦見〈葉秀峰、張鎮呈報處委會內部已起分化〉，收於侯坤宏編，《二二八事件檔案彙編㈦：大溪檔案》，頁212-213。

[168] 情報提要亦見〈保密局呈報臺中、嘉義、花蓮港暴動經過〉，收於侯坤宏編，《二二八事件檔案彙編㈦：大溪檔案》，頁213。

[169] 情報提要亦見〈保密局呈報臺中、嘉義、花蓮港暴動經過〉，收於侯坤宏編，《二二八事件檔案彙編㈦：大溪檔案》，頁213。

[170] 情報提要亦見〈鄭介民呈請派員赴臺協助平息風潮〉，收於侯坤宏編，《二二八事件檔案彙編㈦：大溪檔案》，頁211。

3/11		臺省事變處理委員會決議派員監理臺省銀行	陳長官十日令憲兵密捕國大代表林連強〔宗〕、參議員林桂端、李瑞峯，又臺北少數公務員仍有報復行為。廿一師到臺有使用法幣者[171]
		臺省事變處理委員會組織概要	
3/12	臺灣暴動首要蔣渭川、王添灯所組自治青年同盟與民主聯盟發生內鬨。臺北匪徒斂蹤，情況轉穩定	國軍到臺北已開始肅奸工作，警察及警備部士兵，九、十兩日大施報復[172]	
		臺省自治青年同盟會三月五日正式成立	
3/13	臺北二二八事件處理委員會被明令解散，該會常委李萬居、林獻堂等靜觀局勢發展待機活動		奸偽份子潛伏臺灣各機關之調查
	臺北市雖趨安定，惟警察大隊及其警務人員任意搜查商店、住宅，橫施報復		
3/14	花蓮港地方處理委員會，因國軍開到，已自行解散	奸偽在臺中大肆活躍及其內部人事調查	臺北國軍及警察仍有報復行為
3/15	高雄市暴亂經彭司令孟緝派隊痛剿，并將暴徒首要涂光明、范滄榕、曾豐明槍決，秩序始恢復[173]		

171　臺北三月十一日電。情報提要亦見〈憲兵司令部呈報臺灣情報〉，收於侯坤宏編，《二二八事件檔案彙編(七)：大溪檔案》，頁231。

172　臺灣三月十一日電。情報提要亦見〈憲兵司令部、中統局呈報臺灣近況〉，收於侯坤宏編，《二二八事件檔案彙編(七)：大溪檔案》，頁231。

173　1947年3月12日臺灣謝愛吼電。情報提要亦見〈保密局轉呈高雄、臺南、屏東各地情報〉，收於侯坤宏編，《二二八事件檔案彙編(七)：大溪檔案》，頁274。

	屏東、臺南暴亂已經高雄要塞司令彭司令驅逐繳械,各地秩序已恢復,嘉義市由空軍運兵增援驅逐暴徒,秩序亦好轉[174]	
3/17		臺北秩序漸復,雖報復行為仍時有發生
3/19	臺北、基隆、臺中等地秩序日漸恢復	
	臺灣新竹縣暴徒逃匿三俠〔洽〕水及楊梁〔梅〕鎮紳商規勸投誠情形	
3/21	臺灣高等法院審判官吳鴻棋〔麒〕等被殺,其他各地亦相繼發生官員失蹤事件	
3/23	臺東秩序迄未恢復。暴徒黃玉書正候臺北局務演變,以定行止	

資料來源:〈軍務局統計臺灣事件後有關情報及處理概要簡表〉,頁380-385。

---

[174] 1947年3月14日臺灣謝愛吼電。情報提要亦見〈保密局轉呈高雄、臺南、屏東各地情報〉,收於侯坤宏編,《二二八事件檔案彙編(七):大溪檔案》,頁274-275。

附錄2、中統局之情報處理情況

原報時間	內 容	軍務局處理／處理經過概要／事後檢討意見	呈閱時間	批示
3/1	臺北市民因專賣局查緝私烟擊斃老婦及市民，屢起暴動	據呈／－／－	3/1	
	臺北市民暴動原因爲一、臺市有錢無處購米一月；二、陳長官無能，統制法令不合理	存／－／－	3/1	
3/3	臺北市暴動事擴大，情勢愈趨嚴重，新竹縣長失蹤，國大代表謝娥宅被焚	據呈奉批「閱」／－／－		閱
3/4	臺民在新竹另立政府、臺南電訊中斷	據呈奉批「閱」／－／－		閱
3/5	臺北暴動外弛內張，臺中高山族人湧起響應，傳學生將援助張學良出任省長	存／－／待證		
	臺民暴動仍在繼續擴大中，二二八事件處理委員會向陳長官提出四條件	存／－／當時參攷消息已記載		
	臺灣臺北市死傷已逾千人，四日情況雖佳，但仍有惡化可能	存		
	臺灣暴亂內有學生及海南島等地歸鄉臺胞參加	－／－／已見陳長官電報亦已載		
	臺民暴動仍烈。參加者多屬前日軍御用之海外歸來浪人。本日倡大臺灣主義之蔣渭川、王添灯乘機活動處理委員會，密電中央請求撤換陳儀，改組長官公署，三月十日若無答覆，即再大舉暴動[175]	據呈奉批「閱」／－／－	3/6	閱

---

175 本件情報在大溪檔案中軍務局所呈的情報提要，原報告時間地點爲「臺北3月5日電」，但總統府檔案則爲3月6日，今依大溪檔案，以提呈蔣之文件時間爲準。詳細內容摘要參見〈中統局呈報蔣介石有關臺灣暴動情報〉，收於侯坤宏編，《二二八事件檔案彙編(七)：大溪檔案》，頁120。

3/6	臺北事件發生係王萬得、蔣渭川、王添灯、張晴川為領導人物。臺中市長黃克【立】失蹤，警察局洪局長不抵抗	據呈奉批「臺中警察局長交陳長官辦」／經以寅元電飭陳長官並據寅寒電呈後遵即查報／一		
3/7	呈臺民暴動經過及其原因之分析一份	葉局長面呈，奉批「閱」附件未交下／一／一		
	嘉義、臺中政府與各機關均被佔據，花蓮港、臺東於三月亦發生暴亂。蔣渭川正召集臺籍軍人報到企圖大舉	據呈奉批「閱」／一／一		閱
3/8	臺民暴動勢將演變為政治鬥爭	存／一／無內容		
3/10	臺灣暴徒逐步武裝，內部分為蔣渭川、王添灯兩大系	據呈奉批「閱」／一／一	3/10	閱
3/11	臺省事變處理委員會決議派員監理臺省銀行	存／一／一		
	臺省事變處理委員會組織概要	存／一／三月十一日陳長官已下令解散該會		
	國軍到臺北已開始肅奸工作，警察及警備部士兵，九、十兩日大施報復[176]	據呈奉批「電陳兼總司令切實制止」／以寅元電知并據陳長官寅寒電復遵辦／一	3/12	電陳兼總司令切實制止
	臺省自治青年同盟會三月五日正式成立	存／一／三月十二日前陳長官已下令解散非法組織		
3/14	奸偽在臺中大肆活躍及其內部人事調查	亦□陳長官……／經以寅筱侍宇代電電知／一		
3/19	呈報本局臺灣調查統計室應變情形			
3/26	陳長官弭亂失策			閱
3/27	陳長官對中央處理臺變原則未能誠意接受			閱
4/15	臺灣謠傳暴徒策劃二次暴動			

---

[176] 臺灣三月十一日電。詳細內容摘要參見〈憲兵司令部、中統局呈報臺灣近況〉，收於侯坤宏編，《二二八事件檔案彙編㈦：大溪檔案》，頁231。

5/7	呈復臺灣省黨部調查室主任蘇泰楷應付臺北事變經過情形			閱

說　　明：1.「─」：表無資料。

　　　　　2.3月26日以後之情報並無軍務局處理、處理經過概要、事後檢討意見等資訊可稽。

資料來源：〈軍務局統計臺灣事件後有關情報及處理概要簡表〉，頁380-385。3月26日以後之材料係由〈中統局呈報該局臺灣調查統計室於事件發生時之應變情形〉（1947年3月19日），頁326-328；〈中統局呈報該局臺灣調查統計室報告臺灣謠傳暴徒策劃第二次暴動〉（1947年4月30日），頁407；〈葉秀峰呈蔣主席陳長官對中央處理臺變原則未能誠意接受〉（1947年3月26日），頁350；〈葉秀峰呈蔣主席陳長官弭亂失策〉（1947年3月27日），頁350；〈中統局呈報臺灣省黨部調查室主任應付臺北事變情形〉（1947年5月），收於侯坤宏編，《二二八事件檔案彙編㈦：大溪檔案》，頁501等資料補入。

引用書目

《民報》

《國民政府公報》（南京）

《經濟日報》

《聯合報》

「行政院農業委員會林務局檔案」，檔號：A345040000G/0037/人I1/6/0001/003。新北：
　　　　行政院國家發展委員會檔案管理局藏。

「吳鴻麒日誌」影印本。台北二二八紀念館藏。

「省級機關檔案」，典藏號：040652003738006、0040323200794014、0040323214525022、
　　　　0040571311623001。南投：國史館臺灣文獻館藏。

「軍事委員會委員長侍從室檔案」，入藏登錄號：129000081775A、129000122320A、1290
　　　　00107497A。臺北：國史館藏。

「國民政府檔案」，典藏號：001-012071-0158。臺北：國史館藏。

「國有財產局檔案」，入藏登錄號：045000007933A。臺北：國史館藏。

「國防部史政編譯局檔案」，檔號：B5018230601/0034/543.4/4010/1/059、B5018230601
　　　　/0036/159/3033。新北：行政院國家發展委員會檔案管理局藏。

「國防部軍法局檔案」，檔號：B3750347701/0040/3136145/145。新北：行政院國家發展
　　　　委員會檔案管理局藏。

「陳誠副總統文物」，典藏號：008-011001-00003-011。臺北：國史館藏。

「會議記錄」，館藏號：會6.3/211.5。臺北：中國國民黨文化傳播委員會黨史館藏。

「臺中市政府檔案」，檔號：A376590000A/0035/014.2-3/1/1/007、A376590000A/0036/
　　　　136-2/1/1/001。新北：行政院國家發展委員會檔案管理局藏。

「臺中市警察局檔案」，檔號：A376590200C/0036/139.4/6/1/018。新北：行政院國家發
　　　　展委員會檔案管理局藏。

「臺灣省文獻委員會檔案」，檔號：A375000100E/0036/137.3/4。新北：行政院國家發展
　　　　委員會檔案管理局藏。

「臺灣省行政長官公署檔案」，典藏號：00301800008002。南投：國史館臺灣文獻館藏。

「臺灣臺中地方法院檔案」，檔號：A504230000F/0036/9999/1/9/004。新北：行政院國家
　　　　發展委員會檔案管理局藏。

「臺灣銀行檔案」，檔號：A307200000N/0036/B0/0001/08/024、A307200000N/0036/B0/
　　　　0001/68/001、A307200000N/0036/B0/0001/68/029、A307200000N/0036/B0

/0001/69/035、A307200000N/0036/B0/0001/09/008、A307200000N/0036/B0/0001/09/043。新北：行政院國家發展委員會檔案管理局藏。

「臺灣總督府專賣局檔案」，典藏號：00101426001。南投：國史館臺灣文獻館藏。

「蔣中正總統文物」，入藏登錄號：002-080102-00039-027、002-020400-00012-010、002-080200-00541-068、002-080200-00548-002。臺北：國史館藏。

「蔣中正總裁批簽檔案」，館藏號：總裁批簽43/0278。臺北：中國國民黨文化傳播委員會黨史館藏。

〈系統公告〉，「國史館檔案史料文物查詢系統」網站，下載日期：2017年9月6日，網址：http://ahonline.drnh.gov.tw/index.php?act=Landing/announcement。

中央研究院臺灣史研究所，「臺灣日記知識庫」網站，下載日期：2017年9月5日，網址：http://taco.ith.sinica.edu.tw/tdk。

漢珍數位圖書股份有限公司，「臺灣當代人物誌1946-1990」資料庫，下載日期：2017年8月2日，網址：http://140.112.113.22/whoscapp/start.htm。

中央研究院近代史研究所（編）

1997 《二二八事件資料選輯(六)》。臺北：中央研究院近代史研究所。

中國第二歷史檔案館（編）

1991 《臺灣「二‧二八」事件檔案史料》。北京：檔案出版社。

何來美

2017 《臺灣客家政治風雲錄》。臺北：聯經出版事業股份有限公司。

何春龍、朱聖富

2004 〈有關中統局泰興縣調統室運作狀況史料一組〉，《民國檔案》（南京）2004(4)：24-32。

何義麟

2007 〈戰後初期臺灣之雜誌創刊熱潮〉，《全國新書資訊月刊》（臺北）105: 18-22。

何鳳嬌（編）

2017 《二二八事件檔案彙編(廿)：總統府檔案》。臺北：國史館。

吳濁流

1988 《無花果：臺灣七十年的回想》。臺北：前衛出版社。

吳濁流（著）、鍾肇政（譯）

1989 《臺灣連翹》。臺北：前衛出版社。

李旺台、楊振隆（總策劃）

2006 《二二八事件責任歸屬研究報告》。臺北：財團法人二二八事件紀念基金會。

李筱峰、何義麟

　2006　〈事件相關人員的責任〉，收於李旺台、楊振隆總策劃，《二二八事件責任歸屬研究報告》，頁337-471。臺北：財團法人二二八事件紀念基金會。

李翼中

　1992　〈帽簷述事〉，收於中央研究院近代史研究所編，《二二八事件資料選輯㈡》，頁375-411。臺北：中央研究院近代史研究所。

里　凡

　2002　〈國民黨政府軍事委員會委員長侍從室沿革和文檔處理述略〉，《軍事歷史研究》（南京）2002(3): 69-76。

周琇環、歐素瑛、陳宏昌（編）

　2003　《二二八事件檔案彙編㈢：臺灣高等法院檔案》。臺北：國史館。

林正慧

　2008　〈蔡志昌〉，收於張炎憲主編，《二二八事件辭典》，頁662。臺北：國史館。

　2014　〈二二八事件中的保密局〉，《臺灣史研究》（臺北）21(3): 1-64。

　2015　《臺灣客家的形塑歷程：清代至戰後的追索》。臺北：國立臺灣大學出版中心。

林金藻

　1992　〈臺中暴動情形綜合報告〉，收於行政院研究二二八事件小組編著，《二二八事件研究報告・附錄一：重要文件㈢——閩臺監察使楊亮功調查報告暨十八附件（上）》，無頁碼。臺北：行政院研究二二八事件小組，原件影印。

林秋敏、王峙萍（編）

　2002　《二二八事件檔案彙編㈥：中國石油公司、臺灣電力公司檔案》。臺北：國史館。

林衡道（口述），卓遵宏、林秋敏（訪問），林秋敏（紀錄整理）

　1996　《林衡道先生訪談錄》。臺北：國史館。

侯坤宏

　2011　〈情治單位在二二八事件中的角色〉，收於侯坤宏，《研究二二八》，頁101-159。臺北：博揚文化事業有限公司，2011。

侯坤宏（編）

　2008　《二二八事件檔案彙編㈦：大溪檔案》。臺北：國史館。

侯坤宏、許進發（編）

　2002　《二二八事件檔案彙編㈠：立法院、國家安全局檔案》。臺北：國史館。

　2002　《二二八事件檔案彙編㈡：國家安全局檔案》。臺北：國史館。

2004 《二二八事件檔案彙編㈩：國家安全局檔案》。臺北：國史館。

張朋園、沈懷玉（合編）

1987 《國民政府職官年表（1925-1949)》，第一冊。臺北：中央研究院近代史研究所。

張國棟

1992 〈中統局始末記〉，收於徐恩曾等著，《細說中統軍統》，頁1-115。臺北：傳記文學雜誌社。

許雪姬

2012 〈1937-1947年在上海的臺灣人〉，《臺灣學研究》（新北）13: 1-29、31。

2014 〈「保密局臺灣站二二八史料」的解讀與研究〉，《臺灣史研究》（臺北）21(4): 187-217。

2016 〈《二二八事件期間上海、南京、臺灣報紙資料選輯》史料的價值與編印經過〉，收於許雪姬主編，《二二八事件期間上海、南京、臺灣報紙資料選輯（上冊)》，頁（17)-(36)。臺北：中央研究院臺灣史研究所。

許雪姬（主編）

2015 《保密局臺灣站二二八史料彙編㈠》。臺北：中央研究院臺灣史研究所。

2016 《保密局臺灣站二二八史料彙編㈡》。臺北：中央研究院臺灣史研究所。

2016 《保密局臺灣站二二八史料彙編㈢》。臺北：中央研究院臺灣史研究所。

2016 《二二八事件期間上海、南京、臺灣報紙資料選輯（上冊）、（下冊)》。臺北：中央研究院臺灣史研究所。

2017 《保密局臺灣站二二八史料彙編㈣》。臺北：中央研究院臺灣史研究所。

陳三井、許雪姬（訪問），楊明哲（記錄）

1992 《林衡道先生訪問紀錄》。臺北：中央研究院近代史研究所，1992。

陳中堅

2004 《特高憲兵陳中堅回憶錄：附述對海峽兩岸統一福祉期望》。臺北：陳中堅。

陳運棟（總編輯）

2002 《頭份鎮誌》，中冊。苗栗：頭份鎮公所。

陳翠蓮

1995 《派系鬥爭與權謀政治：二二八悲劇的另一面相》。臺北：時報文化出版企業股份有限公司。

2006 〈臺灣軍政層面的責任〉，收於李旺台、楊振隆總策劃，《二二八事件責任歸屬研究報告》，頁171-335。臺北：財團法人二二八事件紀念基金會。

2006 〈解讀許德輝《臺灣二二八事件反間工作報告書》〉,《臺灣史料研究》(臺北)
27: 132-147。

2014 〈「祖國」的政治試煉:陳逸松、劉明與軍統局〉,《臺灣史研究》(臺北)21(3):
137-180。

2017 《重構二二八:戰後美中體制、中國統治模式與臺灣》。新北:衛城出版社。

陶蔚然

2004 〈中統概況〉,收於文聞編,《我所知道的中統》,頁1-29。北京:中國文史出
版社。

曾文亮

2015 〈二二八事件中的叛亂與懲罰:兼論戰後初期國民政府的政治、軍事與法律關
係〉,《臺灣史研究》(臺北)22(4): 83-122。

曾純純

2005 《書寫客家生命:六堆鄉賢回憶錄》。臺北:南天書局有限公司、行政院客家
委員會,2005。

楊克煌(遺稿),楊翠華(整理)

2005 《我的回憶》。臺北:楊翠華。

臺中市政府

1992 〈二,二八事件臺中變亂報告書〉,收於行政院研究二二八事件小組編著,《二
二八事件研究報告・附錄一:重要文件㈢——閩臺監察使楊亮功調查報告暨
十八附件(上)》,無頁碼。臺北:行政院研究二二八事件小組,原件影印。

臺灣省文獻委員會二二八事件文獻輯錄專案小組(編校)

1991 《二二八事件文獻輯錄》。臺中:臺灣省文獻委員會。

趙毓麟

1987 〈中統我見我聞〉,收於中國人民政治協商會議江蘇省委員會文史資料研究委
員會編,《中統內幕》,頁211-257。南京:江蘇古籍出版社。

蕭新煌、黃世明(撰稿)

2001 《臺灣客家族群史〔政治篇〕(上):地方社會與族群政治的分析》。南投:臺
灣省文獻委員會。

賴澤涵(總主筆)

1994 《「二二八事件」研究報告》。臺北:時報文化出版企業股份有限公司。

戴國煇、葉芸芸

1992 《愛憎二・二八:神話與史實——解開歷史之謎》。臺北:遠流出版事業股份

有限公司。

薛月順（編）

2017 《二二八事件檔案彙編㈹：總統府檔案》。臺北：國史館。

謝聰敏

1993 〈二二八事變研究：二二八事變中的黨政關係〉，收於謝聰敏，《黑道治天下及其他》，頁143-169。臺北：謝聰敏國會辦公室。

鍾逸人

1993 《辛酸六十年：二二八事件二七部隊部隊長鍾逸人回憶錄（上）》。臺北：前衛出版社。

魏永竹（主編）

1992 《二二八事件文獻續錄》。南投：臺灣省文獻委員會。

蘇聖雄

2013 《奸黨煽惑：蔣中正對二二八事件的態度及處置》。新北：花木蘭文化出版社。

蘇瑤崇

2014 〈戰後臺灣米荒問題新探（1945-1946）〉，《中央研究院近代史研究所集刊》（臺北）86: 95-134。

原住民族的二二八與
事件後族群菁英身邊的情治人員：
以黃朝君爲例

范燕秋

國立臺灣師範大學臺灣史研究所教授

一、緒論

　　晚近國內學界對於二二八事件研究，重大進展是 2008 年中央研究院臺灣史研究所發掘的一批新史料，即「保密局臺灣站二二八相關檔案」。這批史料爲 1947 年二二八事件至 1950 年代初白色恐怖期間，國防部保密局情治人員所進行的調查報告；其中，重要的是二二八事件期間、各地情治人員向保密局臺灣站的調查報告書；因此，學者透過這批史料檔案的解讀與研究，[1] 首次瞭解保密局臺灣站在事件期間的組織運作，保密局在二二八

---

1 當時中央研究院臺灣史研究所所長許雪姬爲此成立「二二八新史料解讀班」，由相關研究學者進行檔案內容解讀工作，並於 2013 年 11 月首次發表史料研究成果；繼之，2015 年至 2017 年陸續出版四本史料彙編。參見〈二二八及白色恐怖相關史料〉，「中央研究院臺灣史研究所臺灣史檔案資源系統」網站，下載日期：2017 年 10 月 24 日，網址：http://tais.ith.sinica.edu.tw。以及許雪姬的研究論文。參見許雪姬，〈「保密局臺灣站二二八史料」的解讀與研究〉，《臺灣史研究》（臺北）21: 4（2014 年 12 月），頁 187-217。

事件中的角色，以及分析戰後國民黨當局特殊的統治手法與政治文化。[2]
其實，這些新史料不僅深化二二八事件歷史研究，對於晚近討論轉型正義
所關注的「加害者」，特別是屬於主動從事或被動服從指令而侵犯人權的
情治人員，亦提供難得的研究素材。[3]

　　對於筆者而言，這批新史料引發的研究好奇是檔案中出現的情治人員
「黃朝君」。依據《保密局臺灣站：二二八史料彙編(一)》顯示，黃氏在二二
八事件期間，效力於保密局臺灣站情治工作，擔任臺北組義務通訊員。[4]
不過，就筆者對於戰後原住民族政治案件研究，在1950年代初以整肅原住
民族菁英為目的之「高山族匪諜湯守仁等叛亂案」，造成泰雅族菁英林瑞
昌（樂信・瓦旦）以匪諜罪名被判刑，黃朝君是關鍵性人物。[5] 換言之，黃
氏從事的情治調查先以二二八事件漢人社會為對象，其後轉向監控原住民
族社會，其中轉折如何？頗值得深究。依據本文初步搜尋黃氏相關史料，
已知戰前至戰後相關史料檔案不少，對於研究「情治人員」這類加害者，
不失為有意義的素材。

　　尤其，以筆者研究原住民族菁英的政治案件多年，經常聽到受難者家
屬（泰雅族林家）提及「黃朝君」，但先前欠缺相關史料檔案，研究實難
以展開。因此，本文以黃朝君為研究對象，擬探討的問題有二，一是考察
黃氏的特務工作在官方控制山地社會所扮演的角色；二是從研究加害者的

2　重要的研究成果如：林正慧，〈二二八事件中的保密局〉，《臺灣史研究》（臺北）21: 3（2014
　年9月），頁1-64；陳翠蓮，〈「祖國」的政治試煉：陳逸松、劉明與軍統局〉，《臺灣史研究》
　（臺北）21: 3（2014年9月），頁137-180；劉恆妏，〈二二八事件中的自新：以臺中、嘉義、臺
　南、高雄為中心〉，《臺灣史研究》（臺北）21: 4（2014年12月），頁105-146。

3　社會學者吳乃德提出臺灣轉型正義的問題，在於只有受害者，但加害者不明。參見吳乃德，〈轉
　型正義和歷史記憶：臺灣民主化的未竟之業〉，《思想季刊》（臺北）2（2006年7月），頁1-34。

4　許雪姬主編，《保密局臺灣站二二八史料彙編(一)》（臺北：中央研究院臺灣史研究所，2015），
　頁106。

5　因黃氏否認泰雅族菁英林瑞昌通報中共地下黨接觸之事，成為政府當局整肅、處刑林瑞昌的理
　由。參見范燕秋，〈原住民菁英的整肅：「湯守仁等叛亂案」〉，收於張炎憲、陳美蓉主編，《戒嚴
　時期白色恐怖與轉型正義論文集》（臺北：財團法人吳三連臺灣史料基金會，2009），頁221-252。

角度，探討黃朝君的學經歷，以及分析他在戰後從事特務工作所帶來的利益或發展，據此討論這類加害者的歷史責任問題。

對於戰後臺灣原住民族史而言，研究黃朝君這位加害者之所以有意義、及必要，原因在受害者泰雅族菁英樂信‧瓦旦（林瑞昌）（1899-1954）在民族史上的重要地位，以及1954年4月判決的政治案件「高山族匪諜湯守仁等叛亂案」，包含泰雅族和鄒族兩個族菁英受害，對於戰後原住民族社會造成重大的衝擊和影響。即樂信‧瓦旦是日治時期泰雅族最早、也是極少數受新式醫學教育者，1921年總督府醫學專門學校畢業之後，返回泰雅族部落擔任公醫，執行現代醫療工作，並參與族群治理事務。日治末期，他（日野三郎）受聘為總督府評議員，[6]已然成為原住民族最具代表性人物。戰後初期，就在二二八事件之後，樂信（林瑞昌）提出「大豹社原社復歸陳情書」，是戰後原住民族提出「還我土地」的先聲，展現高度的民族自覺與自主性。[7]其後，他投入原住民族民意代表選舉，1949年12月遞補為省參議員，以及1951年11月當選第一屆臺灣省臨時議員，為當時議會僅有的原住民族兩名代表之一。[8]然而，當時政府當局的情治系統透過「黃朝君」這位特務之監控，最後不僅造成泰雅族菁英林瑞昌之遇害，也扼殺戰後初期原住民族自治發展的機會。

本文研究必須附加說明的問題，是資料檔案取得的困難問題。在本文研究過程，主題相關史料檔案之蒐集，經常遭遇的問題是：檔案保存機關以個資法保護個人資料，不准許閱覽，使得相關歷史人物研究困難重重，

6　1929年，樂信‧瓦旦在日警刻意安排之下、與日野家族女子結婚，改名為「日野三郎」。

7　在行政院國家發展委員會檔案管理局收藏的官方檔案「臺北縣政府文書」，留存當年林瑞昌送去縣政府的原件資料，證實其真確與意義。參見《湯守仁等案》，「國防部軍法局檔案」（新北：行政院國家發展委員會檔案管理局藏），檔號：B3750347701/0042/3132329/329。

8　林瑞昌擔任省臨時議員任期至1954年6月為止，但1952年11月因所謂「匪諜案」被官方逮捕下獄，僅參加任期之中的第一、二次大會。參見范燕秋，〈樂信‧瓦旦與二二八事件中泰雅族的動態：探尋戰後初期臺灣原住民菁英的政治實踐〉，收於許雪姬主編，《二二八事件60週年紀念論文集》（臺北：臺北市政府文化局，2008），頁365-391。

以及主題相關許多問題無法釐清。就晚近學界關注的轉型正義的歷史研究，特別是對於加害者進行研究的問題，在如此的檔案取得困難之下，實難以真正展開研究。檔案機關以個資法為理由，限制史料閱覽，終不免讓研究者感嘆：個資法成為當年加害者的保護傘，使其逃脫歷史責任，歷史真相難以釐清，受害者的歷史冤情難以昭雪。不過，為彌補戰後檔案史料限制閱覽的問題，本文在追溯相關歷史人物資料，也發現戰前日本殖民政府留下各類檔案史料，仍有助於分析、填補許多重要的歷史問題。

二、原住民族的二二八事件與 官方「山地行政」的轉變

在學界對於二二八事件研究所累積的豐富成果之中，關於原住民族的二二八事件研究相對稀少，[9] 主要原因是事件導火線以及事件後官方鎮壓所造成的嚴重傷亡，都發生在平地漢人社會。至於原住民族，除少數個案之外，[10] 並未直接參與二二八事件，而且因原住民族菁英與官方合作處理，山地社會相對維持穩定。[11] 然而，二二八事件對於原住民族社會並非沒有影響，特別促使官方重視「山地行政」以及原住民族菁英的影響力。

二二八事件對於原住民族社會的影響較少受關注，亦反映在「保密局臺灣站二二八相關檔案」。即在這批史料、由情治人員呈報全臺各地數百

---

9 有關原住民與二二事件相關研究，參見范燕秋，〈樂信・瓦旦與二二八事件中泰雅族的動態：探尋戰後初期臺灣原住民菁英的政治實踐〉，頁365-391。

10 這是指當時臺南縣鄒族領導人、吳鳳鄉鄉長高一生（族名：Uongu Yatauyongana）應嘉義市民代表求助，派遣有實戰經驗的湯守仁率領族人下山協助一事，但最終導致國民黨當局鎮壓。參見范燕秋，〈原住民菁英的整肅：「湯守仁等叛亂案」〉，頁221-252。

11 筆者以泰雅族菁英樂信・瓦旦為研究主題，分析北部泰雅族人並未參與起事行動，族群菁英的理由是：「事發突然、沒有周全準備，不宜隨之輕舉妄動。」此外，全臺山地鄉鄉長正好在臺北集會受訓，協議相約穩定局勢。參見范燕秋，〈樂信・瓦旦與二二八事件中泰雅族的動態：探尋戰後初期臺灣原住民菁英的政治實踐〉，頁365-391。

件「流氓暴動案」之中，僅見一件「高山族持有日軍械協助流氓暴動案」。
即1947年3月17日保密局臺中站向臺北臺灣站站長林頂立提出報告，其內
容重點如下：

> 查臺中三二事件發生後，……流氓無法接收，遂藉學生被國軍圍困
> 名義，奔請高山族協助。於三月三日下午，高山族即派二百餘人，
> 且隨帶武器（日式步槍、機關槍、手榴彈）一卡車，趕赴臺中攻打
> 空軍及七五供應站。……尚聞高山族方面，有隱居山地日軍二百餘
> 人，伺機變亂，對此似有防患必要。[12]

　　以上，這件密報並不全然符合事實，而是將當時臺南縣（今嘉義縣）
阿里山鄒族人下山至嘉義市協助之事，挪移至臺中地區泰雅族人的行動。
姑且不論其史實問題，該文件對於山區原住民族提出的警戒有二，一是高
山族擁有眾多日式武器，二是不少日軍潛伏山地、伺機而動。對於官方而
言，單就這件情報，對於幅員廣大的山地社會，必然倍感威脅。

　　其實，二二八事件發生之後，政府當局確實不得不重視原住民族社
會，原因之一是官方認為「暴徒」逃入山區藏匿。因此，官方對於原住民
族態度有極大的轉變，在山地行政措施產生兩方面影響，其一是重視山地
管制措施，由於事件期間不少反抗人士進入山地區域，對於治安構成威
脅，使官方重視山地管制措施；其二是重視原住民族菁英。1947年5月改
組完成的臺灣省政府，派任14位省政府委員之中，包含1位原住民族代表
南志信（1886-1958）。[13] 1948年6月，臺灣省政府新設山地行政處，以強

---

[12] 〈王孝順致電臺北林先生，高山族持有日軍械協助流氓暴動（民國36年3月17日收）〉，收於許雪姬主編，《保密局臺灣站二二八史料彙編㈢》（臺北：中央研究院臺灣史研究所，2016），頁46-47。

[13] 林志興，〈臺灣第一位原住民西醫：南志信〉，《原住民族文獻》（新北）18（2014年12月），頁32-35。

化山地行政措施，[14] 也有拉攏原住民族菁英之用意。

　　基於此一新情勢，族群代表也提出改革的訴求。1947年6月，南志信以省府委員身分，建議政府明令將「高山族」改為「臺灣族」。對此，官方的回應是明文禁止使用「高山族」一語，但改為「山地同胞」；[15] 可知官方並未全然接受其建言。幾乎在同時間，泰雅族菁英林瑞昌（樂信·瓦旦）兄弟聯名向地方政府提出「大豹社原社復歸陳情書」，陳情返歸祖先失地——臺北縣三峽大豹社，展現在新時代爭取族群權利的行動。對此，官方雖未回應，但翌年（1948）7月、省政府以協助山地行政之名義，延聘林瑞昌為省政府諮議，並邀請他居住臺北市。由於當時省府新設山地行政處，林瑞昌之所以被延聘，符合官方政策的需求，以及拉攏的用意；然而，林瑞昌就此離開原本族群的勢力圈，而受到官方更多的監控。[16]

　　在1948年下半，省山地行政處主導籌組「臺灣省山地建設協會」一事，更可見官方強化山地行政的方式之一，是藉著籌組此跨族群代表的組織團體，其目的在運用原住民族菁英的影響力，及監控原住民族菁英的行動。此一現象，呈顯在該協會籌備之初，情治人員、包括林頂立和黃朝君都是發起人之一，且黃朝君成為協會理事，而與林瑞昌共同推動會務。

　　有關山地建設協會之籌組，若依據該協會早期簡介，是1948年9月各族群代表籌組協會，「以協助政府指導山地人民推行自治，發展經濟、改善生活、提高文化水準為宗旨」。當時籌備委員包括：王成章、南志信、華清吉、游仲健等人；其中，除第一位是省山地行政處處長之外，其次四位是原住民族族代表，身分依次為：省府委員、省參議員、以及臺北縣參

14　陳中禹，〈戰後初期臺灣山地行政的建置與發展（1945-1959）〉，收於呂芳上主編，《戰後初期的臺灣（1945-1960s）》（臺北：國史館，2015），頁71-75。

15　〈南志信向政府建言〉，《台灣新生報》，民國36年6月14日，第4版；〈省政府明文禁用「高山族」名稱〉，《台灣新生報》，民國36年7月12日，第4版；蔡博任，〈南志信〉，收於張炎憲主編，《二二八事件辭典》（臺北：國史館、財團法人二二八事件紀念基金會，2008），頁268-269。

16　依據林昭光口述，林瑞昌到臺北、擔任省府諮議，是政府監控林瑞昌的一種方式。

議員。[17] 1948年11月初，在臺北市中山堂舉行成立大會，推選出第一屆理事長、山地行政處長王成章。[18] 換言之，從協會宗旨，至理事長，都有明確的官方色彩。值得注意的，是這份文件並未出現林瑞昌的名字，原因是1954年的政治案件、他和高一生都被污名化，當然不可能列名其中。[19]

然而，依據林瑞昌長子林茂成的證言，則指出：族群菁英籌組協會的過程，官方山地行政部門是以監控為前提，准許其成立。他說：

> 1948年10月家父林瑞昌籌設山地建設協會，以官派理事長之條件下，經政府立案成立。他本人連任為理事。至於理事長、官派王成章（前省警務處長、現山地行政處長）來監控。政府猜疑……處處阻礙原住民自治發展。[20]

換言之，對於原住民族菁英而言，籌組協會實有追求族群自治發展的意義。

---

[17] 游仲健，臺北縣參議員（1946年4月15日-1950年12月31日），學歷：省行政幹部訓練團畢業，經歷：警察、鄉長，泰雅族、民選前臺北縣南澳鄉第一任鄉長、由鄉代推選。參見〈議員介紹：游仲健〉，「新北市議會」網站，下載日期：2017年10月24日，網址：http://www.ntp.gov.tw/content/history/history01-5-p.aspx?sid=69。

[18] 王成章，1908年生，原籍江西萬載，經歷是：黃埔軍校六期畢業、抗日戰爭第三戰區閩東守備地區少將指揮官、1945年12月任臺灣警備總司令部戰俘管理處處長，其後任臺灣警備總司令部兼任基隆港運輸司令部司全權負責四十餘萬日本軍民遣返日本工作，再轉任山地行政處處長。其後，任省警務處長、警政署署長等，為中國國民黨臺灣省黨部改造委員會委員。參見中華民國人事錄編纂委員會編，《中華民國人事錄》（臺北：中國科學公司，1953），頁19；秦孝儀編，《中華民國名人傳》（臺北：近代中國出版社，1957），第四冊，頁10。

[19] 臺灣省山地建設協會現已更名為：「臺灣原住民發展協會」。依據該協會網站首頁，說明1994年該會經會員代表大會首度更名為「臺灣原住民建設協會」，2009年10月再更名為「臺灣原住民發展協會」。參見〈協會沿革〉，「臺灣原住民發展協會」網站，下載日期：2017年10月6日，網址：https://sites.google.com/site/culture721/。

[20] 1999年3月林茂成依據戒嚴時期不當審判案件平反條例，以〈受裁判事實陳述書〉向政府提出平反他父親的冤情。參見樂信・瓦旦等撰稿，《桃園老照片故事2：泰雅先知──樂信・瓦旦》（桃園：桃園縣政府文化局，2005），頁108。

　　基本上，欲了解山地建設協會籌設的原委，直接史料是當年省級機關所留存的檔案。即該協會為籌設人民團體，必須向省政府社會處申請立案，因而留下相關記錄。1948年10月2日，「臺灣省山地協會」發函以「為求加速山地建設」為事由，檢附發起人履歷名冊一份，向省社會處申請准予籌組。[21] 如表一所示，這份發起人名冊共計32人，包括發起人姓名及其現職履歷，經比對當時相關人事資料，可知名冊上屬原住民族身分者僅13人，其他包括省府行政處官員（9人）、省教育廳副廳長、臺北市長、中央及地方民意代表（4）以及地方熱心人士（4）。換言之，原住民族代表僅佔四成，山地行政處官員佔高比例的近三分之一，可知官方行政的主導特性。比較奇特的，是有幾位人士無論就地域或工作屬性，很難看出與原住民族的關聯，如：全民日報社社長林頂立、養正礦業公司董事長馬敬華、以及兩位地方熱心人士許丙和黃朝君；其中，林頂立和黃朝君為當時重要的特務工作者，為現今政治史研究者所熟知之事。[22]

　　同時，在這件申請案檢附的公文中，顯示發起人對於組織名稱有不同看法，從最初標明為「臺灣省山地協會」，但隨即又要求更改為「臺灣省山地建設協會」。不久，又有發起人直接前往社會處詢問名稱問題，認為加上「建設」一詞使範疇過於狹隘，未能包括協會原定任務；即除各項建設之外，尚有改良山地風俗、舉辦社會保險、社會福利救濟、社會服務，等於是行政機關的輔導機構，因此可否仍准用原定「臺灣省山地協會」名稱。此事，經當時省社會處處長谷正綱批示，認為廣義建設可包括改良風俗，即所謂社會建設、心理建設等，因此除非有重大困難，仍加上「建設」

21　該函事由：為求加速山地建設、同人等擬發起組織臺灣省山地協會，理合備文逕呈發起人履歷冊一份請准予組織由。參見〈臺灣省山地建設協會召開成立大會呈報案〉，《臺灣省山地建設協會組織》，「省級機關檔案」（南投：國史館臺灣文獻館藏），典藏號：0040124002032004。
22　相關研究參見林正慧，〈二二八事件中的保密局〉，頁1-64；陳翠蓮，〈「祖國」的政治試煉：陳逸松、劉明與軍統局〉，頁137-180。

表一：臺灣省山地協會發起人履歷名冊

順次／姓名	現 職 履 歷	順次／姓名	現 職 履 歷
1. 王成章	省民政廳山地行政處處長	17. 陳振宗	臺東縣國大代表
2. 南志信	**省政府委員**	18. 陳蔭萱	省山地行政處課長
3. 鄭品聰	本省立法委員	19. 譚錫泉	省山地行政處視察主任
4. 華清吉	**省參議會參議員**	20. 高一生	**臺南縣吳鳳鄉鄉長**
5. 林頂立	全民日報社社長	21. 張慶松	新竹縣竹南區巡官
6. 游彌堅	臺北市市長	22. 林　恆	山地行政處視察
7. 謝東閔	省政府教育廳副廳長	23. 吳鴻森	新竹縣國大代表
8. 林瑞昌	**省政府諮議**	24. 陳榮慕	山地行政處課長
9. 馬敬華	養正礦業公司董事長	25. 葛良拜	**臺東縣達仁鄉鄉長**
10. 潘福隆	**高雄縣瑪家鄉副鄉長**	26. 簡關章	山地行政處視察
11. 張　松	省山地行政處副處長	27. 林利生	花蓮縣地方熱心人士
12. 許　丙	地方熱心人士	28. 高永清	**臺中縣仁愛鄉醫師**
13. 黃朝君	地方熱心人士	29. 林貴春	**高雄縣瑪家鄉鄉長**
14. 簡長斌	新竹縣大溪鎮民代表	30. 湯守仁	**臺南縣參議會參議員**
15. 鄭　琦	省山地行政處主任秘書	31. 任博悟	山地行政處課長
16. 游仲健	**臺北縣南澳鄉鄉長**	32. 李榮進	臺北縣太平鄉鄉長

說　　明：以粗體標示者為原住民族代表，編號分別為 2、4、8、10、16、20、25-30、32，共 12 位。

資料來源：〈臺灣省山地建設協會召開成立大會呈報案〉，典藏號：0040124002032004。

兩字為宜。[23] 在這些公文中，並未記載何人主張保留或者去除「建設」一詞，也有可能是原住民族菁英的主張；但協會名稱的議論，反映該組織被賦予廣泛而多重的任務方向。

在省社會處核准成立之後，1948年11月2日省山地建設協會於臺北市中山堂和平室舉行第一屆會員代表大會，推選理事長、以及理監事，正式成立組織。依據當時省社會處派遣視導員韓振聲到場，「視察」該協會成立大會的過程及結果，顯示該協會會員人數為1045人，大會應出席人數110人，實際出席人數為79人。而在大會，首先由主席王成章宣示成立協會的目的，以及市長游彌堅和省府委員南志信先後發言，呼應集中力量、團結合作，以建設山地。其次，會中通過兩項決議，其一是會員入會費及年費，分別為五百元及一千元；其二是為有效制止平地人至山地交易多剝削山地同胞，決定「積極籌組民生建設公司，以及山地礦業公司，一面以最便宜價格之物品出售與山地同胞」。[24] 最後，則是選舉理監事，其結果當選理監事及候補理監事的名單如表二。

在表二之中，顯示該協會常務理事及理事共計15人，其中、山地行政處官員6人，佔三分之一強，其餘大多數也都有公職身分，包括省府委員南志信、省參議員華清吉、臺北市長游彌堅、省教育廳副廳長謝東閔、臺南縣吳鳳鄉鄉長高一生、以及臺中縣信義鄉長柯桂枝。相較而言，有三位理事的現職身分較為特殊，即省府諮議林瑞昌、養正礦業公司董事長馬敬華、以及國光化工社經理黃朝君，當時林瑞昌僅是省府諮議，並未有正式公職身分，但獲得大多數選票、60票之支持，在原住民族菁英之中僅次於南志信和華清吉，證實他自戰前、在原住民族社會所累積的聲望。至於馬

23　該函事由：為求加速山地建設、同人等擬發起組織臺灣省山地協會，理合備文逐呈發起人履歷冊一份請准予組織由。參見〈臺灣省山地建設協會召開成立大會呈報案〉，典藏號：0040124002032004。

24　〈臺灣省山地建設協會圖記印模呈核案〉，《臺灣省山地建設協會組織》，「省級機關檔案」，典藏號：0040124002032003。

表二：臺灣省山地建設協會職員略歷冊

職別／票數	姓名	籍貫	年	學　歷	略　歷	現　職	住址
理事長／79	王成章	江西	41	日本大學社會學士	教育長、團旅長、處長	山地行政處長	山地處
常務理事／72	南志信	臺灣	63	醫專	醫官、評議員、國大代表	省府委員	省政府
常務理事／63	華清吉	臺灣	47	臺南師範	教員20年	省參議	省參會
理事／69	張　松	福建	38	福建學院	民政廳科長	山地副處長	山地處
理事／57	鄭　琦	福建	37	福建公立法專	警備部科長、副處長	山地處主任秘書	山地處
理事／64	陳榮慕	臺灣	38	日本同志社大學	忠救軍中校參謀、民政廳股長	山地處課長	山地處
理事／65	游彌堅	臺灣	45	法國大學	臺北市長	臺北市長	北市府
理事／60	林瑞昌	臺灣	50	醫專	公醫、評議員	省府諮議	省府
理事／55	譚錫泉	廣東	44	國立廣東大學	軍委會國防部督察	山地處視察主任	山地處
理事／37	謝東閔	臺灣		大學	縣長	教育副廳長	省府
理事／51	高一生	臺灣	41	省訓團畢業*	臺南吳鳳鄉長	吳鳳鄉長	吳鳳鄉
理事／45	潘福隆	臺灣	38	省訓團畢業	教員17年	山地處指導	山地處
理事／34	馬敬華			大學	養正礦業董事長	同前	臺北公司
理事／33	黃朝君	臺灣			國光化工社經理	同前	臺北萬華
理事／31	柯桂枝	臺灣	41		臺中信義鄉長	信義鄉長	信義鄉
常務監事	許丙	臺灣	60	大學	評議員		臺北
監事	游仲健	臺灣	53	教育所	縣參議員、鄉長	山地處額外視察	山地處

表二：臺灣省山地建設協會職員略歷冊（續）

職別／票數	姓名	籍貫	年	學　歷	略　歷	現　職	住址
監事	鄭品聰	臺灣			立法委員	立法委員	臺東縣
監事	簡關章	臺灣	41	師範演習科	中學教員10年	山地處視察	山地處
監事	林貴春	臺灣	40	省訓團	巡官	瑪家鄉長	
候補理事	林明勇	臺灣	36		花蓮秀林鄉長	同前	花蓮秀林
候補理事	陳蔭萱	福建	38	上海法政學院	山地處課長	山地處課長	山地處
候補理事	簡天貴	臺灣	49		新竹角板鄉長	角板鄉長	新竹角板
候補理事	高山光	臺灣	32		臺北烏來鄉長	烏來鄉長	臺北烏來
候補理事	張福田	臺灣	31		新竹尖石鄉長	尖石鄉長	新竹尖石
候補理事	黃進金	臺灣	33		高雄山地課長	同前	高雄縣府
候補理事	陳振宗	臺灣			臺東縣國大代表	同前	
候補監事	吳鴻森	臺灣			新竹縣國大代表	同前	新竹中壢
候補監事	郭阿壽	臺灣	31		新竹山地課長		新竹縣府

說　　明：1.本表依據檔案資料製表，不少空缺是原表缺漏所致。
　　　　　2.本表＊：鄒族鄉長高一生於戰前的學歷是臺南師範學校畢業。
資料來源：〈臺灣省山地建設協會圖記印模呈核案〉，典藏號：0040124002032003。

敬華和黃朝君兩人，以經營礦業和化工的身分背景當選理事，最可能是得自官方的支持；他們從參與籌組發起，至被推選為理事，在這個原住民族團體扮演更重要的角色。然究竟他們參與的用意或目的為何，是值得注意的問題。

　　其實，在會員代表大會翌日（11月3日），省山地建設協會召開第一次理監事聯席會議，除推選理事長及常務理監事之外，討論及議決幾項會務，其中可見黃朝君與林瑞昌建立共事的關係，並開始涉入山地經濟事務。首先，就協會理事長的產生，先前在大會選舉協會理事，山地行政處

處長王成章既獲得最高票，此次會議採取理事互推，結果由王成章充任理事長，實屬必然。其次，有關會務討論，尤其重要的是第二項「關於民生公司及礦業公司如何籌備案」，主要針對前一天大會提出「爲有效制止平地人至山地交易剝削山地同胞」一事；這項討論的議決有二，一是推派黃朝君、陳榮慕、陳蔭萱及林瑞昌等四人爲籌備員，負責籌備事宜；二是礦業公司應獨立組織，不屬於民生公司之內，並推由各籌備員負責計畫。[25]要言之，1948年11月初黃朝君已成爲省山地建設協會理事，也是核心成員，並與林瑞昌共同籌畫原住民族產業經濟及民生事業；這位特務早已就近監控原住民族菁英的行動。

　　依據保密局臺灣站二二八史料檔案，黃朝君在二二八事件期間所提報的調查案至少有三筆，時間分佈於1947年3月20日至同年5月22日，地點集中在臺北市及臺北市萬華一地。[26]就此而言，黃朝君的情治工作從最初的平地漢人社會，於1948年下半轉向原住民族菁英監控。然值得探究的問題是：黃朝君是何等人士，其學經歷如何？爲何能在語文上與原住民族菁英溝通順暢？而且，他從戰前的經歷到戰後從事情治工作的轉折爲何？以及1948年之後轉向原住民族菁英監控是否有相關背景因素，如個人相關事業發展？

三、戰前的黃朝君學經歷與戰後轉向特務工作

　　依據1943年《臺灣人士鑑》〈黃朝君〉簡歷，黃朝君號「竹堂」，明治

---

[25] 會中列舉五項討論事項，其餘四項爲：關於該協會會會址如何覓定，關於本會總幹事應如何遴聘，關於本會幹事及各組人事如何決定，以及調查過去理蕃課財務、擬交涉歸由本會接管案。參見〈臺灣省山地建設協會圖記印模呈核案〉，典藏號：0040124002032003。

[26] 〈高登進轉呈黃朝君調查流氓李金獅恐嚇良民情形〉，收於許雪姬主編，《保密局臺灣站二二八史料彙編㈠》，頁134；〈張秉承轉報有關黃朝君調查學生畏縮退學情形〉收於許雪姬主編，《保密局臺灣站二二八史料彙編㈠》，頁156；〈高登進轉呈黃朝君調查有關大世界旅社主人許寶亭造謠言情形〉，收於許雪姬總主編，《保密局臺灣站二二八史料彙編㈠》，頁199。

39年（1906）4月生於臺北市，東京明治學院畢業後，擔任《臺灣經濟タイムス》（《臺灣經濟時報》）記者。繼之，轉任殖產興業合資會社支配人（經理）、輝林商事株會社支配人；其後，經營糕餅製造批發商（菓子製造卸商），擔任臺北州菓子業組合副組合長，以及臺北南警察署第四三保保正、新富町派出所保甲聯合會會長。[27]

其中，可討論的重點有二，一是黃氏的最高學歷「明治學院」，現在稱為明治學院大學，是日本近代最早的基督教會學校，1887年創立於東京府，最初設立專門部與神學部，其後專門部更名為高等學部；1917年高等學部設置商業、文藝、英語師範等三科。[28] 據此，可知黃朝君應是明治學院高等部商業科畢業，其後因而擔任臺灣經濟時報記者，以及從事商業經營。其二是協力地方行政，日治時期保甲制度是基層警察行政的一環，保正或保甲聯合會是基層警察行政輔助。「新富町」、為今日臺北市萬華區，可知黃朝君是日治後期萬華地方警察行政的協力者。

戰前官方報紙亦有不少有關黃朝君資料。在《臺灣日日新報》（簡稱：日日新報）中，黃氏相關報導依據年代可區別為三部分，包括中學生時期（大正期）、就業的社會活動（昭和初期）、以及日治末期。就中學時期，1924年7月23日相關報導指出：黃朝君為18歲、臺北第二中學校（今臺北市成功高中）學生，在受批評的「勵學會」成立大會發言，而後又穿著中國服、出席老松公學校（今萬華老松國小）同學會，並發表「不當言論」。其中，該報導亦追溯這名學生於兩年前（1922年、16歲）就讀臺北師範學校，因對於日本警察施加「暴行」而被退學。繼之，該報大幅刊載臺北二中校長河瀨半四郎的發言，[29] 陳述與黃生面談，瞭解因其加入勵學會的原

---

27 興南新聞社編，《臺灣人士鑑》（臺北：該社，1943），頁156。

28 源起於1863年美國長老教會醫療宣教師James C. Hepburn，於橫濱設立的私塾，有關美籍醫療宣教師James C. Hepburn（1815-1911）的生平事蹟，以及明治學院學校學科系統發展，參見「学校法人明治学院」網站，下載日期：2017年2月20日，網址：http://www.meijigakuin.jp/。

29 有關臺北二中首任校長河瀨半四郎事蹟，參見戴寶村，〈日治時期臺北州立臺北第二中學校簡

因，並勸其退會等。[30]

　　由於《日日新報》爲殖民當局主要媒體，所呈現的是官方觀點，該報指稱黃朝君的不當言行，實有其他意義。1920年代初，臺灣人民族運動興起，對於青年學生帶來極大的影響。1921年10月17日，臺灣文化協會於私立靜修女中成立，參與最積極的是青年學生，受影響最深的也是這些學生。由於殖民地教育及民族差別待遇問題，青年學生深感不滿，發生多次學生運動。首次學潮是1922年2月初臺北師範學校學生事件，因學生不服交通紀律與日警發生衝突，衍生爲學生集體朝著日警投石的事件。校方對於事件處置的結果，造成12名臺籍師範生被退學；黃朝君是當時臺北州被退學的4名學生之一。[31]

　　至於臺北「勵學會」之成立，同樣受臺灣文化協會影響。該會是萬華地方青年所組成的青年團體，以砥礪學問爲目的，在1924年成立。但因日警的干擾，成立大會一波三折。勵學會原擬於1924年4月初成立，因萬華地方日警干擾，改爲6月8日於大稻埕江山樓舉行發會式，文化協會成員蔣渭水、王敏川等皆參與集會。然而，這次再度因日警策動地方人士擾亂，使該會組成徒留形式。因此，7月19日第三度於新富町會址，舉行成立大會，[32] 但也成爲前述的、臺北二中校長勸說黃朝君退會的場景。要言之，黃氏這時期的行動展現大正期臺灣新世代青年的特質。

　　史〉，收於黃馨瑩總編輯，《成功九十　濟濟國士：臺北市立成功高級中學九十週年校慶特刊》（臺北：臺北市立成功高級中學，2012），頁38-49。

30 〈不穩演說をした　黃朝君の處分　今度は當人のため默視する　複雜な家庭關係もある〉，《臺灣日日新報》，1924年7月23日，日刊第5版。

31 當時被退學12名學生，包含臺北州4名、臺中州6名、新竹和高雄州各1名。〈臺北師範生暴行事件の顛末　左側通行の注意を肯かず遂に本島人生徒數百名警官を包圍　檢束者四十五名を算す　昨日釋放の恩典〉，《臺灣日日新報》，1922年2月22日，日刊第7版；〈師範生暴行事件は　斯くて一段落＝本日言渡〉，《臺灣日日新報》，1922年2月28日，日刊第7版。

32 〈一氣呵成に　成立した　勵學會　不良青年養成所か〉，《臺灣日日新報》，1924年7月20日，夕刊第2版；〈名は勵學會であるが　更にその實がない〉，《臺灣日日新報》，1924年8月1日，日刊第2版；〈勵學會の講演會〉，《臺灣日日新報》，1924年9月25日，日刊第5版。

　　至於黃氏畢業後的動向，相關報導之一是1930年12月進入《新高新報》擔任臺北支局長，以及同為萬華人的蔡屘任該支局編輯員。黃氏任期不得而知，但該報於1938年3月停刊。[33] 另有兩則報導，提及萬華當地社團紛爭。其中一則，指出：1930年當地青年百餘人組成「艋舺革新俱樂部」，目的在推動「艋舺復興」，1931年1月該組織改選委員，當選者為黃朝君等8人，發表聲明書，聲言考究艋舺繁榮策，以及監督艋舺信用組合總會，改善該金融機構內部人事問題等。[34] 另一件報導「如水社附屬艋舺醫院」經營問題，指出1931年7月如水社組織陣容更新，組成復興如水社幹部、包括黃朝君等7人，希望接手經營艋舺醫院，但與醫院舊幹部發生爭議。同年12月，經萬華地方人士與日警居間協調，化解雙方爭議，解決醫院經營交接問題。[35] 要言之，黃氏深耕地方、與地方革新派聯合，推促地方社會經濟繁榮，當然也有利於個人商業經營發展。

　　進入日治末期，可見黃氏以地方產業代表或新聞工作者，協力殖民當局戰時動員體制。如：1941年8月臺北州糕餅業製造商，包括大小批發商組成「某業報國會」，於臺北公會堂（今中山堂）舉行發會式，黃朝君以「副會長」名列幹部名單。[36] 另一則，說明1942年1月皇民奉公會中央本部為宣傳時局，[37] 每月兩次發行新聞紙芝居（戲劇），第一輯分發臺北市各支

33　該報1916年創刊，社長為日人唐澤信夫，發行所設於基隆，並在臺灣各大都市駐有特派記者。此外，該報於1938年3月停刊。參見〈黃朝君氏〉，《臺灣日日新報》，1930年12月5日，夕刊第4版。

34　革新俱樂部當選委員包括：李金田、黃朝君、廖漢臣、蔡屘等。參見〈艋舺信組紛糾問題　革新俱樂部發聲明書　恐再演曩年醜態〉，《臺灣日日新報》，1931年1月23日，夕刊第4版。

35　〈如水社附屬艋舺醫院引繼問題解決〉，《臺灣日日新報》，1931年12月10日，日刊第7版；〈如水社附屬　艋醫院問題解決　新舊幹部感情復舊〉，《臺灣日日新報》，1931年12月9日，日刊第8版。

36　〈臺北州某業報國會誕生〉，《臺灣日日新報》，1941年8月6日，日刊第3版。

37　臺灣的皇民奉公會於1941年4月19日組成，以國家奉公的皇民為名義，標舉確立高度國防國家體制、及東亞新秩序，其性質如日本的大政翼贊會。參見蔡錦堂，〈皇民奉公會〉，「臺灣大百科全書」網站，下載日期：2017年10月26日，網址：http://nrch.culture.tw/twpedia.aspx?id=3803。

會，由指導者黃朝君等10多人，透過表演者在市內各集會場所進行街頭宣傳，使市民大眾「正確認識」戰況及其他時局新聞。[38]

在同時間，黃氏受聘擔任「臺灣司法保護委員」，顯示他在地方社會的影響力。所謂司法保護委員類似今日受刑人更生保護會委員，其職務在協助受刑人出獄之後能順利的回歸社會。戰前臺灣司法保護事業的發展，主要受日本近代法律的影響，具有社會教化與國家法治的功能。[39] 1942年12月，日本司法保護制度施行於臺灣，[40] 1943年1月起總督府陸續任命各區司法保護會委員。其中，黃朝君居住地萬華、屬臺北市南區，為該區司法保護委員。[41] 至於委員的職務，包括輔導和報告兩部分，以及對擔當區內認為有需要保護者，或收容於刑務所或少年刑務所者，亦應進行必要的調查與聯絡。[42]

相較於媒體的側面報導，1933年黃朝君所撰寫及自行出版《新興滿洲國見聞記》，則表露更多個人觀點與思考。如書名所示，這是他前往新成立的「滿洲國」、中國東北考察的見聞記錄。[43] 他遠赴滿洲國考察的目的，是希望「有助於臺灣人同胞對於滿洲國之認識」。為此，該書著重介紹滿

---

38 所謂紙芝居表演是一種街頭傳媒，二戰期間從日本發展而來，為協力戰爭的宣傳手法。參見〈市內各所で街頭宣傳　皇民奉公會のニュース紙芝居〉，《臺灣日日新報》，1942年1月31日，夕刊第2版。

39 王淑蕙，〈日治時期臺灣司法保護事業之發展：以臺灣三成協會為中心〉（臺北：國立臺灣師範大學歷史學系碩士論文，2013）。

40 〈臺灣司法保護委員令〉，《府報》179（1942年11月6日），頁8；〈司法保護事業法ヲ臺灣ニ施行スルノ件及臺灣司法保護委員令施行期日ノ件〉，《府報》220（1942年12月25日），頁86；〈司法保護事業法施行規則〉，《府報》220（1942年12月25日），頁86-89；〈臺灣司法保護委員會ノ名稱、位置及管轄區域〉，《府報》220（1942年12月25日），頁91。

41 〈保護區ノ區域及各保護區ニ配置スベキ司法保護委員ノ定數〉，《府報》220（1942年12月25日），頁91-92；〈永野直外千百七十五名〉，《府報》228（1943年1月9日），頁12-17。

42 〈臺灣司法保護委員會等ノ監督ニ關スル件〉，《府報》220（1942年12月25日），頁89-90；〈臺灣司法保護委員執務規範〉，《府報》220（1942年12月25日），頁90-91。

43 黃氏前往滿洲考察的時間是1933年5月17日至6月5日。參見黃竹堂，《新興滿洲國見聞記》（臺北：新興滿洲國見聞記發行所，1933）。

洲國的自然資源與人文環境，包括豐富的工礦資源與物產如煤礦、石油、棉花等，重要城市的現代化建設，臺灣人在當地發展，以及滿洲國產業計畫等。[44]值得注意者，當時黃氏擔任《新高新報》臺北支局長，該報社在1932年滿洲國成立之後，倡議將滿洲視爲臺灣人開拓的新天地，關注如何利用滿洲國，拓展臺灣人的生存空間。[45]而他的考察行動亦可能反映報社此一立場。

在書中，黃氏的確以不少篇幅，介紹臺灣人在滿洲國發展成功的經驗，包括在「新京」擔任政府要職的、以外交部總長謝介石爲首的多位臺灣會成員；以及在奉天，隨同友人蘇潭，[46]拜訪李公館（李爐己），[47]會見幾位任職軍界、情報工作的人士，如黃春成；[48]並認爲「本島人青年前往滿洲國發展，還是這方面最容易成功」。[49]同時，書中討論滿洲事變對於朝鮮人的影響一事，觀察、分析朝鮮人原本反日的態度迅速轉變，轉向放棄民族運動，甚至產生自負爲日本人的心理。據此，他反問臺灣人是否也獲得一些啓示。[50]在此，黃氏表露對於情報工作及日本帝國權勢的肯定，尤值得注意。

---

44 黃竹堂，《新興滿洲國見聞記》，目錄頁。

45 林沛潔，《臺灣文學中的「滿洲」想像及再現（1931-1945）》（臺北：秀威資訊科技股份有限公司，2015），頁74-81。

46 蘇潭，1899年生，臺北市人，大安公學校、工商夜校畢業，1931年於滿洲國實業部任職，而後轉入軍界。1934年8月，河北省政府參議、冀東省政府參議。1934年8月，天津庸報臺灣支社社長，以及臺灣輸出商同業組合副組合長兼專務經理，從事林木藥材生意。參見臺灣新民報社編，《臺灣人士鑑》（臺北：該社，1937），頁202。

47 李爐己擔任《閩報》記者，以及1926年執行殺害福州水戶訓導事件，相關研究參見：梁華璜，《臺灣總督府的對岸政策研究：日據時代閩臺關係史》（臺北：稻鄉出版社，2001）；王學新編譯，《日據時期籍民與南進史料彙編與研究》（南投：國史館臺灣文獻館，2008），頁428-446。

48 依據日日新報報導黃春成在滿洲的工作經歷，是滿州國立法院小三科長、奉天電政管理局囑託。參見〈滿州國立法院小三科長黃春成氏〉，《臺灣日日新報》，1932年12月9日，夕刊第4版；〈奉天電政管理局囑託黃春成氏〉，《臺灣日日新報》，1933年11月4日，夕刊第4版。

49 書中亦言對世情不夠練達者，不宜義慕此工作。參見黃竹堂，《新興滿洲國見聞記》，頁75-79。

50 書中分析其中原因有二，一是萬寶山事件，日本軍在中國東北保護當地朝鮮人，使其得以安居樂業；二是滿洲國成立，朝鮮半島在地理上成爲日本的囊中物。參見黃竹堂，《新興滿洲國見聞記》，頁100-103。

在這本見聞錄的後半段，實著力於介紹滿洲國的工礦資源，其中重要主題是撫順煤礦產業發展，包括：撫順煤礦的歷史沿革與現況概要，主要礦產大山礦坑的產量，礦坑開採方法，露天礦開採的由來、特徵及開採方法，露天礦探採、運煤及選煤法，以及利用煤灰建造的發電所等，內容多達十餘頁。加上，行文配合的照片寫眞，使這段紀錄鮮明而具體。[51] 由於黃氏撰文以讓臺人認識滿洲爲目的，其行文所展現的紀實報導，似乎是善盡記者的職能而已。不過，從黃氏考察滿洲之後，偕同友人向總督府申請開採煤礦，顯示1933年的滿洲見聞不僅止於紀實報導，而有更爲實質的意義與影響。

依據臺灣總督府檔案，1939年（昭和14年）9月殖產局礦務課核發給黃朝君等人煤礦開採許可證，許可對象是以黃朝君爲代表，總計五位股東合夥的礦業申請案。這五位合夥股東都是臺北市人，且集中於太平町（今大稻埕），他們申請開採礦區地點在當時臺北州海山郡三峽庄成福大寮一帶、編號第3082號煤礦，核准開採礦區面積爲13萬2167坪。其實，這件申請案早在1936年（昭和11年）2月提出，同年3月礦務課許可試驗開採，其結果發現煤炭品質良好、開採成績亦佳。不過，該案在礦區試掘之後、被擱置長達一年，原因是當時開礦申請案件甚多，核准之前必須進行礦區各項調查，包括是否與其他礦區重複，是否危及公共利益等，都有必須實地探勘、測量，可謂費日曠時；對於此申請案，礦務課以無法短時間內進行實測而延宕。1938年11月，黃朝君向新任總督小林躋造陳情此開礦申請案；同年12月，礦務課終於派遣技手會同黃氏，進行該申請礦區的現地調查。據此，礦務課修正該礦區基點、釐清礦區重複關係及礦區內煤層具開採價值等，因此裁定核發礦業許可證。[52] 要言之，黃朝君以礦業總代身分，

---

51 黃竹堂，《新興滿洲國見聞記》，頁59-74。

52 本文件申請許可業者總代爲黃朝根，黃朝根與黃朝君實爲同一人，這是依據戰後黃朝君爲向省行政長官公署申請承續戰前礦業開採權文件。1939年9月取得開礦權的五位股東，包括：黃朝根、李國、李深、康有通、陳好通；戰後該礦區換照登記五人，則是黃朝君、李國、李

積極爭取煤礦開採並達成目的，除展現其斡旋能力之外，亦可見其產業經營的企圖心。而這項在日治末期爭取的煤礦開採案，與戰後他涉入原住民族產業經濟有何關聯，值得進一步考察。

綜合以上，戰前如此學經歷的黃朝君，戰後爲何及如何轉入情治調查工作？基本上，這問題可區分爲兩個層次，一是他個人主觀意願，二是戰後中國來臺情治人員如何吸收其加入。首先就後者而言，黃氏可能成爲情治人員吸收對象，原因包括：日治末期在臺北市萬華、大稻埕等跨地區的高知名度，在1920年代參與臺灣人民族運動，與日本殖民當局抗爭；同時，長期爲基層警察行政效力。此外，從事新聞報導歷練豐富，擅長調查與報導。然情治單位何人吸收其加入組織，僅能概略推測。

關於戰後中國情治人員來臺布建一事，[53] 在二次大戰剛結束，1945年9月初、中國政府與軍隊尙未進入臺灣之前，美國戰略情報處特遣單位與中國軍統人員已先抵達勘查情勢。其中，美國派特遣隊目的是安排戰俘遣送、蒐集軍事情報、評估臺灣自然環境與政治經濟狀況，以及安排中國軍隊來臺接收等；至於最早抵臺的三位軍政人員，以中國黨政身分招募黨工及潛伏線民，展開情治部署工作。[54] 然依據目前相關史料，並未有證據顯示

深、康有通、陳好通，亦可證實黃朝根與黃朝君爲同一人。至於黃朝君爲何在採礦申請改名爲黃朝根，參考本文以下討論。關於以黃朝根爲總代的礦業申請過程，詳見臺灣總督府檔案。參見〈礦業許可ノ件（昭和十一年總殖第一四九號ヲ一括；黃朝根）〉，《昭和十五年永久保存第十九卷》，「臺灣總督府檔案」（南投：國史館臺灣文獻館藏），典藏號：00010451021，「數位典藏整合查詢系統」網站，下載日期：2017年10月26日，網址：http://ds3.th.gov.tw/ds3/；〈鑛業事項（八、九月）〉，《府報》3760（1939年12月16日），頁49-50；〈原礦字第3082號礦區礦業人黃朝君等申請登記換照案〉，《礦權登記換照》，「省級機關檔案」，典藏號：0044750004254018。

53 日本投降之後，隨同美國戰略情報處人員抵臺的三位軍政人員是：張士德、黃昭明、黃澄淵。參見林正慧，〈二二八事件中的保密局〉，頁1-64；陳翠蓮，〈「祖國」的政治試煉：陳逸松、劉明與軍統局〉，頁137-180；Nancy Hsu Fleming著、蔡丁貴譯，《狗去豬來：二二八前夕美國情報檔案》（臺北：前衛出版社，2009），頁65。

54 比如張士德約見在臺北市開業的知名律師陳逸松，請求他協助即將來臺接收的國民政府一事。參見陳翠蓮，〈「祖國」的政治試煉：陳逸松、劉明與軍統局〉，頁137-180。

張士德等人與黃朝君有所聯繫。另依據「保密局臺灣站二二八相關檔案」，黃氏在1947年二二八事件期間，以保密局臺灣站臺北組義務通信員身分，協助情報蒐集及調查報告；以及他的報告是透過高登進（本名：許德輝）和張秉承（林頂立的化名）兩人轉呈上級機關。[55] 據此，可知黃氏在1947年之前應已加入保密局，且可能這兩位之一吸收其加入。

戰後初期，保密局的前身爲軍統局。1946年8月，軍統局改組爲保密局，在此之前、臺灣站於（1946）7月先行改組完成，由林頂立擔任站長。在保密局臺灣站成立之初，組織人員吸收與拓展，主要由林頂立和許德輝擔負，其後加上自中國重慶返臺的臺灣省幹部訓練班人員。其中，林頂立在戰後返臺、接收日本憲兵在臺特高組；任臺灣站站長之後，吸收多位海外浪人參加組織工作。[56] 至於許德輝的工作，戰後初任警備總部調查室肅奸執行隊長，後轉任臺北市警察偵緝隊；對於臺灣站人員籌組，主要是運用其社會關係，吸收特種行業者加入。[57] 就此比較觀之，由於許德輝的職務爲「臺北市警察隊」，以及他著力於市內基層活動，最有可能接觸、吸收黃朝君加入。

不過，另一項相關的重要線索，是依據1950年總統府內部人事資料，顯示黃朝君曾經擔任陸軍七十師諜報組組長，這似乎是他最早的情治工作。[58] 所謂陸軍七十師的由來，是二次大戰結束後、國民黨政府所派遣來

---

55 〈高登進轉呈黃朝君調查流氓李金獅恐嚇良民情形〉，頁134；〈張秉承轉報有關黃朝君調查學生畏縮退學情形〉，頁156；〈高登進轉呈黃朝君調查有關大世界旅社主人許寶亭造謠言情形〉，頁199。

56 1946年5月臺訓學生組成約120人，大都潛伏在民間活動。林頂立原係日本臺灣軍部特高人員，1937年後轉與中國軍統合作，從事特務與諜報工作　1940年在軍統局閩南站擔任組長，對敵工作出色。戰後返臺接收日本憲兵在臺特高組工作。參見林正慧，〈二二八事件中的保密局〉，頁7-8。

57 林正慧，〈二二八事件中的保密局〉，頁7-8。

58 依據總統府機要室保密局人事資料、黃朝君簡歷，參考以下討論。參見〈臺省漁港及山地隘口管制警戒應改進事項〉，「國防部國軍史政檔案」（臺北：國軍歷史文物館藏），總檔號：00043146。

臺接收的第一批軍隊、七十軍。1945年10月中旬，時任國民黨70軍軍長陳頤鼎率部隊來臺接收，爲國府接收臺灣的第一批部隊，駐防於北臺灣各地區。1946年6月，七十軍奉命整編爲七十師，陳頤鼎仍任師長，[59] 爲補充兵員開始招募臺灣兵。七十軍張貼招募志願兵公告，以優厚的待遇吸引青年報名；同時，當時殖民時代結束，不少臺灣年輕人仍懷抱熱愛祖國的理想，加上失業問題嚴重，吸引不少臺灣青年報名從軍。依據相關統計，七十師募集的臺灣兵員額，約有一萬人。[60] 1946年底，七十師轉調中國北方參加剿匪戰役，這群臺灣兵亦跟隨其部隊前往中國，參加國共內戰的淮海戰役。[61] 若黃朝君曾任七十師諜報組工作，則應該在1946年中加入國軍，但如招募公告言「有較優學識爲特種技能者，得按其程度用途報請提升之」，極可能以他較優的學識而另有任用，因而從事諜報工作。

依據情治單位內部資料，另一重要問題是黃朝君在保密局工作身分的轉換。1947年，黃氏的身分是保密局臺灣站臺北組義務通訊員。依據保密局人事資料，1950年黃氏44歲，任職臺北本局，職級爲薦二，身分爲通訊員，任職期間爲民國38年（1949）8月1日至39年（1950）9月20日。換言之，1949年他從臺北組義務通訊員、轉換成通訊員，並開始監控原住民族菁英活動。而當時保密局臺灣站組情報人員，包含直屬通訊員、通訊員、義務通訊員以及運用人等；其中，義務通訊員與任用人員的區別在於

59　1946年陳頤鼎剿匪兵敗被俘，留在中國加入共軍。參見〈陳頤鼎〉，「華人百科」網站，下載日期：2017年7月3日，網址：http://www.itsfun.com.tw。

60　當時七十軍張貼招募志願兵公告內容，如：「志願兵接受後與本國徵補之士兵受同等待遇，其有較優學識爲特種技能者，得按其程度用途報請提升之」，以及加入七十師臺灣兵人數。參見〈戰後被國民政府軍拐騙的臺籍老兵〉，「高雄市關懷臺籍老兵文化協會」網站，下載日期：2017年7月3日，網址：http://taiwan-soldier.blogspot.tw/2008/10/blog-post_9420.html。

61　有關1946年國軍七十師招募臺灣兵，隨後參加剿匪戰役，造成這群臺兵傷亡及其後滯留中國匪區的歷史，於1988年臺灣開放探親之後開始受重視及報導。晚近臺灣學界的相關歷史紀錄，主要是臺灣文獻館完成出版的臺籍老兵口述訪談紀錄。參見林金田主編，《傷痕血淚：戰後原臺籍國軍口述歷史》（南投：國史館臺灣文獻館，2006）；林金田主編，《傷痕血淚〔續錄〕：戰後原臺籍國軍口述歷史》（南投：國史館臺灣文獻館，2007）。

不支領薪津。[62] 據此可知，黃氏逐漸轉向支領薪資的特務工作。

四、山地特務工作與原住民族菁英的監控

如前文所述，在二二八事件後，國府當局為收拾事件鎮壓之後的省政，其中、為加強山區管控，成立山地行政處，以強化山地行政，以及拉攏原住民族菁英。1948年10月，山地建設協會之籌組，省山地行政處亦扮演積極主導的角色。即在此時，黃朝君的特務身分是保密局臺灣站臺北組義務通訊員，以及他戰前受日本高等教育，與同樣受日本教育的族群菁英溝通順暢。因此，黃氏以地方熱心人士為發起人之一；同年11月初，該協會成立後推選理監事，他當選理事，進而成為籌組民生公司與礦業公司的四位成員之一，而與林瑞昌共事。這些事情的推演，並非偶然之事。

值得注意者，1949年1月陳誠接任臺灣省主席之後，決定廢除省山地行政處，於同年2月正式裁撤，原來由省民政廳承辦的山地行政，交由各主管廳處掌理。[63] 換言之，國府當局對於原住民族社會之重視，終究僅是因應時局的暫時性措施，而非政策上的長遠思考與規劃。至於山地建設協會以協助山地行政，籌畫民生與礦業公司一案，亦難以有後續的發展。[64] 因此，問題重點在於黃朝君如何藉由加入山地建設協會，以監控原住民族菁英，遂行其山地特務工作。其實，黃氏藉由加入特定組織、團體，進行情治工作，並不限於原住民族團體山地建設協會；依據「保密局臺灣站二

---

62 林正慧，〈二二八事件中的保密局〉，頁18。

63 陳中禹，〈戰後初期臺灣山地行政的建置與發展（1945-1959）〉，頁77-79。

64 依據1952年7月省政府函文給省山地建設協會，事由「為明瞭山地建設協會經營民生公司情形希詳列具報由」，要求該會就經營民生公司及其各鄉民生商店經營狀況，就其組職、資金、業務解散結束和盈餘處理等列表核報。據此可知，該協會經營民生公司以解散收場。參見〈為明瞭山地建設協會經營民生公司情形希詳列具報由〉，《山地鄉物資供銷會組織》，「省級機關檔案」，典藏號：0040121016840003。

二八相關檔案」，黃氏以加入中國民主社會黨，並擔任該黨組織組組長，[65]
對該政黨活動進行監控。

　　黃氏又如何藉由山地建設協會，遂行其特務工作？依據林茂成為他父親林瑞昌所留下的歷史記錄是：

> 據家父生前說：聘任省政府諮議以後，除了山地行政要員外，當時國防部保密局臺灣區站長林頂立、及該站組長黃朝君等之管道下，於1949年5月阿里山曹族高一生（矢多一生、日據時代同在高砂協會之昔友）、湯守仁參與二二八事件乙案，出面協助自首繳械。並擔保湯守仁任職保安司令部，排除了曹族危機。同年12月間，臺中和平鄉佳陽、梨山一帶，泰雅族人以砂金交換武器事件，會同當時省警務處山地室警察高澤照，[66] 勸服當地泰雅族自動解繳武器，圓滿達成任務，化解了和平鄉泰雅族之危機。[67]

　　據此觀之，該協會籌組民生與礦業公司的四位理事，包括山地行政官員陳榮慕和陳蔭萱，以及黃朝君、林瑞昌的共同籌劃，正是黃朝君與這位原住民族菁英密切接觸的機會，也使得林瑞昌成為黃氏運用的對象。即無論處理二二八事件之後部落槍械，或山地社會突發的危機事件，黃氏都極盡運用這位族群菁英在山地社會的影響力與戰前「理蕃」的實務經驗。

65　依據「保密局臺灣站二二八相關檔案」，證實黃氏監控政黨的方法，入民社黨擔任要職。

66　高澤照，戰前畢業於教育所及嘉義農林學校，是戰後泰雅族新生代的人才；因此，林瑞昌推薦其到省警務處山地室任職，在收繳部落槍枝一事上，展現膽識。1952年林瑞昌被逮捕之後，高澤照也一起被論處，與林瑞昌同樣被判處死刑。參見林茂成，〈受裁判事實陳述書〉，收於樂信・瓦旦等撰稿，《桃園老照片故事2：泰雅先知——樂信・瓦旦》，頁105；大澤照，〈溪口臺自助會長の訓授を聞く〉，《理蕃の友》（臺北）1941：6（1941年6月），頁6；范燕秋，〈原住民菁英的整肅：「湯守仁等叛亂案」〉，頁221-252。

67　1999年3月林茂成依據戒嚴時期不當審判案件平反條例，以〈受裁判事實陳述書〉向政府提出平反他父親的冤情。以及林家訪談紀錄。參見樂信・瓦旦等撰稿，《桃園老照片故事2：泰雅先知——樂信・瓦旦》，頁107。

　　同時，伴隨1949年政治局勢變化，國共鬥爭激烈，在情治機關展開肅清匪諜的行動中，黃氏更密切監控原住民族菁英活動。1949年中，由於國共鬥爭激烈，臺灣各地中共地下黨人頗為活躍，原住民族菁英也成為其爭取、吸收的對象。當時，以拉攏泰雅族菁英林瑞昌為首的「山地工作委員會」成員，如林立、簡吉等，於1949年春夏間主動找林瑞昌見面。不過，林瑞昌將此事告知黃朝君；而黃氏希望他持續與這些人接觸，並回報詳情。[68] 對此，林茂成留下的證言是：「據家父林瑞昌生前說，有關參加匪幫之高砂族自治委員會之籌備會兩次等案。向國防部保密局黃組長朝君報備，達成所託任務。」[69] 然而，黃氏支持林瑞昌與地下黨人接觸，終究是特務政治的兩面手法而已，即在表面支持肯定之下，另一面實暗藏構成罪狀的陷阱。在黃氏這種特務政治的操作之下，林瑞昌最終被判定與共黨人士共謀「叛亂」的匪諜。而且，儘管林瑞昌極力辨明曾經告知黃朝君此事，但黃氏全然否認。[70] 林瑞昌確實徹底地被出賣了。

　　事實上，在1950年臺灣政局變動中，黃氏以保密局山地組組長一職，擔任山地特務更重要的工作。當時政局的時代背景是1950年3月，蔣中正總統在臺灣「復行視事」之後，籌劃由中央政府直接掌控全臺山地、海港等交通要隘警備；因此，於1950年6月責成當時主掌臺灣情治系統的蔣經國（總統府機要室資料組主任），派員至全臺進行「山地漁港要隘警備任務考察」。[71] 同年7月中旬，保密局局長毛人鳳向總統府呈報六位人員名單，

68　依據官方內部檔案記載「林瑞昌被逮捕審判之時，曾抗辯他是奉保密局組長黃朝君之指示，打探同案被告之動向，始參與集會」。參見《湯守仁等案》，檔號：B3750347701/0042/3132329/329。

69　1999年3月林茂成依據戒嚴時期不當審判案件平反條例，以〈受裁判事實陳述書〉向政府提出平反他父親的冤情。參見樂信・瓦旦等撰稿，《桃園老照片故事2：泰雅先知──樂信・瓦旦》，頁108。

70　國防部保密局給省保安處公文，民國41年5月6日公文（41）觀忠字04698號。檔號1547-62。參見《湯守仁等案》，檔號：B3750347701/0042/3132329/329。第七冊：封面：案由「叛亂等」。

71　陳中禹，〈戰後初期臺灣山地行政的建置與發展〉，頁80-86；陳中禹，〈從國軍檔案一窺中央政府遷臺初期的臺灣原住民族社會概況〉，《檔案季刊》（臺北）14：2（2015年6月），頁38。

以負責調查各交通要口及山地進出情形。文中，除檢附這六位的簡歷表（如表三），並說明這六位之中魏傳旺和黃朝君「均係臺籍，且對山地情形特別熟悉，可專任山地方面之調查」。[72]

如表三所示，在保密局六位調查人員之中，前四位為外省籍，後兩位、魏傳旺和黃朝君為臺籍，而且備註都附加：熟悉臺語、日語、國語，其用意在於委派兩位專責山地調查工作；並將其加以分工，由魏傳旺負責臺東與花蓮山地調查，黃朝君負責調查臺灣西部山地。其中，魏傳旺是新竹縣人，保密局新竹組組長、及直屬通訊員，1950年代初任新竹縣第一屆縣議員；[73] 由於新竹縣境山區為泰雅族群居住地，由他擔任山地相關調查工作，確實有關聯性。至於黃朝君的職務，則是保密局臺北組組長及山地組組長，可知在山地情治工作累積相當經歷。1950年7月底至8月間，魏和黃兩人各自前往臺灣東、西部進行山地隘口視察，並分別提出考察結果及應改進事項報告。9月中旬，總統府機要室針對兩人的報告，評語為：「黃朝君之報告較另一視察東部山地之魏傳旺稍佳，但亦警局方面得來資料較多，與山地民眾接觸似甚少。」[74] 無論如何，1950年代起國府當局強加山地管制措施，兩位臺籍特務的調查提供基礎的依據。

綜觀以上，在1950年代初原住民族政治案件的構成，以及山地警備制建立的過程，保密局特務黃朝君都扮演重要的角色。而在此一過程，值得追問的是他個人的事業發展，也就是情治工作如何促成其戰後新的事業？關於黃氏在戰後的事業經營，首先值得考察的是煤礦開採。

---

72 該文說明：日前承面論遴選秘密調查各交通要口及山地進出情形之人員頃已妥選李濟中王奮之蘇業光鄭慧民魏傳旺黃朝君等六同志茲附呈李同志等簡歷表六份敬乞察核派遣并懇我公指定時間地點召見李同志等詳予指示。參見〈臺省漁港及山地隘口管制警戒應改進事項〉，總檔號：00043146。

73 魏傳旺新竹縣議員第一屆任期為1951年1月23日至1953年2月2日。

74 為何總統府機要室認定黃氏的報告比魏氏較佳？依據檔案所見，魏氏著重詳述視察經過及歸結問題和應改進事項，黃氏則以表格方式羅列臺灣西部各山地隘口警戒狀況，可謂一目了然。參見〈臺省漁港及山地隘口管制警戒應改進事項〉，總檔號：00043146。

表三：1950年山地漁港要隘警備調查人員

姓名／調查地	年	籍貫	出　身	經　歷	備　考
李濟中／臺北	39	四川萬縣	浙江警校四期、中央軍校特訓班、美國西北大學交通警政班畢業	首都警察廳科員 京特區調查組員 渝警局副局長 本局設計委員	
王奮之／高雄	39	浙江奉化	中央軍校八期 法國陸軍步兵學校 中央航空學校三期	衡陽查幹班隊長 滇緬辦事處通訊員 民航局警務室主任	
蘇業光／臺中、臺南	45	湖南新化	長沙雅禮大學肄業	平漢鐵路特別黨部指導員、長桂潛伏站長、本局設計委員	
鄭慧民／臺東、花蓮	37	浙江衢縣	浙江警校特訓班三期　中訓團黨政班28期	南京站督察組長 交警十四總隊政訓主任、基隆警衛組長	
魏傳旺／臺東花蓮山地	41	臺灣新竹	日本立命館大學法律科畢	曾任經理董事、新竹縣政府股長、本局臺站新竹組組長、直屬通訊員	諳臺語 日語國語
黃朝君／西部各山地	44	臺灣臺北	日本明治學院畢業	曾任臺灣經濟時報記者、陸軍七十師諜報組長、本局臺灣通訊員、臺北組組長、山地組組長	諳臺語 日語國語

資料來源：〈臺省漁港及山地隘口管制警戒應改進事項〉，總檔號：00043146。

　　如前所述，在日治末期、1939年以黃朝君為代表的合夥開礦權，礦區地點在臺北縣三峽成福大寮一帶。而1945年10月國府當局接收臺灣之後，1946年4月省行政長官公署工礦處公告臺灣省鑛權整理辦法，針對日治時期取得開礦許可者，可限期登記、更換證照。[75] 為此，黃朝君戰前以「黃

---

[75] 臺灣省行政長官公署工鑛處鑛務科編，《臺灣一年來之鑛物行政》（臺北：該科，1946），頁4。

朝根」爲代表取得的開礦權，亦有必要登記換照。1947年1月，爲了證明黃朝根與黃朝君爲同一人，黃氏找到兩組人協助，一位是鄰居、新富町棉布商葉瑤和保證，葉氏保證書言該「煤礦許可證因民國34年間戰征爆擊疏開中紛失」；另一組人，是黃氏的兩位股東作保，並說明：「因日政時代提出礦區採掘申請之時，官方礦務課誤爲黃朝根，該根與君、依照閩南韻係同音所致。」[76] 換言之，一者證實證照遺失，另一組證明異名同人，因此順利更換其礦權證照。

在戰後，黃氏這項煤礦經營主要變動，是1948年3月委託葉瑤和經營，依據其申請資料可知名稱爲：和順炭礦（臺北縣），[77] 但奇特的是：葉瑤和爲前一年受託的證人、新富町棉布商。不過，1948年9月黃氏申請同礦區礦權登記換照，證實礦權仍是原有五位合夥人共同持有，地點爲臺北縣海山區三峽鎮成福大寮地方，礦區面積從戰前日式尺貫法、改換爲國際通用的公制單位，總面積爲43公頃69公畝16公厘。[78] 而若深究黃氏這項煤礦經營與情治工作的關聯，可以留意的是1947年6月林瑞昌兄弟兩人請求復歸的祖先失地、泰雅族大豹社的原居地或傳統領域，包含三峽鎮成福大寮一帶，這是否引發黃氏關注山地建設協會之籌組，以及泰雅族菁英林瑞昌的動向，甚至理事會之籌組礦業公司？其中可能的關聯值得思索。

另一件，戰後黃氏事業發展與特務工作的關連，是1949年4月黃氏向臺北市政府申請創辦《民間清譚》雜誌，如表四所示；依據當時臺北市民政局社會科對於刊物的審查，說明有四，一、就政治關係，屬政治性刊物，宣傳民社黨政策；二、就社會背景，編輯委員爲臺灣大學法學院學生；三、就發行人品性，自稱政工處職員，學歷證屬實，黨籍爲民社黨；四、編輯

---

76 不過，戰前黃朝君爲何在採礦申請以黃朝根爲名，不見得如這兩位股東所言是殖民官員誤植，而是黃氏本人爲申請礦權的策略而已。參見〈原礦字第3082號礦區礦業人黃朝君等申請登記換照案〉，典藏號：0044750004254018。

77 〈黃朝君申請礦第3082號煤礦委託葉瑤和經營一節擬存查案〉，《礦場登記》，「省級機關檔案」，典藏號：0044750001746017。

78 〈原礦字第3082號礦區礦業人黃朝君等申請登記換照案〉，典藏號，0044750004254018。

表四：民間清譚發行及編輯人

姓名	籍貫	年	學　歷	經　　歷	黨籍	住　所
黃朝君	臺北	44	日本明治學院經濟系	經濟時報記者主編及青雲雜誌社發行人	民社黨員	臺北市
黃　瓚	福建	25	臺灣大學肄	青雲雜誌編輯及臺大薈萃月刊主編	無	臺大公園路宿舍
樓百翎	浙江	25	臺灣大學肄	臺大學生雜誌主編	無	兼社長
陳秋玉	福建	24	臺灣大學肄	學生	無	臺大新生宿舍
張彩鳳	臺北	24	臺灣大學肄	學生	無	永利茶行

說　　明：1、新聞紙雜誌登記名稱：民間清譚；2、類別：雜誌期刊，一月刊；3、發行旨趣：以報導新聞，發揚文化為宗旨；4、社務組織：置社長1人、經理1人、幹事5人；5、資本額：臺幣五百萬元；6、經濟狀況：基金團體及基本訂戶充用之；6、業務狀況：每月發行一千冊；7、發行所名稱：民間清譚社，臺北市西園路一段5號。（印刷，同地址）

資料來源：〈為民間清潭登記聲請書已報轉核辦〉，《雜誌案》，「臺灣省政府檔案」（新北：行政院國家發展委員會檔案管理局藏），檔號：A375000000A/0038/9999/5/3/009。

人品性，都是臺灣大學法學院學生。[79] 在此，顯示黃氏延續戰前從事新聞媒體的事業偏好，也藉此掌控民社黨政策議論方向。[80]

其後，1950年代中黃朝君轉到桃園任職，擔任聯合報桃園分社主任、桃園縣新聞記者公會理監事、調查局職員。[81] 此一發展，可能的關連是保

---

[79] 意見評定者為臺北市民政局社會科科長陳全水。參見〈據黃朝君聲請創辦「民間清潭」雜誌登記轉請複審〉，《雜誌案》，「臺灣省政府檔案」，檔號：A375000000A/0038/9999/5/3/010；〈為民間清潭登記聲請書已報轉核辦〉，檔號：A375000000A/0038/9999/5/3/009。

[80] 黃朝君創辦「民間清譚」的背景因素，依據中央研究院臺灣史研究所購得的保密局臺灣站二二八檔案史料證實，民社黨來臺初期，黃朝君奉命加入民社黨，並成為該黨組織組組長，也因此出現以宣傳民社黨政策為名而創辦雜誌之事。本件史料的由來，承蒙本文審查委員提供，特此致謝。

[81] 〈航空模型大會　業已圓滿結束　本報桃園分社頒獎〉，《聯合報》，1953年6月24日，第4版；〈案移地檢處　隔宿便交保〉，《聯合報》，1960年7月25日，第3版。

密局臺灣站站長林頂立，他創辦《全民日報》之後，於1951年9月合併三家報紙爲《聯合版》，1953年改組《聯合報》。[82] 就黃氏任職聯合報的時間，與聯合報改組時間全然符合，也就是受惠於原臺灣站長的林頂立。然而，黃氏爲何任職桃園，而不是臺北？是否與1950年代初國民黨當局鎮壓泰雅族菁英有關？其中隱伏的關聯頗堪玩味。

五、結語

本文構想在以「加害者」研究的角度，探討「情治人員」或特務這類加害者的身影。特別，以筆者研究原住民族菁英的政治案件多年，經常聽到受難者家屬提及「黃朝君」這位人物對於家人所造成的傷害；因而，擬藉由歷史研究勾勒出此人物的圖像，除探討黃朝君的學經歷背景，與其戰後轉向特務工作的原委，分析其從事特務工作的原因、特點，據此思考這類加害者的歷史責任問題。

依據本文研究發現，以林頂立爲主的保密局臺灣站特務開始注意原住民族菁英，是在二二八事件之後、國民黨當局爲收拾事件鎮壓後的省政，一方面強化省山地行政及管控，另一方面重視原住民族菁英的影響力。1948年下半，由省山地行政處主導籌組「臺灣省山地建設協會」，可見官方強化山地行政的方式之一，是藉著籌組跨族群代表的團體，目的在運用原住民族菁英的影響力，及監控原住民族菁英的行動。此一現象，呈顯在該協會籌備之初，情治人員、包括林頂立和黃朝君都是發起人之一，且黃朝君成爲協會理事，而與林瑞昌共同推動會務；自此，有更多機會監控這位泰雅族菁英的行動。

針對黃朝君的學經歷背景，本文扒疏他個人對於情治工作的態度與想

---

[82] 薛化元，〈林頂立〉，收於許雪姬總策劃，《臺灣歷史辭典》（臺北：行政院文化建設委員會、中央研究院近代史研究所、遠流出版事業股份有限公司，2005），頁48。

法，包括：在滿洲國見聞錄表露從事情治或軍職工作的肯定，友人蘇潭於1930年代的任職經歷，在軍政界、產業界以及新聞媒體等三者的轉換順暢；以及所謂情治調查工作，可能與報社的新聞報導工作，或擔任司法保護委員，都有其類似之處。然而，欠缺他個人在戰後轉入情治工作的直接證據，難以斷言其真正的想法。不過，依據檔案資料證實，黃朝君最早的情治工作為國軍七十師諜報組組長，他可能在戰後懷抱「祖國情懷」而投入情治工作。另一不明之處，是這位特務對於原住民族的觀感。在1920年代他參與臺灣青年學潮的經驗，展現臺灣人主體的、民族意識；但相對的，對於同處於被殖民鎮壓的弱勢族群、臺灣原住民族，他又如何看待？這問題有待查證。

就轉型正義所關注的「加害者」研究，針對情治人員在其職務行使過程，究竟屬於主動從事或被動服從指令而侵犯人權；以黃朝君的案例而言，本文研究很難明確加以瞭解。原因是黃氏從擔任保密局義務通訊員、通訊員，以至山地組組長，都必受命於高層如臺灣站站長林頂立，或者總統府機要室資料組主任蔣經國；究竟在關鍵性的事務上、黃氏有多少選擇與決定權，難以斷言，因此這類加害者的歷史責任問題，似乎很難論斷。當然，就戰後初期他個人的事業發展而言，從事新聞媒體工作確實得利於其特務身分關係。

就受難者林瑞昌方面，值得一提的是：戰前他因協助日本殖民當局的理蕃行政，獲得官方無數的獎賞，以及在族群內崇高的政治地位。相較而言，戰後當他以同樣的態度與心情，協力國民黨情治當局，然而其下場卻是淪為階下囚，以至喪失寶貴性命。就此而言，同樣是外來殖民者，兩者政治文化之差異，確實令人深思。

引用書目

《台灣新生報》

《府報》

《理蕃の友》（臺北）

《臺灣日日新報》

《聯合報》

「省級機關檔案」，典藏號：0040121016840003、0040124002032003、0040124002032004、004475001746017、0044750004254018。南投：國史館臺灣文獻館藏。

「國防部軍法局檔案」，檔號：B3750347701/0042/3132329/329。新北：行政院國家發展委員會檔案管理局藏。

「國防部國軍史政檔案」，總檔號：00043146。臺北：國軍歷史文物館藏。

「臺灣省政府檔案」，檔號：A375000000A/0038/9999/5/3/009、A375000000A/0038/9999/5/3/010。新北：行政院國家發展委員會檔案管理局藏。

「臺灣總督府檔案」，典藏號：00010451021。南投：國史館臺灣文獻館藏。

〈二二八及白色恐怖相關史料〉，「中央研究院臺灣史研究所臺灣史檔案資源系統」網站，下載日期：2017年10月24日，網址：http://tais.ith.sinica.edu.tw。

〈協會沿革〉，「臺灣原住民發展協會」網站，下載日期：2017年10月6日，網址：https://sites.google.com/site/culture721/。

〈陳頤鼎〉，「華人百科」網站，下載日期：2017年7月3日，網址：http://www.itsfun.com.tw。

〈戰後被國民政府軍拐騙的臺籍老兵〉，「高雄市關懷臺籍老兵文化協會」網站，下載日期：2017年7月3日，網址：http://taiwan-soldier.blogspot.tw/2008/10/blog-post_9420.html。

〈議員介紹：游仲建〉，「新北市議會」網站，下載日期：2017年10月24日，網址：http://www.ntp.gov.tw/content/history/history01-5-p.aspx?sid=69。

「学校法人明治学院」網站，下載日期：2017年2月20日，網址：http://www.meijigakuin.jp/。

蔡錦堂，〈皇民奉公會〉，「臺灣大百科全書」網站，下載日期：2017年10月26日，網址：http://nrch.culture.tw/twpedia.aspx?id=3803。

中華民國人事錄編纂委員會（編）

　　1953　《中華民國人事錄》。臺北：中國科學公司。

王淑蕙

　　2013　〈日治時期臺灣司法保護事業之發展：以臺灣三成協會為中心〉。臺北：國立

　　　　臺灣師範大學歷史學系碩士論文。

王學新（編譯）

　　2008　《日據時期籍民與南進史料彙編與研究》。南投：國史館臺灣文獻館。

吳乃德

　　2006　〈轉型正義和歷史記憶：臺灣民主化的未竟之業〉，《思想季刊》（臺北）2: 1-34。

林正慧

　　2014　〈二二八事件中的保密局〉，《臺灣史研究》（臺北）21(3): 1-64。

林志興

　　2014　〈臺灣第一位原住民西醫：南志信〉，《原住民族文獻》（新北）18: 32-35。

林沛潔

　　2015　《臺灣文學中的「滿洲」想像及再現（1931-1945）》。臺北：秀威資訊科技股
　　　　　份有限公司。

林金田（主編）

　　2006　《傷痕血淚：戰後原臺籍國軍口述歷史》。南投市：國史館臺灣文獻館。

　　2007　《傷痕血淚〔續錄〕：戰後原臺籍國軍口述歷史》。南投市：國史館臺灣文獻館。

林茂成

　　2005　〈受裁判事實陳述書〉，收於樂信・瓦旦等撰稿，《桃園老照片故事2：泰雅先
　　　　　知——樂信・瓦旦》，頁105-107。桃園：桃園縣政府文化局。

范燕秋

　　2008　〈樂信・瓦旦與二二八事件中泰雅族的動態：探尋戰後初期臺灣原住民菁英的
　　　　　政治實踐〉，收於許雪姬主編，《二二八事件60週年紀念論文集》，頁365-
　　　　　391。臺北：臺北市政府文化局。

　　2009　〈原住民菁英的整肅：「湯守仁等叛亂案」〉，收於張炎憲、陳美蓉主編，《戒嚴
　　　　　時期白色恐怖與轉型正義論文集》，頁221-252。臺北：財團法人吳三連臺灣
　　　　　史料基金會。

秦孝儀（編）

　　1957　《中華民國名人傳》，第四冊。臺北：近代中國出版社。

梁華璜

　　2001　《臺灣總督府的對岸政策研究：日據時代閩臺關係史》。臺北：稻鄉出版社。

許雪姬

　　2014　〈「保密局臺灣站二二八史料」的解讀與研究〉，《臺灣史研究》（臺北）21(4):
　　　　　187-217。

許雪姬主編

　　2015 《保密局臺灣站二二八史料彙編㈠》。臺北：中央研究院臺灣史研究所。

　　2016 《保密局臺灣站二二八史料彙編㈢》。臺北：中央研究院臺灣史研究所。

陳中禹

　　2015 〈戰後初期臺灣山地行政的建置與發展（1945-1959）〉，收於呂芳上主編，《戰後初期的臺灣（1945-1960s）》，頁45-90。臺北：國史館。

　　2015 〈從國軍檔案一窺中央政府遷臺初期的臺灣原住民族社會概況〉，《檔案季刊》（臺北）14(2): 36-45。

陳翠蓮

　　2014 〈「祖國」的政治試煉：陳逸松、劉明與軍統局〉，《臺灣史研究》（臺北）21(3): 137-180。

黃竹堂

　　1933 《新興滿洲國見聞記》。臺北：新興滿洲國見聞記發行所。

臺灣省行政長官公署工鑛處鑛務科（編）

　　1946 《臺灣一年來之鑛物行政》。臺北：臺灣省行政長官公署工鑛處鑛務科。

臺灣新民報社（編）

　　1937 《臺灣人士鑑》。臺北：臺灣新民報社。

劉恆妏

　　2014 〈二二八事件中的自新：以臺中、嘉義、臺南、高雄為中心〉，《臺灣史研究》（臺北）21(4): 105-146。

樂信・瓦旦等（撰稿）

　　2005 《桃園老照片故事2：泰雅先知──樂信・瓦旦》。桃園：桃園縣政府文化局。

蔡博任

　　2008 〈南志信〉，收於張炎憲主編，《二二八事件辭典》，頁268-69。臺北：國史館、財團法人二二八事件紀念基金會。

興南新聞社（編）

　　1943 《臺灣人士鑑》。臺北：興南新聞社。

戴寶村

　　2012 〈日治時期臺北州立臺北第二中學校簡史〉，收於黃馨瑩總編輯，《成功九十 濟濟國士：臺北市立成功高級中學九十週年校慶特刊》，頁38-49。臺北，臺北市立成功高級中學。

薛化元

    2005　〈林頂立〉，收於許雪姬總策劃，《臺灣歷史辭典》，頁48。臺北：行政院文化
        建設委員會、中央研究院近代史研究所、遠流出版事業股份有限公司。

Fleming, Nancy Hsu 許淑鍔（著）、蔡丁貴（譯）

    2009　《狗去豬來：二二八前夕美國情報檔案》。臺北：前衛出版社。

［參］

二二八事件下
地方政府與
參議會的運作

二二八事件中
縣市參議會的角色與肆應

歐素瑛
國史館修纂處纂修

一、前言

　　1945年8月，日本戰敗投降，結束在臺51年的殖民統治，國民政府旋成立特殊化的臺灣省行政長官公署，負責臺灣之接收與重建事宜。接收之初，直接延用日治時期之行政區劃，將5州3廳11州廳轄市改為8縣9市，並分別設置州廳接管委員會，辦理各項接管事宜。[1]繼於12月26日公布「臺灣省各級民意機關成立方案」，作為推動各級地方自治選舉之依據。1946年1月，陸續成立各縣市政府，其他區鄉鎮等各級行政機關，也在縣市政府成立後一個半月內完成；而地方民意機關則於3、4月間，由區鄉鎮民代表分別選出各縣市參議員，共計523名。4月15日再選出30名省參議員，順利完成各級民意代表的選舉工作。惟接收後不到一年半時間，即因查緝私煙而爆發二二八事件。1947年3月1日，臺北市各界人士共同組織二二八事件處理委員會（以下簡稱「處委會」），並於3月4日開會決議擴大處

---

[1] 臺灣省行政長官公署民政處編，《臺灣民政：第1輯》（臺北：該處，1946），頁61-63。

委會為全省性組織，通知各縣市參議會組織處委會地方分會，於是各縣市紛紛以縣市參議會為主體成立處委會，協助維持秩序，並提出處置對策與政治改革要求。不過，處委會原本訴求懲兇、平息事件，卻逐漸升高為政治行動，尤其3月7日提出之「三十二條處理大綱」更被視為「叛國」及奪取政權行為，導致與行政長官公署之間的緊張、對立關係。迄國府軍隊抵臺後，行政長官陳儀態度不變，於3月10日指處委會為非法組織，飭令立即撤銷，並在其後的綏靖、清鄉中，大量逮捕、槍決臺籍知識菁英和民眾。在事件中喪命的18名中央及地方民意代表中，有14名為縣市參議員，而被捕、被通緝的30名中也有25名為縣市參議員，[2] 在各級民意代表中，縣市參議員可說是傷亡最為慘重，因參與、領導抗爭行動而名列「叛亂要犯」、「叛亂首要」，致使地方議會受到不小衝擊。

值得注意的是，在官方或情治人員的報告中，認為二二八事件的爆發及蔓延擴大，是因為「奸黨煽惑」；而煽惑之「奸黨」，則直指處委會（含地方分會）成員，即各縣市參議員。例如，保密局通訊員蘇森在呈報事件情形時指出：「臺省行政長官公署於事件發生後未能作適當措置，竟貿然允許所謂民眾代表組織二二八事件處理委員會，並停止政府各部門之工作，而賦予處理委員會代行一切政權，甚至治安工作之大權，以致引起陰謀者之覬覦，而使事變擴大。按所謂民眾代表本為日人統治時代之媚日士紳，臺灣光復後又與政府人員接近，藉以維持其特殊勢力，向被臺人目為『二朝御用士紳』，彼等於事變之後目睹臺灣當局之弱點，認為有機可乘，至是乃利用處理委員會之名義擴大組織民眾，佔用各地電臺，加強煽動使暴動行為波及全省。」一方面抨擊行政長官公署處置失當，一方面批判處委會及各地士紳，甚至直言：「此次煽動暴動之主要人物多為各縣市參議員及青年團幹部（如：李萬居、林忠等，且均係自渝派遣返臺者），已有少數陸續就逮，如：嘉義市拘捕者有參議員六名及青年團分團主任幹事等

2　李筱峰，《臺灣戰後初期的民意代表》（臺北：自立晚報社文化出版部，1987），頁216-220。

多人。」[3] 將事件的蔓延擴大，歸責於各縣市參議員及三青團幹部等，導致這些人在事件後被捕、被通緝，牽連甚廣，也使得戰後臺灣的民主政治蒙上一層陰影，久久難以揮去。

　　過去關於二二八事件之研究，大多由政府或民眾的角度觀察事件之發展及因應策略，對於民意機關的討論，亦明顯偏重省級的臺灣省參議會；[4] 至於各縣市參議會的本土政治菁英，其在事件前後之作爲及因應，亦僅有部分縣市之討論，[5] 尚乏全面性的分析探討。有鑑於此，本文擬以戰後初期臺灣各縣市參議會爲核心，探討各縣市參議會於二二八事件爆發之際，如何因應、處置？扮演何種角色？事件後受到什麼衝擊？又是如何自處？藉期對戰後初期臺灣各縣市參議會在二二八事件中的角色與因應態度有更適切而周延的了解。

---

3 〈金變佳上言普誠代電呈報二二八事件經過概況及其對事件的觀點認知〉，收於侯坤宏、許進發編，《二二八事件檔案彙編㈡：國家安全局檔案》（臺北：國史館，2002），頁180-182。

4 關於臺灣省參議會之研究成果如下：鄭梓，《本土精英與議會政治：臺灣省參議會史研究（1946-1951）》（臺中：自刊本，1985）；李筱峰，《臺灣戰後初期的民意代表》；鄭梓，《戰後臺灣議會運動史之研究：本土精英與議會政治（1946-1951）》（臺北：華世出版社，1988）；許禎庭，〈戰後初期臺灣省行政長官公署與省參議會的關係（1945-1947）〉（臺中：東海大學歷史研究所碩士論文，1994）；吳玉鳳，〈臺灣省參議會受理人民請願案之研究〉（臺北：國立臺灣師範大學政治學研究所碩士論文，2005）；歐素瑛，〈臺灣省參議會與教育之進展：以國立臺灣大學爲例〉，收於臺灣省諮議會編，《「臺灣民主的興起與變遷」研討會論文集》（臺中：該會，2006），頁103-126；李雪津編，《二二八事件對臺灣省參議會的衝擊：以國家檔案局保管二二八事件檔案爲基礎》（臺中：臺灣省諮議會，2007）；歐素瑛等編撰，《臺灣省議會會史》（臺中：臺灣省諮議會，2011）等。

5 關於縣市參議會之研究成果如下：張炎憲、高淑媛採訪記錄，《混亂年代的臺北縣參議會（1946-1950）》（臺北：臺北縣立文化中心，1996）；王御風，〈近代臺灣地方議會與領導階層之研究：以高雄市爲例（1920-1960）〉（臺南：國立成功大學歷史學系博士論文，2005）；鄭志敏，〈從「市參議員」到「悽慘議員」：論二二八事件前後的第一屆高雄市參議員〉，《高市文獻》（高雄）22：1（2009年3月），頁37-68；吳沁昱，〈戰後初期新竹政治的活動：以新竹市參議會爲中心（1946-1950）〉，《竹塹文獻雜誌》（新竹）58（2014年12月），頁144-161等；其他關於二二八事件之口述歷史中，亦有高雄、嘉義、花蓮等縣市參議員之訪談資料，皆爲本文之重要參考。

二、二二八事件前的各縣市參議會

　　臺灣民意機關的設立，早在1945年3月臺灣調查委員會所擬訂之「臺灣接管計畫綱要」中，[6] 已將積極推行地方自治，建立民意機關列為重要工作之一。來臺接收之後，亦將建立各級民意機關列為年度施政重點；加上制憲在即，制憲國民大會將於1946年5月5日召開，除原有的代表外，尚需增選臺灣、東北各省、各黨派及社會賢達等代表若干名，所以中央規定應於1946年5月1日以前設立各級民意機關，以便推選代表參加制憲國民大會。而臺灣在戰前已有地方自治經驗與民權意識，[7] 戰後更呼籲政府儘速實施完全的地方自治。亦即，推行地方自治，建立各級民意機關，是在接收當局與臺灣民意具有高度共識的前提下，迅速而積極地展開。

　　臺灣省行政長官公署自1945年11月1日開始接收地方行政，先成立各州廳接管委員會，負責接收及繼續處理政務；[8] 旋依據國民政府修正「市組織法」第四條之規定，於1945年12月6日公布「臺灣省省轄市組織暫行規程」，[9] 繼於12月11日公布「臺灣省縣政府組織規程」，根據中國各省行政制度並斟酌臺灣各地自然環境、經濟狀況、人口分布等，將原來臺北、臺中、臺南、新竹、高雄5州、花蓮、臺東、澎湖3廳，改設為8縣；原來臺北、臺中、臺南、高雄、新竹、嘉義、彰化、屏東、基隆等9市，改為9省轄市。縣市下設區，係就原有郡或支廳之區域改設，為縣市政府之輔助機關，以沿用原有名稱為原則。區之下設鄉鎮，除山地鄉係新設立

6　秦孝儀主編、張瑞成編輯，《光復臺灣之籌劃與受降接收》（臺北：中國國民黨中央委員會黨史委員會，1990），頁109-110。

7　歐素瑛等編撰，《臺灣省議會會史》，頁11-12。

8　〈臺灣省州廳接管委員會組織通則〉，《臺灣省行政長官公署公報》（臺北）1:4（1945年12月12日），頁4-5；〈各州接管委員會主任委員連震東等八員任用案〉，《州廳接管委員會人員任免》，「臺灣省行政長官公署檔案」（南投：國史館臺灣文獻館藏），典藏號：00303231371001。

9　〈臺灣省省轄市組織暫行規程函送財政處案〉，《省級機關組織規程》，「臺灣省行政長官公署檔案」，典藏號：00301200034004。

者外，其餘均係將原有街庄改設而成。市轄區及鄉鎮之下設村、里、鄰，在鄉爲村，在市區及鎮爲里，以150戶爲原則；村、里之下編組爲鄰，以10戶爲原則。[10] 地方政制，於是確立。接著，趕期籌設各級民意機關，於是年12月26日公布「臺灣省各級民意機關成立方案」，[11] 作爲辦理各級民意機關成立之依據，規定各縣市政府應於1946年4月15日以前一律成立縣市參議會並選舉省參議員，於5月1日召開省參議會。

首先，須以公民資格參加民意機關的選舉。[12] 自1946年1月25日起，先辦理公民宣誓登記，凡中華民國人民，無論男、女，在縣區域內居住6個月以上，或有住所達1年以上滿20歲者，可依規定宣誓登記，[13] 迄2月15日止，總計有2,393,142人辦理登記，占全臺成年男女之91.8%，[14] 占全臺總人口數之36%，可見民眾對取得公民投票權之反應十分熱烈。同時，地方上有意競選者亦極爲踴躍，紛紛申請參加公職候選人資格臨時檢覈，申請案件多達3萬餘件；經初審、複審程序後，合格者共計36,968名，分別是甲種公職候選人10,663名、乙種公職候選人26,803名，約爲全臺應選出的各級民意機關代表總數的4倍。[15] 至此，選舉前的準備業務大致完成。

---

10 臺灣省地方自治誌要編輯委員會編，《臺灣省地方自治誌要》（臺中：該會，1965），頁133-134。

11 〈臺灣省各級民意機關成立方案〉，《臺灣省行政長官公署公報》（臺北）2: 6（1946年2月1日），頁7-8；〈各級民意機關成立方案〉，《民意機關》，「臺灣省行政長官公署檔案」，典藏號：00311730005001。

12 〈建立民意機關兩大準備工作〉，《台灣新生報》，1946年1月28日，第3版。

13 〈公民宣誓登記暫行辦法〉，收於臺灣省行政長官公署民政處編，《臺灣省民意機關法令輯覽》（臺北：該處，1946），頁138-141。

14 〈公民登記順利完成　民政處近發表統計數字〉，《台灣新生報》，1946年2月24日，第2版；臺灣省行政長官公署民政處編，《臺灣省民意機關之建立》（臺北：該處，1946），頁24-25。

15 臺灣省行政長官公署統計室編，《臺灣省統計要覽》（臺北：該室，1946），第1期：接收一年來施政情形專號，頁26。按「省縣公職候選人考試法」之規定，縣公民年滿25歲，曾任縣參議員、曾任鄉鎮民代表或鄉鎮長2年以上、有委任職之任用資格、有普考應考資格並有社會服務經歷3年以上、經自治訓練及格並有社會服務經歷3年以上、曾辦理地方公益事務3年以上、曾任職業團體或其他人民團體主要職務3年以上、曾從事自由職業3年以上者，得應甲種公職候選人之檢覈。而縣公民年滿25歲，具有國民學校畢業程度並出席保民大會3次以上、

接著，由下而上逐級展開各級民意代表選舉。1946年2月16-28日由每個選區的公民直接投票選出7,078名區鄉鎮民代表，並實施短期講習3天。3月15日至4月7日，依據「縣參議員選舉條例」、「市參議員選舉條例」之規定，由7,078名區鄉鎮民代表間接選出縣參議員313名（含區域名額276名、職業團體37名）、公民直接選出市參議員210名（含區域名額184名、職業團體26名），[16] 共計523名。其中，區域名額共460名、職業團體共63名。[17] 亦即523名縣市參議員中，有近六成是間接選舉產生，四成是由公民直選產生，競爭頗為激烈。參加競選之候選人多於選舉前各抒政見，發表讜論，以取得民眾之支持。各縣市選舉情況均佳，秩序亦至良好。[18] 當選者全是臺籍人士，也是地方上頗負聲望的人士。

各縣市參議會之選舉日期，最先舉行者為澎湖縣及臺北、屏東兩市，於3月15日舉行；最後為臺北縣，於4月7日舉行。在各縣市所選出之參議員中，以臺南縣參議會之參議員人數最多，達77名，包括由縣轄鄉鎮各

曾任甲長或保辦公處幹事2年以上、曾從事自由職業1年以上者，得應乙種公職候選人之檢覈。參見臺灣省行政長官公署民政處編，《臺灣省民意機關法令輯覽》，頁47-49。

16　事實上，縣市區域參議員之選舉方式並不同。其中，縣參議員係依「縣參議員選舉條例」之規定，由「鄉鎮民代表分別選舉各縣參議員」，為間接選舉方式；而市參議員之區域名額，除依據「市參議員選舉條例」之規定辦理外，又依據臺灣省行政長官公署頒布「各市辦理選舉須知」第四點：「市（參議員）區域選舉，係就各選舉區分設投票所，由區內公民投票……」，亦即市參議員之區域名額是由區內公民直接投票選出，與縣參議員不同。參見臺灣省行政長官公署民政處編，《臺灣民政：第1輯》，頁371-391。

17　關於縣市參議員之區域、職業名額之規定如下：縣參議員區域選舉，每鄉鎮1人，但鄉鎮超出一百之縣由數鄉鎮合選1人，未滿7鄉鎮之縣，仍選出縣參議員7人，先期由縣政府擬定呈報選舉監督核定。市參議員名額為19名，人口超過10萬者，按其超過人口，每3萬名增加1名，先期由各該市政府按實在人口數，擬定總名額，及各區分配名額報核。縣市職業團體應出之縣市參議員額，不得超過總名額十分之三，應以選舉前依法成立之職業團體為限，由縣市政府按選民數配定各職業團體名額與總名額，同時報核以便轉報內政部備查。參見臺灣省行政長官公署民政處編，《臺灣省民意機關之建立》，頁19；臺灣省行政長官公署民政處編，《臺灣省民意機關法令輯覽》，頁24-25。

18　〈各級民意機關建立及運用案〉，《民意機關組織》，「臺灣省行政長官公署檔案」，典藏號：00301210032001。

選出1名區域參議員，計65名；另由職業團體，如醫師公會、農會等產生12名，合計77名。而參議員人數最少的，是位在離島的澎湖縣，只有10名，包括鄉鎮區域選出7名，職業團體3名，共計10名。[19] 又，臺北市、臺中市、嘉義市、屏東市，以及臺東縣參議會因當時各種職業團體尚未成立，故只由區域選出，未包括職業團體代表。再者，少數族群在第一屆縣市參議員選舉中亦頗有斬穫。其中，女性當選人有謝娥、許世賢、邱鴛鴦等3名及候補當選人汪紫蘭、劉玉英、楊紅綢、許碧珊等4名，共計7名；原住民代表亦當選10名（新竹縣1人、臺中縣3人、臺南縣1人、高雄縣5人）、候補當選人6名（臺中縣1人、高雄縣5人）。[20]

各縣市參議員全部選出後，即依法由縣市長召集第一次會議，選舉議長、副議長，正式成立。最早成立者為彰化市（4月1日）、嘉義市（4月3日），其餘亦皆於4月15日以前全部成立。（參見表1）

---

19 全民日報社編，《臺灣省首屆參議員名鑑》（臺北：該社，1951），頁257-281、333-338。

20 臺灣省行政長官公署民政處編，《臺灣省民意機關之建立》，頁43。臺灣省行政長官公署統計室編，《臺灣省統計要覽》，第1期：接收一年來施政情形專號，頁28，「各縣高山族戶口與當選民意機關代表人數比較（民國35年4月15日）」。當選之10名原住民縣市參議員，分別是歸順義（高雄縣屏東區）、陳義行（高雄縣潮州區）、荒木幸夫（高雄縣潮州區，後改名潘清里）、華加納（高雄縣潮州區，日名大武光男）、華清吉（高雄縣恆春區）、林傳芳（臺南縣吳鳳鄉）、中山講一（臺中縣和平鄉）、楠本茂夫（臺中縣信義鄉，後改名文茂松）、野中春男（臺中縣仁愛鄉）、張春華（新竹縣）。參見〈高雄縣高山族各級民意機關恢復姓名表呈送案〉，《臺灣省臺胞恢復國籍》，「臺灣省行政長官公署檔案」，典藏號：00306520003006。

表1　第一屆縣市參議會成立一覽表

縣市名稱	參議員名額		選舉日期	議長姓名		成立日期	所轄鄉鎮區
	區域	職業		正	副		
臺北縣	38	3	4/7	陳定國	盧纘祥	4/15	宜蘭市及七星、淡水、基隆、宜蘭、羅東、蘇澳、文山、海山、新庄等9區，計轄25鄉12鎮
新竹縣	38	1	3/17	黃運金	朱盛淇	4/14	桃園、中壢、大溪、新竹、竹東、竹南、苗栗、大湖等8區，計轄29鄉11鎮
臺中縣	60	6	3/29	羅萬俥	蔡先於	4/14	彰化、大屯、豐原、東勢、大甲、員林、北斗、南投、新高、能高、竹山等11區，計轄28鄉18鎮
臺南縣	65	12	3/24	陳華宗	楊群英	4/15	嘉義、新豐、新化、曾文、北門、新營、斗六、虎尾、北港、東石等10區，計轄50鄉15鎮
高雄縣	48	11	3/15	葉登祺	劉朝四	4/14	屏東、岡山、鳳山、旗山、潮州、東港、恒春等7區，計轄34鄉7鎮
臺東縣	11	—	3/24	陳振宗	馬榮通	4/15	臺東、關山、新港等3區，計轄9鄉1鎮
花蓮縣	9	1	3/24	張七郎	吳　鶴	4/15	花蓮市及花蓮、鳳林、玉里等3區，計轄6鄉2鎮
澎湖縣	7	3	3/15	吳爾聰	郭石頭	4/15	馬公、望安2區，計轄5鄉1鎮

臺北市	26	—	3/15	周延壽	林金臻	4/15	松山、大安、古亭、雙園、龍山、城中、建成、延平、大同、中山等10區
基隆市	19	2	3/31	黃樹水	楊元丁	4/15	中正、信義、仁愛、安樂、中山等5區
新竹市	20	6	3/31	張式穀	何乾欽	4/13	東、西、南、北、寶山、香山等6區
臺中市	19	—	3/24	黃朝清	林金標	4/15	東、西、南、北、中等5區
彰化市	19	3	3/24	李君曜	吳石麟	4/1	彰西、彰南、彰北、大竹等4區
嘉義市	19	—	3/24	鍾家成	林木根	4/3	新東、新西、新南、新北、水上、太保等6區
臺南市	21	6	3/24	黃百祿	楊　請	4/15	東、西、南、北、中、安南、安順等7區
高雄市	22	9	3/24	彭清靠	林建論	4/15	旗津、前鎮、連雅、前金、新興、三民、鹽埕、鼓山、左營、楠梓等10區
屏東市	19	—	3/15	張吉甫	葉秋木	4/15	東、南、北、中、長治、萬丹、九如等7區
合　計	460	63	—	—	—	—	

資料來源：臺灣省行政長官公署宣傳委員會編，《臺灣省省縣市參議會一覽》（臺北：該會，1946），頁1-2。〈臺灣省行政區域名稱及所在地一覽表〉，《臺灣省行政長官公署公報》（臺北）2: 3（1946年1月25日），頁8-13；〈臺中縣參議會成立日期呈報案〉，《縣市參議會成立》，「臺灣省行政長官公署檔案」，典藏號：00311730004006。

表2　第一屆縣市參議員一覽表

縣市別	參　議　員　姓　名
臺北縣	翁北辰、盧根德、施標輝、盧阿山（皇）、林宗賢（皇）、陳義芳、陳炳俊（皇）、游大金、林日高、曹賜固、周碧、陳燦棋、藍文、劉傳旺、戴德發、許海亮、林益長、蔡石勇、張阿泉、柯啓業、王初學、蘇耀南、盧纘祥（皇）、吳阿泉、張倉連、林儀賓、林世南（皇）、林清敦、鄭榮春、林旭、周廷乾、林黃鐘、陳義芬、鍾榮富、藍涤淮、林木火、劉金全、江天賜、黃智武、謝文程、陳定國
新竹縣	朱盛淇（皇）、蔡昆松、吳金柚（皇）、徐元錡、張順慶、吳鴻森（皇）、尹榮才、鄒富章、陳天來、楊石城（皇）、劉梓勝、陳文慶、陳金德、賴石坡、呂娘任、李傳興、陳龍祥、劉仁青、蔡錦繡、姜振驤（皇）、黃煥智、方泉松、林爲恭、廖上煊、張春華、方逢如、陳愷悌、何允文、陳玉瑛、范智遠、黃運金、邱仕全、徐春龍、謝長明、劉肇瑞、林增璋、劉傳村、江立德、吳鴻麟（皇）
臺中縣	張文環（皇）、林獻堂（皇）、林垂章、賴天生、張進澄、廖朝樹、林日差、陳水潭（皇）、張銀溪、林碧梧、張煥珪（皇）、林西陸、賴雲清（皇）、黃演舫、彭煥郎、中山講一、蔡梅龍（皇）、王錐、蔡先於（皇）、王毓麟、許雲鵬、李晨鐘、紀瑤峰、黃朝應、丁瑞彬、陳南山、黃達德、許金圳、黃秋桂（皇）、張雲梯、梁火煌、林糊、楊維堯、謝樹生、賴維種、林看、蔡啓書、邱禮逢、蕭汝鍊、蔡天開、林生財、陳勳、邱垂通、吳望熊、謝彪（皇）、劉崧袖、許學（皇）、劉西江（皇）、張慶章、洪元煌（皇）、楊杉發、陳作西、蔡鐵龍、黃登鳳、楠本茂夫（後改名文茂松）、羅萬俥（皇）、彭富來、野中春男、黃啓奏、黃文裕、陳萬福、謝平、蔡鴻文、許百鑄、洪火煉（皇）、羅安
臺南縣	黃清標、王允得、張榮泰、許楯、謝水藍（皇）、梁道（皇）、陳油、江清風、王寶珠、田萬枝（皇）、陳連進、江清風、穆玉山、胡丙申（皇）、顏總輝、陳麟綱（皇）、戴梯、陳純義、楊雲祥、吳新榮、黃炭、陳其和、黃清舞、黃五湖、陳華宗（皇）、沈昆山、陳宗能、陳添才、連清白、楊群英、陳按察（皇）、簡錫文、郭炳均、謝萬添、林蘭芽（皇）、張進國、邱欽漢、許夢熊、劉成勝、林宗焜（皇）、陳定郡、林傳芳、陳海永、李茂炎、黃漢、劉本、張林滕昌、楊枝、李應鎧、駱萬得、廖清纏、楊克明、趙文王、顏木杞、蔡秋桐、林延

	生、李再源、黃炳南、呂水霖、陳樹林（皇）、黃老達、邱鳳儀、王國柱、翁新臺、黃啓南、廖昆金、王吟貴、周縛、翁鍾五、楊致志、羅丙戊、郭睿、蔡陽明、戴成、許葉明星、吳近
高雄縣	劉朝四（皇）、陳萬壽、朱萬成、楊邦、林鬧長、吳震豊、高文良、陳皆興、曾炳琳、黃占岸、林魚連、陳文忠、鄭來成、陳清文、林添丁（皇）、邱義生（皇）、邱智生、黃騰華、陳添運、郭秋塗、葉寶山、溫慕春、陳朝景（皇）、歸順義、許白土、陳崑崙（皇）、陳敏生、李金祿（皇）、蘇法、洪約白、林富崙、鍾元、李開鳳、鍾啓蒸（皇）、董錦樹、黃文章、張明白、陳義行、荒木幸夫（後改名潘清里）、華加納、特達里哄哩光、張福龍（皇）、葉登祺、劉貴郎、華清吉、吳瑞泰、林金鐘、吳見草（皇）、藍高祥、劉安紅（皇）、洪吸、葉阿綿、林岐峰、劉日昇、許廿金、李通如、馮安德、陳總鎮、張山鍾
臺東縣	陳振宗、王登科、邱貴春、邱銘勳、林讀士、鄧細番、連蓮增、陳慶傳、吳銀坤、馬榮通、鄭鴻材
花蓮縣	張七郎、吳鶴（皇）、林永樑、林利生、林玉雙、馬有岳（皇）、林景松、葉雲澤、陳振祥、蔡龍成
澎湖縣	高順賢、陳伯寮、吳爾聰、呂築、盧顯、張萬采、紀雙抱、郭石頭（皇）、許整景（皇）、吳玉
臺北市	黃朝生、駱水源、王添灯、簡樫埕、林朝明、陳海沙、陳屋、陳錫慶（皇）、張晴川、謝娥、周百鍊、周延壽（皇）、陳棋楠、林水田、許振緒、周宗善、林章恩、周宗發、許慶豐、林金臻、黃火定、潘榘源、李仁貴、吳春霖、蔡水勝、徐春卿
基隆市	葉松濤、杜福來、黃海洋、許天花、楊阿壽、楊元丁、林進財、曾林雨成、陳桂全、顏德潤（皇）、洪通海、黃樹水、林應時、鄭君芳、柯漢忠、鄭千秋、汪榮振（皇）、鄭金標、李天來、蔡星穀（皇）、蔡炳煌
新竹市	蘇惟梁、陳添登（皇）、郭傳芳、周宜培、駱柳村、何乾欽、張國珍、李延年（皇）、李子賢、胡春塘、曾瑞堯、蔡欽旺、楊心樂、蔡福來、洪王桂、盧阿桶、蕭勝和、宋枝發、何禮棟（皇）、蘇瑞麟、郭福壽、張式穀（皇）、鄭作衡、李克承、郭添、康阿孔

臺中市	徐灶生、林連城、邱欽洲、賴枝水、曾茂己、廖天遠、余文火、林文忠、賴樹森、廖學鏞、林金標、林金池、黃朝清（皇）、何赤城、林益興、盧慶雲、賴寶長、范來福、莊天祿
彰化市	賴通堯、石錫勳、顏鄭烈、吳石麟（皇）、張春慕、吳蘅秋（皇）、洪木丈、呂俊傑、陳紹聯、呂世明（皇）、張焱生、許塗、李君曜、黃泉田、楊榮華、張壽、林江華、張瑞堂、陳茂昆、蘇振輝、吳恭（皇）、李火
嘉義市	潘木枝、許世賢、盧鈵欽、周爐、朱榮貴、林文樹（皇）、翁大有、陳澄波、林木根（皇）、賴淵平、邱鴛鴦、鍾家成、施天福、劉傳來（皇）、林抱、柯麟、王長福、賴石柱、余慶鐘
臺南市	葉禾田、許嵩煙、蘇丁受、林全忠、柯南獻、盧壽山、陳心意、林全義、葉重仁、王家焚、許丙丁、翁水元、黃百祿、黃國棟、侯全成、黃必麟、張長庚、蔡丁贊、陳天順、劉明哲、陳金象、趙天慈、陳謙遜、楊請、吳碏、施吉成、蕭長福
高雄市	莊高都、龔遜霖、張啓周、張媽意、陳啓清（皇）、陳浴沂、王清佐、許秋粽、王隆遜、孫太雲、邱道得、林瓊瑤、郭國基、蔣金聰、郭萬枝、李炳森（皇）、陳武璋、陳騰雲、林仁和、陳大清、曾宗鏡、高再福、林建論、王石定（皇）、黃再德、方錫祺、林本南、蕭華銘、黃賜、黃朝聰、彭清靠
屏東市	曾慶福、黃佳禾、曾原祿、許武森、張吉甫、陳文石、郭一清、葉秋木、顏招枚、顏石吉、陳水龜、張朝任、藍家聰、吳馬、許萬連、鄭清濂（皇）、張吉章、邱家康、蕭阿念

說　　明：1、縣市參議員往往因遞補省參議員、當選鄉鎮長而有所變動。例如，王添灯、林日高、林世南、盧根德、林為恭、吳鴻森、馬有岳、何乾欽、洪約白、林獻堂、洪火煉、丁瑞彬、陳按察、劉傳來、蘇惟梁、郭國基、陳文石、華清吉當選臺灣省參議員；張七郎、謝娥、洪火煉、陳啟清當選國大代表，均不在本文討論範圍內。

　　　　　2、（皇），指1946年10月臺灣省行政長官公署調查之曾任皇民奉公會實際工作者。

資料來源：臺灣省行政長官公署宣傳委員會編，《臺灣省省縣市參議會一覽》，頁3-10、20-22；《皇民奉公》，「內政部警政署檔案」，（新北：行政院國家發展委員會檔案管理局藏），檔號：A301010000C/0036/0003/36。

表3　第一屆縣市參議員學經歷一覽表

縣市別	年　齡					學　歷				職　業					
	25-35	36-45	46-55	56-65	66-75	專科	中學	其他	小學	教育	自由	商業	工業	農業	其他
臺北縣	6	13	14	8	─	15	12	6	8	6	5	9	─	9	12
新竹縣	2	16	14	7	─	10	13	10	6	5	7	7	1	4	15
臺中縣	7	23	25	11	─	24	19	12	11	4	13	11	1	13	24
臺南縣	2	39	25	11	─	36	25	14	2	8	25	14	─	13	17
高雄縣	8	25	18	8	─	18	11	16	14	10	8	16	1	3	21
臺東縣	2	1	6	2	─	1	6	3	1	1	─	3	1	─	7
花蓮縣	2	5	2	1	─	3	4	2	1	3	3	3	─	1	─
澎湖縣	1	4	3	1	1	2	2	2	4	2	1	2	─	─	5
臺北市	4	9	13	─	─	9	1	6	10	─	7	16	─	─	3
基隆市	2	8	10	─	1	9	5	2	5	─	5	4	─	─	12
新竹市	4	12	8	2	─	10	4	10	2	7	7	5	2	1	4
臺中市	2	9	8	─	─	12	4	3	─	2	6	─	─	1	10
彰化市	6	9	7	─	─	11	5	5	1	2	6	─	1	1	12
嘉義市	2	8	8	1	─	6	3	6	4	4	4	5	1	─	5
臺南市	3	15	7	2	─	15	3	7	2	6	9	4	2	1	5
高雄市	11	11	6	3	─	10	4	15	2	3	8	12	4	─	4
屏東市	3	8	8	─	─	7	2	5	5	3	5	1	1	3	6
合　計	67	215	182	57	2	198	123	124	78	66	119	112	14	50	162

資料來源：臺灣省行政長官公署民政處編，《臺灣省民意機關之建立》，頁45-46。

　　由表3可見，各縣市參議員之年齡主要落在中壯年的36-55歲之間（約76%），36-45歲者更高占四成；學歷以專科以上學校畢業者最多，其次是中等學校畢業、其他學校畢業，小學畢業者最少。在職業上，依序為其他、自由業、商業、教育、農業、工業。亦即，這些縣市參議員大都接受日本教育，以專科以上學校畢業者最多，教育成就特出。同時，其親身體驗日治時期的地方自治經驗，甚至曾擔任州、市、街庄協議會議員、街庄長、保正等職，資歷甚為豐富。在社經地位上，當選者不乏鄉鎮區長、校長、醫師、醫院院長，或公司負責人、商會理事長、信用合作社理事主席、農會會長、水利協會會長等，深具社會聲望與政治影響力。這些人士，在日治時期即為地方上的政治菁英，[21] 在戰後初期的政壇仍占有一席之地，不受政權轉移的影響，具有高度的延續性。

　　最後，於4月15日由各縣市參議員間接選舉30名省參議員。[22] 全臺17縣市計有候選人1,180名，平均當選率僅2.54%，競爭之激烈達到選舉以來的最高峰，各級民意機關的建立工作，至此全部完成。自1946年1月25日舉辦公民宣誓登記，至4月15日選舉省參議員的3個月期間，行政長官公署緊湊地舉辦各級民意代表選舉，民眾亦在興奮、期待中見證臺灣最高民意代表機關的誕生，《台灣新生報》更譽之為臺灣「民主政治的第一聲」。[23] 其意義之重大，實為臺灣政治史上劃一新紀元。主辦各級選舉的省民政處總結此次各級民意代表的選舉工作指出，一般約需2年時間，但臺灣於3

21　吳乃德、陳明通，〈政權轉移和菁英流動：臺灣地方政治菁英的歷史形成〉，收於賴澤涵主編，《臺灣光復初期歷史》（臺北：中央研究院中山人文社會科學研究所，1993），頁320-323，「表十二：縣市參議員日據時代擔任選任公職情形」。該文指出，523名縣市參議員中，有243名（占46.5%）在日治時期已是地方的政治菁英。

22　〈關於省參議員的選舉〉，《台灣新生報》，1946年4月6日，社論。按「省參議會組織條例」之規定，省參議員名額為每縣市1名。戰後臺灣計有17縣市，省參議員的應選名額為17名；但行政長官公署以臺灣人口已達600餘萬人，若僅選出17名，實不足以反映民意。經向中央爭取後，行政院同意按人口比例增加省參議員13名，合計30名。

23　〈關於省參議員的選舉〉，《台灣新生報》，1946年4月6日，社論；〈慶祝臺灣省首屆省參議會成立大會紀念特刊〉，《台灣新生報》，1946年5月1日，第5版。

個月之內即順利完成，主要應是「臺胞過去對於選舉已有良好習慣，光復後對於民權使用，興趣復極濃厚」，[24] 對戰後首次地方自治選舉給予正面而肯定的評價。

　　按國民政府1945年8月9日公布「縣市參議會組織暫行條例」及1945年1月30日公布「市參議會組織條例」之規定，縣市參議會之職權爲：㈠議決完成地方自治各事項；㈡議決縣（市）預算、審核縣（市）決算事項；㈢議決縣（市）單行規章事項；㈣議決縣（市）稅公債及其他增加縣（市）庫負擔事項；㈤議決縣（市）有財產之經營及處分事項；㈥議決縣（市）長交議事項；㈦建議縣（市）政興革事項；㈧聽取縣（市）政府施政報告及向縣（市）政府提出詢問事項；㈨接受人民請願事項；㈩其他法律賦與之職權。縣（市）參議會議決之預算及有關人民權利義務之單行規章，應報省政府備案，其審核之決算亦同。縣（市）參議會議決事項，與中央法令牴觸者無效。縣（市）參議員之任期2年，連選得連任。縣（市）參議會每3個月開會一次，每次會期3-7日，必要時得延長。縣（市）參議會非有全體參議員過半數之出席，不得開議。縣（市）參議會決議案，咨送縣（市）長分別執行；如縣（市）長延不執行，或執行不當，得請其說明理由，如仍認爲不滿意時，報請省政府核辦。省政府對於縣（市）參議會之決議案，認爲有違反三民主義或國策情事者，得開明事實，咨由內政部轉呈行政院核准後，予以解散重選。[25] 據此，次第展開各項議事工作。

　　各縣市參議員選出後，即依法由縣市長召開第一次會議，選舉正、副議長，正式成立縣市參議會。參議員們普遍抱持高度的議事熱誠，發言熱烈，提案量亦極可觀，督促行政機關推動施政計畫，作積極的建議，並維護民眾的權益。是時因正值戰事結束，百廢待舉，尤以街衢殘破，亟宜恢

---

24 《民報》，1946年4月22、23日，第2版。

25 〈縣參議會組織暫行條例〉，收於臺灣省行政長官公署民政處編，《臺灣省民意機關法令輯覽》，頁15-19；〈市參議會組織條例〉，收於臺灣省行政長官公署民政處編，《臺灣省民意機關法令輯覽》，頁37-39。

復，故各縣市參議員對於興利革弊，以及各項建設，莫不抱有熱烈之希望與遠大之理想，每於開會時踴躍發言或提案，以促進縣市之復員與繁榮。以臺北市參議會為例，該市參議會於1946年4月12日由市長游彌堅主持，召開第一屆第一次大會，經議決設置民政、財政、教育、工務、衛生、治安，以及公用事業等7小組，並票選周延壽為議長，林金臻為副議長。嗣於同年8月31日林金臻病故，於10月11日改選潘槳源繼任副議長。期間，所有討論案中，較為嚴重者，厥為國民學校校舍、自來水、公共汽車、下水道、處理水肥、市立病院、環境衛生、稅捐賦課之公平，以及違章建築等問題，雖屢次提出討論，終未能使市民十分滿意。[26] 高雄市參議會於1946年4月13日在市府大禮堂正式成立，旋選舉彭清靠、林建論為正、副議長，並召開第一屆第一次大會。[27] 是時高雄市政問題多端，尤以疫病蔓延、米價高漲等影響民生最鉅。其中，霍亂於1946年6月傳入高雄市，市府在7月邀集市參議會議長、醫師公會會長、藥劑師公會會長、高雄醫院長、檢疫所長等共同成立高雄市防疫委員會，施行清潔檢查、預防注射等，但因各單位協調不足而成效有限。[28] 有鑑於疫情不斷蔓延，省衛生局長經利彬亦親赴高雄召開防疫緊急會議，再度邀集高雄市長、警察局長、參議會議長、醫師公會會長、檢疫所長等開會，決議組織預防注射隊、改善隔離病院等，府會合力消滅疫病；[29] 而米價高漲係因戰後之初糧食產量仍未恢復戰前水準，加上政策失當、人謀不臧等，導致米價日日上昇，民

---

26 全民日報社編，《臺灣省首屆參議員名鑑》，頁81-82。

27 〈高雄市參議會成立，開首次大會，討論區里組織等項〉，《民報》，1946年4月17日，第2版；〈參議會第一屆成立典禮紀錄〉，《參議會第一屆第一次會議》，典藏號：010a-01-01-000000-0001，「中華民國地方議會議事錄總庫」，下載日期：2017年9月28日，網址：http://journal.tpa.gov.tw/query.php。

28 〈高雄防疫委會成立　將防止虎疫蔓延〉，《民報》，1946年7月16日，第2版；〈高雄市の防疫運動〉，《台灣新生報》，1946年7月7日，第4版。

29 〈經利彬昨趕赴高雄主持防疫〉，《中華日報》，1946年7月20日，第3版。

不聊生，高雄甚至發現「僵斃路上之餓莩」，[30] 情況甚慘。高雄市府遂於
1947年1月30日邀集市參議員及相關人員，召開糧食調劑討論會，作成取
締囤積居奇、請政府平糶白米等決議。翌日，再邀高雄縣、屏東市參議員
召開臨時會議，決議凡搬運米穀出境須經當地參議會許可，否則將米穀沒
收充公。[31] 凡此皆可見參議會極力配合市府，協助解決各項市政問題。

同樣的，新竹市參議會於1946年4月13日在市府大禮堂正式成立，
選舉張式穀、何乾欽爲正、副議長，[32] 並召開第一屆第一次大會，決議設
置民政、建設、財政、教育等小組及審查委員。[33] 各參議員各有其關心的
議題，其中米價高漲也發生在新竹，參議員紛紛獻策，或建議市府應向省
糧食局要求輸入其他區糧米，以補充不足並抑制糧價；或建議公有米應以
最低價平糶給民眾等。[34] 臺北縣參議會於1946年4月15日正式成立，選舉
陳定國、盧纘祥爲正、副議長，並召開第一屆第一次大會，參議員計提出
115件議案，包括財政困難、人才登用、糧食缺乏、疫病傳染、治安不佳、
物價上漲、貪污舞弊等問題；第二、三次大會則審核1946年度地方歲出入
概算、基隆與臺北畫界、臺北縣縣址，以及縣長貪污、縣府大火等問題，[35]
顯示縣政問題多端，縣長陸桂祥又身陷貪污弊案，[36] 多賴參議員熱心問政，

---

30 〈高雄地區米價高昂　多次發現僵斃路上之餓莩〉，《人民導報》，1947年2月12日，第3版。

31 〈嚴重取締囤積奸商　田賦米應盡量放出〉，《國聲報》，1947年1月31日，第3版；〈解決民生
　　疾苦，高雄市縣及屏東市參議會召開臨時會議商討對策〉，《國聲報》，1947年2月1日，第3
　　版；〈防止走私取締囤積解決民眾疾苦　屏東及高雄縣市參議會定期集議研討妥善對策〉，《國
　　聲報》，1947年2月2日，第3版。

32 〈新竹市參議　舉成立大會〉，《民報》，1946年4月15日，第2版。

33 〈新竹市第一次參議會　決定委員討論市政情緒熱烈　定陳情議員建議挽住糖廠〉，《民報》，
　　1946年4月19日，第2版。

34 〈追究平糶米舞弊　責備股長巫山戲〉，《民報》，1946年12月5日，第4版。

35 張炎憲、高淑媛採訪記錄，《混亂年代的臺北縣參議會（1946-1950）》，頁33-35；〈臺北縣參
　　議會成立大會記錄〉，《臺北縣參議會第一屆第一、二次大會選舉省議員紀錄成立大會記錄》，
　　典藏號：005a-01-01-000000-0001，「中華民國地方議會議事錄總庫」，下載日期：2017年9
　　月28日，網址：http://journal.tpa.gov.tw/query.php。

36 臺北縣長陸桂祥任內遭報紙披露5億元之重大貪污案，縣參議會及人民皆提出檢舉，長官公

促使縣政不斷發展。其他縣市參議會亦經常提出地方興革議案，各類提案中，以建設類提案最多，雖不乏具體建設；惟或限於地方財政支絀，或因人事變易等因素，致有許多議案決而不行，但付諸實施者，業已不少。值得注意的是，有鑑於戰後以來諸多社會經濟亂象係全臺性的問題，非一縣一市所能解決，在嘉義市參議會的呼籲下，於1946年8月發起成立臺灣省各縣市參議員聯誼會，結合各縣市參議員共商對策並提出呼籲。[37] 同時，各縣市參議會對於重大議題，也會尋求其他縣市參議會的支持，再轉呈行政長官公署。亦即，各縣市參議會除了縱向地監督各自縣市施政外，亦會進行橫向溝通，有效地解決各項重大問題。大致上，各縣市參議會大都能站在民意機關的立場，協助政府，代表民意，對於民眾的呼聲，都能隨時予以響應，適切扮演官民橋樑的角色。

議會問政之外，各縣市參議會普遍遭逢會址難覓，或因陋就簡、一遷再遷的問題。以臺北市參議會為例，自成立以來，即借用中山堂3樓一隅為會址，因觀瞻不佳，且市民不易找尋，一再要求另覓獨立會址，終因環境不容許而未見解決。臺北縣參議會成立之初，會址暫設於臺北市中正東路30號善導寺，二二八事件後召開的第四、五次大會，曾短暫移至板橋鎮林家花園大禮堂、板橋鎮國民學校大禮堂開會，1947年9月第六次大會之後，再移至板橋鎮中山堂，迄1950年10月改選為止。[38] 其他如臺中市參議會最初因會址無著落，經洽借中國國民黨臺中市黨部2樓為辦公廳辦公，迄1946年10月間國府軍隊第七十師他調，將駐用之市民館撥交市參議會充為會址，添置辦公用具並充實內部設備，會務才逐漸就緒。臺南市參議會

署會計處特派員前往查帳，正準備撤查之際，臺北縣府突然發生大怪火，所有證明文件、原始清冊、帳冊單據被燒得一乾二淨，轟動全臺。此事在民間傳言甚廣，為民眾印象深刻的貪官典型之一。參見唐賢龍，〈臺灣事變的主因〉，收於陳芳明編，《臺灣戰後史資料選：二二八事件專輯》（臺北：二二八和平日促進會，1991），頁55-56。

37 〈電復徵求全省各縣市參議員聯誼會由〉，《總務及其他》，「高雄縣議會檔案」，（新北：行政院國家發展委員會檔案管理局藏），檔號：A376820000A/0035/029/1/2/003。

38 張炎憲、高淑媛採訪記錄，《混亂年代的臺北縣參議會（1946-1950）》，頁38。

於成立之初，暫借永福國校一室爲辦公處，一面由市府修建日治時期原州廳會議室充用；新竹縣參議會亦暫假原日治時期武德殿舊址爲辦公地點，而臺中縣參議會之會址原暫置於臺中市自由路一段4號縣農會食糧部內，1946年5月7日遷移至民生路豐榮水利組合舊址，同年6月12日再遷至民生路4號原大屯區署，一直到1950年改選，仍無固定會址，[39] 情況頗爲困窘。基隆市參議會的會址係由基隆市政府將前日人私產中央病院舊址撥歸該會使用，規模雖大，但年久失修，破舊不堪。[40] 同樣的，澎湖縣參議會原附設於馬公鎮公所，1947年2月在城隍廟邊之日屋（過去爲馬公圖書館，後改爲高小女學校，被美機炸毀）修建爲會址。原訂3月5日舉行落成典禮，同時召開第四次會議；但因二二八事件爆發，遂未舉行落成典禮。[41] 由此或可見當時政府對民意機關的重視程度。

三、二二八事件中的各縣市參議會

1947年2月二二八事件爆發後，很快地蔓延至全臺各縣市。其中，鄰近臺北市之臺北縣、基隆市、新竹縣於2月28日即爆發抗爭事件；新竹市、臺中縣、臺中市、彰化市、臺南縣、嘉義市、臺東縣於3月2日；臺南市、高雄縣、高雄市於3月3日，屏東市、花蓮市於3月4日皆爆發不同程度的抗爭事件；而政府官員、軍警等則多棄職逃躲，各縣市政府或官營機構無法行使職權，只能仰賴以縣市參議會爲主體的二二八處委會（含地方分會）維持秩序，並提出事件處置對策與政治改革要求。茲表列其活動情形如下：

39　全民日報社編，《臺灣省首屆參議員名鑑》，頁109、147、213、233。

40　基隆市參議會編，《基隆市參議會紀念冊》（基隆：該會，1950），頁2。

41　〈朱信士呈林振藩報告二二八事件發生後之澎湖動態（民國36年3月13日）〉，收於許雪姬主編，《保密局臺灣站二二八史料彙編㈢》，（臺北：中央研究院臺灣史研究所，2016），頁18-46。

表4　各縣市處委會與參議員活動情形一覽表

縣市別	成立日期	主要參與之參議員	活　動　情　形	解散日期
臺北市	3/1	周延壽、潘渠源、簡檉堉、黃朝生、徐春卿、陳屋、吳春霖等	3月1日，臺北市參議會決議成立「緝煙血案調查委員會」，繼於2日改組爲「二二八事件處理委員會」。3日，召開改組後第一次大會，決議組織臺北市臨時治安委員會，以忠義服務隊爲執行機關，負責維持治安。4日，第二次改組，成爲全省性組織。5日，通過處委會組織大綱、8項政治改革方案。6日，補開成立大會，推選17位常務委員。7日，通過「三十二條處理大綱」。之後會中又追加10條內容，成爲「四十二條要求」；惟遭陳儀拒絕。	3/10
基隆市	3/4	黃樹水、楊元丁、蔡星穀等	3月4日，成立處委會基隆分會，推舉議長黃樹水、副議長楊元丁爲正、副主任委員，下設總務、治安、宣慰、調查、善後、糧食等6組。5日，要求成立治安維持隊，同時請求軍憲警外出不得攜帶槍械。	3/10
新竹市	3/2	張式穀、何乾欽、何禮棟、蘇瑞麟等	3月2日，成立處委會新竹市分會，推舉張式穀、何乾欽爲正、副主任委員，參議13人，下設總務、政務、糧食、處理、治安等部。同時決定派代表彭德、李堯承參加臺北市處委會。4日組織治安隊維持秩序。5日，作成縣市長民選即時實施、行政長官公署應多任用本省人士、廢除專賣事業及貿易局等項要求。6日，派代表赴中南部採購米糧，解決糧荒。7日，提出處委會搬入市府搬公、推舉數人協助市長推行政令、市政府自即日起照常辦公等要求。12日，推舉市府主秘陳貞彬爲市長；同時撤銷處委會和治安服務隊。	3/12
臺中市	3/2	黃朝清、林金標、邱欽洲等	3月2日，成立臺中地區時局處委會，主席爲洪元煌，執行委員爲黃朝清、賴通堯、林糊、洪元煌、謝雪紅、吳振武、林兌、莊垂勝、林連宗、林獻堂等15人，分組工作，負責維持治安。5日，提出7項主張。10日，決議選一有才幹之人爲市長，將警察權、消防隊、自衛隊等付之指揮。	3/12

彰化市	3/3	吳蘅秋、李君曜、賴通堯、蘇振輝、呂世明等	3月3日，成立彰化市善後處委會，由吳蘅秋擔任主任委員，成員包括市長王一麐、警察局長王厚才及市參議員李君曜、賴通堯、蘇振輝、呂世明、許塗、石錫勳等。5日，決定派呂世明、李君曜、石錫勳赴臺北參加處委會。6日議決設置行政等8部，並推舉代表與市府聯繫。	3/11
嘉義市	3/3	陳澄波、潘木枝、柯麟、林文樹等	3月3日，成立處委會嘉義市分會，由三青團嘉義分團主任陳復志為主任委員。11日，派8名代表前往水上機場與市長孫志俊談判，因國府援軍抵達，代表陳復志、陳澄波、潘木枝、柯麟、盧鈵欽、林文樹、邱鴛鴦等人被扣押，後除林文樹、邱鴛鴦外，餘皆於12日在嘉義火車站前被槍決。	3/13
臺南市	3/5	黃百祿、楊請、侯全成等	3月5日，成立處委會臺南市分會，推選韓石泉為主任委員，黃百祿、莊孟侯為副主任委員，下設總務、糧食、宣傳、聯絡、治安、救護等6組。6日，召開第一次委員會議，討論各組任務及問題。7日，處委會向金融界借款採購糧食，解決糧荒。9日，通過否決卓高煊市長留任案，票選黃百祿、侯全成、湯德章3人為市長候選人。	3/11
高雄市	3/5	彭清靠、林建論、許秋粽、黃賜、王石定等	3月5日，成立處委會高雄分會，由議長彭清靠、副議長林建論為正、副主任委員，下設宣傳、醫療、總務、供應等組。市長黃仲圖與議長彭清靠、涂光明、林界、李佛續、范滄榕、曾豐明等前往高雄要塞司令部談判，未達成協議。6日再往談判，彭孟緝司令不但拒絕，且派兵進入市區鎮壓。7日，談判代表黃市長、彭議長、李佛續獲釋，餘皆罹難。	3/8
屏東市	3/4	張吉甫、葉秋木、陳崑崙等	3月4日，成立處委會屏東分會，推舉張吉甫為主任委員，副議長葉秋木、三青團主任黃聯登為副主任委員，以及曾原祿、邱家康、顏石吉、陳春萍、黃佳禾、張舜天、鄭清濂、郭一清、陳總鎮、馮安德、陳崑崙、張山鐘等為委員。6日，召開第一次委員大會。7日，青年行動隊及學生隊分別成立本部。	3/9

臺北縣	3/4	林日高、戴德發等	1、宜蘭分會：3月5日成立。6日，推郭章垣爲主任委員，黃再壽、陳金波、游如川爲副主任委員。推張振茂爲代理市長。又派蔡老柯、游如川爲代表赴臺北請願。 2、淡水分會：3月4日成立，重要人士有陳玉光、楊三郎、杜家齊、施永錫、王榮生等，並發動學生收繳武器、槍械。 3、板橋分會：3月6日成立，推王以文爲主任委員、游石虎爲副主任委員，下設總務、聯絡、糧食、治安、財務、救護等組。決議支持3月5日臺北處委會提出的8項政治改革方案、派代表至臺北處委會，促成重要要求之儘速實行。 4、羅東地區治安委員會：由牙醫師陳成岳領導，接收警察局武器，維持地方秩序。 5、臺北縣分會：3月7日成立。	―
新竹縣	3/7	黃運金、朱盛淇等	1、3月7日，成立處委會新竹分會，由議長黃運金、副議長朱盛淇分任正、副主任委員。 2、另據情治人員報告，中壢區於3月1日成立處委會中壢分會，委員計有張阿滿、陳德星、林添奎、鄒富章、林煥榮、陳進祥、吳鴻爐、張芳杰、劉阿田、陳德興等10人。	3/10
臺中縣	3/3	張煥珪、陳水潭、林糊、洪元煌、吳望熊等	臺中縣無縣市層級的處委會，但員林、大甲、豐原、北斗等則分別成立鄉鎮層級處委會。 1、員林鎮於3月3日組織處委會，推鎮長張清柳爲主任委員，前副鎮長林朝業爲副主任委員，並成立自衛隊，維持地方治安。8日，迎請縣長以下各官員返回縣府辦公。 2、大甲鎮於3月3日成立時局處委會，推吳淮澄、王萬傳爲正、副會長，下分總務、治安、宣傳、救護、民生等5組。 3、豐原區於3月7日成立豐原區時局處委會，各組委員包括主席林碧梧、副主席羅安、委員張煥珪等51人，總務組長廖畢萬、調查宣傳組長廖允寬、保安組長林枝瀨、救護組長張慶雲等。	

			4、北斗區成立臺中地區時局處委會分會，由區長林伯餘爲主任委員，林伯廷爲副主任委員，林文騰爲總務部長，吳來興爲保安部長，林爲富爲宣傳部長，協力維持地方治安。	—
臺南縣	3/5	陳華宗、連清白、黃媽典等	1、臺南縣分會：3月9日，成立處委會臺南縣分會，推陳華宗爲主任委員，陳端明、沈乃霖、楊瑞雲爲委員，決議罷免袁國欽縣長以下47名官員、對臺北處委會提出之32條要求以外增加10條作承認，並將臨時調解委員會選舉莊維藩、胡丙申、簡溪圳等3人代行縣長職務送省核准代行縣政。 2、朴子鎮處委會：東石區朴子鎮於3月5日成立朴子鎮處委會，主席爲縣參議員黃媽典、副主席黃愼言，下設總務、治安、宣傳、連絡、糧食、救護等6組，總務組長鄭毯、治安組長黃錫鏞、宣傳組長蔡朴生、連絡組長陳松林、糧食組長李員、救護組長王清波。 3、北門區處委會：北門區於3月3日成立北門區時局對策臨時委員會，5日改組爲北門區處委會，推吳新榮爲主席，魏順安爲總務組長，陳清汗爲糧食組長，呂榮輝、莊金珍爲宣傳組長，李榮凱、鄭春河爲治安組長，蔡文珠爲聯絡組長、賴石成爲青年組長，李六爲救護組長。委員另有馬文瑞、周潤澤、林壁郎、吳丙丁、周縛、李耀星、李耀乾等。	3/13
臺東縣	3/6	陳振宗、馬榮通等	3月4日，成立臺東縣時局處委會，推舉議長陳振宗爲主任委員。6日，改稱處委會臺東縣分會，並通過駐軍要由本省民編成、對本事件人員不追究責任、本省省長12月1日民選，以及日產全部歸本省所有等決議。7日，派吳金玉、楊陸堨、賴爵承、鄭開宗等4人赴臺北聯絡。	3/15

花蓮縣	3/5	鄭根井、鄭東辛、許聰敏、葉雲澤等	1、花蓮分會：3月5日成立二二八花蓮港地方人民處委會。5日，決議由青年團、學生、陸海空軍人、消防隊、警察等負責治安、軍憲禁止外出、以不流血解決一切政治問題、派委員3人監督縣長等12條提案，並推選馬有岳爲主任委員。6日處委會改組，增設副主任委員鄭根井、鄭東辛、許聰敏等3人，下設總務、宣傳、交通、會計、治安、募捐、糧食、調查、交涉等9部。 2、鳳林分會：3月4日組織處委會，鎮長林茂盛自任會長。陳長明爲經濟部長，召集海外歸臺青年組織青年團，接收農倉稻穀、區署警察所。 3、玉里時局處理委員會：3月7日成立，推舉縣參議員葉雲澤爲主任委員，維持地方治安、解決糧食問題、收繳警察所武器等。	3/10
澎湖縣	3/4	許整景、高順賢、郭石頭、陳伯寮等	3月4日，成立處委會澎湖分會，推許整景爲主任委員兼治安組長，並選出許整景、高順賢、郭石頭、吳雙獅、陳伯寮、陳雲等人爲委員，下設總務、宣傳、糧食、維持等4組。總務組長吳雙獅、宣傳組長高順賢、糧食組長郭石頭，維持組長許整景。另由王財情、趙文邦等組青年自治同盟。	3/11

資料來源：賴澤涵總主筆，《「二二八事件」研究報告》（臺北：時報文化出版企業股份有限公司，1994），頁58；戴國煇、葉芸芸，《愛憎二二八》（臺北：遠流出版事業股份有限公司，1992），頁236；侯坤宏、許進發編，《二二八事件檔案彙編㈠：立法院、國家安全局檔案》（臺北：國史館，2002），頁207-208；侯坤宏、許進發編，《二二八事件檔案彙編㈡：國家安全局檔案》（臺北：國史館，2002），頁1；歐素瑛、李文玉編，《二二八事件檔案彙編㈯：臺北縣政府檔案》（臺北：國史館，2002），頁54-57；侯坤宏、許進發編，《二二八事件檔案彙編㈬：國家安全局檔案》（臺北：國史館，2004），頁375-380；侯坤宏編，《二二八事件檔案彙編㈦：大溪檔案》（臺北：國史館，2008），頁202-204；薛月順、曾品滄、許瑞浩主編，《戰後臺灣民主運動史料彙編㈠：從戒嚴到解嚴》（臺北：國史館，2000），頁40-43；中央研究院近代史研究所編，《二二八事件資料選輯㈠》（臺北：該所，1992）；鄧孔昭編，《二二八事件資料集》（臺北：稻鄉出版社，1991）。

由表4可見，各縣市處委會（含地方分會）大致具有以下幾項特色：
㈠全臺8縣9市幾乎都成立了處委會（含地方分會），僅高雄縣未成立處委
會地方分會，乃因縣長黃達夫與地方人士合作，沈著應對，調解軍民雙方
歧見，故縣內未發生重大動亂。[42] ㈡各縣市處委會（含地方分會）中，以
臺北市處委會於3月1日成立最早，其他各縣市多於3月2-9日之間成立地
方分會。3月9日以後，因中央已派兵來臺，且3月10日行政長官公署宣
布處委會為非法組織，只能自動宣布解散。未宣布解散者，最後也都不了了
之。㈢各縣市處委會（含地方分會）明顯以臺北市處委會馬首是瞻，在其
呼籲下，先後成立處委會地方分會，並推派代表赴臺北市處委會開會，因
此全臺各縣市處委會在行動上、主張上頗為一致。㈣各縣市處委會除支持
臺北市處委會的主張外，也會針對地方特性，提出政治改革方案，有其自
主性。例如，處委會新竹市分會即作成縣市長民選即時實施、行政長官公
署應多任用本省人士、廢除專賣事業及貿易局等要求；處委會臺東縣分會
通過駐軍要由本省民編成、對本事件人員不追究責任、本省省長民選，以
及日產全歸本省所有等決議；㈤部分縣市不但有縣市層級的處委會，也有
鄉鎮層級的處委會。例如，臺北縣除有處委會臺北縣分會外，轄下的宜蘭、
淡水、板橋、羅東等亦皆成立處委會地方分會。其他如臺中縣、臺南縣、
花蓮縣等，因所轄範圍甚廣，不但有縣市層級的處委會，也有鄉鎮層級的
處委會，協助維持地方秩序。㈥各縣市處委會（含地方分會）皆是以縣市
參議會為核心而組成，因此有不少鄉鎮民代表、縣市參議員參與其中，甚
至有不少縣市處委會是由各該縣市參議會之議長、副議長擔任正、副主任
委員。例如，基隆市參議會議長黃樹水、副議長楊元丁就被推舉為處委會
基隆分會的正、副主任委員；新竹市參議會議長張式穀、副議長何乾欽被

---

[42] 〈高雄縣處理「二・二八」事件及損失調查報告書〉，收於陳興唐主編，戚如高、馬振犢編，
萬仁元審校，《南京第二歷史檔案館藏：臺灣「二・二八」事件檔案史料（下卷）》（臺北：人
間出版社，1992），頁595-597；賴澤涵總主筆，《「二二八事件」研究報告》，頁125-126。

推舉為處委會新竹市分會正、副主任委員,其他如處委會高雄分會、屏東分會、新竹分會等亦皆是。(七)各縣市處委會(含地方分會)之組織堪稱綿密,大都會在處委會之下分設總務、政務、糧食、治安、救護、宣傳等小組,延攬相關人士擔任組長,分別辦事,有效解決各種問題。(八)各縣市處委會(含地方分會)大多努力爭取與縣市長合作,部分縣市長與處委會合作,積極折衝協調,並安撫民眾情緒,如彰化市長王一麖、高雄市長黃仲圖、高雄縣長黃達平等即與處委會合作,不但使抗爭不致激化,且地方秩序亦迅歸穩定。但部分縣市長以轄內有軍事機關而採取與處委會激烈對抗之態度,甚至請求派兵鎮壓,如新竹市長郭紹宗、嘉義市長孫志俊、屏東市長龔履端等,造成不少民眾傷亡,也在民眾心中留下難以彌補的創傷。因應、處置態度不同,對地方之衝擊亦大不相同。

四、二二八事件後的各縣市參議會

3月8日國府軍隊抵臺後,旋展開軍事鎮壓行動,不但民眾感到惶惶不安,各縣市參議會亦受到大小不一的衝擊。事件之後,3月17日,國防部長白崇禧來臺宣慰,宣布將調整臺灣地方政治制度,改臺灣省行政長官公署制度為省政府制度,各縣市長可以定期民選,各級政府人員以先選用臺省賢能為原則。[43] 迄5月16日行政長官公署改制為省政府前後,各縣市參議會一方面因部分參議員名列事件要犯,或失縱,或被捕、被通緝,或被槍決等,因而不能履行到會之義務者,則視為辭職,人事上出現不小的變動。另一方面,各縣市參議會在省署確定改制之時,一反之前的態度,紛紛表態支持行政長官陳儀續主臺政,或有對陳儀、國民政府表示忠誠之意。當然,各縣市參議會儘管議事情緒低落,仍積極協助縣市政府從事清查戶口、收繳武器等善後措施,使地方秩序得以迅速恢復。茲分述如下:

---

43 〈處理臺灣事件辦法〉,收於侯坤宏編,《二二八事件檔案彙編(七):大溪檔案》,頁202-204。

㈠ 名列事件要犯

3月9日起，國府軍隊先後向各縣市推進，鎮壓行動頗為順利，幾乎未遭遇任何抵抗，於4月底順利完成綏靖工作。[44] 平亂工作之所以如此順利，實因處委會等抗爭團體原本即為烏合之眾，互相傾軋，也無武裝力量；加上情治人員從中分化、滲透，因而失控，甚至瞬間崩散。而以縣市參議員為主的地方領袖原以為其要求政治改革、高度自治，並無背叛國家之心，應不致引來軍事鎮壓，並未理解其口號、要求已嚴重威脅到國府的統治權，甚至被視為「叛國」及奪取政權行為，因而遭來殺身之禍。當時保密局所呈報的資訊，亦有混淆視聽、扭曲事實之虞，例如通訊員蘇森函告事件情形時指稱：「此次煽動暴動之主要人物多為各縣市參議員及青年團幹部（如李萬居、林忠等，且均係自渝派遣返臺者），已有少數陸續就逮，如：嘉義市拘捕者有參議員六名及青年團分團主任幹事等多人。」[45] 通訊員林風亦報稱：「基隆處委分會係一般土豪劣紳挾持市參議員等所組成，如黃樹水、陳桂全、蔡星穀、曾兩成等，前多為日人鷹犬，乘機叛亂。……」[46] 當然，針對個別參議員在事件中的角色與行動之報告亦為數甚多，且內容頗多扭曲之處。這些情資，當然會影響政府當局對事件的看法與處置態度，由此似可預見一場風暴即將襲來。

3月11日，臺灣省警備總司令部致電各縣市政府、憲兵第四團，立即撤銷各地二二八處委會，准由各地駐軍解散之。13日，警備總司令部再通令解散各地之臺灣省政治建設協會，各地民眾所組織之治安組織等亦一

---

[44] 〈臺灣省警備總部軍法處所提「二二八」事變有關資料〉，收於侯坤宏、許進發編，《二二八事件檔案彙編㈩：國家安全局檔案》，頁273-275。

[45] 〈金變佳上言普誠代電呈報二二八事件經過概況及其對事件的觀點認知〉，頁182。

[46] 〈張秉承致電言普誠轉報通訊員林風調查有關基隆叛徒暴亂情形（民國36年4月3日）〉，收於許雪姬主編，《保密局臺灣站二二八史料彙編㈠》，（臺北：中央研究院臺灣史研究所，2015），頁27-29。

併予以撤銷。參加處委會或各界首要人犯均被逮捕，逕予處死者不少。同一天，陳儀呈報國民政府主席蔣介石，指此次事件之原因計有日治遺毒、新聞挑撥、御用紳士、公營制度、駐臺軍力單薄、司法不足以懲兇、交通及通訊停頓等7項，並提出善後辦法8項。其中㈣、㈥兩項與縣市參議員有關，茲羅列如下：

㈣ 本省省參議會及縣市參議會議員，本有日本時代皇民奉公會幹部在內。當時因法無依據，不能限制其當選。此次事變發生，其中有不少參加謀叛者，為徹底清除叛徒計，擬請中央予本省以改選之權。又縣市長民選，職廣播時，定於七月一日。惟此事本須請示中央而擬定選舉法、調查選民及其他預備手續。事實上恐來不及。鈞座在紀念週報告時，只說定期民選，並不限定七月一日，擬請中央以憲法定明年實施，且民選須有準備為理由，明定明年一月實行縣市長民選，由白部長到臺時明白宣布。

㈥ 曾任皇民奉公會重要幹部者，均予停止公權。其情節尤重者，令其離開臺灣。日本人擬於四月間遣回，不留一人。海南島返臺人民及流氓參加此次事變者嚴辦，以儆效尤。[47]

文末，陳儀並附上「辦理人犯姓名調查表」，計有王添灯、徐征、李仁貴、徐春卿、陳炘、林茂生、宋斐如、艾璐生、阮朝日、吳金鍊、廖進平、黃朝生、林連宗、王名朝、施江南、李瑞漢、李瑞峰、張光祖，以及日人堀內金城、植崎寅三郎等，共計20人。在此名單旁，又加列白成枝、蔣渭川、陳屋、林日高、王萬得、張晴川、呂伯雄等7人。[48]

---

47 〈陳儀電呈南京蔣主席臺北已平靜正戒嚴中〉，收於侯坤宏編，《二二八事件檔案彙編㈦：大溪檔案》，頁265-270。

48 〈辦理人犯姓名調查表〉，收於侯坤宏編，《二二八事件檔案彙編㈦：大溪檔案》，頁271-273。

　　事實上，列入處置名單者當不止此數。在被捕、被羈押，或被槍決者中，赫然可見不少縣市參議員名列其中，在王守正所呈「臺灣省二二八事變正法及死亡人犯名冊」中，有楊元丁（基隆市）、黃朝生、李仁貴、陳屋、徐春卿（臺北市）、林糊（臺中縣）、蘇振輝（彰化市）、陳澄波、柯麟、潘木枝、盧鈵欽（嘉義市）、陳華宗、黃媽典、張良典、吳新榮（臺南縣）、許丙丁（臺南市）、方錫祺、黃賜、王石定、許秋粽、蔣金聰（高雄市）、陳崑崙（高雄縣）、葉秋木（屏東縣）等；[49] 這些參議員大多為各地處委會的要角，因擔任處委會委員、領導抗爭行動，以致於事件後遭到清算、整肅，招來殺身之禍。另，張晴川（臺北市）、林西陸、蔡鐵龍（臺中縣）、陳海永（臺南縣）等獲辦理自新。潘渠源、駱水源、簡檉堉、黃火定（臺北市）、林連城（臺中市）、陳萬福、林糊（臺中縣）、陳華宗（臺南市）、蔡丁贊、吳新榮（臺南縣）、李金聰、郭萬枝、詹榮岸（高雄市）、黃占岸、林添丁（高雄縣）等，則是曾被捕或已釋放之人犯。至於新竹市參議會議長張式穀、臺南市參議會議長黃百祿、副議長楊請、高雄縣參議會議長葉登祺、屏東縣參議會議長張吉甫、基隆市參議員蔡星穀、臺中市參議員林金池、徐灶生、邱欽洲、臺中縣參議員林糊、張煥珪、陳勳、吳望熊、彰化市參議員賴通堯、顏鄭烈、臺南市參議員許丙丁等則名列「現在逍遙法外份子名冊」中。[50]

　　事件之後，上述多位參議員一直下落不明，一般認為：「大概他們是永不回來了」。[51] 這些縣市參議員究竟犯了什麼罪？罪名又是什麼呢？從情治人員、行政長官公署、警備總司令部所呈報的各種名冊中，可見其「犯罪

---

49 〈臺灣省「二二八」事變正法及死亡人犯名冊〉，收於侯坤宏、許進發編，《二二八事件檔案彙編㈠：國家安全局檔案》，頁365-371。

50 〈臺灣省「二二八」事變自新份子名冊〉、〈臺灣省「二二八」事變曾經被捕或已釋放人犯名冊〉、〈臺灣省「二二八」事變現在逍遙法外份子名冊〉，收於侯坤宏、許進發編，《二二八事件檔案彙編㈠：國家安全局檔案》，頁392-439。

51 臺北市參議會秘書室編，《臺北市參議會紀念冊》（臺北：該室，1950），頁124。

事實」、「罪迹」，概皆爲「參加暴動」、「鼓動暴動」、「處理委員會委員」
等。茲彙整「辦理人犯姓名調查表」、「二二八事變首謀叛亂通緝要犯名
冊」、「本省各地參加二二八事變之臺人姓名冊」、「臺變奸黨暴徒罪行調
查表」、「臺灣省二二八事變正法及死亡人犯名冊」、「臺南市參加二二八
暴動涉嫌份子調查表」、「高雄要塞兼臺灣南部防衛司令部臺南區指揮部
二二八事件逮捕危害民國人犯處理情形清冊」等（參見表5），由此可略
窺當時縣市參議員獲罪之原因。

表5　各縣市參議員「犯罪事實」一覽表

縣市別	職稱	姓名	「犯罪事實」	備考
臺北縣	參議員	蘇耀南	處委會交涉組長	
新竹縣	副議長	朱盛淇	領導竹東、關西叛徒入新竹助亂。	
臺中縣	副議長	蔡先於	於席上革換縣長，組新縣政府。	
	參議員	林　糊	鼓動暴動、主張臺灣獨立。 時局處委會執委，力主臺灣獨立。 3月2日在永生旅社集流氓開會，實行暴動，倡議破阻公路，阻軍運，挨戶搜外省公員，擬自任縣長。	
	參議員	張煥珪	主張推開市民大會、煽動暴亂、主張臺灣獨立。 時局處委會執委兼政務委員。 參加處委會實行叛亂。	皇民奉公會員
	參議員	陳　勳	處理委員會糧食部委員。 收藏手榴彈，率眾包圍北斗區署。	
	參議員	吳望熊	擔任謝雪紅之宣傳工作 處委會宣傳委員	
	參議員	蔡鐵龍	被暴徒脅迫，領導全區暴動。 被暴動脅迫，領導臺中玉山區暴動後准自新。	
	參議員	林西陸	與謝匪共同計劃暴動，事變後潛逃。	

	參議員	陳水潭	處理委員兼宣傳部長	皇民奉公會員
	參議員	張文環	總指揮部高級委員、政務局委員，主謀暴動，計畫改組地方政府。 指揮部政委，計劃改組地方政府。	皇民奉公會員
	參議員	洪元煌	參加處委會叛亂。 總指揮部高級委員，煽動推開市民大會。 煽動推開市民大會，製造事件。	皇民奉公會員
	參議員	陳萬福	空白。（「臺灣省「二二八」曾經被捕或已釋放人犯名冊」）	
臺南縣	議　長	陳華宗	組織處理委員會，倡導自治，事變後被捕。 組織處委會並援助學生軍暴動。	皇民奉公會員
	參議員	黃媽典	臺北（南）暴動主持人 煽動民眾暴動，自任處理委員會主席，事變後被判槍決。	皇民奉公會員，日名廣田正典
	參議員	陳海永	領導三青團分子參加偽警備隊，任陳篡地副總指揮。	
	參議員	陳樹林	空白。（「臺灣省「二二八」事變叛逆名冊」）	
	參議員	吳新榮	空白。（「臺灣省「二二八」曾經被捕或已釋放人犯名冊」）	
	參議員	蔡丁贊	空白。（「臺灣省「二二八」曾經被捕或已釋放人犯名冊」）	
高雄縣	議　長	葉登祺	煽動群眾暴動	
	參議員	陳崑崙	發動屏東市暴動，事變後已法院判刑，現已釋放。	皇民奉公會員
	參議員	黃占岸	召集青年暴動，搶奪武器未遂。事變後被捕，送軍法辦理。	
	參議員	陳文忠	參加暴動，事變後被捕軍法辦理。	

	參議員	林添丁	幕後策動流氓暴動，被捕送軍法辦理。	皇民奉公會員
	參議員	林金鐘	空白。(「臺灣省「二二八」事變叛逆名冊」)	
	參議員	陳總鎮	參加處委會實行叛亂	
臺東縣	議　長	陳振宗	處理委員主委。 在媽祖廟煽動叛亂。(後受暴徒威脅退出處委會)	
花蓮縣	參議員	葉雲澤	處委會主任委員	
澎湖縣	參議員	許整景	處委會主委	皇民奉公會員
	參議員	高順賢	處委會副主委	
	參議員	陳伯寮	處委會委員。 組處委會響應臺北事件，被要塞控制不生暴動。	
臺北市	議　長	周延壽	處委會之召集人，事變之始即開參會，威脅政府，雖名爲調解，實爲要犯之一。	日名竹村延壽
	參議員	張晴川	處理委員會宣傳組委員，在廣播電臺發表荒謬言論，提議搶集公糧。 政治建設協會理事兼宣傳組組長、二二八事件處委會委員兼宣傳組委員、控制廣播電臺煽惑群眾參加叛亂、提議搶奪公糧。 參加處委會，策動叛亂之要犯。	情節輕微准予自新
	參議員	黃朝生	一、陰謀叛亂首要，勒令各公私醫院不得爲受傷外省人醫治，陰謀組織僞「新華民國」政府。 二、二二八事變處理委員會委員，主張無條件釋放人犯及解散警察，煽動民眾。三、二二八處理委員會委員，組織「臺北市臨時治安委員會」。四、政治建設協會理事兼財政組長、二二八事件處委會委員、脅迫政府無條件釋放人犯、主張解散警察大隊、倡議叛亂煽惑暴動。 五、與黃火定在東 (1) 日開會，組民生聯盟，并組臺北市臨時治安會。	情節重大踪跡不明

		二二八事變處理委員會委員，主張無條件釋放人犯及解散警察大隊，煽動民眾。	
參議員	李仁貴	陰謀叛亂首要，提議將國軍武力完全解除，治安由偽處理委員會維持。 政治建設協會理事、二二八事件處委會委員、主張撤銷政府武力禁止國軍行動、號召組織武裝隊伍反抗政府，並主持學生接收各派出所事宜。 二二八處理委員，主張撤消政府，禁止國軍行動，主持學生接收派出所及組織武力。	情節重大踪跡不明
參議員	潘榘源	一、處理委員會委員，主持會議決定事變策略，阻止恢復交通及提議向全世界人士發表支援事變謬言荒謬。二、二二八事件處委會委員，歷次主持會議圖謀叛亂、反對恢復通車以免國軍增加兵力、提議對付並阻止國軍經桃園開臺北、提議歪曲事實向全世界散佈荒謬言論。 擔任處委會總務組工作，活動最劇，背叛亦最顯著之要犯。	情節重大擬判重刑
參議員	簡檉堉	在會活動亦最劇之叛徒	
參議員	駱水源	一、處理委員，向美國新聞處發表荒謬言論。二、煽惑暴動，反抗政府。三、二二八事件處委會委員、歪曲事變事實向美國新聞處發表荒謬言論。四、參加處委會，策動叛亂。	
參議員	陳　屋	一、二二八事變處理委員，謀議三十二條叛國議案，主張陸海空軍幹部主管應由本省人負擔。二、率領暴民佔據臺北市警察局，召開臨時治安委員會，倡議組織武力反抗政府。三、二二八事件處委會委員、謀議三十二條叛國議案、主張陸海空軍幹部主管應由本省人擔任。四、與黃火定開會組民生同盟，召開臨時治安會組武力佔警局抗政府。	踪跡不明

參議員	徐春卿	一、陰謀叛亂首要，反對日產標售，組織日產組合聯誼會，擴大反對政府措施。二、處理委員，提議鐵路不准運兵，煽動群眾參加暴動。三、二二八事件處委會委員、提議鐵路不許運兵並監視水源地、向警備總部要挾禁止運兵、煽惑群眾參加暴動。四、參加處委，策動叛亂。處理委員提議鐵路不准運兵，煽動群眾參加暴動。	
參議員	吳春霖	與張武曲組家屋互助會，陰謀暴動。	
參議員	黃火定	3月3日主張徵集臺籍退伍軍人，組織武力反抗中央。企圖出任臺北市長，素以歪曲事實，攻評政府與蔣渭川等爲伍，2月間組臺北家屋互助會，煽動反抗政府，處理日產政策，擴大暴動，參加攻警局。	已捕
參議員	陳海沙	與黃火定開會，組民生聯盟，參加叛亂，佔警局，召開臨時治安會，組武力抗政府。	皇民奉公會員，日名光宮海沙
參議員	陳春金	率領暴民佔據臺北警察局，召開臨時治安委員會，倡議組織武力反抗政府。	皇民奉公會員，日名田川春金
參議員	陳海沙	率領暴民佔據臺北市警察局，召開臨時治安委員會，倡議組織武力反抗政府。	
參議員	周百煉	率領暴民佔據臺北市警察局，召開臨時治安委員會，倡議組織武力反抗政府。	
參議員	陳錫慶	參加處委會，策動叛亂。	皇民奉公會員
參議員	林水田	率領暴民佔據臺北市警察局，召開臨時治安委員會，倡議組織武力反抗政府。	

基隆市	議　　長	黃樹水	空白。（「臺灣省「二二八」事變叛逆名冊」）	
	副議長	楊元丁	利用參議會煽動獨立論調及籌組處委會。 爲基隆叛亂之元兇。	已斃
	參議員	蔡星穀	參加事變、發動暴動。 參加煽動暴動。 父子參加叛亂。	皇民奉公會員
	參議員	楊阿壽	參加事變、發動暴動。	
	參議員	陳桂全	空白。（「臺灣省「二二八」事變叛逆名冊」）	
	參議員	周石金	空白。（「臺灣省「二二八」事變叛逆名冊」）	
新竹市	議　　長	張式穀	新竹市處委會籌委 任處理委員會新竹市分會主任委員	皇民奉公會員兼新竹市支會生活部長
	副議長	何乾欽	新竹市處委會籌委 新竹處委會副主委	
	參議員	李克承	新竹市處委會籌委 新竹處委會副主委	
	參議員	鄭作衡	新竹市處委會籌委	
	參議員	郭福壽	新竹市處委會籌委	
	參議員	李延年	新竹市處委會籌委	皇民奉公會員
	參議員	陳添登	新竹市處委會籌委	皇民奉公會員
臺中市	議　　長	黃朝清	初出組處委會，後被奸黨攻擊退匿。	
	副議長	林金標	組織臺中處委會	
	參議員	邱欽洲	煽動暴亂、主張改革政府。 參加暴動，任處委會總務組及監理市政委員。	

	參議員	徐灶生	時局處理會市政監理委員，參加暴動。	
	參議員	廖學鏞	時局處理會交通通信委員，參加暴動。	
	參議員	林金池	處理委員會委員，排斥政府。 煽動暴動，到處宣傳最烈。	
	參議員	林連城	在叛變中參加暴動，攻擊部隊。 處委員執委及主席團主席代表，以消防隊攻擊國軍。	事變中亦保護外省人
彰化市	參議員	賴通堯	鼓動暴動、主張臺灣獨立。 時局處委會執委，力主臺灣獨立。 參加處委會實行叛亂。	與蔡孝乾有關
	參議員	顏鄭烈	處理委員會糧食部	
	參議員	吳蘅秋	彰化市之主謀暴動	皇民奉公會員
嘉義市	參議員	柯　麟	一、組織流氓及學生參加暴動圍攻國軍。二、參加暴動任作戰部僞職，3月25日被判槍決。	
	參議員	陳澄波	組織流氓及學生參加暴動，圍攻國軍。 參加暴動任作戰部僞職，3月25日被判槍決。	
	參議員	潘木枝	組織流氓及學生參加暴動，圍攻國軍。 參加暴動任作戰部僞職，3月25日被判槍決。	
	參議員	盧鈵欽	參加暴動任作戰部僞職，3月25日被判槍決。	
	參議員	林文樹	組織流氓及學生參加暴動，圍攻國軍。	皇民奉公會員
	參議員	林　抱	空白。（「臺灣省「二二八」事變叛逆名冊」）	
臺南市	議　長	黃百祿	3月2日參加一中會議，密議5日出任治【安】委會副主委，獲暴民擁戴，提名爲市長候選人。 臺南市處委會副主委。	
	副議長	楊　請	3月5日任總務組副組長，8日改任組長。 臺南市處委會總務組長。	

	參議員	許丙丁	參加暴動、收繳警察槍枝。 臺南市處委會治安組副組長。	
	參議員	葉禾田	3月2日參加一中會議	
	參議員	陳謙遜	3月2日參加一中會議	
	參議員	盧壽山	3月2日參加一中會議	
	參議員	林全義	召集退伍軍人及學生參加事變及發散標語 主使其兄全忠率眾接管鹽務公司	
	參議員	林全忠	慫恿其兄林全金于3月3日接收臺南鹽業，3月5日出任處委會經濟財政班員。	
	參議員	黃國棟	3月2日晚參加一中會議	
	參議員	蔡丁贊	首謀，煽動學生及暴徒一律武裝，並於3、4、5、6日率暴徒毆打公教人員並企圖接收憲兵隊。	
	參議員	侯全成	處委會救護組長	
高雄市	議　　長	彭清靠	事變中叛徒代表。 組織處理委員【會】，實行叛亂。	
	參議員	王清佐	事變中叛徒代表。 為暴動主犯，接收市警局。	
	參議員	蔣金聰	處委〔會〕連絡組長，負連絡之責。	
	參議員	林瓊瑤	空白（「臺灣省「二二八」事變叛逆名冊」）	已逮捕
	參議員	陳武璋	主動分子	
	參議員	林仁和	空白。（「臺灣省「二二八」事變叛逆名冊」）	
	參議員	蕭華銘	空白。（「臺灣省「二二八」事變叛逆名冊」）	
	參議員	王隆遜	空白。（「臺灣省「二二八」事變叛逆名冊」）	
	參議員	李金聰	空白。（「臺灣省「二二八」曾經被捕或已釋放人犯名冊」）	

	參議員	郭萬枝	空白。（「臺灣省「二二八」曾經被捕或已釋放人犯名冊」）	已逮捕
	參議員	詹榮岸	空白。（「臺灣省「二二八」曾經被捕或已釋放人犯名冊」）	
	參議員	黃　賜	糾眾暴動。 空白。（「臺灣省「二二八」事變正法及死亡人犯名冊」）	已擊斃
	參議員	王石定	空白。（「臺灣省「二二八」事變正法及死亡人犯名冊」）	已擊斃
	參議員	許秋粽	空白。（「臺灣省「二二八」事變正法及死亡人犯名冊」）	已擊斃
屏東市	議　長	張吉甫	處理委員會主委兼交涉組長。 參加屏東暴動，任處理委員。	
	副議長	葉秋木	一、參加處委會實行叛亂。二、煽動番族劫奪武器殺人搶奪財物。 發動屏東市暴動，事變後執行槍決。	已擊斃
	參議員	顏石吉	一、發動暴動。二、暴動作戰首領。 一、參加處委會實行叛亂。二、煽動番族流氓搗毀市府警局，劫武器，殺警官3名。	
	參議員	曾慶福	一、參加處委會實行叛亂。二、煽動流氓燬市府警局，劫武器，殺警員3名。	
	參議員	曾原祿	處委會委員 參加處委會實行叛亂	
	參議員	邱家康	參加處委會實行叛亂	
	參議員	黃佳禾	處委會委員 參加處委會實行叛亂	
	參議員	鄭清濂	處委會委員 參加處委會實行叛亂	皇民奉公會員
	參議員	郭一清	處委會委員	

參議員	張吉章	處委會委員	
參議員	蕭阿念	處委會委員	
參議員	張朝任	處委會委員	

資料來源：侯坤宏、許進發編，《二二八事件檔案彙編㈠：立法院、國家安全局檔案》，頁129-
159、211-215、424-431、463-465；〈臺灣省「二二八」事變正法及死亡人犯名冊〉，
收於侯坤宏、許進發編，《二二八事件檔案彙編㈡：國家安全局檔案》，頁365-371；
〈臺南市參加二二八暴動涉嫌份子調查表〉，收於侯坤宏、許進發編，《二二八事件檔
案彙編㈨：國家安全局、臺灣省諮議會檔案》（臺北：國史館，2002），頁16-18；〈二
二八事變首謀叛亂通緝要犯名冊〉，收於侯坤宏、許進發編，《二二八事件檔案彙編
㈥：國家安全局檔案》，頁289-294；〈辦理人犯姓名調查表〉，收於侯坤宏編，《二二
八事件檔案彙編㈦：大溪檔案》，頁271-273。

由表5可見，值得注意的有三，一是名冊中多會標註其為皇民奉公會
員；二是領導、參與抗爭行動及擔任處委會委員等，皆成為其「犯罪事
實」、「罪迹」；三是實際被捕殺情形，與表5的名冊、調查表略有不同。

首先，各名冊中多會標記縣市參議員是否曾為皇民奉公會員。1946年
8月行政長官公署公布「臺灣省停止公權人登記規則」，[52] 規定曾任日治時
代皇民奉公會重要工作經查明屬實者、經檢舉查有漢奸嫌疑者，都列為停
止公權的對象，並開始調查前皇民奉公會人員。迄10月調查完成，計有林
熊祥、許丙等192人曾任皇民奉公會實際工作者。[53] 其中有近4成已選上縣
市參議員（見表2），若再加上當選省參議員、國大代表者，恐怕超過半數
以上。其後行政長官公署雖未停止其公權，但仍對他們另眼相看。由上述
1947年3月13日陳儀上呈蔣主席的電文可見，其早將縣市參議員與皇民奉
公會員劃上等號，對其頗多不滿；4月2日保密局臺灣站長張秉承（林頂立
之化名）上呈之「臺灣皇民奉公會活動」中，更直指皇民奉公會員「因過

---

52 〈制定「臺灣省停止公權人登記規則」〉，《臺灣省行政長官公署公報》（臺北）1946秋：45（1946
年8月1日），頁709-710。
53 《皇民奉公》，「內政部警政署檔案」，檔號：A301010000C/0036/0003/36。

去為敵作倀，已取得生活上獨厚之地位，又因臺人參加偽職，不以懲治漢奸條例處分，公署當局雖有限制任用偽員之方案，迄今亦未見推行，由是該等『財可通天』，權勢未遏，遂搖身一變均成為富豪紳商，或為國大代表，或為國民參政員、參議員，既把持民意，又不惜巨資創辦報刊雜誌，歪曲言論，致日人遺毒迄未肅清。此次二二八事件發生，更蓄陰謀發作，坐大事態，以作獨立復僻迷夢。」[54] 由是認為曾任皇民奉公會員者，與二二八事件的蔓延、擴大關係重大，故在名冊中特別予以標記。

其次，各縣市參議員因領導、參與抗爭行動及擔任處委會委員等，成為其「犯罪事實」。惟處委會係奉行政長官公署之命組織，負責維持秩序等，故此一「犯罪事實」實不無羅織之嫌，牽連亦廣。各縣市參議會中，以事件爆發地的臺北市參議會受創最大，26名市參議員中，有19名被列為事件的「主動及附從者」。19位之中，有4位被殺，7位被監禁，占全體市參議員的近半數，[55] 可說是該市參議會成立以來最大的衝擊。又，在臺灣省警備總司令部所呈「二二八事變首謀叛亂通緝要犯名冊」中，全部30名「通緝要犯」中，臺北市參議員即有9名，幾乎占了三分之一；而王添灯、李仁貴、潘欽源、陳屋等4人甚至被列為「叛亂首要」，其他如王名貴、駱水源、徐春卿等3人則被列為「叛亂要犯」，皆被通緝中。

再次，各縣市參議員實際被捕殺情形，與表5所列略有不同，主要是因為時間差所致，或為先製作名冊、調查表，再據以捕殺；或為已被捕殺，才製作名冊、調查表，以致實際情形與表冊有所落差。例如，新竹市參議會被列入名冊者計有張式穀、何乾欽、李克承、鄭作衡、郭福壽、李延年、陳添登等7名，但實際上被逮捕者為鄭作衡、陳添登，以及李子賢、鄭建杓、宋枝發等5名。只有鄭作衡、陳添登被列入名冊，李子賢、鄭建杓、

---

54 〈臺灣皇民奉公會活動概略〉，《拂塵專案附件》，「國家安全局檔案」，（新北：行政院國家發展委員會檔案管理局藏），檔號：A803000000A/0036/340.2/5502.3/18/019。

55 李筱峰，《臺灣戰後初期的民意代表》，頁209。

宋枝發等3名則未被列入名冊。幸運的是，上述7名參議員被逮捕後，都獲得保釋，一般認為與新竹防衛司令蘇紹文的協助、保護有關。[56]

這些縣市參議員或因被通緝、被捕、失蹤，或其他原因而未出席會議，則按內政部1947年4月25日民四字第4813號代電規定：「查縣市參議員，因刑事罪嫌，正在通緝中者，依照司法院解釋，固不能即認為已因事故去職，由候補當選人遞補，但在合法通緝時期，其逃匿之行為，如持續一會期以上，因而不能履行其到會之義務者，自不能以逃匿為不出席之正當理由，可依照『市參議會組織條例』第八條、『縣參議會組織條例』第九條，視為辭職，以候補當選人遞補。」[57] 其中，高雄市參議員郭萬枝、蔣金聰即因一整個會期未出席會議而被取消參議員資格，由陳銀櫃、易金枝遞補。[58] 迨8月4日，臺灣省政府再電令各縣市政府，規定「民意機關代表除首要者，應候判決確定，依法辦理外，如確孚眾望，而原選出區域人民或職業團體會員並未提出罷免，亦未受刑事訴追者，免予改選。」[59] 其中，彰化市政府函覆之處分情形表中，市參議會僅提報參議員吳石麟1人，並經准予自新，免予改選。[60] 但其他縣市參議會，因部分參議員業經槍決或判刑，則分別由候補當選人遞補，變動不小。

---

56 據李筱峰教授研究指出，1946-1950年臺灣政治菁英的流動率，平均為39.39%；但新竹市參議會的流動率只有15.38%，是全臺流動率最低的縣市。參見吳沁昱，〈戰後初期新竹政治的活動：以新竹市參議會為中心（1946-1950）〉，頁147。

57 〈內政部代電。民國字第四八一三號三十六年四月二十五日補登〉，《國民政府公報》（南京）2827（1947年5月17日），頁5；〈參議員因罪嫌逃匿不能認為因事去職〉，《台灣新生報》，1947年5月10日，第4版。

58 許雪姬、朱浤源、方惠芳、楊壬生訪問，蔡說麗紀錄，〈郭萬枝先生訪問紀錄〉，收於許雪姬、方惠芳訪問，吳美慧等紀錄，《高雄市二二八相關人物訪問紀錄（下）》（臺北：中央研究院近代史研究所，1995），頁41-43。

59 〈規定「民意機關代表暨行政自治人員參加『二二八』事變處分辦法」〉，《臺灣省政府公報》（臺北）1947秋：32（1947年8月6日），頁501。

60 〈彰化市政府電呈臺灣省政府關於該府所屬民意機關代表參加「二二八」事變人員處分情形〉，收於林秋敏編，《二二八事件檔案彙編㈡：彰化縣政府檔案》（臺北：國史館，2002），頁501-502。

　　5月16日行政長官公署改制為省政府後，省主席魏道明即宣布解除戒嚴，並規定解除戒嚴後，對於軍事機關受理非軍人案件，如審判已至終結程度，仍由軍法機關審結，其餘一律移送法院辦理。因此，仍有不少縣市參議員因參與事件被起訴、判刑。對此，各縣市參議會紛紛電呈臺灣省政府、臺灣省參議會請轉電臺灣高等法院等司法機關，關於二二八事件案人犯，應本中央寬大為懷意旨，勿翻二二八事件案，並儘速審結，以安民心。[61]值得注意的是，這些縣市參議員在戒嚴期內均按國民政府1934年11月頒布之「戒嚴法」第九條規定，歸軍法審判，[62]且大都被以內亂罪提起公訴。臺南縣參議員黃媽典即是由軍法判決死刑，於4月22日執行槍決。[63]迄5月16日解除戒嚴後，才改由司法機關審判。以臺北市參議員黃火定、簡檉堉為例，兩人皆於4月7日被解送臺灣省警備總司令部第二處，並按「戒嚴法」第九條之規定，由軍法審判內亂罪，罪名是「共同意圖暴動，顛覆政府而著手實行」，判處有期徒刑10年，褫奪公權10年。後雖解除戒嚴，仍由軍法訊結，改判有期徒刑3年6月，褫奪公權3年，[64]屬於例外案例。而臺北市參議員潘渠源、駱水源兩人因擔任處委會委員，於3月7日開會通過「三十二條處理大綱」，被檢察官認定觸犯預備內亂罪提起公訴，但在中央寬大原則下，幸獲臺灣高等法院判決無罪。花蓮縣參議員葉雲澤於3月7日主動組織玉里時局處理委員會，自任主任委員，同樣因內亂案

61　〈臺南市參議會電請臺灣高等法院轉飭臺南地方法院勿翻二二八事件案以安民心〉、〈臺灣高等法院函送該院檢察處臺中縣參議會為林糊案件懇請寬大處理函乙件〉，收於周琇環、歐素瑛編，《二二八事件檔案彙編(三)：臺灣高等法院檔案》（臺北：國史館，2002），頁11-12、117-118。

62　「戒嚴法」第九條規定：「接戰地域內關於刑法上左列各罪，軍事機關得自行審判或交法院審判之。一內亂罪。二外患罪。三妨害秩序罪。四公共危險罪。五偽造貨幣有價證券及文書印文各罪。六殺人罪。七妨害自由罪。八搶奪強盜及海盜罪。九恐嚇及擄人勒贖罪。十毀棄損壞罪。」〈制定「戒嚴法」〉，《國民政府公報》（南京），1603（1934年11月30日），頁1-3+4。

63　〈臺南暴亂首要黃媽典昨槍決〉，《台灣新生報》，1947年4月24日，第4版。

64　〈臺灣省警備總司令部呈核二二八事變期內由軍法訊結暴亂案件審核意見表〉，收於候坤宏編，《二二八事件檔案彙編(七)：大溪檔案》，頁543。

件經檢察官提起公訴,在中央寬大原則下,獲判無罪。[65]

　　再如臺中縣參議員陳萬福,因於事件期間成立溪湖青年隊,於1947年5月17日遭陸軍整編第二十一師、中部綏靖區司令部以內亂罪案判決「意圖破懷國體,以暴動方法,而著手實行,處死刑,褫奪公權終身」。之後,改由司法機關審理,於同年10月4日臺中地方法院偵查終結,認爲內亂罪之成立係以意圖破壞國體、竊據國土,或以非法之方法變更國憲、顛覆政府,而陳萬福並未主使情事,且有協助政府之事實,遂改依「刑事訴訟法」之規定,予以不起訴處分。[66]高雄縣參議員陳崑崙、屏東市參議員陳水龜也因參加處委會,遭屏東市憲兵隊拘捕解送高雄軍事法庭,以內亂嫌疑案提報公訴,各判以7年半有期徒刑,後雖經軍事法庭撤銷原判,仍被送往臺灣高等法院臺南分院檢察處偵查。經兩個月偵查,由該庭准予保釋,並於1948年1月以刑事判決,宣判陳崑崙因「預備意圖竊據國土」,判有期徒刑1年,緩刑3年;陳水龜無罪。[67]

(二) 支持陳儀續主臺政

　　二二八事件期間,以縣市參議會爲核心的處委會(含地方分會)所提出之政治改革主張中,概皆主張撤銷行政長官公署制度,撤換陳儀。[68]事

65　〈潘榘源、駱水源參與「二二八事件處理委員會」以內亂案判決〉、〈葉雲澤於二二八事變期間行爲越軌以內亂案判決〉,收於周琇環、歐素瑛編,《二二八事件檔案彙編⊜:臺灣高等法院檔案》,頁351-354、395-396。

66　〈陸軍整編第二十一師司令部判決陳萬福、林才壽於二二八期間成立「溪湖青年隊」參加暴亂以內亂案判決〉、〈陳萬福、林才壽內亂案審判瑕疵不起訴處分〉,收於周琇環、歐素瑛編,《二二八事件檔案彙編⊜:臺灣高等法院檔案》,頁178-190。

67　〈臺灣高等法院臺南分院檢察處爲陳崑崙、陳水龜等人內亂嫌疑案致臺灣省參議會公函〉,收於侯坤宏、許進發編,《二二八事件檔案彙編⑼:國家安全局、臺灣省諮議會檔案》,頁550-551。

68　〈陳東枝呈報臺人不願陳儀主政之因〉,收於侯坤宏、許進發編,《二二八事件檔案彙編㈠:立法院、國家安全局檔案》,頁66-67。

件之後，卻一反之前的主張，紛紛表態支持行政長官陳儀續長臺政。3月
17日，國防部長白崇禧來臺宣慰，發表中央寬大處理原則，並宣布將臺灣
省行政長官公署改制為省政府。同一日，陳儀也上呈蔣介石，表明願對二
二八事件負起責任，請准辭去臺灣省行政長官兼警備總司令本兼各職。[69]
18日，蔣即函覆以是時仍須辦理綏靖、善後事宜而予以慰留。[70] 25日，臺
籍國大代表、國民參政員及臺灣省參議會先後上呈蔣介石，盼望陳長官繼
續主持臺政。其指出：「二二八事件以來，賴行政長官陳儀之賢明處理，
各地秩序漸告平復。陳長官主政年餘，確有誠意建設三民主義之新臺灣，
故於變亂期間并未聞有對陳長官不滿者，足見其受民眾之愛戴。現變亂雖
平，民心尤待安定，欲民心之安定，必須穩定政治，且憲政瞬將實施，咸
望陳長官續主臺政」。[71]

　　詎料，3月28日情勢出現逆轉。中國國民黨中央執行委員會第六屆第
三次全體會議，劉文島等55名委員提出臨時動議：「即將臺灣省行政長官
陳儀撤職查辦並迅速實施善後辦法」，經第八次大會決議通過。復經4月5
日中央常務委員會第六十三次會議討論決定，應請政府迅速辦理。對此，
臺灣各縣市參議會紛紛表態，或上呈中央請以陳長官續主臺政，或電陳長
官致敬等，積極挽留。最早表態的是新竹市參議會，於4月9日上呈中央
挽留陳儀，其表示：「陳長官主政臺疆，勵精圖治，政治日有起色，此次事
變，恩威並施，迅速平息，善後處理，秉承寬大，恩澤三臺，萬民欽感。
茲聞省府改組，陳長官將予他調，市民駭悉，人心惶惶，一致要求本會電

---

69 〈陳儀電蔣中正決議引咎辭職，惟繼任人選必須審慎。警備司令擬請以李良榮繼任，臺灣省政
　府主席擬請以蔣經國或嚴家淦擔任〉，《製造各地暴動㈠》，「蔣中正總統文物」（臺北：國史館
　藏），典藏號：002-090300-00012-159；〈陳儀電呈南京蔣主席請辭臺灣省行政長官兼警備總
　司令本兼各職〉，收於侯坤宏編，《二二八事件檔案彙編：大溪檔案》，頁294。
70 〈蔣中正電陳儀准先設立臺灣省政府惟此時仍須其負責主持善後〉，《革命文獻—政治：二二八
　事件》，「蔣中正總統文物」，典藏號：002-020400-00038-061。
71 〈臺省民眾盼望陳長官繼續主持臺政〉，收於侯坤宏編，《國史館藏二二八檔案史料（上冊）》
　（臺北：國史館，1997），頁64-65。

請鈞座准予在公署改組後,仍令陳長官主持臺政,俾完未竟事功,而安民心。」[72] 4月11日,嘉義市參議會也上呈中央,請以陳長官繼主臺政。其指出:「前此本省二二八事件純係少數不良份子爲奸黨煽惑暨部分無知民眾遭受威脅盲從所致,幸蒙中央寬大處理,陳長官措施咸宜,秩序得早日恢復,本市市民莫不深慶,爾後謹當領導全市民眾擁護黨國,致力地方建設,並決不容再有類似是項之事端發生。現聞本省行政長官公署行將改組爲省政府,本市十二萬市民深願陳長官駕輕就熟,繼主省政」。[73]

4月12日,高雄市參議會電呈蔣介石,指此次二二八事件正(震)動全會,賴主席寬大爲懷,並派白崇禧蒞臺宣慰,陳儀果斷力挽狂瀾於既倒,當厥盡能力,以建設新臺灣。[74] 4月13日,高雄縣參議會同樣呈請由陳儀繼續留任。其指出:「此次臺省事變,深蒙中樞寬大處理,無知小民,庶免波及,並蒙陳長官一切賢明措置,仍懇賜予繼續留任。茲當本會一屆四次大會開始,謹代表全縣民意,肅電致敬,並申感激之忱,諸維垂鑒。高雄縣參議會全體參議員叩。」[75] 澎湖縣參議會亦電陳長官致敬並報告該縣狀況。

迄4月21日,蔣介石電告陳儀,臺省主席人選已決定爲魏道明,請代慰留原有各廳處長,務望連任,不多變動,並請速告省府委員與正、副廳處長人選意見,俾能於23日以前發表。[76] 翌(22)日,行政院第784次例

---

72 〈臺灣省二二八組私事件〉,「國民政府檔案」(臺北:國史館藏),典藏號:001-050000-0003。

73 〈嘉義市參議會等電蔣中正臺灣省二二八事件幸蒙陳儀措施咸宜得早日恢復秩序爾後絕不容再有類似事端發生現聞行政長官公署行將改組爲省政府深願陳儀繼主省政〉,《武裝叛國(一四〇)》,「蔣中正總統文物」,典藏號:002-090300-00163-204。

74 〈高雄市參議會電蔣中正二二八事變正動全會賴主席寬大爲懷並派白崇禧蒞臺宣慰陳儀果斷力挽狂瀾當厥盡能力以建設臺灣〉,《製造各地暴動(一)》,「蔣中正總統文物」,典藏號:002-090300-00012-416。

75 〈高雄縣參議會電蔣中正此次臺省市便申蒙中樞寬大處理並懇賜陳儀繼續留任謹代表全高雄縣民意速電致敬並申感激之忱〉,《製造各地暴動(一)》,「蔣中正總統文物」,典藏號:002-090300-00012-417;高雄縣參議會秘書室編,《高雄縣參議會第一屆第四次大會紀錄彙編》(高雄:該室,1947年2月),頁35。

76 〈蔣中正電陳儀臺省主席已決定爲魏道明速告省府委員與正副廳處長人選〉,《革命文獻一政治:二二八事件》,「蔣中正總統文物」,典藏號:002-020400-00038-089。

會，准陳儀請辭臺灣省行政長官兼警備總司令，並決議撤銷臺灣省行政長官公署，照各省制成立省政府，任命魏道明爲臺灣省政府委員兼主席。[77]即使如此，臺灣各縣市參議會仍持續表態支持陳儀，或電陳儀致敬。例如，4月30日臺中縣參議會電陳長官致敬，表示：「臺灣省行政長官公署改組，我公功成勇退，省民逖聞之下，不勝徬徨；惟中樞令出，挽留無方，省民當永頌我公年餘治臺之勞勩，幸不我棄，特贈教益，則省民幸甚，謹表謝忱。」[78] 其後，嘉義市、新竹市、臺中縣、臺中市參議會也通過電陳長官致敬。[79] 5月11日陳儀搭機離臺。[80] 翌（12）日，屏東市參議會還通過電陳長官致敬。[81] 至此，致敬行動才告一段落。

這一連串的支持陳儀續主臺政的行動，實在匪夷所思。但由3月26日葉秀峰上呈蔣介石的情報中；似可見端倪。其指出：「……陳長官現策動游彌堅、劉啓光等發動聯名向中央請求挽留，但威信已失，民心難服，李主委翼中曾極力勸導學生復課無效，眾言誓不相信陳長官。」[82] 又，4月12日臺灣旅滬團體發表《關於臺灣事件報告書》，直指此事係有人在後策動。其指出：「陳儀、周一鶚等指使劉啓光、黃朝琴、李萬居出而脅迫國大代表、參政員等十七人，及省縣市參議會、各保甲聯名通電挽留陳儀。……最近由臺來京之國大代表、立法委員黃國書，已向同鄉公開表示，聯名通電一事絕非其本人之意思。近陳儀更派李萬居來滬，遊說旅外臺人，陰謀

---

77 〈臺灣省行政長官公署撤銷及臺灣省政府成立日期電告案〉，《省府成立日期》，「省級機關檔案」（南投：國史館臺灣文獻館藏），典藏號：0040110000006002。

78 〈臺中縣參議會電長官致敬〉，《台灣新生報》，1947年5月4日，第4版。

79 〈嘉義市參議會電敬蔣主席等〉，《台灣新生報》，1947年5月5日，第4版；〈新竹市全市民眾向長官致敬〉，《台灣新生報》，1947年5月6日，第4版；〈臺中市參議會電長官等致敬〉，《台灣新生報》，1947年5月8日，第4版；〈臺中縣參議會電敬陳長官等〉，《台灣新生報》，1947年5月10日，第4版。

80 《台灣新生報》，1947年5月11日，第2版。

81 〈屏東市參議會電陳長官致敬〉，《台灣新生報》，1947年5月15日，第4版。

82 〈葉秀峰呈蔣主席三月二十六、七日情報〉，收於中央研究院近代史研究所編，《二二八事件資料選輯(二)》（臺北：中央研究院近代史研究所，1992），頁230。

留陳儀運動。」[83] 顯然的，挽留行動並沒有成功。

㈢ 協助善後處理

　　事件之後，臺灣省行政長官公署於3月20日頒布「爲實施清鄉告民眾書」，宣示開始實施清鄉。同時頒布「臺灣省警備總司令綏靖（調整）計畫」、「臺灣省縣市分區清鄉計畫」，將全臺分爲臺北、基隆、新竹、中部、南部、東部、馬公等7個綏靖區，自3月21日起展開綏靖。各區之綏靖任務，包括肅清奸僞暴徒、清繳私藏武器、搜查散失軍品物資，以及指揮縣市政府實施清鄉等。而各縣市政府在綏靖區司令指揮下，會同當地軍憲警和村里鄰長，辦理清查戶口、聯保切結、收繳武器等工作。[84] 各縣市參議會亦協助趕辦一切善後事宜。

　　其中，高雄市政府於3月24日上午假南部綏靖司令部會議廳召開黨政軍合組之善後會議第一次會議，出席者計有彭孟緝、陳啓川、黃仲圖、彭清靠、林建論、彭勃、陳桐、謝劍等，由彭孟緝主席，會中決議如下：1.關於高雄市民間尚未繳出之槍枝由市政府妥擬辦法呈由南部綏靖司令部批准公布施行，市外之收繳辦法另訂之。至軍用品（包括軍服、軍氈、鋼盔、綁腿等）之買賣以後絕對禁止。民間現藏之軍用品限期交出；2.嫌疑犯尚有200餘人應從速清理訊結，以市黨部爲主體，集合本市公正士紳及市府憲警負責人組織調查委員會從事調查，並擬訂開釋辦法呈南部綏靖司令部批准施行。其已具悔過書具保獲准釋放者，除另有犯法行爲外，憲警不得再行逮捕；3.由市黨部、市政府、市參議會發表告民眾書，根除謠言，闡明政府除暴安良之意旨，以安定民心。至於盲從學生參加此次事件可從寬

---

83 〈臺灣旅滬七團體關于臺灣事件報告書〉，收於鄧孔昭編，《二、二八起義資料集》（廈門：廈門大學臺灣研究所，1981），下冊，頁81。

84 〈電各縣市政府爲實施清鄉應責成村里鄰長負責辦理希遵辦具報〉，《臺灣省行政長官公署公報》（臺北），1947夏：7（1947年4月8日），頁106。

免究，並由學校通知學生家長，促其回校上課並嚴加管教；4.根據綏請計畫，由市府擬具辦法，限期辦理戶口調查及身分證之發給；5.由市立民眾教育館負責組織宣傳機構，負責宣傳事宜，並由市黨部派員指導；6.規定每星期二、五兩日上午九時爲會報時間，並請本市紳耆及憲警主管參加。[85]

其他縣市參議會之情況亦如是。高雄縣於秩序回復後，亦派員下鄉宣慰，安定民心，使其各安生業，並通飭各級機關人員照常辦公、調查傷亡及被劫人員並酌情先予救濟、調查統計各級機關公物財產及武器軍品損失情形、勸告民眾自動繳還劫奪各機關部隊槍刀藥彈裝備及公私財物、調查此次參加煽動分子，並鼓勵民眾檢舉奸僞暴徒；同時，召集山地鄉長、人民代表、參議員會議；組織山地宣慰團，以及擬訂分區清鄉實施辦法呈准實施等。[86] 新竹縣參議會於事件後至少協助辦理兩事。一爲協助處理二二八事件善後事項。積極會同縣市各機關趕辦一切善後事宜，如撫卹傷亡、賠贖損失、恢復秩序、收繳武器等，均盡最大力量協同政府辦理，收效尤多，並指出：「全臺各縣市因案株連者，以新竹縣爲最少」。二爲推薦鄒清之充任縣長。[87] 新竹縣在事件之後秩序頗爲不安，縣長朱文伯又因傷決意辭職，新竹縣參議會遂遵照前臺灣省行政長官公署之指示，推薦縣長候選人3名，呈省府圈定，結果以行政長官公署參議鄒清之接長，於1947年4月30日到任，[88] 積極趕辦一切善後事宜，地方秩序漸告恢復。

彰化市參議會亦協助推動綏靖宣慰事宜。事件之後，彰化市政府按「臺灣省中部綏靖區宣慰方案」之規定組織綏靖宣慰組，由市長王一麐兼任組長，成員包括國大代表郭耀廷、議長吳蘅秋、副議長賴通堯、參議員吳石

---

85 〈張秉承上言普誠代電呈報高雄市黨政軍善後會議決議事項〉，收於侯坤宏、許進發編，《二二八事件檔案彙編㈡：國家安全局檔案》，頁74。

86 〈高雄縣政府處理「二二八」事變情形及損失調查報告〉，收於侯坤宏、許進發編，《二二八事件檔案彙編㈡：國家安全局檔案》，頁101-102。

87 全民日報社編，《臺灣省首屆參議員名鑑》，頁213-214。

88 朱文伯，《朱文伯回憶錄》（臺北：民主潮社，1985）；〈新竹縣長鄒清之核定薪額案〉，《縣市長任免》，「臺灣省行政長官公署檔案」，典藏號：00303231001364。

麟、蘇振輝、洪木火、呂俊傑、石錫勳、李君曜、呂世明，以及憲兵政治部上尉劉斌、市黨部幹事鄭天慶、林勝南、三青團員莊守、賴燊等，旋展開宣慰事宜，在市內各街頭、戲院進行宣傳演講。同時，按區舉辦宣慰座談會，各區座談會之負責人分別為彰西區蘇振輝、呂俊傑；彰南區甘得中、李君曜；彰北區吳蘅秋、石錫勳。4月15日，北部綏靖宣傳督導組長蔡挺起率組員赴彰化督導綏靖宣傳工作，於18-20日間分別舉辦學校師生、參議員暨區民代表、各區里長暨區公所職員、人民團體，以及民眾座談會等，以求協助政府、配合軍事，完成綏靖任務，藉以安定社會。[89]

臺南縣的綏靖工作進展亦甚順利。縣府經聯合縣參議會等組織宣慰組，出發宣慰，宣揚綏靖意義，並勸導凡係盲從附和或係被脅迫利誘參加二二八事件之分子，如自知悔悟自新，並繳出武器者，政府決本寬大為懷之旨，不究既往。嗣自知悔悟、辦理自新並繳出武器者甚多，如參議員陳海永即首先悔過自新，並勸導多人自新，斗六古坑鄉一帶自新者有陳海永、周傳生、林錫彬、朱漢作、溫水木、李其清、呂祝元、周春旺、劉文武、劉文慶、黃却、陳海頌、張豐欽、李白水、陳榮華、葉慶祥、倪聯謀、張長春、李仁謀、吳釗樂、黃明村、廖鎮江、劉新龍、梁慶松、沈鴻棋、蘇坤福、蔡樹樂、王炳煌、劉庚秋等人；繳出武器有三八式步兵鎗8枝、機關鎗1門、槍彈約300發以上。[90]

㈣ 議事情緒低落

二二八事件之前，各縣市參議會大都按照規定，每3個月開會一次，每次會期3-7日，故已先後召開過第一屆第一、二、三次會議。二二八事

---

89 〈彰化市政府綏靖宣慰工作報告書〉，收於歐素瑛編，《二二八事件檔案彙編㈛：彰化縣政府檔案》（臺北：國史館，2017），頁118-136。

90 〈附件：新聞簡報一則，臺南綏靖工作進展順利〉，收於許雪姬主編，《保密局臺灣站二二八史料彙編㈡》（臺北：中央研究院臺灣史研究所，2016），頁132。

件爆發後，部分縣市參議會原應召開大會，卻因事件影響而未召開或延後召開，不但出席人數大減，議事情緒更是普遍低落，與第一次大會相比，頗有天壤之別。其中，臺北縣參議會原定於1947年3月中旬召開第一屆第四次大會，但因各地秩序尚未恢復而延後至3月27日召開。此次大會中，因議長陳定國請長假，改由副議長盧纘祥主席，出席人數僅有20位，銳減一半，尤以宜蘭地區選出參議員之出席人數最少，除副議長盧纘祥外，其餘如蘇耀南、吳阿泉、張倉連、林儀賓、藍淶淮、林木火、劉金全、江天賜、劉傳旺等參議員，全部未出席大會，可見宜蘭地區受創之重。主席盧副議長在致詞中指出，二二八事件係因極少數不良分子的煽惑所致，臺北縣內雖有一、二地方騷動，但比其他各地少，乃因平時官民合作得宜及地方士紳領導有方。此次大會之參議員提案僅有4件，沒有臨時動議，也未討論二二八事件相關問題。即使到6月18日召開第五次大會，出席人數及提案情形仍不踴躍；[91] 且縣長陸桂祥於5月30日辭職獲准，改由軍人出身的梅達夫接任縣長，[92] 並重新改選盧纘祥為議長、林世南為副議長，府會人事皆有不小變動。

高雄縣參議會於4月10日召開第一屆第四次大會，計有議長、副議長，以及48位參議員出席，出席率頗佳。在開幕典禮中，議長葉登祺致開會詞指出，由於黃縣長、陳警察局長、各位參議員、地方人士的極力勸阻，使得高雄縣得以安寧無事，並要大家不可因這次的事件而失望悲觀、躊躇。此次大會議事日程原預定3天，因適逢綏靖工作展開之始，故將日程縮短為1天，除開幕、閉幕，以及縣長暨縣府各局科工作報告外，參議員沒有提案，

---

91 〈會場座位分配圖〉，《臺北縣參議會第一屆第三、四、五、六次大會》，典藏號：005a-01-02-000000-0025，「中華民國地方議會議事錄總庫」，下載日期：2017年9月29日，網址：http://journal.tpa.gov.tw/query.php；張炎憲、高淑媛採訪記錄，《混亂年代的臺北縣參議會（1946-1950）》，頁24、35-36。

92 〈臺北縣縣長陸桂祥請辭由梅達夫接任案〉，《各縣市長任免》，「省級機關檔案」，典藏號：004 0323100660001，下載日期：2017年9月29日，網址：http://ds3.th.gov.tw/ds3/。

詢問也只有林添丁、李雙春兩位參議員與縣長的簡短問答；最後，有4件臨時動議，其中3件為慰留黃縣長案，1件是參議員陳皆興所提，表示為感謝政府寬大處理二二八事件，擬電向蔣主席、白部長、楊監察使等致敬並向陳長官、彭司令慰留，均獲決議通過。[93]一切行禮如儀，即匆匆結束。

　　基隆市參議會因為二二八事件的影響，延至5月22日始召開第一屆第四次大會，計有16位參議員出席。第一次會議時，即全體通過參議員林應時的緊急動議，包括電呈魏主席暨彭司令致敬、電呈前行政長官公署陳長官暨柯參謀長致敬。[94]此次會議中，參議員提案有15件，與事件之前的三次大會相比，明顯少了許多。同樣的，高雄市參議會也因事件的影響，於5月27日才召開第一屆第五次大會，是二二八事件後的首次大會，31名參議員中，有22名與會。[95]議長彭清靠致開會詞時指出：

　　　　今天是舉行本會第一屆第五次大會，亦為省政府成立後第一次之大會。各位來賓撥出貴重的時間而來臨席參加本次大會開幕典禮，本會同仁感覺十分的榮幸。近聞此次事件發生，有人提倡獨立，自稱『新華國』等荒謬舉動，以及要求託管更屬喪心病狂，不識世界情勢之輩。我臺胞不幸淪入敵手，五十一年來被日人剝削，無時不希望能重回祖國，今臺省光復，國土重光，有識人們無不額手稱慶，但是二二八事件屬於極少數似奸黨之荒動，絕不是省民全

93　〈會議紀錄〉，《臺灣省高雄縣參議會第1屆第4次大會》，典藏號：011a-01-04-030100-0020，「中華民國地方議會議事錄總庫」，下載日期：2017年9月29日，網址：http://journal.tpa.gov.tw/query.php；〈臨時動議〉，《臺灣省高雄縣參議會第1屆第4次大會》，典藏號：011a-01-04-030100-0028，「中華民國地方議會議事錄總庫」，下載日期：2017年9月29日，網址：http://journal.tpa.gov.tw/query.php。

94　基隆市參議會編，《臺灣省基隆市參議會第一屆第四次大會議事錄》（基隆：該會，1947），頁10。

95　〈參議會第一屆第五次大會參議員出席情況統計〉，《參議會第一屆第五次會議》，典藏號：010a-01-06-000000-0009，「中華民國地方議會議事錄總庫」，下載日期：2017年9月29日，網址：http://journal.tpa.gov.tw/query.php。

體之民意。希望各位須排斥不認識祖國之輩。近公署撤銷，省府應運而生，幸得中央對待臺灣頗有愛護，尤為吾人所感激。今後希望各位同志，以新力量領導民眾，協助政府造成新臺灣、新中國，完成建國使命。[96]

高雄市參議員許秋粽、黃賜、王石定等3人於3月6日在市府內受彈死亡，同一天，該會關防也紛失；另有4名參議員受嫌疑被捕，受軍事判決。於是，該會於休會期間的4月11日電呈蔣主席、陳長官、彭司令致敬；5月2日正、副議長代表全體市民向彭司令、王參謀長、蔣大隊長、許憲兵隊長獻旗致敬等。[97]開議後，參議員駱榮金即提出臨時動議，對蔣主席致電表示感謝，並以參議會名義代表全市民致敬。同時對魏主席致電表示敬意並對臺灣省警備司令部彭司令致榮升祝電。最後要求為不幸殉職之許、黃、王3位參議員舉行默禱，獲全體贊成通過。此次大會中，參議員提案僅有5件，都是關於教育、財政、建設等市政問題，提出的議案甚少，且無多大發言。[98]5月29日閉幕時，即宣讀向國民政府主席蔣介石、臺灣省主席魏道明，以及剛升任臺灣省警備司令的彭孟緝等3人致敬的電文。[99]

96 〈參議會第一屆第五次大會開幕典禮紀錄〉，《參議會第一屆第五次會議》，典藏號：010a-01-06-000000-0003，「中華民國地方議會議事錄總庫」，下載日期：2017年9月29日，網址：http://journal.tpa.gov.tw/query.php。

97 〈參議會第一屆第五次大會預備會議紀錄〉，《參議會第一屆第五次會議》，典藏號：010a-01-06-000000-0002，「中華民國地方議會議事錄總庫」，下載日期：2017年9月29日，網址：http://journal.tpa.gov.tw/query.php；〈市參議會日程排定，提案多關建設部門〉，《國聲報》，1947年5月26日，第3版。

98 〈參議會第一屆第五次大會議決案統計〉，《參議會第一屆第五次會議》，典藏號：010a-01-06-000000-0008，「中華民國地方議會議事錄總庫」，下載日期：2017年9月29日，網址：http://journal.tpa.gov.tw/query.php；〈參議會第一屆第五次大會參議員提案〉，《參議會第一屆第五次會議》，典藏號：010a-01-06-000000-0011，「中華民國地方議會議事錄總庫」，下載日期：2017年9月29日，網址：http://journal.tpa.gov.tw/query.php。

99 〈市參議會圓滿閉幕　提案五件均照原案通過　彭議長致閉幕詞深表滿意〉，《國聲報》，1947年5月30日，第3版。

顯示二二八事件衝擊之大，縣市參議員人人如驚弓之鳥，態度明顯較之前保守、消極許多，不願意多提建議了。

　　新竹市參議會於6月12日召開第一屆第四次大會，出席參議員21名，缺席5名，可能因離事件較久，出席狀況相對較好。會議爲期2天，主要爲市長及市府各局科的工作報告及詢答，最後通過向國民政府蔣主席、省政府魏主席及警備司令彭司令致敬電文。[100] 花蓮縣參議會也因事件的影響，延至6月12日才召開第一屆第四次大會，因議長張七郎受害，由副議長吳鶴主席並致開會詞。在正式開會前，先選舉議長，結果吳鶴、劉振聲都得6票，經抽籤方式由劉振聲當選議長，吳鶴任副議長，但以抽籤決定是否合法？尚須報省府核定。接著，聽取政府施政報告及詢答，其中與二二八事件相關者，參議員林永樑問當局如何打破官民隔膜？吳副議長代答稱，「因爲多數語言不通，官民少接觸，我們參議員須要爲官民橋樑，多多使官民聯絡。我們要知道，花蓮是我們的花蓮，不是別人的，官吏不過只是爲我們辦事，好的須要擁護，不要忌視，許多人不明這一點，所以形成官民更隔膜，引起二二八事變，這須要本省人注意之點。」民政科長郭國樑補充指出，「除吳副議長所述之外，還須加以宣導，使人民明瞭政府，能使人民信用政府、幫助政府，我們須要官民合作。」另外，參議員馮雲秋也問有參加二二八事變之公教人員已辦自新者可否復職？郭科長答覆指出，自新人員之公權公職等問題，縣府已請示省府，因尚未蒙覆示，未便明答。第二天，6月13日開議，由劉振聲議長主席並致開會詞。在教育工作報告及詢問時，參議員林利生問（用日語）二二八事變後有外省教員告本省教員，不知有否？教育科長連拱璋答覆稱，「在事變時各校照常上課，無發生什麼事，若有，亦是送往綏靖司令部辦理，本人不大明瞭。」此次會議中，參議員提案18件、人民請願案6件，全與二二八事件無關。最後，林永樑參議員提出臨時動議，呈電向蔣主席致敬並歡迎魏主席、彭司令蒞任致

100　新竹市參議會編，《新竹市參議會第一屆第四次大會議事錄》（新竹：該會，1947）。

敬；組織宣慰團前往省垣及西部各地致敬；代表全縣民眾向張縣長獻旗致敬，以及向二二八事變犧牲官民默念致哀3分鐘等。[101]

綜上所述，二二八事件後，各縣市參議會即陸續召開例行大會，最初大都按表操課，行禮如儀，且幾乎都不討論二二八事件相關問題，最後也都會電呈向蔣主席、魏主席、彭司令等人致敬；之後，隨著時間漸遠，參議員的出席人數、提案及詢答情形似乎逐漸恢復，並能就事件相關問題進行研討。當然，最後還是要電呈向蔣主席、魏主席、彭司令等人致敬。一再致敬，一再宣示忠誠，努力修補官民之間的關係。

五、結論

二二八事件是影響戰後臺灣歷史發展的重大事件，在政治發展、社會文化，以及族群關係等方面均留下深深的刻痕。其導火線固然是臺北市的緝煙血案，但臺灣省行政長官公署一年多來的失政，顯然才是引發民眾不滿的最大原因。事件中，以縣市參議會為主體的處委會（含地方分會），除協助維持治安、處理糧荒、疫病，並提出各種政治改革要求，包括撤廢行政長官公署、撤換陳儀、縣市長民選、撤銷專賣制度、廢止貿易局及宣傳委員會、保障人民生命財產安全等，進而於3月7日提出「三十二條處理大綱」。豈料，8日深夜，國府軍隊自基隆登陸，旋展開鎮壓行動，下令解散各地處委會，大量緝捕、槍決臺籍政治菁英和民眾，導致各縣市參議會出現劇烈的變動，原本熱切期待投入政治發展的本土政治菁英，轉趨冷漠、疏離，有近七成的縣市參議員主動撤出政治領域，[102]造成臺灣本土政治菁英的斷層現象，對初生萌芽的民主政治，影響既深且遠。

---

101 花蓮縣參議會編，《花蓮縣參議會第一屆第四次大會議事錄》（花蓮：該會，1947）。

102 吳乃德、陳明通，〈政權轉移和菁英流動：臺灣地方政治菁英的歷史形成〉，頁324-327，「表十四、縣市參議員在二二八事件後的參政情形」。該文指出，縣市參議員在二二八事件後歷經了劇烈的變動，平均撤出率達66.2%。

這523名縣市參議員中，有約近半數在日治時期即爲地方政治菁英。戰後初期，其身分雖具高度延續性，但平日言行，早爲行政長官公署所不滿，視之爲日人御用紳士，之後更將二二八事件的蔓延、擴大，歸責於各縣市參議員。由事件後官方及情治人員所編造的各種通緝要犯名冊、正法及死亡名冊中，皆可見特別標記皇民奉公會員身分。又，這些縣市參議員大都因擔任處委會委員、參與、領導抗爭行動而獲罪，其「犯罪事實」、「罪名」大都是「參加暴動」、「鼓動暴動」、「處理委員會委員」等。其被捕、被通緝、被槍決等，大致可分爲三階段，第一階段爲國府軍隊登陸之初，其在進行軍事鎮壓的同時，即有不少縣市參議員被密捕、密裁或死亡，如基隆市參議會副議長楊元丁、屏東縣參議會副議長葉秋木；高雄市參議會參議員黃賜、王石定、許秋粽等在高雄市府大禮堂討論事件對策時突遭高雄要塞司令兵以機槍掃射而亡；嘉義市參議會參議員陳澄波、潘木枝、盧鈵欽、柯麟等被綁赴嘉義火車站前，槍斃示衆；臺北市參議會參議員徐春卿則是遭便衣帶走後，從此行蹤不明，這些人均未經司法審判即喪失寶貴的生命，可說是第一波被處置者。第二階段是在戒嚴期內，按「戒嚴法」第九條之規定，歸軍法審判，且大都被以內亂罪提起公訴，判刑較重，例如臺北市參議會參議員黃火定、簡檉堉等。第三階段是1947年5月16日臺灣省政府成立後，省主席魏道明宣布解除戒嚴，相關人犯改由司法機關審判，且在中央寬大處理原則下，有許多人獲判無罪、不起訴，顯然較前兩者幸運得多。

二二八事件的衝擊，導致本土政治菁英對政治的失望與冷漠，此明顯表現在參議員出席人數銳減、議事態度消極上。部分參議員因恐遭到池魚之殃，或擔心遭受政治忌恨而走避一時，即使出席會議，大都意志消沈，提案數大減，議事情緒普遍低落，與第一次大會時相比，形同天壤。事件之後，國民政府派出國防部長白崇禧來臺宣慰，發表中央寬大處理原則，並宣布將臺灣省行政長官公署改制爲省政府。於是，由誰接任省主席？一時之間成爲各方角力的焦點。其中，以陳儀表態最爲積極。其先向蔣介石

主席表示可「暫兼一時」，[103] 自請辭職後又推薦親近人士出任，同時策動游彌堅、劉啟光、黃朝琴、李萬居等「半山」發動聯名，向中央請求挽留自己。接著，臺籍國大代表、國民參政員、臺灣省參議會，以及各縣市參議會等皆紛紛上呈蔣主席，請求由陳儀續主臺政。最後，挽留行動並沒有成功，中央決定由魏道明接任臺灣省主席，陳儀黯然返回中國。返回中國後，陳儀改任國民政府顧問，1948年接任浙江省政府主席，並未受到任何懲處，由此可見政府當局對二二八事件的態度。

---

103 〈陳儀呈蔣主席三月六日函〉，收於中央研究院近代史研究所編，《二二八事件資料選輯(二)》，頁71-80。

引用書目

《人民導報》

《中華日報》

《台灣新生報》

《民報》

《國民政府公報》

《國聲報》

《臺灣省行政長官公署公報》

《臺灣省政府公報》

「中華民國地方議會議事錄總庫」，典藏號：005a-01-01-000000-0001、005a-01-02-0000
00-0025、010a-01-01-000000-0001、010a-01-06-000000-0002、010a-01-06-
000000-0003、010a-01-06-000000-0008、010a-01-06-000000-0009、010a-01-
06-000000-0011、011a-01-04-030100-0020、011a-01-04-030100-0028，下載
日期：2017年9月28-19日，網址：http://journal.tpa.gov.tw/。臺中：臺灣省
諮議會。

「內政部警政署檔案」，檔號：A301010000C/0036/0003/36。新北：行政院國家發展委員
會檔案管理局藏。

「省級機關檔案」，典藏號：0040110000006002、0040323100660001。南投：國史館臺灣文
獻館藏。

「高雄縣議會檔案」，檔號：A376820000A/0035/029/1/2/003。新北：行政院國家發展委
員會檔案管理局藏。

「國民政府檔案」，典藏號：001-050000-0003。臺北：國史館藏。

「國家安全局檔案」，檔號：A803000000A/0036/340.2/5502.3/18/019。新北：行政院國
家發展委員會檔案管理局藏。

「臺灣省行政長官公署檔案」，典藏號：00301200034004、00301210032001、00303231001
364、00303231371001、00306520003006、00311730004006、00311730005001。
南投：國史館臺灣文獻館藏。

「蔣中正總統文物」，典藏號：002-020400-00038-061、002-020400-00038-089、002-090
300-00012-159、002-090300-00012-416、002-090300-00012-417、002-0903
00-00163-204。臺北：國史館藏。

中央研究院近代史研究所（編）

　　1992　《二二八事件資料選輯㈠》。臺北：中央研究院近代史研究所。

　　1992　《二二八事件資料選輯㈡》。臺北：中央研究院近代史研究所。

王御風

　　2005　〈近代臺灣地方議會與領導階層之研究：以高雄市爲例（1920-1960）〉。臺南：國立成功大學歷史學系博士論文。

全民日報社（編）

　　1951　《臺灣省首屆參議員名鑑》。臺北：全民日報社。

朱文伯

　　1985　《朱文伯回憶錄》。臺北：民主潮社。

吳乃德、陳明通

　　1993　〈政權轉移和菁英流動：臺灣地方政治菁英的歷史形成〉，收於賴澤涵主編，《臺灣光復初期歷史》，頁303-334。臺北：中央研究院中山人文社會科學研究所。

吳玉鳳

　　2005　〈臺灣省參議會受理人民請願案之研究〉。臺北：國立臺灣師範大學政治學研究所碩士論文。

吳沁昱

　　2014　〈戰後初期新竹政治的活動：以新竹市參議會爲中心（1946-1950）〉，《竹塹文獻雜誌》（新竹）58: 144-161。

李雪津（編）

　　2007　《二二八事件對臺灣省參議會的衝擊：以國家檔案局保管二二八事件檔案爲基礎》。臺中：臺灣省諮議會。

李筱峰

　　1987　《臺灣戰後初期的民意代表》。臺北：自立晚報社文化出版部。

周琇環、歐素瑛（編）

　　2002　《二二八事件檔案彙編㈢：臺灣高等法院檔案》。臺北：國史館。

林秋敏（編）

　　2002　《二二八事件檔案彙編㈤：彰化縣政府檔案》。臺北：國史館。

花蓮縣參議會（編）

　　1947　《花蓮縣參議會第一屆第四次大會議事錄》。花蓮：花蓮縣參議會。

侯坤宏（編）

　　1997　《國史館藏二二八檔案史料（上冊）》。臺北：國史館。

2008 《二二八事件檔案彙編㈦：大溪檔案》。臺北：國史館。

侯坤宏、許進發（編）

2002 《二二八事件檔案彙編㈠：立法院、國家安全局檔案》。臺北：國史館。

2002 《二二八事件檔案彙編㈡：國家安全局檔案》。臺北：國史館。

2002 《二二八事件檔案彙編㈨：國家安全局、臺灣省諮議會檔案》。臺北：國史館。

2004 《二二八事件檔案彙編㈩：國家安全局檔案》。臺北：國史館。

唐賢龍

1991 〈臺灣事變的主因〉，收於陳芳明主編，《臺灣戰後史資料選：二二八事件專輯》，頁22-88，臺北：二二八和平日促進協會。

秦孝儀（主編）、張瑞成（編輯）

1990 《光復臺灣之籌劃與受降接收》。臺北：中國國民黨中央委員會黨史委員會。

高雄縣參議會秘書室（編）

1947 《高雄縣參議會第一屆第四次大會紀錄彙編》。高雄：高雄縣參議會秘書室。

基隆市參議會（編）

1947 《臺灣省基隆市參議會第一屆第四次大會議事錄》。基隆：基隆市參議會。

張炎憲、高淑媛（採訪記錄）

1996 《混亂年代的臺北縣參議會（1946-1950）》。臺北：臺北縣立文化中心。

許雪姬（編）

2015 《保密局臺灣站二二八史料彙編㈠》。臺北：中央研究院臺灣史研究所。

2016 《保密局臺灣站二二八史料彙編㈡》。臺北：中央研究院臺灣史研究所。

2016 《保密局臺灣站二二八史料彙編㈢》。臺北：中央研究院臺灣史研究所。

許雪姬、朱浤源、方惠芳、楊壬生（訪問），蔡說麗（紀錄）

1995 〈郭萬枝先生訪問紀錄〉，收於許雪姬、方惠芳訪問，吳美慧等紀錄，《高雄市二二八相關人物訪問紀錄（下）》，頁33-49。臺北：中央研究院近代史研究所。

許禛庭

1994 〈戰後初期臺灣省行政長官公署與省參議會的關係（1945-1947）〉。臺中：東海大學歷史研究所碩士論文

陳興唐（主編），戚如高、馬振犢（編），萬仁元（審校）

1992 《南京第二歷史檔案館藏：臺灣「二‧二八」事件檔案史料（下卷）》。臺北：人間出版社。

新竹市參議會（編）

1947 《新竹市參議會第一屆第四次大會議事錄》。新竹：新竹市參議會。

1950 《基隆市參議會紀念冊》。基隆：基隆市參議會。

臺北市參議會秘書室（編）

1950 《臺北市參議會紀念冊》。臺北：臺北市參議會秘書室。

臺灣省地方自治誌要編輯委員會（編）

1965 《臺灣省地方自治誌要》。臺中：臺灣省地方自治誌要編輯委員會。

臺灣省行政長官公署民政處（編）

1946 《臺灣民政：第1輯》。臺北：臺灣省行政長官公署民政處。

1946 《臺灣省民意機關法令輯覽》。臺北：臺灣省行政長官公署民政處。

1946 《臺灣省民意機關之建立》。臺北：臺灣省行政長官公署民政處。

臺灣省行政長官公署宣傳委員會（編）

1946 《臺灣省省縣市參議會一覽》。臺北：臺灣省行政長官公署宣傳委員會。

臺灣省行政長官公署統計室（編）

1946 《臺灣省統計要覽》，第1期：接收一年來施政情形專號。臺北：臺灣省行政長官公署統計室。

歐素瑛

2006 〈臺灣省參議會與教育之進展：以國立臺灣大學為例〉，收於臺灣省諮議會編，《「臺灣民主的興起與變遷」研討會論文集》，頁103-126。臺中：臺灣省諮議會。

歐素瑛（編）

2017 《二二八事件檔案彙編㈩：彰化縣政府檔案》。臺北：國史館。

歐素瑛等（編撰）

2011 《臺灣省議會會史》。臺中：臺灣省諮議會。

歐素瑛、李文玉（編）

2002 《二二八事件檔案彙編㈦：臺北縣政府檔案》。臺北：國史館。

鄭志敏

2009 〈從「市參議員」到「悽慘議員」：論二二八事件前後的第一屆高雄市參議員〉，《高市文獻》（高雄）22(1)：37-68。

鄭　梓

1985 《本土精英與議會政治：臺灣省參議會史研究（1946-1951）》。臺中：自刊本。

1988 《戰後臺灣議會運動史之研究：本土精英與議會政治（1946-1951）》。臺北：華世出版社。

鄧孔昭（編）

　　1981　《二、二八起義資料集》，下冊。廈門：廈門大學臺灣研究所。

　　1991　《二二八事件資料集》。臺北：稻鄉出版社。

賴澤涵（總主筆）

　　1994　《「二二八事件」研究報告》。臺北：時報文化出版企業股份有限公司。

戴國煇、葉芸芸

　　1992　《愛憎二二八》。臺北：遠流出版事業股份有限公司。

薛月順、曾品滄、許瑞浩（主編）

　　2000　《戰後臺灣民主運動史料彙編㈠：從戒嚴到解嚴》。臺北：國史館。

二二八事件期間
中部縣市政府之肆應與處置[*]

蔡秀美
東海大學歷史學系助理教授

一、前言

　　1947年二二八事件以臺北的圓環緝煙事件爲導火線，擴大波及全臺，由於各地方政府及處委會的態度和因應，而出現錯綜複雜的結果。事件過程中各地官民互動關係不一，或協調合作，或激烈對抗，其結果，各地方民眾的遭遇和衝擊遂各有不同。

　　中部縣市位居臺灣南北交通往來之樞紐，日治時期行政區劃爲臺中州，轄臺中、彰化二市，以及大屯、豐原、東勢、大甲、彰化、員林、北斗、南投、新高、能高、竹山等11郡；戰後初年，臺灣省行政長官公署爲了便於推動政令，因襲日治時期行政區劃之舊制，以原臺中州之行政區劃爲基礎，劃分爲一縣二省轄市，分別爲臺中縣、臺中市、彰化市。[1] 上述地

---

[*] 本文初稿於2017年2月25日，在中央研究院臺灣史研究所、財團法人二二八事件紀念基金會主辦之「紀念二二八事件七十週年」學術研討會宣讀，承蒙與談人黃秀政教授惠賜寶貴意見；修訂稿復蒙兩位審查人仔細審查，提出寶貴的修改意見，特此敬表謝忱。

[1] 黃文瑞，〈日據以迄光復初期臺灣行政組織之探究〉，《臺灣文獻》（南投）45:1（1994年3月），頁76、80-83。

理區域相當於今日臺中市、彰化縣、南投縣。[2] 二二八事件期間，中部縣市乃是與官方衝突較爲激烈的地區之一。

　　向來關於中部縣市二二八事件之研究，幾乎都偏重探討事件中臺中地區民眾武裝抗爭之經過，尤其是謝雪紅等共黨分子在事件中的角色，以及武裝團體「二七部隊」。1947年3月下旬，奉派與臺灣監察使楊亮功來臺調查事件經過的監察委員何漢文即指出，「由於臺中的起義比較有領導、有組織，並有具體的鬥爭綱領，所以彰化、員林、大甲的武裝群眾，和埔里一帶的高山族人都紛紛來臺中集合。因此臺中成了一個起義的重心」。[3] 行政院二二八事件研究報告亦指出，臺中地區因有共黨分子趁機加入，衝突不斷擴大，不僅主導召開「市民大會」，利用示威群眾，全面接管臺中市的官方機構，更利用青年學生組織「二七部隊」，以武裝力量爲後盾，徹底爭取民主政治，在處委會的議會路線之外，另闢一條武裝路線。[4] 許雪姬利用日記資料，探討事件中林獻堂的角色和因應，指出事件中以林獻堂爲首的穩健派地方士紳，堅持和平協商路線，試圖與臺中處委會、謝雪紅主導的「武裝路線」相抗衡；強調林獻堂等穩健派士紳與學生合作恢復市區秩序，積極抑制謝雪紅等共黨分子的勢力，最後出面迎接國軍整編第21師，有效地減少臺中地區可能招致的報復性屠殺。[5] 此外，周琇環的研究指出，彰化市長王一麐與地方士紳互相溝通配合的結果，使得彰化市秩序尚稱平靜。[6] 上述研究成果受到資料的限制，幾乎都以事件期間地方士紳

2　洪敏麟編著，《臺灣舊地名之沿革》（臺中：臺灣省文獻委員會，1980），第一冊，頁56。

3　何漢文，〈臺灣二二八事件見聞紀略〉，收於鄧孔昭編，《二二八事件資料集》（臺北：稻鄉出版社，1991），頁177。

4　賴澤涵總主筆，《「二二八事件」研究報告》（臺北：時報文化出版企業股份有限公司，1994），頁406。

5　許雪姬，〈二二八事件中的林獻堂〉，收於胡健國主編，《20世紀臺灣歷史與人物：第六屆中華民國史專題論文集》（臺北：國史館，2002），頁989-1061。

6　周琇環，〈二二八事件在彰化〉，收於李旺台總編輯、曾美麗主編，《二二八事件新史料學術論文集》（臺北：財團法人二二八事件紀念基金會，2003），頁90-125。

在地方處委會的表現作爲探討焦點，而讓人感覺二二八事件期間中部地區三縣市政府似乎未有值得注意的因應，一時之間均處於無政府狀態。

　　過去以二二八事件期間官方因應策略爲中心的專題研究成果，幾乎集中探討南京中央政府、臺灣省行政長官公署的應變措施，探討蔣介石、陳儀等機關首長的決策和作爲，檢討其在事件中的功過得失。縣市層級地方政府之研究成果，僅見嘉義、高雄、彰化三地政府的因應與善後處置，[7] 這些研究成果一致指出各地方公權力一時中空之際，地方士紳及民眾奮起組織處委會，維持地方行政之運作，有助於進一步瞭解地方社會對二二八事件的態度和做法。不過，由於當時對二二八檔案和資料之取得仍有限制，以致研究者不易取得關鍵的政府檔案，結果，其研究論述似乎不得不止於強調各地方處委會成立的主動性與合法地位，因而忽視事件期間各地方行政當局借力使力、曲折迂迴的運作實況。

　　近年來，隨著二二八新史料與檔案陸續整理出版，尤其是《保密局臺灣站：二二八史料彙編》之出版，實有助於進一步釐清歷史事實。例如，侯坤宏利用此一新史料重新探討事件期間全臺各地處委會的運作實況，指出保密局調查人員滲透臺中處委會，從事分化工作，[8] 推斷官方可能運用特務介入，甚至指導處委會。另如，歐素瑛亦利用新資料探討事件期間地方首長的角色，指出臺中縣長宋增榘、臺中市長黃克立、彰化市長王一麕於事件中均採取與處委會配合之因應態度，事件後三人的命運則不同，臺中

7　嘉義政府因應策略之研究，例如許雪姬，〈臺灣光復初期的民變：以嘉義三二事件爲例〉，收於賴澤涵主編，《臺灣光復初期歷史》（臺北：中央研究院中山人文社會科學研究所，1993），頁169-222；馬有成，〈嘉義「三二」事件中的政府因應與處置〉，《嘉義研究》（嘉義）2（2010年9月），頁49-98；高雄地區政府之因應的研究成果，例如許雪姬，〈二二八事件時高雄市的綏靖〉，收於黃俊傑編，《高雄歷史與文化論集》（高雄：財團法人陳中和翁慈善基金會，1994），第1輯，頁163-197。另有黃克武、洪溫臨，〈悲劇的歷史拼圖：金山鄉二二八事件之探析〉，《中央研究院近代史研究所集刊》（臺北）36（2001年12月），頁1-44。
8　侯坤宏，〈重探「二二八事件處理委員會」的角色〉，《臺灣史研究》（臺北）21: 4（2014年12月），頁1-56。

縣長宋增榘雖於1947年度縣市長考成中成績最差而被核定「免職」，但仍獲續任縣長，直至1948年4月9日以另有任用爲由，改派屏東市長龔履端接任；彰化市長王一麐於1947年度縣市長考績二等，被評定「留級」，但直至1948年4月2日始卸職；臺中市長黃克立則先後因3月24日整編第21師師長劉雨卿中將、3月28日臺中市國民黨黨部向當局呈報，而備受批評，遂於4月4日自請辭職，陳儀立即批准，並於翌日改派李薈代理臺中市長。[9] 惟事件發生後數日間在情勢不利的情況下，他們如何自處、如何與地方人士互動，甚至如何策動地方人士進行分化，綏靖清鄉期間其處置作爲爲何，對地方民眾造成什麼影響，在在均有待深入探討。

關於中部地區二二八事件相關資料，除了既有的各種公私檔案資料之外，新史料中，前述《保密局臺灣站：二二八史料彙編》亦收錄不少事件期間特務人員秘密蒐集關於臺中官民反應和做法的一手情報資料。值得一提者，乃2017年1月國史館整理出版之《二二八事件檔案彙編》第十九至二十二冊，可說是中部地區二二八事件研究重要的新史料，內容彙集關於臺中縣和彰化市政府執行清鄉工作之檔案。上述新史料及檔案，可說頗有助於重新檢討事件期間臺灣中部縣市政府的因應措施。

有鑑於此，本文擬以上述新、舊資料爲素材，究明二二八事件期間中部縣市當局的因應態度和作爲、善後處理經過，以及對地方社會之衝擊和影響，冀望有助於釐清事件期間地方政府的角色和責任。

二、接收改制後中部縣市之政情

㈠ 行政區域與人事組成

所謂戰後接收改制後的中部縣市，係指由原日治時期臺中州轄區所析

---

9 歐素瑛，〈二二八事件期間縣市首長的角色與肆應〉，《臺灣史研究》（臺北）21: 4（2014年12月），頁57-103。

分的臺中市、臺中縣及彰化市。1945年10月30日,臺灣地區軍事接收工作本部成立接收委員會。11月5日,臺中州接管委員會在臺北成立,劉存忠擔任主任委員;8日,赴臺中開始辦理接收工作。[10]12月,臺灣省行政長官公署先後公布「臺灣省省轄市組織暫行規程」及「臺灣省縣政府組織規程」,將原5州3廳11州轄市改制分為8縣(臺北、新竹、臺中、臺南、高雄、臺東、花蓮、澎湖)9省轄市(臺北、臺中、臺南、基隆、高雄、新竹、嘉義、彰化、屏東)。[11]於是,中部地區三縣市析分為臺中縣、臺中市及彰化市。臺中州接管委員會主委劉存忠於12月4日奉派擔任首任臺中市長,12月17日接收臺中市區,成立市政府,設總務、民政、財政、教育四科,以及秘書室、建設局、警察局等單位。12月27日,行政長官公署另派黃克立擔任臺中市長。[12]翌(1946)年1月21日,市長黃克立正式上任,臺中市區劃分為東、西、南、北、中五區,下分116里、986鄰。[13]1947年2月5日臺中市以其轄區過小,都市條件未備,乃呈准將臺中縣西屯、南屯、北屯三鄉併入臺中市,[14]全市劃分為8區、163里、1370鄰。[15]原臺中市長劉存忠則於1946年1月轉任臺中縣縣長。[16]戰後初期臺中縣係採大縣制,縣治最初設於臺中市,1946年9月遷移至員林區,[17]其行政區域涵蓋大屯、豐原、東勢、大甲(以上在今臺中市)、彰化、員林、北斗(以上在今彰化縣)、南投、新高、能高、竹山(以上在今南投縣)等11區,共19鎮35鄉。[18]

10 臺中市文獻委員會編,《臺中市志稿:卷首(下冊)》(臺中:該會,1965),頁6-7。

11 黃文瑞,〈日據以迄光復初期臺灣行政組織之探究〉,頁86-87。

12 臺中市文獻委員會編,《臺中市志稿:卷首(下冊)》,頁12-13。

13 臺中市文獻委員會編,《臺中市志稿:卷首(下冊)》,頁16。

14 林世珍、陳光華、鄭榮松編,《臺中縣志・卷三:政事志(行政篇、自治篇、役政篇)》(臺中:臺中縣政府,1989),第一冊,頁65-66。

15 臺中市文獻委員會編,《臺中市志稿:卷首(下冊)》,頁33。

16 臺灣省行政長官公署人事室編,《臺灣省各機關職員錄》(臺北:該室,1946),頁291。

17 〈縣・市政府移轉完了 辦公開始〉,《和平日報》,1946年9月25日,第3版。

18 1947年2月二二八事件前夕臺中縣各區署轄下之鄉鎮分別為:大屯區(大里鄉、霧峰鄉、太平鄉、烏日鄉)、豐原區(豐原鎮、內埔鄉、神岡鄉、大雅鄉、潭子鄉)、東勢區(東勢鎮、

至於彰化市，1946年1月派任王一麐爲彰化市市長，[19] 分成彰西、彰南、彰北、大竹四區，下分92里。[20] 彰化市因屬四等市，市政府之下，僅警察設局，餘設科，[21] 在三縣市中人口較少，財政不能獨立，[22] 平日推動政務與臺中縣市維持密切互動。

二二八事件爆發前半年，即1946年7月中部縣市政府的主要人事結構亦以外省籍爲主，臺中縣縣長劉存忠爲遼寧鐵嶺人，縣長以下之局長、科長、課長19人中，外省籍10人、臺籍9人，約各佔一半。[23] 臺中市長黃克立爲福建晉江人，市長以下科長、課長14人中，絕大多數爲福建籍，臺籍僅2人。[24] 彰化市長王一麐爲江蘇阜寧人，市長以下各科局職員11人中，外省籍8人、臺籍僅3人。[25]

當時，中部地區縣市政府及公營事業的人事結構經常引起民眾之質疑和不滿，再三呼籲地方當局採用臺人。[26] 1946年臺中縣、市政府數度進行

石岡鄉、新社鄉）、大甲區（清水鎮、梧棲鎮、大甲鎮、沙鹿鎮、外埔鄉、大安鄉、龍井鄉、大肚鄉）、彰化區（鹿港鎮、和美鎮、線西鄉、福興鄉、秀水鄉、花壇鄉、芬園鄉）、員林區（員林鎮、溪湖鎮、田中鎮、大村鄉、埔鹽鄉、坡心鄉、永靖鄉、社頭鄉、二水鄉）、北斗區（北斗鎮、二林鎮、田尾鄉、埤頭鄉、芳苑鄉、大城鄉、竹塘鄉、溪州鄉）、南投區（南投鎮、草屯鎮、中寮鄉、名間鄉）、新高區（集集鎮、魚池鄉）、能高區（埔里鎮、國姓鄉）、竹山區（竹山鎮、鹿谷鄉）。參見〈臺灣省行政區域名稱及所在地一覽表〉，《臺灣省行政長官公署公報》（臺北）2: 3（1946年1月25日），頁10-11；黃文瑞，〈日據以迄光復初期臺灣行政組織之探究〉，頁82-83。

19 歐素瑛，〈二二八事件期間縣市首長的角色與肆應〉，頁67。

20 國立彰化師範大學地理學系編纂，《彰化市志》（彰化：彰化市公所，1997），頁9。

21 當時，全臺的省轄市政府組織分爲四等，一等市爲臺北市，二等市爲高雄、臺中、臺南、基隆市，三等市爲新竹、嘉義市，四等市爲彰化、屏東市。參見黃文瑞，〈日據以迄光復初期臺灣行政組織之探究〉，頁86-87。

22 臺灣省文獻委員會編校，《臺灣省通志稿‧卷三：政事志‧行政篇》（臺北：該會，1957），頁26。

23 臺灣省行政長官公署人事室編，《臺灣省各機關職員錄》，頁291-293。

24 臺灣省行政長官公署人事室編，《臺灣省各機關職員錄》，頁308-309。

25 臺灣省行政長官公署人事室編，《臺灣省各機關職員錄》，頁317-318。

26 例如1946年4月26日臺中市參議會議員賴枝水即建議臺中市長黃克立，宜採用本省人積極地參與臺中的建設。參見臺中市參議會編，《臺灣省臺中市參議會第一屆第一次大會記錄》（臺中：該會，1946），無頁碼。

裁員，結果，該年7月臺中縣政府原有職員752人，裁員後僅留任337人；[27]
同一時期，臺中市政府職員經數次整頓結果，300餘人中免職130餘人，其
中，6月期間被免職的48人中，臺籍46人。無怪乎，《和平日報》記者批
評道：「杜絕牽親引戚，採用本省人才」的呼聲雖如雷貫耳，但臺中市政府
的大員們似乎馬耳東風。[28] 縣參議員林西陸爲此向劉縣長提出質詢，明白
指出：光復後臺灣人雖竭誠歡迎，但其後因外省人的「牽親引戚」和「非
爲亂作」而民心叛離，例如聽說某銀行經理透過所謂的牽親引戚，任用外
省人營業課長，開除本省人，而引發罷工，此一作風不改不行。其發言在
議場上獲得滿場拍手喝采。[29]

公職人員或民意代表濫權貪污事件時有所聞，1946年6月臺中縣大甲
區沙鹿鎮長陳曾遭檢舉勾結流氓恐嚇取財，6月底縣長劉存忠予以免職並
移送司法偵辦。[30] 接著，8月臺中市政府爆發官員不當處理日產之醜聞，前
臺中市長秘書吳某遭揭發在日產處理委員會臺中分會主任任內，對市區內
華麗的日產房屋貼上「留用×××職員宿舍」，要求現住者轉讓。[31] 彰化市
警察局督察長沈寶通的民間風評亦欠佳，傳言指他利用流氓當刑警，到處
爲非作歹，中飽私囊。[32]

此外，米價逐日暴漲，則是嚴重的民生問題。據報載，1946年1月26
日臺中市在市場買不到米的市民競相搶購從農家運來的稻米，最初喊價70

---

27 〈裁員に結ぶ同僚愛　生活苦に喘ぐ部下に同情　臺中縣の課長連辭表を提出〉，《和平日
報》，1946年7月28日，第3版。

28 〈街頭巷尾〉，《和平日報》，1946年7月8日，第3版。

29 〈總豫算額　三億一千萬圓を可決　大部分は教育建設費　臺中縣參議會きのふ閉會〉，《和平
日報》，1946年7月7日，第3版。

30 〈流氓の裏に鎮長あり　恐嚇事件益々發展〉，《和平日報》，1946年6月7日，第3版；〈沙鹿
鎮長　免職さる〉，《和平日報》，1946年6月30日，第3版。

31 〈日產處理で甘い汁〉，《和平日報》，1946年8月9日，第3版。

32 朱重聖修訂，〈大臺中地區二二八事件口述訪錄〉，《國史館館刊》（臺北）30（2001年6月），
頁44。

元，後來也有喊價至百元；[33] 同年6月，臺中縣稻米產地之一的豐原區內埔鄉米商以一斗120元從農家收購數百袋米穀，再以一斗140元賣給臺南的商人。[34] 顯示半年間米價已爆升至百元以上，米荒問題十分嚴重，引起民眾深感不安。

㈡ 爭議事件

茲列舉二二八事件爆發之前臺中地區的重大爭議事件，以說明臺中地區因政府官員濫權而引起地方民眾不滿和議論。其一，毛雄事件，1946年7月中旬，臺中市警察局辦事員毛雄穿著便服，進入臺中市大華酒家（臺中公園附近）飲酒作樂，酒酣耳熱後與鄰桌客人發生衝突，毛雄竟然拿出手槍威脅對方，並用槍把毆打民眾致死，此事經《台灣新生報》記者何春木披露報導，引起市民議論紛紛，[35] 連臺中市參議會也針對此一事件質詢市警察局局長洪字民。[36] 事後調查，得知毛雄與該被害者李樹煌之妻賴氏嬌足私通，為了滿足私慾，因此利用警察之職權，以偵查李樹煌涉及竊案為由，將李樹煌帶到官舍，加以毒打痛毆，後帶到警察局扣留偵訊，最後，因查無竊盜事實而被釋放，但離開警局幾日後即告暴斃，死因為毆打致死。[37] 是年7月23日乃將毛雄移送臺中地方法院檢察處，9月予以撤職。該事件之處置，不僅檢察官備受稱道，且毛雄直屬上司市警察局長洪字民迅速調

33 〈市民の不安は募る、臺中に米饑饉の現象〉，《台灣新生報》，1946年1月27日，第4版。

34 〈內埔の米價低落せず、原因は奸商の跳梁〉，《和平日報》，1946年6月30日，第3版。

35 林良哲，《何春木回憶錄：「黨外戰將」奮發開啓人生的故事》（臺北：前衛出版社，2004），頁130-131；〈人事、警察問題に集中、毛雄事件も議題の一つ〉，《和平日報》，1946年8月16日，第3版。

36 例如1946年8月14日臺中市參議員林金池、賴枝水均向警察局長洪字民質詢毛雄事件。參見臺中市參議會秘書室編，《臺灣省臺中市參議會第一屆第二次大會記錄》（臺中：該室，1946），無頁碼。

37 〈臺中通姦害夫案　警局員濫用職權　市民公憤自動檢舉〉，《民報》，1946年7月24日，第2版；〈不肖警員必嚴懲　洪局長表明遺憾之意〉，《民報》，1946年7月24日，第2版。

查事件真相、直接押送人犯的作為，也博得市民的好感。[38]

其次，員林事件，該事件係二二八事件發生前最令社會震驚的事件之一。[39]關於此一事件之經過及影響，已有專題詳加論述。[40]茲略述其要如下：該事件起於1946年5月25日臺中縣鹿港警務所警員許宗喜夥同該所巫忠力等義警三人，無故毆傷臺中縣參議員施江西。[41]施江西於同年7月向臺中地方法院自訴許、巫等人共同傷害。由於臺中地院屢傳許宗喜應訊，許宗喜皆抗不應訊，加以事後不久許宗喜轉調任臺中縣警察局秘書室科員，於是11月10日臺中地方法院推事蘇樹發簽發拘票，飭法警三人前往員林鎮的臺中縣警察局拘提許宗喜。未料，11月11日下午4時臺中地院法院一行人抵達臺中縣警局後，臺中縣警察局長江風、督察長陳傳風等縣警察局高層，要求臺中地院法警與看守15人出示身分證件和拘票，隨後沒收其身分證件，並命法警解除武裝；接著，奉江風之命前來支援的北斗區警察所所長林世民率員荷槍，進入縣警察局開槍掃射，法警和看守中彈倒地，並被逮捕送拘留所。12日臺中地院代理院長饒維岳據報後，派員與縣警察局長江風協商，要求釋放遭拘禁之人員，卻遭拒絕。13日臺灣高等法院派推事吳鴻麒、檢察官毛錫清等南下要求縣警察局放人，但江局長仍置之不理。直至11月17日凌晨，縣警察局方釋放被拘禁的看守及法警。[42]

此一事件清楚地反映出臺中縣縣長及警政高層違法濫權之態度。警察首長公然說謊、文過飾非、藐視司法，而劉存忠則包庇下屬，甚至對前來協商的臺中地院推事許乃邦表示，法院以內，係司法最高機關，職權自然

---

38 〈臺中市警察局辦事員毛雄案〉，《臺中縣市警察局人員任免》，「臺灣省行政長官公署檔案」（南投：國史館臺灣文獻館藏），典藏號：00303235036012。〈嚴正に處斷せよ！ 區民が共同訴狀を提出〉，《和平日報》，1946年7月24日，第3版。

39 吳俊瑩，〈由「員林事件」看戰後初期臺灣法治的崩壞〉，《國史館館刊》（臺北）37（2013年9月），頁81。

40 吳俊瑩，〈由「員林事件」看戰後初期臺灣法治的崩壞〉，頁81-121。

41 施江西，〈警察橫行 不知國法何在〉，《和平日報》，1946年5月31日，第1版。

42 吳俊瑩，〈由「員林事件」看戰後初期臺灣法治的崩壞〉，頁81-95。

很大，何必更派隊到局呢？[43] 無怪乎《民報》嚴詞批判該事件：「露呈臺中縣警察局的蹂躪司法尊嚴及非人道，該縣當局迄今毫無反省，並企圖陰蔽〔按：隱蔽〕事實，混淆社會視聽。此案實為威脅本省法治政治確立，破壞模範省的建設之最嚴重問題。」[44] 當時，臺中地方人士極為激憤，11月14日臺中市人民自由保障委員會、臺中市參議會及臺中律師公會召開聯合討論會，決議向各方面呼籲擁護司法尊嚴，確立法治政治，並一度計劃舉行市民大會、彈劾大講演會或座談會，但均因故中止。因此，一般市民之憤慨更加強烈，街頭巷尾無不為臺灣社會之前途搖頭長嘆，市面到處貼有「員林事件是臺灣治亂的分歧點」等大型傳單。[45] 縣長劉存忠因「督促不力」遭申誡，[46] 遂於12月12日去職，由宋增榘接任臺中縣縣長。[47] 就民間觀感觀之，二二八事件發生前夕，前臺中縣長劉存忠可說是中部地區縣市首長中最不得民心者。

　　1946年11月下旬，上海《僑聲報》記者前來臺中採訪員林事件，在旅社的床上拾獲一張不知來源的傳單，抄錄後刊載於報紙，該傳單文字實可反映當時臺中社會之興情，可視為二二八事件前夕臺中地方民情不安一觸即發的警示燈。略謂：

> 廉潔的公務員生活清淡
>
> 百物日貴，餓莩堪長；花子結隊，失業滿堆。
>
> 槍聲時聞，惡黨成群；強盜鼠偷，日夜不分。
>
> 郵車價起，萬物照比；貧民待斃，商工退萎。
>
> 官即是商，唯利是從；巧合匪類，彼此串通。

---

43 〈臺中警法衝突〉，《台灣新生報》，1946年11月14日，第4版。

44 〈員林血案真相（上）〉，《民報》，1946年11月21日，第3版。

45 〈臺中市民　憤慨異常〉，《民報》，1946年11月21日，第3版。

46 〈臺中縣縣長劉存忠案〉，《懲戒》，「臺灣省行政長官公署檔案」，典藏號：00303520004009。

47 〈臺中縣縣長劉存忠另有任用及派宋增榘接充案〉，《縣市長任免》，「臺灣省行政長官公署檔案」，典藏號：00303231151003。

秩序不整，污吏橫行；辦公欠正，偏袒私情。

決議百條，隔日雪消；宣傳特長，不矯曲歪。

誘脅奸通，厭棄路傍；提訴無門，羞憤徬徨。

利餌小人，懷柔最能；不遵法理，動以槍擬。

法治堪虞，民無護庇；美名為臺，實是破壞。

政治經濟，誰是誰非；統治失籌，監理不週。

大家起來，排除腐敗；團結一貫，拯救臺灣。

樸實的老百姓辛苦不安[48]

　　誠如戰後初期曾任臺中縣員林鎮副鎮長的齒科醫生林朝業指出的，二二八事件發生的原因，主要在於米價飛漲、經濟問題惡化、國軍水準低、大陸官員的自大心態，以及失業者大量增加。國軍及政府官員利用權勢和槍桿，為所欲為，民眾逐漸對大陸來的官員失去信心和尊敬。[49]

三、事件期間中部縣市地方政府之因應

　　二二八事件爆發後，透過臺北地區之廣播，開始蔓延至全臺各縣市。臺中市為南北交通樞紐，也是中部地區的中心，對事件的反應最為迅速。3月1日上午，臺中市參議會邀請臺中縣、彰化市參議會派員參加，舉行聯席會議，會中決議響應臺北市民的行動，並推選國大代表林連宗為代表，北上傳達中部地區的決議。3月2日上午9時，臺中市民眾聚集臺中戲院，舉行市民大會，10時左右參加群眾決定遊行示威，接著，開始攻擊警察局及官署、接收武器、毆辱外省人，秩序陷於混亂。中午，消息一傳出，臺

---

48 〈臺中尚無寒意　上街著白襯衣〉(《僑聲報》1946年12月7日)，收於李祖基編，《「二‧二八」事件報刊資料彙編》(臺北：海峽學術出版社，2007)，頁194-196。

49 黃秀政訪問、連偉齡紀錄，〈林朝業先生訪問紀錄〉，《口述歷史》(臺北) 4 (1993年2月)，頁237-238。

中縣治所在的員林鎮亦開始出現民眾攻擊區署及警察局之情況，臺中縣市政府官員、警察大多棄職躲避。[50] 下午，鑑於事態嚴重，臺中縣市、彰化市參議會及士紳代表乃聚集在臺中市參議會開會，成立「臺中地區時局處理委員會」。隨後，臺中縣及所屬鄉鎮、彰化市等地均於翌（3）日響應成立處委會，臺中縣在其縣治所在的員林鎮成立「員林二二八處理委員會」；大甲、豐原、北斗等地成立「大甲時局處理委員會」、「豐原區時局處理委員會」、「北斗二二八處理委員會分會」，以及彰化市成立「彰化市善後處理委員會」。上述處委會的成立目的在於協助政府機關辦公，恢復社會秩序，因此亦糾集地方民眾或學生成立治安維持組織。[51]

向來關於中部地區二二八事件的研究顯示，除了彰化市長王一麐尚留在崗位處理公務之外，幾乎都認定事件期間臺中縣市首長棄職、避居，因此不得不由地方上的處理委員會代行職務。近來有研究者透過檔案史料，重建臺中縣市、彰化市三位行政首長的因應方式，指出三人均採取配合處理委員會之做法。[52] 至於縣市長以下層級的區署、鄉鎮公所首長，以及警察首長，如何接受縣市長之命令，指導民眾，甚至與處委會協調，仍有待研究。以下將以臺中市、臺中縣、彰化市三政府機關為中心，分別討論事件期間各地方政府的警政首長如何與地方基層的區鎮長或民眾相互配合，以因應變局之經緯。

㈠ 臺中市政府

1947年2月27日夜晚，臺北發生圓環緝煙事件，不久，臺中市政府接獲消息，隨即飭令市警察局派員深入民間，刺探民眾之反應，一面加強戒

---

50 賴澤涵總主筆，《「二二八事件」研究報告》，頁82-99。
51 侯坤宏，〈重探「二二八事件處理委員會」的角色〉，頁14-16、27-28。
52 歐素瑛，〈二二八事件期間縣市首長的角色與肆應〉，頁79-82、89。

備。翌（28）日清晨，鑑於臺中市民眾尚無反應，[53] 黃克立於是依照既定行程，參加彰化銀行改組後的股東大會暨第一屆董監事會，當日中午財政處長嚴家淦、科長劉長寧抵達臺中，與黃克立午餐，林獻堂作陪。下午2時30分，召開彰化銀行成立大會及第一屆董事會，黃克立獲選為公股董事；當晚，黃克立與嚴家淦、林獻堂參加彰化銀行董監事在醉月樓之晚宴。[54]

　3月1日（星期六）上午8時，彰化銀行總行舉行成立典禮，黃克立與嚴家淦、林獻堂等人均出席。[55] 同日，臺中市政府有兩件事值得注意：其一，各地民眾已於28日透過廣播得知臺北發生民眾圍攻專賣局、行政長官公署衛兵開槍事件。為了防範未然，長官公署民政處於3月1日正式電令臺中市政府，通知臺北之實況，並要求轉知所轄各機關沉著應付。[56] 其二，3月1日上午9時，臺中市參議會與臺中縣、彰化市參議會代表等中部各界代表，假臺中市參議會址（即日治時期大屯郡役所），緊急召開聯席會議。會後決議響應臺北市民的行動，並追加提出「改組長官公署」、「即刻實施省縣市長民選」兩項要求，派林連宗北上傳達中部地區的決議。[57] 顯然的，臺北爆發的緝煙事件開始在中部地區發酵。3月1日上午，儘管臺中市面尚屬平靜，[58] 但隱然有風雨欲來之跡象。因此，身為臺中市首長的黃克立

---

53 〈「二・二八」事件臺中變亂報告書〉，收於陳興唐主編，戚如高、馬振犢編輯，萬仁元審校，《南京第二歷史檔案館藏：臺灣「二・二八」事件檔案史料（上卷）》（臺北：人間出版社，1992），頁385。

54 林獻堂著、許雪姬主編，《灌園先生日記(九)一九四七年》（臺北：中央研究院臺灣史研究所、中央研究院近代史研究所，2011），頁138。

55 許雪姬，〈二二八事件中的林獻堂〉，頁39。

56 〈「二・二八」事件臺中變亂報告書〉，頁385。

57 關於3月1日三縣市聯席會議召開時間，據1947年3月下旬臺中市政府的報告書載稱，開會時間為「9時」，「到會者14人」。另據鍾逸人的回憶錄稱，開會時間為「11時」，與會者有各地士紳代表、日治時期原社會運動幹部成員、黨團幹部、律師、記者及文化界人士。本文採1947年3月下旬臺中市政府報告書之說法。參見賴澤涵總主筆，《二二八事件」研究報告》，頁84；〈「二・二八」事件臺中變亂報告書〉，頁385。

58 據臺灣省立臺中師範學校校長洪炎秋之回憶，3月1日上午，臺中市面很平靜，學校照常上

勢必要有所因應。

　　據林獻堂長孫林博正憶稱，事件發生第二天（按：指3月1日），嚴家淦與臺中市長黃克立一行人到霧峰林家吃中飯，之後因警報聲，林獻堂便將客人留在霧峰林家，他自己到臺中打探消息。[59] 當時，林博正12歲，目擊事件期間林獻堂保護嚴家淦之經過，其說詞亦有參考價值。若其所稱「在霧峰林家用午餐」一事爲眞，則可知林獻堂、嚴家淦等人於3月1日會後到霧峰林家用午餐。另據1956年林獻堂去世後葉榮鐘編纂之「林獻堂先生年譜」載云，1947年「3月1日，二二八事件波及臺中，掩護來中參加彰銀成立大會之財政處長嚴家淦於霧峰自宅」。[60] 顯示3月1日中午嚴家淦等人之所以到霧峰林家，似乎是對該日上午臺中市面漸呈不安之跡象已有所警覺。不過，林博正對該日用餐後林獻堂、黃克立行蹤則未有進一步敘述。作爲關鍵史料的《灌園先生日記》1947年3月1日至5日之內容亦缺漏，[61] 無法確知實情。

　　惟若衡諸相關資料，中午在霧峰林家用餐的市長黃克立，可能於3月1日中午過後返回臺中市政府處理公務。蓋當時臺中市參議會仍在召開中部地區緊急聯席會議。參議會開會期間，約下午4時臺中市區已有人散發傳單，[62] 內容爲「抗議二、二七事件，臺中市民大會。三月二日上午九時，

課，下午家住在離學校不遠的學生，都依例回家。參見洪炎秋，《老人老話》（臺中：中央書局，1977），頁189。

59　許雪姬訪問、王美雪紀錄，〈林博正先生訪問紀錄〉，收於許雪姬編著，許雪姬、王美雪記錄，《中縣口述歷史・第五輯：霧峰林家相關人物訪談紀錄（頂厝篇）》（臺中：臺中縣立文化中心，1998），頁113。

60　〈林獻堂先生年譜〉，收於葉榮鐘，《臺灣人物群像》（臺北：時報文化出版企業股份有限公司，1995），頁162。

61　據云，該五日的日記內容爲林雲龍撕去。參見許雪姬訪問、王美雪紀錄，〈林博正先生訪問紀錄〉，頁113。但觀日記原本爲「空白」，並未有撕去的痕迹。

62　據鍾逸人的回憶，證實該傳單係3月1日中午他在街上遇到楊逵，兩人討論後，在白鴿堂（今臺中市中山路二信總社對面）印製後，託人分別在臺中火車站、南臺中等地發放。參見鍾逸人口述、黃秀政訪問、連偉齡整理，〈訪鍾逸人談二七部隊〉，收於行政院研究「二二八事件」

臺中戲院」。[63] 國民黨臺中市黨部、保密局臺灣站臺中組情報通訊員均偵知
「臺灣省政治建設協會臺中分會」成員原訂於3月2日在臺中戲院召開演講
會，恐有民眾將召開「市民大會」，趁機引發暴動，乃分別派人聯絡臺中市
政府警察局。[64] 市長黃克立知悉後，深感事態嚴重，認為3月2日的市民大
會開不得，宜請其設法制止；[65] 開始派人利用時機，宣傳事件經過，[66] 並通
知特定人士注意，採取防範措施。政治建設協會委員張深鑐回憶表示，3
月1日下午他遇到黃克立市長，被告知取消原預定於翌日上午召開之演講
會，於是緊急將演講會取消之海報張貼在各處揭示板，告知民眾。[67] 警察
局長洪字民即刻電話通知該會主持人巫永昌延期召開，[68] 當日深夜，臺中
市政府再印刷「臺北事件經已解決，市民大會暫緩召開」之傳單，散發於
市面，希望阻止市民大會召開。[69] 另一方面，為阻止學生參加開會，3月2
日上午7點半，臺中市政府主任秘書莫大元到臺中師範學校拜訪校長洪炎
秋，請其注意學生動態，並對洪炎秋說：「昨夜有人各處通知，今天午前
要在臺中戲院開會，你們學校有七年制的學生，比較有號召力，請約束他

小組編《二二八事件研究報告・附錄二：重要口述歷史(一)》（臺北：該組，1992），頁3；鍾逸
人，《辛酸六十年（上）：狂風暴雨一小舟──228事件二七部隊部隊長鍾逸人回憶錄1921-
1947》（臺北：前衛出版社，2009），頁431-436。

63 〈王孝順呈臺北林先生報告臺中暴動經過（民國36年3月15日收）〉，收於許雪姬主編，《保密
局臺灣站二二八史料彙編(三)》（臺北：中央研究院臺灣史研究所，2016），頁431。

64 臺中市黨部，〈臺中暴動情形綜合報告〉，收於陳興唐主編，戚如高、馬振犢編輯，萬仁元審
校，《南京第二歷史檔案館藏：臺灣「二・二八」事件檔案史料（上卷）》，頁416；〈王孝順
呈臺北林先生報告臺中暴動經過（民國36年3月15日收）〉，頁431；〈張秉承呈報「臺灣二二
八事變報告書」（民國36年4月）〉，收於侯坤宏、許進發編，《二二八事件檔案彙編(六)：國家
安全局檔案》（臺北：國史館，2004），頁50。

65 勁雨編，《臺灣事變真相與內幕》（上海：建設書店，1947），頁27-28。

66 〈「二・二八」事件臺中變亂報告書〉，頁385。

67 黃秀政、許雪姬訪問，許雪姬、連偉齡紀錄，〈張深鑐先生訪問紀錄〉，《口述歷史》（臺北）4
（1993年2月），頁212。

68 〈王孝順呈臺北林先生報告臺中暴動經過（民國36年3月15日收）〉，頁432。

69 〈「二・二八」事件臺中變亂報告書〉，頁386。

們，不要參加。」[70] 由上顯示，3月1日迄3月2日清晨，市長黃克立已飭令下屬預先防範，希望即時阻止翌日在市民會館召開的市民大會。

附帶一提，過去有一說法認為，2月28日下午彰化銀行董監事會後，在酒樓開宴結束後，黃克立與財政處長嚴家淦、科長劉長寧等人，同遊日月潭，翌（1）日要回臺北時，公路已不通，遂與黃市長及司機一同前往霧峰林家求救。該說法主要來自1995年與霧峰林家相關人物林瑞池的訪談紀錄，[71] 內容似乎暗示二二八事件發生之初市長黃克立即棄職逃亡，未在臺中市政府坐鎮指揮，其行蹤直到3月5日始被民眾發現，送到民眾旅社。不過，若衡諸其他相關史料，該說法不過是單一個人之回憶，不宜率然引為論據，蓋2月28日既有晚宴，黃克立與嚴家淦等人於晚宴結束後同遊日月潭的可能性似乎不高，加以，據相關史料顯示，3月1日至3月2日黃克立仍在市政府坐鎮，試圖阻止3月2日即將在市民會館召開的市民大會。要之，臺中市政府上從黃市長，下至警察局長洪字民等市府重要主管接獲行政長官公署及情報單位之通知後，紛紛採取一些防範措施。

儘管如此，3月2日上午9時，「市民大會」仍如期召開。向來研究成果指出，該日10時左右，參加「市民大會」的群眾決定遊行示威，遊行隊伍先抵達錦町派出所，接著到臺中市警察局，強制警員解除武裝，並查封警察局內的槍支彈藥，當時警察局長洪字民目睹群眾來勢洶洶，衡量情勢，一一順應群眾的要求，結果群眾不發一彈而佔領警察局。接著，市民又遊行到專賣局臺中分局，焚毀分局財物，查封局內武器，以及管理局內物資。此時，另有部分群眾擁至濟世街包圍前臺中縣長劉存忠的住宅，劉存忠見群眾前來，大驚，下令部屬等向徒手民眾開槍射擊，當場造成一死二傷，群眾大為憤怒，團團包圍劉宅，並從消防隊運來汽油數桶，打算放

---

70 〈洪炎秋的回憶〉，收於張炎憲、李筱峰編，《二二八事件回憶集》（臺北：稻鄉出版社，1989）頁77。

71 許雪姬訪問、王美雪紀錄，〈林瑞池先生訪問紀錄〉，收於許雪姬編著，許雪姬、王美雪記錄，《中縣口述歷史・第五輯：霧峰林家相關人物訪談紀錄（頂厝篇）》，頁176。

火焚燒劉宅，後來謝雪紅趕到，先將傷者送往臺中醫院，再向洪字民抗議公務員行兇，洪字民認爲警察已悉數解除武裝，不願也不敢處理，謝雪紅只好帶領警員，再赴現場，勸劉存忠繳出短槍6枝，並將劉存忠及其副官、守衛、家人等移送警察局處理。[72]

然而，相關資料顯示，實際情況似乎有所出入。蓋當時洪字民既非完全被動因應，亦非立即順應民眾的要求解除武裝。事件爆發之初，洪字民曾與彰化市警察局長王厚才聯絡，擬集中員警於局中固守，以應萬一，未料事件中臺中與彰化間電線即告切斷，無法聯絡，而臺籍警察亦告星散，以致一時無法控制局面。[73] 另據資料顯示，面對群眾第一次示威時，洪局長先曉以大義向民眾勸說，「要求政治改革，須合情合理，民眾如有正當要求，當遵照長官指示辦理，望民眾先行解散，勿以包圍形式，迹同脅迫，民眾如無越軌行動，本人絕對保證不妄殺傷」。民眾聽了之後似頗有同感，情緒亦見好轉。現場有人又煽動學生代表要求封存武器，「但群眾未爲所動」。[74] 上述文字另可由保密局臺灣站資料獲得印證，其內容略謂：「局長洪字民素得市民好感，斯時以大義勸說警局不開槍，市民同情散去」、[75]「絕對不開槍傷害一個市民，如警察不遵開槍，願意自殺。該市民以局長愛民，平素爲地方市民□□。結果民心同情而散去」。[76] 迨民眾包圍劉存忠宅邸造成學生傷亡後，謝雪紅鼓動民眾再度前往警局交涉，並第二度包圍警局，鼓動學生衝入後，武裝始被解除。[77] 情報人員亦表示：「洪局長迫於環

72 賴澤涵總主筆，《「二二八事件」研究報告》，頁84-85。

73 林驑，〈歷史的慘劇：臺灣騷亂中拾錄〉，收於李祖基編，《「二・二八」事件報刊資料彙編》，頁348。原載於1947年4月2日《泉州日報》。

74 〈「二・二八」事件臺中變亂報告書〉，頁387。

75 〈張秉承致電南京言普誠報告臺中暴徒叛亂情形（民國36年3月20日）〉，收於許雪姬主編，《保密局臺灣站二二八史料彙編㈡》，頁426-427。

76 〈王孝順呈臺北林先生報告臺中暴動經過（民國36年3月15日收）〉，頁432。

77 〈王孝順呈臺北林先生報告臺中暴動經過（民國36年3月15日收）〉，頁433。

境，爲避免死傷，乃自動放下武器」、[78]「洪局長爲民爲國，民眾頗爲深信，實爲本市首長最得人和之一員，此次暴動處理雖未能十分得法，未放一槍即被繳械，然而當時是亦係無可奈何之處，蓋民眾儘被利用，全市民心已去，如開槍射殺，則更不可收拾也。」[79] 要之，警察局長洪字民最初堅守立場，向群眾曉以大義，保證不開槍傷害民眾，而免除繳械之危機，其後，因劉存忠衛兵開槍射擊學生，引起民眾不安，遂不得不讓民眾佔領警察局，接收槍械，以避免血腥衝突擴大。

另一方面，3月2日市民大會在臺中戲院召開後，市長黃克立見局勢險惡，即驅車避往霧峰林獻堂家。[80] 該日下午，中部地區參議會及士紳代表鑑於事態嚴重，聚集於臺中市參議會，成立「臺中市時局處理委員會」，林獻堂因前往開會不在家。[81] 黃克立到霧峰林家尋求庇護時，由夫人楊水心決定予以收留保護。後來因林家傭人洩漏有「阿山」在林家，該日傍晚，霧峰附近流氓和看熱鬧的群眾約2千餘人包圍林家，要求交出外省人，又將嚴家淦等乘坐的轎車翻倒、敲打。黃市長等人見狀，乃在林家安排下由林家的後門逃往後面的山地，[82] 當日半夜到醫師陳茂堤處求援被拒，[83] 只好化裝成乞丐，步行山間兩晝夜，挖取紅薯充飢，後來碰見巡邏學生，學生見其手足緻細白皙，又從破西服下面露出嗶嘰西褲，行跡可疑，絕不像沿門叫化中人，嚴加詰問下，知爲市長，3月5日遂被送往民眾旅社集中管

---

78 〈王孝順致電臺北林先生報告臺中暴動情形（民國36年3月21日收）〉，收於許雪姬主編，《保密局臺灣站二二八史料彙編㈢》，頁505。

79 〈張秉承上言普誠代電呈報臺中市憲警對立並言及奸僞份子有以軍方和黨方單位爲庇護者（民國36年）〉，收於侯坤宏、許進發編，《二二八事件檔案彙編㈠：立法院、國家安全局檔案》（臺北：國史館，2002），頁367。

80 勁雨編，《臺灣事變眞相與內幕》，頁29。

81 賴澤涵總筆，《「二二八事件」研究報告》，頁86。

82 許雪姬訪問、王美雪紀錄，〈林博正先生訪問紀錄〉，頁114。

83 據1947年3月20日《灌園先生日記》載云：「克立言二日自我家逃出，夜半至臺中叩陳茂堤之門，求其救援，被茂堤拒絕」。參見林獻堂著、許雪姬主編，《灌園先生日記㈨一九四七年》，頁175。

理,由警防團負責其安全。[84]

　　3月2日臺中市情勢惡化之際,黃克立市長避居霧峰林家,未能主持大局之情事,成為事件後黃氏招致國民黨部、整編第21師中將劉雨卿等均嚴詞指控他「擅離職守,意圖苟免」的證據,導致他不得不自請辭職,以求自保。[85] 然而,黃市長辭職前,仍在其報告書中,試圖闡述事件中他被拘留於民眾旅社期間採取之因應措施,為自己的政治責任進行辯護。其報告書中特別強調其被拘留期間仍利用時間,向各主要人士規勸,希望他們以臺灣為重,勿為奸徒利用,「故乃積極勸慰運用,並託其轉囑其他平時認為較安實之分子來見」。同時,「囑運用地下工作人員拉攏一部人士,在誘導與輔助之下,分頭積極進行分化二二八處理委員會內部之工作」,「幸賴彼輩之協力,從中起分化作用,於是處理委員會乃時見裂痕,故該會乃有四次改組,學生亦有否認叛國背黨傳單之聲明」,而市警察局長洪字民因與人民感情融洽,故易得地方人士之擁護,得以在暗中監視之下獲得較自由之行動,並在部分公正人士的協助下,「深入民間,運用時機離間分化」。[86] 由上顯示,黃市長及洪局長表面上雖採取配合處委會之作法,但實際上已暗中對處委會之成員進行分化工作。事件期間,洪字民為外省人中唯一一名行動自由者,其出入均有義勇消防隊員隨行。[87] 義勇消防隊與《大明報》記者何鑾旗(外號迦納)成立的「臺中特別警察隊」,以及吳克煌「新生活促進會」、廖金和(外號阿狗)「民生會」等之黑社會組織,均於事件期間出面維持臺中市區的治安。其中,吳克煌及廖金和等黑社會分子成立的治安組織動輒打群架,對臺中市的秩序作用不大。[88] 何鑾旗被指為臺中流氓首領,率領二百餘名部下,曾被警察局長洪字民利用為幹部;林連城、林克

84　勁雨編,《臺灣事變真相與內幕》,頁29。

85　歐素瑛,〈二二八事件期間縣市首長的角色與肆應〉,頁90-91。

86　〈「二‧二八」事件臺中變亂報告書〉,頁386-389、402。

87　臺中市黨部,〈臺中暴動情形綜合報告〉,頁419。

88　賴澤涵總主筆,《「二二八事件」研究報告》,頁85-86。

繩兩兄弟所率領的義勇消防隊員約一百五十餘名，[89]戰後初期在洪字民的
扶持下，林氏兄弟分別出任正、副隊長。[90]易言之，何、林氏之團體似乎都
與洪字民頗為密切，惟兩團體在臺中市的風評似乎欠佳，國民黨臺中市黨
部直指事件中臺中市「搶劫案發現頻頻，經證實皆為何、林之部下所為」。[91]

　　3月9日凌晨，憲兵第21團1營（第5連）自基隆抵達臺北。10日，陳
儀對全省廣播戒嚴令，全面展開綏靖工作。11日警總致電各縣市政府與憲
兵第4團，立即撤銷各地之「二二八事件處理委員會」。[92]因此，3月11日，
臺中處委會的二、三名委員均忙於焚燒所有文件，只有負責維持秩序的治
安隊員仍繼續堅守崗位，另有一部分士紳開始釋放被民軍拘留的外省人。
是日，下午8時許，處委會委員莊垂勝、黃朝清、張煥珪、葉榮鐘、黃棟、
巫永昌、林糊、謝雪紅等人聚集在臺中市政府會議室，討論有關處委會的
存廢問題，最後決定解散「臺中地區時局處理委員會」，並推選市長黃克立
復職。[93]對此，林獻堂在日記上嘆道：「參議會決議請市長黃克立出維持治
安，市中無人敢赴此重任，而再用克立亦是不得已也」。[94]13日，國軍抵達
臺中，黃市長出而任事，並與林獻堂、黃朝清、林金標等人前往車站迎接
國軍，地方秩序漸告恢復。[95]

(二) 臺中縣政府

　　3月2日臺中市召開「市民大會」，臺中縣治所在員林鎮已有民眾呼應。
向來研究成果指出，3月2日中午，前員林區長林糊在新生旅社召集鎮民，

89　臺中市黨部，〈臺中暴動情形綜合報告〉，頁420、423。
90　蔡秀美，〈二二八事件期間消防隊員的角色〉，《臺灣史研究》（臺北）21: 3（2014年9月），頁97。
91　臺中市黨部，〈臺中暴動情形綜合報告〉，頁418。
92　賴澤涵總主筆，《「二二八事件」研究報告》，頁210-212。
93　賴澤涵總主筆，《「二二八事件」研究報告》，頁93-94、168。
94　林獻堂著、許雪姬主編，《灌園先生日記(九)一九四七年》，頁150。
95　歐素瑛，〈二二八事件期間縣市首長的角色與肆應〉，頁80-81。

舉行秘密會議，是日晚上復於青年戲院召開市民大會，林糊、省議員楊陶
等均公開呼籲青年，起而響應臺中、彰化兩市的行動，民眾附和者眾，擁
至警察局及縣長宿舍，脅迫縣政府將警察槍械交地方士紳保管，而縣長宋
增榘及外省籍職員則逃避埔心鄉瓦窯厝。[96] 同日，另有《自由日報》駐員
林記者詹明正、張瑞和、賴維烜等人出面召集海外回臺青年，組織「青年
隊」，且率眾前往臺中、嘉義圍攻國軍，向鎮公所要求供應糧食等。[97] 3月
3日員林鎮公所奉上級指示，召集地方人士，組織處理委員會，鎮長張清
柳爲主任委員、前副鎮長林朝業爲副主任委員、員林首富詹春泉爲財務組
長，同時，成立自衛隊，維持地方治安。[98]

　　事件期間臺中縣政府當局採取哪些因應措施，目前的研究論述似乎語
焉不詳。由1947年3月臺中縣政府提出之「臺中縣事變經過及處理意見」
和員林鎮提交之「二二八事件經過報告書」兩份報告可知梗概。據臺中縣
政府之報告，顯示臺北爆發二二八事件後臺中縣長宋增榘即接到行政長官
陳儀急電「飭知防範」，於是2月28日當晚一面漏夜召集地方人士座談，勉
勵共同宣慰人民鎮靜，勿爲奸黨利用，一面以電話通知各區署、各警察所
嚴密防範。3月1日員林鎮地方人士及各區署先後回報結果。3月2日上午
11時接到臺中市政府電話通報「該市開市民大會，暴民結集遊行，遇外省
籍人士即施兇毆」。宋縣長即召警察局長呂之亮、員林鎮長張清柳、鎮民代
表主席詹國商議防範對策。12時，發現多名從外地來的流氓到員林，鼓動
響應臺中、彰化民眾抗議，警員勸阻遭民眾圍毆，附和的群眾擁進擾亂縣
長官舍，市街秩序漸紊亂。鑑於既有的武力已無法維持秩序，宋縣長乃循

96　賴澤涵總主筆，《「二二八事件」研究報告》，頁98-99。瓦窯厝，又作「瓦磘厝」、「瓦瑤厝」，
　　即今彰化縣埔心鄉瓦北村、瓦中村、瓦南村的舊地名。此一區域昔時以造瓦爲業，所生產之
　　琉璃瓦色豔質佳，故名之。參見臺灣省文獻委員會採集組校編，《彰化縣鄉土史料》（南投：
　　該會，1999），頁362-363；臺灣省文獻委員會編校，《臺灣省通志稿‧卷一：土地志‧地理
　　篇》（臺北：該會，1953），第二冊，頁159。
97　周琇環，〈二二八事件在彰化〉，頁100。
98　賴澤涵總主筆，《「二二八事件」研究報告》，頁98-99。

士紳之請，命警局「將槍械公物交員林鎮長張清柳會同地方紳士保管」，縣府交予建設局長張水蒼負責維持，縣長率外省籍職員數人暫避員林七里外之埔心鄉瓦窯厝，「乃就地組織保安隊，深入員林並保街所居地帶，同時，與本省籍各主管暗中聯繫，一面通知縣議會，依照長官廣播昭示，定期推選縣長候選人三名，報請圈定。至3月8日，外來流氓逐漸他去，縣長乃回縣府」。[99]

　　由上述文字顯示：其一，2月28日迄3月2日，臺中縣政府與行政長官公署、臺中市政府之間保持聯繫，隨時掌握一手訊息，並召集縣內警政高層召開因應對策；3月2日午後，鑑於市街秩序逐漸失控，縣長將槍械公物交給員林鎮長保管，縣府政務則交建設局長張水蒼；縣長雖率領外省籍職員暫避於埔心鄉瓦窯厝，但仍與臺籍主管暗中聯繫，試圖掌握消息。當3月6日下午8時30分，行政長官陳儀第三次廣播時，[100]避居在瓦窯厝的宋縣長亦派人通知縣議會，推選縣長候選人三名。換言之，3月2日迄3月6日期間，宋縣長顯然仍密切關注情勢發展，遵照長官公署之指示，傳達政令。

　　其次，臺中縣長及警政高層避居期間，主要受到員林民眾之保護，並在避居之地「就地組織保安隊」，此一保安隊即是當地民眾組織之義警。該義警組織成立經緯，可由員林鎮提交之「二二八事件經過報告書」得知概況。[101]該報告書之署名者為張清泉，應係報告書之執筆者。據該報告書表示，3月2日下午2時後，張清泉在員林鎮公所時，見到督察長黃瑞文、警察所長王沁龍、員林鎮長張清柳等數人正在開會磋商，當時張清泉亦參

99　〈臺中縣政府編本縣事件經過及處理意見書〉，收於陳興唐主編，戚如高、馬振犢編，萬仁元審校，《南京第二歷史檔案館藏：臺灣「二・二八」事件檔案史料（下卷）》，頁578。

100　〈陳儀對臺灣同胞第三次廣播詞〉，收於陳興唐主編，戚如高、馬振犢編，萬仁元審校，《南京第二歷史檔案館藏：臺灣「二・二八」事件檔案史料（下卷）》，頁692-694。

101　〈臺中縣員林鎮長清泉呈報二二八事件經過報告書（民國36年3月）〉，收於歐素瑛、李文玉編，《二二八事件檔案彙編㈩：臺中縣政府檔案》（臺北：國史館，2003），頁1-12。據檔案內容，檔案署名者應係員林鎮民張清泉，而非鎮長張清柳。

與討論,「結果分配保護縣長警察局長以下所有外省人」,於是該日晚間就將所有待保護的外省人帶到藏匿之村莊,並「聯絡全村民眾保護看守,不許村外之人妄行進入,絕要保護聯絡完備」,至3月3日凌晨2時到警察局從黃瑞文督察長得知有民眾打算接收警察局槍械,乃自告奮勇表示:「現在縣長、警察局長、警察所長、刑事股長以下數十名保護在吾村內,吾將此槍運往吾村內保管」,獲黃氏同意後,約於凌晨4時以卡車順利藏妥,「隨即通知縣長以下各官員,報告保管槍器實情,縣長以下各官員甚然喜悅,即日萬事拜託,極力照顧,以免生出危險」。[102]

其後,張清泉時常在縣長及官員避居處與員林鎮公所之間往來,協助傳遞訊息,並執行鎮長張清柳交辦之任務。3月3日員林鎮公所奉命組織處理委員會,推選正副主任委員及幹部,隨後決議成立自衛隊。[103] 據林朝業之訪問紀錄指出,此一自衛隊分爲義警和青年隊兩部分,每隊人員五、六十人,義警隊負責看守拘留所,夜間巡邏防盜,以吳錫圭和張金錢爲首,其成員參雜有黑社會背景,而青年隊則聚集在「皇民道場」(位於曉陽商工),以海外回臺青年爲主,成員單純,只接受臺中處委會的指令,而不受員林處委會的指揮,其幹部有張永利、邱金章、王萬錄、陳輝榮、李東泉、王柏松、江敏津、邱家旋、陳棟等人。[104] 事實上,若對照張清泉的報告,可知該委員會開會前一小時,鎮長張清柳已派人請張清泉前來鎮公所,託其全力援助,張清泉爲治安部代表之一,率先發言自願守衛「鎮公所前南北大路以西」地區,此地區包含縣府官員避居之處,[105] 其組織則稱爲義警。同時,爲了監視青年隊是否有不法行爲,張清泉甚至一面派其「最能幹之部員假意投入青年隊爲其隊機關槍手,使其不覺」,一面對「青年隊內之最不良分子用了種種善法,使其來民之治安隊內幫手治安,實則欲其

---

102 〈臺中縣員林鎮長張清泉呈報二二八事件經過報告書(民國36年3月)〉,頁1-3。

103 賴澤涵總主筆,《「二二八事件」研究報告》,頁98。

104 黃秀政訪問、連偉齡紀錄,〈林朝業先生訪問紀錄〉,頁239。

105 〈臺中縣員林鎮長張清泉呈報二二八事件經過報告書(民國36年3月)〉,頁6。

來民之治安部可以直接得監督，免再生出事端（按：引自原文）」。[106] 顯然的，林朝業口中較單純的青年隊，已被張清泉派人潛入內外，裏應外合，有計畫蒐集犯罪證據。要之，事件期間，義警隊係在政府官員的暗中支持下，由張清泉出面組成，張清泉與臺中縣政府及員林鎮公所之間互動關係密切，不言可喻。由是觀之，張清泉的報告似乎與林朝業所稱義警隊成員係以吳錫圭與張金錢為首之說法有出入。

至於張清泉之背景，據林朝業的說法，義警具有黑社會的色彩，惟其所稱的「張金錢」恐係「張清泉」之訛。張清泉（？-1962），時任臺中縣埔心鄉瓦北村長，業商，[107] 為員林火車站前面經營「第一旅社」之店東，乃是當地登記有案的「甲級流氓」，可說是該鎮赫赫有名的「黑社會」人物。[108] 3月7日，員林鎮公所召開各界代表會議，決議迎請縣長出來，8日，在鎮長張清柳及瓦北村長張清泉等人護衛下，縣長以下各外省籍官員全部返回縣府辦公。[109] 宋縣長將之前地方臨時組織維持治安的保安隊、警備隊、青年隊等改組為義務警察隊，令與警察負責維持治安，由縣長自兼大隊長，警察局長呂之亮兼大隊附，各區長兼中隊長。[110] 二二八事件後，以張清泉「設法保護外省人士，并婉轉維持員林地方秩序，不辭勞苦，不避危難」、[111]「曾冒死抵抗暴徒，保衛鄉長、警察局長等政要」為由，縣

---

106 〈臺中縣員林鎮長張清泉呈報二二八事件經過報告書（民國36年3月）〉，頁10-11。

107 〈附件：埔心鄉二二八事變本省同胞救護外省同胞事蹟表〉，收於歐素瑛、李文玉編，《二二八事件檔案彙編(三)：臺中縣政府檔案》，頁352。

108 據聞，張清泉之父張爐為拳術教練，收了不少門生徒眾。1962年時張清泉遭另一名鎮上流氓當街刺死，時年43歲，出殯之日員林擁進千餘名群眾，警方不得不出動大批便衣治安人員，一時氣氛頗為緊張。詳見〈黑社會血影刀光　結私仇魂斷暗巷　舊案疑雲警官先調職　兇嫌投案作供無教唆〉，《徵信新聞報》，1962年12月9日，第3版；〈張清泉遺體出殯　送葬千餘人　緊張員林鎮〉，《徵信新聞報》，1962年12月13日，第3版。

109 〈臺中縣員林鎮長張清泉呈報二二八事件經過報告書（民國36年3月）〉，頁11。

110 〈臺中縣政府編本縣事件經過及處理意見書〉，頁578。

111 〈臺中縣埔心鄉公所呈報臺中縣政府二二八事變本省同胞救護外省同胞事蹟表（民國36年5月24日）〉，收於歐素瑛、李文玉編，《二二八事件檔案彙編(三)：臺中縣政府檔案》，頁343。

長宋增榘頒予「義勇可風」橫匾一面。[112]

　　臺中縣政府除了邀集信賴的地方人士組織義警之外，也在員林處委會安排眼線，從事情報偵查，進而伺機分化處委會的成員，例如事件後宋增榘縣長舉證督察長黃瑞文於事件中的事蹟為「實施分化政策使叛徒內部各不相容，勸止暴徒向外出動」，並依縣長之囑「召集地方士紳民眾開會，說明長官公署之措置，期使已集群眾逐漸分散，未被煽動者知所警惕」。[113]另據4月14日《興臺日報》記者賴維烜被訊問筆錄，3月3日賴維烜奉青年隊長詹明正之命，到警察局調查組織機關實況，與當時留在該局的職員有如下之對話，略謂：「我進入的時候對他們講『你們現在組織是什麼團體呢』，他們說：『情報組』，我再講『情報組的所屬什麼機關呢』，他們說『這個情報組織縣政府所屬的』」。[114]當時，賴維烜在警察局內見到的職員，可能是臺中縣政府警察局等數十名職員。[115]由此可推知，事件期間臺中縣政府已派人組織「情報組」，佈置線民進行情報偵查。

　　至於線民身分，可由4月9日員林鎮牙醫吳錫圭受偵訊筆錄略知一二，蓋吳錫圭在臺中縣警察局遭訊問事件期間曾「對民眾說：若有私匿阿山者，要大清理，是不是？」吳錫圭回覆：「我僅有對同鎮張鉗說：『私匿阿山者，一個多少錢，現在你賺了多少錢』等語。」[116]若吳錫圭的口供屬實，上述對話中的唯一聽眾「張鉗」似乎不無舉報之嫌。張鉗，正是事件期間保護臺

---

112 〈檢舉貪污殺身惹禍　死者家屬鳴冤　懷疑教唆有人　警處強調秉公依法處理〉，《徵信新聞報》，1962年12月9日，第3版。

113 〈臺中縣政府函復憲兵第四團第三營本縣警察局督察長黃瑞文一案（民國36年5月1日）〉，收於林正慧編，《二二八事件檔案彙編(九)：臺中縣政府檔案》（臺北：國史館，2017），頁397-400。

114 〈附件：再問賴維烜訊問筆錄（民國36年4月14日）〉，收於吳俊瑩編，《二二八事件檔案彙編(十)：臺中縣政府檔案》（臺北：國史館，2017），頁82-83；〈附件：賴維烜訊問筆錄（民國36年7月19日）〉，收於吳俊瑩編，《二二八事件檔案彙編(十)：臺中縣政府檔案》，頁347。

115 〈附件：賴維烜訊問筆錄（民國36年7月19日）〉，頁347。

116 〈附件：吳錫圭訊問筆錄（民國36年4月9日）〉，收於吳俊瑩編，《二二八事件檔案彙編(十)：臺中縣政府檔案》，頁69。

中縣政府建設局課員李潤生及秘書室科員吳英驪、民政局課員吳志佩，[117]
事件後因「救護外省同胞事蹟」而獲臺中縣政府頒發獎狀的員林鎮民。張
鉗業商，戶籍為埔心鄉民，他與鐘張進兩人平日均住在員林鎮，事件後同
時獲臺中縣政府呈報表揚救護事蹟，而獲頒發獎狀，[118] 兩人可能為家族親
屬關係。[119] 又，據事件後埔心鄉長張坤成呈報該鄉民眾救護外省人事蹟之
名冊中，[120] 除了有前述的張清泉、張鉗之外，另有李青松（業農，拳頭師）、
張明燈、張財、張永川（以上皆業農）、張露、張金美、張和美、張清水
（以上皆業農、拳頭師），其事蹟為保護警察局局長呂之亮、主任秘書金士
衡、警察局第一課長袁叔平、第三課長林燊、刑事股長林曉聰、員林區警
察所長王沁龍、縣長宋增榘家屬，以及其他縣府職員及其家屬等人。[121] 其
中，張鉗與張金美、張和美、張露等人為兄弟；[122] 同時，張金美、張和美、
張露三人與李青松、張清泉均為拳頭師，事件期間上述諸人似在張清泉的
連絡下，共同保護臺中縣警政高層主管，其關係不言可喻。附帶一提，關
於吳錫圭被捕之因，林朝業於1993年的口述訪問紀錄提及「這是謝衍泰

---

117 李潤生、吳英驪、吳志佩之職稱，參見〈附件：臺中縣政府「二二八」事件公教人員個人損
　　失調查表〉，收於歐素瑛、李文玉編，《二二八事件檔案彙編㈩：臺中縣政府檔案》，頁100-
　　103。

118 〈臺中縣埔心鄉公所呈報臺中縣政府二二八事變本省同胞救護外省同胞事蹟表（民國36年5
　　月24日）〉，頁349；〈附件：埔心鄉二二八事變本省同胞救護外省同胞事蹟表〉，頁352；〈附
　　件：地政科二二八事變本省同胞救護外省同胞事蹟表（民國36年5月21日）〉，收於歐素瑛、
　　李文玉編，《二二八事件檔案彙編㈩：臺中縣政府檔案》，頁313、316。

119 鐘張進係鐘母張氏進，事件期間住在員林民明里242號。張鉗住在員林民生路237號，兩者居
　　處相隔頗近。又，據鍾張氏之姓氏，推知可能是張鉗的父系家族長輩。事件後，李潤生甚至
　　在獎勵事蹟表上以感性的文字敘述受救護之經過：「承七十五高齡之鐘母時予戒憂，並時慰語
　　諄諄，尤可欽敬者，鐘母為保護潤生等四日夜不能安眠，兄弟亦時來慰語並保護」。參見〈附
　　件：地政科二二八事變本省同胞救護外省同胞事蹟表（民國36年5月21日）〉，頁316。

120 〈臺中縣埔心鄉公所呈報臺中縣政府二二八事變本省同胞救護外省同胞事蹟表（民國36年5
　　月24日）〉，頁343。

121 〈附件：埔心鄉二二八事變本省同胞救護外省同胞事蹟表〉，頁351-354。

122 〈臺中縣佛教會對二二八事件善後工作狀況〉，收於歐素瑛、李文玉編，《二二八事件檔案彙
　　編㈩：臺中縣政府檔案》，頁523。

（經營武訓中學）告的密」。[123] 據查，謝衍泰於事件前後擔任臺中縣政府民政局課員，[124] 惟謝氏是否參與舉發吳錫圭，仍有待資料檢證。概言之，事件期間臺中縣政府已著手利用民眾從事各種情報偵查工作，準備於事件後將參與事件者一網打盡。

㈢ 彰化市政府

當二二八事件消息於2月28日下午2時透過廣播從臺北向全臺傳播後，當日夜晚，彰化市參議員陳滿盈等隨即在參議長吳蘅秋宅邸聚會討論。[125] 3月1日上午8時，彰化市政府收到行政長官陳儀電文，告知臺北戒嚴情事，並飭轉知所屬單位及就近機關沉著應付，特別注意維護地方秩序。[126] 同日，彰化市參議會第一屆第四次大會在中山堂召開，副議長賴通堯正式提出議案，決議支持臺北市參議會的要求，並促其發表事件眞相。同日下午，彰化車站雖出現士兵乘坐霸王車之糾紛，遭收票員追打，經警察局派員處理後暫告平息，但夜晚情勢已漸不穩。3月2日上午，彰化市參議會繼續開會，議場上參議員發言熱烈，至中午始散會；下午1時，彰化市區出現數百名群眾從車站擁至警察局，最後再至警察局督察長沈寶通住宅，沈寶通持槍威嚇，後奔至花壇避禍，其衣物家具遭民眾燒毀。接著，群眾又擁至市長王一麔官舍請願，將王市長擁至參議會會場，與各參議員先後發表演

123　黃秀政訪問、連偉齡紀錄，〈林朝業先生訪問紀錄〉，頁240。

124　〈附件：臺中縣政府「二二八」事件公教人員個人損失調查表〉，頁103；〈臺中縣政府民政局課員謝衍泰請調改敘案〉，《臺中縣政府人員任免》，「臺灣省行政長官公署檔案」，典藏號：00303231238017。

125　〈彰化曾一度騷動　三日秩序完全恢復〉，《台灣新生報》，1947年3月6日，第2版，收於林元輝編註，《二二八事件臺灣本地新聞史料彙編》（臺北：財團法人二二八事件紀念基金會，2009），第一冊，頁85-86。

126　〈臺灣省行政長官電令彰化市長轉知所屬機關臺北戒嚴並維護地方秩序（民國36年3月1日）〉，收於侯坤宏、許進發編，《二二八事件檔案彙編㈥：國家安全局檔案》，頁368。

說，曉以大義，雖然多數民眾能接受勸告，但群眾越聚越多，意見龐雜，由國大代表郭耀廷、省參議員李崇禮、市參議員呂世明等地方士紳召開緊急會議。[127] 下午三時，群眾聚集多達二、三千人，紛紛提出意見要市長採擇，市長遂同意立即罷免督察長沈寶通之職；翌（3）日凌晨3時，復同意將警察局所有武器封存倉庫，其鑰匙交由參議員呂世明代表參議會負責保管，並由警察和學生共同維持市區治安，接著，凌晨4時另約該日下午再討論組織處委會之問題。[128] 當時，也有不法之徒四處尋找外省人或毆打，或侮辱，或搶奪財物，彰化市警察局曾以電話請示長官公署警務處，奉命須以冷靜態度應付，因此，警察局未曾開槍而釀成大衝突。[129]

3月3日上午，彰化市善後處理委員會成立，中午，臺中市駛來一輛卡車，內載持械者30人，要求借槍械以便馳援臺中市，其要求未果；下午2時，臺中市再度來人，放槍示威，以槍口威脅省參議員呂世明，呂氏徵求彰化警察局長的同意後，將倉庫鑰匙交給這群臺中市來人負責人「小林」（按：林錦文），結果警察局所藏槍械，悉數被擄走。這些臺中市來人又至彰化市政府，取走原彰化區署存庫槍枝。[130]

3月4日，王市長與彰化市處委會開會討論，終日仍無一致意見，群眾仍聚集不肯離去。5日群眾不願王市長參加開會，王市長於是回市府辦公。

127 賴澤涵總主筆，《「二二八事件」研究報告》，頁96-97；〈彰化市長王一麐呈報臺灣省行政長官陳儀關於二二八事件親歷情形（民國36年3月13日）〉，收於侯坤宏、許進發編，《二二八事件檔案彙編(宀)：國家安全局檔案》，頁375-380。

128 〈彰化市長王一麐呈報臺灣省行政長官陳儀有關二二八事變經過情形（民國36年3月17日）〉，收於侯坤宏、許進發編，《二二八事件檔案彙編(宀)：國家安全局檔案》，頁382-385。另，同件檔案亦可見於〈彰化市「三・二」事件經過報告書〉，收於陳興唐主編，戚如高、馬振犢編輯，萬仁元審校，《南京第二歷史檔案館藏：臺灣「二・二八」事件檔案史料（下卷）》，頁433。

129 〈彰化市警察局局長王厚才呈彰化市長王一麐報告有關二二八事變發生經過、應付情形、損害程度、善後處理等情況（民國36年3月16日）〉，收於侯坤宏、許進發編，《二二八事件檔案彙編(宀)：國家安全局檔案》，頁394。

130 賴澤涵總主筆，《「二二八事件」研究報告》，頁97；〈彰化市「三・二」事件經過報告書〉，頁433-444。

6日，彰化市處委會設置行政等八部，並推派代表與彰化市政府聯絡。10日，市參議會聯合地方法團開會，決議一致信任擁護王市長，繼續執行職務。11日處委會解散。14日下午9時，國軍進駐彰化市，共同負責維持治安。事件後，彰化市長王一麐於3月13日呈給陳儀的報告書中稱：「本市自三日起，市府行政，未曾一日中斷，國民學校照常上課，一切亦尚安靜，雖有二三公務員在路上被羣眾毆打，但傷勢均不重。」[131] 3月17日的報告亦稱：「本市自3月2日起至現在止，並無重大騷擾，公私損失均不甚重」。[132]

　　事件期間，彰化市內出現由地方區署指揮成立的警務團體。例如3月8日下午8時，彰化市大竹區快官聯合里為維持地方治安，在大竹區公所之指揮下，由大竹區快官警察派出所警察張水田為發起人，該區里內參議員、區民代表、里長、副里長等為設立委員，在快官國民學校禮堂舉行典禮，成立自衛團，團員42人。13日因秩序恢復，奉行政長官陳儀廣播之指示，立即解散。[133]

　　由上顯示，彰化市的二二八事件於3月2日下午漸趨於激烈，其原因可能受到臺中縣市地區之影響。整體而言，較之於臺中縣、市的「三二事件」動亂之情況，彰化市略顯平和，事件期間彰化市轄內區署亦能適時發揮作用，指揮地方基層成立治安團體。

四、事件後地方政府之處置：以臺中縣為例

　　1947年3月13日，整編第21師436團抵臺中，展開臺中縣市的綏靖工

---

131 〈彰化市「三・二」事件經過報告書〉，頁434；〈彰化市長王一麐呈報臺灣省行政長官陳儀關於二二八事件親歷情形（民國36年3月13日）〉，頁378-379；〈彰化市長王一麐呈報臺灣省行政長官陳儀有關二二八事變經過情形（民國36年3月17日）〉，頁388。

132 〈彰化市長王一麐呈報臺灣省行政長官陳儀有關二二八事變經過情形（民國36年3月17日）〉，頁387。

133 〈彰化市大竹區長林炳煌呈報「大竹區快官聯合里自衛團組織經過宗旨書」〉，收於侯坤宏、許進發編，《二二八事件檔案彙編㈨：國家安全局檔案》，頁428-430。

作。憲兵第三營營本部駐紮在臺中市公園前警察會館，自3月16日展開肅
奸工作，捕獲嫌疑犯楊弄獅等8人。[134] 19日下午5時，國軍整編第21師師
長劉雨卿中將率參謀長江崇林、副參謀長胡彤有、政治部主任張一青等官
兵抵達臺中，駐紮在前整編七十師司令部舊址，政治部駐在市參議會辦公
室辦公（即前市民會館）。」[135] 3月20日，臺灣省警備總司令部發布「綏靖
部署（調整）計畫、縣市分區清鄉計畫」。綏靖係指軍事行動，執行機關
為軍隊；清鄉則是行政措施，執行機關為各級行政機關。綏靖計畫的執行
期間自3月21日展開，限4月底完成，全臺劃分為臺北、基隆、新竹、中
部、東部、南部、馬公共七個綏靖區，其中，中部綏靖區包含彰化、嘉義、
埔里及中部高山區，由整編第21師中將劉雨卿負責。綏靖區的任務之一，
為指揮各該區縣市政府執行清鄉。[136] 3月24日下午2時，整編第21師召集
該市各區里長及市府戶政人員，假臺中市政府大禮堂舉行「臺中市臨時清
查人口」座談會，決議於3月28日上午4時半起至6時半止，由該市各區、
里、鄰長等組織清查隊，辦理清查工作，清查時間內除軍人及公安隊員之
外，一律禁止通行，在街上或市場經商民眾應回住處接受調查等。[137] 24日
下午7時半，整編第21師參謀長江崇林透過臺中廣播電臺向民眾廣播，提
出兩個要求：其一，3月29日以前自動將武器繳交給各鄰、里、區長轉送
國軍部隊；其二，「檢舉奸黨份子，凡是有奸黨份子藏匿的地方，務須立即
報告里長轉報國軍或逕自報告國軍，如不報告清查出來要照通匪論罪。[138]

---

134 〈臺中市開始肅奸　捕獲嫌疑犯楊弄獅等八名〉，《中華日報》，1947年3月20日，第2版，收
　　於林元輝編註，《二二八事件臺灣本地新聞史料彙編》，第三冊，頁1282。

135 〈廿一師司令部　進駐臺中　該部林團移住本市〉，《中華日報》，1947年3月22日，第2版，
　　收於林元輝編註，《二二八事件臺灣本地新聞史料彙編》，第三冊，頁1299-1300。

136 陳儀深，〈秋後算賬：二二八事件中的「綏靖」與「清鄉」〉，收於楊振隆總編輯，《大國霸權
　　or小國人權：二二八事件61週年國際學術研討會論文集》（臺北：財團法人二二八事件紀念
　　基金會，2009），下冊，頁845-846。

137 〈劉師長在臺中召開　校長座談會　准青年學生自新〉，《中華日報》，1947年3月26日，第2
　　版，收於林元輝編註，《二二八事件臺灣本地新聞史料彙編》，第三冊，頁1335-1336。

138 〈陳長官發表告民眾書　闡述實施清鄉意義　如有武器或發現壞人應速報告　江參謀長對臺

　　3月26日，陳儀發布「爲實施清鄉告全國民眾書」，宣示清鄉的目的在於確保治安。其最重要的工作爲「交出武器」和「交出惡人」。[139] 同月28日，中部綏靖區司令部召集轄區內各縣市長、黨部指導員、警察局長、縣市參議長、憲兵隊長、鹿港鎮長，以及轄區營長以上各部隊長，在臺中市師司令部召開綏靖會議，頒發綏靖計劃及相關辦法。[140] 其具體實施辦法概有：1.清查戶口，戶口清查後即辦理聯保切結互相保結，限於4月20日以前完成。2.搜繳武器及軍用品，限於4月15日以前完成。3.舉報並逮捕盜匪叛徒。4.懸賞緝捕匪徒及獎勵密告，依匪徒之重要性及武器之多少發給獎金五百至五千元，捕送該匪徒之主犯或從犯，發給獎金一千至一萬元。[141] 4月1日行政長官陳儀命令臺中縣政府重新頒發「修正臺灣縣市分屬清鄉計畫」，明確規定：由縣市政府負責主持縣市分區清鄉工作。臺中市、彰化市政府遂先後於同月5、7日召集轄區內各區、里、鄰長舉行清鄉會議。[142] 就政府的立場而言，清鄉之目的原爲維持秩序和治安，但因執行上的偏差，或羅織入罪，或藉機報復，或勒索敲詐，出現不少可議之處。[143] 關於中部三縣市政府執行清鄉之檔案，目前以臺中縣政府檔案較爲完整，以下以臺中縣政府爲例，就清鄉期間影響較爲深遠的案犯舉發、逮捕及處理，以及清鄉表冊擬定兩方面，舉例探討中部縣市政府執行清鄉之概況。

中民眾廣播〉，《中華日報》，1947年3月27日，第2版，收於林元輝編註，《二二八事件臺灣本地新聞史料彙編》，第三冊，頁1349-1350。

[139] 〈陳儀爲實施清鄉告全省民眾書（1947年3月26日）〉，收於陳興唐主編，戚如高、馬振犢編輯，萬仁元審校，《南京第二歷史檔案館藏：臺灣「二・二八」事件檔案史料（下卷）》，頁698-699。

[140] 賴澤涵總主筆，《「二二八事件」研究報告》，頁223。

[141] 〈陸軍整編第二十一師臺灣省中部綏靖區司令部清鄉實施辦法〉，收於中央研究院近代史研究所編，《二二八事件資料選輯㈢》（臺北：該所，1993），頁45-50。

[142] 〈臺中市府派員　督導清鄉〉，《中華日報》，1947年4月9日，第3版，收於林元輝編註，《二二八事件臺灣本地新聞史料彙編》，第三冊，頁1474；〈臺南縣府派員　分區督導清鄉　彰化召開清鄉座談〉，《中華日報》，1947年4月10日，第3版，收於林元輝編註，《二二八事件臺灣本地新聞史料彙編》，第三冊，頁1492。

[143] 賴澤涵總主筆，《「二二八事件」研究報告》，頁225-226。

(一) 案犯舉發、逮捕及處理

　　3月26日陳儀在「爲實施清鄉告全國民眾書」中宣示「交出惡人」，所謂「交出惡人」，係指舉發案犯，乃是清鄉期間影響臺灣社會深遠之措施，陳儀明白要求民眾在鄉村鄰里中若匿藏「亂黨暴徒」，「應該立刻檢舉密報當地鄉鎮公所、縣市政府，或駐軍憲警機關」、「尤其是全省各縣的鄉長、鎮長、村長、里長、鄰長，以及各市的區長、里長、鄰長和各級自治人員們，都是地方的基層幹部，……只要你們鼓起愛國熱情，爲人民服務，爲國家盡忠，則亂黨叛徒的一切行爲，絕對逃不過你們的耳目，爲了家鄉，爲了國家，你們都應該負起責任，協助政府，收繳民間槍械，剪除本地惡民」。[144]

　　3月28日，中部綏靖區司令部召開綏靖會議，頒發綏靖計劃及相關辦法，翌（29）日，臺灣省警備總司令部隨即接獲密報，指稱3月2日清晨臺中縣政府所在地之員林開始出現暴亂，初則毆打搶劫，繼則霸佔警局縣府，並獲警局之軍械接濟他處，外省人則被囚於警局監獄。事變發生時，初則由臺中市謝雪紅率暴徒來員林，在青年戲院開會，旋即離去，接著由「當地奸黨野心家林糊（青年團員林負責人）、楊陶（省參議員）等倡導變亂」，並指出當國軍進駐後，秩序恢復，上述人士仍在街頭飲酒，揚言殺害外省人，最後附上「員林暴亂之奸黨」名單及其事跡，如下：

林　糊	青年團員林負責人，與謝雪紅同黨兼縣參議員，變亂時召開民眾大會，發表背叛言論，並公開佈告召集青年變亂，其職業爲醫生
楊　陶	省參議員、商人，於臺中市民大會中發表背叛言論，云：欲到完全自治，非以武力爲後盾不可
劉棟樑	青年戲院擴〔廣〕播翻譯員，領導暴徒劫警局倉庫

---

[144] 〈陳儀爲實施清鄉告全省民眾書（1947年3月26日）〉，頁698-700。

賴維烜	新聞記者，陰謀煽動
詹明正	自由日報駐員林記者、陰謀煽動
張瑞和	陰謀煽動、新聞記者
杜江泉	國是日報員林分所、陰謀煽動
黃養典	陰謀並參與暴動
張　慶	又名大饒、員林大流氓、毆打人並搶劫
林朝業	大煽動者
張元國	大流氓、參加暴動毆打搶劫
吳錫圭	牙醫師、參加暴動
古欽煙	奸黨、大流氓、領導暴動
張永利	鎮公所宣導員、搶警局倉庫
黃瑞文	臺中警局督察長、臺灣人、事變中開倉庫供暴徒軍火，並脅迫縣長任命警局長、事後並釋放暴徒

資料來源：〈陳儀電令劉雨卿查明員林暴動重要分子（民國36年4月3日）〉，收於中央研究院近代史研究所編，《二二八事件資料選輯㈢》，頁103-105。

　　警備總部於4月3日轉請第21師師長劉雨卿查明逮捕。[145] 在上述名單15人中，縣參議員林糊、楊陶，員林鎮處委會副主任委員林朝業、牙醫師吳錫圭、員林鎮青年隊幹部詹明正、張瑞和、賴維烜、張永利四人，以及警察局督察長黃瑞文均赫然名列其中。

　　其中，據4月15日「整編第21師兼臺灣中部綏靖區司令部拘捕人犯處理報告表」，林糊於4月7日被憲兵第四團第三營以「叛徒首要」為由收押偵訊，[146] 指控其罪名為：「3月2日中午事變發生前，在新生旅社召集流氓

---

[145] 〈陳儀電令劉雨卿查明員林暴動重要分子（民國36年4月3日）〉，頁100-105。
[146] 〈陸軍整編廿一師中部綏靖區司令部綏靖經過概要〉，收於中央研究院近代史研究所編，《二二八事件資料選輯㈢》，頁313。

共黨分子開秘密會議。晚間大會時，提議於3日晨挨戶搜殺公務員，謠言國軍打死數百人，煽動青年打死中國豬，破壞公路，抵制國軍」。初被整編第21師判處死刑，褫奪公權終身。後經警備總司令以事實未明，撤銷原判，發回覆審，1947年6月將其移送臺北高等法院檢察處審理；[147] 6月24日臺灣高等法院檢察處函請臺中縣政府調查林糊：是否於3月2日召集流氓奸黨開秘密會議、夜晚開會提議按戶搜查殺盡外省人、主使破壞公路抵禦國軍、勾結流氓奸黨以逞淫威、圖謀擔任偽臺中縣長、煽動青年學生打死阿山豬、驅走阿山政府等事蹟。[148]

　　6月26、27日，臺中縣警察局先後訊問員林鎮長張清柳、印刷業者杜江泉。據兩人之口供筆錄，張清柳指出「林糊曾有向大家提議大約講：『外省人的行動要切實調查』，當然他會說話，意思是有加害外省人的主張」、確實「主張並且曾屢次喚我速派鎮民伕役進行破壞聯絡之工作」、「以前（事變前）與謝雪紅、詹明正、張金鐘、賴維炬、張瑞和時常往來，事變中林糊與青年隊員聯絡甚密」、「以林糊的口才議論實在是天才，技能、智謀本也超人一等，以他平時所講的意見確實有計劃圖任縣長」、3月3、4日在鎮公所開會時「有『打死阿山豬』驅走阿山政府的這種意見和態度」。[149] 杜江泉亦指出「3月4日下午7時林糊有去臺中找謝雪紅，至於找他的意思和講的一些什麼話，我不知道」、3月5日林糊「講到這次事變應當用武力做後盾，然後再談得上改革政治」、3月中旬「當參議會散會了的時候，我在中央旅社附近遇見林糊先生，談及國軍會來臺中縣的事情，他曾這樣說過：『國軍來了好就好，不好我們就要抵抗。』」、3月6日曾態度強硬地要求詹

147　陳君愷，〈林糊〉，收於張炎憲主編，《二二八事件辭典》（臺北：國史館、財團法人二二八事件紀念基金會，2008），頁247-248。

148　〈臺灣高等法院檢察處函請臺中縣政府詳查林糊內亂嫌疑案並見覆（民國36年6月24日）〉，收於吳俊瑩編，《二二八事件檔案彙編㈠：臺中縣政府檔案》，頁323-324。

149　〈附件：張清柳口供筆錄（民國36年6月26日）〉，收於吳俊瑩編，《二二八事件檔案彙編㈠：臺中縣政府檔案》，頁327-330。

國去增援嘉義圍攻國軍。[150] 由上可知，員林鎮長張清柳和杜江泉的口供內容明顯地不利於林糊。

　　如前所述，事件期間員林鎮長張清柳始終奉臺中縣長宋增榘之指示執行政令，3月2日林糊在員林處委會之言行已被縣政府職員組織的「情報組」偵知，張清柳的發言甚至直指林糊平日的言行舉止已抱有擔任臺中縣長之野心。就林糊的經歷觀之，其為員林鎮開業醫師，日治時期歷任員林街協議會員，並積極參與政治社會運動，戰後初期擔任員林區長，又任三民主義青年團臺中分團員林區隊長，二二八事件時任臺中縣參議員，[151] 可說是員林鎮頗為活躍的地方菁英。然而，林糊是否有問鼎縣長之野心，揆諸目前之資料，似乎仍言之過早。張清柳做上述筆錄的目的和居心為何，則有待究明。至於杜江泉，雖於3月底一度與林糊名列暴亂分子，4月7日被臺中縣警察局刑事股逮捕，但因其事件期間「受人命令為事變中之情報員」，本人自稱為「正氣學社」[152] 社員，因而獲准辦理「自新」，[153] 甚至其後清鄉期間，被編入臺中縣警察局第三組從事情報偵察工作，曾奉該縣警察局之命，率員前往太魯閣山區，偵查是否有日人及武器藏匿概況。[154] 杜江泉在事件期間奉命在員林鎮從事情報偵查工作，迨無疑義。一言以蔽之，二二八事

---

150 〈附件：杜江泉口供筆錄（民國36年6月27日）〉，收於吳俊瑩編，《二二八事件檔案彙編㊀：臺中縣政府檔案》，頁331-334。

151 陳君愷，〈林糊〉，頁247

152 正氣學社成立於1946年3月，社長為警備總部參謀長柯遠芬，副社長為警備總部副參謀長范誦堯，總幹事為曾今可，副總幹事為行政長官公署秘書王事策、警總文書組長徐康，另有幹事如臺大文學院代理院長林茂生、省立師範學院院長李季谷、中國國民黨臺灣省黨部宣傳組長林紫貴等50餘人，社員有百餘人，並出版《正氣月刊》，由曾今可擔任總編輯。該學社成員來自黨、政、軍、學各界，但以警備總部人員佔最大比例，可以說是警備總部的外圍組織，以及柯遠芬經營政治影響力之團體。參見陳翠蓮，〈正氣學社〉，收於張炎憲主編，《二二八事件辭典》，頁90。

153 〈附件：杜江泉口供筆錄（民國36年6月27日）〉，頁334。

154 〈杜江泉奉令率員前往關原、筆錄、白岡、カラパオ、見晴、クパヤアン、タビト、溪畔、富世等山區偵查並無日人及武器匿藏之報告（民國36年5月6日）〉，收於林正慧編，《二二八事件檔案彙編㊅：臺中縣政府檔案》，頁295。

件前後林糊的言行舉止與平日交友網絡概況，似乎已遭到長期監控掌握。

　　二二八事件後，員林鎮青年隊的成員紛紛遭到追究。例如青年隊隊長詹明正，總務組員賴維烜，[155] 其他幹部張瑞和、張永利等人均遭到當局追究。事實上，清鄉期間臺中縣政府已透過警察和區村里等地方行政系統，由下而上地調查青年隊員的事跡和追究責任，地方的村里長須配合上級指示，將地方上涉及二二八事件的人物列表，呈報鄉鎮公所及警察所。據臺中縣員林鎮公所電復臺中縣政府關於清鄉工作實施經過情形之報告，4月8日至5月7日，該鎮內里長呈報轄區內「奸匪暴徒」多達12件。[156] 以賴維烜為例，員林鎮和平里里長於4月10日具名提出該里「盜匪檢舉報告表」，指稱賴維烜於「二二八事件有煽動青年之風評」，[157] 大村村長於4月12日呈報賴氏「據風評本人三、二事件發生后有參加員林青年隊為幹部」。[158] 鄉鎮公所及警察所再彙整上述村里長呈報的名單後，往上呈報臺中縣警察局。

　　過去對員林鎮青年隊的看法，大多根據林朝業的口述訪談紀錄，林朝業指出該青年隊的成員以海外回臺青年為主，成員單純，只接受臺中處委會的指令，而不受員林處委會的指揮。[159] 然而，若據1947年6月臺中縣佛教會理事長曾永坤所提出的「臺中縣佛教會對二二八事件善後工作狀況」報告可知，曾永坤對青年隊的敘述與林朝業之說法頗有出入。蓋事件爆發之初，曾永坤即參與協助救護外省人，呼籲民眾勿毆打及殺害外省人，同時，「每日探聽狀況，報知李潤生先生」，之後與建設局課員李潤生訪見宋

155　〈附件：賴維烜訊問筆錄（民國36年4月10日）〉，收於吳俊瑩編，《二二八事件檔案彙編㈥：臺中縣政府檔案》，頁78。

156　〈附件：臺中縣清鄉工作實施經過情形調查表（員林鎮）（民國36年6月23日）〉，收於黃翔瑜編，《二二八事件檔案彙編㈦：臺中縣政府檔案》（臺北：國史館，2017），頁487。

157　〈員林鎮和平里檢舉張元國、賴維垣、許銘達等報告表（民國36年4月10日）〉，收於呂興忠編撰，《彰化縣二二八事件警察檔案》（彰化：彰化縣政府文化局，2010），下冊，頁190。

158　〈大村村長呈報臺中縣警局員林興台日報賴維垣參與二二八事件經過（民國36年4月12日）〉，收於呂興忠編撰，《彰化縣二二八事件警察檔案》，下冊，頁192。

159　黃秀政訪問、連偉齡紀錄，〈林朝業先生訪問紀錄〉，頁239。

縣長，將縣長親筆要求青年隊繳械的信函交給青年隊，賴維烜於是代表青年隊到縣長官舍交涉，希望縣長救助貧困失業的青年隊員，結果爲縣長婉拒，退出縣長官舍後的路上，賴氏適遇曾永坤，對曾氏提及與縣長交涉未果，並表示「青年保安隊貧赤、無職業很多，刀槍、手榴彈一時不能交還。」若要交還，則需給青年隊員「大約壹人壹千元，須要四五萬元」云云，曾永坤當下請賴氏稍待，逕與李潤生、總務科長陳啓輝、員林鎭長張清柳等人商量，最後籌款給賴氏，青年隊始歸還武器。[160] 可知曾氏的證言暗指青年隊似乎有藉歸還武器勒索之嫌。曾氏所領導的臺中縣佛教會似乎網羅不少外省人及臺灣人的會員，例如縣政府民政局長羅文祥、前述保護縣政府建設局課員李潤生的張鉗等均是該會會員，前述曾氏將縣長的親筆信遞交給青年隊之際，其隨行者即是李潤生和張鉗，「三人坐縣長的汽車前往青年道場勸解」。[161] 當青年隊繳械後，曾氏與李潤生商議，協助散發警察局宣傳單，並向民眾轉告縣長所言，希望民眾儘快繳回武器，從事宣導工作一天，翌日復與民政局長羅文祥討論「用佛教觀解民心安定的事」，當得知埔里有民眾武裝活動時，主動請羅局長寫公文證明書，以方便其「往埔里及各區傳宣佛教，勸解民心不可受暴徒煽動結黨」。[162] 由上顯示，曾氏的言動，可說是秉持佛教慈悲精神，因而選擇站在擁護縣政府的立場，與縣政府高層密切合作，謀求地方秩序儘快恢復，其報告所提及的青年隊之姿態，自然與解嚴後林朝業等人對青年隊的敘述不同。對於臺中縣政府而言，事件期間臺中縣佛教會積極協助，透過宣揚佛法，配合宣導政令，毋寧是有效深入地方社會基層民眾，瓦解地方反動勢力的武器。

另以竹山鎮長張庚申[163]爲例，說明臺中縣政府警政高層在案犯處理扮

160　〈臺中縣佛教支會聯名呈請臺中縣政府准予嘉獎二二八事變期間救護外省同胞之該會理事長曾永坤（民國36年6月10日）〉，收於歐素瑛、李文玉編，《二二八事件檔案彙編（宝）：臺中縣政府檔案》，頁518-520；〈臺中縣佛教會對二二八事件善後工作狀況〉，頁522-528。

161　〈臺中縣佛教會對二二八事件善後工作狀況〉，頁522-526。

162　〈臺中縣佛教會對二二八事件善後工作狀況〉，頁528-531。

163　張庚申（1907-1893），南投竹山人，公學校高等科畢，日治時期曾參加臺灣農民組合、臺灣

演之角色。1947年4月21日，臺中縣警察局刑事股課員呂吉經向縣長宋增榘、警察局長呂之亮上便簽，說明竹山鎮長張庚申供認事件期間曾以鎮長地位擔任領導宣傳等工作，以及與穆錫恩（竹山初中體育教師）、羅記入（國術師）、楊昭璧（醫師，鎮民代表會主席）等人領導民眾數十名到虎尾抵抗國軍、在戲院召集臨時大會宣講臺共情報等，擬列為「暴動主要份子」，惟鑑於張庚申稱上述舉動「皆有區長（王美木）命令」，乃請示如何辦理。22日宋縣長旋即批示「查張庚申光復前行動。再派人在竹山方面偵查具報。」[164] 同月28日，警察局刑事股長林曉聰回報在竹山地區的調查結果，指出張庚申於「日人時代因思想赤化且擔任新民報社通訊員，故與赤化分子來往甚密，曾因參加赤化委員會受禁五年，參與赤色救援會受懲役三年，擔任人民協會竹山支部部長受徒刑二年」，29日宋縣長親筆批示將上述情報彙集連同口供，「并說明該員所謂奉區長之命等語全係架〔按：加〕害，送請綏部究辦」。[165] 30日，臺中縣政府呈送中部綏靖司令部的電文內容，已整合前述張庚申的受訊口供和縣警察局的調查報告，並於文末特別說明張氏稱其行動「係奉區長之命，全係誣害他人之詞，不應採信」。[166] 由上顯示，張庚申供稱事件期間乃奉區長命令行事，臺中縣政府為此派人到竹山地區調查張庚申的背景，足見臺中縣長對張庚申案件仍採慎重態度，

文化協會，1927年文化協會分裂後，擔任該會中央委員暨竹山支部長，1932年11月被捕入獄，1934年5月獲釋。戰後，1946年當選竹山鎮長，1947年二二八事件爆發時，適在臺北的臺灣省訓練團受訓，3月5日始返回竹山，其後曾在竹山戲院參與討論維持治安之策，並報告臺北情形。清鄉期間，4月7日被臺中縣警察局逮捕，移送臺北監獄，經臺灣高等法院審理，於1948年2月5日宣判無罪。1949年8月復遭竹山警察分局逮捕，移送綠島管訓，1952年5月獲釋。參見陳君愷，〈張庚申〉，收於張炎憲主編，《二二八事件辭典》，頁345。

164 〈呂吉經為張庚申、穆錫恩、羅記入、楊昭璧等人為暴動主要份子請示如何處理之便簽（民國36年4月21日）〉，收於吳俊瑩編，《二二八事件檔案彙編㈢：臺中縣政府檔案》，頁165。

165 〈林曉聰等調查張庚申於日人時代之思想行動之報告（民國36年4月28日）〉，收於吳俊瑩編，《二二八事件檔案彙編㈢：臺中縣政府檔案》，頁166-167。

166 〈臺中縣政府電送中部綏靖區司令部暴動犯張庚申請究辦（民國36年4月30日）〉，收於吳俊瑩編，《二二八事件檔案彙編㈢：臺中縣政府檔案》，頁168-169。

可惜的是，經臺中縣警察局派人到竹山地區實地調查結果，張氏被進一步確認爲自日治時期起即深懷共產思想，長期與共產分子來往密切，該調查報告可說影響宋縣長的決策。顯然的，宋縣長對被逮捕的嫌犯是否移送中部綏靖司令部究辦，掌握一定的主導權，自不待言。

附帶一提，2000年10月張庚申之子張洋豪的訪談紀錄，則有另一番說法。張洋豪指出事件爆發初期，竹山地區民眾聚會討論，不過是「表達一些不滿而已」，後來有楊昭璧、穆錫恩、羅記入帶頭鼓動，率領民眾接收警局槍械，接著前往虎尾機場支援對抗軍隊。不過，上述竹山地區的群眾抗爭，與其父實在沒有直接的關係。其父之所以被捕，可能是因爲好友都參加抗爭，或有人冒用其名義，或肩負身爲竹山鎮長的行政責任。[167] 上述訪談內容並未特別提及竹山區長王美木的角色，因此無從得知張庚申究竟是奉命行事，還是全然遭人搆陷。不過，若從張庚申於1948年2月5日被宣判無罪，[168] 似可推知臺中縣當局指控張庚申參與竹山的武裝抗爭活動一事，恐怕是誣告。

(二) 清鄉名冊之擬定

清鄉期間，嫌犯名冊之擬定與上呈，爲縣市政府重要的工作。4月9日臺中縣長宋增榘接獲行政長官公署之密電，要求查報該縣參議員、國大代表、省參議員參加事變事跡。[169] 臺中縣政府於5月2日呈報名冊送出，惟據目前所收錄之檔案，未見該名冊。[170]

167　朱重聖修訂，〈大臺中地區二二八事件口述訪錄〉，頁49-50。

168　陳君愷，〈張庚申〉，頁345。

169　〈臺灣省行政長官公署民政處密電臺中縣長宋增榘查報該縣參議員、國大代表、省參議員參加事變事跡（民國36年4月9日）〉，收於林正慧編，《二二八事件檔案彙編(九)：臺中縣政府檔案》，頁273。

170　〈臺中縣政府密電送臺灣省行政長官公署民政處爲本縣參議員、國大代表、省參議員參加事

　　另一方面，1947年4月19日，臺灣省行政長官公署民政部電令臺中縣政府於二日內詳列該縣所逮捕參與事件之暴亂人犯之姓名、年齡、籍貫、逮捕時間及處理情形。臺中縣政府直至4月30日始將該縣及其所屬各區所逮捕之暴亂人犯名冊詳細列表，呈報行政長官公署警務處。據該名冊，3月17日至4月26日，該縣警察局逮捕101人。名冊之擬定，則是根據臺中縣內各地方所呈報之名單。以竹山區為例，據「臺中縣治安會議資料」所收錄的「臺中縣竹山區逮捕奸匪叛徒報告表」，迄至1947年4月17日，竹山區署計逮捕嫌犯12人，[171] 該12人名單悉數被整編入同月30日臺中縣警察局所編列的「臺中縣警察局及所屬各區所已逮捕之二二八事變暴亂人犯名籍冊」，[172] 臺中縣再將該彙整名單上呈給行政長官公署。顯示臺中縣政府可說扮演上承長官公署之命令，並下轉轄內各區署的中介者角色。

　　關於上述101人名冊的辦理情形，移送中部綏靖區司令部者54人（佔53%）、移送警務處或臺中憲兵隊者5人（5%）、移送臺中法院檢察處者4人（4%）、准予自新者15人（15%）、證據不足獲保釋者17人（17%）、其他或未決者6人（6%）。[173] 顯示臺中縣政府對於嫌犯之移送機關，選擇移送中部綏靖區司令部者仍佔一半以上，獲准予自新或保釋者不過佔三成而已。

　　以名單上的齒科醫兼《人民導報》記者吳錫圭為例，4月7日吳氏被臺中縣警察局刑事股逮捕，據4月9日吳錫圭之口供筆錄，表示是「3月3日上午十時才出參加開保安會議」、[174]「青年隊往嘉義回來後，我有對民眾說青

　　　變者名冊（民國36年5月2日）〉，收於林正慧編，《二二八事件檔案彙編(九)：臺中縣政府檔案》，頁274。

171 〈臺中縣竹山區清鄉工作檢討報告書〉，收於歐素瑛、李文玉編，《二二八事件檔案彙編(十三)：臺中縣政府檔案》（臺北：國史館，2003），頁423。

172 〈附件：臺中縣警察局及所屬各區所已逮捕之二二八事變暴亂人犯名籍冊〉，收於吳俊瑩編，《二二八事件檔案彙編(十)：臺中縣政府檔案》，頁126-136。

173 〈附件：臺中縣警察局及所屬各區所已逮捕之二二八事變暴亂人犯名籍冊〉，頁126-136。

174 〈附件：吳錫圭訊問筆錄（民國36年4月10日）〉，頁68。

年隊大勝利回來，大家要舉呼青年隊萬歲，中華民國萬歲，喚民眾放炮助
他的威風」，否認「曾對鎮民宣傳要出錢與出力等語」。[175] 然而，4月11日臺
中縣政府將吳錫圭的訊問筆錄及押票隨電解送至中部綏靖司令部究辦時，
卻在電文中指出吳錫圭供認「于暴動時擔任宣傳與慰問等工作，對民眾宣
傳出錢出力，高呼青年隊萬歲，放炮祝賀」等語。[176] 吳錫圭的供詞與臺中
縣政府電文所呈報的罪名顯然不符。據「臺中縣警察局自新人員名冊」，吳
氏被指控「在暴亂中擔任宣傳工作」，然而，其於4月15日獲准自新。值
得注意的是，擔任吳氏的保人5人中，有林朝業和張鉗。[177] 林朝業於1993
年談及吳錫圭的案件時，指出事件後吳錫圭被抓去警察局灌肥皂水，回家
後生病而死。[178] 吳錫圭獲准自新之因，是否可能因當局查無實證，或另有
其他隱情，未來仍有待新資料之出土或利用機會探訪吳氏後人，進一步查
證。要之，透過吳錫圭之例，顯示儘管臺中縣警察局偵辦時偶爾出現瑕疵，
但向上呈報縣政府之後，臺中縣政府最後仍採取寬大的處置讓民眾辦理自
新。不過，對民眾而言，辦理自新並非完全取決於政府的寬大處理，蓋從
部分民眾的二二八口述訪談紀錄顯示，清鄉階段不少人透過賄賂方式獲得
自新，方得免除一死，例如臺中縣清水地區首富楊天賦受清水鄉親拜託，
以金子或金戒子賄賂憲兵第四團的憲兵，而成功讓被拘捕的清水地區民眾
獲釋。[179]

　　另以臺中縣警察局代理督察長黃瑞文為例，如前所述，3月29日黃瑞
文被指控為「員林暴亂之奸黨」，4月3日陳儀轉請整編第21師師長劉雨卿

175 〈附件：暴動份子吳錫圭口供筆錄（民國36年4月）〉，收於吳俊瑩編，《二二八事件檔案彙編
　　㈠：臺中縣政府檔案》，頁66-67。
176 〈臺中縣政府電送中部綏靖區司令部暴徒吳錫圭訊問筆錄、押票各一份請鑒核究辦（民國36
　　年4月11日）〉，收於吳俊瑩編，《二二八事件檔案彙編㈠：臺中縣政府檔案》，頁64-65。
177 〈臺中縣政府電送臺灣全省警備司令部自新人員名冊乙份（民國36年7月21日）〉，收於黃翔
　　瑜編，《二二八事件檔案彙編㈡：臺中縣政府檔案》，頁249。
178 黃秀政訪問、連偉齡紀錄，〈林朝業先生訪問紀錄〉，頁240。
179 朱重聖修訂，〈大臺中地區二二八事件口述訪錄〉，頁23。

查明逮捕。然而，事先接獲消息的臺中縣長宋增榘，已於4月1日上簽呈給陳儀，呈請調整黃瑞文之人事案，簽呈內容肯定黃瑞文於事件期間的表現，略謂：「黃瑞文，臺南人，福建省警官訓練所畢業，在此次事變中處理一切，得力甚多，尤以對於國家大計及個人大節極能正確自持，并於暴徒集會中剴切曉以大義，頻陷危局，終始不屈，殊堪嘉勉」。[180] 接著，指出二二八事件發生後，兼代警察局長呂之亮甫到任兩週，[181] 期間適逢原停職的警察局長江風獲准復職，基於權宜考量，按理應由警察局長簽派代督察長代理一職，但若採此一人事調動恐怕欠安定，因此，4月1日簽請陳儀同意：派任原暫代臺中縣警察局長一職的警察訓練所教育長呂之亮專任警察局長，4月9日呂之亮真除為警察局長，至於江風復職後調補臺灣警務處督察，代督察長黃瑞文亦調派警務處，並擬請記大功兩次，並調警務處服務加薪兩級。[182]

　　5月1日，臺中縣長宋增榘進而函覆憲兵團第四團第三營營長孟文楷，舉證臺中縣警察局督察長黃瑞文在事件期間並未參與暴動行為，事件期間員林未擴大事態，實為黃瑞文「聽從命令，處置適宜」所致，其理由分別如下：1.當群眾擊破警察局軍械倉庫時，學生數十人聚集爭取槍彈，黃員反覆開導，曉以大義，各學生始將武器棄置，空手而返。2.群眾退出後，該員將隱藏局內未被劫去之武器悉數秘密運至宋縣長駐在之村莊，「並立即遵照指示組織保安隊維持治安」。3.「實施分化政策使叛徒內部各不相容，勸止暴徒向外出動，並由增榘囑其召集地方士紳民眾開會，說明長官公署之措置，期使已集群眾逐漸分散，未被煽動者知所警惕」。4.拘禁外省人原係叛徒行為，該員雖未盡營救脫離監禁之責，然處此紛擾局勢中，為使分

---

180 〈臺中縣警察局局長江風等2員任免案〉，《臺中市警察局人員任免》，「臺灣省行政長官公署檔案」，典藏號：00303235043002。

181 臺中縣代警察局長呂之亮於1947年2月25日到任。參見〈臺中縣警察局局長呂之亮到職的呈報案〉，《臺中市警察局人員任免》，「臺灣省行政長官公署檔案」，典藏號：00303235042010。

182 〈臺中縣警察局局長江風等2員任免案〉，典藏號：00303235043002。

化作用生效計，不得不暫時放任，因之外省人不能無快，或攻擊之詞。[183]

上述宋縣長證明黃瑞文未參加事件之理由，特別強調事件期間黃瑞文始終奉上級命令行事，實施分化政策。因此，對於黃瑞文被構陷參與事件一事，宋縣長親自出面營救。考黃瑞文被構陷之原因，似乎與臺中縣警察局的人事派系有關，蓋黃瑞文爲臺南人，原任職臺北市警察局。其之所以兼代臺中縣警察局督察長，係因1947年1月縣警察局長江風、主任秘書金士衡、督察長陳傳風、第二課課長陳克標、課員許宗喜等人因員林事件一案停職，長官公署乃改派警察訓練所教育長呂之亮兼代局長、教官李務本兼代主任秘書、教官徐靖佐兼代第二課課長，以及臺北市警察局第三科科長黃瑞文兼代督察長。[184] 要之，二二八事件發生前夕，臺中縣警察局人事結構甫煥然一新，過去涉及員林事件的警察人員均被停職。事件發生後，臺中縣奉命辦理清鄉期間，過去因涉案而停職的金士衡（原警察局主任秘書）、陳克標（原第二課長）、許宗喜（原第二課課員）紛紛於3月14日調任該縣義務警察大隊服務，[185] 而代督察長黃瑞文於3月29日旋遭黑函檢舉，時機可說相當敏感。因此，宋縣長不得不於4月1日簽請陳儀任用曾任臺中縣警察局長的呂之亮回鍋，眞除警察局長，藉以排除原警察局長江風回任的機會；同時，將黃瑞文調離臺中縣，其用意似乎是爲了安定縣警察局人事。1947年4月16日，臺中市警察局督察長鄒道遠調派代理臺中縣警察局主任秘書。[186] 1947年4月21日臺中市警察局主任秘書金士衡、督察長陳傳

---

183 〈臺中縣政府函復憲兵第四團第三營本縣警察局督察長黃瑞文一案（民國36年5月1日）〉，頁397-400。

184 〈臺中縣警察局主任秘書金士衡等9員案〉，《臺中市警察局人員任免》，「臺灣省行政長官公署檔案」，典藏號：00303235042008。

185 〈金士衡、陳克標、許宗喜奉令於三月十四日前往臺中縣義務警察大隊部報到之報告（民國36年3月14日）〉，收於林正慧編，《二二八事件檔案彙編㈨：臺中縣政府檔案》，頁125。

186 〈縣市警務人員陳震等4員委派案〉，《高雄縣警察局人員任免》，「臺灣省行政長官公署檔案」，典藏號：00303235056010。然而，從臺中縣政府檔案中，可知金士衡於4月初已開始代理警察局主任秘書之實務工作。參見〈臺中縣政府電送臺灣省行政長官公署警務處本縣及

風、第二課長陳克標、第二課員許宗喜因臺北地方法院判決免訴，申請復職獲准。不過，同日，臺中縣警察局長呂之亮隨即簽請臺中市警察局督察長鄒道遠調充真除，故其後金士衡被調任彰化市警察局秘書。[187] 由上明白顯示，二二八事件前夕迄至事件後清鄉期間，臺中縣長宋增榘及警察局長呂之亮似乎不間斷地進行警政高層人事之換血，尤其是刻意地排除上述因涉及員林事件導致地方民眾觀感不佳的警察人員。清鄉期間，地方警察人員乃地方政府在地方社會推動清鄉實務工作之主力，此一新氣象的臺中縣警察局人事結構，是否有助於事件後地方民眾民心之凝聚，甚至從而減少因不肖警察濫權可能導致的濫捕情形，則有待將來透過更多史料加以印證。

五、結論

綜上可知，臺北市爆發圓環緝煙事件後，中部地區三縣市政府紛紛接到行政長官公署之通知而採取防範措施。3月2日中午後，以臺中市民召開「市民大會」為開端，會後市民開始在市區遊行，接管政府官署及警察局，市區秩序逐漸難以控制，市政府的外省人公職人員紛紛走避，連臺籍警察亦競相棄職。臺中市區失序的消息，迅速傳到鄰近的臺中縣及彰化市。除了彰化市情況稍穩定之外，當時臺中縣、市政府官員中，無論是繼續在臺中市警察局坐鎮、與民眾保持溝通的市警察局長洪字民，或被拘留的黃克立市長、接受鎮民保護的臺中縣政府官員，幾乎都利用具有黑社會背景的人員組成治安組織，協助維持秩序，甚至利用民眾當線民，從事情報偵查，伺機進行分化作用。

然而，參與處委會的臺人士紳代表並不知悉，甚至天真地認為處委會

所屬逮捕二二八事變暴亂人犯姓名年籍表（民國36年4月30日）〉，收於吳俊瑩編，《二二八事件檔案彙編(六)：臺中縣政府檔案》，頁125。

187 〈臺中縣警察局主任秘書金士衡等4員復職案〉，《臺中市警察局人員任免》，「臺灣省行政長官公署檔案」，典藏號：00303235043003。

組成治安組織的目的在於協助維持秩序。員林鎮處委會負責總務工作的《興臺日報》記者賴維烜於3月3日進入臺中縣警察局,得知縣政府職員組織直屬於縣政府的「情報組」時,不禁脫口而出「現在縣長不在,那有縣政府呢?到底是誰主持的……」,並頗不以爲然地表示:「因聽他們講了那些話,心裡想那裡有這回事,故很大聲地拍起桌來,說『現在沒有縣政府,那有縣政府的情報組?』。」[188] 事件後賴氏被逮捕,4月10日在縣警察局接受偵訊,被訊問此事時,答道:「我因爲一時的錯誤,誤信謠言,在縣政府及警察局無視公務員,及誇言無視政府縣長確實無諱。」[189] 4月14日再度接受訊問,再回道:「我一時激怒,講了過激的話,我對他們不起。」[190] 事後得知,恐怕已遲矣。7月21日,臺中縣警察局以賴氏供稱「事變中參加暴動,擔任青年隊總務工作,調查本局事變時工作情形,侮罵公務員,並脅迫鎮長張清柳領錢供給青年隊員膳食,及命青年隊員鎮壓搶劫時與保安隊衝突」無誤爲由,將其函送臺中地方法院檢察處法辦。[191] 據財團法人二二八事件紀念基金會「受難者名冊」,賴氏「遭刑求傷重死亡」。[192]

　　戰後林朝業受訪表示,二二八事件中,許多地區參與事件的人,身分都是相當複雜的。流氓在事件中扮演了相當巧妙的角色。在事件中打人、搶劫的,都是這些黑社會的人,但是,另一方面,縣長宋增榘又保護這些人,政府也在利用這些人,事件後,獎勵的也是這些人,令人驚詫不已。[193] 林朝業的證詞,可從事件期間臺中縣、市政府紛紛利用黑社會背景之人士,成立治安維持組織獲得印證。然而,若從事件前夕中部縣市的政情觀之,

---

188 〈附件:賴維烜訊問筆錄(民國36年7月19日)〉,頁347-348。

189 〈附件:賴維烜訊問筆錄(民國36年4月10日)〉,頁79。。

190 〈附件:再問賴維烜訊問筆錄(民國36年4月14日)〉,頁83。

191 〈臺中縣警察局函送臺中地方法院檢察處暴徒賴維烜乙名暨附件(民國36年7月21日)〉,收於吳俊瑩編,《二二八事件檔案彙編㈩:臺中縣政府檔案》,頁345-346。

192 張炎憲主編,《二二八事件辭典‧別冊》(臺北:國史館、財團法人二二八事件紀念基金會,2008),頁568-569。

193 黃秀政訪問、連偉齡紀錄,〈林朝業先生訪問紀錄〉,頁240。

地方政府並非僅於事件期間利用黑社會人物維持治安，蓋事件爆發前兩年間，地方政府官員勾結流氓當刑警，已不時引起地方民眾不滿和議論。因此，二二八事件爆發後，一旦地方警力一時無法壓制變亂，地方政府必然循往例要求「流氓」出面協助維持治安。1947年3月20日，保密局佈建在臺中地區的通訊員陳向前，曾上呈關於臺中市二二八事件經過及善後觀感之報告書，對於善後措施，特別建議當局「今後應以撫慰爲先，而安民心，至收回隱匿武器，須以毒攻毒政策，任用地方上一部無正當職業者（當地流氓兄弟們）爲警察，令其搜繳武器，蓋彼等深知詳情何人有參加、握有武器藏匿，可逐漸搜回，治安冀能稍定」。[194] 由上暴露了事件後當局施行「以毒攻毒」策略之心態。

尤有甚者，此一「以毒攻毒」之策略，不只利用地方流氓或黑社會分子，甚至利用地方上士紳或頭人、宗教團體，軟硬兼施從事「以臺制臺」的謀略。從林糊、賴維炫之案件可知，事件前後兩人的日常生活中早已出現不少監視者，處心積慮地蒐集其不法證據，於事件後對兩人做出不利證言。令人深思的是，這些監視者未必都是特務分子，也未必是流氓，而是日常生活中與其共事的臺人。

向來研究者論及二二八事件時中部縣市地區民眾反應較爲激烈，但事件後傷亡似乎不嚴重，幾乎都歸因於中部地區以林獻堂爲首的穩健士紳，在地方政府與民眾之間充分發揮溝通作用，使得國軍進駐前後地方治安旋即歸於平靜。本文探討結果顯示，事件期間地方政府並非完全被動地等待地方士紳之出面協商，他們仍透過各種管道，密切關注事件動態，試圖整合維安團體，從武裝動員到道德感化，「以毒攻毒」、「以臺制臺」，力求儘快恢復治安。要之，事件期間地方政府高層對地方民情的控制，儼然爲綏靖清鄉期鋪陳後路。

---

194 〈陳向前致電柯復興報告臺中市二二八事件經過及善後觀感（民國36年3月20日收）〉，收於許雪姬主編，《保密局臺灣站二二八史料彙編㈢》，頁481。

　　事件後縣市政府執行清鄉之任務，以臺中縣爲例，可知清鄉期間地方政府一方面從事高層警政人事結構之革新，以便收拾民心；一方面彙整所屬地方鄉鎮所呈報的案犯名冊，並往上呈報行政長官公署。雖然從案犯的逮捕、審理及處置，似乎反映大多數的嫌犯仍移送中部綏靖區司令部審辦，但地方政府警政首長仍對案犯處置，掌握部分的主導權。

　　值得注意的是，清鄉期間，影響地方政府警政首長決定是否移送或給予自新的關鍵爲何？哪些人被視爲「惡人」，哪些人獲得倖免，界定的標準爲何，似乎有必要放在地方政情的脈絡下進一步究明。前述張庚申之子談及其父張庚申之案件時，曾與林朝業對二二八事件有類似的感想，略謂：「事件當時的主謀者，後來都不僅沒事，而且飛黃騰達，而一些盲從附和的人卻鋃鐺入獄」。[195] 對地方社會而言，地方政府是否本乎正義公平的原則，處置二二八事件的案犯，避免濫捕濫刑，實可說是影響日後地方社會風氣的要素。本文利用新出版的臺中縣政府二二八事件檔案，以臺中縣部分個案爲中心，探討清鄉期間地方政府的處置，惟其詳情如何，仍有待透過精密的統計和更多的史料進一步究明。

195　朱重聖修訂，〈大臺中地區二二八事件口述訪錄〉，頁51。

引用書目

《台灣新生報》

《民報》

《和平日報》

《臺灣省行政長官公署公報》（臺北）

《徵信新聞報》

「臺灣省行政長官公署檔案」，典藏號：00303231151003、00303231238017、003032350360
　　　　12、00303235042008、00303235042010、00303235043002、00303235043003、
　　　　00303235056010、00303520004009。南投：國史館臺灣文獻館藏。

中央研究院近代史研究所（編）

　　　1993　《二二八事件資料選輯(三)》。臺北：中央研究院近代史研究所。

朱重聖（修訂）

　　　2001　〈大臺中地區二二八事件口述訪錄〉，《國史館館刊》（臺北）30: 17-57。

何漢文

　　　1991　〈臺灣二二八事件見聞紀略〉，收於鄧孔昭編，《二二八事件資料集》，頁
　　　　173-188。臺北：稻鄉出版社。

吳俊瑩

　　　2013　〈由「員林事件」看戰後初期臺灣法治的崩壞〉，《國史館館刊》（臺北）37:
　　　　81-121。

吳俊瑩（編）

　　　2017　《二二八事件檔案彙編(二十)：臺中縣政府檔案》。臺北：國史館。

呂興忠（編撰）

　　　2010　《彰化縣二二八事件警察檔案》，下冊。彰化：彰化縣政府文化局。

李祖基（編）

　　　2007　《「二・二八」事件報刊資料彙編》。臺北：海峽學術出版社。

周琇環

　　　2003　〈二二八事件在彰化〉，收於李旺台總編輯、曾美麗主編，《二二八事件新史料
　　　　學術論文集》，頁90-125。臺北：財團法人二二八事件紀念基金會。

林元輝（編註）

　　　2009　《二二八事件臺灣本地新聞史料彙編》，第一、三冊。臺北：財團法人二二八
　　　　事件紀念基金會。

林世珍、陳光輝、鄭榮松（編）

　　1989　《臺中縣志・卷三：政事志（行政篇、自治篇、役政篇）》，第一冊。臺中：臺中縣政府。

林正慧（編）

　　2017　《二二八事件檔案彙編⒆：臺中縣政府檔案》。臺北：國史館。

林良哲

　　2004　《何春木回憶錄：「黨外戰將」奮發開啓人生的故事》。臺北：前衛出版社。

林獻堂（著）、許雪姬（主編）

　　2011　《灌園先生日記⒆一九四七年》。臺北：中央研究院臺灣史研究所、中央研究院近代史研究所。

林　驤

　　2007　〈歷史的慘劇：臺灣騷亂中拾錄〉，收於李祖基編，《「二・二八」事件報刊資料彙編》，頁346-356。臺北：海峽學術出版社。

侯坤宏

　　2014　〈重探「二二八事件處理委員會」的角色〉，《臺灣史研究》（臺北）21(4): 1-56。

侯坤宏、許進發（編）

　　2002　《二二八事件檔案彙編㈠：立法院、國家安全局檔案》。臺北：國史館。

　　2004　《二二八事件檔案彙編⒅：國家安全局檔案》。臺北：國史館。

勁　雨（編）

　　1947　《臺灣事變眞相與內幕》。上海：建設書店。

洪炎秋

　　1977　《老人老話》。臺中：中央書局。

洪敏麟（編著）

　　1980　《臺灣舊地名之沿革》，第一冊。臺中：臺灣省文獻委員會。

馬有成

　　2010　〈嘉義「三二」事件中的政府因應與處置〉，《嘉義研究》（嘉義）2：49-98。

國立彰化師範大學地理學系（編纂）

　　1997　《彰化市志》。彰化：彰化市公所。

張炎憲（主編）

　　2008　《二二八事件辭典・別冊》。臺北：國史館、財團法人二二八事件紀念基金會。

張炎憲、李筱峰（編）

　　1989　《二二八事件回憶集》。臺北：稻鄉出版社。

許雪姬

1993　〈臺灣光復初期的民變：以嘉義三二事件爲例〉，收於賴澤涵主編，《臺灣光復初期歷史》，頁169-222。臺北：中央研究院中山人文社會科學研究所。

1994　〈二二八事件時高雄市的綏靖〉，收於黃俊傑編，《高雄歷史與文化論集》，第1輯，頁163-197。高雄：財團法人陳中和翁慈善基金會。

2002　〈二二八事件中的林獻堂〉，收於胡健國主編，《20世紀臺灣歷史與人物：第六屆中華民國史專題論文集》，頁989-1061。臺北：國史館。

許雪姬（主編）

2016　《保密局臺灣站二二八史料彙編㈢》。臺北：中央研究院臺灣史研究所。

許雪姬（訪問）、王美雪（紀錄）

2008　〈林博正先生訪問紀錄〉，收於許雪姬編著，許雪姬、王美雪記錄，《中縣口述歷史・第五輯：霧峰林家相關人物訪談紀錄（頂厝篇）》，頁103-116。臺中：臺中縣立文化中心。

2008　〈林瑞池先生訪問紀錄〉，收於許雪姬編著，許雪姬、王美雪記錄，《中縣口述歷史・第五輯：霧峰林家相關人物訪談紀錄（頂厝篇）》，頁167-177。臺中：臺中縣立文化中心。

陳君愷

2008　〈林糊〉，收於張炎憲主編，《二二八事件辭典》，頁247-248。臺北：國史館、財團法人二二八事件紀念基金會。

2008　〈張庚申〉，收於張炎憲主編，《二二八事件辭典》，頁345。臺北：國史館、財團法人二二八事件紀念基金會。

陳翠蓮

2008　〈正氣學社〉，收於張炎憲主編，《二二八事件辭典》，頁90。臺北：國史館、財團法人二二八事件紀念基金會。

陳儀深

2009　〈秋後算賬：二二八事件中的「綏靖」與「清鄉」〉，收於楊振隆總編輯，《大國霸權or小國人權：二二八事件61週年國際學術研討會學術論文集》，下冊，頁841-872。臺北：財團法人二二八事件紀念基金會。

陳興唐（主編），戚如高、馬振犢（編輯），萬仁元（審校）

1992　《南京第二歷史檔案館藏：臺灣「二・二八」事件檔案史料（上卷）、（下卷）》。臺北：人間出版社。

黃文瑞

1994 〈日據以迄光復初期臺灣行政組織之探究〉，《臺灣文獻》（南投）45(1): 69-99。

黃克武、洪溫臨

2001 〈悲劇的歷史拼圖：金山鄉二二八事件之探析〉，《中央研究院近代史研究所集刊》（臺北）36: 1-44。

黃秀政、許雪姬（訪問），許雪姬、連偉齡（紀錄）

1993 〈張深鑐先生訪問紀錄〉，《口述歷史》（臺北）4: 209-214。

黃秀政（訪問）、連偉齡（紀錄）

1993 〈林朝業先生訪問紀錄〉，《口述歷史》（臺北）4: 235-240。

黃翔瑜（編）

2017 《二二八事件檔案彙編㈩：臺中縣政府檔案》。臺北：國史館。

葉榮鐘

1995 《臺灣人物群像》。臺北：時報文化出版企業股份有限公司。

臺中市文獻委員會（編）

1971 《臺中市志稿：卷首（下冊）》。臺中：臺中市文獻委員會。

臺中市參議會（編）

1946 《臺灣省臺中市參議會第一屆第一次大會記錄》。臺中：臺中市參議會。

臺中市參議會秘書室（編）

1946 《臺灣省臺中市參議會第一屆第二次大會記錄》。臺中：臺中市參議會秘書室。

臺灣省文獻委員會（編校）

1953 《臺灣省通志稿・卷一：土地志・地理篇》，第二冊。臺北：臺灣省文獻委員會。

1957 《臺灣省通志稿・卷三：政事志・行政篇》。臺北：臺灣省文獻委員會。

臺灣省文獻委員會採集組（校編）

1999 《彰化縣鄉土史料》。南投：臺灣省文獻委員會。

臺灣省行政長官公署人事室（編）

1946 《臺灣省各機關職員錄》。臺北：臺灣省行政長官公署人事室。

歐素瑛

2014 〈二二八事件期間縣市首長的角色與肆應〉，《臺灣史研究》（臺北）21(4): 57-103。

歐素瑛、李文玉（編）

2003 《二二八事件檔案彙編㈩㈢：臺中縣政府檔案》。臺北：國史館。

2003 《二二八事件檔案彙編㈩㈣：臺中縣政府檔案》。臺北：國史館。

蔡秀美

    2014　〈二二八事件期間消防隊員的角色〉，《臺灣史研究》（臺北）21(3): 65-108。

賴澤涵（總主筆）

    1994　《「二二八事件」研究報告》。臺北：時報文化出版企業股份有限公司。

鍾逸人

    2009　《辛酸六十年（上）：狂風暴雨一小舟——228事件二七部隊部隊長鍾逸人回憶錄1921-1947》。臺北：前衛出版社。

鍾逸人（口述）、黃秀政（訪問）、連偉齡（整理）

    1992　〈訪鍾逸人談二七部隊〉，收於行政院研究「二二八事件」小組編，《二二八事件研究報告・附錄二：重要口述歷史》，頁1-7。臺北：行政院研究「二二八事件」小組。

［肆］

從「二二八」到
「臺灣獨立運動」
的崛起

二二八事件中的「臺灣意識」

侯坤宏
前國史館纂修

壹、前言

有關二二八史研究，過去筆者曾撰有〈嚴家淦與二二八：看外省人在事件中的處境〉一文，透過嚴家淦在事件中的際遇，探討外省人在事件中的遭遇，發現在事件期間有不少外省人，被集中管理及被毆等情事，之所以會發生這種情況，與省籍意識很有關連。[1] 由於該文非以「二二八和省籍意識」為研究重點，對於事件中的「臺灣意識」未做進一步論述。特別要提的是，該文在正式出版前，承蒙一位匿名審查人建議說：「二二八事件發生原因、發展過程和事件本質應該是多元複雜的，尤其官逼民反和族群衝突這兩項主要因素很難切割來看。但是省籍意識（包括歧視、差別待遇、習慣和作風不同等問題）與官方作為（包括陳儀政府的施政不當、後續的強力鎮壓等問題）在事件發生前、爆發點、後續發展、往後長期影響等各個期間的相互關係，例如究竟是彼此強化、彼此弱化或互為消長等，

---

[1] 侯坤宏，〈嚴家淦與二二八：看外省人在事件中的處境〉，收於吳淑鳳、陳中禹編，《轉型關鍵：嚴家淦先生與臺灣經濟發展》（臺北：國史館，2014），頁491-530。

頗值進一步做階段性的分析。」[2] 匿名審查人也點出「省籍意識」在二二八事件的重要，值得進一步探究，本文撰寫目的即在於此。

　　檢視過去學界有關此項議題之研究，略有：1、陳翠蓮〈歷史正義的困境：族群議題與二二八論述〉，分析民主化之後的臺灣，在追求歷史正義時所面臨的困境及其原因。作者以二二八事件相關論述為焦點，從歷史研究途徑，追索二二八論述與族群議題糾葛不清的過程。[3] 2、陳儀深在〈臺獨主張的起源與流變〉中認為，二二八事件是二十世紀臺獨運動最重要的起源。[4] 3、蘇瑤崇〈葛超智（George H. Kerr）、託管論與二二八事件之關係〉，1947年以前，已有託管論及主張臺灣獨立者，二二八事件時這些主張逐漸轉趨激烈，但託管或獨立並非當時臺灣人的主流主張，當時的主流主張應是「臺灣高度自治」。[5] 4、李筱峰〈二二八事件與族群問題〉一文中說，由於戰後外省軍隊紀律敗壞，「外省人」壟斷權位，臺人遭到歧視與不平等待遇，「外省人」以征服者的優越感，造成本地人與外省人之間

2　當時國史館負責編輯出版同仁轉給筆者之〈審查意見書〉。

3　陳翠蓮認為，臺灣自1980年代起，在追究二二八事件責任時，國民黨政府當局非但逃避責任問題，更強化族群論述，將外省族群與國民黨捆綁在一起，以抵擋民間的平反行動。臺灣民主轉型過程中，雖然當時的總統李登輝，曾對二二八事件道歉、立碑、「補償」等回應，但他並未對威權時期的附從結構，如情治、司法、媒體、黨產等問題，加以解構導正，錯失轉型正義最佳時機。參見陳翠蓮，〈歷史正義的困境：族群議題與二二八論述〉，《國史館學術集刊》（臺北）16（2008年6月），頁179。

4　依陳儀深說法，1949年後的臺獨主張有兩種：一是流亡日本、美國的知識分子，如廖文毅、史明、王育德、黃昭堂、張燦鍙、蔡同榮等，在組織上、理論上有較明顯的貢獻；另一是臺灣島內所發生的各起臺獨政治案件。1987年解嚴，1990年後，各種類型「已經獨立說」、「尚未獨立說」可謂百花齊放、琳琅滿目，大體可以反映出臺灣作為國際法和政治發展研究上所代表的特殊案例，以及兩岸關係、臺美中三角關係的複雜情況。參見陳儀深，〈臺獨主張的起源與流變〉，《臺灣史研究》（臺北）17:2（2010年6月），頁131-169。

5　蘇瑤崇認為，當時臺灣人雖已有人主張託管論甚或獨立，但仍不見得獲多數人的贊同，甚至於連主張者本人也不見得完全認為非如此不可。其因是臺灣剛回歸中國不久，縱然陳儀政府非常腐敗，但此時臺灣人期待的是真正的政治改革，遠超過於獨立的企盼，同時也因長期受殖民統治之故，對自己沒有信心，而認為沒有足夠的條件獨立。參見蘇瑤崇，〈葛超智（George H. Kerr）、託管論與二二八事件之關係〉，《國史館學術集刊》（臺北）4（2004年9月），頁135-188。

的心理鴻溝，二二八事件之前族群之間的歧視與偏見已經明顯存在。族群問題，是釀成二二八事件的重要背景與因素之一。[6] 5、李筱峰另撰有〈二二八事件與臺灣獨立運動〉一文，該文強調，二二八事件之前，早就有臺灣獨立運動的史例，事件發生後，許多臺灣人「祖國夢碎」，使得臺獨運動進入新的階段。[7] 6、陳佳宏〈「二二八事件」與臺獨之發展與演變〉，提出說：二二八事件中存有「臺獨的隱性主張」，雖有數起「較極端的臺獨宣傳，但頂多只能視爲是擦槍走火的零星臺獨元素」。[8] 7、林宗光〈臺灣人之認同問題與二二八〉指稱，二二八的發生與臺灣人的認同有密切關係，二二八革命的失敗，顯示出當時臺灣認同的缺陷。[9]

以上諸篇，除林宗光外，其餘的撰文者對戰後臺灣史研究各有所成，但就與本文所談主題來看，是各有偏重。如陳翠蓮〈歷史正義的困境：族群議題與二二八論述〉一文之重點，是在解嚴以後的歷史轉型正義問題；陳儀深〈臺獨主張的起源與流變〉一文，雖指出二二八事件是二十世紀臺獨運動最重要的起源，但對於二二八事件與臺獨（或「臺灣意識」）之關係並未多加討論。蘇瑤崇〈葛超智（George H. Kerr）、託管論與二二八事件之關係〉討論的重點在葛超智與託管論。李筱峰所撰〈二二八事件與族群問題〉、〈二二八事件與臺灣獨立運動〉二文，強調二二八事件之前族群問題已經存在，是造成二二八事件的重要背景與原因，且在事件之前，已存有臺灣獨立運動的例子。陳佳宏〈「二二八事件」與臺獨之發展與演變〉一文，比較著重在臺獨之發展史上。以上諸文，對筆者均有所啓發，但筆

---

[6] 由於族群問題是二二八事件的重要背景與因素，我們才能了解爲何二二八事件爆發後，許多憤怒的民眾會一見到大陸人就毆打。參見李筱峰，〈二二八事件與族群問題〉，下載日期：2017年2月5日，網址：http://www.jimlee.org.tw/history_detail.php?articleSN=8709。

[7] 李筱峰，〈二二八事件與臺灣獨立運動〉，收於李旺台總編輯、曾美麗主編，《二二八事件新史料學術論文集》（臺北：財團法人二二八事件紀念基金會，2003），頁143。

[8] 陳佳宏，〈「二二八事件」與臺獨之發展與演變〉，《臺灣風物》（臺北）55: 1（2005年3月），頁42。

[9] 林宗光，〈臺灣人之認同問題與二二八〉，收於張炎憲、陳美蓉、楊雅慧編，《二二八事件研究論文集》（臺北：財團法人吳三連臺灣史料基金會，1998），頁359。

者以爲：如能透過重讀二二八事件期間的一手檔案史料與重要報紙資料，應能做爲我們了解二二八事件的一種參考，也能讓我們更能掌握戰後「臺灣意識」之萌芽與發展。

「意識」（consciousness），源自拉丁文conscire，原意爲知道、覺悟，是一種察覺（awareness）、感受（feeling）、知覺（perception）的焦點，屬於認知主體與認知客體間的一種關係。[10] 依此，「臺灣意識」可以說是一種對「臺灣」的察覺、感受與知覺，也可視爲是一種對臺灣的「廣泛集體認同狀態」。戰後臺灣，由於經歷統治權移轉過程，由原來統治臺灣的日本，變成由來自中國大陸的中華民國政府統轄，對於當時居住在臺灣的人民而言，是一個極大的衝擊。二二八事件的爆發，觸動了「臺灣意識」的萌芽，根據相關檔案與報刊資料顯示，二二八事件之所以爆發，與省籍觀念（「本省人」與「外省人」）息息相關，而當時事件參與者所提出之「臺灣地方自治」，以及「臺灣獨立」與「臺灣由國際託管」主張，亦可視爲是「臺灣意識」的不同呈現。

再者，本文第二節論及外省軍政大員及丘念台、吳濁流、林獻堂所談之省籍觀念，臺灣人政治團體所提出之「臺灣地方自治」，保密局與媒體圈中所稱之「臺灣獨立」與「臺灣由國際託管」，均爲解決當時臺灣所面臨的問題而被不同人士提出，對這些二二八事件中的「臺灣意識」之釐清，當有助於我們了解二二八的歷史，以及日後在臺灣的獨統爭議。

本文透過對二二八相關檔案及重要報紙資料之研讀，從中檢出與「臺灣意識」有關者，進行分析論究，藉以呈顯事件期間的「臺灣意識」，說明二二八事件與「臺灣意識」的關係。以下分從：二二八事件中「本省人」與「外省人」觀念、二二八事件中的「臺灣地方自治」（或「高度自治」）、二二八事件中的「臺灣獨立」與「託管」等方面進行解說。

10　Peter A. Angeles著，段德智、尹大貽、金常政譯，《哲學辭典》（臺北：貓頭鷹出版社，2000），頁80。

貳、二二八事件中的「本省人」、「外省人」觀念

1947年3月13日的《和平日報》，登有一篇署名「粥棣」寫的〈本省人與外省人〉，文章一開始就說：

> 從臺灣省各縣市參議會成立以後，會議席上，幾乎每次有本省人和外省人的問題在討論，這些問題，出於鄉曲細民之口，我們倒不以為怪，所奇者，是出於代表民意，自承為智識份子之參政員袞袞諸公，這真是臺灣在【地】的特產，求之世界各國、各省、各洲所不可得的。並且竟因此醸成排外的暴動，殺人放火，對旅臺的內地同胞，連婦孺都不能體免，真是世界變亂史中的一個奇蹟！[11]

粥棣提出「本省人」與「外省人」的問題，是「臺灣特產」，由此醸成的暴動，「是世界變亂史中的一個奇蹟」。他對二二八起因（及情況）的描述，我們未必都會同意，但他卻點出一個重要的問題——即二二八事件中的「本省人」與「外省人」的對峙關係。戰後，大陸來臺部分接收人員，常存有優越心理，往往流露勝利者君臨殖民地的傲態，使臺胞發生反感，益以語言隔閡，意見無法溝通，遂致狹隘的省籍地方觀念，相互排斥，誤會滋生，二二八事件發生，臺胞以仇視外省人為對象，其種因在此。[12]「本

---

[11] 1947年3月17日，《和平日報》社論標題是〈無分彼此都是同胞！〉，文中說：「所謂『外省人』、『本省人』這種觀念本來是絕對錯誤的！因這錯誤觀念作祟，已經使政府與人民都遭受到極重大的損失，其悲慘與不幸，實令人無限痛心！從今起，當然我們一定要以此為前車之鑒，儘速消除此種錯誤觀念。」參見粥棣，〈本省人與外省人〉，《和平日報》，1947年3月13日，收於林元輝編註，《二二八事件臺灣本地新聞史料彙編》（臺北：財團法人二二八事件紀念基金會，2009），第四冊，頁1846；〈無分彼此都是同胞！〉，《和平日報》，1947年3月17日，收於林元輝編註，《二二八事件臺灣本地新聞史料彙編》，第四冊，1903-1905。

[12] 沈雲龍撰，〈二二八事變的追憶〉，收於侯坤宏、許進發編，《二二八事件檔案彙編(九)：國家安全局、臺灣省諮議會檔案》（臺北：國史館，2002），頁135；陳愷，〈二二八事件發生前後臺

省人」與「外省人」這一對觀念，可以做爲我們觀察這次不幸事件的一個視角。

　　陳儀主持的臺灣省行政長官公署，各處機關首長以及其他要職，大多由外省人壟斷，以致民心不服。[13] 依陳儀看法，由於「臺人資歷不足」，所以長官公署許多重要職位，都「從國內官員中遴選」，使臺籍人士遭到排擠，臺籍高級人員極少，並有同工不同酬現象。[14] 陳鼐於1946年7月10日奉派新竹市警察局，到後即發現，一般人對大陸來臺者已有所不滿，除稱他們爲「阿山」外，也有稱彼等爲「中山袋」（大錢袋之意，表示愛錢，可以藏很多錢），買豬肝時叫「買陳儀」（豬肝，臺灣土話與官同音）。[15] 二二八事件期間，外省人之所以被集中及被毆打的根本原因，歸根究底，實與「省籍意識」有關，事件中臺灣人常罵外省人爲「阿山」或「豬」。[16] 這樣我們就可以很容易了解，爲什麼在二二八事件期間，會發生臺灣人排斥外省人的情況。[17]

北地區之政情與社會民心狀況追憶〉，收於侯坤宏、許進發編，《二二八事件檔案彙編㈥：國家安全局檔案》（臺北：國史館，2004），頁225。

13　李東華研究指出，戰後初期臺籍知識分子民族情感空前澎湃，反映在臺大校園的是通力合作完成接收工作。但隨即出現歧見，從1946年3月的臺大醫院罷診事件到翌年的二二八事件，無不反映雙方猜疑的深重、互信的缺乏。參見法務部調查局編，〈臺灣省行政長官公署糧食局林衡道二二八事變回憶〉（1984年），收於侯坤宏、許進發編，《二二八事件檔案彙編㈨：國家安全局、臺灣省諮議會檔案》，頁113；李東華，〈光復初期（1945-1950）的民族情感與省籍衝突：從臺灣大學的接收改制做觀察〉，《臺大文史哲學報》（臺北）65（2006年11月），頁183。

14　湯熙勇，〈臺灣光復初期的公教人員任用方法：留用臺籍、羅致外省籍及徵用日人（1945.10-1947.5）〉，《人文及社會科學集刊》（臺北）4:1（1991年11月），頁405。

15　陳鼐，〈臺灣發生二二八事變回憶瑣記〉，收於侯坤宏、許進發編，《二二八事件檔案彙編㈥：國家安全局檔案》，頁240。

16　石延漢，〈告基隆民眾書〉，收於中央研究院近代史研究所編，《二二八事件資料選輯㈢》（臺北：該所，1993），頁99。

17　例如，有一則張秉承呈南京言普誠的情報提到，臺灣學生聯盟之主動人物係蔣時欽，蔣係《民報》記者，素以煽動風潮，排斥外省人爲能事，與乃叔蔣渭川之臺灣政治建設協會相呼應。參見〈張秉承呈南京言普誠，才智午奸情臺24號〉，收於侯坤宏、許進發編，《二二八事件檔案彙編㈠：立法院、國家安全局檔案》（臺北：國史館，2002），頁217。

　　爲進一步說明二二八事件期間的「本省人」、「外省人」觀念，以下舉出陳儀、彭孟緝、柯遠芬、劉雨卿、白崇禧等軍政大員對此之看法。

　　一、陳儀的看法：做爲臺灣省行政長官的陳儀，在事件期間，曾多次發言，其中多有涉及省籍意識者，如：

　　1、1947年3月4日上午，陳儀在接見民衆及學生代表時表示：「二二八事件不單是本省不幸，是整個中國的不幸，臺胞需要知道不論內、外省人，都是中國人。我極度的忍耐，發表不追究肇事責任者外，亦要釋放犯人，由此就可知我愛護臺胞的心志，希望臺胞放大眼光，廣大胸量，發揮所有知識、學術，建設新中國。」[18] 這裡的「內、外省人」，指的就是「本省人」和「外省人」。

　　2、同年3月16日，陳儀發表〈告駐臺全體官兵〉，其中說到：「這次奸匪和叛徒，曾用『本省人』、『外省人』的分別，來煽惑人心，離間情感，我們不要上他們的當，本省人和外省人都是黃帝子孫，都是中華民國的同胞，我們都應該互相愛護，精誠團結」。[19]

　　3、同年3月17日，陳儀在長官公署及警備總部聯合紀念週上致辭云：「臺灣淪陷半世紀，臺胞受著日本的教育，不免有毒素作用，因此有少數人不了解祖國。臺灣同胞的祖先，都是從內地各省遷居而來，大家都是黃帝的子孫，中華民國的國民，今後應相親相愛，決不可分本省或外省，這一點，決用教育來糾正」。[20]

18　〈學生代表訪長官〉，《民報》，1947年3月5日，收於林元輝編註，《二二八事件臺灣本地新聞史料彙編》，第四冊，頁2104-2105。

19　陳儀，〈告駐臺全體官兵〉（民國36年3月16日），收於陳興唐主編，戚如高、馬振犢編輯，萬仁元審校，《南京第二歷史檔案館藏：臺灣「二·二八」事件檔案史料（下卷）》（臺北：人間出版社，1992），頁700；〈不要上匪徒離間同胞感情的當　本省人外省人同是黃帝子孫　都是中國同胞　陳長官書告駐臺官兵　不許稍懷報復　應作懇切解說　禁止槍殺良民〉，《和平日報》，1947年3月16日，收於林元輝編註，《二二八事件臺灣本地新聞史料彙編》，第四冊，頁1886-1887。

20　〈以教育澄清毒素　決設法解決失業　陳長官昨在紀念週上宣稱〉，《中華日報》，1947年3月18日，收於林元輝編註，《二二八事件臺灣本地新聞史料彙編》，第三冊，頁1259-1260。

4、同年4月7日，在國父紀念週上，陳儀有同樣看法的說辭，他說：「臺灣淪陷半世紀，臺胞的思想因爲受過去日人教育的毒害，對於祖國上尚有許多不盡了解的地方。尤其在這次事變中，更暴露了這弱點。臺灣是中國的一省，臺灣同胞是中華民族的子孫。這種心理的缺陷，政府要以教育的力量來加緊彌補」。[21]

在陳儀心目中，不論本省人，外省人，大家「都是中國人」，強調臺胞要放大心胸，貢獻自己所學，以「建設新中國」。事件期間，有奸匪和叛徒，用「本省人」、「外省人」的分別，來煽惑人心，不要上他們的當，本省人和外省人都是黃帝子孫，都是中華民國的同胞。

二、彭孟緝的看法：1947年3月13日《中華日報》刊有〈臺灣南部防衛司令部發表告臺南市民眾書〉，彭孟緝說：「臺灣本是中國的一省，外省籍和本省籍都是一家人，原無彼此的分別。」[22]同年4月15日，彭孟緝以臺灣南部綏靖區司令身分，假臺南市府中山堂，召集中等以上學生講話，他認爲此次發生不幸事件，「其責任不是臺灣同胞和臺灣青年，乃是日本教育的流毒及暴徒之煽動，另一部分不良份子要求臺灣獨立之無理條件而引起」。[23]

三、柯遠芬的看法：柯遠芬在〈事變十日記〉上說：「本省的同胞，因爲尚缺乏中心思想，又沒有國家觀念，對國家的一切都沒有信心，所以一切的施政，他們都以爲是壓迫、是虐待。一切的誤會都由此而生」。[24]

四、劉雨卿的看法：率兵赴臺鎮壓，展開屠殺和清鄉的鎮壓工作，應負最大責任廿一師師長劉雨卿，1947年4月14日，他在對臺南市各中等以

---

21 〈希望大家努力　彌補臺胞心理缺陷　陳長官在紀念週報告詞〉，《台灣新生報》，1947年4月8日，收於林元輝編註，《二二八事件臺灣本地新聞史料彙編》，第二冊，頁608。

22 〈彭司令孟緝發表　告臺南市民眾書〉，《中華日報》，1947年3月13日，收於林元輝編註，《二二八事件臺灣本地新聞史料彙編》，第三冊，頁1215-1216。

23 〈清除日本教育毒素　使人民了解祖國　綏靖宣傳組昨出發工作〉，《中華日報》，1947年4月17日，收於林元輝編註，《二二八事件臺灣本地新聞史料彙編》，第三冊，頁1545。

24 柯遠芬，〈事變十日記（一續）〉，《台灣新生報》，1947年5月12日，收於林元輝編註，《二二八事件臺灣本地新聞史料彙編》，第二冊，頁1048。

上學校12校學生，及市府所屬公務員及警局員警，計2,800餘人講話，認爲此次不幸事件，與「日人過去對臺胞所施帶有毒素之教育」有關，並強調「臺灣離不了中國，中國離不了臺灣，臺灣與中國是相依爲命的」。[25]

　　五、白崇禧的看法：事件期間當時擔任國防部長的白崇禧，奉蔣介石之命於1947年3月17日來臺宣慰，4月2日飛返南京。同年3月20日，白崇禧對臺灣青年學生廣播稱：「臺灣脫離不了祖國，祖國更需要臺灣，尤其愛護臺灣的青年」，「臺灣是中國的一個省份，和其他各省沒有兩樣，你們不要懷有偏狹的地域觀念，要知道你們在所愛的祖國整個的教育，已經與從前日本時代整個不同」，「希望你們放大眼光，不要歧視外省人，破除地域觀念」。[26] 3月21日，白崇禧在長官公署大禮堂召集包括臺籍及外省籍之公教人員談話云：「二二八事件僅係少數之共產黨人及暴徒所造成，極大多數之臺胞均仍良善，且極熱愛祖國」。[27]

　　除了陳儀、彭孟緝、柯遠芬、劉雨卿、白崇禧以外，一般來自中國的「外省人」也都持有這種觀念（可以說是當時的普遍「官方說法」），如1947年3月18日，長官公署教育處處長范壽康向全省同胞廣播〈對於二二八事件本省同胞應有的認識〉，他說：「在這次事件演變過程中，奸匪暴徒，爲了逞其陰謀奸計，便鼓吹封建思想、排外思想，對外省來的同胞都罵他們

---

[25] 〈接受祖國教育　確立三民主義思想　體念創業維艱繼承光榮傳統〉，《中華日報》，1947年4月15日，收於林元輝編註，《二二八事件臺灣本地新聞史料彙編》，第三冊，頁1533-1534。

[26] 〈白部長勉全省青年　努力修養熱愛國家　放大眼光破除地域觀念〉，《和平日報》，1947年3月22日，收於林元輝編註，《二二八事件臺灣本地新聞史料彙編》，第四冊，頁2021-2023。

[27] 國防部長白崇禧建議：「應獎勵內地師資赴臺擔任教育」，「大量派遣臺灣高中畢業學生，使入國立各專科及大學，以吸收祖國文化」，以積極推進「臺灣祖國化」之教育，並應「獎勵臺省人民與其他各省通婚，以融合民族之大一統。」參見〈祖國臺灣永不分離　此次事件純出於偶然　今後亦不容再度發生〉，《和平日報》，1947年3月21日，收於林元輝編註，《二二八事件臺灣本地新聞史料彙編》，第四冊，頁1999；白崇禧，〈宣慰臺灣報告書〉（民國36年4月6日），收於侯坤宏編，《二二八事件檔案彙編(七)：大溪檔案》（臺北：國史館，2008），頁412-413；〈白崇禧呈蔣主席函〉（民國36年4月14日），收於侯坤宏編，《二二八事件檔案彙編(七)：大溪檔案》，頁426。

是豬,外省人如果是豬,那麼試問本省人的祖先是甚麼?須知這種綽號是過去日本人侮辱中國的。」「要了解自己是中國人,因為生長在臺灣的同胞,其祖先都是從福建、廣東來的」。[28]「半山」政治人物代表,時任臺灣省參議會議長黃朝琴,在接見中央社記者時發表談話云:「臺胞雖亦為漢民族,時時不忘祖國」,「蔣主席在本月十日中樞紀念週,對事件之處理經有明確之指示,希望省內外同胞沉著、忍耐,不分彼此,相親相愛」。[29]甚至在1947年3月4日的二二八事件處理委員會會議席上,有若干委員提請民眾保持冷靜,不要毆打外省同胞,因「外省人本省人皆是中華民國國民,處理委員會提出之各提案,均係協助政府性質,並非反對政府」。[30]

陳儀、彭孟緝、柯遠芬、劉雨卿、白崇禧等外省籍軍政大員以外,臺籍人士的看法又如何?茲以丘念台、林獻堂、吳濁流三人為例來說明。

一、時任監察委員的丘念台曾說:「我是本省人,對於地方出了變故,事前未能做好疏導工作,而肇禍之時,又無法就地協助當局撫戢,內心時生愧疚!」「經過查察的結果,我們對於二二八事件的出現,獲得下列的幾點結論:遠因在於省政措施欠當,臺胞不滿現狀;尤其當時臺民心理,因久受日人壓制,衷心懷念祖國,一旦光復,還歸主人地位,不免幻想過高。後來看到接收官員良莠不齊,遂對祖國由期望而失望,由失望而怨望,越積越深,終至爆發。……總之,內地同胞與臺省同胞隔絕了五十年之久,在觀念與習性上,自然是有距離的。」[31]丘念台用「本省人」一詞,

---

28 〈同胞應有的認識 教育處范處長昨日廣播〉,《和平日報》,1947年3月19日,收於林元輝編註,《二二八事件臺灣本地新聞史料彙編》,第四冊,頁1965;〈認識自己環顧現實 共同建設新國家 范壽康對臺胞廣播〉,《中華日報》,1947年3月20日,收於林元輝編註,《二二八事件臺灣本地新聞史料彙編》,第三冊,頁1271-1272。

29 〈黃議長接見記者談 對不幸事件感想 無理要求不能代表民意 希省內外同胞不分彼此〉,《和平日報》,1947年3月16日,收於林元輝編註,《二二八事件臺灣本地新聞史料彙編》,第四冊,頁1888-1889。

30 〈無分本省人外省人 大家都是中國同胞〉,《中華日報》,1947年3月4日,收於林元輝編註,《二二八事件臺灣本地新聞史料彙編》,第三冊,頁1136。

31 丘念台,《嶺海微飆》(臺北:中華日報社,1962),頁284、286-287。

也以「內地同胞」、「臺省同胞」來形容「外省人」、「本省人」。

二、林獻堂：1947年3月10日林獻堂在日記上記說：「余到臺中醫院慰問內、臺人於二日突變之受傷者，外省人十八人，本省人廿一人。」3月22日記說：「此回之暴動，誠對國內之人不住，蔣主席及白部長以寬大為懷，不勝感激之至，臺中之外省人及本省人死者四、五名，傷者四十餘名，實為不幸中之幸。」[32] 林獻堂使用了「國內之人」，「內、臺人」（內地人、臺灣人）外，也使用「本省人」與「外省人」。

三、吳濁流：在《臺灣連翹》一書中記說：「原來，政府和黨部都完全不信任臺灣人的。與日本時代一樣，政府機關的上層部分，由外省人取代了日本人，而臺灣人依然是龍套腳色。……長官公署的各處長為了鞏固自己的羽翼，屬下一律用從大陸帶來的人，甚至連工友都不肯用本地人。」「戒嚴令發布之後，本島人依然對它的恐怖一無警覺。……從大陸回來的本省人則不然，他們懂得戒嚴的可怕。」[33] 吳濁流用「外省人」、「從大陸來的人」，與之對應的是「臺灣人」、「本地人」、「本島人」、「本省人」。

其實本省同胞仇視外省人，並始自二二八事件，據臺灣省公路特別黨部在1947年3月14日編印出版的〈日本殖民地教育與臺灣「二二八」事件〉小冊上說：在「光復之初，憲軍警就不少受流氓之毆打，各學校之外籍學生，亦常受本地學生之歧視，學校排外風潮，不斷發生，此外一、二文人，又時以文章筆墨在報紙上攻擊外省人，以言詞口舌，在論壇上頌揚日人，非議祖國政治人事」，「臺灣已經受日本統治五十一【年】了，長【期】受日本殖民教育政策之麻醉，對祖國必然要模糊，對祖國之同胞，自然要記不清，故我們要探求二二八事件之真正原因，必須先行明了日本過去在臺灣所施之教育政策」。「要明白，中國好，是自己的國家，中國不進步，也

---

32 林獻堂著、許雪姬主編，《灌園先生日記㈨一九四七年》（臺北：中央研究院臺灣史研究所、中央研究院近代史研究所，2011），頁150、179。

33 吳濁流著、鍾肇政譯，《臺灣連翹》（臺北：臺灣文藝出版社，1987），頁174、198。

是自己的國家，不該以日本人之遺毒，日本人之口吻，隨便非議祖國與同胞，臺胞現在所應該首先認識的是這一點」。[34]

在外省軍政大員心目中，二二八事件之所以發生的原因，與臺人在日治時期接受日人「皇民化運動」有關。日本帝國為達殖民統治目的，以國家利益為前提，先後制訂不同教育政策，希望寄以改變臺灣人的國家認同，讓臺灣人民效忠日本帝國。尤其在二戰末期「國民學校令」時期（1941-1945），更是積極推動皇民化政策。[35] 皇民化政策實施不久，即因日本戰敗而戛然中止。

也正是因為官方立場主導的說法到處充斥，並將事件起因與「日人遺毒」並舉，所以在事件之後，「如何清除日人遺毒」成為當時的施政重點，甚至日式木屐也列為禁止之列。如臺南市警局就通知各製木屐商店，禁製賣日本式木屐，駐臺南車站憲兵開始檢查乘客，如有穿日式木屐者，即令其脫下。[36] 1947年4月15日《中華日報》〈禁穿木屐〉報導云：「省立臺北師範，本學期始，為整齊校風起見，特禁止學生穿木屐，和留頭髮，但師

---

34 李果，〈日本殖民地教育與臺灣「二二八」事件〉，收於歐素瑛、李文玉編，《二二八事件檔案彙編（七）：臺北縣政府檔案》（臺北：國史館，2002），頁8、13。

35 1933年12月，臺中地區出現「東亞共榮協會」地方組織，其目標是促進臺日民族和睦。該會基本上可以定位為，殖民統治者為瓦解臺灣抗日民族運動陣營而創設的緩衝裝置。從共榮協會的設立宗旨與內部紛爭可以看出，當時臺灣知識分子在國族認同上的苦惱。中日戰爭前夕，漢民族的臺灣人對中國還存有文化與血緣上的認同，但是又被迫必須表示對日本殖民母國的效忠，夾在兩國之間的臺灣人在國族認同上出現很大的困擾。參見曾素秋，〈日治時期臺灣國家認同教育政策之發展〉，《朝陽學報》（臺中）11（2006年9月），頁265、282-286；何義麟，〈1930年代臺灣人的國族認同：以臺中「東亞共榮協會」之發展為中心〉，《文史臺灣學報》（臺北）1（2009年11月），頁222、241。

36 與此相關史料一則如下，1947年3月18日，據保密局嚴義報稱：「臺中目前所覩之民眾皆穿日式軍服，偶成日本化，如斯之人民思想還不以奴隸為可恥，誠係我國民之一奇辱。由此可見臺胞思想之幼稚，口口聲聲尬日實行憲政，恐亦莫明其妙。故政府應即以三民主義向臺胞宣傳，使有正確思想。」參見〈日式木屐　禁止製穿〉，《中華日報》，1947年4月10日，收於林元輝編註，《二二八事件臺灣本地新聞史料彙編》，第三冊，頁1495；〈王孝順電呈臺北林先生報告海外歸臺失業軍人蓄意作亂〉（民國36年3月18日收），收於許雪姬主編，《保密局臺灣站二二八史料彙編（三）》（臺北：中央研究院臺灣史研究所，2016），頁444-445。

訓班不在此限」。[37]

參、二二八事件中的「臺灣地方自治」 （或「高度自治」）

　　二二八事件到底是一個怎麼樣的事件？參與事件各團體的訴求爲何？他們的目的又是什麼？如能將之梳理順當，將有助於吾人對二二八性質之了解。以下就：二二八事件處理委員會、臺灣自治青年同盟、臺灣自治爭取聯盟、青年自治聯軍會、臺中地區時局處理委員會、中部自治青年同盟、臺東縣處委會、臺南縣參議會、臺南學生聯盟等團體，在事件過程中所發布的「改革綱領」、「聲明」、「宣言」、「決議事項」、「綱領」、「口號」、「告條」等之政治意涵，加以分析說明之。

　　一、二二八事件處理委員會：1947年3月5日，二二八事件處理委員會開籌備會時，通過「臺灣省政治改革綱領草案」八條，其中第1、2、4條，分別是：

　　1、二二八事件責任一切應由政府負責。

　　2、公署秘書長、民政、農林、工礦、財政、警務、教育等處長及法制委員會委員之半數以上，須由省民充任。

　　4、依據建國大綱，立即實施地方自治縣市長民選。[38]

37　1947年4月26日《中華日報》有讀者鄭新惠投書認爲：各地參議會都有取締日式服裝、木屐，禁說日本話等「革除日人遺毒」之舉，中華日報既是「文化的先鋒，民眾的耳目，該協助祖國及早革除日人遺毒」，不應該在報紙廣告裡有日本文字。《中華日報》社的答覆是：「本報廣告以不刊日文爲原則，惟有若干名詞無國文可以代替者，爲使廣告閱戶明了起見，仍暫刊日文。」參見〈禁穿木屐〉，《中華日報》，1947年4月15日，收於林元輝編註，《二二八事件臺灣本地新聞史料彙編》，第三冊，頁1535；〈肅清日本遺毒　日文廣告不可登〉，《中華日報》，1947年4月26日，收於林元輝編註，《二二八事件臺灣本地新聞史料彙編》，第三冊，頁1633。

38　〈臺灣省二二八事件處理委員會開籌備會時通過臺灣省政治改革綱領草案〉，收於侯坤宏、許進發編，《二二八事件檔案彙編㈡：國家安全局檔案》（臺北：國史館，2002），頁273。

又在同年3月8日，二二八事件處理委員會發表聲明表示，「我們的目標在肅清貪官污吏，爭取本省政治的改革，不是要排斥外省同胞」，「我們的口號是改革臺灣政治」。[39]

二、臺灣（省）自治青年同盟：1947年3月5日，臺灣省自治青年同盟假臺北中山堂舉行成立大會，會中由陳學遠報告籌備經過，蔣時欽宣讀綱領：一、建設高度自治，完成新中國的模範省；二、迅速實施省長及縣市長民選，確立建國的基礎；三、發揮臺胞優秀守法精神，爲促進民主政治的先鋒；四、把握國內及世界新文化，貢獻民族及人類；五、擴大生產，振興實業，安定經濟，富裕民生；六、刷新民心，宣揚正氣。[40] 同日，臺灣自治青年同盟發表宣言云：「光復當時，臺灣同胞歡天喜地的心情，怎樣變做今日對於政治的強烈反感，其責任完全歸於惡劣的政治，本同盟認爲二二八事件的根本解決在於政治的澈底民眾化」，而提出十四條要求，其中第3至5條如下：

3、即時實施縣市長直接選舉。

4、本省全數縣市長選舉完成時即時實施省長直提選舉。

5、省長民選自治前，各處室局及其他機關首長及委員會主任委員及委員過半數以上，並其公營事業董事長及理監事過半數以上，由本省優秀人才充任之。[41]

---

39 〈處理委員會發出　告全國同胞書　爭取本省政治改革並非排斥外省同胞〉，《台灣新生報》，1947年3月7日，收於林元輝編註，《二二八事件臺灣本地新聞史料彙編》，第一冊，頁90；〈省處理委員會發表告同胞書〉，《中華日報》，1947年3月9日，收於林元輝編註，《二二八事件臺灣本地新聞史料彙編》，第三冊，頁1174。

40 〈要求省縣市長民選　建設新臺灣模範省　臺灣省自治青年同盟會昨成立〉，《台灣新生報》，1947年3月6日，收於林元輝編註，《二二八事件臺灣本地新聞史料彙編》，第一冊，頁74；〈團結青年建設新臺灣　成立自治青年同盟　大會決定工作綱領六條〉，《和平日報》，1947年3月8日，收於林元輝編註，《二二八事件臺灣本地新聞史料彙編》，第四冊，頁1805-1806；〈自治青年同盟成立　舉行大會宣簿綱領〉，《中外日報》，1947年3月6日，收於林元輝編註，《二二八事件臺灣本地新聞史料彙編》，第四冊，頁2234-2235。

41 據姚虎臣呈臺灣省警備總司令部調查室〈臺灣暴動經過情報撮要〉：1947年3月4日，「市內學

三、臺灣自治爭取聯盟：據臺南組通訊員黎利文報稱，1947年3月14日，「有臺中青年隊卅餘名，各乘卡車二輛，配機槍四挺、步槍廿餘桿，途經麻豆劫警察武器廿餘桿後，散發臺灣自治爭取聯盟傳單，向新營逸去。」[42] 該傳單上說：

全省同胞們，請想一想，大家要求保障人民自由與權利，大家要求完成自治，大家要求肅清貪官污吏，暴行軍警，而他曾承認過這些要求，難道是無理要求嗎？「奸黨」的行動嗎？赤化嗎？這不過是政府得到援軍而轉變，將其一年來的全部罪惡推在人民身上的說法。政府不顧信義，欺騙人民，到今天已把其猙惡面目完全暴露了。他們的「接納民意」「政治解決」原來就是派援軍再來呈〔逞〕兇屠殺臺灣同胞！全省同胞們！我們要認清楚了！我們的先烈志士所流的血，不要使其白流了！我們要打開眼睛，不受欺騙，我們要繼續奮鬥以組織的力量爭取自由與權利，確保真正的高度的自治，我

生以組織學生車爲名，在川端町一帶，按戶勒派捐款，並四處反宣傳，及散發傳單，上午在中山堂學生聯盟會召開大會，會中議決有向總部請求發槍之無理要求，同時「臺灣青年自治同盟」鼓勵青年學生（尤其是已受軍訓學生）集中武裝，並定5日上午在延平路三民書店（前臺灣共產黨機關）開會，市內亦發現反動份子散發「戰訊」甚多，其內容除盡量誇耀暴動「戰果」外，並有鼓動省民暴亂之強烈口號。至晚，左傾政團政建協會首領蔣渭川，利用廣播電臺，鼓勵全省青年參加「臺灣自治青年同盟」，並號召臺北區曾受前日本陸海空軍訓練之青年參加，定五日在中山堂集合，該同盟宣佈臺灣自治青年同盟會政治綱領五條。」另在〈臺灣「二二八」暴動概述〉亦云：「3月5日晚，由政治建設協會首要王添灯、蔣渭川，相繼廣播，攻訐侮蔑政府言論，及提出各種無理要求，並極力鼓惑全省民眾群起鬥爭，以作挾持後盾，並以臺灣自治青年同盟爲名，會行全省武裝總動員，企圖傾覆政府」。這裡所說的「臺灣自治青年同盟會政治綱領五條」，應爲六條。參見〈臺灣自治青年同盟發表宣言提出主張〉，收於侯坤宏、許進發編，《二二八事件檔案彙編㈡：國家安全局檔案》，頁272；〈姚虎臣呈臺灣省警備總司令部調查室，緘皓午情字第(5)號附之呈件：「臺灣『二二八』暴動概述」〉，收於侯坤宏、許進發編，《二二八事件檔案彙編㈠：立法院、國家安全局檔案》，頁74、82。

42 〈張秉承呈報僞臺灣自治爭取聯盟散發傳單〉（民國36年4月16日），收於許雪姬主編，《保密局臺灣站二二八史料彙編㈠》（臺北：中央研究院臺灣史研究所，2015），頁311。

們要保護六百五十萬同胞的生命，群起反抗，爭取最後的勝利！[43]

　　與此相關的是在1947年3月25日，黃仁里致林振藩報告有關臺南市二二八事件經過情形中，提到「湯德章、許丙丁、蔡丁贊、莊孟侯等叛徒，則盡心宣傳臺灣自治，并遍貼標語，散發傳單，煽惑民眾」，「十四日臺南市武廟前暴首陳梧桐在嘉義、斗六等地，響應日人、高山族及本省浪人，計卅餘人乘坐卡車二輛，內載有謄寫版一架，沿途印發傳單，車上插著『臺灣省自治爭取同盟』旗幟一面」。[44]

　　四、青年自治聯軍會：1947年5月15日，據保密局周元寧報稱，「嘉義市元町五丁目七八號十全醫院林朝乾，現年卅歲左右，日名川浪朝乾，其父是時任日人北港警察課長，且兼日本皇民奉公會會員，林朝乾倚父勢，強奪人民財產，無惡不作，尤以事變中變本加厲，在本市組織青年自治聯軍會，自任隨軍總隊軍醫長，且到處煽動民心，抨擊當局政治之腐化及讚揚日政，以激發民心之反響」等情。[45]

　　五、臺中地區時局處理委員會：1947年3月5日，臺中地區時局處理委員會決議事項中，「主張」七項：一、尅日準備施行憲政，即時選舉省縣市鄉鎮長，實行完全省自治；二、即刻改組各級幹部，啓用本省人材，協力建設新臺灣；三、即刻開放官軍民糧倉配給省民，安定民食；四、廢止專賣制度，各種工廠交人民管理；五、確保司法獨立，肅清軍警暴行，尊重民權，保障人民七大自由（人身、言論、出版、思想、集合、結社、居住）；六、因二二七事件憤起之群眾行動，一切不得追究；七、平抑物

43　〈附件：「臺灣自治爭取同盟」傳單〉，收於許雪姬主編，《保密局臺灣站二二八史料彙編㈠》，頁320-321；〈「臺灣自治爭取同盟」傳單〉，收於侯坤宏、許進發編，《二二八事件檔案彙編㈡：國家安全局檔案》，頁15-16。

44　〈黃仁里致電林振藩報告臺南市「二二八」事件經過情形〉（民國36年3月25日），收於許雪姬主編，《保密局臺灣站二二八史料彙編㈡》（臺北：中央研究院臺灣史研究所，2016），頁11、17。

45　〈黃仁里呈林振藩報告嘉義暴民林朝乾任軍醫長〉（民國36年5月15日收），收於許雪姬主編，《保密局臺灣站二二八史料彙編㈡》，頁239-240。

價，救濟失業，安定民生。「口號」十則：一、建設新中華民國；二、確立民主政治；三、擁護中央政府，剷除貪官污吏；四、即刻實行省縣市長民選；五、反對內戰；六、反對專制；七、反對違背民主的措施；八、反對以武力把持政權；九、反對武力壓迫；十、歡迎全國人材合作。[46]

六、中部自治青年同盟：1947年3月，中部自治青年同盟本部宣言中提到：「我們為爭取急速實施自治，以期完成真正的民主」，「我中部青年有鑒及此，茲自不揣固陋，糾合同志，組織本同盟，聊以對民主建設而奮鬥，此而願為：一、建設高度自治，完成新中國的模範省。二、迅速實施省縣市長民選，確立建國的基礎。三、發揮臺胞優秀守法精神，為促進民主政治的先鋒。四、把握國內及世界新文化，貢獻於民族及人類。五、擴大生產，振興實業，安定經濟，富裕民生。六、刷新民心，宣揚正氣，策進社會向上」。[47]

七、臺東縣處委會：1947年3月17日，據臺東通訊員陳雲峯同志才灰報稱：「臺東民教館書記黃玉書及總務主任組織青年黨，專門襲打外省人，不論在途路或住宅，凡外省人莫不受其毒打，致一般外省同胞紛紛逃避」，「縣處委會所組織之各隊約數百人，於江夜在市佈告牌上貼有告條：(1)市縣長須民選；(2)撤銷專賣局；(3)臺灣人要聯合抗敵，治安保衛；(4)本省人要治理本省事；(5)從速接收政府各機關等」。[48]

除上述七團體外外，另有一值得吾人留意的是，早在1947年3月4日，臺南縣參議會就提出了「確立臺灣地方自治」的要求，隨後臺南學生聯盟

---

[46] 〈臺中地區時局處理委員會決議〉（民國36年3月5日），收於侯坤宏、許進發編，《二二八事件檔案彙編㈠：立法院、國家安全局檔案》，頁366；〈附件：臺中地區時局處理委員會決議〉（民國36年3月5日），收於許雪姬主編，《保密局臺灣站二二八史料彙編㈢》，頁485-486。

[47] 此宣言由中部自治青年同盟本部部長黃光衛署名，部址為臺中市大同路水利會館，時間是1947年3月。參見〈附件：中部自治青年同盟本部宣言文〉（民國36年3月），收於許雪姬主編，《保密局臺灣站二二八史料彙編㈢》，頁460-461；〈中部自治青年同盟本部宣言文〉，收於侯坤宏、許進發編，《二二八事件檔案彙編㈠：立法院、國家安全局檔案》，頁379。

[48] 〈紀桐霖電呈臺北林振藩報告臺東暴動情形〉（民國36年3月17日收），收於許雪姬主編，《保密局臺灣站二二八史料彙編㈢》，頁161-162。

意強調「高度民主政治之確立」。[49]

八、臺南縣參議會與臺南學生聯盟：1947年3月4日，臺南縣參議會召開緊急會議，商討有關臺北二二八事件對策，決議事項（「目標」）如下：一、擁護國民政府；二、實行三民主義；三、確立臺灣地方自治。[50] 以上是臺南縣參議會的主張，另據1947年3月11日《中華日報》報導，臺南學生聯盟因上海學生對臺灣事件之誤會，特發表聲明云：我們「始終在大中華民國國民信念之下，務期高度民主政治之確立，與惡質官僚政治之打破，在根本精神上並無反逆、抱怨，與排斥外省人的意思。」[51] 這是臺南學生聯盟的看法。

以上二二八事件處理委員會、臺灣自治青年同盟、臺灣自治爭取聯盟、青年自治聯軍會、臺中地區時局處理委員會、中部自治青年同盟、臺東縣處委會、臺南縣參議會、臺南學生聯盟等團體，在事件過程中所發布的「改革綱領」、「聲明」、「宣言」、「決議事項」、「綱領」、「口號」、「告條」等，都是二二八事件期間有關「臺灣自治」的宣傳。其中二二八事件處理委員

49　1947年3月19日，陳向前向柯復興報告臺中、臺南及嘉義各地區響應情形及善後處理意見，在「處理管見」方面，報告中說：「查此次民變雖因臺北專賣分局緝私事件為導火線，波及全島，以致激成所謂二、二八慘案。但民眾動機純為要求改革政治，肅清貪污，其用意尚可諒承。」參見〈陳向前向柯復興報告臺中、臺南及嘉義各地區響應情形及善後處理意見〉（民國36年3月17日），收於許雪姬主編，《保密局臺灣站二二八史料彙編㈡》，頁197。

50　〈臺南市參議會七項決議　業經政府方面圓滿答覆〉，《中華日報》，1947年3月5日，收於林元輝編註，《二二八事件臺灣本地新聞史料彙編》，第三冊，頁1141。

51　1947年3月8日《中華日報》刊有該社社長盧冠群呈蔣介石電文中說，「此次臺胞行動有操切之處，其動機則屬純良，此於各地處理委會一致提出不獨立，不共產，擁護國民政府，擁護我公之口號，可以見之。……竊認為，臺灣實施地方自治條件甚為完備，臺胞政治水準亦高，際茲憲法行將實施，臺省似可率先為全國行憲之模範省。」〈臺南學生聯盟　表明態度　堅定國族信念〉，《中華日報》，1947年3月11日，收於林元輝編註，《二二八事件臺灣本地新聞史料彙編》，第三冊，頁1162-1163；〈盧社長電陳蔣總裁　報告二二八事件真相並請准予本省提早實施地方自治〉，《中華日報》，1947年3月8日，收於林元輝編註，《二二八事件臺灣本地新聞史料彙編》，第三冊，頁1198；〈附件：中央日報3月8日臺南版「盧社長電呈蔣總裁報告『二·二八』事件真相並請准予本省提早實施地方自治」剪報一則〉，收於許雪姬主編，《保密局臺灣站二二八史料彙編㈠》，頁207。

會所重在「改革臺灣政治」、「實施地方自治縣市長民選」；臺灣（省）自治青年同盟強調，要「建設高度自治」，「迅速實施省長及縣市長民選」；臺灣自治爭取聯盟要「爭取自由與權利，確保真正的高度的自治」；臺中地區時局處理委員會主張「尅日準備施行憲政，即時選舉省縣市鄉鎮長，實行完全省自治」，以「確立民主政治」；中部自治青年同盟希望能「建設高度自治，完成新中國的模範省」，「迅速實施省縣市長民選，確立建國的基礎」；臺東縣處委會要求「市縣長須民選」，「本省人要治理本省事」；臺南縣參議會決議要「確立臺灣地方自治」；臺南學生聯盟則「務期高度民主政治之確立」。這些團體的要求，基本上是以「臺灣地方自治」為訴求，所重在政治上的改革。值得留意的是，上述團體雖均標舉「臺灣地方自治」，但也有強調要「在大中華民國國民信念之下」，「完成新中國的模範省」者；之所以出現這種說法，與當時之臺灣已歸中華民國政府管轄有關；但居於地方主體性立場，所以就把「臺灣地方自治」，視為重要追求目標。

肆、二二八事件中的「臺灣獨立」與「託管」

前文貳、參節，分別說明了二二八事件中「本省人」與「外省人」觀念，以及二二八事件中有關主張「臺灣地方自治」各團體之相關政治訴求；前者屬於不同省籍地方觀念之衝突，與二二八事件之起因息息相關；後者凸顯出二二八事件中臺灣人對理想政治的盼望，就臺灣人而言，其中實隱含著以臺灣主體為重的「臺灣意識」。在二二八事件中，另存有「臺灣獨立」與「臺灣由國際託管」的看法，算是一種比較激進的主張。

其實，早在二戰結束不久，就有人從事「臺灣獨立」的運動，此事與辜振甫有關。據林衡道回憶，時有日軍少壯將校找辜振甫密談，請辜跟他們合作，不要讓「支那人」接收臺灣，並宣布臺灣獨立。當時，辜沒有明確拒絕，日本軍人認為辜已答應，就到許丙家中跟許丙說已得到辜的同意，要他召集全臺灣的士紳宣布臺灣獨立，許丙當時也沒有拒絕，並且立即發

通知召集當時的一流士紳開會，到場的有40幾人。在許丙發通知後，日本的臺灣總督知道此事，就警告許丙，要他在人到齊後宣布散會。[52] 二二八事件中，有關「臺灣獨立」的史料還不少。

1947年3月27日《台灣新生報》社論〈除惡務盡〉是一篇值得重視的史料，文中駁斥了「臺灣獨立」、「國際託管」的「謬論」：「這些罪惡的暴徒，不顧全臺灣六百三十萬同胞的名譽與光榮，幸福和安樂，公然寫貼『臺灣獨立』的標語，並在香港發表『國際託管』的電訊。」「妄想『獨立』的野心家，泰半是日本佔領時代的鷹犬。因爲受了日本主子五十一年的豢養，養成了一副奴隸的性格」，「你們應該冷靜的想想，祖國是何等的偉大，日本帝國主義還是在祖國的威力下屈膝投降，就憑你們這少數的日本鷹犬可使臺灣獨立嗎」？[53]

《台灣新生報》的社論批評了二二八事件期間有關「臺灣獨立」與「國際託管」的主張，並不是空穴來風，根據保密局檔案透漏，就有不少與此相關的情報。例如：

一、據臺灣張秉承3月7日（虞午）電報稱，臺北專賣分局搜查私煙，與市民發生衝突引起暴動，「臺北各縣暴徒先後發起騷動，更有藉民眾名義向行政長官公署提出要求：一、當局應當眾槍決肇禍兇手，二、專賣局應負擔死者之治喪費及撫卹金，三、保證今後不再發生類似不幸事件，四、由專賣局長親向民眾代表談話並當場道歉，五、由當局立將專賣局主管長官免職等五項。是日，暴民運動中發現奸黨青年團，以「臺灣獨立」、「打倒官僚資本」、「驅逐葛敬恩」等口號，並散發傳單，臺北情形極爲混亂」。[54]

---

52 法務部調查局編，〈臺灣省行政長官公署糧食局林衡道二二八事變回憶〉（1984年），頁107-108。

53 文中最後還說：「要使臺灣永不脫離祖國，唯有徹底肅清叛國獨立思想，迅速消滅叛國奸徒，全省人民願做政府的後盾。」參見〈除惡務盡〉，《台灣新生報》，1947年3月27日，收於林元輝編註，《二二八事件臺灣本地新聞史料彙編》，第一冊，頁378-380。

54 〈臺灣臺北搜查私煙發生衝突引起暴動案係住臺灣政治建設協會蔣渭川等從中主持煽動及其演變情形〉，收於侯坤宏、許進發編，《二二八事件檔案彙編㈠：立法院、國家安全局檔案》，頁179-180。

　　二、據謝愛吼報稱，「高雄在二二八事件未發生之前，由於省參議員郭國基、市參議員蕭華銘、林仁和、黃賜、王清佐、蔣金聰等，平日極力宣傳我政府腐敗，並鼓勵民眾及學生應努力團結，爭取臺灣獨立，驅逐外省人」。[55]

　　三、據直屬員董貫志報稱，「廖文毅則倡言臺灣獨立，定偽組織為『臺灣民主國』，擬製偽國旗，黃邊藍地紅星一顆，風聲所播，以致全省行政官吏，或被挾持，或被毆辱，政府機關或被佔領，或被搗毀，外省公務人員及經商來臺者，或被劫殺，或被傷殘，慘毒所加，雖婦孺不能倖免」。[56]

　　四、1947年3月30日，據通訊員吳沂同志報稱：屏東市立中正國民學校校長蔡清水為奸偽分子，「此次屏東市事件未發生時，親自與參議員顏石吉等全體議員參加秘密組織，並領導該校全體教職員（本省人）參加，共策活動宣傳，終日行踪〔蹤〕不定」。3月4日事件發生時，「該校長以凡外省來教員帶往該校樓上暫住，名義上為保護，實際上被其扣押」，「並親自囑該校全體員生武裝，集合升旗臺聽訓（用日語發言，唱日本國歌），後由校出發遊行示威，高呼臺灣獨立，應殺盡外省人」。[57]

　　五、1947年4月12日，據臺東通訊員鄭謙恭報稱：臺東新港區長濱鄉精米工廠經理莊玉柱，於二二八事件發生時，乘機慫恿該鄉鄉長陳金耀，組織青年響應臺北，並散佈謠言謂：「西部國軍慘殺吾臺胞數千人，現臺東縣政府已接收，由建設科長任縣長，新港警察所亦接收完竣，由一巡官省人任所長，且已組織各地青年武裝援助西部。現吾鄉亦應速組織青年，不然國軍抵此將被戮殺，況現正為臺灣爭取獨立之良機，吾人絕不可失此

[55] 〈謝愛吼呈〉（民國36年3月14日收），收於侯坤宏、許進發編，《二二八事件檔案彙編㈡：國家安全局檔案》，頁32。

[56] 〈張秉承呈南京言普誠，才智午奸情臺21號〉（民國36年3月20日），收於侯坤宏、許進發編，《二二八事件檔案彙編㈠：立法院、國家安全局檔案》，頁210。

[57] 〈謝愛吼致電林振藩報告屏東中正國民學校校長蔡清水領導暴動〉（民國36年3月30日），收於許雪姬主編，《保密局臺灣站二二八史料彙編㈡》，頁328-329。

機會等語」。[58]

　　以上五例，是保密局各地直屬員（或通訊員）所提供之情報，都提到了有主張「臺灣獨立」的不法主張，其中最值得重是的是董貫志提報有關廖文毅的報導，說「廖文毅則倡言臺灣獨立，定僞組織爲『臺灣民主國』，擬製僞國旗，黃邊藍地紅星一顆」，儼然有「獨立建國」的企圖。據林衡道在1984年1月對二二八事變回憶說，當時廖文毅並沒有參加「暴動」，長官公署卻接受密告下令通緝他，將他逼上梁山。[59]另有說，廖文毅由於先競選國民參政員，以一票落選，後又因想得到臺北市市長一職，而未能如願，因此懷恨臺灣省黨部對他的不支持，因此到處演講，雖然內容不妥當，例如他主張聯省自治，這雖然是違反了基本國策，但祇是他個人的政治主張，並不構成說他是叛國的條件，還不到危害國家的地步。[60]

　　〈臺灣省「二二八」事變現在逍遙法外份子名冊〉資料透漏：「廖文毅，臺灣再解放同盟主席，託管份子策動野心家空施叛亂及事變策略，在日本。」[61]二二八相關史料所露出的廖文毅形象極爲特殊，他既主張「臺灣獨

---

58 據筆者檢閱相關史料，並未發現二二八事件期間眞有「主張臺獨者」，甚至「老牌臺獨」黃紀男也說：「我一直是主張臺獨，……在二二八事變期間也絕未公開談論臺獨、倡言臺獨」，所以本節有關臺獨論述，主要以情治單位（或是國民黨）相關資料爲主。參見〈紀桐霰致電林振藩報告臺東莊玉柱不法情形〉（民國36年4月12日收），收於許雪姬主編，《保密局臺灣站二二八史料彙編㈢》，頁196；陳儀深，〈臺獨主張的起源與流變〉，頁142。

59 據臺灣警備總司令部調查室吳天風（化名）「二二八事件回憶」，廖文毅競選國民參政員，以十四票差一票落選（當選票數是十五票），原因是由於未獲得省黨部的支持，故廖對省黨部心生不滿，就到處演講，發表不滿政府言論，二二八事件後，有人向長官公署檢舉廖爲二二八事件幕後策動人，因此，長官公署下令通緝他，他就流亡海外。參見法務部調查局編，〈臺灣省行政長官公署糧食局林衡道二二八事變回憶〉（1984年），頁119；〈臺灣警備總司令部調查室吳天風（化名）「二二八事件回憶」之附件：「廖文毅與二二八」〉，收於侯坤宏、許進發編，《二二八事件檔案彙編㈨：國家安全局、臺灣省諮議會檔案》，頁154。

60 法務部調查局編，〈臺灣省行政長官公署糧食局林衡道二二八事變回憶〉（1984年），頁123；陳儀深，〈臺獨主張的起源與流變〉，頁145。

61 〈臺灣省「二二八」事變現在逍遙法外份子名冊〉也記錄說：「廖文奎，託管派，託管份子策動野心家空施叛亂及事變策略，在港。」參見〈臺灣省「二二八」事變現在逍遙法外份子名冊〉，收於侯坤宏、許進發編，《二二八事件檔案彙編㈡：國家安全局檔案》，頁375。

立」，也主張「聯省自治」，又是「託管份子」。事實上，廖文毅在二二八
事件發生之前，積極投入體制改革，由其投入國民參政員及制憲國大代表
選舉可知，此與1920年代臺灣人向日本統治者訴求的「臺灣自治」，本質
上並無不同。二二八事件發生後，廖文毅流亡香港，1947年6月，在上海
籌組「臺灣再解放聯盟」。1948年2月，二二八事件周年紀念，廖文毅與
黃紀男等24人在香港九龍半島酒店集會，正式成立「臺灣再解放聯盟」。
1949年5月，廖文毅向美國國務卿艾奇遜（Acheson）致送備忘錄，要求
「各民主國家必須立即採取聯合行動，以防中共對臺灣的滲透，挽救島民免
於國民黨的暴政與掠奪」，同時要求在未來的國際會議中，邀請「臺灣再解
放聯盟」的代表參加。廖文毅隨函附寄其在香港印成的英文小冊子《臺灣
的聲音》（*Formosa Speaks*），提出其臺獨主張。[62] 廖文毅主張臺獨，是在
二二八事件兩年之後。

二二八事件期間的託管主張，離不開國際背景。據1947年3月11日，
吳忠華提供有關滬外交團盛傳臺灣之叛亂係美國支持日本暗中煽動而起之
情報云：

> 最近三日來，上海外交團傳說，臺灣之叛亂，係由美國支持日本暗
> 中煽動所起，因美國擬在此次叛亂中，於中國政府無法收拾時，再
> 出而調停，企圖藉此機會租借臺灣，作為美國海軍在太平洋東海岸
> 建立根據地，用以捍衛關島。[63]

另據直屬員羅光提供有關「蘇方盛傳美將藉臺灣事變要求代管臺灣」

---

62 陳慶立，《廖文毅的理想國》（臺北：玉山社出版事業股份有限公司，2014），頁22、25-26、
30、267；楊天石：〈蔣介石父子招撫臺獨「大統領」廖文毅始末〉，下載日期：2017年10月8
日，網址：https://read01.com/EBOB0N.html#.WdneZGiCyHs。

63 〈吳忠華提供有關滬外交團盛傳臺灣之叛亂係美國支持日本暗中煽動而起之情報〉（民國36年3
月11日），收於侯坤宏、許進發編，《二二八事件檔案彙編㈡：國家安全局檔案》，頁239-240。

情報稱：「又據章伯鈞談稱，由蘇領館得來之消息，此次臺灣事變，係由日人從中鼓動，暴民所用軍火，均由日人暗中供給，美方對此甚爲注意，擬藉此機會，要求中國政府將臺灣交由美國代管，以便在太平洋建立重要戰略基地。章氏並稱，如此事成的事實，國民政府又出賣一塊國土，應密切注意反對」。[64]

以上報導第一則，與上海外交團中的美國、日本有關，第二則則涉及蘇俄。1947年4月14日《中華日報》社論〈臺灣絕無託管之理：駁正上海密勒氏評論報記者的錯誤報導〉，對該報記者鮑惠爾所稱，「國軍到達臺灣後，曾普遍慘施報復手段和本省同胞希望國際共管等論調」加以駁斥，「說臺灣同胞期望託至共管，更是污衊中華民族，汙衊臺灣人民，除了三、兩個共產黨首要及陰謀家外，我們感於斷言臺灣人民是絕對沒有任何人有這種期望」。[65]

1947年5月1日，臺灣省新文化運動委員會在臺北中山堂召開民眾大會，發表宣言，反對「國際託管」，聲明臺灣爲中國國土，臺灣人爲中華民族。其中「國際託管」指的是《紐約時報》特派記者梯爾曼·杜定所發電報上說，「中國的領有臺灣，還未爲國際條約所正式規定，此事須至對日和約締定之時，方能解決。臺灣人民深知此點，所以有人主張向聯合國呼籲，請將臺灣置於國際託管之下」。[66]

---

64 1947年4月4日，蔣少華致電柯復興所附「叛徒」李灣口供透漏，1947年3月3日下午3時30分，在鎮公所會議對群眾說：「臺灣非中華民國之領土，須由米、英、蘇、法等國之和平會議始能決定，故此次之暴動，中國政府決不能究辦臺人，如果中國以國軍來進攻，各國必能出頭來干涉。」參見〈直屬員羅光提供「蘇方盛傳美將藉臺灣事變要求代管臺灣」情報〉（民國36年3月12日），收於侯坤宏、許進發編，《二二八事件檔案彙編㈡：國家安全局檔案》，頁239-240；〈蔣少華寄復興兄李灣口供一份〉（民國36年4月4日），收於許雪姬主編，《保密局臺灣站二二八史料彙編㈠》，頁249。
65 文中又說：「臺灣淪陷了五十一年，臺灣人民仍保持祖國的風俗、習慣、語言，與日人通婚的也極少」。〈臺灣絕無託管之理：駁正上海密勒氏評論報記者的錯誤報導〉，《中華日報》，1947年4月14日，收於林元輝編註，《二二八事件臺灣本地新聞史料彙編》，第三冊，頁1518-1520。
66 此次臺灣省新文化運動委員會在臺北中山堂召開之民眾大會，主席爲游彌堅，參與者有：林獻

　　託管論之所以產生，與戰後關心臺灣未來發展者，「對中國政府的不滿，對美國的期待」，所產生的認同轉向問題有關；託管論者希望在「美國爲主託管」的監督指導下進行，主要理由是，陳儀政府腐敗，國民政府在國共內戰中逐漸失利，讓臺灣人無法期待，而美國則國力強又民主，所以期待美國來協助（保護）臺灣。[67]

伍、結論

　　對於二二八涉案者之處理態度，曾說過「寧可枉殺九十九個，祇要殺死一個眞的就可以」的臺灣警備總部參謀長柯遠芬，在〈事變十日記〉上說：「政治陰謀家則在上層領導，鼓動群眾，要脅政府，他們最初是想做官，後來反爲奸僞所利用操縱，而趨於高度自治，獨立，託管叛國行爲。」[68]當然是站在統治者的角度所說的話，今日看來，頗有可議之處。不過柯遠芬指稱說，二二八涉案的「政治陰謀家」，「爲奸僞所利用操縱，而趨於高度自治，獨立，託管叛國行爲」，倒是點出本文研究主題——〈二二八事件中的「臺灣意識」〉，談到二二八期間的「臺灣意識」，首先應分析事件前後的「本省人」、「外省人」觀念，接這再談事件中參與者所強調的「臺灣地方自治」（或「高度自治」），以及被情治單位所羅織的「臺灣獨立」罪名，

堂、劉啓光、杜聰明、謝東閔、劉明、周延壽等人。據林衡道在1984年1月對二二八事變回憶，林獻堂在政局尙未安定的時候，從臺中到臺北，召開了一個探討臺灣前途的會議，參加者有：林劍清、葉榮鐘、劉明朝、林恭平、林旭屛、黃介騫、劉萬、林茂生等人。林獻堂發表說：「今後臺灣與中國之關係，正如加拿大與英國的關係，中國政府在本島僅保持宗主權而已。」參見〈省新文化運委會　昨開民大會　發表宣言駁斥外間謬論申明臺灣乃是中國領土〉，《台灣新生報》，1947年5月2日，收於林元輝編註，《二二八事件臺灣本地新聞史料彙編》，第二冊，頁890-892；法務部調查局編，〈臺灣省行政長官公署糧食局林衡道二二八事變回憶〉（1984年），頁107。

67　蘇瑤崇，〈葛超智（George H. Kerr）、託管論與二二八事件之關係〉，頁155、163。

68　柯遠芬，〈事變十日記（二續）〉，《台灣新生報》，1947年5月13日，收於林元輝編註，《二二八事件臺灣本地新聞史料彙編》，第二冊，頁1068。

或者是美、日、俄等國在中國的外交官（或記者）所宣傳（策動）的「託管」主張。前文所談及二二八事件中的「本省人」、「外省人」、「臺灣地方自治」、「高度自治」，以及「臺灣獨立」等，均可視爲二二八事件中「臺灣意識」的流露，也是本文研究主旨之所在。

　　貫穿二二八事件中的省籍意識（「本省人」、「外省人」）、臺灣自治（「臺灣地方自治」、「高度自治」）與「臺灣獨立」這三個本文所討論的子題，彼此之間，高度相關，而同樣都是二二八事件中「臺灣意識」的一種呈現。

　　二二八事件的導因，與「外省人」以統治者心態壓抑「本省人」有關，「外省人」、「本省人」，正好可以用來區分二戰後（1945年）臺灣兩種不同類型的族群，前者來自中國大陸，後者指原住臺灣的居民。由於陳儀長官不得民心，引發二二八事件，更加深了「本省人」與「外省人」間的距離；「本省人」對「外省人」不滿，對「外省人」產生「非我族類」的想法，此種情況與「臺灣意識」有關。次就「臺灣地方自治」而言，可以追溯到日治時期，儘管那時候的地方自治被說成「畸形的自治」、「半地方自治」，[69]在日本殖民統治下，有爭取臺灣人政治地位的目的。二二八事件中，要求「臺灣地方自治」或主張「高度自治」，可視爲是日治時期臺人爭取自治運動的延續，只是這次爭取的對象換成是國民黨政府。再就「臺灣獨立」言，二二八事件期間有關「臺灣獨立」的說法，主要出自國民黨情治人員，他們爲了誣陷事件參與者，而以此爲羅織罪名；「臺灣獨立」運動要等到事件後兩年，才由廖文毅等人在海外推動。「臺灣獨立」呈顯的「臺灣意識」更爲明確、更爲直接。

　　本文討論二二八事件中的「臺灣意識」，包括「省籍意識」、「臺灣自治」與「臺灣獨立」等項，從「省籍意識」→「臺灣自治」→「臺灣獨立」，由箭頭（→）所示三階段（步驟）的挺進，「臺灣主體性」也逐漸增強；

69　王俊昌，〈見證臺灣地方自治史：從基隆街協議會到基隆市議會〉，《檔案季刊》（臺北）11: 6（2012年6月），頁40-41。

藉由二二八事件中「臺灣意識」的「三個層級」，可以讓我們了解事件期臺灣人民對於改良政治所懷有的殷切期望，可惜這種盼望沒能得到主政者善意回應。

為進一步說明本研究議題，以下擬就：「臺灣意識」再解說、「高度自治」是二二八事件參與者的最大追求、「臺灣獨立」概念在二二八事件中的作用、「臺灣人要覺悟」等四個問題，稍加論述，總結本文。

一、「臺灣意識」再解說：戰後的臺灣，由中華民國政府接收統治，這些人來自中國不同各省區的人，臺灣人視之為「外省人」，來臺的「外省人」也常說某某是「臺灣人」，「臺灣人」與「外省人」成為一個對等的名稱，剛開始或不致有深大的仇恨，但兩者間的界限，卻因此劃定了。[70] 二二八事件之前，就有「本省人」、「外省人」之分，事件發生後，「本省人」、「外省人」的壁壘更見分明，這也可以說明，為什麼在二二八事件期間有許多外省人被集中管理，甚至被毆打的原因。蘇碩斌分析1920至1930年代的《臺灣民報》，指出文學作者認知到活字印刷的媒介，以不特定的讀者大眾為訴求對象，在報紙文學中設想出臺灣意識，先試用以對抗日本，後漸與中國分離，而形成「三百六十萬臺灣人」的明確民族主義邊界，得出日治中期的臺灣意識已具有現代建構論意含的想像共同體。[71] 由此看來，日治時期部分臺籍知識菁英，隱然已有「臺灣意識」。二二八事件前後的「臺灣人」與「外省人」之分，是一種「省籍意識」，就臺灣言，即是本文所指的「臺灣意識」；「省籍意識」與「臺灣意識」兩者都與「地域」屬性有關，若把臺灣視為中國的一省，「臺灣意識」可說是「省籍意識」的一種；若把臺灣只視為一個單獨成為一個個體的地方，則「臺灣意識」便含有強調臺灣主體性的意味。

---

70 張琴，〈臺灣真相〉（民國36年2月28日），收於陳興唐主編，戚如高、馬振犢編輯，萬仁元審校，《南京第二歷史檔案館藏：臺灣「二‧二八」事件檔案史料（上卷）》，頁140。

71 蘇碩斌，〈活字印刷與臺灣意識：日治時期臺灣民族主義想像的社會機制〉，《新聞學研究》（臺北）109（2011年10月），頁2-4。

　　二、「高度自治」是二二八事件參與者的最大追求：筆者閱讀二二八相關資料發現，二二八事件參與者的政治訴求上，主要是為了追求臺灣能夠落實民選制度，如本文第參節所述，在二二八事件處理委員會、臺灣自治青年同盟、臺灣自治爭取聯盟、青年自治聯軍會、臺中地區時局處理委員會、中部自治青年同盟、臺東縣處委會、臺南縣參議會、臺南學生聯盟等團體，其訴求重點是在「臺灣自治」上，如何改革臺灣政治，如何實施省長及縣市長民選，以確立民主政治，是他們主要的訴求。所謂「託管」或者是「獨立」，並不是當時臺灣人的主流主張，當時的參與者最希望的是臺灣能夠「高度自治」。

　　三、「臺灣獨立」概念在二二八事件中的作用：經檢視二二八相關檔案，我們可以發現，在許多官方報告（主要是情治人員所撰）中，常出現──「暴徒」以「臺灣獨立」為口號而進行叛國行動，如臺南新營的黃媽典、沈乃霖、吳海清、鄭錦源、顏德國，臺中商業學校校長江文種、律師林連宗、臺中圖書館館長莊垂勝，花蓮有米坐標（里長）、葉雲澤（參議員）、湯發財（鎮民代表）、魏榮光（警長）、古今龍（公務員）、陳祥遠、黃景榮，臺東地區有陳登財、葉子倚、郭錫鐘、林清和、張錦培、章乘章、陳耀興、楊水秀、黃仁慶、陳多柳等，依〈警總二二八事件資料：案犯處理〉資料顯示，他們都被安上「臺獨」罪名。[72] 其實這多屬臆測之詞，主要是為了羅織罪名而隨便扣上的帽子。據陳佳宏研究指稱，由於日本在二戰中的敗戰，使得臺灣人的「日本化」（「皇民化」）功敗垂成，但新到的中國政府又以極強勢的姿態君臨臺灣，臺灣主體性遭到重擊。未料1947年

---

[72] 一個有趣的情報如下：據1947年4月9日張秉承致南京言普誠，報告臺南縣暴動主犯李讚生、簡溪圳、林植發等逍遙法外情形稱，李讚生在「此次事變，密派其主要幹部簡溪圳，組織臺省自治會，名曰『興中共和國』，並組織偽青年軍新營組，以簡任組長、葉都為副組長、林植發為聯絡組主任兼管財政，散發傳單、橫行於縣。」參見陳佳宏，〈「二二八事件」與臺獨之發展與演變〉，頁32-34；〈張秉承致電南京言普誠報告臺南縣暴動主犯李讚生、簡溪圳、林植發等逍遙法外情形〉（民國36年4月9日），收於許雪姬主編，《保密局臺灣站二二八史料彙編㈠》，頁291。

二二八事件發生，翻轉了臺灣人的認同歸向，將日治中期以來「自治」的訴求，重新導引至追求臺灣主體性的臺獨認同。[73]

四、「臺灣人要覺悟」：依保密局情治人員所提報告，二二八事件期間有情報顯示，鼓勵「臺灣人要覺悟」者，例如：

1、1947年5月10日，黃鋒呈柯復興：「桃園鎮原日人武德殿，現充爲縣參議會辦事處，在光復初時日人受命遣回之際，曾在該處前面灰壁上發見用大型鉛筆大書「モ十年後又日章旗シ立テ見セヨ台湾人覺エテ吳レ」（再十年後，再翌〔屹〕立日章旗，你們見臺灣人要覺悟）」。[74]

2、據劉敬倫報告桃園發生事件經過，發現在桃園街（大廟口）之示告牌，貼有如下之標語：「喚醒臺灣同胞覺悟，打、打、打」。[75]

3、1947年4月1日，黃仁里致林振藩代電報告臺南曾文區二二八事件經過情形，其中提到，在3月4日，暴首顏德國偕同蔡國信，「率領流氓林尙全、生番賜等數十名，乘該區區長丁名楠不備，佔領區公所及警察所爲暴動本部」，舉毛焜洲爲總參謀，呂再登擔任總指揮，編成學生隊及青年隊，到處張貼排外標語，散發傳單，內容包括：「1.要求自由、平等早日實現；2.臺灣同胞奮起；3.有志速來區署；4.學徒出動不可阻止；5.通謀間諜，全家槍殺；6.資產家要應援前隊，不可退步；7.出血救臺胞；8.臺胞要覺悟」。[76] 其中最值得留意的是第2、7、8項中所謂的「臺灣同胞奮起」、「出血救臺胞」、「臺胞要覺悟」三語，流露出二二八事件期間的「臺灣意識」。[77]

---

73 陳佳宏，〈日治中期至二二八事件前後臺灣之認同糾葛：以精英爲主的分析〉，《師大臺灣史學報》（臺北）2（2009年3月），頁115、150。

74 〈黃鋒呈報柯復興報告桃園鎮武德殿發現鼓動臺灣人要「覺悟」之標語〉（民國36年5月10日收），收於許雪姬主編，《保密局臺灣站二二八史料彙編㈢》，頁255-256。

75 〈附件：桃園發生事件經過〉，收於許雪姬主編，《保密局臺灣站二二八史料彙編㈢》，頁299。

76 〈黃仁里致電林振藩報告臺南曾文區「二二八」事件經過情形〉（民國36年4月3日），收於許雪姬主編，《保密局臺灣站二二八史料彙編㈠》，頁313-314。

77 相較於鼓勵「臺灣人要覺悟」，有臺灣原住民族國大代表南志信提出，高山同胞有如下希望：「吾等高山同胞原來係臺灣原住民族，今後我等名稱要改『臺灣族』，請勿再稱『高山族』或『高砂族』」。另有一件關於高山族召集商討地方自治的史料：1947年3月31日，謝愛吼呈報林

引用書目

李筱峰，〈二二八事件與族群問題〉，下載日期：2017年2月5日，網址：http://www.jimlee.
　　org.tw/history_detail.php?articleSN=8709。

楊天石，〈蔣介石父子招撫臺獨「大統領」廖文毅始末〉，下載日期：2017年10月8日，網
　　址：https://read01.com/EBOB0N.html#.WdneZGiCyHs。

中央研究院近代史研究所（編）
　　1993　《二二八事件資料選輯㈢》。臺北：中央研究院近代史研究所。

王俊昌
　　2012　〈見證臺灣地方自治史：從基隆街協議會到基隆市議會〉，《檔案季刊》（臺北）
　　　　　11(6): 40-55。

丘念台
　　1962　《嶺海微飆》。臺北：中華日報社。

何義麟
　　2009　〈1930年代臺灣人的國族認同：以臺中「東亞共榮協會」之發展爲中心〉，《文
　　　　　史臺灣學報》（臺北）1: 222-241。

吳濁流（著）、鍾肇政（譯）
　　1987　《臺灣連翹》。臺北：臺灣文藝出版社。

李東華
　　2006　〈光復初期（1945-1950）的民族情感與省籍衝突：從臺灣大學的接收改制做
　　　　　觀察〉，《臺大文史哲學報》（臺北）65: 183-221。

李筱峰
　　2003　〈二二八事件與臺灣獨立運動〉，收於李旺台總編輯、曾美麗主編，《二二八事
　　　　　件新史料學術論文集》，頁126-143。臺北：財團法人二二八事件紀念基金會。

振藩有關高山族召集商討地方自治組織事，供稱：「據報高雄縣旗山區六龜派出所近日逮捕從
嘉義霧社來之高山人川口己克，搜出通知書三十二張。據云係受同族人福村（係學校教員）帶
往臺南以南各山地同族之同志，擬訂四月十日召集於嘉義霧社，商討地方自治之組織。現該
川口己克經被高雄縣警局押留等情，理合電請鈞核。」參見〈南志信希望　高山同胞稱呼
要改「臺灣族」〉，《民報》，1947年3月9日，收於林元輝編註，《二二八事件臺灣本地新聞史
料彙編》，第四冊，頁2144；〈謝愛吼呈報林振藩有關高山族召集商討地方自治組織事〉（民
國36年3月31日），收於許雪姬主編，《保密局臺灣站二二八史料彙編㈡》，頁225。

480

林元輝（編註）

　2009　《二二八事件臺灣本地新聞史料彙編》，第一～四冊。臺北：財團法人二二八
　　　　事件紀念基金會。

林宗光

　1998　〈臺灣人之認同問題與二二八〉，收於張炎憲，陳美蓉、楊雅慧編，《二二八事
　　　　件研究論文集》〉，頁359-370。臺北：財團法人吳三連臺灣史料基金會。

林獻堂（著）、許雪姬（主編）

　2011　《灌園先生日記㈨一九四七年》。臺北：中央研究院臺灣史研究所、中央研究
　　　　院近代史研究所。

侯坤宏

　2014　〈嚴家淦與二二八：看外省人在事件中的處境〉，收於吳淑鳳、陳中禹編，《轉
　　　　型關鍵：嚴家淦先生與臺灣經濟發展》，頁491-530。臺北：國史館。

侯坤宏（編）

　2008　《二二八事件檔案彙編㈦：大溪檔案》。臺北：國史館。

侯坤宏、許進發（編）

　2002　《二二八事件檔案彙編㈠：立法院、國家安全局檔案》。臺北：國史館。

　2002　《二二八事件檔案彙編㈡：國家安全局檔案》。臺北：國史館。

　2002　《二二八事件檔案彙編㈨：國家安全局、臺灣省諮議會檔案》。臺北：國史館。

　2004　《二二八事件檔案彙編㈹：國家安全局檔案》。臺北：國史館。

許雪姬（主編）

　2015　《保密局臺灣站二二八史料彙編㈠》。臺北：中央研究院臺灣史研究所。

　2016　《保密局臺灣站二二八史料彙編㈡》。臺北：中央研究院臺灣史研究所。

　2016　《保密局臺灣站二二八史料彙編㈢》。臺北：中央研究院臺灣史研究所。

陳佳宏

　2005　〈「二二八事件」與臺獨之發展與演變〉，《臺灣風物》（臺北）55(1): 13-42。

　2009　〈日治中期至二二八事件前後臺灣之認同糾葛：以精英爲主的分析〉，《師大臺
　　　　灣史學報》（臺北）2: 115-160。

陳翠蓮

　2008　〈歷史正義的困境：族群議題與二二八論述〉，《國史館學術集刊》（臺北）16:
　　　　179-222。

陳儀深

　2010　〈臺獨主張的起源與流變〉，《臺灣史研究》（臺北）17(2): 131-169。

陳慶立

　　2014　《廖文毅的理想國》。臺北：玉山社出版事業股份有限公司。

陳興唐（主編），戚如高、馬振犢（編輯），萬仁元（審校）

　　1992　《南京第二歷史檔案館藏：臺灣「二・二八」事件檔案史料（上卷）、（下卷）》。
　　　　　臺北：人間出版社。

曾素秋

　　2006　〈日治時期臺灣國家認同教育政策之發展〉，《朝陽學報》（臺中）11: 265-292。

湯熙勇

　　1991　〈臺灣光復初期的公教人員任用方法：留用臺籍、羅致外省籍及徵用日人（1945.
　　　　　10-1974.5）〉，《人文及社會科學集刊》（臺北）4(1): 391-425。

歐素瑛、李文玉（編）

　　2002　《二二八事件檔案彙編㈦：臺北縣政府檔案》。臺北：國史館。

蘇瑤崇

　　2004　〈葛超智（George H. Kerr）、託管論與二二八事件之關係〉，《國史館學術集刊》
　　　　　（臺北）4: 135-188。

蘇碩斌

　　2011　〈活字印刷與臺灣意識：日治時期臺灣民族主義想像的社會機制〉，《新聞學研
　　　　　究》（臺北）109: 1-41。

Angeles, Peter A.（著），段德智、尹大貽、金常政（譯）

　　2000　《哲學辭典》。臺北：貓頭鷹出版社。

「紀念二二八」與臺灣民族主義：以日本、美國的臺獨運動爲中心

陳儀深
中央研究院近代史研究所副研究員

一、前言

　　近幾年有新進學者研究「中華民國國定節日的歷史」，指出國民黨自從「完成北伐」以來，即便國旗、國歌在國內外的接受程度因時而異，整體而言並無「法定上」的改變，但是「紀念日」作爲一個體系，其內容則因應時局變遷而有許多調整，這在戰後臺灣而言更是明顯。例如政治性節日逐漸從國定假日中退場、節日的社會休憩功能日漸受到重視，以及非漢民族的歷史記憶受到包容等等。[1] 筆者認爲所謂的政治性節日包括中華民國開國紀念日（元旦）、青年節、七七抗戰紀念、雙十節、總統蔣公華誕、行憲紀念日等，莫不是建構中華民族主義（國族認同）、鞏固國民黨政權之所需，一旦威權體制鬆動，國族認同轉移，恐怕這些紀念日的意義逐漸名存實亡。以筆者之求學歷程經驗，1970 年代也就是大學時代學生社團自動紀念五四運動的風氣頗爲興盛，1980 年代博士班階段在 5 月 4 日所看到

---

[1] 周俊宇，《黨國與象徵：中華民國國定節日的歷史》（臺北：國史館，2013），頁 13、408-409。

的校園則是逐漸淡漠，可見一斑。

　　二二八事件之後流亡海外的臺灣人，以及白色恐怖戒嚴時代赴日、赴美留學的臺灣青年，好不容易擺脫島內的威權氣氛，如果對反對運動有敏感、有熱情的人，會如何重新詮釋臺灣歷史，且透過週而復始的時節紀念，來建構臺灣民族主義？無疑地，每年的2月28日是首選，因為它標誌著國民黨治臺時期最大規模的國家暴力、標誌著「狗去豬來」[2]——外來政權之不可靠、臺灣人必須建立自己的國家云云。甚至，在解除戒嚴以後的臺灣，政治的威權不再，但（中華）文化的威權不散，建構臺灣主體的障礙只是大半從中國國民黨轉移到對岸的中國共產黨，所以「二二八紀念」與臺灣民族主義仍然有不可分的關係。

　　曾幾何時，2017年的2月8日，中國國臺辦發言人安峰山宣布，中國將舉辦一系列的活動來紀念「二二八事變」七十周年，臺灣方面有立法委員批評為「統戰伎倆」、也有學者諷刺「紀念甚麼？」[3]事實上中國方面近年來曾於2007年舉辦過二二八事件六十週年的擴大紀念，2012年舉辦過六十五週年學術研討會，他們要紀念甚麼？不應該只是諷刺地質問，應該從二二八史實的解釋（多元史觀的可能性）以及彼此對現況的認知去求解，一位記者就做了認真地整理：

> 自1949年成立中華人民共和國以來，中共始終將「二二八事變」定調為「臺灣同胞反對當時國民黨當局專制統治的愛國、民主、自治運動，是中國人民解放鬥爭的一部分，是臺灣同胞光榮愛國主義傳統的重要體現」。這樣的論點，自然是與民進黨還有其他獨派團體將二二八事變視為臺獨運動起源的論調，存在著南轅北轍的差異。

2　Nancy Hsu Fleming著、蔡丁貴譯，《狗去豬來：二二八前夕美國情報檔案解密》（臺北：前衛出版社，2009）。

3　〈中國要紀念二二八　薛化元諷：紀念甚麼〉，《自由時報》，2017年2月9日，第A2版。

……共產黨與民進黨對「二二八事變」解讀的唯一差異，僅在於前者是從追求兩岸統一，後者是從追求臺灣獨立的角度出發而已。反而是國民黨版本的「二二八事變」史觀，才從根本上否定了臺灣本土精英與武裝精英造反的正當性，……[4]

　　換言之，中共如果高調紀念二二八，對國民黨而言不免是一種尷尬，可是當國民黨無法滿足中共「反獨促統」的政策，那麼北京在「二二八事變」的解讀方面就不需要太配合藍軍，反而以更高調的方式紀念「二二八事變」，以爭取臺灣人民對自己的認可，也可能是自認明智的一種選擇。

　　於此，我們可以體認到「紀念二二八」在現實政治上的意義。茲值二二八事件七十周年，筆者希望從臺灣人為主體的角度出發，分析昔日威權統治時期島內噤聲的時代，在日本、在美國的臺獨運動者，如何藉由「紀念二二八」建構臺灣民族主義，並探討不同時期、不同團體之間的理論策略有何不同。

二、廖文毅的臺獨志業與「二二八」

　　廖文毅（1910-1986）在二戰之後中國國民黨統治下的臺灣，公開主張聯省自治，且積極在體制內從政，先後投入國民參政員及制憲國大代表選舉，1947年二二八事件發生時廖文毅、廖文奎兄弟雖然人在上海，兩人卻仍被列入三十名重大通緝要犯名單，所以廖文毅自述歷經二二八苦難之後「臺灣人聯邦自治的幻想完全消失，『臺灣人的臺灣』的構想也急速發展，轉變成完全的『臺灣獨立』。」[5]可見二二八事件以及隨後國民黨政府

4　許劍虹，〈中共為什麼要紀念「二二八事變」？〉（2017年2月9日），「中時電子報」網站，下載日期：2017年10月16日，網址：http://www.chinatimes.com/realtimenews/20170209006210-260409。

5　廖文毅，《臺灣民本主義》（東京：臺灣民報社，1957），頁110。

的處理方式，是促使廖文毅從主張「臺灣自治」轉變成「臺灣獨立」的原因所在。

　　1947年6月廖文毅在香港成立「臺灣再解放聯盟」，1950年偷渡日本，同年2月28日在京都舉辦「二二八事件三週年紀念日」演講，發表臺獨主張，遭國民黨抗議；半個月後遭聯軍總部拘捕，以非法入境罪名判刑六個月併科服勞役，10月12日獲釋出獄，1951年代理主席藍家精召開記者會宣布「臺灣獨立黨」已於1950年5月17日成立（當時廖文毅還在巢鴨監獄服刑）。廖文毅提出比較系統性的臺獨理論，首先是1950年9月向聯合國投書的英文小冊子，即乃兄廖文奎撰寫的 *Formosa Speaks*，[6] 其內容主要是從血統、歷史、地理的觀點，強調臺灣人與中國人之不同、臺灣從未是中華民國的一部分、臺灣海峽是最佳的天然國界。其中關於臺灣人非中國人，意思是：「土生的臺灣人雖然是中國血統，但近二、三百年來由於互婚，一直不斷吸收荷蘭、西班牙、滿州和日本移民的血統，原非中國血統的番族，也約佔總人口十分之一，因此在種族心理和身體外型而言，土生臺灣人與中國人愈來愈有不同。」[7] 至於攸關國際法、國際政治的「開羅宣言」將臺灣交給中國的決定，廖文毅（或廖文奎）也費了相當的篇幅、臚列十點予以駁斥，筆者認為最重要的是下列三點：

　　一、開羅宣言將臺灣交給中國是國際間的武斷，不應該被承認，因
　　　　為人民非土地的奴隸，……而是有自由意志的生命，他們的願
　　　　望應受到尊重，……
　　五、開羅宣言的決定不是最後的，在對日和約以前，臺灣僅是實際
　　　　上在中國臨時託管之下，在法律上言是在遠東委員會指揮之

6　吳叡人，〈祖國的辯證：廖文奎（1905-1952）臺灣民族主義思想初探〉，《思與言》（臺北）37:
　　3（1999年9月），頁47-100。
7　光華出版社編，《廖文毅及其活動內幕》（臺北：該社，1962），頁14-15。

下，在技術上言臺灣仍是日本的一部分，在理論上言臺灣是「國際領地」，所以臺灣是「未定屬地」，……

七、由於中國政府在臺灣的失敗，已自動地喪失它任何對臺灣的要求，中國政府在臺灣實施的暴政，現已喪失作為遠東委員會的信託國資格，其受委任統治的領土應予改變以求改善，所以臺灣人有權自由表達共同的願望來宣布獨立。[8]

以上，所謂中國政府在臺灣的失敗、所謂暴政，主要當是指二二八事件而言。無怪乎，廖文毅推動的重要活動常選在2月28日舉行，例如1956年2月28日，「臺灣臨時國民議會」在東京召開時改組為「臺灣共和國臨時國民議會」，同一天「臺灣民主獨立黨」在東京都麻布公會堂舉行二二八紀念會及總統就職儀式（前一年11月「臺灣臨時國民議會」已通過「臺灣共和國臨時政府組織條例」，12月8日選出廖文毅為總統、吳振南為副總統）。

此外，1956年9月1日公布的「臺灣共和國臨時憲法」，第廿七條關於大總統副總統的選舉每六年舉行一次，「其任期以選舉後六年2月28日正午為屆滿。」[9]連總統任期的屆滿日也要選定2月28日這一天，可見二二八事件與廖文毅的「臺灣共和國」的關係多麼密不可分了。

三、留日「臺灣青年」與二二八

冷戰時期中華民國是美國對抗共產陣營的重要基地，充分得到美國的支持，而日本是美國的「勢力範圍」，廖文毅在日本的臺獨運動自然困難

---

8 中國國民黨中央委員會第三組編，《所謂「臺灣獨立運動」內幕的透視》（臺北：該組，1961），頁19-21。

9 中國國民黨中央委員會第三組編，《所謂「臺灣獨立運動」內幕的透視》，頁38。

重重，1965年廖文毅在國民黨政府的威脅利誘之下終於返臺投降。[10] 在此之前，1963年3月國民黨的「應正本專案小組」即指出，日本的臺獨運動已經分成廖文毅及王育德兩派，同年四月該專案小組又分析指出，廖文毅陣營發行的《臺灣民報》「篇幅頗小，所發生之作用亦不大」，而王育德所辦的《臺灣青年》能按期發行，其贈送範圍包括臺灣留日學生、日本有關人士，及各國駐日機關，「故兩年以來，其讀者範圍逐漸擴大，頗多日人受其偏曲宣傳之影響，該刊最近又發行英文版，頗堪注意。」[11] 由此亦可窺見，雙方陣營勢力消長的情形。

王育德（1924-1985）在1945年終戰後曾任臺南一中教員，1947年二二八事件中乃兄王育霖遇害，1949年經香港逃往日本；1955年獲東京大學碩士學位並考取博士班，1958年起擔任明治大學兼任講師，1960年創「臺灣青年社」、發行《臺灣青年》雜誌。王育德之所以較能得到青年留學生的支持，一方面因為黃昭堂等多位青年都是王育德執教臺南一中時期的學生，一方面則是廖文毅本身無法讓青年留學生感受熱情與識見，據（1960年《臺灣青年》創刊就開始在該刊撰文的）廖春榮的說法是——每次見面會談「都是失望的累積」，他認為「臨時政府只是一個空泛的虛名，廖文毅等人掛了招牌後，甚麼都不做；真正的獨立運動應該要透過組織及個人的力量，更加腳踏實地努力才行」，所以「應該要解散已經成為癌症的臨時政府」。[12]

10　有研究者將投降原因歸納為組織成員弱化、國際條件不足、經費不足等問題，乃至親情、財產、官職、健康、救人等因素皆是。參見陳慶立，《廖文毅的理想國》（臺北：玉山社出版事業股份有限公司，2014），頁207-250。

11　〈應正本專案小組第三十九次會議獲致關於增進本省籍留學生向心力、打擊偽臺獨黨活動專款之意見〉，《臺灣獨立運動㈠：應正本小組》，「外交部檔案」（新北：行政院國家發展委員會檔案管理局藏），檔號：A303000000B/0052/006.3/020/1/007；〈關於籌辦日文刊物一案會議具體意見〉，《臺灣獨立運動㈠：應正本小組》，「外交部檔案」，檔號：A303000000B/0052/006.3/020/1/008。

12　廖文毅返臺投降以後，廖春榮以筆名廖建龍發表的分析文章，發表在《臺灣青年》第55號（1965年6月25日），頁18-19。轉引自陳慶立，《廖文毅的理想國》，頁216。

　　王育德不同意廖文毅的混血民族論，他說這種理論「不但無法為現仍存有強烈『漢民族』意識的臺灣人所接受，甚至反而會引起對獨立運動的反彈。直言之，幾乎沒有資料能夠證明臺灣人是多重混血的說法。但是，臺灣人與原住民之間有相當程度的混血卻是不容忽視的事實。……居住於被北狄征服的中原中國人當然也是如此。只是無論在臺灣的臺灣人或是在中原的中國人，尚未發展至導致傳統身體特徵出現明顯體質變化的大規模通婚而已。」王育德比較重視地緣因素（地域性的共存），以及如何將鄉土的熱愛提高到對祖國的熱愛，也就是從volk蛻變為nation。不過，王育德與廖文毅在這方面的見解差異，並不減少他對二二八事件（對臺灣民族主義形成）的重視：

> 二二八起義是必然發生的。臺灣人以「豬滾出去」、「臺灣人統治臺灣」的口號團結一致，推翻中國人的統治，此時臺灣人覺醒到臺灣屬於自己，中國對臺灣並無任何權利，臺灣人須放棄對大陸的迷戀。……
>
> 我認為臺灣民族實質上的成立是在二二八起義以後，當然現在還不能說臺灣民族已名實兼備100%完全成立。但這並不成問題。民族是要建立獨自的國家之後才能期待完整。……民族與國家的關係有如容物與容器，具有不可思議的效力。[13]

　　上述，所謂「二二八起義以後」臺灣民族成立、可是又不到100%成立，似乎在為「在臺大陸系人士」預留空間，畢竟「滲水的酒只要長年的保存，自然會變成芳醇的佳釀。」（王育德，〈臺灣民族論〉）同樣在1960

13　王育德，〈臺灣民族論〉，收於王育德著、侯榮邦等譯，《臺灣獨立的歷史波動》（臺北：前衛出版社，2002），頁75-120。原文連載於《臺灣青年》第35至37期（1963年10月25日-12月25日）。

年代論述臺灣民族的史明，則是直截了當地說，由於臺灣特有的共同地緣（自然地理環境）和殖民地被壓迫的共同命運（社會環境）爲主要因素，「到了二十世紀的今日，在於臺灣島內已經形成了和近代的民族概要吻合，但是和中國完全不同的『臺灣民族』。」[14] 這樣的臺灣民族當然不包含二戰以後跟隨蔣介石政權逃亡來臺的二百萬軍民。比較起來，王育德的理論也許不夠純粹，但是從「運動」的角度而言預留空間似乎是必要的。正如許世楷對廖文毅曾經這樣批評：「（廖文毅）出身於中部大地主的他，掩飾不了封建性優越意識，也是一個相當自我中心的人物。又將臺灣人對外省人的對立認識爲猶如人種抗爭。戰後的臺灣，經過1949年以後的土地諸改革，社會結構已經起了變化，所以他的活動不能吸收戰後受到大學教育的新生代，而衰微」。[15]

要之，受過現代社會科學訓練的「臺灣青年」，對於民族（nation）、民族主義（nationalism）的理解，本來就會有別於廖文毅那一代——直接受害於二二八的那一代，而比較偏重主觀要素（認同）。用黃昭堂的話說：「1970年代中葉，在獨立運動陣營裡面產生了新的概念：『不管出生何地，不管何時來臺，凡是認同臺灣的，都是臺灣人。』這是一個很大的變化，獨立運動接受了在臺大陸系人！我將這個理念命名爲『無差別認同論』」。[16] 不過，「無差別認同論」只是做爲其臺灣民族主義思想組成的理性成分，至於感情方面，黃昭堂對中國國民黨政權在二二八事件中「殘殺了數萬的臺灣人」，還是念茲在茲，甚至到了1990年的二二八紀念日，還感慨地說：「連一座紀念碑也得等到四十二年後，經過一陣大掙扎之後，才准由

14　史明，〈臺灣民族：其形成與發展〉，收於史明，《民族形成與臺灣民族》（東京：史明，1992），頁167-258。原連載於《獨立臺灣》（東京：獨立臺灣會）第六至十一、十四至廿三號，後來重新輯成專書。

15　許世楷，〈臺灣獨立黨回歸祖國〉，收於許世楷，《臺灣獨立黨回歸祖國》（臺北：前衛出版社，1993），頁12-13。

16　黃昭堂，〈戰後臺灣獨立運動與臺灣民族主義的發展〉，收於黃昭堂，《臺灣那想那利斯文》（臺北：前衛出版社，1998），頁95。

民間臺灣人建立！甚至於，連『學術上的二二八研究』也須等到四十年後才准許」！[17]

四、美國臺獨運動與二二八

1961年11月30日，國民黨高層以「唐海澄」的名義發函給外交部長沈昌煥，內容說到「邇來由於國際政治情勢的發展，日、美兩地本省少數野心分子鼓吹所謂『臺灣獨立運動』愈見猖狂，頗堪重視，近經綜合各方資料編撰《所謂臺灣獨立運動內幕的透視》專題研究乙種，……本小冊子可做爲中央各有關單位秘密參考資料，……」接著12月16日就邀集有關單位舉行第一次專案小組會議，決定今後以「應正本」爲代名，「由參加專案小組之各單位指定高級同志一人參加，並經常出席會議，小組暫定每週五集會一次，必要時，得舉行臨時會議，均由本會秘書處召集。」「爲使國內與海外方面對付臺獨分子活動有一致之觀念與做法，應即繼續蒐集資料，尤其側重在僞黨與共匪勾結關係，綜合編印參考資料，以爲我方工作之依據。」[18]這份文件顯示，海外臺獨運動受到當局的注意並採取一致行動，是1961年開始，對象是日本、美國兩地的「本省少數野心分子」，至於側重在「僞黨與共匪勾結關係」，則似乎搞錯了方向。

美國方面早在1956年1月1日就有盧主義、楊東傑、林榮勳、陳以德、林錫湖等「費城五傑」成立第一個臺獨組織3F（Formosans' Free Formosa），

---

17 黃昭堂，〈如何化解二二八事件〉，收於黃昭堂，《黃昭堂獨立文集》（臺北：前衛出版社，1998），頁155-158。

18 〈唐海澄致外交部沈部長昌煥同志〉（1961年11月30日至12月20日），《日本臺獨案》，「外交部檔案」（新北：行政院國家發展委員會檔案管理局藏），頁26-30。這份函件發送的對象，除了外交部長，還包括教育部黃季陸部長、僑委會副委員長黃天爵、國安局陳大慶局長、國防部情報局葉翔之局長、調查局張慶恩局長、中央黨部第四組謝然之主任、第六組陳建中主任暨中華航業海員黨部；這些黨政要員的名銜後面都加了「同志」二字，可見是從國民黨的立場／位置發出。

其中盧主義和廖文毅有書信來往十幾封，廖要求盧向聯合國陳情，盧照辦之後不久，就受到FBI的關切與調查，這就是他們爲什麼在1958年要把組織改名爲「臺獨聯盟」（UFI, United Formosans for Independence，外交部檔案常譯爲「臺灣獨立聯合會」）的主要原因。[19]

　　盧主義是戰後留美臺灣青年的「第一代」理論家，1956年他就以英文撰寫〈二二八事變之歷史肇因、經過及其歷史意義〉發表在3F的通訊，內容說到：「戰後，中國人來臺後所展現的惡劣事蹟以及二二八事變的發生，無疑促成許多臺灣人重新思考與中國人的因緣關係。更多的臺灣人開始醒悟，認定自己是有異於中國人的另一族群。」[20] 盧主義在明尼蘇達大學政治系畢業時所寫的學位論文，就是研究臺灣問題，這篇論文得到該校「萬中選一」的最高榮譽（summa cum laude），其濃縮版（5000字以內）還刊登在1958年4月《外交事務季刊》（*Foreign Affairs*），題目是〈中國死巷：臺灣人的觀點〉（The China Impasse: A Formosan View），該文的重點之一是，回顧臺灣人不斷抗拒外來政權的歷史，二二八事件是最新的例證，如今蔣介石依靠黨、政、軍和秘密警察作爲維繫政權的工具，爲了臺灣人的利益，爲了解決美國外交的困境，臺灣應該獨立。[21] 這篇文章受到中華民國駐聯合國大使蔣廷黻的注意，立刻寫一反駁的長信給該刊卻不獲刊登。[22]

　　1958年在美國成立的「臺獨聯盟」（UFI），1961年才公開活動，並於同年8月到聯合國大會前，向來美訪問的行政院長陳誠示威，這大概是海外臺獨團體第一次的示威，這件事可以爲前述國民黨高層爲何在1961年年

19　陳儀深，〈臺獨主張的起源與流變〉，《臺灣史研究》（臺北）17: 2（2010年6月），頁148。

20　李天福（盧主義筆名）著、廖進興譯，〈二二八事變之歷史肇因、經過及其歷史意義〉，收於李天福編，《自由的呼喚：臺美人的心聲》（臺北：前衛出版社，2000），頁81-82。

21　Thian-hok Li, "The China Impasse: A Formosan View," *Foreign Affairs* (New York) 36: 3 (Apr. 1958), pp. 437-448.

22　李正三，〈李天福與蔣廷黻〉，收於李天福編，《自由的呼喚：臺美人的心聲》，頁165-172。

底成立跨部會的「應正本」專案小組做個註腳。羅福全先生接受筆者訪問時曾說：「1963年我和清芬到美國，隔年二二八就到華府遊行；從沒到大使館延長護照，差不多半年護照就過期了。」[23] 羅福全是1963年在日本早稻田大學拿到碩士學位，然後才來美國賓州大學讀博士。所謂的「隔年」就是1964年，他們到華盛頓特區的中華民國駐美大使館前示威遊行，這是羅福全到美國後「第一次公開現身」，也是UFI最後一次大型活動，依羅福全的回憶「差不多有三十幾人參加」：「我記得當時鄭自才從匹茲堡搭了八小時的灰狗巴士，長途跋涉到費城，陳以德請我去接他，先住在我家，隔天再跟大家一起去遊行」。[24]

　　筆者訪問過諸多當年在日、在美的臺獨運動者，如羅福全、陳隆志、張燦鍙、蔡同榮、侯榮邦等等，他們出國前就有臺南一中或嘉義高中、臺灣大學乃至「關仔嶺會議」的關聯，其中張燦鍙、蔡同榮、陳榮成是先秘密加入日本獨盟，然後在美國公開發展獨盟，所以從這個角度說，追究美國獨盟或日本獨盟孰先孰後似乎沒有必要，「人與人之間的關係、他們共同認知的國民黨政權的性質、共同感受的鄉土召喚，才是核心因素。」[25] 吾人不難發現這種認知和感受，也和二二八事件有關。以羅福全為例，1947年事件發生時他是嘉義垂楊國校五年級，「嘉中的學生去幫忙，嘉女的女生也去捏飯糰給民兵吃」，他們全家曾經疏散到水上機場附近以及小梅的親戚家，正好是民兵與國軍衝突的現場附近，事件平息回到嘉義，由於住家距離火車站只約兩百公尺，又親眼看到（父親的好朋友）潘木枝醫師被槍決前，被綁在卡車上遊街的情形……羅福全的感想是：

23　陳儀深訪問、周維朋紀錄，〈羅福全先生訪問紀錄〉，收於陳儀深訪問、林東璟等紀錄，《海外臺獨運動相關人物口述史（續篇）》（臺北：中央研究院近代史研究所，2012），頁247。

24　陳儀深訪問、周維朋紀錄，〈羅福全先生訪問紀錄〉，頁239。

25　陳儀深，〈主訪者序介〉，收於陳儀深訪問、林東璟等紀錄，《海外臺獨運動相關人物口述史（續篇）》，頁V。

> 親眼目睹二二八事件，外來統治者殘暴的形象在我心中烙下陰影。
> 後來我讀到丘念台的《嶺海微颸》以及韓石泉的《六十回憶》，感
> 覺當年臺灣就像一個（孩子）送給別人當養子的小孩，爹不疼娘不
> 愛，多年後好不容易回到自己的家，只不過打破個杯子就被剁手指
> 懲罰，處境實在很可憐。[26]

要之，美國的臺灣同鄉或留學生，不論從個人親身經歷，或是從葛超智（George H. Kerr）的 *Formosa Betrayed* 一書，體會故鄉母土被壓迫的悲劇，常是付諸反抗行動的力量泉源。例如鄭自才是1962年前往美國留學，1963年加入臺獨聯盟，1964年（如前所述）就從匹茲堡搭了八小時的灰狗巴士去費城準備參加二二八的示威，他說剛開始「對臺灣議題還不是很清楚，後來我又讀了 George H. Kerr 的 *Formosa Betrayed* 一書，才知道原來二二八事件是這樣發生的，以及國民黨政權的真面目。」[27] 另外，王幸男初到美國就讀語言學校期間，參加臺灣同鄉會舉辦的活動，就會有熱心的同鄉來關照，「並送些雜誌給我們看，內容包括在臺灣無法看到的臺灣政府當局抓人、二二八事件真相的報導……。從那時候開始，我的政治意識才開始萌芽，……開始會去思考臺灣前途的問題」。[28]

上述承續3F的美國臺獨聯盟（UFI），為了和周斌明在威斯康辛領導的臺獨團體整合，在1966年6月促成了費城會議，當時有來自全美九個地區的代表，決定把名稱改為「全美臺灣獨立聯盟」（United Formosans in America for Independence, UFAI），隔年在堪薩斯市舉行第一屆盟員大會，推選王人紀為主席、張燦鍙為副主席。1970年世界性的臺灣獨立聯盟

26　陳儀深訪問、周維朋紀錄，〈羅福全先生訪問紀錄〉，頁232。

27　陳儀深訪問，林東璟、周維朋紀錄，〈鄭自才先生訪問紀錄〉，收於陳儀深訪問、簡佳慧等紀錄，《海外臺獨運動相關人物口述史》（臺北：中央研究院近代史研究所，2009），頁373。

28　陳翠蓮、陳儀深訪問，簡佳慧、曾韋禎紀錄，〈王幸男先生訪問紀錄〉，收於陳儀深訪問、林東璟等紀錄，《海外臺獨運動相關人物口述史（續篇）》，頁490。

（World United Formosans for Independence，WUFI）成立，總本部設在
紐約（而不是東京），乃因留美學生和臺灣人同鄉愈來愈多，以及聯合國
位於紐約（爲了宣傳方便）的緣故。這意味著臺獨運動的重心，已經從日
本轉到美國。

　　歷史的諷刺是，國民黨當局當年爲了管控壓制海外臺獨活動的需要，
所蒐集的資料成了我們今天研究海外臺獨的珍貴史料。重要的如（上述）
1964年二二八紀念日前夕，駐美大使蔣廷黻向臺北的外交部報告（並轉
呈總統）：「頃獲僞臺獨黨廿四日由費城寄送各報社通訊社新聞稿函，由陳
逆以德署名，敘明遊行於廿九日下午二時半在華府西北區廿二與廿三街之
P街北段舉行，邀請派記者作現場訪問。新聞稿揭示遊行標語有：『臺灣前
途由臺灣人自決』、『光復大陸毫無希望』、『驅蔣步李承晚吳廷琰後塵』
等。……」[29] 遊行之後，蔣廷黻再報：「遊行人員共約卅人，內美籍人士連
婦孺共六七人，除少數前曾露面者外，均戴有假面具，以防外界辨識，手
持或背戴之標語除前殿所陳三種外，並有『臺灣非中國領土』、『驅蔣拒
毛』、『臺灣人反共但不擁戴獨裁者』等。……遊行地點非通街要衝，且時
值週末，旁觀者無多，惟合眾國際社及華盛頓明星晚報派有記者到場採
訪；華盛頓郵報雖未派員採訪，但編輯人員曾電話本館索取有關資料，似
亦有刊登此項新聞之意。」[30] 此外，駐美大使館還把當日雇人拍攝的遊行照
片廿五幀沖洗放大，全套寄回密存參考。[31]

　　關於紀念二二八的方式，除了遊行、發新聞稿、辦記者會，另一個常
用的方式是刊登廣告。1968年，UFAI策動盟員在全美各大學校園刊登紀念

---

29 〈蔣廷黻致外交部○一三號密電〉，《僞臺灣獨立聯合會案》，「外交部檔案」，檔號：A3030000
　　00B/0052/406/70。
30 〈蔣廷黻致外交部○二一號急極密電〉，《僞臺灣獨立聯合會案》，「外交部檔案」，檔號：A303
　　000000B/0052/406/70。
31 〈駐美大使館致外交部極機密電〉，《僞臺灣獨立聯合會案》，「外交部檔案」，檔號：A3030000
　　00B/0052/406/70。

1964年蔣廷黻致外交部密電中所附的遊行照片

二二八事件的廣告，2月28日前後，至少在哈佛大學、哥倫比亞大學、堪薩斯州立大學、普渡大學、奧克拉荷馬大學、密蘇里大學、加州大學洛杉磯分校、霍普金斯大學、馬里蘭州立大學、堪薩斯大學、威斯康辛大學等十一所大學的校刊上，都有紀念二二八事件的廣告。[32] 大部分廣告的標題都是 MASSACRE ON FORMOSA（臺灣大屠殺），且署名 United Formosans in America for Independence（UFAI），充分展現了臺獨聯盟的動員力量，此舉想必給中華民國政府帶來相當的壓力。[33]

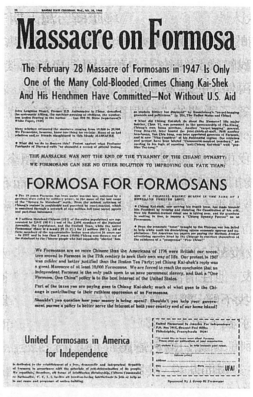

1968年UFAI串聯美國許多大學的校刊所刊登的廣告

1970年代在加州的狀況，筆者曾經訪問加州大學柏克萊分校畢業的化學博士洪基隆，他說：「1975年要刊載在舊金山灣區兩大報的廣告，每則約4,000元美金，同鄉都很支持學生，於是我們順利……刊登廣告說明臺灣二二八事件，當時的訴求主要是臺灣人要自決，這活動相

---

32 〈駐美大使館致外交部代電〉，《臺獨左傾》，「外交部檔案」（臺北：中央研究院近代史研究所檔案館藏），館藏號：11-07-02-05-01-013-44；〈駐美大使館致外交部代電〉，《臺獨左傾》，「外交部檔案」，館藏號：11-07-02-05-01-013-45。

33 相關查證參見陳昱齊，《中華民國政府對海外臺灣獨立運動之因應：以美國為中心（1956-1972）》（臺北：國史館，2015），頁223-224。

當成功。」「1977年，臺灣同鄉在舊金山 Sheraton Hotel 舉行『二二八事件三十週年紀念』與『臺灣人自決大會』，除了招待記者會，也上街遊行。這是歷史上首次在灣區的臺灣人走上街頭，反國民黨威權統治臺灣，並向美國人揭開二二八的屠殺。」[34] 值得注意的是，海外臺獨運動者的熱情與信念除了來自二二八「屠殺」，還包括其後長期戒嚴下的白色恐怖統治，1968年 UFAI 的機關刊物 *FORMOSA GRAM* 在其「二二八紀念專刊」所發表的社論就這樣說：

> 在臺灣的歷史上，對我臺灣人而言，能有一天比二月二十八日更值得緬懷紀念的嗎？……在這個日子，所有臺灣人的家庭都應該以禱告或素齋等方式來紀念先烈們，並將臺灣民族的奮鬥史、爭取民權自由的故事口傳我們的後代。在各城市和校園實應召開紀念會來紀念這個偉大的日子。這一天可以說是我們臺灣民族的國殤紀念日。這二十一年來蔣政權口口聲聲強調臺灣人是中國人，硬說臺灣是「中華民國」的模範省，但是事實又是怎樣？……這批人並沒有改變二十一年前的態度，在新店、木柵、火燒島及佈滿全島的秘密地牢，據可靠統計每年有一千五百名以上的臺灣知識分子慘遭毒手。……[35]

這一期的 *FORMOSA GRAM* 也收錄了前一年（1967）日本《臺灣青年》第75期「二二八記念號」所載〈2‧28大革命在臺灣史上的地位與教訓〉，也可見美日兩地臺獨運動互通聲息之一例。

美國的臺獨運動並非平靜無波，有人（有團體、有運動）的地方不免就有見諍、有派系，例如臺獨聯盟與同鄉會之間的關係是協助或操控？獨

---

34 陳儀深訪問、鄭毓嫻紀錄，〈洪基隆先生訪問紀錄〉，收於陳儀深訪問、簡佳慧等紀錄，《海外臺獨運動相關人物口述史》，頁238-240。

35 駐芝加哥總領事館寄呈外交部「本年二月份偽臺獨刊物」，1968年3月30日第167號代電暨附件。參見《臺獨出版刊物》，「外交部檔案」，館藏號：11-07-02-05-01-010。

盟處理1970年刺蔣案的方式對不對？如何評價許信良的海外組織？都不是容易回答的問題。與本文主旨有關的論題是，美國方面也有類似日本廖文毅與《臺灣青年》之間有關臺灣民族主義主張的歧異。一位許永華先生（1936-2015）說這是「臺灣人政治運動的競爭」，他代表《臺灣時代》，主張臺灣民族主義，而當時臺獨聯盟的宣傳部長洪哲勝說沒有人能接受這個主張，兩人經過一番論戰，洪哲勝鼓勵許永華把它寫成文章發表，獨盟的刊物願意刊登，但因《臺獨》月刊停刊，並改名為《臺灣公論報》，所以這篇文章分好幾期刊於《臺灣公論報》。許永華針對《臺獨》月刊第107期文章所提出的運動目標，說要給臺灣人民創造一個當家做主的「機會」、使臺灣變成一個「更」活潑、「更」均勻的社會，他說這樣的主張太軟弱了！「隱藏在那個軟弱號召之後的癥結，在於臺灣獨立運動的推動

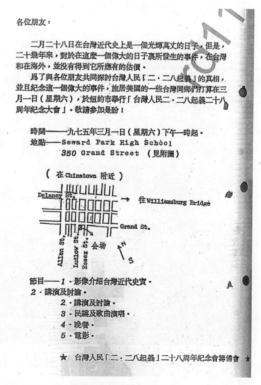

1975年美國臺獨聯盟紀念二二八活動的傳單

者，硬把臺灣獨立運動打成只是政治革命而不是民族革命，……而不敢向以蔣政權帶頭的中國人政權，用中華民族的思想壓迫臺灣民族的不平等歧視加以開刀，反而大談先移民後移民都是外省人，大家都會逐漸地轉化爲臺灣人。既然如此，就讓它慢慢轉化好了，還去搞革命幹啥？」[36] 洪哲勝的主張不見得代表獨盟的主流意見，不過到了1980年代臺灣黨外運動聲勢逐漸強大，透過選舉改變體制似乎不是夢想而已，多少會影響到海外的「革命」路線，於此可見一斑。而許永華並非臺獨聯盟的成員，他選擇用自己的方式參與美國的臺灣人運動，或許比較能保持理念的「純度」、比較不受團體走向的影響。

　　許永華是猶他州立大學會計碩士，密西根州立大學經濟碩士及博士研

許永華（中立者）於1978年2月28日在密西根大學主持228紀念討論會

---

36 許永華，〈建立臺灣民族的信心〉，收於許永華，《剪不斷臺灣情結》（臺北：前衛出版社，1996），頁58。原載於1981年8月14日《臺灣公論報》，署名許嘉。

究，1969至1988年在密西根州將近二十年期間，擔任Ann Arbor臺灣同鄉會會長、籌設美國中西部臺灣人夏令營基金、成立臺灣同鄉聯合行動會——這個團體在1979年舉辦「紀念二二八第三十二週年討論會」，邀請郭雨新、洪哲勝等人參與，後又擔任世臺會秘書長，是相當活躍的臺灣人運動者。[37] 要之，不論是堅持革命理念純度的許永華，或是傾向「與時俱進」的臺獨聯盟，都很重視二二八的「國殤」意義並且持續地以實際行動紀念它。

五、討論與結語

本文探討「紀念二二八」與臺灣民族主義：以日本、美國的臺獨運動為中心，主要在闡述1947年發生的二二八事件如何成為戰後臺獨運動的「起點」、「資糧」，儘管在日本或美國由於人際關係、世代差異等因素，臺獨運動者會有不同的路線、派別，但是對於二二八的重視是一樣的；紀念活動固然是顯示其重視程度的指標之一，但本文題旨重點不在於論述「紀念」活動與其民族主義思想之間的因果關係，因為紀念二二八與海外臺獨運動者的思想之間，是「二而一」的關係，不是因果關係。

透過本文的回顧與檢視，可知海外臺獨運動史之中，廖文毅在日本推動的臺獨運動，應是最重視二二八的象徵意義，甚至擺放到政治制度、把大總統任期屆滿日訂在2月28日。廖文毅的混血民族論、強調人種上「臺灣人非中國人」的論點無法得到王育德、廖春榮、許世楷等「臺灣青年」的支持，留學美國的陳隆志也批評說：「廖文毅的臨時政府以過去為號召，忽略了現在與將來。因此，無法吸收新進的臺灣留學生，無法得到有抱負、有理想的新一代的擁護。」[38] 黃昭堂更以「無差別認同論」，以作為新生代

---

37 陳儀深訪問、鄭毓嫻紀錄，〈許永華先生訪問紀錄〉，收於陳儀深訪問、簡佳慧等紀錄，《海外臺獨運動相關人物口述史》，頁471-505。
38 陳隆志，《臺灣的獨立與建國》（臺北：月旦出版社股份有限公司，1993），頁165。

臺灣民族主義的基礎。不過，吾人從廖文奎的 *Formosa Speaks* 以及廖文毅的《臺灣民本主義》內容可以發現，他們根據國際法與國際政治的理論，對於討論臺灣地位有關的開羅宣言、二二八事變作為中國治臺的失敗與失格，可謂滔滔雄辯，至今仍有重要的參考價值。

美國方面隨著留學生與臺僑日漸增多，可謂兵多將廣，尤其如UFAI能夠動員各主要大學的臺灣青年刊登二二八屠殺的報紙廣告，在每年9月聯合國開會的日子前往紐約示威遊行，同時揭露國民黨獨裁統治、迫害人權的劣跡，讓中華民國駐外單位疲於奔命、動員「忠貞愛國」學生反制，可謂留下輝煌紀錄，所構成的壓力和影響不容小覷。不過美國的臺獨活動比較多元，包括救援政治犯，各地趨於制度化的「夏令會」成了傳播理念、溝通交流的平臺，黨外勢力興起以後且經常得到美國的臺灣鄉親的挹注和「加持」，1980年代成立的FAPA甚至登堂入室，與美國國會議員交往，才能夠在重要時刻（例如1986年9月圓山宣布組黨的時候）發揮作用。

要之，海外臺獨運動藉著二二八紀念來強化臺灣民族主義，有時雖不免帶著「建構性」——例如王育德說二二八起義「臺灣人曾經獲得一時勝利」、[39]「雖然沒有明確喊出獨立的口號，但『三十二條要求』實質上是主張獨立，這是任何人都必須承認的事實！」[40] 事實上二二八事件處理委員會當時提出的三十二條要求，仍是期待南京政府主持公道，要求撤換陳儀、改革省政而已，謂其「主張獨立」似嫌誇大。但王育德的指控基本上符合戰後國民黨以苛政治臺、事變發生時妄加奸匪、託治罪名而過度鎮壓、事變後清鄉報復且沒有任何軍政首長受到究責等等事實，這些事實喚醒了臺灣人的祖國夢，立志從Volk要走向Nation!反之，中國共產黨若只根據少數地下黨人失敗的武裝行動，如何能鑲嵌進入整個二二八乃至戰後臺灣的歷史脈絡？或是如國民黨先是以羅織的方式，誇大中共黨員在二二八的領導

---

39 王育德，〈臺灣民族論〉，頁102。

40 王育德，〈臺灣獨立的胎動〉，收於王育德著、侯榮邦等譯，《臺灣獨立的歷史波動》，頁136。

作用，[41] 近年則以馬英九爲代表的官逼民反說（各打五十大板）、[42] 以及事變中「也有臺灣人照顧外省人」（溫情主義），[43] 甚至一方面稱讚王添灯是民主鬥士、[44] 一方面褒揚（極端醜化王添灯的）黃彰健院士，[45] 以如此矛盾的方式紀念二二八不但沒有意義，而且恐會減損自己（黨）的信用。

---

[41] 蘇僧、郭建成，《拂去歷史明鏡中的塵埃》（加州：南華文化事業公司，1986）。

[42] 秦蕙媛、蔡日雲，〈馬：二二八是官逼民反〉（2006年2月23日），「蘋果日報」網站，下載日期：2017年10月16日，網址：http://www.appledaily.com.tw/appledaily/article/headline/20060223/2422378/。

[43] 林良昇，〈馬英九：我時刻都想到二二八受難者家屬〉（2017年2月27日），「自由時報電子報」網站，下載日期：2017年10月16日，網址：http://news.ltn.com.tw/news/politics/breakingnews/1987783。

[44] 2011年2月25日馬英九總統出席由臺北市政府與台北二二八紀念館舉辦的「民主先聲與二二八：王添灯110周年紀念特展」，致詞時提到「王添灯是位具有理想主義的文化人，在歷史關鍵的時刻站出來爲人民發聲，提出完整的主張，包括『32條處理大綱』在當時的年代堪稱『石破天驚』。」詳見孫承武，〈出席二二八特展　總統緬王添灯〉（2011年2月25日），「中央社即時新聞」網站，下載日期：2017年10月16日，網址：http://www.cna.com.tw/news/firstnews/201102250026-1.aspx。

[45] 2010年2月4日馬英九總統明令褒揚已故中央研究院院士黃彰健，內容說到：「晚歲潛心二二八事件研究，疇咨博采，饒富新見。」參見王寓中、曾韋禎，〈馬褒揚黃彰健228研究　學者有意見〉（2010年2月5日），「自由時報電子報」網站，下載日期：2017年10月16日，網址：http://news.ltn.com.tw/news/politics/paper/371791。

引用書目

《自由時報》

〈唐海澄致外交部沈部長昌煥同志〉（1961年11月30日至12月20日），《日本臺獨案》，「外交部檔案」，頁26-30。新北：行政院國家發展委員會檔案管理局藏。

「外交部檔案」，館藏號：11-07-02-05-01-010、11-07-02-05-01-013-44、11-07-02-05-01-013-45。臺北：中央研究院近代史研究所檔案館藏。

「外交部檔案」，檔號：A303000000B/0052/006.3/020/007、A303000000B/0052/006.3/020/008、A303000000B/0052/406/70。新北：行政院國家發展委員會檔案管理局藏。

王寓中、曾韋禎，〈馬褒揚黃彰健228研究　學者有意見〉（2010年2月5日），「自由時報電子報」網站，下載日期：2017年10月16日，網址：http://news.ltn.com.tw/news/politics/paper/371791。

林良昇，〈馬英九：我時刻都想到二二八受難者家屬〉（2017年2月27日），「自由時報電子報」網站，下載日期：2017年10月16日，網址：http://news.ltn.com.tw/news/politics/breakingnews/1987783。

孫承武，〈出席二二八特展　總統緬王添灯〉（2011年2月25日），「中央社即時新聞」網站，下載日期：2017年10月16日，網址：http://www.cna.com.tw/news/firstnews/201102250026-1.aspx。

許劍虹，〈中共爲什麼要紀念「二二八事變」？〉（2017年2月9日），「中時電子報」網站，下載日期：2017年10月16日，網址：http://www.chinatimes.com/realtimenews/20170209006210-260409。

秦蕙媛、蔡日雲，〈馬：二二八是官逼民反〉（2006年2月23日），「蘋果日報」網站，下載日期：2017年10月16日，網址：http://www.appledaily.com.tw/appledaily/article/headline/20060223/2422378/。

中國國民黨中央委員會第三組（編）

　　1961　《所謂「臺灣獨立運動」內幕的透視》。臺北：中國國民黨中央委員會第三組。

王育德

　　2002　〈臺灣民族論〉，收於王育德著、侯榮邦等譯，《臺灣獨立的歷史波動》，頁75-120。臺北：前衛出版社。

　　2002　〈臺灣獨立的胎動〉，收於王育德著、侯榮邦等譯，《臺灣獨立的歷史波動》，頁133-137。臺北：前衛出版社。

史　明
　　1992　〈臺灣民族：其形成與發展〉，收於史明，《民族形成與臺灣民族》，頁167-258。東京：史明。

光華出版社（編）
　　1962　《廖文毅及其活動內幕》。臺北：光華出版社。

吳叡人
　　1999　〈祖國的辯證：廖文奎（1905-1952）臺灣民族主義思想初探〉，《思與言》（臺北）37(3): 47-100。

李天福（著）、廖進興（譯）
　　2000　〈二二八事變之歷史肇因、經過及其歷史意義〉，收於李天福編，《自由的呼喚：臺美人的心聲》，頁65-83。臺北：前衛出版社。

李正三
　　2000　〈李天福與蔣廷黻〉，收於李天福編，《自由的呼喚：臺美人的心聲》，頁165-172。臺北：前衛出版社。

周俊宇
　　2013　《黨國與象徵：中華民國國定節日的歷史》。臺北：國史館。

許世楷
　　1993　〈臺灣獨立黨回歸祖國〉，收於許世楷，《臺灣獨立黨回歸祖國》，頁11-33。臺北：前衛出版社。

許永華
　　1996　〈建立臺灣民族的信心〉，收於許永華，《剪不斷臺灣情結》，頁54-78。臺北：前衛出版社。

陳昱齊
　　2015　《中華民國政府對海外臺灣獨立運動之因應：以美國爲中心（1956-1972）》。臺北：國史館。

陳隆志
　　1993　《臺灣的獨立與建國》。臺北：月旦出版社股份有限公司。

陳翠蓮、陳儀深（訪問），簡佳慧、曾韋禎（紀錄）
　　2012　〈王幸男先生訪問紀錄〉，收於陳儀深訪問、林東璟等紀錄，《海外臺獨運動相關人物口述史（續篇）》，頁489-512。臺北：中央研究院近代史研究所。

陳儀深
　　2010　〈臺獨主張的起源與流變〉，《臺灣史研究》（臺北）17(2): 131-169。

2012　〈主訪者序介〉，收於陳儀深訪問、林東璟等紀錄，《海外臺獨運動相關人物口述史（續篇）》，頁v。臺北：中央研究院近代史研究所。

陳儀深（訪問），林東璟、周維朋（紀錄）

2009　〈鄭自才先生訪問紀錄〉，收於陳儀深訪問、簡佳慧等紀錄，《海外臺獨運動相關人物口述史》，頁303-409。臺北：中央研究院近代史研究所。

陳儀深（訪問），鄭毓嫻（紀錄）

2009　〈許永華先生訪問紀錄〉，收於陳儀深訪問、簡佳慧等紀錄，《海外臺獨運動相關人物口述史》，頁471-505。臺北：中央研究院近代史研究所。

陳儀深（訪問）、周維朋（紀錄）

2012　〈羅福全先生訪問紀錄〉，收於陳儀深訪問、林東璟等紀錄，《海外臺獨運動相關人物口述史（續篇）》，頁227-276。臺北：中央研究院近代史研究所。

陳儀深（訪問）、鄭毓嫻（紀錄）

2009　〈洪基隆先生訪問紀錄〉，收於陳儀深訪問、簡佳慧等紀錄，《海外臺獨運動相關人物口述史》，頁221-263。臺北：中央研究院近代史研究所。

陳慶立

2014　《廖文毅的理想國》。臺北：玉山社出版事業股份有限公司。

黃昭堂

1998　〈如何化解二二八事件〉，收於黃昭堂，《黃昭堂獨立文集》，頁155-158。臺北：前衛出版社。

1998　〈戰後臺灣獨立運動與臺灣民族主義的發展〉，收於黃昭堂，《臺灣那想那利斯文》，頁73-110。臺北：前衛出版社。

廖文毅

1957　《臺灣民本主義》。東京：臺灣民報社。

蘇　僧、郭建成

1986　《拂去歷史明鏡中的塵埃》。加州：南華文化事業公司。

Fleming, Nancy Hsu（許淑鍔）（著），蔡丁貴（譯）

2009　《狗去豬來：二二八前夕美國情報檔案解密》。臺北：前衛出版社。

Li, Thian-hok 李天福

1958　"The China Impasse: A Formosan View." *Foreign Affairs* (New York) 36(3): 437-448.

Commemorating the February 28th Incident of 1947: A 70-year Retrospective

·· Summary ···

The year 2017 marked the 70th anniversary of the crucial event that greatly affected the history of Taiwan. That is why the Institute of Taiwan History held a conference to memorialize the event. This book is a collection of ten of the articles presented at the conference.

The book is divided into four parts: Part I. Perceiving the February 28 Incident from abroad. This part includes three articles. The first one is by Yao-tsung Su, which, from an approach of international law, provides a brand new historical perspective of the incident. The second by Cheng-yu Tu focuses on American observations of, and reactions to, the incident. The third by Hsueh-chi Hsu discusses how Taiwanese on mainland China organized petitions to the central government in support of the resistance movement within the island, up to the appointment of We Tao-ming as Governor Taiwan in place of the infamous Chen Yi. Part II. The Roles Played by The Working Committee of Taiwan Province and the Intelligence System Prior to and Immediately after the Incident. Three articles are included in this part. The first by Cheng-hui Lin points out that, at the time, members of the CCP The Working Committee of Taiwan Province were not very many and thus had limited impact on the incident. But after that, the CCP affiliate gained strength until it was suppressed by the Nationalist government in the 1950s. The second one by Chun-ying Wu explores how the Taiwan branch of the KMT Office of Investigation and Statistics reported intelligence of the island and how it viewed the Incident. The third by Yen-chiou Fan uses Chao-chun Hwang, an intelligence and security operative, as an example, to explain how he, through "the Taiwan Upland Construction Association," utilized an aboriginal named Ruey-chan Lin to control the uplands while watching him closely, framed him, and eventually eliminated him. Part III. Operations of the Underground Government and Assembly throughout the Incident. This part includes two papers. The one by Su-ying Ou explains how members of the Taiwan Provincial Council got involved in the incident, and how they were purged afterwards which resulted in their withdrawn from politics, thus caused the abruption of Taiwanese elites in the government. The one by Hsiu-mei Tsai utilizes the newly released documents, points out that officials of three cities/counties of central Taiwan, though leaving their posts when events got rough, still worked hard to maintain control the situation through some skillful manipulations. Part IV. From the February 28 Incident to the Rise of the "Taiwan Independent Movement." This part includes two articles. The first by Kun-hung Hou searches whether the sense of Taiwanese identity had appeared during the time of the incident. The second by Yi-shen Chen describes the commemorative ceremonies of the incident by the independent movement groups in the United States and in Japan, and argues that their activities and pronouncements formulated and deepened the sense of Taiwanese nationalism.

From the above it is clear that room for research on this subject is still quite abundant. We still need to unearth more historical materials, to involve more young researchers, and to pursue the whereabouts of those missing in the incident and those who did the infliction, so that Transitional Justice can truly materialize.

Keywords: February 28 Incident; Resolution Committees; International Law; Official Records; Intelligence Operatives; Local Government; Taiwan Provincial Council; Taiwanese Nationalism

國家圖書館出版品預行編目資料

七十年後的回顧：紀念二二八事件七十週年學術論文集 /
　許雪姬主編. -- 初版. -- 臺北市：中研院臺史所,
二二八基金會，民106.12
　　面；　　公分.
　ISBN 978-986-05-4630-9（精裝）

　1.二二八事件　　2.文集

733.291307　　　　　　　　　　　　　　106023272

七十年後的回顧：
紀念二二八事件七十週年學術論文集

主　　編：許雪姬
編輯委員：吳叡人、許雪姬、陳儀深、楊振隆、薛化元
編輯助理：劉鴻德
共同出版：中央研究院臺灣史研究所
　　　　　　臺北市南港區研究院路二段128號
　　　　　電話：(02) 2652-5350
　　　　　財團法人二二八事件紀念基金會
　　　　　臺北市中正區南海路54號
　　　　　電話：(02) 2332-6228
劃撥帳號：17308795臺灣史研究所
排版印刷：天翼電腦排版印刷股份有限公司
　　　　　新北市中和區中正路716號8樓
　　　　　電話：(02) 8227-8766

定　　價：精裝六〇〇元
出版日期：中華民國一〇六年十二月

　　　ISBN 978-986-05-4630-9　　GPN 1010602384

MINISTRY OF CULTURE　本書由文化部補助出版（www.moc.gov.tw）

封面照片：

❶ 戰後蔣介石首度蒞臺的身影與陰影。（來源：國史館臺灣文獻館、中國國民黨黨史會等單位，圖片由鄭梓教授授權提供）

❷ 臺灣省政治建設協會請求美國轉達國民政府勿派兵來臺。（來源：美國國家檔案館，圖片由杜正宇先生授權提供）

❸ 白崇禧來臺宣慰228事件後的臺灣各地民眾。（圖片由鄭梓教授授權提供）

❹ 國防部長白崇禧巡察時向原住民講話，白克用臺語及日語翻譯。（圖片由鄭梓教授授權提供）

❺ 七十軍抵達基隆。（來源：美國國家檔案館，圖片由杜正宇先生授權提供）

❻ 陳儀發表演說。（來源：美國國家檔案館，圖片由杜正宇先生授權提供）

❼ 1947年4月28日，黃榮燦在上海《文匯報》發表「恐怖的檢查：臺灣二二八事件」木刻版畫，原作收藏於日本神奈川縣立近代美術館。

❽ 臺灣革命同盟會向馬歇爾提出之請願書。（來源：美國國家檔案館，圖片由杜正宇先生授權提供）

❾ 1968年FormosaGram二二八紀念專刊。（圖片由陳儀深教授授權提供）

❿ 許永華（中立者）於1978年2月28日在密西根大學主持228紀念討論會。（圖片由陳儀深教授授權提供）

⓫ 1968年UFAI串聯美國許多大學的校刊所刊登的廣告。（圖片由陳儀深教授授權提供）

⓬ 1964年蔣廷黻致外交部密電中所附的臺獨黨遊行照片。（圖片由陳儀深教授授權提供）

封面設計：黃金鐘